Masseverwaltung nach Aufhebung des Insolvenzverfahrens am Beispiel der Nachtragsverteilung

Europäische Hochschulschriften

European University Studies

Publications Universitaires Européennes

Reihe II **Rechtswissenschaft**

Series II Law

Série II Droit

Band/Volume **5776**

Ines Meyer

Masseverwaltung nach Aufhebung des Insolvenzverfahrens am Beispiel der Nachtragsverteilung

Eine kritische Untersuchung

PL ACADEMIC RESEARCH

Bibliografische Information der Deutschen Nationalbibliothek
Die Deutsche Nationalbibliothek verzeichnet diese Publikation in der Deutschen Nationalbibliografie; detaillierte bibliografische Daten sind im Internet über http://dnb.d-nb.de abrufbar.

Zugl.: Kiel, Univ., Diss., 2015

D 8
ISSN 0531-7312
ISBN 978-3-631-65333-3 (Print)
E-ISBN 978-3-653-04514-7 (E-Book)
DOI 10.3726/978-3-653-04514-7

PL Academic Research ist ein Imprint der Peter Lang GmbH.
Peter Lang – Frankfurt am Main · Bern · Bruxelles · New York · Oxford · Warszawa · Wien

Diese Publikation wurde begutachtet.

www.peterlang.com

Vorwort

Die vorliegende Arbeit wurde im Sommersemester 2014 von der Rechtswissenschaftlichen Fakultät der Christian-Albrechts-Universität zu Kiel als Dissertation angenommen. Gesetzesänderungen, Rechtsprechung und Literatur konnten bis einschließlich April 2014 berücksichtigt werden.

Ganz herzlich danke ich zunächst meinem Doktorvater Prof. Dr. iur. Stefan Smid, der in mir die Begeisterung für das Thema weckte und diese Arbeit engagiert betreut hat. Herrn Prof. em. Dr. iur. Werner Schubert danke ich für die zügige Erstellung des Zweitgutachtens. Ferner danke ich Herrn Dr. iur. Friedrich L. Cranshaw für seine zahlreichen Diskussionsanregungen. Mein Dank gebührt ebenfalls Herrn Rechtsanwalt Matthias Lorenzen für das mir entgegengebrachte Vertrauen während meiner promotionsbegleitenden Tätigkeit bei Ehler, Ermer und Partner in Kiel.

Von ganzem Herzen danke ich schließlich meiner Familie für ihre wertvolle Unterstützung.

Lüneburg, im Juni 2015 *Ines Meyer*

Inhaltsverzeichnis

Abkürzungsverzeichnis

a.A.	andere(r) Ansicht
a.E.	am Ende
a.F.	alte Fassung
Abs.	Absatz
AG	Amtsgericht
AktG	Aktiengesetz
Alt.	Alternative
AnfG	Anfechtungsgesetz
Amtl.	Amtlich/e
Anh.	Anhang
Anm.	Anmerkung
AO	Abgabenordnung
AOStB	Der AO-Steuer-Berater
arg.	Argument
Aufl.	Auflage
BB	Der Betriebsberater
BeckRS	Beck-Rechtsprechung
Begr.	Begründung
BerlKomm	Berliner Kommentar
Beschl.	Beschluss
BFH	Bundesfinanzhof
BFHE	Entscheidungen des Bundesfinanzhofs
BFH/NV	Sammlung amtlich nicht veröffentlichter Entscheidungen des Bundesfinanzhofs
BFH/PR	Entscheidungen des BFH für die Praxis der Steuerberatung
BGB	Bürgerliches Gesetzbuch
BGBl.	Bundesgesetzblatt
BGH	Bundesgerichtshof
BGHZ	Entscheidungen des Bundesgerichtshofs in Zivilsachen
bspw.	beispielsweise
BT-Drs.	Bundestagsdrucksache
BVerfG	Bundesverfassungsgericht
BVerfGE	Entscheidungen des Bundesverfassungsgerichts
bzgl.	bezüglich
bzw.	beziehungsweise

d.h.	das heißt
DE	Diskussionsentwurf
DGVZ	Deutsche Gerichtsvollzieher-Zeitung
Diss.	Dissertation
DNotZ	Deutsche Notar-Zeitschrift
DZWIR	Deutsche Zeitschrift für Wirtschafts- und Insolvenzrecht
ebd.	ebenda
EFG	Entscheidungen der Finanzgerichte
EStG	Einkommensteuergesetz
ESUG	Gesetz zur weiteren Erleichterung der Sanierung von Unternehmen, BGBl. I 2011, S. 2589
evtl.	eventuell
EWiR	Entscheidungen zum Wirtschaftsrecht
f./ff.	folgende(n)
FA-InsR	Handbuch des Fachanwalts Insolvenzrecht
FamFG	Gesetz über das Verfahren in Familiensachen und in den Angelegenheiten der freiwilligen Gerichtsbarkeit
FamRZ	Zeitschrift für das gesamte Familienrecht
FD-ErbR	FachdienstErbrecht, Neuigkeiten zum Erbrecht von Dr. Wolfgang Litzenburger (beck-online)
FD-InsR	FachdienstInsolvenzrecht, Neuigkeiten zum Insolvenzrecht von Schultze & Braun, (beck-online)
FG	Finanzgericht
FK	Frankfurter Kommentar
Fn.	Fußnote
FS	Festschrift
GBO	Grundbuchordnung
gem.	gemäß
GenG	Genossenschaftsgesetz
GesO	Gesamtvollstreckungsordnung
ggf.	gegebenenfalls
GKG	Gerichtskostengesetz
GWR	Gesellschafts- und Wirtschaftsrecht
h.A.	herrschende(r) Ansicht
Halbs.	Halbsatz
HambKomm	Hamburger Kommentar
h.M.	herrschende(r) Meinung
Hrsg.	Herausgeber

HWF	Haarmeyer/Wutzke/Förster
i.d.R.	in der Regel
i.E.	im Ergebnis
i.H.v.	in Höhe von
i.R.d.	im Rahmen des/der
i.S.d.	im Sinne des/der
i.S.v.	im Sinne von
InsbürO	Zeitschrift für das Insolvenzbüro
InsVerfVereinfG	Gesetz zur Vereinfachung des Insolvenzverfahrens, BGBl. I 2007, 509
InsO	Insolvenzordnung
InsVV	Insolvenzrechtliche Vergütungsverordnung
i.V.m.	in Verbindung mit
JR	Juristische Rundschau
Jura	Juristische Ausbildung
jurisPR-BGHZivilR	juris PraxisReport BGH-Zivilrecht
jurisPR-BKR	juris PraxisReport Bank- und Kapitalmarktrecht
jurisPR-FamR	juris PraxisReport Familienrecht
jurisPR-InsR	juris PraxisReport Insolvenzrecht
jurisPR-SteuerR	juris PraxisReport Steuerrecht
JuS	Juristische Schulung
JW	Juristische Wochenschrift
JZ	Juristenzeitung
Kap.	Kapitel
KO	Konkursordnung
KPB	Kübler/Prütting/Bork
krit.	kritisch
KTS	Zeitschrift für Insolvenzrecht – Konkurs Treuhand Sanierung
KuT	Konkurs- und Treuhandwesen
LG	Landgericht
LM	Lindenmaier-Möhring, Nachschlagewerk des Bundesgerichtshofs
LMK	Lindenmaier-Möhring, Kommentierte BGH-Rechtsprechung in Zusammenarbeit mit der Neuen Juristischen Wochenschrift (beck-online)
LSZ	Leonhardt/Smid/Zeuner
m.	mit

m.a.W.	mit anderen Worten
m.w.N.	mit weiteren Nachweisen
MDR	Monatsschrift für Deutsches Recht
MAH	Münchener Anwaltshandbuch
MünchKomm	Münchener Kommentar
n.F.	neue Fassung
Nds.Rpfl.	Niedersächsische Rechtspflege
NJ	Neue Justiz
NJW	Neue Juristische Wochenschrift
NJW-Spezial	Neue Juristische Wochenschrift Spezial
NotBZ	Zeitschrift für die notarielle Beratungs- und Beurkundungspraxis
Nr.	Nummer
NR	Nerlich/Römermann
NZA	Neue Zeitschrift für Arbeits- und Sozialrecht
NZI	Neue Zeitschrift für Insolvenzrecht
OLG	Oberlandesgericht
RegE	Regierungsentwurf
RG	Reichsgericht
RGZ	Entscheidungen des Reichsgerichts in Zivilsachen
Rn.	Randnummer
RNotZ	Rheinische Notar-Zeitschrift
Rpfleger	Der Deutsche Rechtspfleger
RPflG	Rechtspflegergesetz
Rspr.	Rechtsprechung
s.	siehe
S.	Seite
sog.	so genannte(r/s)
StuB	Steuern und Bilanzen
u.a.	unter anderem
UR	Umsatzsteuer-Rundschau
Urt.	Urteil
u.U.	unter Umständen
v.	von/vom
VAG	Versicherungsaufsichtsgesetz

VergVO	Verordnung über die Vergütung des Konkursverwalters, des Vergleichsverwalters, der Mitglieder des Gläubigerausschusses und der Mitglieder des Gläubigerbeirats (Vergütungsverordnung)
vgl.	vergleiche
VIA	Verbraucherinsolvenz aktuell
WM	Wertpapier-Mitteilungen. Zeitschrift für Wirtschafts- und Bankrecht
WuB	Entscheidungssammlung zum Wirtschafts- und Bankrecht
z.B.	zum Beispiel
ZEV	Zeitschrift für Erbrecht und Vermögensnachfolge
ZInsO	Zeitschrift für das gesamte Insolvenzrecht
ZIP	Zeitschrift für Wirtschaftsrecht
zit.	zitiert als
ZPO	Zivilprozessordnung
zust.	zustimmend/zustimmender
ZVI	Zeitschrift für Verbraucher- und Privatinsolvenzrecht

Teil 1. Einführung

Das Insolvenzverfahren findet mit dem Schlusstermin und der unmittelbar darauf folgenden Schlussverteilung in der Regel seinen *endgültigen* Abschluss.[1] Nicht selten kommt es jedoch vor, dass die Insolvenzmasse mit der Schlussverteilung noch nicht endgültig verwertet und verteilt wurde.[2] In diesen Fällen ist trotz förmlicher Aufhebung des Insolvenzverfahrens vielfach ein weiterer Handlungsbedarf des Insolvenzverwalters notwendig, um auch nachträglich eine gleichmäßige Gläubigerbefriedigung zu gewährleisten.[3] Da der Verwalter seine Massebefugnisse jedoch im Allgemeinen mit Verfahrensaufhebung verliert, musste der Gesetzgeber spezielle Vorschriften schaffen, damit der Verwalter auch über die Verfahrensaufhebung hinaus bzw. ohne Eröffnung eines neuen Insolvenzverfahrens weitere Masseverwaltungsaufgaben übernehmen kann. Das Gesetz sieht für den Fall eines Regelinsolvenzverfahrens hier die sog. Nachtragsverteilung (§§ 203 ff. InsO) vor.[4] Dieses Rechtsinstitut ermöglicht dem Verwalter in einer bestimmten Weise und in einem bestimmten Umfang die „Insolvenzmasse" auch noch nach Verfahrensaufhebung zu verwalten und zu verwerten.

In der Praxis kann eine solche Nachtragsverteilung nicht nur bei einem vorangegangenen Insolvenzverfahren über das Vermögen von natürlichen Personen, sondern auch bei Gesellschaften relevant werden. Daher ist bereits an dieser Stelle hervorzuheben, dass es bei der Frage der Zulässigkeit einer Nachtragsverteilung gleichgültig ist, ob der Schuldner, da natürliche Person, noch existiert, oder aber infolge des Insolvenzverfahrens aufgehoben ist. Die Nachtragsverteilung knüpft nämlich an den Vermögensbestand vor dem Ende der Liquidation an und zu dieser Zeit ist der Schuldner zumindest noch als in Liquidation befindlich existent. Für die Nachtragsverteilung als Verlängerung der Liquidation ist daher zumindest noch eine Restexistenz anzunehmen, sodass ein Unterlassen der

1 Graf-Schlicker/*Castrup*, InsO, 3. Aufl., § 203 Rn. 1.

2 Gottwald/*Eickmann*, § 65 Rn. 49; *Bohnenberg*, KuT 1936, 99.

3 Natürlich können die Gläubiger auf diese Vermögenswerte auch im Wege der Einzelzwangsvollstreckung zugreifen, § 201 InsO. Die Nachtragsverteilung ermöglicht aber eine gleichmäße Gläubigerbefriedigung i.S.d. § 1 InsO auch noch über Verfahrensaufhebung hinaus.

4 Für das Insolvenzplanverfahren sehen die §§ 259 ff. InsO teilweise ebenfalls Masseverwaltungsbefugnisse des Verwalters nach Verfahrensaufhebung vor. Dies ist jedoch nicht Gegenstand dieser Arbeit. An entscheidungsrelevanten Punkten werden jedoch Vergleiche mit §§ 259 ff. InsO angestellt.

Liquidation wegen vermeintlich schon endgültigen Untergangs nicht in Betracht kommt.[5] Die Bedeutung der Nachtragsverteilung wird auch daran deutlich, dass eine solche der Bestellung eines Nachtragsliquidators nach § 273 Abs. 4 AktG vorgeht[6]. Von vornherein undenkbar ist eine Nachtragsverteilung dagegen im Falle einer übertragenden Sanierung im Regelinsolvenzverfahren nach den §§ 160 ff. InsO.[7] Bei einer übertragenden Sanierung wird nämlich das Unternehmen von dem Unternehmensträger getrennt und es werden alle Aktiva auf den, zumeist neu gegründeten, Rechtsträger im Wege des sog. asset-deals übertragen. Die Verbindlichkeiten verbleiben dagegen bei dem Insolvenzschuldner und die Befriedigung der Gläubiger erfolgt sodann aus dem Kaufpreis.[8] Da es folglich keine Vermögenswerte gibt, die nachträglich an die Gläubiger verteilt werden können, scheidet eine spätere Nachtragsverteilung in diesen Fällen denknotwendig aus.

A. Anlass der Untersuchung

Die Regelungen der Nachtragsverteilung sind im Vergleich zur Konkursordnung keine wesentliche Neuerung. Auch die Konkursordnung sah in § 166 KO[9] die Möglichkeit einer Nachtragsverteilung vor. Die Vorschrift des § 203 InsO entspricht hierbei weitgehend dem früheren § 166 KO. Nach der Begründung des Regierungsentwurfs wurde § 166 KO in redaktionell geänderter Fassung

---

5 *Becker*, Rn. 1517. Eine endgültige Löschung der Gesellschaft erfolgt nach § 394 Abs. 1 S. 2 FamFG erst, wenn die Masse restlos verteilt wurde und kein Gesellschaftsvermögen mehr vorhanden ist. Die Gesellschaft gilt nicht als vollbeendet, sofern sie noch Vermögen hat, vgl. RG, Urt. v. 21.1.1918 – Rep. VI 339/17, RGZ 92, 77, 84; BGH, Urt. v. 29.9.1967 – VI ZR 40/66, BGHZ 48, 303, 307; BGH, Beschl. v. 16.12.2004 – IX ZB 6/04, NZI 2005, 225; Jaeger/*Gerhardt*, InsO, § 3 Rn. 25. Die Gesellschaft ist somit in Fällen der Nachtragsverteilung pauschal gesagt nie als vollbeendet zu betrachten, da es hier immer um nachträglich zu verteilendes Gesellschaftsvermögen geht und die Gesellschaft noch parteifähig ist, sofern noch Vermögen vorhanden ist. Die Löschung der Gesellschaft im Handelsregister steht der Anordnung der Nachtragsverteilung somit nicht entgegen, BGH, Beschl. v. 16.1.2014 – IX ZB 122/12, ZInsO 2014, 340.

6 OLG Hamm, Beschl. v. 5.5.2011 – I-15 W 469/10, ZInsO 2011, 1699, 1701 m.w.N.

7 Eine übertragende Sanierung ist nicht nur mittels Insolvenzplans nach §§ 217 ff InsO, sondern auch i.R.d. Regelverfahrens nach §§ 160 ff. InsO möglich, vgl. *Wellensiek*, NZI 2002, 233, 237.

8 *Wellensiek*, NZI 2002, 233, 234.

9 Die Vorschrift des § 166 Abs. 1 2. Alt. KO fand nach einhelliger Ansicht auch im Gesamtvollstreckungsverfahren über § 12 Abs. 3 GesO Anwendung, vgl. BGH, Beschl. v. 17.2.2011 – IX ZB 268/08, NZI 2011, 263, 264 Rn. 9 und 11 m.w.N., m. Anm. *Smid*, jurisPR-InsR 1/2012 Anm. 3.

übernommen.[10] Die damals allein in § 166 KO normierte Nachtragsverteilung findet sich heute in erweiterter Fassung in den §§ 203 – 205 InsO wieder.

Da die Nachtragsverteilung keine Neuerung der InsO ist, mag es verwundern, warum sich dieser Thematik überhaupt in diesem Umfang gewidmet wird. Die Antwort auf diese Frage fällt leicht: Zum einen wurde die Nachtragsverteilung in der bisherigen Literatur nur vereinzelt und nur hinsichtlich separater Themenkomplexe behandelt.[11] Zum anderen wird bereits durch einen kurzen Blick auf die Fülle der (teilweise kontrovers kommentierten) Entscheidungen der Gerichte aus den vergangenen Jahren sowie aufgrund sich widersprechender Entscheidungen und Kommentierungen schnell deutlich, dass dieses Rechtsinstitut alles andere als eindeutig oder leicht zu handhaben zu sein scheint. Dies ist vermutlich darauf zurückzuführen, dass die Nachtragsverteilung nicht abschließend im Gesetz geregelt, sondern nur angedeutet und somit dem Richterrecht überlassen wurde.[12] Ein weiterer Anlass dieser Untersuchung ist dem Umstand geschuldet, dass in der Literatur stellenweise frühere Ansichten und Entscheidungen zur KO in die InsO übertragen wurden, obwohl sich gerade durch die gesamte Reformierung des Konkursrechts wesentliche Unterschiede zum damaligen Recht ergeben sollten. Teilweise wurden auch aus damaligen BGH-Entscheidungen zur KO missverständliche bzw. ungenaue Rückschlüsse auf die heutige Rechtslage gezogen. Dies betrifft insbesondere die Frage, wann und wodurch der Verwalter trotz Verfahrensaufhebung weiterhin befugt ist, einen anhängigen Masserechtsstreit fortzuführen.

Diese Arbeit versteht sich mithin nicht nur als eine umfassende Darstellung aller relevanten Themenkomplexe i.R.d. Nachtragsverteilung unter Berücksichtigung der aktuellen Rechtsprechung, sondern auch als Berichtigung von einzelnen Missverständnissen bzw. Ungenauigkeiten in der Literatur.

B. Kurzer Überblick zum Sinn und Zweck der Nachtragsverteilung

Da im Rahmen dieser Arbeit mehrfach auf den Sinn und Zweck der Nachtragsverteilung zurückgegriffen wird, soll dieser zur Schaffung einer einheitlichen Ausgangsbasis vorab kurz dargestellt werden.

---

10 Begr. zu § 231, § 232 und § 233 RegE-InsO, BT-Drs. 12/2443, S. 187.

11 Die einzige umfassendere Monographie stammt aus dem Jahre 1926 und hat noch die Regelungen zur KO zum Gegenstand, vgl. *Wachtel, Lothar*, Die Nachtragsverteilung im Konkurs, 1926.

12 Ob dies an der geringen praktischen Relevanz dieses Rechtsinstituts in der Vergangenheit liegt, so: *Zimmer*, KTS 2009, 199, kann dahingestellt bleiben.

Eingangs wurde bereits erwähnt, dass trotz förmlichen Verfahrensabschlusses oftmals ein Interesse an weiteren Verwaltungs- und Verwertungshandlungen durch den Insolvenzverwalter besteht, sofern die Insolvenzmasse noch nicht vollständig verwertet und verteilt wurde. Die Nachtragsverteilung nach den §§ 203 ff. InsO[13] ermöglicht hier die nachträgliche Verteilung von Massevermögenswerten, die aus rechtlichen oder tatsächlichen Gründen bei der Verteilung nicht berücksichtigt werden konnten.[14] Hierdurch soll verhindert werden, dass diese Vermögenswerte von dem insolvenzmäßigen Verteilungsschlüssel ausgeschlossen werden und (endgültig) dem Schuldner zufließen.[15] Damit verfolgt die Nachtragsverteilung gewissermaßen einen anderen Zweck als das Insolvenzverfahren, denn das Insolvenzverfahren dient nach § 1 InsO nicht nur einer gemeinschaftlichen (und bestmöglichen) Gläubigerbefriedigung, sondern auch dem Schuldner, beispielsweise durch Sanierung seines Unternehmens mittels eines Insolvenzplans oder auch durch die Möglichkeit der Restschuldbefreiung.[16] Dies ist bei der Nachtragsverteilung anders, da sie nach ihrer gesetzlichen Konzeption einzig und allein der Gewährleistung einer gemeinschaftlichen Befriedigung der Gläubiger selbst nach förmlicher Verfahrensaufhebung dient. Sanierungsziele oder auch Entschuldungsmöglichkeiten für den Schuldner spielen in diesem Verfahrensabschnitt keine Rolle mehr. Der Sinn und Zweck der Nachtragsverteilung besteht somit ausschließlich darin, eine Befriedigung der Insolvenzgläubiger auch noch nach Aufhebung des Insolvenzverfahrens zu gewährleisten, sofern später Gegenstände oder Beträge, die der Masse zuzuordnen sind, frei bzw. ermittelt werden.[17] Diese Werte sollen im Sinne einer Gesamtabwicklung des Vermögensträgers nachträglich an die Gläubiger ausgeschüttet werden[18] und

---

13 Für Genossenschaften und für den Versicherungsverein auf Gegenseitigkeit finden sich spezielle Regelungen in § 115 GenG und § 52 Abs. 2 S. 2 VAG. Auf die Besonderheiten einer Nachtragsverteilung bei Genossenschaften und Versicherungsvereinen auf Gegenseitigkeit wird im Rahmen dieser Arbeit nicht näher eingegangen. Vgl. dazu die Ausführungen bei: KPB/*Holzer*, InsO, § 203 Rn. 32 ff.; Uhlenbruck/*Uhlenbruck*, InsO, § 203 Rn. 29; NR/*Westphal*, InsO, §§ 203, 204 Rn. 22.

14 Uhlenbruck/*Uhlenbruck*, InsO, 13. Aufl., § 203 Rn. 2; Braun/*Kießner*, InsO, § 203 Rn. 1.

15 *Braun/Uhlenbruck*, S. 415.

16 Ausführlich zu den Zielen des Insolvenzverfahrens: LSZ/*Smid/Leonhardt*, InsO, § 1 Rn. 32 ff.

17 MünchKomm/*Hintzen*, InsO, 3. Aufl., § 203 Rn. 1; FK-InsO/*Kießner*, § 203 Rn. 1; *Hintzen*, WuB 2006, 333, 334.

18 Graf-Schlicker/*Castrup*, InsO, 3. Aufl., § 203 Rn. 1.

werden daher in dem besonderen Verfahren der Nachtragsverteilung an die Insolvenzgläubiger verteilt[19].

Ob man der Nachtragsverteilung daneben auch verfahrensökonomische Zwecke in dem Sinne beimessen kann, dass mit ihrer Hilfe mitunter nicht mit einer vollständigen Verwertung der Insolvenzmasse nach § 196 InsO bis zur Verfahrensaufhebung zugewartet werden muss, sondern das Verfahren bereits vorher unter gleichzeitigem Vorbehalt der Nachtragsverteilung aufgehoben werden kann, wird unterschiedlich beurteilt und daher in einem gesonderten Abschnitt[20] näher untersucht. Dennoch soll bereits an dieser Stelle die These aufgestellt werden, dass es aus dem Umstand, dass der Gesetzgeber mit den §§ 203 ff. InsO überhaupt eine nachträgliche Befriedigung der Gläubiger geregelt hat, zumindest naheliegend erscheint, bisweilen nicht mit einer vollständigen Masseverwertung zuwarten zu müssen, um die Schlussverteilung durchzuführen und im Anschluss daran das Verfahren aufzuheben.

---

19 *Frege/Keller/Riedel*, Rn. 1727.

20 Vgl. Kapitel Teil 4., B., I., 2., b).

Teil 2. Allgemeine Wirkungen der Verfahrensaufhebung auf die Befugnisse des Verwalters

Bevor die Voraussetzungen der Nachtragsverteilung näher untersucht werden, erfolgt zunächst ein kurzer Überblick über die allgemeinen Wirkungen der Verfahrensaufhebung auf die Befugnisse des Verwalters.

Während des laufenden Verfahrens leitet der Verwalter seine Masseverwaltungsbefugnisse aus § 80 InsO her, der bestimmt, dass die Verwaltungs- und Verfügungsbefugnis über massezugehörige Gegenstände und Beträge im laufenden Insolvenzverfahren beim Insolvenzverwalter liegt.[21] Die Hauptaufgabe des Verwalters besteht dabei in der Übernahme und Verwertung der Insolvenzmasse nach den §§ 148 ff. InsO und in der sich anschließenden Befriedigung der Gläubigerforderungen, §§ 187 ff. InsO. Nach Vollzug der Schlussverteilung[22] wird das Insolvenzverfahren sodann nach § 200 Abs. 1 InsO aufgehoben. Sowohl das Amt des Verwalters als auch die gerichtliche Aufsicht dauern während der Schlussverteilung stets noch an und die Insolvenzmasse unterliegt bis zur Verfahrensaufhebung dem Insolvenzbeschlag und damit der Verfügungsbefugnis des Verwalters.[23]

---

21 Folge der umfassenden Beschlagnahme ist auch, dass alle bei Insolvenzeröffnung anhängigen Prozesse des Schuldners nach § 240 ZPO unterbrochen werden, ganz h.M. vgl. nur *Smid*, Handbuch, § 8 Rn. 6 m.w.N. Der Verwalter erlangt die vollumfängliche Prozessführungsbefugnis bezüglich aller massezugehöriger Vermögenswerte.

22 Während die Vorgängerregelung des § 163 KO noch vorsah, dass das Gericht die Verfahrensaufhebung bereits mit Abhaltung des Schlusstermins beschließen kann, wird durch die nunmehrige Anknüpfung an den Vollzug der Schlussverteilung gewährleistet, dass eine eindeutige Rechtsgrundlage für die Tätigkeit des Verwalters in der Verfahrensphase nach dem Schlusstermin und während der Schlussverteilung gegeben ist, Jaeger/*Meller-Hannich*, InsO, § 200 Rn. 2; BerlKomm/*Gruber*, InsO, § 200 Rn. 5; MünchKomm/*Hintzen*, InsO, 3. Aufl., § 200 Rn. 2 und 4 f.; Gottwald/*Klopp*/*Kluth*, § 75 Rn. 2.

23 LSZ/*Smid*, InsO, § 200 Rn. 1; HambKomm/*Preß*, InsO, 4. Aufl., § 200 Rn. 4; Jaeger/*Meller-Hannich*, InsO, § 200 Rn. 2; BerlKomm/*Gruber*, InsO, § 200 Rn. 1. Ob der Verwalter allerdings solche Massewerte an die Gläubiger von sich aus verteilen darf/kann, die nach Abhaltung des Schlusstermins in die Masse fließen, wird in dem Kapitel Teil 4., A., I. untersucht.

A. Rückfall der Verwaltungs- und Verfügungsbefugnis auf den Schuldner

Bei einem kurzen Blick auf die Regelung des § 200 InsO fällt auf, dass diese in Bezug auf die Rechtsfolgen der Verfahrensaufhebung im Gegensatz zu §§ 215 Abs. 2, 259 InsO lückenhaft geblieben ist.[24] Der Gesetzgeber hat hier eine ausdrückliche Regelung der Rechtsfolgen anscheinend für nicht gesondert normierungsbedürftig gehalten.[25]

Es ist jedoch völlig unstreitig, dass mit Verfahrensaufhebung sämtliche Rechtswirkungen der Verfahrenseröffnung beseitigt werden.[26] Das heißt, dass mit Verfahrensaufhebung grundsätzlich[27] das Amt des Insolvenzverwalters und damit auch seine Verwaltungs- und Verfügungsbefugnis endet.[28] Der Insolvenzbeschlag wird aufgehoben und der Schuldner erhält die Verwaltungs- und Verfügungsbefugnis über noch vorhandene[29] Vermögensgegenstände zurück.[30]

---

24 KPB/*Holzer*, InsO, § 200 Rn. 2; Uhlenbruck/*Uhlenbruck*, InsO, 13. Aufl., § 200 Rn. 1; BerlKomm/*Gruber*, InsO, § 200 Rn. 14. Einige greifen daher auf die Regelungen der §§ 215 Abs. 2, 259 InsO zurück, vgl. MünchKomm/*Hintzen*, InsO, 3. Aufl., § 200 Rn. 3; HambKomm/*Preß*, InsO, 4. Aufl., § 200 Rn. 12; BerlKomm/*Gruber*, InsO, § 200 Rn. 14; KPB/*Holzer*, InsO, § 200 Rn. 6.

25 MAH/*Beck*, § 42 Rn. 24.

26 Jaeger/*Meller-Hannich*, InsO, § 200 Rn. 12; Uhlenbruck/*Uhlenbruck*, InsO, 13. Aufl., § 200 Rn. 1 und Rn. 11; *Braun*/*Uhlenbruck*, S. 416.

27 Dies ist jedoch nicht immer der Fall. In Ausnahmefällen bleibt sowohl der Insolvenzbeschlag über Verfahrensaufhebung hinaus bestehen als auch der Verwalter weiterhin im Amt. Diese Rechtswirkungen können durch das Rechtsinstitut der Nachtragsverteilung erzeugt werden. Wann dies der Fall ist und welche Voraussetzungen dafür erfüllt sein müssen, wird ausführlich im Abschnitt Teil 4., B., I. und Teil 6., A. behandelt.

28 MünchKomm/*Hintzen*, InsO, 3. Aufl., § 200 Rn. 31; KPB/*Holzer*, InsO, § 200 Rn. 7; LSZ/*Smid*, InsO, § 200 Rn. 9.

29 Während des Verfahrens abgetretene Forderungen erhält der Schuldner dagegen nicht mit Verfahrensaufhebung zurück. Die Verwaltungsbefugnis erstreckt sich nicht auf Gegenstände, die dem Schuldner nicht mehr gehören, vgl. BGH, Urt. v. 15.6.1992 – II ZR 88/91, ZIP 1992, 1152, 1153.

30 NR/*Westphal*, InsO, § 200 Rn. 8, FK-InsO/*Kießner*, § 200 Rn. 8; BerlKomm/*Gruber*, InsO, § 200 Rn. 15; Jaeger/*Meller-Hannich*, InsO, § 200 Rn. 13; KPB/*Holzer*, InsO, § 200 Rn. 7; MAH/*Beck*, § 42 Rn. 22. Widersprüchlich sind an dieser Stelle jedoch die Ausführungen von *Uhlenbruck*. Während *Uhlenbruck* in seiner Kommentierung zu § 200 InsO ausführt, dass die Beschlagnahmewirkungen mit Verfahrensaufhebung enden würden, sofern keine Nachtragsverteilung vorbehalten wurde, vgl. Uhlenbruck/*Uhlenbruck*, InsO, 13. Aufl., § 200 Rn. 12; führt er in seiner Kommentierung zu § 196 InsO aus, dass die Beschlagnahme der noch nicht realisierten Vermögenswerte trotz

Zwischen dem Insolvenzverwalter und dem Schuldner entsteht ein Abwicklungsverhältnis, das den Verwalter verpflichtet, alle erforderlichen Maßnahmen zu treffen, um dem Schuldner die Verfügungsgewalt wieder zu verschaffen.[31]

B. Wirkung der Verfahrensaufhebung auf anhängige Prozesse

In der Literatur findet sich teilweise der (vermutlich lediglich ungenaue) Hinweis, dass anhängige Prozesse die Schlussverteilung nicht hindern würden und der Verwalter bei anhängigen Prozessen im Zeitpunkt der Verfahrensaufhebung auch weiterhin aktivlegitimiert bleibe.[32]

Diesen (recht allgemein gehaltenen) Ausführungen ist bereits an dieser Stelle mit Nachdruck zu widersprechen. Da der Verwalter seine Verwaltungs- und Verfügungsbefugnisse mit Verfahrensaufhebung verliert, geht damit auf prozessualer Ebene auch der Verlust der Prozessführungsbefugnis bezüglich massezugehöriger Ansprüche einher.[33] Auch wenn der Verwalter die streitbefangene Forderung während des Prozesses an einen Dritten abgetreten hat, was zur Folge hatte, dass seine Prozessführungsbefugnis vorerst über § 265 ZPO fortbestand, so erlischt diese Befugnis mit Aufhebung des Insolvenzverfahrens und der Dritte

---

Verfahrensaufhebung bestehen bleibe, da § 215 Abs. 2 S. 1 InsO keine Anwendung finden würde, Uhlenbruck/*Uhlenbruck*, InsO, 13. Aufl., § 196 Rn. 5. Dies wird jedoch von ihm selbst bereits im nächsten Satz bezweifelt, in dem er ausführt, dass dieses Ergebnis nicht unzweifelhaft sei, wenn der Gegenstand nicht gem. § 198 InsO hinterlegt oder die weitere Verwertung dem Verwalter übertragen und der Erlös einer Nachtragsverteilung zugeführt werde, Uhlenbruck/*Uhlenbruck*, InsO, 13. Aufl., § 196 Rn. 5.

31 Uhlenbruck/*Uhlenbruck*, InsO, 13. Aufl., § 200 Rn. 12; KPB/*Holzer*, InsO, § 200 Rn. 7; NR/*Westphal*, InsO, § 200 Rn. 8; BerlKomm/*Gruber*, InsO, § 200 Rn. 16; MAH/*Beck*, § 42 Rn. 25; MünchKomm/*Hintzen*, InsO, 3. Aufl., § 200 Rn. 34. Eine Ausnahme gilt nur hinsichtlich solcher Unterlagen und Urkunden, die der Verwalter noch für die bereits absehbare Nachtragsverteilung benötigt, vgl. OLG Stuttgart, Urt. v. 30.9.1998 – 20 U 21/98, ZIP 1998, 1880, 1883; HambKomm/*Preß*, InsO, 4. Aufl., § 200 Rn. 20; MünchKomm/*Hintzen*, InsO, 3. Aufl., § 200 Rn. 42.

32 So bspw. BerlKomm/*Breutigam*, InsO, § 196 Rn. 3; NR/*Westphal*, InsO, § 196 Rn. 14; LSZ/*Smid*, InsO, § 196 Rn. 4; Uhlenbruck/*Uhlenbruck*, InsO, 13. Aufl., § 196 Rn. 6. So auch *Keller*, Insolvenzrecht, Rn. 767, der allgemein annimmt, dass eine Verfahrensaufhebung auch bei noch anhängigen Prozessen möglich sei, da der Insolvenzverwalter nach seiner Ansicht prozessführungsbefugt bleibe.

33 KPB/*Holzer*, InsO, § 200 Rn. 8; Uhlenbruck/*Uhlenbruck*, InsO, 13. Aufl., § 200 Rn. 1; BerlKomm/*Gruber*, InsO, § 200 Rn. 26.

tritt für den Verwalter in den laufenden Prozess ein.[34] Welche Möglichkeiten bestehen, dieses mitunter unliebsame Ergebnis zu vermeiden und welche Verfahrensschritte notwendig sind, um dem Verwalter auch über Verfahrensaufhebung hinaus die notwendige Prozessführungsbefugnis zu verleihen, gilt es im Rahmen dieser Arbeit zu untersuchen. Festzuhalten ist zunächst nur, dass allein die Tatsache der Anhängigkeit eines Masseprozesses bei Verfahrensaufhebung nicht genügt, um dem Verwalter die notwendige Prozessführungsbefugnis auch nach Verfahrensbeendigung zu verleihen.[35]

Nach überzeugender Ansicht werden anhängige Aktivprozesse der Masse in Analogie zu §§ 239, 240 ZPO wegen des Verlusts der Prozessführungsbefugnis des Verwalters mit Verfahrensaufhebung unterbrochen.[36] Durch Rückfall der Verwaltungs- und Verfügungsbefugnis auf den Schuldner erlangt dieser auch die Prozessführungsbefugnis und kann daher anhängige Prozesse grundsätzlich gem. § 250 ZPO aufnehmen und im eigenen Namen fortführen.[37] Eine Prozessunterbrechung analog §§ 239, 240 ZPO tritt nach ganz h.M. nur dann nicht ein,

---

34 BGH, Urt. v. 15.6.1992 – II ZR 88/91, ZIP 1992, 1152, 1153; BerlKomm/*Gruber*, InsO, § 200 Rn. 31; Uhlenbruck/*Uhlenbruck*, InsO, 13. Aufl., § 200 Rn. 18.

35 Hierauf wird ebenfalls in dem Abschnitt Teil 6., B., IV. näher eingegangen.

36 LAG Hamm, Urt. v. 29.8.1996 – 4 Sa 208/96, KTS 1997, 318, 320; Uhlenbruck/*Uhlenbruck*, InsO, 13. Aufl., § 200 Rn. 17; *Smid*, Handbuch, § 35 Rn. 14; BerlKomm/*Gruber*, InsO, § 200 Rn. 26; KPB/*Holzer*, InsO, § 200 Rn. 8; Jaeger/*Meller-Hannich*, InsO, § 200 Rn. 18; MünchKomm/*Hintzen*, InsO, 3. Aufl., § 200 Rn. 37; FK-InsO/*Kießner*, § 200 Rn. 12; MünchKomm/*Gehrlein*, ZPO, § 240 Rn. 23. Nach a. A. trete dagegen keine automatische Unterbrechung ein; der Schuldner könne aber gem. § 246 ZPO einen Antrag auf Aussetzung stellen, vgl. OLG Köln, Beschl. v. 21.5.1987 – 12 U 94/86, ZIP 1987, 1004; Gottwald/*Klopp*/*Kluth*, § 75 Rn. 11; K. Schmidt/*Jungmann*, InsO, § 200 Rn. 8. Vgl. zum Streit MAH/*Beck*, § 42 Rn. 48. Krit. dazu *Meyer*, ZInsO 2008, 1258, 1259, der stattdessen § 265 Abs. 2 ZPO analog anwenden will. Für eine Unterbrechung des Prozesses spricht aber der Umstand, dass dem Schuldner ausreichend Gelegenheit gegeben werden muss, sich auf die neue Konstellation einzustellen, MünchKomm/*Ott*/*Vuia*, InsO, 3. Aufl., § 80 Rn. 97 m.w.N.

37 NR/*Westphal*, InsO, § 200 Rn. 11; Uhlenbruck/*Uhlenbruck*, InsO, 13. Aufl., § 200 Rn. 17; BerlKomm/*Gruber*, InsO, § 200 Rn. 26; *Smid*, Handbuch, § 35 Rn. 14. Nach a.A. solle der Insolvenzschuldner hingegen ohne weiteres anstelle des Insolvenzverwalters in den Prozess eintreten, ohne dass es einer Aufnahme bedürfe, vgl. Wieczorek/Schütze/*Gerken*, ZPO, § 240 Rn. 17; Baumbach/Lauterbach/Albers/Hartmann/*Hartmann*, ZPO, § 240 Rn. 23. Gegen diese Ansicht spricht aber, dass der Schuldner so bereits kurz nach Verfahrensbeendigung in einem Rechtsstreit verhandeln müsste, den er möglicherweise nicht kennt; OLG Köln, Beschl. v. 21.5.1987 – 12 U 94/86, ZIP 1987, 1004; BerlKomm/*Gruber*, InsO, § 200 Rn. 26.

wenn sich der Verwalter durch einen Rechtsanwalt vertreten ließ, da der Bestand der Prozessvollmacht durch eine Veränderung der gesetzlichen Vertretung des Vollmachtgebers unberührt bleibt, § 86 Halbs. 1 ZPO.[38] Das heißt jedoch nicht, dass der Verwalter hier über Verfahrensaufhebung hinaus Masseverwaltungsbefugnisse innehat. Denn die vom Verwalter erteilte Vollmacht wirkt nur bis zu dem Widerruf durch den Schuldner, nicht aber durch den Verwalter, fort, sodass der Prozess so lange von dem Beauftragten fortgeführt werden kann, bis der Schuldner die Vollmacht widerruft[39]. Das Prozessgericht hat in diesen Fällen allerdings einem Antrag des Prozessbevollmächtigten auf Aussetzung des Verfahrens gem. § 246 Abs. 1 ZPO stattzugeben.[40]

Von der dem Schuldner grundsätzlich offenstehenden Möglichkeit, anhängige Prozesse nach Verfahrensaufhebung aufzunehmen, besteht allerdings eine wichtige Ausnahme: War bei Verfahrensbeendigung eine Anfechtungsklage anhängig, so ist diese nach einhelliger Ansicht mit Aufhebung erledigt.[41] Die Erledigung folgt aus dem Umstand, dass der Schuldner nicht Rechtsnachfolger des Insolvenzverwalters in Ansehung seines Anfechtungsrechts ist[42] und das Anfechtungsrecht untrennbar mit dem Amt des Verwalters verbunden ist[43]. Anfechtungsprozesse können nur vom Insolvenzverwalter geführt werden, sodass richtigerweise kein Übergang der Prozessführungsbefugnis auf den

38 MünchKomm/*Hintzen*, InsO, 3. Aufl., § 200 Rn. 38;Uhlenbruck/*Uhlenbruck*, InsO, 13. Aufl., § 200 Rn. 18; MAH/*Beck*, § 42 Rn. 48; NR/*Westphal*, InsO, § 200 Rn. 12. Anders ist dies wiederum, wenn der Verwalter als Rechtsanwalt den Prozess selbst geführt hat. In diesem Fall erlischt seine Prozessvollmacht mit Verfahrensaufhebung, vgl. MünchKomm/*Hintzen*, InsO, 3. Aufl., § 200 Rn. 39; Uhlenbruck/*Uhlenbruck*, InsO, 13. Aufl., § 200 Rn. 18 m.w.N.

39 Vgl. MünchKomm/*Hintzen*, InsO, 3. Aufl., § 200 Rn. 38.

40 OLG Köln, Beschl. v. 21.5.1987 – 12 U 94/86, ZIP 1987, 1004; NR/*Westphal*, InsO, § 200 Rn. 12 m.w.N.; MAH/*Beck*, § 42 Rn. 48. Vgl. auch BGH, Beschl. v. 23.9.2010 – VII ZR 89/10, NZI 2011, 27.

41 KPB/*Holzer*, InsO, § 200 Rn. 10; MünchKomm/*Hintzen*, InsO, 3. Aufl., § 200 Rn. 41; FK-InsO/*Kießner*, InsO, § 200 Rn. 13; Uhlenbruck/*Uhlenbruck*, InsO, 13. Aufl., § 200 Rn. 17. Der Anfechtungsrechtsstreit kann auch nicht von einem Insolvenzgläubiger aufgenommen werden, vgl. Uhlenbruck/*Hirte*, InsO, 13. Aufl., § 129 Rn. 26.

42 MünchKomm/*Hintzen*, InsO, 3. Aufl., § 200 Rn. 41; NR/*Westphal*, InsO, § 200 Rn. 11. Die Anfechtungsbefugnis fällt mit Aufhebung des Verfahrens auf die Gläubiger zurück, § 18 AnfG, *Blum*, WuB 2010, 311, 313.

43 BGH, Urt. v. 10.2.1982 – VIII ZR 158/80, BGHZ 83, 102, 105; MAH/*Beck*, § 42 Rn. 48; KPB/*Holzer*, InsO, § 200 Rn. 10; NR/*Westphal*, InsO, § 200 Rn. 11.

Schuldner erfolgt.[44] Mangels Rechtsnachfolge kommt auch weder eine Unterbrechung des Verfahrens analog § 239 ZPO noch ein Aussetzungsantrag nach § 246 ZPO in Betracht.[45] Setzt der Schuldner das Verfahren mit dem Ziel einer für ihn günstigen Kostenentscheidung fort, so muss er den Rechtsstreit folglich in der Hauptsache für erledigt erklären, da ansonsten die Klage abgewiesen wird.[46]

C. Zeitpunkt des Eintritts der Aufhebungswirkungen

Die exakte Bestimmung des Zeitpunktes, in dem die soeben aufgezeigten Rechtsfolgen der Verfahrensaufhebung eintreten, ist sowohl für den Verwalter und den Schuldner, aber auch für die Gläubiger relevant.

Für den Verwalter ist dieser Zeitpunkt wichtig, da er zum einen sein Amt nicht zu früh „niederlegen“ darf. Zum anderen darf er aber auch nicht weiter handeln und verwalten, wenn er seine Verwaltungsbefugnisse bereits verloren hat. Für den Schuldner ist der Zeitpunkt relevant, da er in diesem Moment grundsätzlich seine volle Verwaltungs- und Verfügungsbefugnis über noch vorhandene Massevermögenswerte zurückerhält. Aber auch für die Gläubiger dürfte der Zeitpunkt von enormer Relevanz sein. Zum einen können diese ab Verfahrensaufhebung grundsätzlich wieder im Wege der Einzelzwangsvollstreckung gegen den Schuldner vorgehen.[47] Zum anderen ist dieser Zeitpunkt aber auch im Sinne einer gleichmäßigen Gesamtbefriedigung der Gläubiger i.S.d. § 1 S. 1 InsO bedeutsam. Da nach § 35 Abs. 1 InsO nämlich der gesamte Neuerwerb des Schuldners während des eröffneten Insolvenzverfahrens bis zu seiner endgültigen Aufhebung von dem Insolvenzbeschlag erfasst wird und damit in die Insolvenzmasse fällt, legt der exakte Aufhebungszeitpunkt damit auch fest, welche Vermögenswerte noch zur (ursprünglichen) Insolvenzmasse gehörten und damit zumindest theoretisch für eine gleichmäßige Gläubigerbefriedigung zur Verfügung stünden.

Damit ist der genaue Zeitpunkt des Eintritts der Aufhebungswirkungen aber auch für die Nachtragsverteilung von Bedeutung. Bereits nach dem eindeutigen Wortlaut des § 203 Abs. 1 InsO bezieht sich die Nachtragsverteilung nämlich

---

44 MünchKomm/*Hintzen*, InsO, 3. Aufl., § 200 Rn. 41; Uhlenbruck/*Uhlenbruck*, InsO, 13. Aufl., § 200 Rn. 17; BerlKomm/*Gruber*, InsO, § 200 Rn. 29.

45 Vgl. BGH, Urt. v. 10.2.1982 – VIII ZR 158/80, BGHZ 83, 102, 106.

46 MAH/*Beck*, § 42 Rn. 48. Vgl. auch NR/*Westphal*, InsO, § 200 Rn. 11.

47 Eine Ausnahme besteht hier aber im Restschuldbefreiungsverfahren, das sich unmittelbar an das Regelinsolvenzverfahren anschließt. Während der sog. Wohlverhaltensperiode ist es den Gläubigern verwehrt, im Wege der Einzelzwangsvollstreckung gegen den Schuldner vorzugehen, vgl. § 294 InsO.

nur auf (ehemalige) Massegegenstände. Das heißt, nur wenn die fraglichen Gegenstände zur ursprünglichen Insolvenzmasse gehörten, könnten diese u.U. überhaupt im Wege einer Nachtragsverteilung verwertet und der Verwertungserlös sodann an die Gläubiger nachträglich gleichmäßig verteilt werden. Die Bestimmung des exakten Aufhebungszeitpunktes wird insbesondere dann relevant, wenn der Schuldner am Tag des Erlasses des Aufhebungsbeschlusses einen beträchtlichen Vermögenswert erlangt. Hier stellt sich die Frage, ob dieser Gegenstand einer späteren Nachtragsverteilung unterliegen kann oder ob die Gläubiger auf diesen Vermögenswert lediglich im Wege der Einzelzwangsvollstreckung zur Befriedigung ihrer restlichen Forderungen zugreifen können.

Bei der Bestimmung des Aufhebungszeitpunktes hilft die Regelung des § 200 Abs. 1 InsO zunächst nicht wesentlich weiter. Nach dieser Vorschrift tritt die Aufhebung des Verfahrens zwar nicht ipso iure, sondern erst aufgrund eines Beschlusses des Insolvenzgerichts ein.[48] Diese Vorschrift regelt allerdings nicht, zu welchem Zeitpunkt die Wirkungen des eröffneten Insolvenzverfahrens entfallen. Ob dies bereits der Zeitpunkt des Erlasses des Aufhebungsbeschlusses nach § 200 Abs. 1 InsO ist oder aber die Eröffnungswirkungen erst zwei Tage nach der öffentlichen Bekanntmachung der Aufhebung entfallen, ist streitig.[49]

Mit dieser Rechtsfrage musste sich auch der BGH in seiner Entscheidung vom 15.7.2010 auseinandersetzen.[50] Dieser Entscheidung lag folgender, hier vereinfacht wiedergegebener, Sachverhalt zugrunde: Nach Durchführung des Schlusstermins im vereinfachten Verfahren kündigte das Insolvenzgericht am 16.11.2006 die Restschuldbefreiung an und bestellte die bisherige Treuhänderin zur Treuhänderin im Restschuldbefreiungsverfahren. Dieser Beschluss wurde rechtskräftig und am 15.1.2007 im Internet veröffentlicht. Mit Beschluss vom 11.1.2007 beschloss das Gericht die Aufhebung des Verfahrens. Der Aufhebungsbeschluss wurde ebenfalls am 15.1.2007 im Internet veröffentlicht. Am 11.1.2007, mithin am Tag des Erlasses des Aufhebungsbeschlusses, verstarb der Vater des Schuldners, sodass Letzterer Erbe wurde. Auf Antrag der Treuhänderin ordnete das Insolvenzgericht durch Beschluss vom 29.3.2007 die Nachtragsverteilung bezüglich des gesamten Nachlasses an, gegen die sich der Schuldner mit der sofortigen Beschwerde zur Wehr setzte.

---

48 LSZ/*Smid*, InsO, § 200 Rn. 2.

49 Völlig unstreitig ist hier allerdings, dass der Schuldner die Verfügungsbefugnis nicht bereits mit dem Beschluss über die Ankündigung der Restschuldbefreiung zurückerhält, vgl. BFH, Beschl. v. 7.6.2006 – VII B 329/05, BFHE 212, 436, 439, m. zust. Anm. *Pluta/Heidrich*, jurisPR-InsR 20/2006 Anm. 5; *Rüsken*, BFH/PR 2006, 408, 409. So bereits die Vorinstanz FG Münster, Urt. v. 25.10.2005 – 6 K 435/05 AO, juris Rn. 19.

50 BGH, Beschl. v. 15.7.2010 – IX ZB 229/07, BGHZ 186, 223 ff.

I. Vorinstanz: LG Dortmund, Beschl. v. 20.11.2007 – 9 T 222/07

Das Beschwerdegericht war der Ansicht, dass der Nachlass noch vollumfänglich in die Insolvenzmasse gefallen sei, da die Aufhebung gem. §§ 200 Abs. 2, 9 Abs. 1 S. 3 InsO erst nach Ablauf von zwei Tagen nach dem Tage der Veröffentlichung im Internet, hier mithin erst am 18.1.2007, wirksam geworden sei.[51] Damit folgt das LG Dortmund an dieser Stelle der bisher herrschenden Ansicht in der Literatur, nach der sämtliche Wirkungen der Verfahrensaufhebung erst mit Bewirkung der öffentlichen Bekanntmachung, folglich mit Ablauf des zweiten Tages nach der öffentlichen Bekanntmachung des Aufhebungsbeschlusses, eintreten würden.[52]

Dennoch hob das LG Dortmund die Anordnung hinsichtlich des gesamten Nachlasses auf, da eine Nachtragsverteilung nach Ansicht des Gerichts an der bereits angekündigten Restschuldbefreiung scheitere. Das Gericht führte dazu aus, dass mit rechtskräftiger Ankündigung der Restschuldbefreiung nunmehr § 295 InsO Anwendung fände, wonach der Schuldner nur die Hälfte des Vermögens, das er von Todes wegen erwirbt, an den Treuhänder herauszugeben habe. Da nach § 289 Abs. 2 S. 2 InsO eine Verfahrensaufhebung erst erfolgen dürfe, wenn der Ankündigungsbeschluss Rechtskraft erlangt habe, existiere ein kurzer Zeitraum, in dem vom Wortlaut her sowohl § 35 InsO als auch § 295 InsO Anwendung fänden. Beide Vorschriften seien jedoch nicht miteinander vereinbar. Hier sei nach Ansicht des LG Dortmund der Regelung des § 295 InsO der Vorrang einzuräumen, sodass die Nachtragsverteilung nicht bezüglich des gesamten Nachlasses habe angeordnet werden können.[53]

Gegen diesen Beschluss richtete sich die Rechtsbeschwerde der Treuhänderin.

II. BGH, Beschl. v. 15.7.2010 – IX ZB 229/07

Der BGH teilte die Rechtsansicht des Beschwerdegerichts nicht und führte zunächst aus, dass sämtlicher Erwerb des Schuldners bis zur Verfahrensaufhebung vollumfänglich in die Insolvenzmasse falle. Daran ändere auch die Ankündigung

---

51 LG Dortmund, Beschl. v. 20.11.2007 – 9 T 222/07, ZVI 2008, 32, 33.

52 So: Jaeger/*Meller-Hannich*, InsO, § 200 Rn. 12; HWF/*Förster*, InsO, 2. Aufl., § 200 Rn. 11; BerlKomm/*Gruber*, InsO, § 200 Rn. 11; MAH/*Beck*, § 42 Rn. 27; Gottwald/*Klopp*/*Kluth*, § 75 Rn. 6; Uhlenbruck/*Uhlenbruck*, InsO, 13. Aufl., § 200 Rn. 6. So auch noch MünchKomm/*Hintzen*, InsO, 2. Aufl., § 200 Rn. 17. Diese Ansicht scheint *Hintzen* jedoch unter Berücksichtigung der hier besprochenen BGH-Entscheidung mittlerweile aufgegeben zu haben; vgl. MünchKomm/*Hintzen*, InsO, 3. Aufl., § 200 Rn. 17.

53 LG Dortmund, Beschl. v. 20.11.2007 – 9 T 222/07, ZVI 2008, 32, 33.

der Restschuldbefreiung nichts, da den Schuldner die Obliegenheiten gem. § 295 InsO erst mit Verfahrensaufhebung treffen würden.[54]

Darüber hinaus sei die Annahme des Beschwerdegerichts, der Aufhebungsbeschluss sei erst am 18.1.2007 wirksam geworden, fehlerhaft. Entgegen der auch im Schrifttum vertretenen Ansicht werde die Verfahrensaufhebung bereits im Zeitpunkt der Beschlussfassung wirksam.[55] Der BGH führte dazu aus: „Ein allgemeiner Grundsatz, nach dem nicht verkündete Entscheidungen, deren öffentliche Bekanntmachung vorgeschrieben ist, erst mit deren Bewirkung wirksam werden [...], ist der Insolvenzordnung nicht zu entnehmen."[56] Zudem enthalte die InsO eine dem § 40 FamFG vergleichbare Vorschrift, der die Wirksamkeit des Aufhebungsbeschlusses von seiner Bekanntgabe abhängig macht, nicht.[57] Zwar fehle bei der Verfahrensaufhebung eine besondere Regelung des Wirkungszeitpunkts, wie dies beispielsweise § 27 Abs. 2 Nr. 3, Abs. 3 InsO für die Eröffnung regelt. Daraus könne aber nicht der Gegenschluss gezogen werden, dass das Insolvenzverfahren erst mit der öffentlichen Bekanntmachung der Entscheidung aufgehoben ist und somit erst dann alle Rechtswirkungen des Verfahrens entfallen. Angesichts der Insolvenzbefangenheit des schuldnerischen Vermögens, dürfe der Schuldner nicht länger als durch die Verfahrenszwecke geboten in seiner Verfügungsfreiheit beschränkt werden. Der notwendige Verkehrsschutz bei Leistungen an den dann nicht mehr empfangszuständigen Insolvenzverwalter bzw. Treuhänder könne durch eine entsprechende Anwendung des § 82 InsO sichergestellt werden.[58] Bei Vermögenszuflüssen am Tag des Erlasses des Beschlusses könne bei fehlender Zeitangabe im Aufhebungsbeschluss die Regelung des § 27 Abs. 3 InsO entsprechend angewandt werden.

Das Insolvenzgericht hätte daher nach Ansicht des BGH ermitteln müssen, ob der Vater des Schuldners am 11.1.2007 vor oder nach der Mittagsstunde des Tages verstorben ist.[59] Sollte dem Schuldner die Erbschaft erst nach Wirksamkeit des Aufhebungsbeschlusses angefallen sein, so hätte die Erbschaft keine Neumasse

54 BGH, Beschl. v. 15.7.2010 – IX ZB 229/07, BGHZ 186, 223, 224 Rn. 4 unter Verweis auf BGH, Beschl. v. 18.12.2008 – IX ZB 249/07, ZInsO 2009, 299 Rn. 8.

55 BGH, Beschl. v. 15.7.2010 – IX ZB 229/07, BGHZ 186, 223, 224 Rn. 5 unter Verweis auf RG, Urt. v. 5.10.1899 – Rep. VI 152/98, RGZ 45, 323, 326 und LG Berlin, Beschl. v. 27.9.1934 – 203 T 12546/34, JW 1935, 375. Ebenso bereits OLG Breslau, Urt. v. 4.4.1910, VIII. ZS., OLGE 21, 180.

56 BGH, Beschl. v. 15.7.2010 – IX ZB 229/07, BGHZ 186, 223, 224 Rn. 6.

57 BGH, Beschl. v. 15.7.2010 – IX ZB 229/07, BGHZ 186, 223, 224 Rn. 7.

58 BGH, Beschl. v. 15.7.2010 – IX ZB 229/07, BGHZ 186, 223, 224 Rn. 8.

59 BGH, Beschl. v. 15.7.2010 – IX ZB 229/07, BGHZ 186, 223, 224 Rn. 9.

i.S.d. § 35 Abs. 1 InsO dargestellt, sodass auch eine Nachtragsverteilung mangels Massezugehörigkeit der Erbschaft nicht in Betracht gekommen wäre und lediglich die Regelung des § 295 Abs. 1 Nr. 2 InsO gelten würde. Im umgekehrten Fall könnte die Anordnung der Nachtragsverteilung hinsichtlich des gesamten Nachlasses dagegen rechtens gewesen sein.[60] Da der genaue Todeszeitpunkt des Erblassers vom Insolvenzgericht aber nicht ermittelt wurde, musste der Senat die Sache an das Beschwerdegericht zurückverweisen.[61]

III. Stellungnahme

Dem BGH ist zunächst insoweit zuzustimmen, als sämtlicher Neuerwerb bis zur Verfahrensaufhebung[62] in die Insolvenzmasse fällt und die Regelung des § 295 InsO erst ab Beendigung des Verfahrens Geltung beansprucht. Überzeugend führte der BGH bereits in seiner Entscheidung vom 18.12.2008 aus, dass den Schuldner die Obliegenheiten nach § 295 InsO erst mit Verfahrensaufhebung treffen.[63] Eine Geltung des § 295 InsO bereits von der Eröffnung des Insolvenzverfahrens an bzw. ab Ankündigung der Restschuldbefreiung und noch während

---

60 BGH, Beschl. v. 15.7.2010 – IX ZB 229/07, BGHZ 186, 223, 224 Rn. 11 f. Da der Wert des Nachlasses im zugrundeliegenden Sachverhalt nach Vortrag der Treuhänderin voraussichtlich zur vollständigen Befriedigung aller Gläubiger ausgereicht hätte, setzte sich der BGH auch mit der Frage auseinander, ob eine Nachtragsverteilung dann ausscheiden könnte, wenn der Schuldner glaubhaft macht, dass das Verfahren mit Anfall der Erbschaft nicht aufzuheben, sondern gem. § 212 InsO einzustellen gewesen wäre. Dieser Aspekt wird an dieser Stelle jedoch ausgeklammert, da er für die hier zu untersuchende Frage nicht relevant ist. Im Kapitel Teil 8., A. wird gesondert untersucht, ob eine Nachtragsverteilung auch nach einer Einstellung gem. § 212 InsO möglich ist.

61 BGH, Beschl. v. 15.7.2010 – IX ZB 229/07, BGHZ 186, 223 ff. (nur auszugsweise veröffentlicht). Die vollständige Entscheidungsbegründung ist abgedruckt in: NZI 2010, 741 ff., vgl. dort Rn. 10.

62 Grundsätzlich fällt sämtlicher Neuerwerb bis zur Verfahrensaufhebung in die Insolvenzmasse. Eine Beschränkung in zeitlicher Hinsicht besteht allerdings in den Fällen, in denen dem Schuldner bereits vor Verfahrensaufhebung rechtskräftig Restschuldbefreiung erteilt wird, da der gesamte pfändbare Neuerwerb nach Ablauf der Abtretungserklärung dem Schuldner gebührt. Dies hat der BGH erst kürzlich deutlich herausgestellt, vgl. BGH, Beschl. v. 13.2.2014 – IX ZB 23/13, NZI 2014, 312, 313 Rn. 5, und wird zukünftig durch die Neuregelung des § 300a InsO durch das „Gesetz zur Verkürzung des Restschuldbefreiungsbefreiungsverfahrens und zur Stärkung der Gläubigerrechte", BGBl. 2013, S. 2382, deutlich.

63 BGH, Beschl. v. 18.12.2008 – IX ZB 249/07, ZInsO 2009, 299 Rn. 8 m.w.N. auch zur Gegenauffassung, m. zust. Anm. *Kiesbye*, jurisPR-InsR 8/2009 Anm. 1. Zust. auch *Smid*, DZWIR 2011, 45, 50.

des eröffneten Verfahrens stünde auch nicht im Einklang mit der vom Gesetz strikt durchgehaltenen Trennung zwischen dem eröffneten Verfahren und der Wohlverhaltensphase nach Verfahrensaufhebung. Bis zur Aufhebung des Verfahrens fallen die pfändbaren Bezüge des Schuldners und sämtlicher Neuerwerb, wozu auch eine erlangte Erbschaft gehört, ohnehin nach §§ 35, 36 InsO in die Insolvenzmasse und werden vom Verwalter bzw. Treuhänder verwaltet[64], sodass es auch keiner Herausgabe durch den Schuldner bedarf. Insoweit ist mithin der Vorgehensweise des Beschwerdegerichts, die Nachtragsanordnung allein wegen angeblicher Geltung des § 295 InsO aufzuheben, zu widersprechen.

Auch die weiteren Ausführungen des Senats zum Zeitpunkt des Eintritts der Aufhebungswirkungen überzeugen. Zwar hätte die gegenteilige Ansicht den Vorteil, dass durch eine Anknüpfung an die öffentliche Bekanntmachung sowohl für alle Beteiligten als auch für außenstehende Dritte keine Unklarheiten bestünden, zu welchem exakten Zeitpunkt die Rechtsfolgen der Aufhebung, vor allem der Rückfall der Verfügungsbefugnis an den Schuldner, eintreten bzw. eingetreten sind. Allerdings enthält die InsO keine Regelung dahingehend, dass eine Entscheidung erst mit ihrer Bewirkung wirksam wird[65] oder dass die Wirksamkeit des Aufhebungsbeschlusses von seiner Bekanntgabe abhängig ist. Der Aufhebungsbeschluss wird mithin bereits mit seinem Erlass wirksam. Auch aus § 200 Abs. 2 InsO folgt kein anderes Ergebnis. Zwar sieht § 200 Abs. 2 InsO vor, dass der Beschluss öffentlich bekannt zu machen ist. Es wurde aber nicht geregelt, dass der Beschluss überhaupt erst mit der öffentlichen Bekanntmachung wirksam wird. Hätte der Gesetzgeber beabsichtigt, die Wirksamkeit des Aufhebungsbeschlusses von seiner Bekanntmachung abhängig zu machen, so hätte es einer klaren Regelung bedurft, wie dies beispielsweise in § 40 Abs. 1 FamFG der Fall ist. Zudem folgt aus § 9 Abs. 1 S. 3 InsO nichts anderes, da hier nur geregelt wurde, dass die *Bekanntmachung* nach Ablauf von zwei Tagen nach der Veröffentlichung im Internet *als bewirkt gilt*. Dies bedeutet jedoch nicht, dass die Verfahrensaufhebung erst zu diesem Zeitpunkt überhaupt wirksam wird.

Für die Annahme einer planwidrigen Regelungslücke fehlt es ebenfalls an jeglichen Anhaltspunkten. Insoweit lässt sich ein gesetzgeberisches Versehen aus

64 BGH, Beschl. v. 18.12.2008 – IX ZB 249/07, ZInsO 2009, 299, 300 Rn. 12.

65 So auch *Würdiger/Hofmann*, WuB 2010, 700, 701; *Anger*, VIA 2010, 78; *Roth*, jurisPR-InsR 24/2010 Anm. 6; K. Schmidt/*Jungmann*, InsO, § 200 Rn. 3. Befürwortend wohl auch *Smid*, DZWIR 2011, 45, 49; *Kießner*, FD-InsR 2010, 307916. Ebenso nunmehr HambKomm/*Preß*, InsO, 4. Aufl., § 200 Rn. 15 unter Aufgabe seiner vorherigen Kommentierung in HambKomm/*Preß*, InsO, 3. Aufl., § 200 Rn. 15. So bereits zur KO: *Richert*, NJW 1961, 645, 647.

folgendem Grund ausschließen: Das Insolvenzverfahren ist geprägt durch laufende Unterrichtung der Gläubiger, sowohl durch das Insolvenzgericht als auch durch den Insolvenzverwalter. Dies hat zur Konsequenz, dass die Verfahrensaufhebung für die Gläubiger vorhersehbar und kalkulierbar ist, da diese gem. § 200 Abs. 1 InsO erst nach Vollzug der Schlussverteilung erfolgt. Erfolgt mangels ausreichender Masse keine Schlussverteilung, so werden die Gläubiger auch hierüber unterrichtet. Ein Überraschungsmoment ist damit ausgeschlossen. Es besteht auch keine anderweitige Rechtsunsicherheit hinsichtlich des genauen Zeitpunktes der Aufhebung, da der Aufhebungsbeschluss in der Regel datiert und mit einer genauen Uhrzeit versehen wird, sodass für alle Beteiligten der exakte Aufhebungszeitpunkt ohne Weiteres bestimmbar ist. Enthält der Aufhebungsbeschluss keine Angabe über die Uhrzeit seines Erlasses, dann kann, wie der BGH zutreffend herausstellt, auf § 27 Abs. 3 InsO analog zurückgegriffen werden. Gegen die Annahme einer Regelungslücke spricht zudem der Umstand, dass es nicht gerechtfertigt wäre, dem Schuldner die Verfügungsbefugnis über sein Vermögen länger als nötig vorzuenthalten[66], was der BGH in seiner Entscheidung überzeugend herausstellt. Mit Erlass des Aufhebungsbeschlusses besteht auch kein weiteres Bedürfnis für eine gleichmäßige Gläubigerbefriedigung oder für weitere Handlungsmöglichkeiten des Verwalters. Werden nach Erlass des Aufhebungsbeschlusses noch Leistungen an den (vormaligen) Insolvenzverwalter erbracht, so stellt der BGH zutreffend auf den Rechtsgedanken des § 82 InsO ab, sodass ein an den Insolvenzverwalter leistender Dritte von seiner Verbindlichkeit befreit wird, wenn er von dem Aufhebungsbeschluss keine Kenntnis hatte.

Für die Ansicht des BGH spricht aber auch noch ein weiteres Argument. Durch ein Abstellen auf den Zeitpunkt des Erlasses des Aufhebungsbeschlusses wird ein vollständiger Gleichlauf mit der Verfahrenseröffnung erzielt. Die Wirkungen der Verfahrens*eröffnung* treten nämlich unstreitig bereits mit Erlass des Eröffnungsbeschlusses und nicht erst mit der öffentlichen Bekanntmachung nach § 30 Abs. 1 InsO ein.[67] Überzeugend stellen *Würdiger* und *Hofmann* hierzu

---

66 So bereits zur KO: OLG Breslau, Urt. v. 4.4.1910, VIII. ZS., OLGE 21, 180.

67 Vgl. nur *Smid*, Handbuch, § 29 Rn. 13; LSZ/*Smid*, InsO, § 80 Rn. 4; *Würdiger/Hofmann*, WuB 2010, 700, 701; MünchKomm/*Schmahl/Busch*, InsO, 3. Aufl., § 29 Rn. 43; FK-InsO/*Schmerbach*, § 30 Rn. 7 ff. Vgl. auch Uhlenbruck/*Uhlenbruck*, InsO, 13. Aufl., § 30 Rn. 2; BGH, Urt. v. 1.3.1982 – VIII ZR 75/81, NJW 1982, 2074, 2075. Insofern ist an dieser Stelle *Hintzen* mit Nachdruck zu widersprechen. *Hintzen* führt aus, dass bei Erlass des Aufhebungsbeschlusses durch den Rechtspfleger dieser den Eintritt der Rechtswirkungen der Verfahrensaufhebung von der Rechtskraft des Beschlusses abhängig machen könne, MünchKomm/*Hintzen*, InsO, 3. Aufl., § 200 Rn. 32. Dem kann

fest, dass diese Erwägungen für die Aufhebung des Verfahrens, die dem Schuldner die Verfügungsbefugnis zurückgibt, spiegelbildlich gelten müssen.[68] Diesen Schluss zog auch bereits das Reichsgericht, indem es annahm, dass der Konkursbeschlag „von Rechts wegen" ende.[69] Im Ergebnis stellt der Senat daher zu Recht auf den früheren Zeitpunkt der Beschlussfassung und nicht auf den von weiteren Faktoren abhängigen späteren Zeitpunkt der Bekanntmachung ab.[70]

Für die vorliegend relevante Frage, ob die Nachtragsverteilung im zugrundeliegenden Fall rechtmäßig angeordnet wurde, kommt es mithin entscheidend darauf an, ob der Todesfall des Erblassers vor Erlass des Aufhebungsbeschlusses eingetreten ist oder nicht. Nur wenn diese Frage bejaht werden kann, wurde die gesamte Erbschaft noch vom Insolvenzbeschlag erfasst und gehörte daher auch noch zur (ursprünglichen) Insolvenzmasse. Nur in diesem Fall käme die Erbschaft daher überhaupt als tauglicher Gegenstand einer Nachtragsverteilung in Betracht, während im umgekehrten Fall lediglich § 295 Abs. 1 Nr. 2 InsO anzuwenden wäre. Da diese Frage jedoch nicht geklärt wurde, verwies der Senat die Sache folgerichtig an das Beschwerdegericht zurück.

---

nicht gefolgt werden, da mit dieser Hinauszögerung in die Befugnisse des Schuldners eingriffen wird (dieser erhält sein Verwaltungs- und Verfügungsrecht erst verspätet zurück), sodass es für diesen Eingriff einer Rechtsgrundlage bedarf, an der es jedoch gerade fehlt.

68 *Würdiger/Hofmann*, WuB 2010, 700, 701.

69 RG, Urt. v. 2.11.1895 – Rep. I 203/95, RGZ 36, 20, 22 f. Vgl. auch *Richert*, NJW 1961, 645, 646.

70 Zust. auch K. Schmidt/*Jungmann*, InsO, § 215 Rn. 5.

Teil 3. Einleitung der Nachtragsverteilung

Im Folgenden wird zunächst untersucht, wie ein Nachtragsverteilungsverfahren überhaupt eingeleitet werden kann.

Während der damalige § 166 KO nur eine Anordnung von Amts wegen vorsah, kann nach der heutigen Regelung des § 203 Abs. 1 InsO eine Nachtragsverteilung sowohl beantragt als auch von Amts wegen angeordnet werden.[71]

A. Antragsbefugnis und Formalien

Die Anordnung der Nachtragsverteilung kann nach § 203 Abs. 1 InsO zunächst von einem Insolvenzgläubiger beantragt werden. Wer Insolvenzgläubiger ist, bestimmt sich nach § 38 InsO, sodass nachrangige Insolvenzgläubiger nach § 39 InsO kein Antragsrecht haben[72]. Erforderlich für einen zulässigen Gläubigerantrag ist auch immer ein entsprechendes Rechtsschutzinteresse, das beispielsweise fehlt, wenn der antragstellende Insolvenzgläubiger im Insolvenzverfahren bereits vollständig befriedigt wurde.[73] Demgegenüber haben Massegläubiger kein Antragsrecht.[74] Es bleibt ihnen aber unbenommen, eine Anordnung von Amts wegen anzuregen.[75]

---

71 Nach NR/*Westphal*, InsO, §§ 203, 204 Rn. 3 ist die Abweichung zu § 166 KO gering, da den Beteiligten auch dort ein „Anregungsrecht“ und das Recht der sofortigen Beschwerde zustand. Krit. bzgl. der Einräumung des Antragsrechts in § 203 InsO dagegen HWF/*Förster*, InsO, 2. Aufl., § 204 Rn. 9: Der Gesetzgeber hätte es bei einer Entscheidung „von Amts wegen“ belassen sollen.

72 *Lissner*, InsbürO 2013, 355, 356.

73 MünchKomm/*Hintzen*, InsO, 3. Aufl., § 203 Rn. 7; Uhlenbruck/*Uhlenbruck*, InsO, 13. Aufl., § 203 Rn. 3; Jaeger/*Meller-Hannich*, InsO, § 203 Rn. 11; KPB/*Holzer*, InsO, § 203 Rn. 5.

74 Krit. im Hinblick auf eine etwaige Nachbefriedigung (§ 206 Nr. 3 InsO) allerdings: NR/*Westphal*, InsO, §§ 203, 204 Rn. 17; MünchKomm/*Hintzen*, InsO, 3. Aufl., § 204 Rn. 4; Uhlenbruck/*Uhlenbruck*, InsO, 13. Aufl., § 204 Rn. 4.

75 NR/*Westphal*, InsO, §§ 203, 204 Rn. 3; HambKomm/*Preß*/*Henningsmeier*, InsO, 4. Aufl., § 203 Rn. 11; Braun/*Kießner*, InsO, § 203 Rn. 15. Allerdings steht ihnen bei Nichtanordnung kein Rechtsmittel zur Verfügung. Anders dagegen BerlKomm/*Breutigam*, InsO, § 204 Rn. 4, der den Massegläubigern die befristete Erinnerung nach § 11 Abs. 2 RPflG zubilligt. Hiergegen spricht allerdings, dass § 11 Abs. 2 RPflG nur einschlägig ist, wenn kein Rechtsmittel gegeben ist. Hier ist aber durch § 204 InsO ein Rechtsmittel

Neben den Insolvenzgläubigern ist auch der Insolvenzverwalter nach § 203 Abs. 1 InsO antragsberechtigt. Wurde das Insolvenzverfahren bereits aufgehoben, so bleibt der ehemalige Insolvenzverwalter antragsberechtigt.[76] Auch wenn den Verwalter grundsätzlich keine Pflicht zur Antragstellung trifft, sollte er beachten, dass er sich bei pflichtwidrigem Unterlassen der Antragstellung und bei hinreichender Kenntniserlangung der Umstände, die eine Nachtragsverteilung rechtfertigen, u.U. schadensersatzpflichtig machen kann. Um dem zu entgehen, sollte der Verwalter daher bei Kenntniserlangung zumindest eine Anordnung von Amts wegen anregen und dem Gericht entsprechende Mitteilungen machen.[77]

Hinsichtlich der Antragsformalitäten ist zu beachten, dass der Antrag schriftlich oder zu Protokoll der Geschäftsstelle gestellt werden und ein entsprechendes Anordnungsbegehren erkennen lassen muss.[78] Da sich die Nachtragsverteilung gegenständlich auf die in § 203 Abs. 1 InsO aufgeführten Gegenstände beschränkt und somit durch ihre Anordnung nicht das gesamte Insolvenzverfahren wieder neu aufgerollt wird, sollte der Antrag zudem genaue Angaben über den jeweiligen Anordnungsgegenstand, den derzeitigen Belegenheitsort sowie dessen ungefähren Wert enthalten.[79] Sind dem Antragsteller diese Angaben allerdings nicht möglich oder nur durch zusätzlichen Aufwand zu beschaffen und unterlässt er daher eine genauere Angabe, so ist sein Anordnungsantrag trotzdem zulässig und das Gericht hat die maßgeblichen Umstände von Amts wegen zu ermitteln.[80]

B. Anordnung von Amts wegen

In Anlehnung an § 166 KO sieht § 203 Abs. 1 InsO auch eine Anordnung von Amts wegen vor. Eine solche amtswegige Anordnung wird in der Praxis aber vermutlich eher die Ausnahme sein, da das Insolvenzgericht selten von sich aus Kenntnis über ehemalige Massegegenstände erlangen wird. Insbesondere werden

---

gegeben, sodass § 11 Abs. 2 RPflG keine Anwendung finden kann. Eine Ausdehnung des Beschwerderechts ist zudem wegen § 6 InsO nicht statthaft, *Hess*, InsO, § 204 Rn. 5.

76 MünchKomm/*Hintzen*, InsO, 3. Aufl., § 203 Rn. 7; HambKomm/*Preß*/*Henningsmeier*, InsO, 4. Aufl., § 203 Rn. 5.

77 KPB/*Holzer*, InsO, § 203 Rn. 3; MünchKomm/*Hintzen*, InsO, 3. Aufl., § 203 Rn. 7; Uhlenbruck/*Uhlenbruck*, InsO, 13. Aufl., § 203 Rn. 24; Braun/*Kießner*, InsO, § 203 Rn. 15.

78 Uhlenbruck/*Uhlenbruck*, InsO, 13. Aufl., § 203 Rn. 24; KPB/*Holzer*, InsO, § 203 Rn. 2.

79 Vgl. KPB/*Holzer*, InsO, § 203 Rn. 2; *Holzer* InsbürO 2011, 82, 87. Die Angabe des Wertes ist vor dem Hintergrund des § 203 Abs. 3 InsO relevant. Ausführlich zu § 203 Abs. 3 InsO: Teil 4., C.

80 Jaeger/*Meller-Hannich*, InsO, § 203 Rn. 12.

Rückflüsse in die (ursprüngliche) Masse regelmäßig nur dem Insolvenzverwalter bekannt. Oftmals wird das Insolvenzgericht von den Beteiligten über die geänderte Sachlage informiert[81], damit es überhaupt vom Vorliegen der Voraussetzungen der Nachtragsverteilung Kenntnis erlangt. In diesen Fällen wird es sich auch regelmäßig bereits um einen ausdrücklichen Antrag und nicht lediglich um eine Anregung auf Anordnung der Nachtragsverteilung von Amts wegen handeln. Lediglich im Fall des § 203 Abs. 1 Nr. 1 InsO („Freiwerden zurückbehaltener Beträge") erscheint eine Anordnung von Amts wegen überhaupt praxisnah und möglich, da hier das Gericht aus der Schlussrechnung und dem Schlussverzeichnis eigenständig erkennen könnte, dass in naher Zukunft Beträge für eine weitere Verteilung zur Verfügung stehen.[82]

Erhält das Gericht Mitteilungen und Anzeigen von nicht antragsberechtigten Dritten, so sollte es diesen in geeigneten Fällen nachgehen und prüfen, ob eine Nachtragsverteilung von Amts wegen anzuordnen ist.[83] Vor allem hat es zu prüfen, ob ein als „Antrag" eingereichtes Schreiben als Anregung dahingehend ausgelegt werden kann, eine Nachtragsverteilung von Amts wegen einzuleiten.[84] Allerdings ist es nicht verpflichtet, jeder Anzeige nachzugehen. Nur wenn überzeugende Gründe vorgebracht werden, die die Annahme rechtfertigen, dass der Tatbestand des § 203 Abs. 1 InsO eröffnet ist, muss das Gericht diese Mitteilungen ernst nehmen und Nachforschungen anstellen. Auch hier greift insoweit der Amtsermittlungsgrundsatz des § 5 InsO ein, wobei das Gericht auch den früheren Insolvenzverwalter als Gutachter einsetzen kann.[85]

C. Ermessen des Gerichts?

Die Regelung des § 203 Abs. 1 InsO räumt dem Gericht bei der Frage der Verfahrensanordnung grundsätzlich kein Ermessen ein. Liegt ein Anordnungsantrag vor oder erhält das Gericht von sich aus Kenntnis weiterer Massezuflüsse, so ist es nach dem Gesetzeswortlaut vielmehr verpflichtet, die Nachtragsverteilung

---

81 Vgl. FK-InsO/*Kießner*, § 203 Rn. 21; LSZ/*Smid*, InsO, § 203 Rn. 2; Jaeger/*Meller-Hannich*, InsO, § 203 Rn. 11.

82 FK-InsO/*Kießner*, § 203 Rn. 20; Uhlenbruck/*Uhlenbruck*, InsO, 13. Aufl., § 203 Rn. 25.

83 FK-InsO/*Kießner*, § 203 Rn. 22; Uhlenbruck/*Uhlenbruck*, InsO, 13. Aufl., § 203 Rn. 25.

84 KPB/*Holzer*, InsO, § 203 Rn.3.

85 Uhlenbruck/*Uhlenbruck*., InsO, 13. Aufl., § 203 Rn. 25; Mohrbutter/Ringstmeier/*Ernestus*, § 11 Rn. 91.

anzuordnen.[86] Lediglich § 203 Abs. 3 InsO eröffnet dem Gericht im Falle eines sog. geringwertigen Betrages ausdrücklich ein Ermessen.[87]

Allerdings ist das Gericht nicht verpflichtet, die Nachtragsverteilung sofort anzuordnen.[88] Eine sinnvolle und interessengerechte Auslegung des § 203 InsO erlaubt es dem Gericht, die Anordnung aufzuschieben, wenn zu erwarten ist, dass die Voraussetzungen einer Nachtragsverteilung in absehbarer Zeit erneut eintreten werden und kein Interesse an einer sofortigen Anordnung besteht.[89] Eine solche Situation kann sich beispielsweise bei mehreren anhängigen Feststellungs- oder Anfechtungsklagen ergeben, wenn diese in kurzen Zeitabständen zueinander zur Entscheidung reif sind.[90] Hier wäre es widersinnig, wenn das Gericht hinsichtlich jedes einzelnen prozessbefangenen Massegegenstandes eine gesonderte Nachtragsverteilung anordnen würde. Verfahrensökonomischer dürfte es hier sein, dass bei annähernd gleicher Entscheidungsreife der Prozesse solange mit der Anordnung zugewartet wird, bis auch der letzte Prozess entschieden wurde und ein weiterer Massezufluss sicher feststeht. Sollte es sich allerdings um nachträglich ermittelte Massegegenstände handeln, bei denen die Gefahr von Vereitelungshandlungen durch den Schuldner besteht, dann sollte das Gericht hinsichtlich dieser weiteren Vermögenswerte nicht mit der Anordnung zuwarten. Dem Verwalter sollte hier vielmehr zeitnah durch die Nachtragsanordnung die Kompetenz gegeben werden, alle nötigen Sicherungsmaßnahmen bezüglich dieser Vermögenswerte einzuleiten.

---

86 KPB/*Holzer*, InsO, § 203 Rn. 3; LSZ/*Smid*, InsO, § 203 Rn. 2; *Hess*, InsO, § 203 Rn. 15; Andres/Leithaus/Dahl/*Leithaus*, InsO, § 203 Rn. 4. Zur KO bereits: *Parsch*, KTS 1956, 148. Insofern verfehlt: *Lissner*, InsbürO 2013, 355, 357, der allgemein darstellt, dass es sich bei der Anordnung um eine Ermessensentscheidung handele.

87 Zu § 203 Abs. 3 InsO vgl. die Ausführungen im Kapitel Teil 4., C.

88 NR/*Westphal*, InsO, §§ 203, 204 Rn. 10; MünchKomm/*Hintzen*, InsO, 3. Aufl., § 203 Rn. 5.

89 So die Gegenäußerung der Bundesregierung zur Stellungnahme des Bundesrates zu § 231 RegE-InsO, abgedruckt in: *Kübler/Prütting*, Das neue Insolvenzrecht, S. 431. So auch BerlKomm/*Breutigam*, InsO, § 203 Rn. 20. Ebenso Gottwald/*Eickmann* § 65 Rn. 55, nach dem es bei kleineren Beträgen sinnvoll sein könne, zuzuwarten, ob sich die verfügbare Masse vergrößert. Zur KO: Jaeger/*Weber*, KO, § 166 Anm. 9: „Der Rechtspfleger kann die Anordnung der Nachtragsverteilung auch bis zum Verfügbarwerden weiterer Gegenstände aufschieben."

90 Beispiel aus der Stellungnahme des Bundesrates zu § 231 RegE-InsO, abgedruckt in: *Kübler/Prütting*, Das neue Insolvenzrecht, S. 431; MünchKomm/*Hintzen*, InsO, 3. Aufl., § 203 Rn. 5; NR/*Westphal*, InsO, §§ 203, 204 Rn. 10.

Teil 4. Voraussetzungen der Anordnung

Für eine rechtmäßige Anordnung der Nachtragsverteilung muss in jedem Fall einer der Tatbestandsvarianten des § 203 Abs. 1 InsO erfüllt sein. Bevor allerdings eine nähere Auseinandersetzung mit den materiellen Tatbestandsvoraussetzungen des § 203 Abs. 1 InsO erfolgt, soll zunächst der Frage nachgegangen werden, ob bei der Anordnung auch zeitliche Voraussetzungen zu beachten sind.

A. Zeitliche Voraussetzungen

Bei der Untersuchung der zeitlichen Voraussetzungen geht es zum einen um die Frage, ab wann eine Nachtragsverteilung überhaupt rechtmäßig angeordnet werden kann bzw. auch darum, ab wann eine solche Anordnung in der Praxis sogar erforderlich ist, um dem Verwalter die notwendige Verteilungsbefugnis zu verleihen bzw. zu erleichtern. Zum anderen geht es um die Frage, ob eine Nachtragsverteilung zeitlich unbegrenzt möglich ist oder aber mitunter einer Höchstfrist unterliegt.

I. Frühestmögliche Anordnung und Durchführung der Nachtragsverteilung

Die Anordnung der Nachtragsverteilung kommt nach dem Wortlaut des § 203 Abs. 1 InsO frühestens nach Beendigung des Schlusstermins (§ 197 InsO) in Betracht.[91] Daraus folgt zunächst, dass alle bis zum Schlusstermin bekannt gewordenen Massezuflüsse noch unproblematisch in die Schlussrechnung sowie in das Schlussverzeichnis aufgenommen[92] und an die Gläubiger verteilt werden können, ohne dass es hier einer eigens angeordneten Nachtragsverteilung überhaupt bedarf.

---

91 BGH, Beschl. v. 17.3.2005 – IX ZB 286/03, NZI 2005, 395; MünchKomm/*Hintzen*, InsO, 3. Aufl., § 203 Rn. 8; KPB/*Holzer*, InsO, § 203 Rn. 6; Uhlenbruck/*Uhlenbruck*, InsO, 13. Aufl., § 203 Rn. 3; BerlKomm/*Breutigam*, InsO, § 203 Rn. 2.

92 KPB/*Holzer*, InsO, § 203 Rn. 6; MünchKomm/*Hintzen*, InsO, 3. Aufl., § 203 Rn. 8; Braun/*Kießner*, InsO, § 203 Rn. 5; Uhlenbruck/*Uhlenbruck*, InsO, 13. Aufl., § 203 Rn. 3; Jaeger/*Meller-Hannich*, InsO, § 203 Rn. 2; *Hess*, InsO, § 203 Rn. 28; Mohrbutter/Ringstmeier/*Ernestus*, § 11 Rn. 90.

1. *Notwendigkeit der Nachtragsverteilung für alle Massezuflüsse nach Beendigung des Schlusstermins? – BGH, Beschl. v. 19.12.2013 – IX ZB 9/12*

Fraglich ist jedoch, ob für solche Vermögenswerte, die der Masse zwischen dem Schlusstermin und dem Vollzug der Schlussverteilung zufließen, eine Nachtragsverteilung anzuordnen ist oder ob der Verwalter diese Zuflüsse ohne Anordnung eigenständig in die Schlussverteilung integrieren kann. Diese Frage scheint in Rechtsprechung und Literatur nicht einheitlich beantwortet zu werden.

a) Darstellung des Meinungsstandes

Uhlenbruck führt hierzu aus, dass die Nachtragsverteilung vom Schlusstermin an möglich sei, „[...] so dass auch diejenigen Vermögensgegenstände einer Nachtragsverteilung zugeführt werden können, die nach dem Schlusstermin, aber vor dem Vollzug der Schlussverteilung frei geworden oder ermittelt worden sind [...].“[93] Ähnlich führt *Holzer* an, dass die Nachtragsverteilung frühestens nach Beendigung des Schlusstermins angeordnet werden könne und die zeitlich weit später liegende Beendigung der Schlussverteilung kein geeigneter Anknüpfungspunkt sei.[94]

Nach *Zimmer* ist dagegen nicht die Beendigung des Schlusstermins, sondern die durchgeführte Schlussverteilung Tatbestandsmerkmal der Nachtragsverteilung. Insofern sei der damalige § 166 KO, der an den Vollzug der Schlussverteilung anknüpfte, zutreffend formuliert gewesen.[95] Bei der Nachtragsverteilung gehe es um etwas nachträglich zu Verteilendes, was denklogisch voraussetze, dass das Übrige vorher schon verteilt wurde. Eine Nachtragsverteilung komme somit erst dann in Betracht, wenn die Schlussverteilung bereits durchgeführt worden ist, sodass alle Gelder, die bis zur Schlussverteilung beim Verwalter eingehen, noch in die Schlussverteilung integriert werden könnten, ohne dass hier eine Nachtragsverteilung angeordnet werden müsste. Der im Schlusstermin als zur Verteilung zur Verfügung stehend genannte Betrag habe nach *Zimmer* keine

---

93 Uhlenbruck/*Uhlenbruck*, InsO, 13. Aufl., § 203 Rn. 2. Ebenso anscheinend NR/*Westphal*, InsO, §§ 203, 204 Rn. 4 und MünchKomm/*Hintzen*, InsO, 3. Aufl., § 203 Rn. 8 jeweils unter Verweis auf das damalige Verständnis des § 166 KO. So auch *Lissner*, InsbürO 2013, 355, 356: „Auch Beträge, die zwar vor Aufhebung des Verfahrens, aber nach dem Schlusstermin ermittelt werden oder der Masse zufließen, sind von einer evtl. Nachtragsverteilung umfasst [...].“

94 KPB/*Holzer*, InsO, § 203 Rn. 6.

95 *Zimmer*, KTS 2009, 199, 204. So auch *Frege/Keller/Riedel*, Rn. 1727.

bindende Wirkung. Die Norm des § 196 Abs. 2 InsO beantworte lediglich die Frage, ob eine Schlussverteilung durchgeführt werden darf oder nicht und bestimme folglich nicht, dass das Insolvenzgericht sich dazu äußern müsste oder dürfte, welcher Betrag verteilt werden soll. Auch die Praxis zeige, dass der tatsächlich ausgeschüttete Betrag grundsätzlich nicht mit der im Schlusstermin prognostizierten Verteilungsmasse exakt übereinstimmt, wofür vor allem Kontoführungsgebühren und die weitere Verzinsung des Massebestandes zwischen Schlusstermin und Schlussverteilung sorgen würden.[96]

Dieser Ansicht hat sich nunmehr auch der BGH in seiner Entscheidung vom 19.12.2013 angeschlossen.[97] Im zugrundeliegenden Sachverhalt beantragte der Verwalter eine nachträgliche Erhöhung seines ursprünglichen Vergütungsantrags wegen weiterer Massezuflüsse nach dem Schlusstermin, aber vor Vollzug der Schlussverteilung. Diesem Erhöhungsbegehren entsprach das Insolvenzgericht nicht, setzte stattdessen ein entsprechendes Entgelt für die Nachtragsverteilung nach § 6 InsVV fest und ordnete die Nachtragsverteilung bezüglich der nach dem Schlusstermin realisierten und noch zu erwartenden Massezuflüsse an. Auch die hiergegen eingelegte sofortige Beschwerde des Verwalters blieb erfolglos. Das Beschwerdegericht führte insoweit aus, dass für Massezuflüsse nach dem Schlusstermin gesetzlich das Verfahren der Nachtragsverteilung vorgesehen sei. Mit seiner beim BGH eingelegten Rechtsbeschwerde verfolgte der Verwalter sein Begehren weiter; im Ergebnis mit Erfolg. Der Senat führte aus, dass der Wortlaut des § 203 Abs. 1 InsO eine Anordnung der Nachtragsverteilung zwar ab dem Schlusstermin gestatte. Begrifflich sei eine Nachtragsverteilung aber erst nach der Schlussverteilung veranlasst. Solange die Schlussverteilung noch nicht vollzogen ist, könne der weitere Massezufluss noch in die Schlussverteilung einbezogen werden, ohne dass es hierfür einer Nachtragsverteilung bedürfe.[98]

Noch weiter scheint *Keller* gehen zu wollen, nach dem es entgegen der Regelung des § 203 Abs. 1 InsO wegen weiterer Massezuflüsse günstiger sei, nicht auf den Schlusstermin, sondern auf die Verfahrensaufhebung abzustellen.[99]

---

96 *Zimmer*, KTS 2009, 199, 206.

97 BGH, Beschl. v. 19.12.2013 – IX ZB 9/12, NZI 2014, 238, 239 Rn. 11.

98 BGH, Beschl. v. 19.12.2013 – IX ZB 9/12, NZI 2014, 238, 239 Rn. 11 m. zust. Anm. *Smid*, jurisPR-InsR 7/2014 Anm. 2; *Stoffler*, NZI 2014, 239, 240. Ebenso *Kießner*, FD-InsR 2014, 355801, allerdings mit der Einschränkung, dass Massezuflüsse nur bis zum Beginn der Schlussverteilung und nicht deren Beendigung in die Schlussverteilung integriert werden könnten.

99 *Keller*, Insolvenzrecht, Rn. 790.

b) Stellungnahme

Welche Ansicht im Ergebnis vorzugswürdig ist, kann nur durch einen Blick auf die gesetzlichen Regelungen sowie die jeweiligen Auswirkungen auf die Beteiligten beantwortet werden.

Zunächst dürfte völlig unstreitig sein, dass die Verwaltungs- und Verfügungsbefugnis des Verwalters aufgrund der bis zur Verfahrensaufhebung andauernden Beschlagnahme auch Gelder und sonstige Massezuflüsse umfasst, die zwischen dem Schlusstermin und der Verfahrensaufhebung beim Verwalter eingehen oder diesem bekannt werden.[100] Es fragt sich aber, ob der Verwalter diese Vermögenswerte auch eigens an die Gläubiger verteilen darf bzw. ohne erheblichen Arbeitsaufwand auch kann.

Gegen *Keller*, der eine Nachtragsverteilung anscheinend überhaupt erst dann als notwendig ansieht, wenn es sich um Massezuflüsse nach Verfahrensaufhebung handelt, spricht bereits der Wortlaut des § 203 Abs. 2 InsO, der einer Erhebung der Verfahrensaufhebung zum Tatbestandsmerkmal der Nachtragsverteilung entgegensteht[101]. Zudem wäre der Verwalter bei einer solchen Ausweitung des § 203 Abs. 1 InsO auch gehalten, bei einer bereits vollzogenen Schlussverteilung im Falle weiterer Massezuflüsse vor Verfahrensaufhebung eine zweite oder gar dritte Schlussverteilung durchzuführen, die so jedoch im Gesetz nicht vorgesehen ist.

Es fragt sich allerdings, ob entgegen des Wortlautes des § 203 Abs. 1 InsO nicht der Schlusstermin, sondern der Vollzug der Schlussverteilung als Tatbestandsmerkmal der Nachtragsverteilung heranzuziehen ist.

Eine Anknüpfung an die vollzogene Schlussverteilung hätte zunächst den Vorteil, dass alle Massezuflüsse bis zur zeitlich nach hinten verlagerten Schlussverteilung ohne eigens angeordnete Nachtragsverteilung i.R.d. Schlussverteilung an die Gläubiger verteilt werden könnten. Dies würde sich insbesondere für laufende Zinsen auf dem Anderkonto anbieten, bei denen eine Anordnung der Nachtragsverteilung teilweise als unnötige Förmelei angesehen wird[102].

Allerdings wird bei dieser Auslegung der eindeutige und unmissverständliche Wortlaut des § 203 Abs. 1 InsO missachtet. Dieser knüpft für die

---

100 *Zimmer*, KTS 2009, 199, 205.

101 *Zimmer*, KTS 2009, 199, 205. Hier liegt zwar ein Unterschied zwischen dem Verfahrens- und dem Vergütungsrecht vor, da § 63 Abs. 1 InsO auf den Zeitpunkt der Verfahrensbeendigung abstellt. Dies ändert jedoch nichts am formalen Verfahrensablauf.

102 So: *Frege/Keller/Riedel*, Rn. 1727; Uhlenbruck/*Uhlenbruck*, InsO, 13. Aufl., § 203 Rn. 3; Bork/Koschmieder/*Riedel*, Rn. 10.183 f.; HWF/*Förster*, InsO, 2. Aufl., § 203 Rn. 10.

Nachtragsverteilung ausdrücklich an den Schlusstermin an, der nach der gesetzgeberischen Konzeption des § 197 InsO i.d.R. vor dem Vollzug der Schlussverteilung[103] stattfindet. Dem Wortlaut des § 203 Abs. 1 InsO lässt sich eindeutig entnehmen, dass die Schlussverteilung unverändert vollzogen und die dort nicht berücksichtigte, später zugeflossene Masse im Wege der Nachtragsverteilung verteilt wird.[104] Aus einer Zusammenschau mit den §§ 196, 197 InsO ergibt sich, dass der Gesetzgeber zwischen Beträgen, die noch i.R.d. Schlussverteilung an die Gläubiger verteilt werden können, und solchen, hinsichtlich derer eine Nachtragsverteilung notwendig ist, unterschieden hat.

Gegen eine Anknüpfung der Nachtragsverteilung an den Vollzug der Schlussverteilung spricht ferner, dass eine Änderung des Schlussverzeichnisses, das Grundlage für die Schlussverteilung ist, nach Abhaltung des Schlusstermins nach zutreffender Ansicht ausgeschlossen ist[105], sodass auch die nach Abhaltung des Schlusstermins zugeflossene Masse nicht ohne Weiteres in die Schlussverteilung integriert werden kann.

Eine Anknüpfung an die vollzogene Schlussverteilung würde zudem mitunter auch erhebliche Probleme für den Verwalter mit sich bringen, die sowohl von *Zimmer* als auch vom BGH übersehen werden. Müsste der Verwalter alle Massezuflüsse nach dem Schlusstermin und vor dem Vollzug der Schlussverteilung in die Schlussverteilung integrieren, so wäre er nämlich gezwungen, das Schlussverzeichnis ggf. mehrere Male zu überarbeiten und die Quotenausschüttungen neu zu berechnen, was zudem zu erheblichen Zeitverzögerungen für die Befriedigung der Gläubigerforderungen führen kann. Dieser missliche Umstand war nebenbei ein maßgeblicher Grund dafür, dass bereits die vormalige Regelung des § 166 KO entgegen ihres Wortlautes dahingehend verstanden wurde, dass nicht der Vollzug der Schlussverteilung, sondern der Schlusstermin Tatbestandsmerkmal der Nachtragsverteilung war[106]. Ein solches Verständnis des § 166 KO wurde

---

103 Grund dafür ist, dass im Schlusstermin nach § 197 Abs. 1 Nr. 2 InsO auch Einwendungen gegen das Schlussverzeichnis geprüft werden, welches wiederum die Grundlage für die Schlussverteilung bildet, *Delhaes*, KTS 1963, 240, 251.

104 BerlKomm/*Breutigam*, InsO, § 203 Rn. 5; Uhlenbruck/*Uhlenbruck*, InsO, 13. Aufl., § 203 Rn. 3.

105 So: Uhlenbruck/*Uhlenbruck*, InsO, 13. Aufl., § 203 Rn. 3; HambKomm/*Preß/Henningsmeier*, InsO, 4. Aufl., § 203 Rn. 3; BerlKomm/*Breutigam*, InsO, § 203 Rn. 5. Vgl. auch bereits RG, Urt. v. 4.12.1931 – II 155/31, KuT 1932, 97, 98.

106 Vgl. *K. Schmidt*, KO, § 166 Anm. 1; *Kuhn/Uhlenbruck*, KO, § 166 Rn. 1; Jaeger/*Weber*, KO, § 166 Anm. 8; *Bohnenberg*, KuT 1936, 99; *Delhaes*, KTS 1963, 240, 251; jeweils mit unterschiedlicher Begründung.

als notwendig angesehen, da der Verwalter ansonsten verpflichtet gewesen wäre, alle Vermögenswerte, die in der Zeit zwischen dem Schlusstermin und dem Vollzug der Schlussverteilung der Masse zufielen, noch bei der Schlussverteilung zu berücksichtigen und er daher u.U. gezwungen war, seine Quotenberechnung mehrere Male zu revidieren.[107] Eine solche nachträgliche Umänderung des Schlussverzeichnisses habe nach *Wachtel* aber bereits damals wegen der damit verbundenen Verzögerungen und sich daraus ergebenen Unsicherheiten keineswegs im Sinne des Gesetzgebers gelegen.[108]

Gegen eine Integration dieser Massezuflüsse in die Schlussverteilung spricht ferner, dass die nachträgliche Masseerhöhung nach § 197 InsO erneut öffentlich bekannt gemacht werden müsste, da vor der Schlussverteilung nicht nur die Summe der Forderungen, sondern auch der Massebestand öffentlich bekannt zu machen ist[109]. Dann aber müsste auch prinzipiell eine weitere Gläubigerversammlung nach § 197 InsO anberaumt werden.

Nach allem lässt sich festhalten, dass eine nachträgliche Integration weiterer Massezuflüsse nach dem Schlusstermin in die Schlussverteilung augenscheinlich nicht so einfach ist, wie dies von *Zimmer* und dem BGH unterstellt wird. Eine solche Ausweitung der Schlussverteilung bzw. Integration nachträglicher Massezuflüsse in die Schlussverteilung kann für den Verwalter erhebliche Probleme mit sich bringen, muss dieser doch bei jeglichem Massezufluss nach dem Schlusstermin sein Zahlenwerk erneut überarbeiten. Dies führt aber nicht nur zu einem erheblichen Mehraufwand, sondern kann vor allem auch zu weiteren zeitlichen Verzögerungen führen.

Dieser Mehraufwand und auch evtl. zeitliche Verzögerungen lassen sich hingegen unproblematisch dadurch vermeiden, indem bezüglich aller nach dem Schlusstermin erfolgten Massezuflüsse formal eine Nachtragsverteilung angeordnet wird. Diese Vorgehensweise entspricht nicht nur dem gesetzlichen Wortlaut des § 203 Abs. 1 InsO, nach dem eine Nachtragsverteilung für Massezuflüsse

---

107 *Delhaes*, KTS 1963, 240, 251. Vgl. auch Jaeger/*Weber*, KO, § 166 Rn. 8: „Es kann aber offenbar nicht im Zwecke des Gesetzes liegen, [...] eine „verwickelte Umrechnung des Schlußverteilungsplanes [sic!] notwendig zu machen."

108 *Wachtel*, S. 25. *Wachtel* legte den § 166 KO entgegen der überwiegenden Ansicht jedoch nicht dahingehend aus, dass an den Schlusstermin angeknüpft werden sollte, sondern er nahm an, dass eine Nachtragsverteilung ab dem Moment möglich und auch notwendig sei, zu dem ein Gläubiger die Berechnung der Schlussdividende in den Händen hatte und sie infolgedessen ohne Gefahr großer Veränderungen nicht mehr geändert werden konnte, *Wachtel*, S. 26.

109 LSZ/*Smid*, InsO, § 197 Rn. 2 m.w.N.

nach dem Schlusstermin anzuordnen ist, sondern führt auch nicht zu einem nennenswerten Mehraufwand oder gar zeitlichen Verzögerungen. Nennenswerte zeitliche Verzögerungen sind insofern nicht zu erwarten, als die Nachtragsverteilung nach § 205 InsO ebenfalls auf Grund des Schlussverzeichnisses durchgeführt wird, welches zu diesem Zeitpunkt bereits geprüft vorliegt. Zudem bedarf es lediglich eines Anordnungsbeschlusses des Gerichts. Nach angeordneter Nachtragsverteilung kann der Verwalter sodann die erhaltene Nachtragsmasse anhand des Schlussverzeichnisses an die Gläubiger ohne zeitliche Verzögerung verteilen.

Festzuhalten ist damit, dass für alle Massezuflüsse nach Beendigung des Schlusstermins eine förmliche Anordnung der Nachtragsverteilung notwendig ist.[110] Eine solche Anordnung verfolgt hier nicht primär den Zweck, einen neuen Insolvenzbeschlag zu erzeugen und dem Verwalter die Verwaltungs- und Verfügungsbefugnis bezüglicher der Nachtragsmasse zu verleihen, da der Insolvenzbeschlag ohnehin bis zur Verfahrensaufhebung fortbesteht und der Verwalter damit auch nach dem Schlusstermin bis zur Verfahrensaufhebung weiterhin verwaltungs- und verfügungsbefugt ist. Die Anordnung dient vielmehr dazu, dem Verwalter eine legitime und leicht zu handhabende Grundlage für die weitere Verteilung der zugeflossenen Vermögenswerte zu geben. Insofern könnte man hier auch von einer „unechten“ [111] Nachtragsverteilung im Sinne einer zweiten bzw. ergänzenden Schlussverteilung sprechen.

Eine Ausnahme von dem hier vertretenen Grundsatz sollte jedoch für laufende Zinsen auf dem Verwalteranderkonto gemacht werden, da eine diesbezügliche

---

110 So wohl auch Uhlenbruck/*Uhlenbruck*, InsO, 13. Aufl., § 203 Rn. 2/3; Jaeger/*Meller-Hannich*, InsO, § 203 Rn. 2; *Lissner*, InsbürO 2013, 355, 356. Ebenso wohl *Kalkmann*, EWiR 2011, 785, indem sie ausführt, dass Massezuflüsse zwischen Schlusstermin und Verfahrensaufhebung einer Nachtragsverteilung nach § 203 InsO unterliegen würden.

111 Der Begriff der „echten“ und „unechten“ Nachtragsverteilung wird von *Stoffler* verwendet, *Stoffler*, NZI 2014, 239, 240. Nach *Stoffler* handelt es sich um eine „echte“ Nachtragsverteilung, wenn nach Verfahrensbeendigung Masse frei werde, zurückfließe oder ermittelt werde. Diese „echte“ Nachtragsverteilung sei dann auch nach § 6 Abs. 1 InsVV zu vergüten. Dagegen handele es sich nach ihm um eine „unechte“ Nachtragsverteilung im Sinne einer zweiten, ergänzenden Schlussverteilung, wenn es sich um Massezuflüsse zwischen Schluss*verteilung* und Verfahrensbeendigung handele. Diese könnten zu einer Erhöhung der Vergütung für das Insolvenzverfahren führen. Im Gegensatz zu *Stoffler* wird hier der Begriff der „unechten“ Nachtragsverteilung aber für die Fälle verwendet, in denen es sich um Massezuflüsse nach Beendigung des Schluss*termins* handelt.

gesonderte Nachtragsanordnung in der Tat unnötige Förmelei wäre. Eine Nachtragsverteilung erscheint hier auch nicht notwendig, da der Anfall laufender Zinsen auf dem Anderkonto und damit ein weiterer Massezufluss bereits bei Abhaltung des Schlusstermins vorhersehbar und somit auch für alle Beteiligten kalkulierbar war.

Die Grenze für eine zulässige Integration einzelner Beträge in die Schlussverteilung ohne Nachtragsverteilung ist dagegen deutlich überschritten, wenn es sich um eingegangene Zahlungen auf Forderungen, deren Einzug der Verwalter betrieben hat, handelt. Diese können entgegen *Zimmers* Ansicht[112] nicht als Annexvermögen ohne gesondert angeordnete Nachtragsverteilung an die Gläubiger verteilt werden. Anders als im Falle laufender Zinsen auf dem Anderkonto handelt es sich hierbei auch nicht um Beträge, deren Rechtsgrundlage oder Zufluss bereits bei Abhaltung des Schlusstermins sicher vorhersehbar war. Nach der eindeutigen gesetzgeberischen Konzeption des § 203 Abs. 1 InsO ist diesbezüglich somit eine Nachtragsverteilung anzuordnen, wobei der dadurch ausgelöste zusätzliche Aufwand im Vergleich zu einer Überarbeitung des kompletten Schlussverzeichnisses als gering einzustufen ist.

Ob sich hingegen auch der Vergütungsanspruch des Verwalters im Falle weiterer Massezuflüsse nach dem Schlusstermin ausschließlich nach § 6 Abs. 1 InsVV richtet, wie dies vom Insolvenzgericht im Ausgangsverfahren vertreten wurde, oder ob diese Massezuflüsse in die ursprüngliche Vergütungsberechnung für das Insolvenzverfahren integriert werden können und somit eine einheitliche Vergütung festgesetzt werden kann, ist für die vorliegend zu entscheidende Frage irrelevant und wird daher in einem gesonderten Kapitel[113] untersucht.

Zusammenfassend ist zunächst nur festzuhalten, dass aus der in § 203 Abs. 1 InsO erfolgten Anknüpfung an den Schlusstermin folgt, dass alle Beträge, die nach dem Schlusstermin beim Verwalter eingehen oder dieser einzieht, nicht im Wege der Schlussverteilung, sondern nur im Wege einer eigens angeordneten Nachtragsverteilung verteilt werden können. Eine Ausnahme ist nur hinsichtlich laufender Zinsen auf dem Anderkonto zu machen.

2. *Abwarten der Schlussverteilung?*

Da nach der hier vertretenen Ansicht eine Anordnung der Nachtragsverteilung grundsätzlich hinsichtlich aller Massezuflüsse ab Abhaltung des Schlusstermins erforderlich ist und sich an den Schlusstermin zunächst die Schlussverteilung

---

112 *Zimmer*, KTS 2009, 199, 207 und 214.

113 Vgl. Teil 10., A., I., 2., a).

anschließt, stellt sich im Weiteren die Frage, ob die Nachtragsverteilung erst nach Vollzug der Schlussverteilung oder aber parallel zu dieser durchgeführt werden kann. Diese Frage scheint nicht einheitlich beantwortet zu werden.

Nach überwiegender Ansicht kann die Anordnung und Durchführung der Nachtragsverteilung bereits vor dem Vollzug der Schlussverteilung oder parallel zu dieser erfolgen.[114] Demgegenüber führen *Preß* und *Henningsmeier* aus, dass das Insolvenzverfahren ordnungsgemäß abgeschlossen werde und erst danach die Nachtragsverteilung stattfinde.[115] Für eine solche Verfahrensweise sind allerdings keine Gründe ersichtlich. Der Insolvenzverwalter wird durch den Anordnungsbeschluss, in dem die Nachtragsvermögenswerte genau zu bezeichnen sind, mit der Durchführung der Nachtragsverteilung betraut, § 205 InsO. Die Nachtragsverteilung ist ein eigenständiges Verteilungsverfahren auf Grundlage des Schlussverzeichnisses, das zu diesem Zeitpunkt auch bereits als Grundlage für die Schlussverteilung vorliegt. Beide Verfahren bleiben selbst dann förmlich voneinander getrennt, wenn die Ergebnisse der Nachtragsverwertung bis zum Zeitpunkt der tatsächlichen Verteilung vorliegen.[116] Es besteht daher weder ein sachlicher noch ein rechtlicher Grund dafür, zunächst den Vollzug der Schlussverteilung abzuwarten, bevor mit der Nachtragsverteilung begonnen werden kann. Vorzugswürdig ist daher die überwiegende Ansicht, sodass die Schlussverteilung auch bei angeordneter Nachtragsverteilung unverändert vollzogen werden kann und die weiteren frei oder bekannt gewordenen Vermögenswerte i.R.d. Nachtragsverteilung auf Grundlage des Schlussverzeichnisses parallel zur Schlussverteilung verteilt werden können.

II. Negative zeitbezogene Voraussetzungen?

Nach der Regelung des § 203 Abs. 2 InsO ist es für die Durchführung der Nachtragsverteilung unschädlich, wenn das Verfahren bereits aufgehoben wurde.[117]

---

114 Kreft/*Depré*, InsO, § 203 Rn. 1; Uhlenbruck/*Uhlenbruck*, InsO, 13. Aufl., § 203 Rn. 18; *Becker*, Rn. 1469; MünchKomm/*Hintzen*, InsO, 3. Aufl., § 203 Rn. 5; BerlKomm/*Breutigam*, InsO, § 203 Rn. 5; Jaeger/*Meller-Hannich*, InsO, § 203 Rn. 2; HWF/*Förster*, InsO, 2. Aufl., § 203 Rn. 9.

115 HambKomm/*Preß*/*Henningsmeier*, InsO, 4. Aufl., § 203 Rn. 3. In selbiger Rn. führen beide allerdings auch aus, dass eine Nachtragsverteilung auch während der Schlussverteilung angeordnet werden könne.

116 HWF/*Förster*, InsO, 2. Aufl., § 203 Rn. 9.

117 Diese Regelung dient im Vergleich zur KO nur der Klarstellung. Auch im damaligen Recht war völlig unstreitig, dass eine Nachtragsverteilung auch nach

In der Praxis kann es durchaus vorkommen, dass Vermögenswerte, die der ursprünglichen Insolvenzmasse zuzuordnen sind, erst mehrere Jahre nach Verfahrensaufhebung frei bzw. ermittelt werden. Gerade bei längeren Zeitabständen zur Verfahrensaufhebung stellt sich die Frage, ob hinsichtlich dieser Vermögenswerte noch eine Nachtragsverteilung angeordnet werden kann oder ob mitunter nur die Eröffnung eines neuen Insolvenzverfahrens in Betracht kommt.

1. Heranziehung der §§ 578 ff. ZPO?

Aus den §§ 203 ff. InsO ergeben sich selbst keine zeitliche Beschränkungen.

Allerdings könnte sich eine zeitliche Beschränkung für die Nachtragsverteilung u.U. aus § 4 InsO i.V.m. §§ 578 – 591 ZPO ergeben, die eine Durchbrechung der Rechtskraft durch eine Wiederaufnahme des Verfahrens regeln. Diese Regelungen finden nach überwiegender Auffassung auch auf rechtskräftige Beschlüsse im Insolvenzverfahren Anwendung[118]; dabei muss es sich jedoch um einen sog. urteilsvertretenden Beschluss handeln[119], was bei dem Aufhebungsbeschluss nach § 200 InsO unproblematisch der Fall ist[120]. Für die Nachtragsanordnung folgt eine prinzipiell denkbare Anwendung der §§ 578 ff. ZPO daraus, dass es mit der Anordnung gewissermaßen ebenfalls zu einer „Durchbrechung der Rechtskraft“[121] kommt, da dem Schuldner durch die Anordnung seine mit Verfahrensaufhebung zunächst zurückerhaltene Verfügungsbefugnis bezüglich bestimmter, nunmehr für die Nachtragsverteilung vorgesehener, Vermögenswerte wieder genommen wird.[122] Damit ist eine Anwendung der §§ 578 ff. ZPO

Verfahrensaufhebung in Betracht kam, vgl. nur *K. Schmidt*, KO, § 166 Anm. 1; Jaeger/*Weber*, KO, § 166 Anm. 8; MünchKomm/*Hintzen*, InsO, 3. Aufl., § 203 Rn. 8.

118 Vgl. RG, Urt. v. 17.4.1896 – Rep. III 3/96, RGZ 37, 386, 388; OLG Karlsruhe, Beschl. v. 30.3.1965 – 3 W 22/65, NJW 1965, 1023; LG Münster, Beschl. v. 8.3.2001 – 5 T 124/01, NZI 2001, 485; BGH, Beschl. v. 6.5.2004 – IX ZB 349/02, BGHZ 159, 122, 125; LG Göttingen, Beschl. v. 5.12.2006 – 10 T 27/06, ZInsO 2007, 47; Zöller/*Greger*, ZPO, Vor § 578 Rn. 14; KPB/*Prütting*, InsO, § 4 Rn. 23; Rosenberg/Schwab/*Gottwald*, ZPO, § 159 Rn. 13; MünchKomm/*Braun*, ZPO, § 578 Rn. 23; Prütting/Gehrlein/*Meller-Hannich*, ZPO, § 578 Rn. 4; MünchKomm/*Ganter*/*Lohmann*, InsO, 3. Aufl., § 4 Rn. 89.

119 BGH, Beschl. v. 2.2.2006 – IX ZB 279/04, ZIP 2006, 587, 588 Rn. 8. Vgl. auch MünchKomm/*Braun*, ZPO, § 578 Rn. 20.

120 Vgl. BGH, Beschl. v. 7.12.2006 – IX ZB 257/05, ZIP 2007, 144, 145: Zulässig sei eine Wiederaufnahme hinsichtlich solcher Beschlüsse, die das Insolvenzverfahren beenden.

121 *Zimmer*, KTS 2009, 199, 207.

122 Vgl. dazu ausführlich das Kapitel Teil 6.

über § 4 InsO *zumindest theoretisch* im Falle einer späteren Nachtragsanordnung denkbar.[123]

Ob die §§ 578 ff. ZPO allerdings auch insgesamt analog auf die Nachtragsverteilung entsprechend heranzuziehen sind, gilt es im Folgenden zu untersuchen. Dabei werden zwei Fragestellungen in den Blick genommen: Zum einen ist zu untersuchen, ob der Antrag auf Anordnung der Nachtragsverteilung einer Frist unterliegt. Zum anderen geht es um die Frage, ob es eine zeitliche Höchstfrist gibt, nach deren Ablauf eine Nachtragsverteilung nicht mehr in Betracht kommt und stattdessen ein neues Insolvenzverfahren eingeleitet werden müsste.

a) Antragsfrist?

Nach *Zimmer* beansprucht die Frist des § 586 Abs. 1 ZPO auch bei der Nachtragsverteilung Geltung, sodass ein Antrag auf Anordnung der Nachtragsverteilung innerhalb einer Notfrist von einem Monat, beginnend ab Kenntnis des Antragsberechtigten von dem Vermögensgegenstand, gestellt werden müsse.[124] *Zimmer* betont, dass ohne Anwendung der Monatsfrist des § 586 Abs. 1 ZPO die Nachtragsverteilung „lebenslänglich" für den Insolvenzschuldner bedeuten würde.[125] Die Monatsfrist gelte dabei allerdings nur für die nach Aufhebung des Verfahrens anzuordnende Nachtragsverteilung, da die Anordnung vor Verfahrensaufhebung keine Rechtskraft durchbrechende Wirkung entfalte.[126]

Zu dieser Frage hat auch der BGH in seinem Beschluss vom 2.12.2010 Stellung genommen.[127] In der zugrundeliegenden Rechtsbeschwerde rügte die Schuldnerin unter anderem, dass die Anordnung der Nachtragsverteilung verfristet gewesen sei. Diese Rechtsauffassung teilte der Senat jedoch nicht und führte aus, dass der Antrag nach § 203 Abs. 1 InsO an keine Frist gebunden sei. Die Notfrist des § 586 Abs. 1 ZPO sei zudem deshalb nicht anwendbar, weil eine

123 Eine solche – zumindest theoretisch denkbare – Anwendung der §§ 578 ff. InsO führt jedoch von vornherein nicht dazu, dass in Fällen, in denen nachträglich Vermögenswerte zur (ehemaligen) Masse zurückfließen oder ermittelt werden, nunmehr das komplette Insolvenzverfahren wieder neu aufgenommen wird. Diesbezüglich regelt das Gesetz in den §§ 203 ff. InsO eben das „vereinfachte" Nachtragsverteilungsverfahren. Mit der Anordnung der Nachtragsverteilung wird nicht das gesamte Insolvenzverfahren neu aufgenommen, Uhlenbruck/*Uhlenbruck*, InsO, 13. Aufl., § 203 Rn. 17.

124 *Zimmer*, KTS 2009, 199, 209.

125 *Zimmer*, KTS 2009, 199, 210.

126 *Zimmer*, KTS 2009, 199, 209.

127 BGH, Beschl. v. 2.12.2010 – IX ZB 184/09, ZIP 2011, 135.

Nachtragsverteilung auch von Amts wegen eingeleitet werden könne.[128] Diese Ausführungen verdienen uneingeschränkt Zustimmung.

Fristen haben allgemein den Zweck, die zügige Erledigung des Rechtsstreits zu fördern und den Eintritt der Rechtskraft zu sichern.[129] Eine Anwendung des § 586 Abs. 1 ZPO hätte zwar das wünschenswerte Ergebnis zur Folge, dass die Nachtragsverteilung zügig beantragt und ggf. auch angeordnet werden würde, wenn ein in § 203 Abs. 1 InsO genannter Gegenstand oder Betrag nachträglich ermittelt wurde. Oben[130] wurde jedoch bereits dargestellt, dass das Gericht nicht verpflichtet ist, die Nachtragsverteilung sofort anzuordnen, sofern mit einem weiteren Massezufluss in naher Zukunft zu rechnen ist. Daher wäre es auch nicht sachgerecht, den Gläubigern oder dem Insolvenzverwalter nun ihr Antragsrecht gewissermaßen abzuschneiden, weil diese oder jener die Antragsfrist von einem Monat nicht eingehalten haben. *Zimmer* übersieht des Weiteren den Zweck der Nachtragsverteilung, nämlich das schuldnerische Vermögen im Sinne einer Gesamtliquidation nachträglich an die Gläubiger in einem – gegenüber einem vollständigen Insolvenzverfahren, das der antragstellende Gläubiger ebenfalls beantragen könnte – vereinfachten Verfahren gleichmäßig zu verteilen[131]. Auch *Zimmers* Argument, ohne Anwendung des § 586 Abs. 1 ZPO bedeute die Nachtragsverteilung „lebenslänglich" für den Schuldner, ist nicht überzeugend. Das von *Zimmer* angestrebte Ergebnis einer zügigen Antragstellung mit der Folge der endgültigen Unzulässigkeit der Nachtragsverteilung hinsichtlich des betreffenden Vermögenswertes bei Verspätung lässt sich am Ende nämlich überhaupt nicht über eine Anwendung des § 586 Abs. 1 ZPO erreichen und zwar aus einem einfachen Grund: Da die §§ 203 ff. InsO eine solche Antragsfrist nicht vorsehen, werden sowohl die antragsberechtigten Gläubiger als auch der Insolvenzverwalter diese Notfrist i.d.R. nicht kennen. Dies würde darauf hinauslaufen, dass das zuständige Insolvenzgericht den Beteiligten bei Verfahrensaufhebung zumindest einen entsprechenden Hinweis auf eine solche – gesetzlich nicht vorgesehene (!) – Antragsfrist erteilen müsste. Sollte das Gericht dies unterlassen – wovon in der Praxis aufgrund fehlender Regelung in den §§ 203 ff. InsO regelmäßig auszugehen sein wird – so käme aber auch immer eine Wiedereinsetzung in den vorigen Stand nach § 233 ZPO in Betracht[132], sodass das von *Zimmer*

128 BGH, Beschl. v. 2.12.2010 – IX ZB 184/09, ZIP 2011, 135 Rn. 6.

129 MünchKomm/*Gehrlein*, ZPO, § 233 Rn. 1.

130 Vgl. Kapitel Teil 3., C.

131 Vgl. Graf-Schlicker/*Castrup*, InsO, 3. Aufl., § 203 Rn. 1.

132 Auch die Regelungen über die Wiedereinsetzung in den vorigen Stand sind über § 4 InsO entsprechend anwendbar, KPB/*Prütting*, InsO, § 4 Rn. 16.

angestrebte Ergebnis überhaupt nicht erreicht werden kann. In diesen Fällen würden zugleich mehrere Wiedereinsetzungsgründe vorliegen: Zum einen käme eine Wiedereinsetzung unter dem Gedanken der unverschuldeten Unkenntnis von Fristen in Betracht, da die §§ 203 ff. InsO keine Antragsfrist enthalten.[133] Zum anderen ist ein Wiedereinsetzungsgrund auch in dem Rechtsgedanken der Unterlassung der Justiz, welche für die Fristversäumung zumindest mitursächlich wäre[134], zu sehen, sofern das Gericht bei Verfahrensaufhebung keinen entsprechenden Hinweis auf die Geltung einer Antragsfrist erteilt hat.

Festzuhalten ist somit, dass das Ergebnis „lebenslänglich für den Insolvenzschuldner", das *Zimmer* durch die Anwendung des § 586 Abs. 1 ZPO zu vermeiden versucht, nicht erreicht wird. Ferner übersieht *Zimmer*, dass ein nach § 586 Abs. 1 ZPO verfristeter Antrag immer auch als Anregung für eine amtswegige Tätigkeit und eine Anordnung von Amts wegen ausgelegt werden kann, womit der Schuldner ebenfalls nach wie vor „lebenslänglich" mit der Möglichkeit einer Nachtragsverteilung belastet wäre. Dieser Umstand wird vom BGH in seiner Entscheidung überzeugend herausgestellt. Nach allem ist eine Antragsfrist entsprechend § 586 Abs. 1 ZPO abzulehnen.[135]

b) Höchstfrist i.S.d. § 586 Abs. 2 S. 2 ZPO?

Eine andere Frage ist hingegen, ob die Nachtragsverteilungsanordnung zeitlich befristet ist.

Die §§ 203 ff. InsO enthalten auch diesbezüglich keine Höchstfristen, sodass eine Nachtragsverteilung zumindest theoretisch auch noch zehn oder zwanzig

---

133 Die Unkenntnis etwaiger Fristen ist ein allgemein anerkannter Wiedereinsetzungsgrund, vgl. nur Rosenberg/Schwab/*Gottwald*, ZPO, § 69 Rn. 27; Saenger/*Saenger*, ZPO, § 233 Rn. 58. Ferner hätte ein Wiedereinsetzungsantrag in diesen Fällen auch allein deshalb Erfolg, weil die Anforderungen an die Anwendung der Wiedereinsetzungsvorschriften nach dem BVerfG nicht überspannt werden dürfen, vgl. BVerfG, Beschl. v. 11.1.1991 – 1 BvR 1435/89, NJW 1992, 38; BVerfG, Beschl. v. 21.6.2001 – 1 BvR 436/01, NJW 2001, 3473. In der Vergangenheit war eine Verfassungsbeschwerde insbesondere in solchen Fällen erfolgreich, in denen vom Gericht überspannte Maßstäbe an die zu wahrende Sorgfalt gestellt wurden, die von der höchstrichterlichen Rechtsprechung üblicherweise nicht verlangt werden und mit denen eine Prozesspartei daher auch nicht rechnen musste, vgl. BVerfG, Beschl. v. 28.2.1989- 1 BvR 649/88, BVerfGE 79, 372, 376; BVerfG, Beschl v. 26.4.2004 – 1 BvR 1819/00, NJW 2004, 2583, 2584.

134 Vgl. zu diesem Wiedereinsetzungsgrund MünchKomm/*Gehrlein*, ZPO, § 233 Rn. 48.

135 Ebenso KPB/*Holzer*, InsO, § 203 Rn. 2; MünchKomm/*Hintzen*, InsO, 3. Aufl., § 203 Rn. 7.

Jahre nach Verfahrensaufhebung angeordnet werden könnte. Teilweise findet sich hierzu in der Literatur dementsprechend der Hinweis, dass die Anordnung der Nachtragsverteilung ohne zeitliche Grenze möglich sei.[136] Dies ist jedoch nicht unumstritten. Nach anderer Ansicht sei in Fällen, in denen die Verfahrensaufhebung mehrere Jahre zurückliegt, eine Verlagerung in die Einzelzwangsvollstreckung oder die Eröffnung eines neuen Insolvenzverfahrens tunlich.[137] *Ernestus* führt hierzu an, dass dies zur Wahrung der Rechtssicherheit zu fordern sei.[138]

Vorab ist hierzu festzustellen, dass die insolvenzgerichtliche Praxis anders aussieht. In der Entscheidung des BGH vom 2.12.2010[139] wurde die Nachtragsverteilung beispielsweise erst sechs Jahre nach Verfahrensaufhebung angeordnet. Ein noch größerer Zeitraum zwischen Verfahrensaufhebung und Nachtragsanordnung lag in der Entscheidung des BGH vom 17.2.2011[140] vor: Hier wurde das Gesamtvollstreckungsverfahren mit Beschluss vom 2.10.1997 aufgehoben und die Nachtragsverteilung hinsichtlich vorbehaltener Vermögenswerte erst am 15.2.2008, mithin fast elf Jahre später, angeordnet, ohne dass einer der Beteiligten oder aber das Gericht Einwendungen gegen den großen Zeitraum zwischen Verfahrensaufhebung und Anordnung vorbrachte.

Allein ein Blick auf die insolvenzgerichtliche Praxis ist allerdings kein überzeugendes Argument gegen die Annahme einer Höchstfrist. Daher ist im Folgenden zu untersuchen, ob es tatsächlich aus Gründen der Rechtssicherheit geboten ist, ein negatives zeitbezogenes Merkmal im Sinne einer Höchstfrist zu schaffen, das einer späteren Nachtragsanordnung entgegenstehen könnte.

Zu denken wäre insofern an eine entsprechende Anwendung des § 586 Abs. 2 S. 2 ZPO, der über § 4 InsO ebenfalls (zumindest theoretisch) Anwendung finden dürfte. Nach dieser Regelung sind alle Wiederaufnahmeklagen nach fünf Jahren von der Rechtskraft des Urteils an verfristet. Dabei kommt es für den Lauf der Frist auch nicht darauf an, ob die Partei von dem Wiederaufnahmegrund

---

136 Graf-Schlicker/*Castrup*, InsO, 3. Aufl., § 203 Rn. 8: „Die Anordnung ist nicht befristet.“ KPB/*Holzer*, InsO, § 203 Rn. 4. So auch *Heinze*, ZInsO 2012, 1606, 1607: Die Nachtragsverteilung kenne keine zeitlichen Grenzen. Vgl. auch *Reul*, ZEV 2011, 88, 89: Für die Nachtragsverteilung gebe es keine Verfristung.

137 So: Uhlenbruck/*Uhlenbruck*, InsO, 12. Aufl., § 203 Rn. 10; Mohrbutter/Ringstmeier/*Ernestus*, § 11 Rn. 95; Jaeger/*Meller-Hannich*, InsO, § 203 Rn. 12.

138 Mohrbutter/Ringstmeier/*Ernestus*, § 11 Rn. 95.

139 BGH, Beschl. v. 2.12.2010 – IX ZB 151/09, ZIP 2011, 134. Diese Entscheidung wird ausführlich im Kapitel Teil 11., A. untersucht.

140 BGH, Beschl. v. 17.2.2011 – IX ZB 268/08, NZI 2011, 263.

Kenntnis hat oder nicht.[141] Diese Frist von fünf Jahren kann zudem weder verlängert werden noch kommt eine Wiedereinsetzung in den vorigen Stand in Betracht.[142] Eine Heranziehung des § 586 Abs. 2 S. 2 ZPO hätte also zur Folge, dass eine Nachtragsverteilung nur innerhalb eines Zeitraumes von fünf Jahren beginnend ab der Aufhebung des Verfahrens angeordnet werden könnte. Liegt die Verfahrensaufhebung dagegen schon längere Zeit zurück, so müsste ein entsprechender Anordnungsantrag als unzulässig verworfen werden und es käme nur die Einleitung eines neuen Insolvenzverfahrens in Betracht.

Ob aber eine analoge Anwendung des § 586 Abs. 2 S. 2 ZPO auf die Nachtragsverteilung tatsächlich geboten ist, lässt sich nur durch Begutachtung des eigentlichen Zwecks dieser Vorschrift im Zivilprozess sowie durch einen Blick auf die Durchführungsvoraussetzungen der Nachtragsverteilung ermitteln.

Der Zweck der Ausschlussfrist des § 586 Abs. 2 ZPO besteht darin, die Rechtskraft der Urteile gegen Angriffe zu schützen, „nachdem der Zeitverlauf alle einschlagenden Verhältnisse verdunkelt hat“[143]. Zudem sollen Rechtsstreitigkeiten einmal zu ihrem endgültigen Abschluss gebracht werden.[144] Diese Erwägungen können auf das Insolvenzverfahren nicht entsprechend übertragen werden. Nach § 1 S. 1 InsO dient das Insolvenzverfahren der gemeinschaftlichen Befriedigung der Gläubiger. Dieser gemeinschaftlichen Befriedigung dient auch das Nachtragsverteilungsverfahren. Hier geht es nicht um die endgültige Erlangung einer Unanfechtbarkeit, sondern darum, diese Gläubigerbefriedigung überhaupt optimal zu ermöglichen. In der Praxis dürfte es sich bei den betreffenden Gegenständen i.R.d. § 203 Abs. 1 InsO häufig um solche handeln, die der Schuldner im zuvor durchgeführten Insolvenzverfahren verheimlicht hat. Der Schuldner ist in diesen Fällen nicht in dem Sinne schutzwürdig, als dass er darauf vertrauen dürfte, diese Gegenstände nach Ablauf von fünf Jahren ab Rechtskraft des Aufhebungsbeschlusses endgültig behalten zu dürfen und dementsprechend eine spätere Nachtragsverteilung ausscheidet.[145] Ein schutzwürdiges Vertrauen des

141 Saenger/*Kemper*, ZPO, § 586 Rn. 7; MünchKomm/*Braun*, ZPO, § 586 Rn. 7.

142 BGH, Beschl. v. 9.11.1955 – IV ZA 104/55, BGHZ 19, 20, 21; Saenger/*Kemper*, ZPO, § 586 Rn. 7; Prütting/Gehrlein/*Meller-Hannich*, ZPO, § 586 Rn. 13; Rosenberg/Schwab/*Gottwald*, ZPO, § 161 Rn. 14.

143 Hahn/*Stegemann*, Materialien, S. 385, zitiert von MünchKomm/*Braun*, ZPO, § 586 Rn. 1.

144 BGH, Beschl. v. 9.11.1955 – IV ZA 104/55, BGHZ 19, 20, 21.

145 *Heinze* sieht die unbefristete Möglichkeit einer Nachtragsanordnung in Fällen, in denen der Schuldner zuvor Massegegenstände beiseite geschafft hat, als Gebot simpler Gerechtigkeit an, *Heinze*, ZInsO 2012, 1606, 1607.

Schuldners kann schon deshalb nicht entstehen, weil er jederzeit damit rechnen muss, dass die Gläubiger auf diese Vermögenswerte im Wege der Einzelzwangsvollstreckung zugreifen oder aber auch ein erneuter Insolvenzantrag gestellt wird.

Zudem kann auch eine „Verdunkelung" der einschlagenden Rechtsverhältnisse durch Zeitverlauf ausgeschlossen werden, da die Nachtragsverteilung aufgrund des Schlussverzeichnisses vorgenommen wird, das auch nach Ablauf von fünf Jahren oder mehr bindend ist. Denkbar ist zwar, dass innerhalb einer größeren Zeitspanne zwischen Verfahrensaufhebung und Nachtragsanordnung weitere Zahlungen an die Insolvenzgläubiger geleistet wurden, die die noch offenen Insolvenzforderungen folglich mindern. Dies wäre jedoch vom Schuldner entsprechend darzulegen und nachzuweisen.

Zusammenfassend ist daher festzuhalten, dass eine entsprechende Anwendung des § 586 Abs. 2 S. 2 ZPO abzulehnen ist. Wie die insolvenzgerichtliche Praxis zeigt, können Nachtragsverteilungen somit auch noch nach Ablauf mehrerer Jahre nach Verfahrensaufhebung angeordnet werden, sofern ein Massezufluss i.S.d. § 203 Abs. 1 InsO vorliegt. Auch wenn es problematisch sein kann, nach längerem Zeitablauf sicher festzustellen, ob der Gegenstand oder Betrag auch bereits zur damaligen Insolvenzmasse gehörte und somit überhaupt als Gegenstand einer Nachtragsverteilung in Betracht kommt, ist im Ergebnis kein Grund ersichtlich, die Ausschlussfrist des § 586 Abs. 2 S. 2 ZPO entsprechend anzuwenden.

2. Höchstfrist wegen Verjährung der Gläubigeransprüche?

Eine Höchstfrist ließe sich aber u.U. aus den Verjährungsvorschriften mit dem Gedanken ableiten, dass eine spätere Nachtragsverteilung ausscheidet, wenn alle Gläubigeransprüche, denen die Nachtragsverteilung zugutekommen würde, mittlerweile verjährt sind.

Mit der Anmeldung der Insolvenzforderungen zur Tabelle wird die Verjährung des materiell-rechtlichen Anspruchs nach § 204 Abs. 1 Nr. 10 BGB gehemmt.[146] Diese Hemmung endet gem. § 204 Abs. 2 S. 1 BGB sechs Monate nach Verfahrensaufhebung.[147] Für festgestellte Forderungen ist die Regelung des § 178 Abs. 3 InsO zu beachten, nach der die Eintragung in die Tabelle wie ein

---

146 Ausführlich zur Hemmung der Verjährung durch Forderungsanmeldung: *Kiesbye*, passim.

147 MAH/*Beck*, § 42 Rn. 46; BerlKomm/*Gruber*, InsO, § 200 Rn. 24; *Kiesbye*, S. 230 ff. m.w.N. zur Gegenauffassung.

rechtskräftiges Urteil wirkt. Damit unterliegen festgestellte Forderungen ab Verfahrensaufhebung einer Verjährungsfrist von 30 Jahren, § 197 Abs. 1 Nr. 5 BGB. Hinsichtlich solcher Forderungen, denen der Schuldner widersprochen hat, gilt dies jedoch nicht, wie ein Blick auf § 201 Abs. 2 S. 1 InsO zeigt. Die mit einem Widerspruch des Schuldners behafteten Forderungen stellen somit nach § 201 Abs. 2 S. 1 InsO keine Titel i.S.d. § 197 Abs. 1 Nr. 5 BGB dar, sodass hier die ursprüngliche Verjährungsfrist nach Ablauf von 6 Monaten nach Verfahrensaufhebung weiterläuft.[148] In der Praxis wäre es daher durchaus denkbar, dass eine Nachtragsverteilung angeordnet wird und eine Verteilung an alle im Schlussverzeichnis aufgeführten Gläubiger (§ 205 InsO) stattfindet, während jedoch in der Zwischenzeit einige im Schlussverzeichnis aufgeführte Gläubigeransprüche verjährt sind.

In diesem Zusammenhang steht zunächst fest, dass die Verjährung der bereits im Zeitpunkt der Anordnung verjährten Forderung nicht durch eine Anordnung der Nachtragsverteilung erneut gehemmt werden kann.[149]

Die Frage, um die es vorliegend aber geht, lautet: Nehmen auch verjährte Forderungen an der Nachtragsverteilung teil? Sollte diese Frage nämlich zu verneinen sein, so ließe sich in der Tat aus den Verjährungsregelungen eine zeitliche Höchstgrenze für die Nachtragsverteilung herleiten.

In der Literatur finden sich zu dieser Frage nur stellenweise Ausführungen. Einige führen hierzu allgemein aus, dass auch verjährte Forderungen an der Verteilung teilnehmen würden.[150] Folge dieser Ansicht wäre somit, dass sich auch aus den Verjährungsregelungen keine zeitliche Höchstfrist ableiten lassen würde. Dieser Ansicht ist *Zimmer* entgegengetreten, nach dem die Verjährungsvorschriften eine zeitliche Höchstgrenze für die Anordnung der Nachtragsverteilung bilden würden.[151] Auch *Haas* und *Vogel* scheinen einen ähnlichen Weg zu gehen, indem sie ausführen, dass eine Nachtragsverteilung ebenso lange angeordnet werden könne, wie die Gläubigeransprüche, die hierdurch befriedigt werden sollen, nicht verjährt sind.[152] Da kaum vorstellbar ist, dass der Schuldner allen angemeldeten Forderungen widerspricht, bedeutet dies folglich, dass eine Nachtragsverteilung noch bis zu 30 Jahre (§ 197 Abs. 1 Nr. 5 BGB) nach

148 *Zimmer*, KTS 2009, 199, 209.

149 *Zimmer*, KTS 2009, 199, 210.

150 So: *Hess/Obermüller*, Rn. 1219; Uhlenbruck/*Vallender*, InsO, 13. Aufl., § 301 Rn. 29; KPB/*Wenzel*, InsO, § 286 Rn. 81, jeweils ohne nähere Begründung.

151 *Zimmer*, KTS 2009, 199, 211.

152 *Haas/Vogel*, KTS 2011, 387, 392.

Verfahrensaufhebung und durch Hemmungs- und Unterbrechungstatbestände nach den §§ 203 ff. BGB auch noch weit darüber hinaus möglich ist.

Ob der zuletzt genannten Ansicht allerdings zu folgen ist, hängt im Ergebnis davon ab, welche Aufgaben den Verwalter und das Gericht i.R.d. Nachtragsverteilung treffen.

Es wurde bereits kurz angedeutet, dass mit der Anordnung der Nachtragsverteilung nicht das gesamte Insolvenzverfahren wieder neu aufgenommen wird. Bei der Nachtragsverteilung handelt es sich vielmehr um ein dem Insolvenzverfahren nachgeordnetes Verteilungsverfahren.[153] Es finden daher auch keine neuen Forderungsanmeldungen, keine Gläubigerversammlung und auch kein Schlusstermin statt.[154] Bei der Nachtragsverteilung handelt es sich daher allgemein gesagt um die Fortsetzung der Verteilung, die grundsätzlich nach Vollzug mit Aufhebung des Verfahrens endet.[155] Da es sich somit lediglich um ein nachgeordnetes Verteilungsverfahren handelt, findet auch weder eine (erneute) Forderungsprüfung durch den Verwalter noch ein weiterer Prüfungstermin statt. Die gesetzliche Regelung des § 205 S. 1 InsO sieht vielmehr vor, dass das Schlussverzeichnis für die Nachtragsverteilung bindend ist und der Verwalter somit alle dort aufgeführten Gläubigeransprüche zu befriedigen hat. Daraus folgt, dass der Verwalter grundsätzlich auch mittlerweile verjährte Ansprüche zu befriedigen hat. Könnte sich der Verwalter in diesem Verteilungsverfahren nämlich auf die Einrede der Verjährung berufen, so müsste dem betroffenen Gläubiger auch Gelegenheit gegeben werden, sich zu äußern, was im regulären Verfahren unproblematisch im Prüfungstermin gem. § 176 InsO geschieht. Dies ist bei dem (vereinfachten) Verteilungsverfahren nach §§ 203 ff. InsO jedoch gerade nicht vorgesehen. Die Gläubiger haben i.R.d. Nachtragsverteilung eher eine passive Rolle. Sie können diese zwar beantragen, haben aber darüber hinaus keine weiteren Beteiligungs- oder Gestaltungsrechte. Die Nachtragsverteilung ist damit ein auf die *Verteilung* reduziertes Insolvenzverfahren mit ggf. vorausgehender Verwertung. Darüber hinaus werden dem Verwalter auch u.U. nicht alle Tatsachen bekannt sein, die zur Aufklärung der Verjährungsfrage von Relevanz sind. So kann es beispielsweise auch mittlerweile zu Verhandlungen zwischen

---

153 KPB/*Holzer*, InsO, § 203 Rn. 1; HambKomm/*Preß*/*Henningsmeier*, InsO, 4. Aufl., § 203 Rn. 4; *Holzer*, NZI 1999, 44, 46; *Neuhof*, NJW 1995, 937, 938; Uhlenbruck/*Uhlenbruck*, InsO, 13. Aufl., § 203 Rn. 17.

154 KPB/*Holzer*, InsO, § 205 Rn. 7; Braun/*Kießner*, InsO, § 205 Rn. 6; HambKomm/*Preß*/*Henningsmeier*, InsO, 4. Aufl., § 205 Rn. 3; *Frege*/*Keller*/*Riedel*, Rn. 1736.

155 MünchKomm/*Hintzen*, InsO, 3. Aufl., § 203 Rn. 19; vgl. auch HambKomm/*Preß*/*Henningsmeier* § 203 Rn. 4.

Gläubiger und Schuldner gekommen sein, die den Lauf der Verjährung nach § 203 BGB gehemmt haben, oder aber der Schuldner hat den Anspruch durch Abschlagszahlungen nach Verfahrensaufhebung zwischenzeitig anerkannt, sodass es zu einem Neubeginn der Verjährung gekommen ist, § 212 Abs. 1 Nr. 1 BGB. Den Verwalter trifft bei der Nachtragsverteilung nach der gesetzlichen Konzeption auch keine aktive Aufklärungspflicht, da eine solche das Verfahren nach den §§ 203 ff. InsO unnötig belasten würde. Gleiches gilt für das Gericht, das nach einem entsprechenden Anordnungsantrag lediglich prüft, ob die Tatbestandsvoraussetzungen des § 203 InsO erfüllt sind.

Mangels entsprechender Aufklärungspflicht und wegen fehlender Beteiligungsrechte bzw. Gegenäußerungsmöglichkeiten der Gläubiger ist somit festzuhalten, dass auch verjährte Forderungen an der Nachtragsverteilung teilnehmen.[156] Der Verwalter hat die Verteilung gem. § 205 InsO vollständig auf Grundlage des Schlussverzeichnisses vorzunehmen, ohne Rücksicht auf eine etwaige Verjährung. Damit steht fest, dass sich auch aus den Verjährungsvorschriften keine Höchstfrist, selbst keine Höchstfrist von 30 Jahren gem. § 197 Abs. 1 Nr. 5 InsO, für die Zulässigkeit der Anordnung einer Nachtragsverteilung ableiten lässt. Auch wenn in der Praxis nach einer so langen Zeitspanne vermutlich eher ein neues Insolvenzverfahren beantragt oder aber die Einzelzwangsvollstreckung betrieben wird, steht fest, dass eine Nachtragsverteilung (zumindest theoretisch) zeitlich unbefristet zulässig ist.

III. Zusammenfassung

Zusammenfassend ist festzuhalten, dass die Nachtragsverteilung gem. § 203 Abs. 1 InsO ab Beendigung des Schlusstermins an möglich ist. Alle Massezuflüsse bis zum Schlusstermin können noch in die Schlussverteilung integriert werden. Für Massezuflüsse nach dem Schlusstermin – mit Ausnahme laufender Zinsen auf dem Anderkonto – ist demgegenüber eine Nachtragsverteilung anzuordnen, mit der bereits vor dem Vollzug der Schlussverteilung oder auch währenddessen begonnen werden kann.

Da der Gesetzgeber in den §§ 203 ff. InsO weder eine Antragsfrist noch eine Ausschlussfrist geregelt hat und auch weder eine Orientierung an § 586 Abs. 2 S. 2 ZPO noch an Verjährungsvorschriften in Betracht kommt, ist die Anordnung der Nachtragsverteilung nach zutreffender Ansicht zeitlich nicht befristet.

156 Ebenso *Hess/Obermüller*, Rn. 1219; Uhlenbruck/*Vallender*, InsO, 13. Aufl., § 301 Rn. 29; KPB/*Wenzel*, InsO, § 286 Rn. 81.

B. Massezufluss

Das Gesetz zählt in § 203 Abs. 1 InsO abschließend[157] die Fallgruppen auf, bei denen eine Anordnung einer Nachtragsverteilung in Betracht kommt. Bereits nach dem eindeutigen Wortlaut des § 203 Abs. 1 InsO kommt eine Nachtragsverteilung immer nur hinsichtlich solcher Vermögenswerte in Betracht, die zur (ehemaligen) Insolvenzmasse gehörten. Da die Nachtragsverteilung nur Gegenstände erfassen kann, deren Massezugehörigkeit bis zur Verfahrensaufhebung eingetreten ist und auf die sich die Anordnung der Nachtragsverteilung bezieht[158], kommt eine Nachtragsverteilung beispielsweise hinsichtlich etwaigen Neuerwerbs nach Verfahrensaufhebung nicht in Betracht[159], da dieser Neuerwerb nicht mehr zur ursprünglichen Insolvenzmasse gehört. Handelt es sich dagegen um Neuerwerb während des eröffneten Verfahrens, der nach § 35 Abs. 1 Fall 2 InsO zur Insolvenzmasse gehörte, so kann dieser Neuerwerb auch Gegenstand einer Nachtragsverteilung sein, sofern seine Verwertung und Verteilung während des laufenden Verfahrens unterblieben ist.[160]

---

157 MünchKomm/*Hintzen*, InsO, 3. Aufl., § 203 Rn. 3; Andres/Leithaus/Dahl/*Leithaus*, InsO, § 203 Rn. 3; *Hess*, InsO, § 203 Rn. 1; *Haarmeyer/Wutzke/Förster*, Handbuch, Kap. 8 Rn. 109.

158 Vgl. LG Göttingen, Beschl. v. 26.10.2009 – 10 T 86/09, NZI 2009, 896; Graf-Schlicker/*Castrup*, InsO, 3. Aufl., § 203 Rn. 2; KPB/*Holzer*, InsO, § 203 Rn. 8.

159 FK-InsO/*Kießner*, § 203 Rn. 16; NR/*Westphal*, InsO, §§ 203, 204 Rn. 8; Uhlenbruck/*Uhlenbruck*, InsO, 13. Aufl., § 203 Rn. 13; Graf-Schlicker/*Castrup*, InsO, 3. Aufl., § 203 Rn. 2; *Frege/Keller/Riedel*, Rn. 1730. Insofern missverständlich: *Becker*, Rn. 1472, der von Neuerwerb nach dem Schlusstermin spricht. Ob demgegenüber ein solcher „Neuerwerb" von § 203 InsO erfasst wird, der mit ehemaligen Massemitteln erfolgt, wird in dem Kapitel Teil 4., B., IV., 1. untersucht.

160 Insofern ist an dieser Stelle *Hintzen* zu widersprechen, der ausführt, dass dieser Neuerwerb während des Verfahrens nicht Gegenstand einer Nachtragsverteilung sein könne, da sich der Massezufluss nach dem Schlusstermin verwirklicht haben müsse, MünchKomm/*Hintzen*, InsO, 3. Aufl., § 203 Rn. 12. Hierbei übersieht *Hintzen* die Regelung des § 203 Abs. 1 Nr. 3 InsO, der eindeutig klarstellt, dass auch nachträglich ermittelte Massegegenstände, unabhängig von dem Zeitpunkt ihres Zuflusses, Gegenstand einer Nachtragsverteilung sein können; so wohl auch KPB/*Holzer*, InsO, § 203 Rn. 8. Da der Neuerwerb während des Verfahrens auch zur ursprünglichen Insolvenzmasse gehörte, kann dieser auch Gegenstand einer Nachtragsverteilung sein.

I. Zurückbehaltene Beträge gem. § 203 Abs. 1 Nr. 1 InsO

Werden zurückbehaltene Beträge für die Masse frei, so ist gem. § 203 Abs. 1 Nr. 1 InsO die Nachtragsverteilung anzuordnen. Dabei ist der Begriff „frei werdende Beträge“ weit zu fassen.[161] Unter dem Begriff des „Betrages“ werden nicht nur die im Zeitpunkt des Schlusstermins bereits als Barmittel in der Masse vorhandenen Vermögenswerte, sondern grundsätzlich alle Vermögensgegenstände, Forderungen sowie andere geldwerten Rechte verstanden, deren Verwertungserlös erst später für die Masse realisiert werden kann.[162]

Daneben wird auf die Regelung des § 203 Abs. 1 Nr. 1 InsO auch in solchen Fällen zurückgegriffen, in denen das Gericht die Nachtragsverteilung für bestimmte Vermögenswerte bereits vor Verfahrensbeendigung angeordnet hat.[163]

1. Hinterlegte Beträge nach § 198 InsO

Unter § 203 Abs. 1 Nr. 1 InsO fallen zunächst solche Beträge, die gem. § 198 InsO bei Gericht oder bei einer anderen geeigneten Stelle hinterlegt wurden und bei denen nunmehr feststeht, dass sie nicht an den anmeldenden Gläubiger ausgezahlt werden müssen.[164]

Durch § 198 InsO wird die Möglichkeit eröffnet, das Verfahren auch in Fällen abzuschließen, in denen beispielsweise Feststellungsklagen über eine bestrittene Forderung noch nicht beendet sind oder eine aufschiebende Bedingung noch nicht eingetreten ist. Den Gläubigern droht kein Nachteil, da Ihre u.U. anfallende Quote durch den angeordneten Zurückbehalt gesichert ist.[165]

---

161 OLG Celle, Urt. v. 5.5.1972 – 8 U 127/71, KTS 1972, 265, 266; HambKomm/*Preß*/*Henningsmeier*, InsO, 4. Aufl., § 203 Rn. 7.

162 BGH, Beschl. v. 17.2.2011 – IX ZB 268/08, NZI 2011, 263, 264 Rn. 10 m.w.N.; KPB/*Holzer*, InsO, § 203 Rn. 9; BerlKomm/*Breutigam*, InsO, § 203 Rn. 11; Mohrbutter/Ringstmeier/*Ernestus*, § 11 Rn. 98; Uhlenbruck/*Uhlenbruck*, InsO, 13. Aufl., § 198 Rn. 3; K. Schmidt/*Jungmann*, InsO, § 203 Rn. 4.

163 Uhlenbruck/*Uhlenbruck*, InsO, 13. Aufl., § 203 Rn. 6.

164 Uhlenbruck/*Uhlenbruck*, InsO, 13. Aufl., § 203 Rn. 5; KPB/*Holzer*, InsO, § 203 Rn. 8; LSZ/*Smid*, InsO, § 203 Rn. 4; NR/*Westphal*, InsO, §§ 203, 204 Rn. 5; Gottwald/*Eickmann*, § 65 Rn. 50.

165 HambKomm/*Preß*, InsO, 4. Aufl., § 198 Rn. 1; *Smid*/*Lambrecht*, S. 127.

a) *Insolvenzrechtliche und bürgerlich-rechtliche Hinterlegung*

Ob hinterlegte Beträge für eine Nachtragsverteilung gem. § 203 Abs. 1 Nr. 1 InsO in Betracht kommen, hängt davon ab, ob es sich um eine insolvenzrechtliche oder aber um eine bürgerlich-rechtliche Hinterlegung gehandelt hat.

Die insolvenzrechtliche Hinterlegung ist in § 198 InsO geregelt und erfasst Beträge, die bei der Schlussverteilung zurückzubehalten sind.[166] Damit sind insbesondere die Fälle der §§ 189, 191 InsO gemeint.

Nach § 189 Abs. 1 und Abs. 2 InsO wird der auf eine bestrittene Forderung, die bis zum Schlusstermin nicht festgestellt und nicht tituliert ist, entfallende Anteil bei der Verteilung zurückbehalten und im Falle der Schlussverteilung nach § 198 InsO hinterlegt, wenn der Gläubiger rechtzeitig den Nachweis über die Erhebung der Feststellungsklage erbringt.[167] Diese Hinterlegung ist deshalb notwendig, da auf Grundlage des Schlussverzeichnisses nur solche Forderungen bei der Schlussverteilung berücksichtigt werden können, die festgestellt sind, §§ 178 Abs. 1, 188 S. 1 InsO.[168]

§ 191 InsO regelt demgegenüber, wie aufschiebend bedingte Forderungen bei der Verteilung zu berücksichtigen sind. Nach § 191 Abs. 1 InsO wird eine aufschiebend bedingte Forderung zwar mit ihrem vollen Betrag berücksichtigt,

---

166 MünchKomm/*Füchsl/Weishäupl/Kebekus/Schwarzer*, InsO, 3. Aufl., § 198 Rn. 1. Dagegen sind die für den Ausfall der Absonderungsberechtigten zurückbehaltenen Beträge nach § 190 InsO nie nach § 198 zu hinterlegen, da der Nachweis des Forderungsausfalls gem. § 190 Abs. 1 InsO spätestens bis zum Schlusstermin erbracht sein muss. Fehlt ein solcher Nachweis, so werden diese Beträge gem. § 190 Abs. 2 S. 3 InsO bereits i.R.d. Schlussverteilung für die Masse frei, sodass sie auch nicht als Gegenstand einer Nachtragsverteilung in Betracht kommen, Jaeger/*Meller-Hannich*, InsO, § 203 Rn. 6; KPB/*Holzer*, InsO, § 203 Rn. 11; BerlKomm/*Breutigam*, InsO, § 203 Rn. 16; K. Schmidt/*Jungmann*, InsO, § 203 Rn. 5; Uhlenbruck/*Uhlenbruck*, InsO, 13. Aufl., § 203 Rn. 8. Nach Uhlenbruck/*Uhlenbruck*, InsO, 13. Aufl., § 198 Rn. 4 m.w.N. komme eine analoge Anwendung des § 198 InsO in Betracht, wenn eine Forderung zur Tabelle angemeldet wurde, aber nachträglich erloschen ist und der Verwalter Vollstreckungsgegenklage erhoben hat, über die aber im Zeitpunkt der Schlussverteilung noch nicht entschieden wurde.

167 MünchKomm/*Hintzen*, InsO, 3. Aufl., § 203 Rn. 13. Genau genommen wird der Betrag zunächst bis zur rechtskräftigen Entscheidung über die Klage zurückbehalten. Ist das Insolvenzverfahren zu diesem Zeitpunkt bereits abgeschlossen, wird der Betrag nach § 198 InsO hinterlegt, *Holzer*, InsbürO 2011, 82, 83. Die Versäumung der Ausschlussfrist hat hier den endgültigen Ausschluss und zwar auch im Hinblick auf mögliche Nachtragsverteilungen zur Folge, vgl. K. Schmidt/*Jungmann*, InsO, § 189 Rn. 8.

168 MünchKomm/*Hintzen*, InsO, 3. Aufl., § 203 Rn. 13.

es erfolgt jedoch keine Auszahlung, sondern der Betrag wird zurückbehalten und hinterlegt.[169] Eine Hinterlegung erfolgt jedoch nur dann, wenn der Eintritt der Bedingung wahrscheinlich ist, da die aufschiebende Bedingung nur in diesem Fall einen Vermögenswert darstellt[170]. Bei einem späteren Ausfall der Bedingung kann der hinterlegte Betrag sodann i.R.d. Nachtragsverteilung gem. § 203 Abs. 1 Nr. 1 InsO verteilt werden. Ist dagegen die Möglichkeit des Bedingungseintritts unwahrscheinlich, so wird die aufschiebend bedingte Forderung nicht berücksichtigt und der zuvor zurückbehaltener Anteil wird bereits für die Schlussverteilung frei, § 191 Abs. 2 InsO. In diesem Fall bedarf es somit keiner Nachtragsverteilung.

Im Gegensatz zu aufschiebend bedingten Forderungen werden auflösend bedingte Forderungen gem. § 42 InsO wie unbedingte Forderungen bei der Schlussverteilung behandelt, sodass auch grundsätzlich Auszahlungen auf diese Forderungen erfolgen.[171] Wurde der Betrag indes entgegen der gesetzlichen Regelung nicht ausgezahlt, sondern bisher nur zurückbehalten und tritt nunmehr die Bedingung ein, so liegt ebenfalls ein Anwendungsfall des § 203 Abs. 1 Nr. 1 InsO vor.[172]

Die Hinterlegung hat in allen Fallvarianten der §§ 189, 191 i.V.m. § 198 InsO – im Unterschied zur bürgerlich-rechtlichen Hinterlegung nach §§ 372 ff. BGB – ohne Ausschluss des Rückforderungsrechts zu erfolgen, da diese Beträge nicht zum Zwecke der Schuldbefreiung, sondern lediglich zum Zwecke der Verwahrung der Beträge aufgrund unsicherer Rechtslage hinterlegt werden.[173] Der Insolvenzverwalter ist auch nicht befugt einen Rücknahmeverzicht auszusprechen, da die hinterlegten Beträge u.U. für eine Nachtragsverteilung frei werden können.[174] Die hinterlegten Beträge unterliegen trotz einer

---

169 BGH, Urt. v. 10.7.1997 – IX ZR 161/96, BGHZ 136, 220, 225; BGH, Urt. v. 7.4.2005 – IX ZR 138/04, MDR 2005, 1075, 1076; *Bitter*, NZI 2000, 399, 400.

170 Vgl. BerlKomm/*Breutigam*, InsO, § 191 Rn. 7; K. Schmidt/*Jungmann*, InsO, § 191 Rn. 4.

171 BerlKomm/*Breutigam*, InsO, § 191 Rn. 8. Bei einem späteren Eintritt der auflösenden Bedingung kommt eine Nachtragsverteilung gem. § 203 Abs. 1 Nr. 2 InsO in Betracht, vgl. dazu den nächsten Abschnitt, Teil 4., B., II.

172 Bork/Koschmieder/*Riedel*, Rn. 10.180.

173 BerlKomm/*Breutigam*, InsO, § 198 Rn. 4; Uhlenbruck/*Uhlenbruck*, InsO, 13. Aufl., § 198 Rn. 7.

174 Uhlenbruck/*Uhlenbruck*, InsO, 13. Aufl., § 198 Rn. 7; *Binz/Hess*, Rn. 3094; BerlKomm/*Breutigam*, InsO, § 198 Rn. 5; MünchKomm/*Füchsl/Weishäupl/Kebekus/Schwarzer*, InsO, 3. Aufl., § 198 Rn. 3; HWF/*Förster*, InsO, 2. Aufl., § 198 Rn. 9; *Smid/Lambrecht*, S. 127; HambKomm/*Preß*, InsO, 4. Aufl., § 198 Rn. 3.

zwischenzeitigen Verfahrensaufhebung weiterhin dem Insolvenzbeschlag.[175] Wird der hinterlegte Betrag später für die Masse frei, dann ist eine Nachtragsverteilung durchzuführen und der Betrag ist an die Gläubiger gleichmäßig zu verteilen.[176] Ein „Freiwerden“ i.S.d. § 203 Abs. 1 Nr. 1 InsO liegt hier zum Beispiel vor, wenn der Gläubiger seine Forderungsanmeldung zurücknimmt, wenn er im Feststellungsprozess unterliegt[177] oder wenn die Bedingung nach dem Schlusstermin ausfällt oder nicht mehr möglich ist.[178]

Von der soeben dargestellten insolvenzrechtlichen Hinterlegung ist die bürgerlich-rechtliche Hinterlegung nach §§ 372 ff. BGB abzugrenzen. § 198 InsO kommt nämlich nicht zur Anwendung, wenn die Forderung des Gläubigers zwar festgestellt, aber eine Auszahlung an den Gläubiger unmöglich ist, wie dies insbesondere der Fall sein kann, wenn der Aufenthaltsort oder die Kontoverbindung unbekannt ist. In diesen Fällen erfolgt eine Hinterlegung durch den Verwalter nach den §§ 372 ff. BGB[179], da sich der Gläubiger im Annahmeverzug befindet. Hier ist der Verwalter auch befugt, den Betrag unter Verzicht auf sein Rücknahmerecht auf Kosten und im Namen des Gläubigers zu hinterlegen, um mit schuldbefreiender Wirkung zu leisten, § 378 BGB.[180] Da diese Beträge durch

---

175 MünchKomm/*Füchsl/Weishäupl*, InsO, 2. Aufl., § 198 Rn. 3; Uhlenbruck/*Uhlenbruck*, InsO, 13. Aufl., § 198 Rn. 7. Das Amt des Verwalters endet daher erst mit Auszahlung der hinterlegten Beträge an den Gläubiger oder einer Nachtragsverteilung, Uhlenbruck/*Uhlenbruck*, InsO, 13. Aufl., § 198 Rn. 10; KPB/*Holzer*, InsO, § 198 Rn. 13c.

176 BGH, Urt. v. 10.7.1997 – IX ZR 161/96, BGHZ 136, 220, 225; BGH, Urt. v. 7.4.2005 – IX ZR 138/04, MDR 2005, 1075, 1076; HambKomm/*Preß*, InsO, 4. Aufl., § 198 Rn. 3.

177 KPB/*Holzer*, InsO, § 203 Rn. 10; Uhlenbruck/*Uhlenbruck*, InsO, 13. Aufl., § 203 Rn. 5; Kreft/*Depré*, InsO, § 203 Rn. 3; *Hess*, InsO, § 203 Rn. 19; *Frege/Keller/Riedel*, Rn. 1728; BerlKomm/*Breutigam*, InsO, § 203 Rn. 10; HambKomm/*Preß/Henningsmeier*, InsO, 4. Aufl., § 203 Rn. 7; *Smid/Lambrecht*, S. 118; *Holzer*, InsbürO 2011, 82, 86. So bereits zu § 166 KO: *Wachtel*, S. 27.

178 Uhlenbruck/*Uhlenbruck*, InsO, 13. Aufl., § 203 Rn. 5; FK-InsO/*Kießner*, § 203 Rn. 8; Jaeger/*Meller-Hannich*, InsO, § 203 Rn. 5; Andres/Leithaus/Dahl/*Leithaus*, InsO, § 203 Rn. 6; HambKomm/*Preß/Henningsmeier*, InsO, 4. Aufl., § 203 Rn. 7; *Holzer*, InsbürO 2011, 82, 86. So bereits zu § 166 KO: *Delhaes*, KTS 1963, 240, 252; *Wachtel*, S. 27.

179 Graf-Schlicker/*Castrup*, InsO, 3. Aufl., § 198 Rn. 2; MünchKomm/*Füchsl/Weishäupl/Kebekus/Schwarzer*, InsO, 3. Aufl., § 198 Rn. 5; Uhlenbruck/*Uhlenbruck*, InsO, 13. Aufl., § 198 Rn. 5; HambKomm/*Preß*, InsO, 4. Aufl., § 198 Rn. 5; *Hess*, InsO, § 203 Rn. 19; Kreft/*Depré*, InsO, § 198 Rn. 2.

180 HambKomm/*Preß*, InsO, 4. Aufl., § 198 Rn. 5; Uhlenbruck/*Uhlenbruck*, InsO, 13. Aufl., § 198 Rn. 5.

die Hinterlegung endgültig aus dem Schuldnervermögen ausgeschieden sind, kommt eine spätere Nachtragsverteilung nicht in Betracht.

Fraglich ist hingegen, ob dies auch im Falle von nicht abgeholten Anteilen gilt.[181] Teilweise wird angenommen, dass auch hier eine Nachtragsverteilung nach § 203 Abs. 1 Nr. 1 InsO möglich sei, sofern der Verwalter diese Beträge nicht unter Verzicht auf sein Rücknahmerecht hinterlegt hat.[182] Nach anderer Ansicht erfasse § 203 Abs. 1 Nr. 1 InsO diesen Fall dagegen nicht.[183] Es handele sich um einen Fall der §§ 372 ff. BGB, da jener Gläubiger bezüglich seiner Forderungen bei der Schlussverteilung zu berücksichtigen war. Der Verwalter sei daher berechtigt (und wohl auch verpflichtet), den Betrag unter Verzicht auf das Rücknahmerecht mit schuldbefreiender Wirkung zu hinterlegen. Diese Ansicht überzeugt, da es merkwürdig anmuten würde, wenn der Verwalter zunächst feststellt, dass dem Gläubiger ein bestimmter Betrag zusteht, diesen Betrag dann aber später an alle anderen Gläubiger eigenständig verteilen dürfte. Dieser Betrag steht dem jeweiligen Gläubiger zu, sodass der Verwalter auch im Falle von nicht abgeholten Anteilen die entsprechenden Beträge unter Verzicht auf sein Rücknahmerecht bei amtlicher Stelle hinterlegen muss. Aufgrund der schuldbefreienden Leistung kommt daher auch keine Nachtragsverteilung in Betracht. Lediglich in Fällen, in denen im Verhalten des Gläubigers ein konkludenter Verzicht zu sehen ist[184], können diese Beträge im Rahmen einer späteren Nachtragsverteilung an die übrigen Gläubiger nachträglich verteilt werden, da der Gläubiger durch diesen Verzicht endgültig aus der Liste der zu berücksichtigen Gläubiger ausgeschieden ist.

b) Amtliche Hinterlegungsstelle oder „Hinterlegung“ auf Sonderanderkonten?

In den Fällen des § 198 InsO erfolgt die Hinterlegung regelmäßig bei einer amtlichen Hinterlegungsstelle i.S.d. § 372 BGB.[185] Streitig ist allerdings, ob eine „Hinterlegung“ auch auf Sonderanderkonten möglich ist.

---

181 Im Gegensatz zur Vorgängerregelung des § 169 KO sieht § 198 InsO heute nicht mehr eine Hinterlegung von nicht erhobenen Beträgen vor. Vgl. zur Vorgängerregelung *Bihler*, KTS 1963, 226 ff.

182 Braun/*Kießner*, InsO, § 203 Rn. 8; FK-InsO/*Kießner*, § 203 Rn. 9.

183 NR/*Westphal*, InsO, §§ 203, 204 Rn. 5; *Binz/Hess*, Rn. 3094; Bork/Koschmieder/*Riedel*, Rn. 10.181. Vgl. auch BerlKomm/*Breutigam*, InsO, § 198 Rn. 6. So wohl auch *Smid/Lambrecht*, S. 127.

184 MünchKomm/*Füchsl/Weishäupl*, InsO, 2. Aufl., § 198 Rn. 4 m.w.N.; Uhlenbruck/*Uhlenbruck*, InsO, 13. Aufl., § 198 Rn. 5.

185 Vgl. MünchKomm/*Füchsl/Weishäupl/Kebekus/Schwarzer*, InsO, 3. Aufl., § 198 Rn. 4.

Nach *Förster* ist dies nicht zulässig. Zwar schreibe § 198 InsO nicht zwingend die Hinterlegung bei einer amtlichen Stelle gem. § 372 BGB vor. Dieses Erfordernis ergebe sich aber daraus, dass der Verwalter seine Verfügungsgewalt mit Verfahrensaufhebung verliere, womit auch jegliches Treuhandverhältnis gegenüber dem betroffenen Gläubiger entfiele.[186] Dem kann in dieser Allgemeinheit indes nicht gefolgt werden. Bei dieser pauschalen Betrachtung übersieht *Förster*, dass eine Hinterlegung beim Amtsgericht einen gewissen Bearbeitungsaufwand erfordert. Bereits nach dem Wortlaut des § 198 InsO ist eine Hinterlegung auch bei anderen geeigneten Stellen, beispielsweise Banken, zulässig.[187] Darüber hinaus wird durch eine „Hinterlegung" auf einem Sonderanderkonto auch besser dokumentiert, dass die zurückbehaltenen Beträge nach wie vor zur Insolvenzmasse gehören.[188] Auf diese Weise sind die verwahrten Gelder ebenfalls vom Vermögen des Verwalters getrennt. Daher sollte es als zulässig angesehen werden, dass die zurückbehaltenen Beträge auf einem eigens eingerichteten Sonderkonto „hinterlegt" werden.[189] Auf diese Weise behält der Verwalter die Verfügungsgewalt über die entsprechenden Beträge und kann ohne erhebliche zeitliche Verzögerung die Auszahlung veranlassen, wenn die Voraussetzungen dafür gegeben sind.[190] Hierbei sollte jedoch darauf geachtet werden, dass das Geld auch jeweils verfahrensbezogen „hinterlegt" und kein Sammelkonto geführt wird.[191]

2. Der Nachtragsverteilung vorbehaltene Vermögensgegenstände

Obwohl ein sog. Nachtragsvorbehalt in § 203 InsO nicht ausdrücklich geregelt wurde, entspricht es der wohl überwiegenden Ansicht, dass als „zurückbehalten" i.S.d. § 203 Abs. 1 Nr. 1 InsO auch solche Gegenstände und Beträge

---

186 HWF/*Förster*, InsO, 2. Aufl., § 198 Rn. 7.

187 Vgl. FK-InsO/*Kießner*, § 198 Rn. 2. Die Ergänzung in § 198 InsO ist zurückzuführen auf die Empfehlung des Rechtsausschusses zu § 226 RegE-InsO, BT-Drs. 12/7302, S. 179; Graf-Schlicker/*Castrup*, InsO, 3. Aufl., § 198 Rn. 3; *Hess*, InsO, § 198 Rn. 7; HambKomm/*Preß*, InsO, 4. Aufl., § 198 Rn. 4. So bereits zur KO: *Bihler*, KTS 1963, 226, 233 f. m.w.N.

188 Kreft/*Depré*, InsO, § 198 Rn. 1.

189 So auch Kreft/*Depré*, InsO, § 198 Rn. 1; Uhlenbruck/*Uhlenbruck*, InsO, 13. Aufl., § 198 Rn. 9; FK-InsO/*Kießner*, § 198 Rn. 3; HambKomm/*Preß*, InsO, 4. Aufl., § 198 Rn. 4.

190 Uhlenbruck/*Uhlenbruck*, InsO, 13. Aufl., § 198 Rn. 9.

191 KPB/*Holzer*, InsO, § 198 Rn. 12; Graf-Schlicker/*Castrup*, InsO, 3. Aufl., § 198 Rn. 3.

gelten, die einer Nachtragsverteilung vorbehalten wurden.[192] Der Vorbehalt der Nachtragsverteilung unterscheidet sich von den in § 203 Abs. 1 InsO ausdrücklich erwähnten Fällen dadurch, dass der Vermögenswert nur deshalb noch nicht zur Masse gezogen werden konnte, weil seine Realisierung noch nicht abgeschlossen ist, wie dies zum Beispiel bei noch nicht fälligen Forderungen des Schuldners der Fall sein kann.[193] Häufig ist die Verwertung im Wesentlichen abgeschlossen und es stehen lediglich noch einzelne Maßnahmen, insbesondere der Abschluss von Rechtsstreitigkeiten, aus.[194] Ein Nachtragsvorbehalt könnte hier dafür genutzt werden, das Verfahren aufzuheben, ohne einen u.U. langwierigen Masseprozess abwarten zu müssen.[195]

a) Vorbehaltsbefugnis und Ausgestaltung des Vorbehalts

Allein aus dem Umstand, dass ein Nachtragsvorbehalt allgemein als zulässig angesehen wird, folgt noch nicht, wer einen solchen Vorbehalt rechtswirksam regeln kann.

Unzweifelhaft dürfte sein, dass zumindest das *Insolvenzgericht* befugt ist, einen solchen Vorbehalt zu regeln.[196] Dies folgt bereits aus der Überlegung, dass dieses auch befugt ist, die Nachtragsverteilung von Amts wegen auch schon vor Verfahrensaufhebung anzuordnen. Fraglich ist nur, wie ein solcher Vorbehalt

---

192 Vgl. BGH, Beschl. v. 17.2.2011 – IX ZB 268/08, NZI 2011, 263, 264 Rn. 10; KPB/*Holzer*, InsO, § 203 Rn. 9; Uhlenbruck/*Uhlenbruck*, InsO, 13. Aufl., § 203 Rn. 8; BerlKomm/*Breutigam*, InsO, § 203 Rn. 10; Jaeger/*Meller-Hannich*, InsO, § 203 Rn. 5; Gottwald/*Eickmann*, § 65 Rn. 50; HambKomm/*Preß*/*Henningsmeier*, InsO, 4. Aufl., § 203 Rn. 7. *Bork*, ZIP 2009, 2077, 2078 Fn. 12 nimmt dagegen an, dass bei vorbehaltener Nachtragsverteilung ein Fall des § 203 Abs. 1 Nr. 3 InsO vorliege, da sich zurückbehaltene Beträge bereits in der Masse befänden, während es hier darum ginge, aus zur Masse gehörende Forderungen zur Masse zu ziehen. Auch das LG Marburg subsumiert den Fall einer vorbehaltenen Nachtragsverteilung anscheinend unter § 203 Abs. 1 Nr. 3 InsO, vgl. LG Marburg, Beschl. v. 13.12.2011 – 3 T 330/11, BeckRS 2012, 20672.

193 Bork/Koschmieder/*Riedel*, Rn. 10.182. Der Vorbehalt der Nachtragsverteilung empfiehlt sich vor allem hinsichtlich etwaiger Steuerrückzahlungsansprüche des Schuldners, vgl. dazu ausführlich die Kapitel Teil 4., B., IV., 3. und Teil 6., A., I.

194 *Bork*, ZIP 2009, 2077.

195 Dies wird im übernächsten Abschnitt, Teil 4., B., I., 2., b), ausführlich behandelt.

196 LG Köln, Beschl. v. 1.12.1981 – 19 T 224/81, ZIP 1982, 337, zwar noch zu § 166 KO, jedoch auf § 203 InsO übertragbar. Zur InsO: Jaeger/*Meller-Hannich*, InsO, § 203 Rn. 5; *Smid*/*Lambrecht*, S. 129; Bork/Koschmieder/*Riedel*, Rn. 10.170. So lag der Sachverhalt auch bei LG Dresden, Beschl. v. 13.9.2010 – 5 T 712/10, ZInsO 2011, 302.

vom Insolvenzgericht zu regeln ist. Streitig ist insbesondere, ob es eines ausdrücklichen Vorbehalts bedarf oder ob dieser auch stillschweigend ergehen kann.

Das OLG Celle vertrat zur vormaligen Regelung des § 166 KO die Auffassung, dass ein solcher Vorbehalt auch stillschweigend ergehen könne.[197] Im zugrundeliegenden Sachverhalt begehrte die Klägerin vom beklagten Konkursverwalter nach Aufhebung des Konkurses über das Vermögen ihres Ehemannes die Rückzahlung zu viel gezahlter Verwaltergebühren, die ihr Ehemann an sie abgetreten hatte. Der Konkursverwalter wandte dagegen ein, dass diese Beträge weiterhin konkursbefangen seien, da diese Beträge zurückbehalten wurden. Dies folgte seiner Ansicht nach daraus, dass gegen die Vergütungsbeschlüsse Erinnerung eingelegt wurde, wodurch die Wirksamkeit der Beschlüsse gehemmt wurde und die endgültige Höhe der Konkursverwaltervergütung daher noch nicht feststand. Aus diesem Grund habe er, der Konkursverwalter, in der Schlussrechnung in der Rubrik „Konkursverwalter-Vergütung" die Worte „noch unbekannt" eingetragen. Aus dieser Tatsache schloss nun das OLG Celle, dass die streitigen Beträge nach wie vor konkursbefangen seien, da es sich bei der Genehmigung der Schlussrechnung und Schlussverteilung durch das Konkursgericht um einen stillschweigenden Vorbehalt der Nachtragsverteilung bezüglich der Forderung auf Rückzahlung zu viel gezahlter Vergütung gehandelt habe. Aufgrund dieser Konkursbefangenheit habe der Ehemann die Forderung nicht wirksam an die Klägerin abtreten können, sodass die Klage im Ergebnis erfolglos war.

Auch *Holzer* und *Jungmann* vertreten unter Geltung der InsO die Auffassung, dass ein Nachtragsvorbehalt stillschweigend ergehen könne.[198] Dieser Ansicht scheint sich auch *Henckel* anzuschließen, indem er ausführt, dass in der Genehmigung der Schlussverteilung bei Fortdauer eines Prozesses der Vorbehalt der Nachtragsverteilung liege.[199]

Dieser Ansicht kann jedoch nicht gefolgt werden.[200] Wie bereits dargestellt, endet der Insolvenzbeschlag grundsätzlich mit Verfahrensaufhebung und der Schuldner erhält die Verwaltungs- und Verfügungsbefugnis über alle noch vorhandenen Massevermögenswerte zurück. Dies stellt die Regel dar, wohingegen ein Vorbehalt der Nachtragsverteilung, der zu einem Fortwirken

---

197 OLG Celle, Urt. v. 5.5.1972 – 8 U 127/71, KTS 1972, 265, 266. So auch Jaeger/*Weber*, KO, § 161 Anm. 3.

198 KPB/*Holzer*, InsO, § 203 Rn. 9; K. Schmidt/*Jungmann*, InsO, § 196 Rn. 6.

199 Jaeger/*Henckel*, InsO, § 129 Rn. 299.

200 Krit. auch NR/*Westphal*, InsO, §§ 203, 204 Rn. 6; Uhlenbruck/*Uhlenbruck*, InsO, 13. Aufl., § 203 Rn. 6; MünchKomm/*Hintzen*, InsO, 3. Aufl., § 200 Rn. 40.

der Beschlagnahme führt[201], die Ausnahme darstellt. Aufgrund dieses Regel-Ausnahme-Verhältnisses ist es zum Schutze der Verkehrssicherheit zu fordern, dass das Insolvenzgericht einen ausdrücklichen Vorbehalt hinsichtlich genau zu bezeichnender Vermögenswerte ausspricht. Ein solcher Vorbehalt kann beispielsweise ohne besonderen Aufwand im Aufhebungsbeschluss nach § 200 InsO geregelt werden.[202] Da dieser Beschluss nach §§ 200 Abs. 2, 9 InsO öffentlich bekannt gemacht wird, ist nicht nur für alle Beteiligten, sondern auch für außenstehende Dritte ohne Weiteres erkennbar, welche Beträge und Gegenstände vom Nachtragsvorbehalt erfasst sind und hinsichtlich welcher Vermögenswerte der Verwalter weiterhin seine Verwaltungs- und Verfügungsbefugnis behält. Durch diese Lösung kann auch ein Prozessgericht erkennen, dass der klagende Verwalter trotz Verfahrensaufhebung weiterhin prozessführungsbefugt ist, sodass etwaige Prozesse nicht durch eine evtl. langwierige Klärung dieser Frage verzögert werden. Handelt es sich beispielsweise um eine Forderung gegen einen Drittschuldner, so könnte das Gericht diese Forderung im Aufhebungsbeschluss zur Einziehung an den Verwalter überweisen. Mit der Formulierung „dem Verwalter zur Einziehung überwiesen" wird dann die Übertragung der Forderung auf den Verwalter als Treuhänder deutlich, wobei zusätzlich der Nachtragsvorbehalt ausdrücklich auszusprechen ist.[203]

Neben dem Insolvenzgericht kann nach wohl einhelliger Ansicht auch die *Gläubigerversammlung* im Schlusstermin einen Nachtragsvorbehalt hinsichtlich solcher Gegenstände beschließen, die zum Zeitpunkt des Schlusstermins unverwertbar sind, § 197 Abs. 1 S. 2 Nr. 3 InsO.[204] Dem ist insofern zuzustimmen, als das gesamte Insolvenzverfahren von zahlreichen Mitwirkungs- und Mitbestimmungsmöglichkeiten der Gläubiger gekennzeichnet ist. Die Gläubiger beschließen beispielsweise darüber, ob ein Unternehmen liquidiert oder fortgeführt werden soll. So ist es den Gläubigern auch im Regelinsolvenzverfahren möglich, über

---

201 Ausführlich dazu Teil 6., A.

202 Vgl. auch K. Schmidt/*Jungmann*, InsO, § 200 Rn. 1: „Zweckmäßigerweise wird die Nachtragsverteilung im Beschluss vorbehalten [...]." So auch Uhlenbruck/*Uhlenbruck*, InsO, 13. Aufl., § 200 Rn. 13.

203 So auch das LG Köln, Beschl. v. 1.12.1981 – 19 T 224/81, ZIP 1982, 337.

204 BerlKomm/*Breutigam*, InsO, § 203 Rn. 10; KPB/*Holzer*, InsO, § 203 Rn. 9; NR/*Westphal*, InsO, §§ 203, 204 Rn. 6; Jaeger/*Meller-Hannich*, InsO, § 203 Rn. 5; Braun/*Kießner*, InsO, § 203 Rn. 9; Uhlenbruck/*Uhlenbruck*, InsO, 13. Aufl., § 203 Rn. 6; HambKomm/*Preß*/*Henningsmeier*, InsO, 4. Aufl., § 203 Rn. 7; LSZ/*Smid*, InsO, § 203 Rn. 4; FK-InsO/*Kießner*, § 196 Rn. 5; *Smid*/*Lambrecht*, S. 117 . So bereits zur KO: *Kalter*, KTS 1980, 215, 218; *Wachtel*, S. 28.

§§ 160 ff. InsO eine übertragene Sanierung zu beschließen, sofern sie sich dadurch eine höhere Quote erhoffen. Die Regelung des § 197 Abs. 1 S. 2 Nr. 3 InsO zeigt, dass diese Mitbestimmungsrechte der Gläubiger auch im Abschlusszeitraum des Verfahrens Geltung beanspruchen – und dies auch zu Recht. So sind es letztlich die Gläubiger, denen das Insolvenzverfahren (neben dem Schuldner) zugutekommen soll; idealerweise mit dem Ziel, einer vollständigen Befriedigung ihrer Forderungen. Daher muss ihnen auch das Recht zustehen, einen Beschluss über die weitere Vorgehensweise hinsichtlich bisher nicht verwerteter Vermögenswerte zu fassen.[205] Nach § 197 Abs. 1 S. 2 Nr. 3 InsO ist es zum Beispiel möglich, dass ein Gläubiger oder ein Dritter diese Gegenstände zu einem von der Gläubigerversammlung festgelegten Preis erwirbt oder dass die Gläubigerversammlung eine zukünftige Realisierung durch den Insolvenzverwalter beschließt und somit für eine spätere Nachtragsverteilung vorbehält.[206] Fasst die Gläubigerversammlung über die betroffenen Gegenstände keinen Beschluss, so fallen diese Vermögenswerte dagegen mit Verfahrensaufhebung[207] wieder in die freie Verfügungsbefugnis des Schuldners zurück.

In Rechtsprechung und Literatur findet sich darüber hinaus teilweise die Ansicht, dass ein Nachtragsvorbehalt auch vom *Insolvenzverwalter* rechtswirksam erklärt werden könne.[208] Der Verwalter könne dabei den Vorbehalt unabhängig von der Entscheidung des Gerichts über die Hinterlegung nach § 198 InsO konkludent oder stillschweigend aussprechen. Dieser Ansicht ist jedoch mit Nachdruck zu widersprechen. Bestünde für den Verwalter die Möglichkeit, einen Nachtragsvorbehalt zu regeln, könnte er sich nämlich seinem in § 159 InsO festgeschriebenen Verwertungsauftrag durch einfache Aussprache eines Vorbehalts entziehen und dadurch den Gläubigern (zumindest vorerst) Vermögenswerte vorenthalten, über deren weiteres Schicksal (grundsätzlich) nur diese

---

205 Die darüber hinausgehende Frage, ob allein dieser Gläubigerbeschluss eine fortdauernde Beschlagnahme bewirkt, wird im Kapitel Teil 6., A., II. untersucht.

206 NR/*Westphal*, InsO, § 197 Rn. 11; Braun/*Pehl*, InsO, § 197 Rn. 17; BerlKomm/*Breutigam*, InsO, § 197 Rn. 21; HambKomm/*Preß*, InsO, 4. Aufl., § 197 Rn. 14; KPB/*Holzer*, InsO, § 197 Rn. 13 ff.

207 HWF/*Förster*, InsO, 2. Aufl., § 197 Rn. 10. Nach a.A. sei in diesem Fall bereits in dem Zeitpunkt, in dem die Gläubigerversammlung den Beschluss nicht fasst, von einer Freigabe an den Schuldner auszugehen, vgl. NR/*Westphal*, InsO, §§ 203, 204 Rn. 6; KPB/*Holzer*, InsO, § 197 Rn. 14; Kreft/*Depré*, InsO, § 197 Rn. 8; K. Schmidt/*Jungmann*, InsO, § 197 Rn. 4. Diese Ansicht überzeugt jedoch nicht, wie in dem Abschnitt Teil 4., B., III., 2. noch näher zu zeigen sein wird.

208 So: OLG Celle, Urt. v. 5.5.1972 – 8 U 127/71, KTS 1972, 265, 266; KPB/*Holzer*, InsO, § 203 Rn. 9.

(i.R.d. § 197 InsO) zu entscheiden haben. Aus diesem Grund ist der Verwalter nicht befugt, bestimmte Vermögenswerte unverwertet zu lassen und stattdessen eigenständig einer späteren Nachtragsverteilung vorzubehalten.[209] Der Verwalter ist allerdings nicht daran gehindert, sowohl die Gläubigerversammlung als auch das Insolvenzgericht auf etwaige Schwierigkeiten bei der Verwertung bestimmter Vermögenswerte aufmerksam zu machen, damit diese einen Nachtragsvorbehalt beschließen und das Verfahren im Übrigen aufgehoben wird.

b) Zulässigkeit des Vorbehalts vs. vollständige Verwertung der Masse

Grundsätzlich erfolgt die Schlussverteilung gem. § 196 InsO erst, wenn alle Massegegenstände verwertet wurden. Nach erfolgter Schlussverteilung wird das Verfahren sodann aufgehoben, § 200 Abs. 1 InsO.

Obwohl die mittlerweile wohl einhellige Ansicht davon ausgeht, dass bestimmte Vermögenswerte einer Nachtragsverteilung vorbehalten werden können und das Verfahren ohne deren Verwertung im Übrigen aufgehoben werden kann, ist dadurch noch nicht geklärt, hinsichtlich welcher Vermögenswerte ein solcher Vorbehalt zulässig ist. Zu untersuchen ist daher, in welchen Fällen für eine Aufhebung des Verfahrens nicht mit einer endgültigen Verwertung aller Massegegenstände zugewartet werden muss, sondern diese Gegenstände stattdessen einer späteren Nachtragsverteilung vorbehalten werden können. Diese Frage wird in der Literatur nicht einheitlich beantwortet.

Einigkeit dürfte hierbei insofern bestehen, als ein solcher Nachtragsvorbehalt bei derzeitig unverwertbaren Massegegenstände (beispielsweise bei noch nicht fälligen Werklohnforderungen, bei denen eine vollständige Zahlungspflicht aufgrund der bisher nicht abgelaufenen Gewährleistungsfrist noch nicht besteht) zulässig ist und somit für die Schlussverteilung und die anschließende Verfahrensbeendigung nicht mit dem Eintritt der Verwertbarkeit zugewartet werden muss.[210] Des Weiteren bietet sich ein Nachtragsvorbehalt bei der Bearbeitung langwieriger Restkonflike, beispielsweise komplizierter Verwertungsfragen

---

209 So auch: Uhlenbruck/*Uhlenbruck*, InsO, 13. Aufl., § 203 Rn. 6. Anders dagegen noch die Vorauflage zur KO: *Kuhn*/*Uhlenbruck*, KO, § 166 Rn. 2.

210 HambKomm/*Preß*, InsO, 4. Aufl., § 196 Rn. 5; Jaeger/*Meller-Hannich*, InsO, § 196 Rn. 6; Graf-Schlicker/*Castrup*, InsO, 3. Aufl., § 196 Rn. 2; Braun/*Pehl*, InsO, § 196 Rn. 8; FK-InsO/*Kießner*, § 196 Rn. 5; NR/*Westphal*, § 196 Rn. 8. Auch im Falle eines Bauvertrags, bei dem der Schuldner verpflichtet war, das Bauwerk herzustellen, ist der Bauherr oft berechtigt, einen Sicherheitseinbehalt u.U. über mehrere Jahre zurückzuhalten, Uhlenbruck/*Uhlenbruck*, InsO, 13. Aufl., § 196 Rn. 5. In diesen Fällen empfiehlt es sich ebenfalls, das Verfahren unter Vorbehalt der Nachtragsverteilung

ostdeutscher Immobilien, an[211], um dadurch das Verfahren nicht unnötig in die Länge zu ziehen, wenn dieses im Übrigen abschlussreif ist und nur noch die einzelnen Verwertungshandlungen ausstehen.

Zu denken ist auch an einen rechtskräftigen Zahlungstitel gegen einen Drittschuldner, der auf eine beachtliche Summe lautet und bei dem eine monatliche Rente oder ein monatliches Arbeitseinkommen bei dem Dritten für die Masse gepfändet wird. Hier liegt es auf der Hand, dass sich das Insolvenzverfahren unnötig in die Länge ziehen würde, wenn man dieses allein wegen dieser monatlich zu pfändenden Beträge aufrechterhielte, während die restliche Masseverwertung abgeschlossen ist.[212] Auch in diesen Fallkonstellationen kann sich folglich ein Nachtragsvorbehalt empfehlen. Ob sich ein Nachtragsvorbehalt allerdings im konkreten Fall anbietet, hängt von den jeweiligen Umständen des Einzelfalls ab, wobei es vor allem auf einen Vergleich zwischen der Höhe des Zahlungstitels und der Höhe der monatlich pfändbaren Bezüge ankommt. Unter Umständen liefe ein solcher Vorbehalt nämlich auf eine nie endende Nachtragsverteilung hinaus, was beispielsweise dann der Fall ist, wenn der Zahlungstitel auf eine Millionensumme lautet und lediglich wenige Hundert Euro monatlich gepfändet werden könnten. Diese Situation wäre nicht nur für die Gläubiger, die in regelmäßigen Abständen vermutlich nur geringe Beträge erhielten und so erst in Jahrzehnten eine teilweise Befriedigung ihrer Forderungen überhaupt erwarten könnten, sondern vor allem auch für den Insolvenzverwalter unzumutbar. Letzterer müsste sich ggf. während der gesamten Zeit seiner weiteren beruflichen Tätigkeit mit der Nachtragsverteilung aus diesem Verfahren beschäftigen und wäre während dieser Zeit auf regelmäßige Zwischenvergütungen angewiesen, die seinen Aufwand mitunter nicht rechtfertigen können. *Lissner* macht daher zutreffend darauf aufmerksam, dass in diesen Fällen eher von einem Nachtragsvorbehalt abgesehen werden sollte. Stattdessen kann die Gläubigerversammlung im Schlusstermin darüber befinden, ob diese Ansprüche durch eine Einmalzahlung einer Mindestsumme abgegolten werden sollen. Erscheinen die Gläubiger

---

bzgl. dieses Sicherheitseinbehalts aufzuheben, wenn das Verfahren im Übrigen abschlussreif ist.

211 HWF/*Förster*, InsO, 2. Aufl., § 200 Rn. 15.

212 Beispiel von *Lissner*, InsbürO 2013, 355, 356. Um hier auch in den Fällen eine volle Absicherung zu erzielen, in denen sich die Rente mindert oder ein Arbeitsplatzwechsel eintritt, empfiehlt *Lissner* zu Recht, den Vorbehalt nicht auf den Drittschuldner zu regeln, sondern stattdessen „auf erhaltene Leistungen aus dem Zahlungstitel" abzustellen, da dann der Insolvenzbeschlag aufgrund des Vorbehalts auch den Fall eines Arbeitsplatzwechsels umfasst.

nicht im Termin, so wäre auch denkbar, dass der Verwalter diese Ansprüche in Abstimmung mit dem Insolvenzgericht an den Schuldner freigibt und dieser im Gegenzug eine Einmalzahlung leistet.[213]

Während die bisher dargestellten Fallgruppen eines Nachtragsvorbehalts unstreitig sein dürften, ist die Zulässigkeit eines solchen Vorbehalts dagegen in Fällen umstritten, in denen es sich um anhängige Aktiv- oder Passivprozesse handelt. Streitig ist, ob das Verfahren auch in diesen Fällen unter Vorbehalt der Nachtragsverteilung aufgehoben werden kann oder ob stattdessen mit der Verfahrensaufhebung bis zum Abschluss dieser Prozesse zugewartet werden muss.

Die überwiegende Ansicht in Rechtsprechung und Literatur hält einen Nachtragsvorbehalt auch hier für zulässig, sodass das Insolvenzverfahren trotz anhängiger Prozesse unter Vorbehalt der Nachtragsverteilung aufgehoben werden kann.[214] Anhängige Aktivprozesse würden die Verfahrensaufhebung nicht hindern[215] und der Verwalter bleibe aufgrund des Vorbehalts auch über Verfahrensaufhebung hinaus aktivlegitimiert[216]. Ein Nachtragsvorbehalt müsse schon deswegen möglich sein, weil es den Gläubigern nicht zuzumuten sei, den Abschluss langwieriger Verfahren abzuwarten. Den Interessen der Gläubiger sei über die Möglichkeit der Nachtragsverteilung hinreichend Rechnung getragen. Hierbei seien allerdings die für etwaige Prozesskostenverbindlichkeiten erforderlichen Beträge zurückzubehalten und Rückstellungen zu bilden.[217]

Nach *Preß* ist ein solcher Vorbehalt zwar sowohl bei anhängigen Feststellungs- als auch bei Aktivprozessen grundsätzlich möglich. Dies sei jedoch nur dann zulässig, wenn die materielle Abschlussreife des Insolvenzverfahrens von dem Ausgang des Prozesses unberührt bleibe. Sofern allerdings durch den noch nicht abgeschlossenen Prozess Hauptanliegen des Insolvenzverfahrens betroffen

---

213 *Lissner*, InsbürO 2013, 355, 359.

214 Vgl. BGH, Beschl. v. 17.2.2011 – IX ZB 268/08, NZI 2011, 263, 264 Rn. 11; *Bork*, ZIP 2009, 2077, 2078; Braun/*Pehl*, InsO, § 196 Rn. 9; Uhlenbruck/*Uhlenbruck*, InsO, 13. Aufl., § 196 Rn. 6; MünchKomm/*Füchsl*/*Weishäupl*/*Kebekus*/*Schwarzer*, InsO, 3. Aufl., § 196 Rn. 4; HWF/*Förster*, InsO, 2. Aufl., § 200 Rn. 10 (dort allerdings unter Bezugnahme auf die Anordnung der Nachtragsverteilung); Gottwald/*Eickmann*, § 65 Rn. 11; K. Schmidt/*Jungmann*, InsO, § 196 Rn. 6; Pape/Uhlenbruck/Voigt-Salus/*Voigt-Salus*, Kap. 35 Rn. 18. So bereits zur KO: RG, Urt. v. 17.9.1891 – Rep. IV. 136/91, RGZ 28, 68, 70; vgl. auch BGH, Urt. v. 10.2.1982 – VIII ZR 158/80, BGHZ 83, 102, 103.

215 KPB/*Holzer*, InsO, § 196 Rn. 6; FK-InsO/*Kießner*, § 196 Rn. 7; BerlKomm/*Breutigam*, InsO, § 196 Rn. 3; Kreft/*Depré*, InsO, § 196 Rn. 1; Jaeger/*Meller-Hannich*, InsO, § 196 Rn. 7.

216 Vgl. dazu ausführlich das Kapitel Teil 6., A.

217 FK-InsO/*Kießner*, § 196 Rn. 7; BerlKomm/*Breutigam*, InsO, § 196 Rn. 3.

sind oder von dem Ausgang des Prozesses die Entwicklung des Massebestandes im Wesentlichen abhängt, habe das Gericht die Zustimmung zur Schlussverteilung zu versagen und das Insolvenzverfahren müsse weiterhin eröffnet bleiben. *Preß* betont, dass eine Verlagerung in die Nachtragsverteilung mit dem Sinn und Zweck des § 203 InsO dann unvereinbar sei.[218] Darüber hinaus sei die Nachtragsverteilung mit erheblichem Aufwand verbunden und es könnten sich Probleme mit dem Geldtransfer ergeben, wenn die Nachtragsverteilung erst Jahre später erfolgt und der Gläubiger mittlerweile verzogen ist oder ehemals bevollmächtigte Anwälte das Mandat beendet haben.[219]

Westphal vertritt dagegen eine vollkommen andere Auffassung. Nach ihm muss die Schlussverteilung bei noch anhängigen Prozessen komplett zurückgestellt werden, da ein Nachtragsvorbehalt ausscheide.[220] Dies folge daraus, dass das Gesetz die Vornahme der Schlussverteilung an die Beendigung der Verwertung der Masse knüpfe. Zudem seien Nachtragsverteilungen mit einem erheblichen Aufwand verbunden und die zusätzlich entstehenden Kosten, insbesondere die gesonderte Vergütung des Verwalters, würden die Masse zu Lasten der Insolvenzgläubiger schmälern.[221] Stattdessen seien hier Abschlagsverteilungen vorzunehmen, um dem Interesse der Gläubiger auf Erhalt einer Insolvenzquote zu entsprechen.[222]

Welche der soeben dargestellten Ansichten im Ergebnis vorzugswürdig ist, kann nur durch eine Anbindung an das Gesetz und unter Berücksichtigung der Interessen der Gläubigergemeinschaft erfolgen, da diesen letztendlich ein etwaiger Erlös aus einem Masseprozess zugutekommt.

Im Allgemeinen brauchen Gegenstände, deren Werthaltigkeit bei Verfahrensaufhebung noch offen ist, nicht bei der Schlussverteilung berücksichtigt werden. Wie bereits dargestellt, bleiben unverwertbare Massegegenstände bei der Schlussverteilung unberücksichtigt, da die Gläubiger nach § 197 Abs. 1 S. 2 Nr. 3 InsO über das Schicksal dieser Gegenstände zu entscheiden haben und eine Erhöhung der Masse aufgrund mangelnder Verwertbarkeit i.d.R. nicht

---

218 HambKomm/*Preß*, InsO, 4. Aufl., § 196 Rn. 6.

219 Ebd.

220 NR/*Westphal*, InsO, § 196 Rn. 10. Ebenso wohl Mohrbutter/Ringstmeier/*Pursche*, § 13 Rn. 4. Ähnlich auch *Lissner*, InsbürO 2013, 355, 358, nach dem eine Nachtragsverteilung nichts bringe, da die Gläubiger dadurch nicht besser stünden, als wenn das Verfahren weiterhin eröffnet bleibe. Allerdings hält *Lissner* eine Nachtragsverteilung i.E. zumindest für möglich.

221 NR/*Westphal*, InsO, § 196 Rn. 11.

222 Ebd.

eintreten kann.[223] Insoweit könnte man sich hier durchaus auf den Standpunkt stellen, dass streitbefangene Forderungen zunächst einmal als „unverwertbar" gelten, da noch offen ist, ob der Prozess gewonnen wird und somit die streitbefangenen Forderungen überhaupt werthaltig sind.[224] Durch diese Auslegung würde die Masse im Ergebnis auch als vollständig verwertet i.S.d. § 196 Abs. 1 InsO gelten und sowohl die Schlussverteilung als auch die darauf folgende Aufhebung des Verfahrens wären zweifellos zulässig. Die von *Westphal* vorgeschlagene Verfahrensweise ist demgegenüber keine vergleichbare Lösung. Abschlagsverteilungen haben grundsätzlich nur vorläufigen Charakter, während der Schlussverteilung endgültige Wirkung zukommt.[225] Gegen die Zulässigkeit eines Nachtragsvorbehalts sprechen auch keine etwaigen Interessen des jeweiligen Prozessgegners. Seine Interessen sind hinreichend gewahrt. Da der Insolvenzverwalter bei vorbehaltener Nachtragsverteilung weiterhin prozessführungsbefugt bleibt[226], findet auch kein unvorhergesehener Parteiwechsel statt. Die Besorgnis des Prozessgegners, dass ihm im Falle des Obsiegens für seinen Kostenerstattungsanspruch keine Haftungsmasse zur Verfügung stehen könnte, lässt sich dadurch ausräumen, dass bei der Schlussverteilung entsprechende Beträge zurückbehalten werden.[227]

Auch wenn mitunter das von *Preß* angeführte Risiko besteht, dass Gläubiger zwischen der Verfahrensaufhebung und dem Abschluss des Masseprozesses unbekannt verzogen sind oder ihre ursprünglich angegebene Bankverbindung nicht mehr besteht, so ist dieses Risiko im Gegensatz zu einer überlangen Verfahrensdauer hinzunehmen. Diesem Risiko ließe sich auch dadurch begegnen, dass der Insolvenzverwalter die Insolvenzgläubiger bittet, jede Änderung ihrer Adresse oder Bankverbindung auch nach Verfahrensaufhebung mitzuteilen. Da diese Mitteilung insbesondere im Eigeninteresse der Gläubiger liegt (immerhin haben

223 BerlKomm/*Breutigam*, InsO, § 196 Rn. 2; FK-InsO/*Kießner*, § 196 Rn. 4; KPB/*Holzer*, InsO, § 196 Rn. 6; *Bork*, ZIP 2009, 2077; Braun/*Pehl*, InsO, § 196 Rn. 6.

224 So: *Bork*, ZIP 2009, 2077, 2078.

225 Vgl. *Bork*, ZIP 2009, 2077, 2079; *Hess*, InsO, § 196 Rn. 2. Ebenso *Holzer*, InsbürO 2011, 82: Die Abschlagsverteilung stelle noch keine endgültige Verteilung dar, sondern nehme lediglich einen Teil der Schlussverteilung vorweg. Ebenso *Smid/Lambrecht*, S. 101: Abschlagsausschüttungen würden dem Verwalter die Möglichkeit einräumen, vor der endgültigen Feststellung der Quote in der Schlussverteilung bereits Ausschüttungen vorzunehmen.

226 Vgl. dazu näher das Kapitel Teil 6., A., III.

227 FK-InsO/*Kießner*, § 196 Rn. 7; Kreft/*Depré*, InsO, § 196 Rn. 1; BerlKomm/*Breutigam*, InsO, § 196 Rn. 3; *Bork*, ZIP 2009, 2077, 2079; Braun/*Pehl*, InsO, § 196 Rn. 9.

diese u.U. mit weiteren Quotenzahlungen zu rechnen), werden diese eine entsprechende Mitteilung relevanter Änderungen vermutlich ohnehin auch ohne einen entsprechenden Hinweis des Verwalters vornehmen, sodass es sich in der Praxis wahrscheinlich nur um ein Scheinproblem handelt.

Als letztes Argument gegen die Zulässigkeit eines Nachtragsvorbehalts kommt noch der Einwand der zusätzlichen Kosten und des zusätzlichen Aufwands in Betracht. Wie später noch näher zu zeigen sein wird, verursacht die Nachtragsverteilung zusätzliche Kosten; insbesondere ist ein zusätzliches Honorar für den Verwalter nach § 6 Abs. 1 InsVV festzusetzen. Dass dies aber kein ausschlaggebendes Argument gegen die Zulässigkeit eines Nachtragsvorbehalts ist, zeigt ein Vergleich mit der umgekehrten Lage, d.h. wenn das Insolvenzverfahren nicht aufgehoben, sondern bis zum Prozessabschluss fortgesetzt wird. Auch ein über mehrere Jahre hinweg eröffnetes Verfahren verursacht zusätzliche Kosten und zusätzlichen Aufwand.[228] So könnte unter dem Gesichtspunkt einer langen Verfahrensdauer und der währenddessen verrichteten Prozessführung eine Erhöhung der Verwaltervergütung über § 3 Abs. 1 InsVV für die Regelvergütung in Betracht kommen[229], sodass das Kostenargument hinfällig ist. Auch das Argument des zusätzlichen Aufwands ist im Ergebnis nicht durchgreifend, da bei der Nachtragsverteilung auf das Schlussverzeichnis zurückgegriffen wird, § 205 S. 1 InsO. Der einzige Mehraufwand entsteht hier dadurch, dass der Verwalter erneut Rechnung legen muss, § 205 S. 2 InsO. Dieser Aufwand ist jedoch gegenüber einer überlangen Verfahrensdauer, mit der Folge einer langfristigen Sperre der Einzelzwangsvollstreckung für die Gläubiger, hinzunehmen. Insbesondere *Bork* macht unter Hinweis auf die §§ 189, 198, 203 Abs. 1 Nr. 1 InsO zutreffend deutlich, dass das Gesetz ausdrücklich die Möglichkeit einer Verfahrensaufhebung

---

228 *Bork*, ZIP 2009, 2077, 2080.

229 Zwar stellt allein eine lange Verfahrensdauer nach Ansicht des BGH grundsätzlich keinen Erhöhungstatbestand i.S.d. § 3 InsVV dar, da eine Erhöhung grundsätzlich nicht wegen der Dauer, sondern wegen der von dem Verwalter währenddessen erbrachten Tätigkeiten vorgenommen wird, vgl. BGH, Beschl. v. 16.9.2010 – IX ZB 154/09, Rpfleger 2011, 43; BGH, Beschl. v. 7.10.2010 – IX ZB 115/08, ZInsO 2010, 2409. Anders dagegen noch das LG Potsdam, Beschl. v. 23.05.2006 – 5 T 14/06, ZVI 2006, 475, 476, nach dem auch die bloße Verfahrensdauer einen Zuschlag rechtfertige, sofern der Verwalter die lange Verfahrensdauer nicht zu vertreten habe. Ebenso *Prasser*, EWiR 2006, 505, 506. Eine Streitentscheidung ist bei den vorliegend zu untersuchenden Fallkonstellationen jedoch entbehrlich, da der Verwalter während der langen Verfahrensdauer durch seine weitere Prozessführung auch Tätigkeiten erbringt, sodass auch nach der strengeren Ansicht des BGH i.E. ein Zuschlag nach § 3 InsVV gewährt werden müsste.

und späterer Nachtragsverteilung vorsehe.[230] Diese Vorschriften gelten zwar nur für Feststellungsprozesse. Jedoch lässt sich hier kaum begründen, warum in anderen Aktiv- oder Passivprozessen etwas anderes gelten soll.[231]

Zusammenfassend ist daher festzuhalten, dass die überwiegende Ansicht den Vorzug verdient und somit anhängige Prozesse die Schlussverteilung nicht hindern. Etwaig erwartete Massezuflüsse aus diesen Prozessen können einer späteren Nachtragsverteilung vorbehalten werden, sodass das Verfahren im Übrigen aufgehoben werden kann. Um das Prozessrisiko des Gegners so gering wie möglich zu halten, sind für den Fall des Unterliegens entsprechende Beträge bei der Schlussverteilung zurückzubehalten. Diese Lösung verhindert, dass das Insolvenzverfahren „[…] unnötig in die Länge gezogen […]“[232] wird. Ist die Prozessführung des Verwalters später erfolgreich, so unterliegt bei einem Aktivprozess der Erlös und bei einem Passivprozess der für den Fall der Unterliegens zurückbehaltene Betrag der Nachtragsverteilung gem. § 203 Abs. 1 Nr. 1 InsO und der Verwalter kann diese Erlöse nach Anordnung durch das Insolvenzgericht an die Gläubiger nach Abzug seiner Vergütung ohne erheblichen Mehraufwand verteilen.

II. Zurückfließende Beträge gem. § 203 Abs. 1 Nr. 2 InsO

Nach § 203 Abs. 1 Nr. 2 InsO unterliegen auch solche Beträge der Nachtragsverteilung, die aus der Insolvenzmasse gezahlt sind und nunmehr zurückfließen. Es muss sich dabei jedoch tatsächlich um Beträge der (ehemaligen) Insolvenzmasse gehandelt haben. Gehörte der ausgezahlte Vermögensbestandteil beispielsweise wegen Unpfändbarkeit nicht zur Insolvenzmasse (§§ 35, 36 InsO), so führt auch ein späterer Rückfluss der Auszahlung nicht zu einer Nachtragsverteilung[233].

Da die Regelung des § 203 Abs. 1 Nr. 2 InsO im Vergleich zu den übrigen Regelungen des § 203 Abs. 1 InsO keine besonderen Probleme aufwirft, sollen hier nur einige Fallbeispiele des Anwendungsbereichs dargestellt werden.

§ 203 Abs. 1 Nr. 2 InsO betrifft hauptsächlich Fälle der ungerechtfertigten Bereicherung nach §§ 812 ff. BGB zu Lasten der Masse[234], wie dies bei

---

230 *Bork*, ZIP 2009, 2077, 2080.

231 *Bork*, ZIP 2009, 2077, 2080. *Bork* macht zudem zutreffend darauf aufmerksam, den zusätzlichen Aufwand bei der Nachtragsverteilung so gering wie möglich zu halten, so dass es bspw. ratsam wäre, eine solche erst anzuordnen, wenn alle noch laufenden Prozesse ihren Abschluss gefunden haben.

232 BGH, Beschl. v. 17.2.2011 – IX ZB 268/08, NZI 2011, 263, 264 Rn. 11, dort zwar noch zur GesO, aber auf die InsO entsprechend übertragbar.

233 Jaeger/*Meller-Hannich*, InsO, § 203 Rn. 7.

234 Braun/*Kießner*, InsO, § 203 Rn. 11; LSZ/*Smid*, InsO, § 203 Rn. 5.

irrtümlichen Zahlungen des Verwalters an die Insolvenzgläubiger durch zu hoch ermittelte Quotenanteile, irrtümlichen Auszahlungen auf nicht festgestellte Forderungen[235] oder bei zu hoch ermittelter Ausfallforderung eines Absonderungsberechtigten bei der Schlussverteilung[236] der Fall sein kann. Hat der Gläubiger außerhalb des Insolvenzverfahrens bereits volle Befriedigung seiner Forderung erfahren und wurde ihm dennoch bei der Schlussverteilung eine Quote zugeteilt, so können die ausgezahlten Beträge ebenfalls einer Nachtragsverteilung nach § 203 Abs. 1 Nr. 2 InsO unterliegen.[237]

Der größte Anwendungsbereich des § 203 Abs. 1 Nr. 2 InsO betrifft in der Praxis Steuerrückzahlungen des Finanzamtes, sofern der Steuervorschuss aus der Insolvenzmasse gezahlt wurde.[238] Macht der Verwalter Vorauszahlungen auf Steuerschulden, deren konkreter Betrag noch zu ermitteln ist, und fließen nunmehr nicht benötigte Beträge nach dem Schlusstermin zurück in die Masse, so erhöht sich durch diesen Rückfluss nachträglich die Masse.[239] Für eine nachträgliche Verteilung dieser zugeflossenen Beträge benötigt der Verwalter jedoch nach dem Schlusstermin, wie oben bereits erwähnt[240], einen förmlichen Anordnungsbeschluss des Insolvenzgerichts, da er diese Beträge nicht selbstständig in die Schlussverteilung durch Anpassung des Schlussverzeichnisses integrieren darf.

Eine Anordnung der Nachtragsverteilung nach § 203 Abs. 1 Nr. 2 InsO kommt ebenfalls in Betracht, wenn die Vergütung des Verwalters nachträglich im Beschwerdeverfahren nach § 64 Abs. 3 InsO herabgesetzt wird und demnach ein Rückzahlungsanspruch gegen den Verwalter besteht.[241]

Wurde eine auflösend bedingte Forderung gem. § 42 InsO bei der Schlussverteilung durch entsprechende Quotenzahlung berücksichtigt und tritt nunmehr die auflösende Bedingung ein, so ist auch dieser ausgezahlte Betrag an die Masse zurück zu gewähren. Für diesen zurückfließenden Wert kann ebenfalls

---

235 Beispiele aus MünchKomm/*Hintzen*, InsO, 3. Aufl., § 203 Rn. 14; Uhlenbruck/*Uhlenbruck*, InsO, 13. Aufl., § 203 Rn. 9.

236 *Kalter*, KTS 1980, 215, 218.

237 *Frege/Keller/Riedel*, Rn. 1729.

238 Vgl. KPB/*Holzer*, InsO, § 203 Rn. 12; *Welsch*, DZWIR 2006, 406, 407.

239 Vgl. Graf-Schlicker/*Castrup*, InsO, 2. Aufl., § 203 Rn. 4; K. Schmidt/*Jungmann*, InsO, § 203 Rn. 6.

240 Vgl. Kapitel Teil 4., A., I., 1.

241 Uhlenbruck/*Uhlenbruck*, InsO, 13. Aufl., § 203 Rn. 9; NR/*Westphal*, InsO, §§ 203, 204 Rn. 7; KPB/*Holzer*, InsO, § 203 Rn. 12; Kreft/*Depré*, InsO, § 203 Rn. 4; Gottwald/*Eickmann*, § 65 Rn. 51.

problemlos eine Nachtragsverteilung gem. § 203 Abs. 1 Nr. 2 InsO angeordnet werden[242], da der ursprüngliche Betrag aus der Insolvenzmasse gezahlt wurde.

III. Nachträglich ermittelte Gegenstände gem. § 203 Abs. 1 Nr. 3 InsO

Nach § 203 Abs. 1 Nr. 3 InsO kann eine Nachtragsverteilung auch bei nachträglich ermittelten Gegenständen angeordnet werden. Voraussetzung ist aber erneut, dass es sich tatsächlich um Bestandteile der (ursprünglichen) Insolvenzmasse handelt, sodass beispielsweise der insolvenzfreie Neuerwerb nach Aufhebung des Verfahrens nicht von § 203 Abs. 1 Nr. 3 InsO erfasst wird.[243]

Die einschlägige Literatur unterscheidet i.R.d. § 203 Abs. 1 Nr. 3 InsO allgemein Sachverhalte in tatsächlicher und in rechtlicher Hinsicht. Zur besseren Übersicht über den möglichen Anwendungsbereich dieser Norm, werden im Folgenden Anfechtungs- und Schadensersatzansprüche gegen den vormaligen Verwalter ausgeklammert und unter einem eigenen Gliederungspunkt dargestellt.

1. In tatsächlicher Hinsicht

In tatsächlicher Hinsicht spielt es zunächst keine Rolle, aus welchen Gründen der Insolvenzverwalter von den nachträglich bekannt geworden Massebestandteilen während des laufenden Insolvenzverfahrens keine Kenntnis hatte.[244]

In Betracht kommt etwa, dass der Verwalter diese Gegenstände nicht kannte, weil sie ihm verheimlicht wurden.[245] Denkbar ist aber auch, dass es sich um

---

242 FK-InsO/*Kießner*, § 203 Rn. 10; LSZ/*Smid*, InsO, § 203 Rn. 5; BerlKomm/*Breutigam*, InsO, § 203 Rn. 12; HambKomm/*Preß/Henningsmeier*, InsO, 4. Aufl., § 203 Rn. 8; Jaeger/*Meller-Hannich*, InsO, § 203 Rn. 5; NR/*Westphal*, InsO, §§ 203, 204 Rn. 7; Bork/Koschmieder/*Riedel*, Rn. 10.184; *Foerste*, Rn. 462; *Bitter*, NZI 2000, 399, 400. So bereits zur KO: *Kalter*, KTS 1980, 215, 224. Wurde der Betrag dagegen nicht ausgezahlt, sondern nur zurückbehalten, so kommt eine Anordnung gem. § 203 Abs. 1 Nr. 1 InsO in Betracht, vgl. dazu bereits oben den Abschnitt Teil 4., B., I., 1.

243 *Keller*, Insolvenzrecht, Rn. 790. Ob eine Nachtragsverteilung aber dann in Betracht kommen kann, wenn dieser Neuerwerb mit Mitteln der ursprünglichen Insolvenzmasse erfolgte, wird in dem gesonderten Abschnitt Teil 4., B., IV. 1. untersucht.

244 Jaeger/*Meller-Hannich*, InsO, § 203 Rn. 9.

245 Braun/*Kießner*, InsO, § 203 Rn. 12; LSZ/*Smid*, InsO, § 203 Rn. 6; FK-InsO/*Kießner*, § 203 Rn. 13; MünchKomm/*Hintzen*, InsO, 3. Aufl., § 203 Rn. 15; Uhlenbruck/*Uhlenbruck*, InsO, 13. Aufl., § 203 Rn. 10; *Hess*, InsO, § 203 Rn. 22. So bereits zur KO: *Wachtel* S. 39.

unbekannten Grundbesitz in der ehemaligen DDR[246] handelt. Häufiger sind jedoch Fälle, in denen der Schuldner bestimmte Vermögensgegenstände zuvor versteckt oder beiseite geschafft hat.[247] Hat der Schuldner beispielsweise während des Verfahrens ein Sparkonto verschwiegen, so gehört der Rückzahlungsanspruch nebst Sparbuch und die während des Verfahrens aufgelaufenen Zinsen als Neuerwerb i.S.d. § 35 Abs. 1 2. Fall InsO zur Insolvenzmasse.[248] Diesbezüglich kann eine Nachtragsverteilung gem. § 203 Abs. 1 Nr. 3 InsO angeordnet werden, während auf die nach Verfahrensaufhebung angefallenen Zinsen nur im Wege der Einzelzwangsvollstreckung zugegriffen werden kann.

2. In rechtlicher Hinsicht

Fraglich ist, ob unter den Begriff der nachträglich ermittelten Massegegenstände nur solche Vermögenswerte fallen, die dem Verwalter tatsächlich unbekannt waren oder ob von § 203 Abs. 1 Nr. 3 InsO auch Massegegenstände erfasst sind, die der Verwalter im Insolvenzverfahren vergessen hat oder die von ihm rechtlich falsch bewertet wurden.

a) Herrschende Ansicht in Rechtsprechung und Literatur

Nach überwiegender Meinung in Rechtsprechung und Literatur erfasst § 203 Abs. 1 Nr. 3 InsO in rechtlicher Hinsicht auch die Fälle, in denen der Verwalter Gegenstände bei der Verwertung für nicht werthaltig oder nicht verwertbar gehalten oder aber eine Forderung als bereits erloschen betrachtet hat.[249] Ferner

---

246 LG Berlin, Beschl. v. 4.1.1993 – 81 T 589/92, Rpfleger 1993, 301; HWF/*Förster*, InsO, 2. Aufl., § 203 Rn. 7.

247 *Holzer*, InsbürO 2011, 82, 86; Braun/*Kießner*, InsO, § 203 Rn. 12.

248 *Foerste*, Rn. 462. In einer neueren Entscheidung führte der Senat aus, dass eine Nachtragsverteilung auch angeordnet werden könne, wenn es sich um Sparrücklagen des Schuldners handele, die dieser während des Insolvenzverfahrens aus pfändungsfreiem Arbeitseinkommen angespart habe, da diese Sparrücklagen in die Insolvenzmasse fielen, vgl. BGH, Beschl. v. 26.9.2013 – IX ZB 247/11, ZIP 2013, 2112 Rn. 5; m. zust. Anm. *Weissinger*, GWR 2014, 45; *Harder*, VIA 2013, 92. Krit. dagegen *Ganter*, NZI 2013, 969, 970.

249 So die ständige Rechtsprechung des BGH, vgl. BGH, Beschl. v. 1.12.2005 – IX ZB 17/04, NZI 2006, 180, 181. Die Vorinstanz vertrat hier dagegen die Auffassung, dass dies ein Fall des § 203 Abs. 1 Nr. 2 InsO sei, vgl. LG Koblenz, Beschl. v. 13.1.2004 – 2 T 901/03, NZI 2004, 157, 159. Vgl. zudem BGH, Beschl. v. 21.9.2006 – IX ZB 287/05, ZInsO 2006, 1105 Rn. 9; BGH, Beschl. v. 6.12.2007 – IX ZB 229/06, NZI 2008, 177 ff.; BGH, Beschl. v. 2.12.2010 – IX ZB 184/09, ZIP 2011, 135, 136 Rn. 11; so zuletzt BGH, Beschl. v. 26.1.2012 – IX ZB 111/10, NZI 2012, 271, 272 (Diese Entscheidung

erfasse § 203 Abs. 1 Nr. 3 InsO auch solche Gegenstände, die der Verwalter bei der Verwertung vergessen hat.[250] Auch wenn der Verwalter bereits vor dem Schlusstermin Kenntnis von dem Gegenstand hatte, stünde dies einer Nachtragsverteilung nicht entgegen.[251] Der Begriff „Ermittlung" i.R.d. § 203 Abs. 1 Nr. 3 InsO sei weit auszulegen, sodass es nicht darauf ankomme, ob die Existenz oder der Aufenthaltsort des Massegegenstands dem Verwalter während des Verfahrens unbekannt war.[252] Es komme auch nicht darauf an, dass der Insolvenzverwalter oder das Insolvenzgericht aktive Untersuchungen vorgenommen hat, sondern es reiche vielmehr aus, dass die Vermögensgegenstände zufällig bekannt werden.[253] Die Gründe, die zu einer späteren Ermittlung der Massegegenstände geführt haben, seien unerheblich[254] und es sei auch bedeutungslos, ob die fehlerhafte Bewertung dem Verwalter vorwerfbar ist oder nicht[255].

b) Kritische Stimmen

Diese Auslegung des § 203 Abs. 1 Nr. 3 InsO ist in der Literatur teilweise in Kritik geraten.

Insbesondere *Keller* kritisiert die weite Auslegung dieser Norm. Nach ihm ist der Annahme, dass § 203 Abs. 1 Nr. 3 InsO auch Gegenstände erfasse, die der

---

wird ausführlich im Abschnitt Teil 4., B., IV., 1. dargestellt.). Ähnlich bereits das RG, vgl. RG, Urt. v. 6.11.1889 – Rep. V 172/89, RGZ 25, 7, 9; RG, Urt. v. 2.11.1895 – Rep. I 203/95, RGZ 36, 20, 23. Ebenso die Instanzgerichte und die überwiegende Ansicht in der Literatur, vgl. LG Dortmund, Beschl. v. 21.6.2010 – 9 T 212/10, ZInsO 2010, 1615, 1616; LG Münster, Beschl. v. 13.7.2009 – 5 T 296/09, NZI 2009, 657, 658; Uhlenbruck/*Uhlenbruck*, InsO, 13. Aufl., § 203 Rn. 10; FK-InsO/*Kießner*, § 203 Rn. 13; Andres/Leithaus/Dahl/*Leithaus*, InsO, § 203 Rn. 8; MünchKomm/*Hintzen*, InsO, 3. Aufl., § 203 Rn. 15; *Kießner*, FD-InsR 2008, 251333; *Tetzlaff*, jurisPR-InsR 6/2008 Anm. 1; Jaeger/*Meller-Hannich*, InsO, § 203 Rn. 9; *Vallender*, WuB 2011, 223, 224.

250 So bereits zur KO: RG, Urt. v. 6.11.1889 – Rep. V 172/89, RGZ 25, 7, 10. Braun/*Kießner*, InsO, § 203 Rn. 12. So auch BGH, Beschl. v. 6.12.2007 – IX ZB 229/06, NZI 2008, 177 Rn. 6: Nicht verwertete Massegegenstände seien der Nachtragsverteilung gem. § 203 Abs. 1 Nr. 3 InsO zuzuführen, „[…] selbst wenn die Verwertung nur auf Grund einer Nachlässigkeit des Verwalters unterblieben ist."

251 BGH, Beschl. v. 26.1.2012 – IX ZB 111/10, NZI 2012, 271, 272; BGH, Beschl. v. 6.12.2007 – IX ZB 229/06, NZI 2008, 177; BGH, Beschl. v. 1.12.2005 – IX ZB 17/04, NZI 2006, 180, 181.

252 BGH, Beschl. v. 2.12.2010 – IX ZB 184/09, ZIP 2011, 135, 136 Rn. 11.

253 Graf-Schlicker/*Castrup*, InsO, 3.Aufl., § 203 Rn. 5; KPB/*Holzer*, InsO, § 203 Rn. 13.

254 BerlKomm/*Breutigam*, InsO, § 203 Rn. 13.

255 BGH, Beschl. v. 1.12.2005 – IX ZB 17/04, NZI 2006, 180, 181, BGH, Beschl. v. 6.12. 2007 – IX ZB 229/06, NZI 2008, 177; KPB/*Holzer*, InsO, § 203 Rn. 13.

Verwalter für unverwertbar oder wertlos gehalten hat, mit großer Vorsicht zu begegnen.[256] Der Verwalter habe nämlich alle während des Verfahrens bekannt gewordenen Vermögenswerte zu verwerten und das Insolvenzgericht dürfe die Schlussverteilung erst nach vollständiger Verwertung der Masse genehmigen, § 196 Abs. 2 InsO. Es sei eine Pflicht des Verwalters und des Gerichts, die vollständige Verwertung der Masse vorzunehmen und festzustellen. Ist ein Vermögenswert nicht verwertbar, so sei dieser entweder während des laufenden Verfahrens aus der Masse freizugeben oder es sei im Schlusstermin nach § 197 Abs. 1 Nr. 3 InsO über ihn zu befinden. Treffe die Gläubigerversammlung keinen Beschluss, so gelte der Gegenstand als freigegeben.[257] *Keller* betont, dass gegen die Zulässigkeit der Nachtragsverteilung in denjenigen Fällen, in denen sich der fragliche Vermögenswert nachträglich als werthaltig erweist, die Tatsache spreche, dass dies zu einem immerwährenden Insolvenzverfahren führen könne und damit für den Rechtsschutz des Schuldners fatal wäre.[258] Konnte der Verwalter ein Grundstück aufgrund einer Überbelastung nicht verwerten und wurde dieses daher im Schlusstermin nach § 197 Abs. 1 Nr. 3 InsO freigegeben, so sei es unbillig, wenn bei einer späteren gewinnbringenden Veräußerung durch den Schuldner nunmehr eine Nachtragsverteilung hinsichtlich des Veräußerungserlöses angeordnet werden könne. Der Schuldner könne sich so niemals darauf verlassen, dass das Insolvenzverfahren wirklich beendet ist.[259] Die weite Auslegung des § 203 Abs. 1 Nr. 3 InsO des BGH könnte zu einem nie endenden Insolvenzverfahren führen. Noch deutlicher werde dies nach *Keller*, wenn der Verwalter ein unverwertbares Grundstück während des Verfahrens freigegeben hat. Mit der Möglichkeit der Nachtragsverteilung könne hier dann die Freigabe widerrufen oder angefochten werden. Daher finde § 203 Abs. 1 Nr. 3 InsO nach systematischer Auslegung nur in Fällen Anwendung, in denen die betroffenen

---

256 *Keller*, NZI 2012, 272, 273. Teilweise krit. auch *Graeber*, NZI 2008, 178: Zur Aufgabe des Insolvenzgerichts dürfte es gehören, bei der Prüfung des Schlussberichts des Verwalters darauf zu achten, dass alle bekannten Massegegenstände auch tatsächlich verwertet worden sind. Erst wenn dies geklärt sei, dürfe eine Aufhebung des Verfahrens erfolgen.

257 *Keller*, NZI 2012, 272, 273. Ebenso bereits zur KO: RG, Urt. v. 7.6.1888 – VI 96/88, JW 1888, 288; Jaeger/*Weber*, KO, § 162 Rn. 6. Ähnlich, aber ohne Bezug auf die Nachtragsverteilung, auch *Schlinker*, ZIP 2007, 1937, 1938: Grundsätzlich werde das Gesellschaftsvermögen voll verwertet. Eine nachfolgende Liquidation sei zu unterbinden.

258 *Keller*, NZI 2012, 272, 273.

259 Ebd.

Vermögenswerte während des Verfahrens unentdeckt geblieben sind. Für bereits bekannte Gegenstände, deren Wert jedoch nicht sicher feststeht und deren Realisierung nicht möglich ist, sei es dagegen üblich, sie im Aufhebungsbeschluss einer Nachtragsverteilung vorzubehalten.[260]

Diese Ansicht scheint auch das OLG Koblenz in seiner Entscheidung vom 2.9.2011 zu teilen, indem es ausführt, dass § 203 Abs. 1 Nr. 3 InsO Konstellationen betreffe, in denen ein Vermögensgegenstand während des laufenden Verfahrens unbekannt war. Bekannte Vermögensgegenstände unterlägen dagegen nicht der Nachtragsverteilung.[261] Eine ähnliche Ansicht scheint auch *Holzer* zu vertreten, indem er ausführt, dass es für § 203 Abs. 1 Nr. 3 InsO Voraussetzung sei, dass der Aufbewahrungsort oder gar die Existenz des Gegenstandes dem Verwalter unbekannt geblieben ist und er die Gegenstände daher nicht der Verteilung zuführen konnte.[262]

c) Stellungnahme

Welche Ansicht im Ergebnis vorzugswürdig ist, lässt sich zum einen nur durch einen Blick auf den Wortlaut und die Systematik des § 203 Abs. 1 Nr. 3 InsO und zum anderen nur vor dem Hintergrund des Sinn und Zwecks dieser Vorschrift entscheiden.

Der Wortlaut des § 203 Abs. 1 Nr. 3 InsO lässt zunächst vermuten, dass der Anwendungsbereich nur eröffnet ist, wenn die Gegenstände erst *nachträglich* (d.h. nach dem Schlusstermin bzw. nach der Verfahrensaufhebung) *ermittelt* wurden. Dies würde bedeuten, dass alle bereits vorher bekannt gewordenen Gegenstände nicht einer späteren Nachtragsverteilung gem. § 203 Abs. 1 Nr. 3 InsO zugeführt werden könnten. Hierfür könnte zudem die Systematik des § 203 Abs. 1 InsO sprechen, in dem die Nr. 1 und Nr. 2 InsO von bekannten und die Nr. 3 InsO von unbekannten Gegenständen ausgehen könnten. Auch *Kellers* Argumente sind teilweise nicht von der Hand zu weisen. In der Tat wird es regelmäßig so sein, dass das Gericht der Durchführung der Schlussverteilung nur dann zustimmen wird, wenn der Verwalter die vollständige Verwertung der Massegegenstände oder deren Freigabe nachgewiesen hat.

Allerdings fehlt es an einer entsprechenden Regelung, die vorschreibt, dass für eine *rechtmäßige Aufhebung des Verfahrens* jeder bekannte Gegenstand verwertet oder eine anderweitige Entscheidung über ihn getroffen sein muss. Dies folgt

---

260 Ebd.

261 OLG Koblenz, Beschl. v. 2.9.2011 – 2 W 372/11, BeckRS 2011, 22470.

262 KPB/*Holzer*, InsO, § 203 Rn. 13.

auch nicht aus § 197 Abs. 1 InsO, da für die Verfahrensaufhebung nach § 200 Abs. 1 InsO lediglich der Vollzug der Schlussverteilung Voraussetzung ist. Zwar erfolgt die Schlussverteilung nach § 196 Abs. 1 InsO i.d.R. erst, wenn die Masseverwertung beendet ist. Aus dieser Norm folgt allerdings nicht, dass eine vor vollständiger Verwertung vorgenommene Schlussverteilung unwirksam ist und daher rückgängig zu machen wäre. Es wurde zudem nicht gesetzlich geregelt, dass für unverwertete Gegenstände eine *endgültige* und *immerwährende* Entlassung aus der haftungsrechtlichen Zuweisung an die Gläubiger erfolgen muss.

Die von der überwiegenden Ansicht vorgenommene weite Auslegung des Begriffs „Ermittlung" in § 203 Abs. 1 Nr. 3 InsO ist auch insofern begrüßenswert, als sie eine (vollständige) nachträgliche Haftungsrealisierung für die Gläubiger ermöglicht, was letztlich dem Sinn und Zweck des § 203 Abs. 1 InsO entspricht. Die Nachtragsverteilung soll schließlich den Gläubigern zugutekommen, sodass auch kein Grund dafür ersichtlich ist, bei einem Verschulden des Verwalters während des Verfahrens eine Nachtragsverteilung auszuschließen.[263] Die hier im Streit stehenden Gegenstände gehörten ursprünglich zweifellos zur Insolvenzmasse und waren den Gläubigern somit gleichmäßig haftungsrechtlich zugewiesen. Diese *haftungsrechtliche Zuweisung* endet aber nicht mit Verfahrensaufhebung; es enden lediglich die Beschlagnahmewirkungen.[264] Die fortwährende haftungsrechtliche Zuweisung wird bereits durch § 203 InsO selbst vorausgesetzt, nach dem nämlich für ehemalige Massegegenstände überhaupt eine spätere Verteilung vorgesehen ist.

Keller überspannt die Interessen des Schuldners, wenn er anführt, dass eine weite Auslegung des § 203 Abs. 1 Nr. 3 InsO zu einem immerwährenden Insolvenzverfahren führen könnte. Allein aus der Existenz der §§ 203 ff. InsO wird

---

263 Eine ganz andere Frage ist es natürlich, ob in Fällen, in denen eine Nachtragsverteilung nur aufgrund eines vorherigen Verschuldens des Verwalters notwendig wird, dieser Umstand Auswirkungen auf seine Vergütung nach § 6 Abs. 1 InsVV hat. Diese Thematik wird in dem gesonderten Kapitel Teil 10. untersucht.

264 So zu Recht auch *Ludewig*, S. 83. *Häsemeyer* nennt dies eine haftungsrechtliche Sonderung zwischen Insolvenzmasse und freiem Vermögen des Schuldners, *Häsemeyer*, Rn. 7.68. In einem Beschluss des BGH aus dem Jahre 2009 klingt ebenfalls am Rande an, dass dieser eine Fortwirkung der vermögensrechtlichen Zuweisung eines Anspruchs an die Insolvenzgläubiger auch nach Verfahrensaufhebung annimmt, vgl. BGH, Beschl. v. 14.05.2009 – IX ZR 93/08, NZI 2009, 771, 772 Rn. 12. In diesem Verfahren ging es um die nachträgliche Geltendmachung eines Gesamtschadens gegen den vormaligen Verwalter, vgl. dazu ausführlich den Abschnitt Teil 4., B., III., 4. Diese fortdauernde haftungsrechtliche Zuweisung wird noch in mehreren Abschnitten dieser Arbeit relevant, vgl. u.a. den Abschnitt Teil 4., B., IV., 1.

bereits ersichtlich, dass sich der Schuldner eben nicht mit der Aufhebung des Verfahrens darauf verlassen kann, dass das Verfahren endgültig seinen Abschluss gefunden hat. Der Schuldner kann nach Verfahrensaufhebung zwar wieder frei über diese Vermögenswerte verfügen. Erweist sich jedoch später die vorherige Annahme der Unverwertbarkeit eines Gegenstandes als falsch, so besteht nach überzeugender Ansicht auch die Möglichkeit einer nachträglichen Verwertung und Verteilung i.R.d. Nachtragsverteilung.

Darüber hinaus überzeugt auch *Kellers* Argumentation in Hinblick auf unverwertbare und freigegebene Gegenstände nicht, wenn er hier ausführt, dass eine Anordnung der Nachtragsverteilung zu einem nie endenden Insolvenzverfahren führen würde. Wie später noch zu zeigen sein wird, erfasst die Nachtragsverteilung nämlich nicht solche Gegenstände, die im eröffneten Verfahren freigegeben wurden.[265] Daher kann es im Falle einer Freigabe auch nicht zu einem von *Keller* befürchteten „immerwährenden Insolvenzverfahren" kommen, sodass seine Argumentation an dieser Stelle hinfällig ist.

Zudem überzeugt die Annahme, in der Nichtbeschlussfassung der Gläubigerversammlung über einen Gegenstand liege automatisch eine Freigabe an den Schuldner[266], nicht. Eine solche stillschweigende Freigabe wäre zunächst, wenn überhaupt, nur dann in Betracht zu ziehen, wenn die streitigen Gegenstände auch mit in die vom Verwalter verfasste Vermögensaufstellung[267] aufgenommen wurden.[268] Dies wird aber in den vorliegend zu untersuchenden Fallkonstellationen, in denen der Verwalter einen Vermögenswert vergessen hat oder aber für nicht werthaltig bzw. eine Forderung bereits als erloschen betrachtet hat, selten der Fall sein, sind dies doch gerade solche Vermögenswerte, die für den Verwalter eben keine weitere Masse darstellen. Darüber hinaus ist aber auch die Annahme einer stillschweigenden Freigabeerklärung generell abzulehnen. Zunächst ist zu beachten, dass die Freigabeerklärung eine Willenserklärung ist und damit auch einen objektiven Erklärungswert hat. Die dargestellte Ansicht misst einem

---

265 Vgl. dazu ausführlich das Kapitel Teil 4., B., IV., 4.

266 So aber die wohl überwiegende Ansicht in der Literatur, vgl. NR/*Westphal*, InsO, §§ 203, 204 Rn. 6; KPB/*Holzer*, InsO, § 197 Rn. 14; Kreft/*Depré*, InsO, § 197 Rn. 8; HambKomm/*Preß*, InsO, § 197 Rn. 14; K. Schmidt/*Jungmann*, InsO, § 197 Rn. 4; Jaeger/*Meller-Hannich*, InsO, § 197 Rn. 13.

267 Zur Vorbereitung der Gläubigerversammlung nach § 197 InsO erstellt der Verwalter eine Liste mit den Massegegenständen, die nach seiner Auffassung nicht verwertbar sind, MünchKomm/*Füchsl/Weishäupl/Kebekus/Schwarzer*, InsO, 3. Aufl., § 197 Rn. 10.

268 MünchKomm/*Füchsl/Weishäupl*, InsO, 2. Aufl., § 197 Rn. 7.

Schweigen der Gläubigerversammlung jedoch einen objektiven Erklärungswert bei, den dieses Schweigen nicht hat. Schweigen hat nach deutschem Recht nur in begrenzten Anwendungsfällen auch einen objektiven Erklärungswert, beispielsweise in den Fällen der §§ 416 Abs. 1 S. 2, 455 S. 2, 149 S. 2 BGB oder aber im kaufmännischen Verkehr bei einem kaufmännischen Bestätigungsschreiben. Ein solcher Anwendungsfall liegt hier nicht vor. Ferner wird übersehen, dass für die Frage einer Freigabe an den Schuldner nicht die Entscheidung der Gläubigerversammlung relevant ist, da über die Freigabe als solche nur der Insolvenzverwalter zu entscheiden hat. Die Beschlussfassung der Gläubigerversammlung nach § 197 Abs. 1 Nr. 3 InsO hat lediglich den Zweck, den Verwalter von den haftungsrechtlichen Folgen einer Freigabe zu entlasten[269]; sie ist der Freigabeerklärung des Verwalters sozusagen vorgeschaltet und führt somit noch nicht zur automatischen Freigabe an den Schuldner. Daraus folgt, dass allein die Tatsache, dass die Gläubigerversammlung im Schlusstermin über bestimmte Gegenstände keine Entscheidung getroffen hat, noch nicht eine automatische Freigabe an den Schuldner bedeutet.[270] Eine solche (endgültige) Freigabeerklärung muss vielmehr vom Verwalter erklärt werden. Diese kann zwar auch durch konkludente Verhaltensweisen erklärt werden. Hier bedarf es jedoch einer bestimmten und unzweideutigen Erklärung des Freigabewillens durch den Insolvenzverwalter, sodass allein in der Nichtverwertung eines Vermögensgegenstandes keine Freigabeerklärung zu sehen ist.[271] Kurz gesagt: Der Wille zur Freigabe muss ausdrücklich erklärt werden bzw. zum Ausdruck kommen, sodass eine Freigabe nicht bereits dann anzunehmen ist, wenn lediglich eine Verwertung von Massegegenständen unterbleibt.[272]

Zurückgekommen auf die hier zu entscheidende Frage folgt daraus, dass ohne eine entsprechende Erklärung des Verwalters eine Freigabe nicht vorliegt und somit eine solche eine spätere Nachtragsverteilung auch nicht hindern kann, da der Vermögenswert nach wie vor zur (ehemaligen) „Insolvenzmasse" gehört. An einer solchen (ausdrücklichen oder konkludenten) Freigabeerklärung

---

269 LG Koblenz, Beschl. v. 13.1.2004 – 2 T 901/03, NZI 2004, 157, 159; MünchKomm/*Füchsl/Weishäupl/Kebekus/Schwarzer*, InsO, 3. Aufl., § 197 Rn. 9.

270 *Hess*, InsO, § 203 Rn. 10. So wohl auch Braun/*Pehl*, InsO, § 196 Rn. 6. Hier führt *Pehl* aus, dass unverwertbare Massegegenstände die Durchführung der Schlussverteilung nicht hindern würden. Sollten diese sich aber später als werthaltig bzw. verwertbar herausstellen, könnten die daraus resultierenden Zuflüsse einer Nachtragsverteilung gem. § 203 Abs. 1 Nr. 3 InsO zugeführt werden.

271 So auch LG Koblenz, Beschl. v. 13.1.2004 – 2 T 901/03, NZI 2004, 157, 159.

272 *Hess*, InsO, § 203 Rn. 10.

des Verwalters wird es in der Praxis vermutlich auch regelmäßig fehlen. Hält nämlich der Verwalter einen Gegenstand von vornherein irrtümlich für nicht massezugehörig oder aber eine Forderung irrtümlich als durch Aufrechnung erloschen, so wird er auch keine Freigabe erklären, da eine solche aus seiner Sicht nicht notwendig ist.

Festzuhalten ist somit, dass eine Nachtragsverteilung zwar grundsätzlich nicht solche Gegenstände erfasst, die zuvor rechtswirksam vom Verwalter freigegeben wurden.[273] In den hier streitigen Fällen, in denen der Verwalter einen Gegenstand zwar kannte, diesen aber bei der Verwertung vergessen hat oder rechtlich falsch bewertet hat, liegt eine solche Freigabeerklärung des Verwalters regelmäßig jedoch gerade nicht vor. Um eine bestmögliche Haftungsrealisierung der Gläubiger auch nach Verfahrensaufhebung zu gewährleisten, verdient daher die überwiegende Ansicht im Ergebnis den Vorzug.[274] Von § 203 Abs. 1 Nr. 3 InsO werden mithin nicht nur Gegenstände erfasst, die dem Verwalter während des Verfahrens unbekannt geblieben sind, sondern auch solche, die er zwar kannte, jedoch bei der Verwertung vergessen oder aber rechtlich falsch bewertet hat. Für die Nachtragsverteilung ist dabei auch das Verschulden des Insolvenzverwalters daran, dass die Gegenstände erst nach dem Schlusstermin ermittelt wurden, da er sie zuvor rechtlich falsch bewertet hat, jeweils unbeachtlich.[275] Im Ergebnis ist es somit nicht notwendig, dass die streitigen Gegenstände, wie der Wortlaut des § 203 Abs. 1 Nr. 3 InsO vermuten lassen könnte, erst nach dem Schlusstermin ermittelt werden.[276]

3. *Anfechtungsansprüche*

Von § 203 Abs. 1 Nr. 3 InsO werden allgemein auch Gegenstände erfasst, die erst nachträglich aufgrund einer Insolvenzanfechtung zur Masse gezogen werden können.[277]

---

273 Vgl. dazu ausführlich Teil 4., B., IV., 4.

274 Bei einem engen Verständnis des § 203 Abs. 1 Nr. 3 InsO wären die Gläubiger lediglich auf Schadensersatzansprüche gegen den Verwalter verwiesen, die evtl. nicht werthaltig sind, wenn es an einem schuldhaften Pflichtverstoß mangelt.

275 Vgl. BGH, Beschl. v. 1.12.2005 – IX ZB 17/04, NZI 2006, 180, 181; Jaeger/*Meller-Hannich*, InsO, § 203 Rn. 9.

276 *Kießner*, FD-InsR 2008, 251333.

277 Vgl. BGH, Beschl. v. 11.2.2010 – IX ZB 105/09, NZI 2010, 259, m. zust. Anm. *Kießner*, FD-InsR 2010, 299713; BGH, Urt. v. 10.12.2009 – IX ZR 206/08, ZInsO 2010, 82, 83; MünchKomm/*Hintzen*, InsO, 3. Aufl., § 203 Rn. 17; Uhlenbruck/*Uhlenbruck*, InsO,

a) Unkenntnis des Verwalters als Voraussetzung für die Nachtragsverteilung?

Fraglich ist allerdings, ob hinsichtlich dieser Anfechtungsansprüche die oben dargestellten allgemeinen Grundsätze zu § 203 Abs. 1 Nr. 3 InsO ebenfalls gelten.

Ein Blick in die einschlägige Literatur führt zunächst zur gegenteiligen Annahme. So liest man mehrfach, dass es für § 203 Abs. 1 Nr. 3 InsO Voraussetzung sei, dass dem Verwalter die Anfechtungs*möglichkeit* erst nach Beendigung des Schlusstermins bekannt wird, da die Ermittlung der Massebestandteile nach dem Wortlaut des § 203 Abs. 1 InsO nach dem Schlusstermin erfolgen müsse.[278] Sei die Anfechtungsmöglichkeit dagegen schon vor Beendigung des Schlusstermins bekannt gewesen, hätte diese Anfechtung umgehend ergriffen und die Schlussverteilung aufgeschoben oder aber der Rückforderungsanspruch einer Nachtragsverteilung vorbehalten werden müssen.[279]

Ob diesen Ausführungen zu folgen ist, erscheint jedoch aus mehreren Gründen zweifelhaft. Zunächst lassen weitestgehend alle genannten Autoren eine Begründung für eine Unterscheidung gegenüber den übrigen Fällen des § 203 Abs. 1 Nr. 3 InsO vermissen. Lediglich *Hintzen* führt hierzu weiter aus, dass die insolvenzspezifisch geregelten Anfechtungsmöglichkeiten mit Aufhebung des Verfahrens ausgeschlossen seien und die Nachtragsverteilung kein neues Insolvenzverfahren sei, sondern lediglich die noch nicht endgültig abgeschlossene Schlussverteilung fortsetze. Eine Anfechtung nach Verfahrensaufhebung käme daher nach ihm nur dann in Betracht, sofern Gegenstände bereits der Nachtragsverteilung vorbehalten wurden.[280] Zwar ist *Hintzen* darin Recht zu geben, dass die Nachtragsverteilung kein neues Insolvenzverfahren darstellt. Allerdings übersieht er dabei, dass es für eine Anwendbarkeit des § 203 Abs. 1 Nr. 3 InsO nach der oben bereits dargestellten vorzugswürdigen Ansicht zum einen irrelevant ist, dass der Verwalter schon während des Verfahrens von dem fraglichen Massegegenstand Kenntnis hatte, und dass zum anderen auch die Frage, warum eine Verwertung des Vermögensgegenstandes unterblieben ist, keine Rolle spielt. Es ist weder ein tatsächlicher noch ein rechtlicher Grund dafür ersichtlich, warum dies bei Anfechtungsansprüchen anders sein sollte. Ob der Verwalter bei der

---

13. Aufl., § 203 Rn. 10; Jaeger/*Meller-Hannich*, InsO, § 203 Rn. 9. So bereits zur KO: *Neuhof*, NJW 1995, 937, 938.

278 So: Jaeger/*Meller-Hannich*, InsO, § 203 Rn. 9; MünchKomm/*Hintzen*, InsO, 3. Aufl., § 203 Rn. 17; HambKomm/*Preß*/*Henningsmeier*, InsO, 4. Aufl., § 203 Rn. 9. Vgl. auch Braun/*Kießner*, InsO, § 203 Rn. 12; BerlKomm/*Breutigam*, InsO, § 203 Rn. 13.

279 MünchKomm/*Hintzen*, InsO, 3. Aufl., § 203 Rn. 17; NR/*Westphal*, InsO, §§ 203, 204 Rn. 8 Fn. 6.

280 MünchKomm/*Hintzen*, InsO, 3. Aufl., § 203 Rn. 17.

Verwertung vergisst, eine Forderung einzuziehen, oder ob der Verwalter bei der Verwertung vergisst, einen Anfechtungsanspruch geltend zu machen, kann letztlich keinen Unterschied machen. In beiden Fällen hat der Verwalter (u.U. pflichtwidrig) Massewerte nicht realisiert. Daher ist im Ergebnis der weit verbreiteten Auffassung, eine Nachtragsverteilung gem. § 203 Abs. 1 Nr. 3 InsO komme nur dann in Betracht, wenn dem Verwalter die Anfechtungsmöglichkeit erst nachträglich bekannt wurde, mit Nachdruck zu widersprechen. Nur auf diese Weise lässt sich eine nachträgliche Haftungsrealisierung der Gläubiger bestmöglich erreichen. Da der Anfechtungsanspruch ein Masseaktivum darstellt, kommt dieser auch für eine Nachtragsverteilung in Betracht.[281] Da ferner mit der Anordnung der Nachtragsverteilung das insolvenzspezifische Anfechtungsrecht wiederauflebt[282], bestehen auch keine rechtlichen Gründe gegen diesen Lösungsansatz. Auch wenn die Nachtragsverteilung kein neues Insolvenzverfahren darstellt, so finden doch die §§ 129 ff. InsO uneingeschränkt Anwendung, sofern es sich um Anfechtungsansprüche handelt, die bereits im eröffneten Verfahren hätten geltend gemacht werden können.

Festzuhalten ist somit, dass eine Nachtragsverteilung gem. § 203 Abs. 1 Nr. 3 InsO auch dann in Betracht kommt, wenn dem Verwalter die Anfechtungsmöglichkeit bereits vor Verfahrensaufhebung bekannt war, er die Geltendmachung des Rückforderungsanspruchs jedoch unterlassen hat. Für eine zulässige Anfechtung im Wege der Nachtragsverteilung ist allerdings zum einen erforderlich, dass die Nachtragsverteilung vom Insolvenzgericht angeordnet wurde[283], und zum anderen, dass es sich um Anfechtungsansprüche handelt, die bereits im aufgehobenen Verfahren hätten geltend gemacht werden können, da es sich nur dann um (ehemalige) Massewerte handelt. Letzteres ist nur dann der Fall, wenn es sich um anfechtungsrelevante Verfügungen des Schuldners vor oder nach Eröffnung des ursprünglichen Insolvenzverfahrens handelt. Daher kommt eine Realisierung weiterer Masseansprüche durch Insolvenzanfechtung i.R.d. Nachtragsverteilung

---

281 BGH, Urt. v. 10.12.2009 – IX ZR 206/08, ZInsO 2010, 82, 83.

282 Anders dagegen Mohrbutter/Ringstmeier/*Ernestus*, § 11 Rn. 100, nach dem das Anfechtungsrecht nicht durch Anordnung der Nachtragsverteilung wiederauflebe und eine Anfechtung nur möglich sei, wenn sie sich auf Gegenstände beziehe, welche im Schlusstermin einer Nachtragsverteilung vorbehalten worden sind und der Schuldner die Nachtragsverteilung durch Rechtshandlungen vereitelt.

283 Dies ist erforderlich, um die betreffenden Vermögenswerte wieder zu beschlagnahmen und um dem Verwalter dadurch wieder die Verfügungsbefugnis zur Geltendmachung der Anfechtungsansprüche zu geben. Vgl. dazu ausführlich das Kapitel Teil 6., B., II.

dann nicht in Betracht, wenn sich die Anfechtung ausschließlich auf Vermögensverfügungen des Schuldners nach Verfahrensaufhebung beziehen würde. Vermögensverfügungen des Schuldners nach Verfahrensaufhebung können nicht angefochten werden, da die Nachtragsverteilung eben kein neues Insolvenzverfahren ist.[284] M.a.W.: Hat der Schuldner nach Verfahrensaufhebung über einen Vermögenswert rechtmäßig und aufgrund seiner wiedererlangten Verfügungsbefugnis auch rechtswirksam verfügt, so kann dieser Vermögenswert nicht im Wege der Nachtragsverteilung durch Anfechtung zur Nachtragsverteilungsmasse zurückgezogen werden. Dieser Vermögenswert ist dann endgültig aus dem schuldnerischen Vermögen ausgeschieden und den Gläubigern verbleibt regelmäßig nur ein Schadensersatzanspruch gegen den vormaligen Verwalter, sofern dieser die Nichtgeltendmachung der Anfechtung im eröffneten Verfahren zu vertreten hat.[285] Ob eine Nachtragsverteilung in diesen Fällen allerdings hinsichtlich eines an den Schuldner geflossenen Gegenwertes angeordnet werden kann, wird in einem gesonderten Abschnitt[286] untersucht.

b) Prüfungspflicht des Insolvenzgerichts: BGH, Beschl. v. 11.2.2010 - IX ZB 105/09

Um die Rechtmäßigkeit einer angeordneten Nachtragsverteilung zu beurteilen, ist des Weiteren zu untersuchen, ob das Gericht verpflichtet ist, die Erfolgsaussichten einer vom Verwalter angestrebten Klage vor der Anordnung vollständig zu prüfen.

Dies verneinte der BGH in seiner Entscheidung vom 11.2.2010 und stellte heraus, dass das Insolvenzgericht zwar grundsätzlich eine umfassende Prüfung dahingehend vornehmen müsse, ob nachträglich ermittelte Gegenstände die Anordnung rechtfertigen. Etwas anderes gelte jedoch, wenn die für die Nachtragsverteilung in Betracht kommenden Gegenstände erst nach einem - u.U. langwierigen - Rechtsstreit zur Masse gezogen werden können. Hier könne es nicht Aufgabe des Insolvenzgerichts sein, bereits bei Anordnung der Nachtragsverteilung abschließend über die dem Prozessgericht vorbehaltene Prüfung der

---

284 Uhlenbruck/*Uhlenbruck*, InsO, 13. Aufl., § 203 Rn. 13; MünchKomm/*Hintzen*, InsO, 3. Aufl., § 203 Rn. 17; *Ludewig*, S. 85. Insofern verfehlt: Jaeger/*Henckel*, InsO, § 129 Rn. 299, nach dem auch nachträgliche Verfügungen des Schuldners nach Anordnung der Nachtragsverteilung angefochten werden könnten.

285 Ein Schadensersatzanspruch gegen den Verwalter kann ebenfalls Gegenstand einer Nachtragsverteilung gem. § 203 Abs. 1 Nr. 3 InsO sein. Vgl. dazu den nächsten Abschnitt, Teil 4., B., III., 4.

286 Vgl. dazu das Kapitel Teil 4., B. IV., 1.

Begründetheit der Klage zu befinden. Das Insolvenzgericht könne eine Nachtragsverteilung bereits dann anordnen, wenn die beabsichtigte Anfechtungsklage nach dem Inhalt des dem Gericht unterbreiteten Sachverhaltes schlüssig ist.[287] Eine Nachtragsverteilung komme auch in Fällen in Betracht, in denen der Gläubiger im vereinfachten Verfahren schlüssig darlegt, dass er mit Hilfe der Anfechtungsklage Gegenstände zur Masse ziehen kann.[288]

Diese Ausführungen verdienen uneingeschränkt Zustimmung. Wäre das Insolvenzgericht angehalten, die Erfolgsaussichten einer Klage vollständig zu prüfen – was dem Gericht vermutlich mangels genauer Aktenkenntnis überhaupt nicht möglich wäre – so wäre das Verfahren nach §§ 203 ff. InsO mit Rechtsfragen belastet, die der Konzeption dieser Regelungen nicht gerecht werden. Zudem könnte sich das Insolvenzgericht bei einer fehlerhaften Prüfung auch schadensersatzpflichtig machen, sofern es eine Anordnung daraufhin unterlässt. Dennoch dürfte, wie der BGH zutreffend ausführt, eine summarische Schlüssigkeitsprüfung vom Insolvenzgericht gefordert werden können, damit eine Nachtragsverteilung für solche Fälle von vornherein ausscheidet, in denen eine eventuell anzustrengende Klage in keiner Weise Aussicht auf Erfolg bietet.

4. Schadensersatzansprüche gegen den vormaligen Verwalter

Nach wohl einhelliger Ansicht fallen auch Schadensersatzansprüche gegen den vormaligen Verwalter unter den Anwendungsbereich des § 203 Abs. 1 Nr. 3 InsO.[289]

---

287 BGH, Beschl. v. 11.2.2010 – IX ZB 105/09, NZI 2010, 259 Rn. 5, m. zust. Anm. *Kießner*, FD-InsR 2010, 299713.

288 BGH, Beschl. v. 11.2.2010 – IX ZB 105/09, NZI 2010, 259.

289 Vgl. BGH, Beschl. v. 10.7.2008 – IX ZB 172/07, NZI 2008, 560 f.; BGH, Beschl. v. 14.5.2009 – IX ZR 93/08, NZI 2009, 771, 772; OLG Hamm, Urt. v. 15.4.2008 – I-27 U 218/06, ZIP 2008, 1880 ff.; OLG Hamm, Beschl. v. 5.5.2011 – I-15 W 469/10, ZInsO 2011, 1699 ff.; LSZ/*Smid*, InsO, § 92 Rn. 17; MünchKomm/*Hintzen*, InsO, 3. Aufl., § 203 Rn. 15; *Hess*, InsO, § 203 Rn. 23; *Laukemann*, ZInsO 2006, 415, 418; Bork/Koschmieder/*Riedel*, Rn. 10.185; *Graeber*, NZI 2008, 178; *Smid/Lambrecht*, S. 130; Jaeger/*Meller-Hannich*, InsO, § 203 Rn. 9. So auch NR/*Westphal*, InsO, §§ 203, 204 Rn. 8, der jedoch darauf aufmerksam macht, dass die Vorschrift des § 203 Abs. 1 Nr. 3 InsO nicht richtig passe, da dem dolosen Verwalter der Anspruch gegen sich selbst bei der Schlussverteilung sicherlich nicht unbekannt war. Nach Ansicht von *Laukemann*, ZInsO 2006, 415, 419, solle es in einem solchen Fall daher nicht auf die Person des Verwalters, sondern auf die Kenntnis der Gläubiger ankommen.

Insbesondere Fälle, in denen der Verwalter seine insolvenzspezifischen Pflichten verletzt und dies zu einer Masseverkürzung geführt hat, können Schadensersatzansprüche gegen diesen begründen.[290] Hat der Insolvenzverwalter selbst Gegenstände veruntreut und tauchen diese nachträglich wieder auf, so schließt dies eine Nachtragsverteilung ebenfalls nicht aus.[291]

Für die Anwendbarkeit des § 203 Abs. 1 Nr. 3 InsO kommt es allerdings darauf an, dass sich der verursachte Schaden tatsächlich auf Massegegenstände bezieht bzw. dass sich die Schadensersatzansprüche aus einer pflichtwidrigen Verminderung von Massegegenständen ergeben.[292] Vorweg ist daher festzuhalten, dass Schadensersatzansprüche des Schuldners, die unpfändbar sind, weil sie keinen Gegenstand der Insolvenzmasse, sondern einen Einzelschaden des Schuldners darstellen, nicht Gegenstand der Nachtragsverteilung sein können.[293] Mit einer solchen Konstellation musste sich der BGH in seiner Entscheidung vom 10.7.2008 auseinandersetzen.[294] In dieser Entscheidung ging es um einen Schadensersatzanspruch des Schuldners gegen den Treuhänder wegen pflichtwidriger Ausschüttung von unpfändbarem Vermögen. Der Senat führte zutreffend aus, dass die Gläubiger bereits durch die Verteilung dieser unpfändbaren und daher nicht zur Insolvenzmasse gehörenden Vermögenswerte einen Vorteil erhalten hätten, sodass sie durch eine Nachtragsverteilung hinsichtlich dieser Schadensersatzansprüche des Schuldners im Ergebnis doppelt begünstigt würden.[295] Da der unpfändbare Einkommensteil nie Massegegenstand war, kann somit auch der damit in Zusammenhang stehende Schadensersatzanspruch nicht Gegenstand einer Nachtragsverteilung sein.

Im Folgenden ist zu untersuchen, hinsichtlich welchen Schadens eine Nachtragsverteilung in Betracht kommen kann. Bei dieser Frage ist danach zu unterscheiden, ob es sich um einen sog. Gesamt- oder aber um einen sog. Einzelschaden handelt.

---

290 Eine Haftung nach § 60 InsO kann beispielsweise auch in Betracht kommen, wenn der Verwalter erhebliche Teile des schuldnerischen Vermögens unverwertet lässt, vgl. *Graeber*, NZI 2008, 178.

291 Jaeger/*Meller-Hannich*, InsO, § 203 Rn. 9.

292 Ebd.

293 Braun/*Kießner*, InsO, § 203 Rn. 14b.

294 BGH, Beschl. v. 10.7.2008 – IX ZB 172/07, NZI 2008, 560, 561.

295 BGH, Beschl. v. 10.7.2008 – IX ZB 172/07, NZI 2008, 560, 561 Rn. 13 mit zust. Anm. *Raab*, jurisPR-InsR 21/2008 Anm. 1 und *Kind*, FD-InsR 2008, 265298. Vgl. auch Jaeger/*Meller-Hannich*, InsO, § 203 Rn. 9; Bork/Koschmieder/*Riedel*, Rn. 10.185.

Ein sog. Gesamtschaden ist in § 92 S. 1 InsO legal definiert und entsteht, wenn die Gläubiger gemeinschaftlich durch Verminderung der Insolvenzmasse geschädigt werden. Der Anspruch auf Ersatz des Gesamtschadens gehört zur Insolvenzmasse, sofern sich die Masseverkürzung in vollem Umfang auf das Vermögen des Schuldners auswirkt.[296] Die Massezugehörigkeit des Anspruchs ergibt sich zum einen aus § 92 InsO, folgt aber zum anderen auch aus dem Umstand, dass zur Masse die Forderung auf Ersatz dessen gehört, was ihr entzogen oder worum sie geschädigt worden ist[297]. Daher ist dieser Schadensersatzanspruch vermögensrechtlich den Gläubigern als Gemeinschaft zugewiesen und fällt nicht in das Vermögen des Schuldners. Dieser Anspruch kann während des laufenden Verfahrens nur vom Insolvenzverwalter geltend gemacht werden. Handelt es sich dabei um einen Anspruch gegen den Verwalter selbst, weil dieser beispielsweise Massebestandteile veruntreut hat, so kann dieser Anspruch nach § 92 S. 2 InsO nur von einem neu bestellten Insolvenzverwalter, auch bezeichnet als Sonderverwalter[298], geltend gemacht werden.

Neben diesem Gemeinschaftsschaden bedingt die pflichtwidrige Masseverkürzung auch zugleich eine Schmälerung der einzelnen Befriedigungsquote, den sog. Quotenschaden, sodass sich als Bestandteil des Gemeinschaftsschadens auch ein Einzelschaden der Gläubiger verwirklicht. Den Gläubigern ist es wegen der Sperrwirkung des § 92 InsO während des laufenden Verfahrens allerdings verwehrt, ihren Quotenverringerungsschaden geltend zu machen.[299]

---

296 Vgl. BGH, Urt. v. 22.2.1973 - VI ZR 165/71, NJW 1973, 1198, 1199; BGH, Beschl. v. 14.5.2009 - IX ZR 93/08, NZI 2009, 771, 772 Rn. 12: Der Senat nimmt hier zwar Bezug zu § 82 KO. Diese Rspr. ist jedoch vollumfänglich auf § 92 InsO übertragbar, wie auch der Senat selbst in Rn. 7 ausführt. Ebenso Uhlenbruck/*Sinz*, InsO, 13. Aufl., § 60 Rn. 119; MünchKomm/*Brandes*/*Schoppmeyer*, InsO, 3. Aufl., § 60 Rn. 116; LSZ/*Smid*, InsO, § 92 Rn. 10.

297 RG, Urt. v. 25.11.1911 - Rep. VI 571/10, RGZ 78, 186, 188.

298 Ausführliche Hinweise zur Ernennung, dem Amt und der Vergütung des Sonderinsolvenzverwalters finden sich bei *Lüke*, ZIP 2004, 1693 ff.

299 BGH, Urt. v. 22.4.2004 - IX ZR 128/03, BGHZ 159, 25, 29, mit zust. Anm. *Gundlach*/*Schmidt*, EWiR 2004, 817; *Wagner*, WuB 2004, 963, 964; BGH, Beschl. v. 14.5.2009 - IX ZR 93/08, NZI 2009, 771; *Bollwerk*, ZInsO 2013, 2088, 2089. Da der einzelne Gläubiger während des laufenden Verfahrens gehindert ist, den Verwalter in Anspruch zu nehmen, beginnt die Verjährung dieses Anspruchs erst mit Rechtskraft des Aufhebungsbeschlusses. Für einen Sonderverwalter beginnt die Verjährung erst ab Kenntniserlangung von dem Schaden und der Person des Ersatzpflichtigen, BGH, Urt. v. 22.4.2004 - IX ZR 128/03, BGHZ 159, 25, 28 f. Offen ließ der BGH allerdings, ob diese Verjährungsgrundsätze auch dann gelten, wenn sämtliche Gläubiger sich

Diese Sperrwirkung entfällt erst mit Verfahrensaufhebung, sodass den einzelnen Gläubigern erst dann die Einziehungs- und Prozessführungsbefugnis hinsichtlich dieses *Einzelschadens* zusteht.[300] Erst nach Verfahrensaufhebung kann der einzelne Gläubiger seinen Quotenschaden eigenständig gegen den Verwalter verfolgen.

In diesem Zusammenhang ist zunächst festzustellen, dass eine Nachtragsverteilung bezüglich dieser Einzelansprüche von vornherein ausscheidet, da diese Einzelansprüche nicht der insolvenzrechtlichen Haftungsmasse zuzuordnen sind/waren und somit auch nicht Gegenstand einer Nachtragsverteilung sein können.[301] Die Nachtragsverteilung kann sich nämlich, wie bereits mehrfach ausgeführt, nur auf Gegenstände beziehen, die zur ursprünglichen Insolvenzmasse gehörten.

Anders verhält es sich hingegen bei dem oben dargestellten *Gesamtschaden*. Dieser kann nach Verfahrensaufhebung *nur* im Wege einer Nachtragsverteilung geltend gemacht werden, wie dies vom BGH in seiner Entscheidung vom

---

sowohl über den Schaden als auch über die Person des Ersatzpflichtigen im Klaren waren, aber niemand eine Sonderverwaltung beantragt hat. Der BGH hat hierzu zu bedenken gegeben, dass in diesen Fällen u.U. das Interesse des Verwalters überwiegen könnte. Vgl. dazu *Nassal*, jurisPR-BGHZivilR 30/2004 Anm. 2, der zutreffend darauf aufmerksam macht, dass den Gläubigern bei Kenntniserlangung von Pflichtverletzungen des Verwalters zu raten sei, dies dem Insolvenzgericht anzuzeigen.

300 BGH, Beschl. v. 14.5.2009 – IX ZR 93/08, NZI 2009, 771 Rn. 10; so bereits die Vorinstanz OLG Hamm, Urt. v. 15.4.2008 – I-27 U 218/06, ZIP 2008, 1880, 1883; BGH, Urt. v. 22.2.1973 – VI ZR 165/71, NJW 1973, 1198, 1199; *Schönfelder*, WuB 2010, 59, 61; *Bollwerk*, ZInsO 2013, 2088, 2089; *Laukemann*, ZInsO 2006, 415, 416 m.w.N. Krit. dagegen *K. Schmidt*, KTS 1976, 191, 210. Neben der Verfolgung der Schadensersatzansprüche gegen den Verwalter kann der einzelne Gläubiger auch sein Nachforderungsrecht gem. § 201 InsO gegenüber dem Schuldner geltend machen. Der Schuldner und der Verwalter haften hier gesamtschuldnerisch, *Laukemann*, ZInsO 2006, 415, 416, 418 m.w.N.

301 *Laukemann*, ZInsO 2006, 415, 418.

14.5.2009 herausgestellt wurde.[302] Dem Schuldner[303] oder einem Gläubiger[304] ist es – selbst nach Verfahrensaufhebung – verwehrt, den Gesamtschaden beim vormaligen Verwalter zu liquidieren. Dies folgt zum einen daraus, dass es sich ursprünglich um einen Bestandteil der Masse gehandelt hat und dieser Schadensersatzanspruch der gesamten Gläubigergemeinschaft vermögensrechtlich zugewiesen wurde. Zum anderen folgt dies aus der allgemeinen Regel des Schadensersatzrechts, dass jeder Betroffene nur den Schaden geltend machen kann, der durch die jeweilige Pflichtverletzung des Verwalters gerade in seinem

---

302 BGH, Beschl. v. 14.5.2009 – IX ZR 93/08, NZI 2009, 771 Rn. 8 und Rn. 14, m. zust. Anm. *Runkel/Schmidt*, EWiR 2010, 157, 158; *Kind*, FD-InsR 2009, 291404. Vgl. auch LSZ/*Smid*, InsO, § 92 Rn. 17; *Häsemeyer*, Rn. 6.38; Uhlenbruck/*Sinz*, InsO, 13. Aufl., § 60 Rn. 120. So bereits OLG Hamm, Urt. v. 15.4.2008 – I-27 U 218/06, ZIP 2008, 1880, 1882. Etwas krit. dagegen *Gundlach/Frenzel*, NZI 2009, 772, 773. So bereits zur KO: BGH, Urt. v. 22.2.1973 – VI ZR 165/71, NJW 1973, 1198, 1199: Die Geltendmachung solcher Ansprüche sei durch § 166 KO nicht ausgeschlossen. *K. Schmidt*, KTS 1976, 191, 208. Anders dagegen anscheinend *Zimmer*, KTS 2009, 199, 212, nach dem nur ein neues Insolvenzverfahren in Betracht käme, da erst die Aufhebung des Verfahrens ohne ausreichende Verwertung die haftungsbegründende Kausalität für den Gesamtschaden liefere. Eine Nachtragsverteilung scheide schon wegen § 92 S. 2 InsO aus. Hierbei übersieht *Zimmer* jedoch, dass § 92 S. 2 InsO analog auf die Nachtragsverteilung angewendet werden kann und für die Durchführung der Nachtragsverteilung ein Sonderverwalter zu bestellen ist; dazu sogleich.

303 Vgl. BGH, Beschl. v. 14.5.2009 – IX ZR 93/08, NZI 2009, 771 Rn. 10 m. zust. Anm. *Kind*, FD-InsR 2009, 291404; *Runkel/Schmidt*, EWiR 2010, 157, 158; *Schönfelder*, WuB 2010, 59, 61. Vgl. auch *Häsemeyer*, Rn. 12.07. Anders dagegen noch das OLG Hamm, das die Auffassung vertrat, dass dem Gemeinschuldner nach Verfahrensaufhebung ein Anspruch auf Ersatz des Gemeinschaftsschadens gem. § 82 KO zustehen könne, OLG Hamm, Urt. v. 5.4.2001 – 27 U 168/00, NZI 2001, 373, 374. Ebenso noch das Reichsgericht in RG, Urt. v. 25.11.1911 – Rep. VI 571/10, RGZ 78, 186, 188. Diese Ansicht hat das OLG Hamm jedoch mittlerweile ausdrücklich aufgegeben, vgl. OLG Hamm, Urt. v. 15.4.2008 – I-27 U 218/06, ZIP 2008, 1880, 1881. Gegen die Möglichkeit eines Einzugs des Gesamtschadens durch den Schuldner spricht auch der Umstand, dass dies letztlich eine „unechte" Drittschadensliquidation darstellen würde und nicht gewährleistet ist, dass die entsprechende Valuta tatsächlich bei den an sich geschädigten Gläubigern ankommt, *Schönfelder*, WuB 2010, 59, 61.

304 Den Gläubigern steht die Geltendmachung des Gesamtschadens schon deshalb nicht zu, da dieser nicht ihrer Schadensquote entsprechen würde. Nach zutreffender Ansicht des BGH ist es einem Masse- oder Insolvenzgläubiger auch verwehrt, den Gesamtschaden während des Verfahrens in der Weise geltend zu machen, dass eine Zahlung an die Insolvenzmasse verlangt wird, vgl. BGH, Urt. v. 5.10.1989 – IX ZR 233/87, KTS 1990, 85, 87.

Vermögen entstanden ist.[305] Die Gläubiger können damit nach Verfahrensaufhebung grundsätzlich nur die jeweiligen Einzelschäden eigenständig geltend machen, wohingegen hinsichtlich der Geltendmachung des Gemeinschaftsschadens eine Nachtragsverteilung erforderlich ist.

Die Voraussetzungen des § 203 Abs. 1 Nr. 3 InsO sind bezüglich des Gemeinschaftsschadens unproblematisch gegeben, da dieser während des laufenden Verfahrens ein Masseaktivum darstellte. Für die Rechtmäßigkeit der Anordnung ist es auch unerheblich, dass der Gesamtschadensersatzanspruch niemals Vermögensbestandteil des Schuldners geworden ist, da die Geltendmachung des Anspruchs bei erst nachträglicher Ermittlung der Pflichtverletzung des Verwalters durch § 203 Abs. 1 Nr. 3 InsO nicht ausgeschlossen ist.[306]

Selbst wenn man dies anders sehen und an dieser Stelle verlangen würde, dass eine Nachtragsverteilung nur dann zulässig ist, wenn es sich um einen eigenen Schadensersatzanspruch des Schuldners handelt[307], so ließe sich die Zulässigkeit der Nachtragsverteilung wie folgt begründen: Wie bereits dargestellt, ist es dem Schuldner nach Verfahrensaufhebung zwar nicht möglich, den Gesamtschaden der Gläubiger geltend zu machen. Er erleidet jedoch in Höhe der pflichtwidrigen Masseverkürzung gleichermaßen einen eigenen Schaden. Dieser resultiert aus dem erhöhten Nachforderungsrecht der Gläubiger gem. § 201 InsO, da der Schuldner in Höhe der Masseverkürzung nicht von seinen Verbindlichkeiten befreit wurde.[308] Dieser Schadensersatzanspruch des Schuldners gegen den Verwalter ist dann auf Befreiung von den Nachforderungsansprüchen der Insolvenzgläubiger gerichtet.[309] Anordnungsgegenstand für die Nachtragsverteilung

---

305 BGH, Urt. v. 5.10.1989 – IX ZR 233/87, KTS 1990, 85, 87.

306 So bereits BGH, Urt. v. 22.2.1973 – VI ZR 165/71, NJW 1973, 1198, 1199.

307 In diese Richtung anscheinend *Laukemann*, ZInsO 2006, 415, 418.

308 *Laukemann*, ZInsO 2006, 415, 416; vgl. auch OLG Hamm, Urt. v. 5.4.2001 – 27 U 168/00, NZI 2001, 373, 375. Dies sieht auch der BGH als „nahe liegend" an, BGH, Beschl. v. 14.5.2009 – IX ZR 93/08, NZI 2009, 771, 772 Rn. 14 a.E.. Der in der Praxis wohl eher seltene Fall, dass sich der Schaden daraus herleitet, dass es bei pflichtgemäßem Verhalten des Verwalters zu einem Überschuss gem. § 199 InsO gekommen wäre und der Schuldner diesen Überschuss erhalten hätte, bleibt hier außer Betracht, vgl. dazu *Laukemann*, ZInsO 2006, 415, 416 m.w.N.

309 *Laukemann*, ZInsO 2006, 415, 417; *Gundlach/Frenzel*, NZI 2009, 772, 773. Das OLG Hamm vertrat dagegen in seiner Entscheidung vom 5.4.2001 noch die Ansicht, dass der Anspruch auf Zahlung gerichtet sei, vgl. OLG Hamm, Urt. v. 5.4.2001 – 27 U 168/00, NZI 2001, 373. Diese Ansicht hat das OLG Hamm mittlerweile (zutreffend) aufgegeben, vgl. OLG Hamm, Urt. v. 15.4.2008 – I-27 U 218/06, ZIP 2008, 1880, 1883. Gegen die Anerkennung eines Zahlungsanspruchs spricht, dass derselbe nur den

wäre folglich ein eigener Schadensersatzanspruch des Schuldners, nämlich der Gesamtbefreiungsanspruch. Dieser Anspruch ist auch bereits im Zeitpunkt der pflichtwidrigen Masseverkürzung, mithin während des eröffneten Verfahrens, entstanden, sodass es sich um einen Massevermögenswert des Schuldners handelt, der im Wege der Nachtragsverteilung verteilt werden könnte.[310] Da dieser Befreiungsanspruch mit dem Anspruch auf Ersatz des Gesamtschadens der Gläubiger identisch ist[311], ändert sich am oben dargestellten Ergebnis nichts.[312]

Gläubigern aufgrund der gesetzlichen Haftungszuordnung und des Grundsatzes par conditio creditorum zusteht. Den eigentlichen Schaden haben hier die Gläubiger erlitten, sodass ein auf Zahlung gerichteter Anspruch dem Schuldner zum Nachteil der Gläubiger verfügbares Vermögen gewähren würde; *Laukemann*, ZInsO 2006, 415, 417. Daher ist auch § 250 BGB nicht anzuwenden, vgl. OLG Hamm, Urt. v. 15.4.2008 - I-27 U 218/06, ZIP 2008, 1880, 1883.

310 *Laukemann*, ZInsO 2006, 415, 418. Krit. dagegen zum Freistellungsanspruch des Schuldners *Bollwerk*, ZInsO 2013, 2088, 2089 f.. *Bollwerk* macht hier darauf aufmerksam, dass der Insolvenzverwalter mitunter der Gefahr divergierender Entscheidungen ausgesetzt sein könne, wenn sowohl der Schuldner seinen Freistellungsanspruch als auch einzelne Gläubiger ihren Quotenschaden gerichtlich geltend machen. Dieser Gefahr könnte man jedoch dadurch begegnen, indem man nur dem Nachtragsverwalter i.R.d. Nachtragsverteilung das Recht zubilligt, den Freistellungsanspruch gegen den vormaligen Verwalter geltend zu machen. Dies wird auch von *Bollwerk* selbst vorgebracht, vgl. *Bollwerk*, ZInsO 2013, 2088, 2091. Das heißt i.E., dass dem Gemeinschuldner zwar der Freistellungsanspruch zusteht, sodass dieser auch als tauglicher Gegenstand einer Nachtragsverteilung in Betracht kommt. Er kann ihn aber nicht selbst geltend machen. Dies kann nur der Nachtragsverwalter. Nach *Bollwerk* wird hier aber nach Anordnung der Nachtragsverteilung nicht der Freistellungsanspruch, sondern der Gesamtschaden geltend gemacht, *Bollwerk*, ZInsO 2013, 2088, 2091. Ob man aber nun den Nachtragsgegenstand als „Freistellungsanspruch“ oder aber als „Gesamtschaden“ bezeichnen möchte, kann dahinstehen, da *Bollwerk* zumindest eine Nachtragsverteilung für zulässig erachtet und beide Ansprüche i.E. dasselbe Ziel zum Gegenstand haben.

311 OLG Hamm, Beschl. v. 5.5.2011 - I-15 W 469/10, ZInsO 2011, 1699, 1701. Dieses Ergebnis ergibt sich aus Folgendem: Die Höhe des einzelnen Befreiungsanspruchs entspricht der Höhe des jeweils geltend gemachten Einzelschadens. Da sich der Gesamtschaden aus der Summe der Einzelschäden ergibt, folgt daraus, dass die Höhe des insgesamt zu fordernden Befreiungsanspruchs der Höhe des Gesamtschadens entspricht, vgl. *Laukemann*, ZInsO 2006, 415, 416 m.w.N. So auch inzwischen der BGH, vgl. BGH, Urt. v. 22.4.2004 - IX ZR 128/03, BGHZ 159, 25, 27; BGH, Beschl. v. 14.5.2009 - IX ZR 93/08, NZI 2009, 771, 772 Rn. 12; anders dagegen noch in BGH, Urt. v. 5.10.1989 - IX ZR 233/87, KTS 1990, 85, 88.

312 So auch *Laukemann*, ZInsO 2006, 415, 418.

Festzuhalten ist daher, dass der Gesamtschaden bzw. der damit identische Gesamtbefreiungsanspruch des Schuldners Gegenstand einer Nachtragsverteilung nach § 203 Abs. 1 Nr. 3 InsO sein kann. Sollte das Insolvenzgericht nachträglich von einer pflichtwidrig herbeigeführten Masseverkürzung des Verwalters Kenntnis erlangen, so kann es die Nachtragsverteilung von Amts wegen anordnen. Zudem kann jeder Insolvenzgläubiger die Nachtragsverteilung beantragen. Obwohl auch der Insolvenzschuldner wegen des erhöhten Nachforderungsrechts der Gläubiger aus § 201 InsO ein erhebliches Interesse an der Anordnung der Nachtragsverteilung haben kann, räumt ihm § 203 Abs. 1 InsO kein eigenes Antragsrecht ein. Er kann jedoch eine Anordnung von Amts wegen beim Insolvenzgericht anregen. Ob man demgegenüber den Verwalter als verpflichtet ansieht, einen solchen Antrag zu stellen[313], erscheint fragwürdig. Gegen eine solche Antragspflicht spricht der Umstand, dass der Verwalter gleichsam verpflichtet wäre, einen Antrag gegen sich selbst zu stellen.

Wurde die Nachtragsverteilung vom Gericht angeordnet, so verlieren die Gläubiger wieder die Befugnis, ihren Einzelschaden gegen den Verwalter geltend zu machen.[314] Für die Durchführung der Nachtragsverteilung ist nicht der ursprüngliche Verwalter, sondern ein Sonderverwalter zwecks Geltendmachung des Gesamtschadens gegen den vormaligen Verwalter zu bestellen.[315] Der Sonderverwalter kann dabei auch einen Gläubiger ermächtigen, den Gesamtschaden als Prozessstandschafter geltend zu machen.[316]

---

313 In diese Richtung *Laukemann*, ZInsO 2006, 415, 419 Fn. 62.

314 Dies folgt daraus, dass der Anspruch auf Erstattung des Gesamtschadens und die Ansprüche auf Ersatz des Einzelschadens nicht gleichzeitig geltend gemacht werden können. Der Verwalter ist entweder einem Anspruch wegen des Gesamtschadens oder Ansprüchen wegen der Einzelschäden, nicht jedoch gleichzeitig beiden Ansprüchen ausgesetzt, BGH, Beschl. v. 14.5.2009 – IX ZR 93/08, NZI 2009, 771, 772 Rn. 10 und Rn. 14; vgl. *Bollwerk*, ZInsO 2013, 2088, 2089.

315 BGH, Beschl. v. 14.5.2009 – IX ZR 93/08, NZI 2009, 771, 772 Rn. 14. *Graeber* vertritt hier die Ansicht, dass die Kosten einer Nachtragsverteilung und die Kosten durch die Bestellung eines Sonderinsolvenzverwalters mit von dem von dem Verwalter zu ersetzenden Schaden umfasst sein dürften, *Graeber*, NZI 2008, 178.

316 MünchKomm/*Brandes/Schoppmeyer*, InsO, 3. Aufl., § 60 Rn. 116; Uhlenbruck/*Sinz*, InsO, 13. Aufl., § 60 Rn. 120; *Bollwerk*, ZInsO 2013, 2088, 2089. Vgl. auch BGH, Urt. v. 5.10.1989 – IX ZR 233/87, KTS 1990, 85, 89.

IV. Ausgewählte Beispielsfälle aus der Rechtsprechung

Die Rechtsprechung musste sich in der Vergangenheit teilweise mit Sachverhalten auseinandersetzen, in denen eine Anordnung der Nachtragsverteilung bzw. eine Subsumtion des entscheidungserheblichen Sachverhalts unter § 203 Abs. 1 InsO problematisch und mitunter auch streitig war. Im Folgenden werden daher einige ausgewählte Entscheidungen aus den vergangenen Jahren näher begutachtet und einer kritischen Prüfung unterzogen.

1. (Masse-) Verfügungen des Schuldners nach Verfahrensaufhebung

Nicht selten kommt es in der Praxis vor, dass der Verwalter massezugehörige Forderungen während des Verfahrens nicht einzieht oder Gegenstände nicht verwertet, weil diese Vermögenswerte entweder vom Schuldner während des Verfahrens verheimlicht oder beiseite geschafft wurden oder diese Massewerte vom Verwalter bei der Verwertung vergessen wurden. Verfügt der Schuldner nunmehr nach Verfahrensaufhebung über diese Vermögenswerte, indem er beispielsweise Forderungen einzieht, stellt sich die Frage, ob eine an den Schuldner geflossene Gegenleistung Gegenstand einer „verlängerten" Nachtragsverteilung[317] sein kann. Diese Frage ist für die Gläubiger von enormer Relevanz und zwar aus mehreren Gründen: Da der Schuldner mit Verfahrensaufhebung wieder vollumfänglich verfügungsbefugt war, ist der Gegenstand durch die rechtswirksame Verfügung aus dem Schuldnervermögen ausgeschieden[318] und kann somit

---

317 Der Begriff der „verlängerten" Nachtragsverteilung geht auf *Heinze* zurück, vgl. *Heinze*, ZInsO 2012, 1606 ff.

318 Dies folgt bereits daraus, dass sich die Nachtragsverteilung, ebenso wie der ursprüngliche Insolvenzbeschlag nach §§ 35, 80 InsO, nur auf das Vermögen des Schuldners beziehen kann, das dem Schuldner bei Anordnung der Nachtragsverteilung bzw. bei Eröffnung noch gehört. Verfügt der Schuldner nach Verfahrensaufhebung über einen ehemaligen Massegegenstand zu einem Zeitpunkt, in dem der Insolvenzbeschlag bereits entfallen war, so ist dieser Massegegenstand rechtswirksam aus dem Vermögen des Schuldners ausgeschieden und kommt für eine Nachtragsverteilung nicht mehr in Betracht. Einhellige Ansicht, vgl. nur FK-InsO/*Kießner*, § 203 Rn. 18; *Frege/Keller/Riedel*, Rn. 1731; KPB/*Holzer*, InsO, § 203 Rn. 14; Uhlenbruck/*Uhlenbruck*, InsO, 13. Aufl., § 203 Rn. 12; Jaeger/*Meller-Hannich*, InsO, § 203 Rn. 9; *Häsemeyer*, Rn. 7.68; *Heinze*, ZInsO 2012, 1606, 1607. An dieser Rechtswirksamkeit ändert sich auch nichts dadurch, dass der Schuldner von einer beabsichtigten Nachtragsverteilung wusste oder auch wusste, dass ein Anordnungsantrag gestellt wurde. Dies ändert nämlich nichts an der Verfügungsbefugnis des Schuldners, da diese erst (wieder) endet, wenn die Nachtragsverteilung tatsächlich angeordnet wurde. Anders dagegen

auch nicht von dem Dritten herausverlangt werden[319]. Auch wenn dies freilich die Gefahr in sich birgt, dass der Schuldner während des laufenden Insolvenzverfahrens Gegenstände beiseiteschafft oder dem Verwalter verheimlicht, um diese sodann nach Verfahrensaufhebung an Dritte zu veräußern[320], so können die nach Verfahrensaufhebung vorgenommenen Verfügungen nicht nach §§ 129 ff. InsO angefochten werden, da die Nachtragsverteilung, wie bereits ausgeführt, kein neues Insolvenzverfahren ist.[321] Die Befriedigungssituation der Gläubiger verschlechtert sich hier zudem dadurch, dass auch etwaige Schadensersatzansprüche gegen den vormaligen Verwalter regelmäßig ausscheiden, da es sich zumeist um Fälle handelt, in denen der Schuldner werthaltige Gegenstände beiseitegeschafft oder aber dem Verwalter verheimlicht hat. In diesen Fällen wird es in der Regel an einem schuldhaften Pflichtverstoß des Verwalters fehlen.

Die Frage, die es insbesondere für die Gläubiger im Hinblick auf eine gemeinschaftliche Befriedigung zu beantworten gilt, lautet folglich: Kann auch hinsichtlich einer aktuell im Schuldnervermögen vorhandenen Gegenleistung eine Nachtragsverteilung zugunsten der Gläubiger angeordnet werden?

a) BGH, Beschl. v. 26.1.2012 – IX ZB 111/10

Mit dieser Fragestellung musste sich der BGH in seiner Entscheidung vom 26.1.2012 befassen.[322] Dieser Entscheidung lag folgender, hier vereinfacht wiedergegebener, Sachverhalt zugrunde: Über das schuldnerische Vermögen wurde im

---

noch zur KO: *Wachtel*, S. 45, nach dem die Verfügung des Schuldners ab seiner Kenntnis von dem Antrag auf Anordnung der Nachtragsverteilung nicht mehr wirksam sei. Dieser Ansicht kann jedoch aus den soeben genannten Erwägungen nicht gefolgt werden. Im Folgenden wird von dem Fall ausgegangen, dass der jeweilige Vermögenswert bereits endgültig aus dem Schuldnervermögen ausgeschieden ist. Wie demgegenüber die Fälle zu beurteilen sind, in denen sich der Vermögenswert zumindest „noch" im Vermögen des Schuldners befindet, bspw. weil es sich um einen mehraktigen Erwerbstatbestand handelt, bei dem noch nicht alle Tatbestandsvoraussetzungen vorliegen, wird in dem Kapitel Teil 4., C., I., 2. behandelt.

319 LG Dortmund, Beschl. v. 21.6.2010 – 9 T 212/10, ZInsO 2010, 1615, 1616; KPB/*Holzer*, InsO, § 203 Rn. 14; MünchKomm/*Hintzen*, InsO, 3. Aufl., § 203 Rn. 16; FK-InsO/*Kießner*, § 203 Rn. 18.

320 *Frege/Keller/Riedel*, Rn. 1731.

321 Vgl. dazu bereits die Ausführungen in dem Abschnitt Teil 4., B., III., 3. Vgl. zudem MünchKomm/*Hintzen*, InsO, 3. Aufl., § 203 Rn. 17; Uhlenbruck/*Uhlenbruck*, InsO, 13. Aufl., § 203 Rn. 13; *Heinze*, ZInsO 2012, 1606, 1608; HambKomm/*Preß/Henningsmeier*, InsO, 4. Aufl., § 203 Rn. 10.

322 BGH, Beschl. v. 26.1.2012 – IX ZB 111/10, NZI 2012, 271 f.

April 2004 das Verbraucherinsolvenzverfahren eröffnet, das nach Durchführung des Schlusstermins im November 2005 aufgehoben wurde. Obwohl der Schuldner seit 1991 von der Rentenversicherungspflicht befreit war, führte der Arbeitgeber dennoch in der Zeit zwischen 2003 und 2006 Rentenversicherungsbeiträge an die Rentenversicherung ab. Nach Verfahrensaufhebung teilte der Schuldnervertreter dem Treuhänder mit, dass u.U. Rentenversicherungsbeiträge zu erstatten seien. In der Folge wurde unter den Beteiligten streitig erörtert, ob diese einer Nachtragsverteilung unterfallen. Nach mehrfacher Aufforderung durch den Treuhänder wurde diesem die Identität des Rentenversicherungsträgers erst Ende 2007 mitgeteilt. Nachdem sich der Treuhänder sodann an den Rentenversicherungsträger gewandt hatte, teilte dieser dem Treuhänder Anfang 2008 mit, dass die erstattungsfähigen Beiträge bereits Anfang 2007 an den Schuldner ausgekehrt worden seien. Am 12. Dezember 2009 beantragte der Treuhänder sodann die Nachtragsanordnung hinsichtlich der an den Schuldner erstatteten Beiträge i.H.v. knapp 13.000,00 EUR. Daraufhin ordnete das Insolvenzgericht die Nachtragsverteilung mit Beschluss vom 30.12.2009 an. Die hiergegen vom Schuldner eingelegte sofortige Beschwerde blieb ohne Erfolg. Mit der Rechtsbeschwerde verfolgte der Schuldner sein Aufhebungsbegehren weiter, im Ergebnis jedoch ebenfalls erfolglos.

Der BGH stellte zunächst heraus, dass eine Nachtragsverteilung auch nach Aufhebung eines Verbraucherinsolvenzverfahrens angeordnet werden könne.[323] Sodann führte der Senat aus, dass der Beitragserstattungsanspruch des Schuldners sowohl für die Beitragszahlungen vor Insolvenzeröffnung, § 35 Abs. 1 Fall 1 InsO, als auch für die Beitragszahlungen während des laufenden Verfahrens, § 35 Abs. 1 Fall 2 InsO, zur Insolvenzmasse gehöre.[324] Die geleisteten Beiträge seien nicht gem. § 36 Abs. 1 InsO i.V.m. § 850e Nr. 1 ZPO pfändungsfrei, da keine gesetzliche Beitragspflicht zur Rentenversicherung bestand. Auch aus § 851c Abs. 2 ZPO ergäbe sich kein Pfändungsschutz, da sich der Pfändungsschutz nach dieser Vorschrift nur auf das angesparte Deckungskapital und die nach Eintritt des Versicherungsfalls zu erbringenden Leistungen, nicht jedoch auf die zur Einzahlung und Aufbau des Kapitals erforderlichen Mittel erstrecke.[325] Aufgrund der Massezugehörigkeit kam der Beitragserstattungsanspruch daher ursprünglich auch für eine Nachtragsverteilung in Betracht.

323 Dies wird ausführlich in dem gesonderten Kapitel Teil 9., A. untersucht.

324 BGH, Beschl. v. 26.1.2012 – IX ZB 111/10, NZI 2012, 271 Rn. 11.

325 BGH, Beschl. v. 26.1.2012 – IX ZB 111/10, NZI 2012, 271 Rn. 14.

Des Weiteren musste sich der Senat mit der hier zu untersuchenden Frage befassen, nämlich ob die Anordnung der Nachtragsverteilung aufgrund des zwischenzeitigen Einzugs der Beiträge durch den Schuldner ausgeschlossen ist.

Der Senat stellte hierzu zunächst fest, dass der Insolvenzbeschlag mit Verfahrensaufhebung erloschen sei, da eine Nachtragsverteilung nicht vorbehalten wurde. Eine erneute Beschlagnahme hinsichtlich des zu verteilenden Betrages sei somit erst mit der Anordnung der Nachtragsverteilung eingetreten.[326] Eine Nachtragsverteilung hinsichtlich des Erstattungsanspruchs komme allerdings nicht in Betracht, da der Schuldner über diesen bereits verfügt hat. Stattdessen stellte der BGH fest, dass die Nachtragsverteilung vorliegend nicht hinsichtlich des Erstattungsanspruchs, sondern hinsichtlich der an den Schuldner bereits erstatteten Beträge angeordnet worden sei. Diese Anordnung erfolgte nach Ansicht des Senats auch rechtmäßig. Insoweit führte der Senat aus, dass zwar die Frage, ob der ausgezahlte Betrag für Zwecke der Nachtragsverteilung im Wege einer dinglichen Surrogation an die Stelle des Anspruchs auf Auszahlung tritt und somit einer Nachtragsverteilung unterliegt, streitig sei.[327] Diese Streitfrage sei zwar auch im Ergebnis zu bejahen. Allerdings komme es auf die Frage einer dinglichen Surrogation nicht entscheidungserheblich an, da die Vorschrift des § 203 Abs. 1 Nr. 3 InsO *weit auszulegen* sei.[328] Der Zweck dieser Norm stünde der Annahme entgegen, dass in Fällen der vorliegenden Art nicht auf die in das Schuldnervermögen geflossene Gegenleistung zurückgegriffen werden könne.[329] Entscheidend sei vielmehr, dass „[…] das in der Masse vorhanden gewesene Vermögen der Verteilung zugeführt werden soll […]."[330] Es sei mit der gesetzlichen Wertung des § 203 Abs. 1 InsO unvereinbar, wenn man die Verwertbarkeit des Anspruchs zugunsten der Gläubiger davon abhängig machen würde, dass der Schuldner die Forderung noch nicht eingezogen hat, da anderenfalls die Nachtragsverteilung in derartigen Fällen leicht vereitelt werden könnte und von Zufälligkeiten abhänge.

Ob allerdings eine Ausnahme entsprechend §§ 818 Abs. 3, 819 BGB in Fällen zu machen ist, in denen der Schuldner die Gegenleistung in der Annahme bereits verbraucht hat, darüber unbeschränkt verfügen zu können, hat der Senat mangels Entscheidungserheblichkeit ausdrücklich offen gelassen, da dem Schuldner im zugrundeliegenden Sachverhalt die vom Treuhänder beabsichtigte

---

326 BGH, Beschl. v. 26.1.2012 – IX ZB 111/10, NZI 2012, 271, 272 Rn. 16.
327 BGH, Beschl. v. 26.1.2012 – IX ZB 111/10, NZI 2012, 271, 272 Rn. 18.
328 BGH, Beschl. v. 26.1.2012 – IX ZB 111/10, NZI 2012, 271, 272 Rn. 22.
329 BGH, Beschl. v. 26.1.2012 – IX ZB 111/10, NZI 2012, 271, 272 Rn. 23.
330 Ebd.

Nachtragsverteilung bereits lange vor der Auszahlung bekannt war[331], womit auch eine Heranziehung der §§ 818 Abs. 3, 819 BGB ausgeschlossen war.

b) Rechtliche Würdigung

Zunächst ist anzumerken, dass der BGH den Beitragserstattungsanspruch zutreffend zur Insolvenzmasse gezählt hat, da Pfändungsschutzvorschriften tatbestandlich nicht erfüllt waren.[332] Da die Leistungen an die Rentenversicherung aufgrund der vorherigen Befreiung von der Beitragspflicht freiwillig waren, wurde keine gesetzliche Beitragspflicht i.S.d. § 850e Nr. 1 ZPO erfüllt.[333] Auch § 851c Abs. 2 ZPO lehnt der Senat unter Hinweis auf seine frühere Entscheidung vom 12.5.2011[334] überzeugend ab, da die für die Einzahlung erforderlichen Mittel nicht von § 851c Abs. 2 ZPO erfasst werden. Somit könnten diese Mittel nur mittels eines Beschlusses gem. § 850f ZPO gesichert werden, der jedoch nur für die Zukunft wirkt und daher für den Schuldner hier zu spät gekommen wäre.[335] Da somit der Beitragserstattungsanspruch der Pfändung unterlag und folglich auch zur (ursprünglichen) Insolvenzmasse gem. §§ 35, 36 InsO gehörte, wurde er der Gläubigergemeinschaft haftungsrechtlich zugewiesen und konnte somit ursprünglich auch tauglicher Gegenstand einer Nachtragsverteilung sein.

Zuzustimmen ist dem Senat auch in seinen Ausführungen zum Insolvenzbeschlag. Dieser ist nach Verfahrensaufhebung mangels einer vorbehaltenen Nachtragsverteilung zunächst entfallen und trat erst durch die spätere Anordnung der Nachtragsverteilung erneut ein; dies jedoch gegenständlich beschränkt auf den an den Schuldner erstatteten Betrag. Da der Schuldner somit mit Verfahrensaufhebung wieder verfügungsbefugt war, konnte er wirksam über den Erstattungsanspruch verfügen, was zur Folge hatte, dass der Forderungseinzug wirksam war und der Rentenversicherungsträger mit schuldbefreiender Wirkung an den Berechtigten geleistet hat. Daher kam der Erstattungsanspruch auch nicht mehr

---

331 BGH, Beschl. v. 26.1.2012 - IX ZB 111/10, NZI 2012, 271, 272 Rn. 24.

332 So auch *Keller*, NZI 2012, 272; *Tetzlaff*, jurisPR-InsR 7/2012 Anm. 1.

333 *Zipperer*, EWiR 2012, 183, 184.

334 BGH, Beschl. v. 12.5.2011 - IX ZB 181/10, ZInsO 2011, 1153 Rn. 6.

335 Vgl. *Zipperer*, EWiR 2012, 183, 184. Im zugrundeliegenden Sachverhalt hatte das Insolvenzgericht dem Schuldner in der Wohlverhaltensphase auch mit Beschluss vom 8.8.2008 auf Grundlage des § 850f ZPO einen monatlichen Betrag von 250 EUR für den Aufbau einer privaten Altersvorsorge zusätzlich belassen. Dieser Beschluss hat jedoch keine Rückwirkungen auf das zuvor durchgeführte Insolvenzverfahren und ändert daher an der ursprünglichen Massezugehörigkeit des Beitragserstattungsanspruchs nichts, BGH, Beschl. v. 26.1.2012 - IX ZB 111/10, NZI 2012, 271 Rn. 13.

als Gegenstand der Nachtragsverteilung in Betracht, da dieser bereits durch Erfüllung erloschen war.

Allerdings sind die weiteren Ausführungen des Senats zur Anwendbarkeit des § 203 Abs. 1 Nr. 3 InsO hinsichtlich der in das Vermögen des Schuldners gelangten Beträge fragwürdig. Der Senat erwähnt zwar kurz, dass die Frage, ob das vom Schuldner erlangte Surrogat einer Nachtragsverteilung unterliegt, umstritten ist. In der Entscheidungsbegründung des BGH mangelt es jedoch an einer fundierten Auseinandersetzung mit den hierzu vertretenen Ansichten. Auch wenn der Senat kurz andeutet, dass er die befürwortende Literaturansicht für zutreffend erachtet[336], umgeht er eine nähere Auseinandersetzung mit dieser Problematik, indem er pauschal feststellt, dass § 203 Abs. 1 Nr. 3 InsO weit auszulegen sei, ohne aber das Erfordernis einer weiten Auslegung näher zu begründen.[337] Allein aufgrund einer weiten Auslegung dieser Norm und dem Zweck der Nachtragsverteilung zieht der Senat nun den Rückschluss, dass es auf die Frage einer dinglichen Surrogation nicht ankomme. Dies überzeugt nicht.

Zwar ist das vom Senat gefundene Ergebnis aus Gläubigersicht wünschenswert, da damit der Gesamtvollstreckungszugriff im Wege der Nachtragsverteilung auch hinsichtlich etwaiger Gegenwerte eröffnet wird. Zudem ist die Möglichkeit der Nachtragsverteilung in Fällen der vorliegenden Art auch unter dem Gesichtspunkt begrüßenswert, als dadurch Schuldnerverhalten sanktioniert werden kann, das auf Vereitelung von Massezuflüssen gerichtet ist.[338] Zuletzt dürfte eine solche Handhabung des § 203 Abs. 1 Nr. 3 InsO auch dem Zweck der Nachtragsverteilung insoweit entsprechen, als dadurch nachträglich eine bestmögliche Befriedigung der Gläubiger gewährleistet werden kann.

Allerdings täuschen diese Argumente nicht darüber hinweg, dass der BGH in seiner Entscheidungsbegründung augenscheinlich „den einfachen Weg" gewählt hat. Die Heranziehung des Zwecks der Nachtragsverteilung für die Zugehörigkeit der Gegenleistung im Vermögen des Schuldners ist an dieser Stelle nämlich

---

336 BGH, Beschl. v. 26.1.2012 – IX ZB 111/10, NZI 2012, 271, 272 Rn. 21.

337 So auch die Kritik von *Keller*, NZI 2012, 272, 273. Krit. zur dogmatischen Begründung auch *Kießner*, FD-InsR 2012, 329207; FK-InsO/*Kießner*, § 203 RN. 19. Befürwortend dagegen wohl *Heinze*, ZInsO 2012, 1606, 1607: „Mit diesen Erwägungen kreiert das Gericht eine auf Erlöse für Massegegenstände verlängerte Nachtragsverteilung und löst sie praktisch vollständig von einer dinglichen oder gegenständlichen Begrenzung." Befürwortend auch *Schmittmann*, VIA 2012, 28.

338 *Schmittmann*, VIA 2012, 28. Vgl. auch *Keller*, NZI 2012, 272, 274: „Zuzugestehen ist, dass ein Verheimlichen von Vermögenswerten seitens des Schuldners „belohnt" würde, führe man eine Gegenleistung nicht der Nachtragsverteilung zu."

wenig hilfreich, da die Verfügung des Schuldners als solche materiell-rechtlich wirksam ist[339] und der Vermögensgegenstand daher aus der Haftung entlassen wurde. Bevor man hier also zu einer „weiten Auslegung" des § 203 Abs. 1 Nr. 3 InsO gelangen kann, muss man sich überhaupt erst einmal fragen, ob es sich bei der an den Schuldner geflossenen (Gegen-) Leistung überhaupt noch um einen *Masse*gegenstand handelt, da § 203 Abs. 1 Nr. 3 InsO von nachträglich ermittelten Massegegenständen spricht und sich die Nachtragsverteilung somit nur auf (ehemalige) Massegegenstände beziehen kann.

Diese Frage lässt sich vorerst pauschal mit dem Argument verneinen, dass die Regelung des § 35 Abs. 1 Fall 2 InsO nach Verfahrensaufhebung nicht mehr eingreift, sodass es sich bei dem nunmehr im Schuldnervermögen vorhandenen Gegenwert nicht um einen *Masse*gegenstand im eigentlichen Sinne handelt. Aus diesem Grund kann auch allein eine „weite Auslegung" des § 203 Abs. 1 Nr. 3 InsO nicht überzeugen, da bereits der Wortlaut dieser Norm Fälle der vorliegenden Art nicht erfasst. Es ist deshalb richtig, wenn sich die einschlägige Literatur an dieser Stelle mit der Frage einer dinglichen Surrogation befasst, um eine Nachtragsverteilung hinsichtlich der Gegenleistung begründen zu können.[340] Nur durch eine dingliche Surrogation ließe sich hier eine „fortgesetzte *Masse*eigenschaft" begründen, womit der Anwendungsbereich des § 203 Abs. 1 Nr. 3 InsO überhaupt nur eröffnet wäre.

Statt sich somit auf die im Ergebnis – vor allem mangels näherer Begründung – nicht überzeugende Argumentation einer „weiten Auslegung" des § 203 Abs. 1 Nr. 3 InsO zu stützen, hätte sich der Senat besser mit der einschlägigen Literatur zu der Frage einer dinglichen Surrogation auseinandersetzen sollen. Da man letztlich mit dem Zweck eines Verfahrens alles begründen kann[341], bleibt im Ergebnis festzuhalten, dass allein die pauschale Feststellung einer weiten Auslegung der Norm unter Bezugnahme auf den Zweck des Verfahrens nicht genügt, um die Zulässigkeit der Nachtragsverteilung hinsichtlich des ins Schuldnervermögen geflossenen Gegenwertes zu begründen. Da der BGH mit seiner „weiten Auslegung" letztendlich (zumindest) eine „versteckte" Surrogation anzunehmen scheint – immerhin erfasst § 203 InsO nur ehemalige *Masse*gegenstände – muss daher an dieser Stelle eine nähere Auseinandersetzung mit der streitigen Rechtsfrage einer dinglichen Surrogation erfolgen, um zu prüfen, ob die Nachtragsverteilung im zugrundeliegenden Fall rechtmäßig angeordnet werden konnte.

---

339 *Keller*, NZI 2012, 272, 274.
340 Ebd.
341 Ebd.

c) *Dingliche Surrogation?*

Wie bereits kurz angedeutet, ist die Frage einer dinglichen Surrogation in den vorliegenden Fallkonstellationen umstritten.

Die absolut herrschende Ansicht in der Literatur lehnt eine Nachtragsverteilung hinsichtlich etwaiger im Schuldnervermögen vorhandener Gegenleistungen ab, da eine Surrogation nur in den gesetzlich angeordneten Fällen stattfinde und vorliegend ein solcher Fall nicht gegeben sei.[342]

Nur vereinzelt finden sich in der Literatur Stimmen, die eine dingliche Surrogation bejahen. So war – soweit ersichtlich – *Häsemeyer* lange Zeit der einzige Vertreter, der eine dingliche Surrogation annahm und damit auch zur Zulässigkeit einer Nachtragsverteilung hinsichtlich des Gegenwertes der Veräußerung gelangte.[343] Lediglich zur KO wurde diese Auffassung bereits von *Wachtel* vertreten.[344] In seiner Entscheidung vom 21.06.2010 scheint sich auch das LG Dortmund dieser Auffassung anzuschließen, indem es kurz ausführt, dass entweder das vom Schuldner verheimlichte Geld oder aber das Surrogat einer Nachtragsverteilung nach § 203 Abs. 1 Nr. 3 InsO unterliege.[345] Wie bereits ausgeführt, haben sich nunmehr auch der BGH[346] und daran anschließend teilweise auch weitere Vertreter in der Literatur[347] dieser Ansicht angeschlossen.

Es fragt sich allerdings, welche Ansicht im Ergebnis vorzugswürdig ist.

Die überwiegende Literaturansicht erkennt zwar zutreffend, dass die wenigen Fälle einer dinglichen Surrogation gesetzlich normiert wurden, beispielsweise in

---

342 Vgl. KPB/*Holzer*, InsO, § 203 Rn. 14; Braun/*Kießner*, InsO, § 203 Rn. 14; MünchKomm/*Hintzen*, InsO, 3. Aufl., § 203 Rn. 16; Uhlenbruck/*Uhlenbruck*, InsO, 13. Aufl., § 203 Rn. 12; FK-InsO/*Kießner*, § 203 Rn. 19; *Frege/Keller/Riedel*, Rn. 1731; Gottwald/*Eickmann*, § 65 Rn. 54. So bereits zur KO: Jaeger/*Weber*, KO, § 166 Anm. 7; *K. Schmidt*, KO, § 166 Anm. 1c; *Kuhn/Uhlenbruck*, KO, § 166 Rn. 5a; *Neuhof*, NJW 1995, 937, 938. So auch *Haas/Vogel*, KTS 2011, 387, 392, 393.

343 *Häsemeyer*, Rn. 7.68 und Rn. 9.28. Allerdings lässt *Häsemeyer* eine nähere Begründung für die Annahme einer Surrogation nach Verfahrensaufhebung leider vermissen.

344 *Wachtel*, S. 44: „Tritt aber ein anderer Gegenstand an Stelle der veräußerten, z.B. der Erlös der Veräußerung oder Enteignung, so kann dieser als Surrogat für den Gegenstand nachträglich verteilt werden."

345 LG Dortmund, Beschl. v. 21.6.2010 – 9 T 212/10, ZInsO 2010, 1615, 1616. Eine nähere Auseinandersetzung mit dieser Problematik war jedoch für das LG Dortmund entbehrlich, da beides in dem zugrundeliegenden Sachverhalt nicht der Fall war. Diese Entscheidung wird ausführlich in dem Abschnitt Teil 4., B., IV., 4. dargestellt.

346 BGH, Beschl. v. 26.1.2012 – IX ZB 111/10, NZI 2012, 271, 272 Rn. 21.

347 Vgl. bspw. *Tetzlaff*, jurisPR-InsR 7/2012 Anm. 1. Zust. auch K. Schmidt/*Jungmann*, InsO, § 203 Rn. 9.

§§ 718 Abs. 2, 1247 S. 2, 2019, 2111 BGB. Allerdings ist dadurch eine dingliche Surrogation im vorliegenden Fall noch nicht zwingend ausgeschlossen. Diese These rührt vor allem daher, dass die InsO eine allgemeine Massesurrogation, wie sie auch sonst für Sondervermögen gilt, voraussetzt, obwohl die InsO selbst keine Surrogationsregeln enthält.[348] Eine Surrogation wird hierbei vor allem in Fällen angenommen, in denen der Verwalter Gegenstände mit Massemitteln erwirbt, sodass sich der Insolvenzbeschlag nunmehr an dem erworbenen Gegenstand fortsetzt.[349] Zudem wird eine Massesurrogation in den Fällen des § 35 Abs. 1 Fall 2 InsO angenommen, in denen aus der Verwaltung, Verwertung und Verletzung von Masserechten entstehende neue Rechte automatisch massezugehörig werden.[350] Ferner gehört ein Gegenstand, den der Schuldner während des Verfahrens mit Mitteln der Insolvenzmasse erwirbt, nach allgemeiner Ansicht kraft Surrogation zur Insolvenzmasse.[351] Des Weiteren wurde bereits zur KO angenommen, dass in die Konkursmasse und damit unter die Verwalterzuständigkeit auch automatisch alle Schadensersatzansprüche hinsichtlich der Entziehung, Beschädigung oder Zerstörung eines zur Konkursmasse gehörenden Gegenstandes fallen.[352]

---

348 *Häsemeyer*, Rn. 9.28; *Harder*, Rn. 693. Lediglich § 48 InsO enthält zumindest einen „Surrogationsgedanken", vgl. K. Schmidt/*Thole*, InsO, § 48 Rn. 1 m.w.N. Zudem wird der Begriff der Surrogation auch i.R.d. § 143 Abs. 1 S. 2 InsO gebraucht, vgl. nur MünchKomm/*Kirchhof*, InsO, 3. Aufl., § 143 Rn. 71 f.

349 Vgl. dazu ausführlich *Harder*, Rn. 55 ff.: Der Gesetzgeber sei in diesen Fällen anscheinend davon ausgegangen, dass die erworbenen Gegenstände kraft Surrogation zur Insolvenzmasse gehören. Zur Begr. der Surrogation werden hierbei zwei analog anwendbare Normkomplexe vorgeschlagen: Einerseits die Surrogationsnormen für Sondervermögen, andererseits die Surrogationsregeln in der Zwangsvollstreckung. Vgl. auch *Wolf*, JuS 1975, 710, 715 m.w.N. und *Welle*, S. 115 m.w.N. zur damaligen Gegenansicht, dass erworbene Sachen nur dann vom Konkursbeschlag erfasst wurden, wenn der Konkursverwalter „für die Masse" erwarb. Mit überzeugenden Argumenten wiesen *Wolf* und *Welle* diese Ansicht aber bereits damals zurück. So auch *Häsemeyer*, Rn. 9.28: Es sei nicht erforderlich, dass der Verwalter erkenntlich für die Masse handelt. Vgl. auch *Stiebitz*, S. 199 m.w.N. und *Menken*, S. 153 für den Fall, dass der Nachlassinsolvenzverwalter Rechtsgeschäfte für den Nachlass vornimmt.

350 K. Schmidt/*Büteröwe*, InsO, § 35 Rn. 44 m.w.N.

351 *Ganter*, NZI 2013, 969. Vgl. auch BGH, Beschl. v. 26.9.2013 – IX ZB 247/11, ZIP 2013, 2112, 2113 Rn. 8; *Weissinger*, GWR 2014, 45; *Harder*, VIA 2013, 92.

352 *Wolf*, JuS 1975, 710, 715 m.w.N.; *Welle*, S. 115 m.w.N. Vgl. auch *Häsemeyer*, Rn. 9.28: „Desgleichen ist Schadensersatz für Beeinträchtigungen massezugehöriger Rechte in die Masse zu leisten."

Diese soeben aufgeführten „Surrogationsereignisse" dürften auch von der überwiegenden Literaturmeinung, die eine Surrogation im vorliegenden Fall allein mangels einer gesetzlichen Regelung ablehnt, nicht zu verneinen sein.

Festzuhalten ist daher an dieser Stelle, dass allein das Argument einer fehlenden Surrogationsregelung nicht überzeugen kann. Dies hat allerdings nicht automatisch zur Folge, dass der gegenteiligen Ansicht der Vorzug zu geben ist, zumal die oben dargestellten Massesurrogationen allesamt den Zeitraum während des (noch) eröffneten Verfahrens betreffen und es vorliegend um den Zeitraum nach Verfahrensaufhebung geht.

Da alle der oben genannten Befürworter einer dinglichen Surrogation nach Verfahrensaufhebung eine nähere Begründung derselben leider vermissen lassen, soll im Folgenden untersucht werden, ob und wie sich eine dingliche Surrogation nach Verfahrensaufhebung überhaupt herleiten lässt. Zu prüfen ist, ob sich aus dem Sinn und Zweck einer dinglichen Surrogation im Privatrecht eine Analogie auf Verfügungen des Schuldners nach Verfahrensaufhebung begründen lässt, da nur in diesem Fall überhaupt von einer vergleichbaren Interessenlage ausgegangen werden kann.

aa) Begriff sowie allgemeiner Sinn und Zweck einer dinglichen Surrogation

Der Begriff des „Surrogats" wird als allgemeine Bezeichnung für „Ersatz" oder „Ersatzstoff"[353] verwendet, während die Surrogation hauptsächlich als juristischer Fachterminus gebräuchlich ist.[354] Im Falle einer Surrogation tritt ein Gegenstand (Forderung, Erlös, Sache, etc.) nach allen Richtungen[355] an die Stelle eines anderen Gegenstandes, wobei mit dem Passus „nach allen Richtungen" die Rechte der jeweiligen Beteiligten an den ersetzten Gegenständen gemeint sind.[356]

Hierbei ist zwischen dinglicher und obligatorischer Surrogation zu unterscheiden.[357]

---

353 Vgl. *Strauch*, S. 18 m.w.N. zur Begriffsherleitung.

354 *Frommhold*, S. 17; *Stiebitz*, S. 17; *Coester-Waltjen*, Jura 1996, 24. Ausführlich zur Herkunft des Begriffs „Surrogation": *Welle*, S. 13 f.

355 § 895 E I, Motive III, S. 362; § 913 E I, Motive III, S. 378.

356 *Strauch*, S. 34; *Wolf*, JuS 1975, 643, 644.

357 Vgl. *Stiebitz*, S. 41 m.w.N. Krit. zu dieser Unterscheidung dagegen *Wecker*, S. 5. Auch *Strauch* lehnt diese Begrifflichkeiten ab, und verwendet stattdessen die Begriffe des mehrheitlichen und des einheitlichen Rechtsersatzes, vgl. *Strauch*, S. 158. Bei der Surrogation trete nicht ein Gegenstand an die Stelle eines anderen, sondern allen Partnern des Grundverhältnisses werde der Rechtsverlust dadurch ersetzt, dass sich

Als dingliche[358] Surrogation bezeichnet man einen Rechtserwerb bzw. eine Vermögenszuordnung am Ersatzgegenstand, der sich unmittelbar kraft Gesetzes ohne besonderen Übertragungsakt oder besondere Offenkundigkeit vollzieht. Der Rechtsinhaber des ursprünglichen Gegenstandes erlangt unmittelbar und ohne Rücksicht auf den Willen der Beteiligten[359] eine gleichwertige Rechtsposition.[360] Auf der anderen Seite spricht man von obligatorischer Surrogation, wenn lediglich die Verpflichtung besteht, die ursprüngliche Rechtslage am jeweiligen Ersatzgegenstand wiederherzustellen. Der Gläubiger muss hier erst seinen Anspruch geltend machen und es bedarf einer zusätzlichen rechtsgeschäftlichen Übertragung, vgl. beispielsweise § 816 BGB.[361]

In der vorliegend zu untersuchenden Fragestellung geht es allein um die dingliche Surrogation, mit der Folge einer automatischen Zugriffsmöglichkeit der Gläubiger auf den Ersatzgegenstand/Gegenwert im Wege der Nachtragsverteilung.

Welcher allgemeine Sinn und Zweck hinter einer dinglichen Surrogation steht, wird allerdings unterschiedlich beurteilt. Einige Autoren sehen in der Surrogation einen Ausdruck der Billigkeit.[362] *Raasch* beschreibt den Surrogationsgedanken dahin, dass „einem irgendwie Berechtigten der Genuss seines Rechtes möglichst unbeeinträchtigt solle erhalten bleiben."[363] *Windmüller* führt aus, dass für das Surrogationsprinzip immer dann Bedarf bestehe, wenn sich innerhalb

---

das von dem Dritten gewährte Recht in Teilrechte aufgliedere und diese Rechte ihnen dann zugeordnet würden. Gegen dieses weite Surrogationsprinzip allerdings *Wendel*, S. 107.

358 Das Wort „dinglich" darf hier nicht so verstanden werden, dass eine dingliche Surrogation nur an dinglichen Rechten nach dem Sachenrecht des BGB möglich wäre, denn auch Forderungen und Rechte sind Vermögensgegenstände, über die verfügt und vollstreckt werden kann, vgl. *Strauch*, S. 61 und S. 184; *Wendel*, S. 108; *Stiebitz*, S. 42; *Coester-Waltjen*, Jura 1996, 24. Nach *Stiebitz* wäre aufgrund der missverständlichen Wortwahl „dinglich" im Ergebnis die Bezeichnung „unmittelbare Surrogation" treffender, *Stiebitz*, S. 42; ebenso *Wolf*, JuS 1975, 643, 645.

359 *Strauch*, S. 177; *Einsele*, JZ 1990, 1005, 1007.

360 *Wendel*, S. 108 m.w.N.

361 Vgl. *Wendel*, S. 107; *Welle*, S. 15; *Coester-Waltjen*, Jura 1996, 24; *Wolf*, JuS 1975, 643, 645; *Frommhold*, S. 17 m.w.N.; *Menken*, S. 1 m.w.N.; *Stiebitz*, S. 42; *Windmüller*, S. 27; *Feist*, S. 14; *Wengler*, S. 461 f.

362 So: *Windmüller*, S. 69; *Holldack*, S. 573 und S. 577. Der Begriff der Billigkeit erscheint auch in den Motiven des Gesetzgebers, vgl. § 238 E I, Motive II, S. 46. Krit. dazu allerdings *Strauch*, S. 183 f.: Der Billigkeitsgedanke sei viel zu allgemein.

363 *Raasch*, S. 23. Ebenso *Wecker*, S. 1.

des Gesamtvermögens einer Person ein einzelner Komplex durch besondere rechtliche Beziehungen als Sondervermögen hervorhebt, da hier Zweifel bestehen können, zu welchem Komplex des ganzen Vermögens der einzelne Erwerb gehört.[364] Auch *Wengler* knüpft an den Gedanken der Wiederherstellung eines geschädigten Vermögens, zumeist eines Sondervermögens, mit dem Motiv an, den Berechtigten durch Surrogation zu sichern.[365] Nach *Strauch* diene die Surrogation wiederum dazu, eine gestörte Mitberechtigung an einem neuen Recht wieder herzustellen.[366] Durch die Mitberechtigung entstehe ein soziales Band, das durch einen Eingriff verletzt wird, wobei die Wiederherstellung dieser Mitberechtigung entgegen *Wenglers* Ansicht keine Bevorzugung, sondern ein Akt ausgleichender Gerechtigkeit sei.[367] Die sozialrechtliche Bindung stelle den Verfügenden so, wie es seiner Mitberechtigung entspricht.[368]

Auch wenn die dargestellten Ansichten den Sinn und Zweck einer dinglichen Surrogation teilweise unterschiedlich betrachten, so lässt sich aus ihnen doch eine Gemeinsamkeit entnehmen: Der dinglichen Surrogation liegt ein gewisser Schutzgedanke, der hauptsächlich im Bestandsschutz liegt[369], zugrunde. Eine Surrogation wurde im BGB immer dort angeordnet, wo die wirtschaftlichen Bedürfnisse mit den allgemeinen Rechtsgrundsätzen in Widerspruch stehen. Die wirtschaftliche Bedeutung der dinglichen Surrogation liegt folglich darin, dass ein Vermögen, insbesondere ein Sondervermögen, in seinem durch regelmäßige Verwaltung herbeigeführten Stande erhalten werden soll.[370]

bb) Analoge Anwendung von Surrogationsvorschriften auf den vorliegenden Fall?

Ein Überblick über die verstreuten gesetzlichen Regelungen einer dinglichen Surrogation zeigt deutlich, dass diese anscheinend immer dort als Ausnahme

364 *Windmüller*, S. 10. Ähnlich wohl auch *Viebig*, S. 38.

365 *Wengler*, S. 462, S. 466, S. 500. Die Bezugnahme auf ein Sondervermögen wird von *Strauch*, S. 174 dagegen krit. gesehen.

366 *Strauch*, S. 180.

367 *Strauch*, S. 174 f.

368 *Strauch*, S. 178. Sehr krit. allerdings *Frommhold*, S. 20 f. und *Wolf*, JuS 1975, 643, 646: *Strauch* sei nach seiner Konstruktion gezwungen, auch beim normalen Eigentümer-Besitzer-Verhältnis eine dingliche Surrogation anzunehmen.

369 Vgl. *Coester-Waltjen*, Jura 1996, 24, 25; *Wolf*, JuS 1975, 643, 644; *Unzner*, S. 831; *Holldack*, S. 587.

370 *Welle*, S. 19 m.w.N.

gewählt wurden, wo der gewöhnliche Rechtserwerb versagt.[371] Dieser Überblick verdeutlicht zudem, dass die Verfasser des BGB einen Surrogationsgrundsatz offenbar überwiegend bei *Sondervermögen* anerkennen.[372]

Bevor allerdings nach einer auf den vorliegenden Fall analog anwendbaren Norm des Privatrechts gesucht werden kann, stellt sich zunächst allgemein die Frage, ob dingliche Surrogationsnormen des BGB überhaupt analogiefähig sind.

Bereits in den Motiven zum Sachenrecht heißt es zum Surrogationsbegriff, dass er keine allgemeine Rechtswahrheit sei und das Gesetz ihn nur für einzelne Rechtsverhältnisse aus praktischen Rücksichten verwerten könne.[373] Seit Inkrafttreten des BGB ist daher streitig, ob man von einem allgemeinen „Surrogationsprinzip"[374] sprechen kann, mit der Folge, dass Surrogationsnormen analog auch auf andere Sachverhalte angewendet werden können. Die Mehrheit in Rechtsprechung[375] und

371 *Strauch*, S. 17.

372 *Strauch*, S. 33; *Menken*, S. 157; *Holldack*, S. 562. Viele Vorschriften sehen eine Surrogation bei einem sog. Sondervermögen vor, vgl. bspw. §§ 718, 1416, 1418 Abs. 2 Nr. 3, 1473, 1638 Abs. 2, 2019, 2041, 2111 BGB. Vgl. auch *Windmüller*, S. 12: Das Bedürfnis nach gesetzlicher Einführung einer Surrogation habe sich nur bei einem richtigen Sondervermögen ergeben.

373 Motive III, S. 29.

374 Der Begriff des „Surrogationsprinzips" erscheint an mehreren Stellen in den Motiven zum Erlass eines Bürgerlichen Gesetzbuches, vgl. bspw. § 238 E I, Motive II, S. 46 f., § 1183 E I, Motive III, S. 833. Dennoch lässt sich eine einheitliche Vorstellung über diesen Begriff trotz der häufigen Verwendung nicht nachweisen, *Welle*, S. 86. *Wengler* führt hierzu zutreffend aus, dass es trotz der „Surrogationsfreundlichkeit" des Gesetzes schwer sei, den Inhalt eines allgemeingültigen Surrogationsprinzips für das deutsche Recht festzustellen, *Wengler*, S. 481.

375 Vgl. nur RG, Urt. v. 26.1.1909 – Rep. VII 146/08, RGZ 70, 226, 233; RG, Urt. v. 26.6.1922 – VI 788/21, RGZ 105, 84, 87. In beiden Entscheidungen verweist das RG darauf, dass der Grundsatz der dinglichen Surrogation kein allgemein geltender sei, sondern sich in Ansehung seiner Wirksamkeit und seines Umfangs nach den einzelnen ihn betreffenden Regelungen bestimme. Vgl. auch RG, Urt. v. 19.2.1937 – V 205/36, RGZ 153, 366, 370. So auch BGH, Urt. v. 15.12.1956 – IV ZR 238/56, BGHZ 22, 357, 359: Es gebe kein allgemeines Surrogationsprinzip. BGH, Urt. v. 30.4.1959 – VII ZR 19/58, BGHZ 30, 149, 152: Der Surrogationsgrundsatz sei im geltenden Recht auf bestimmte Fallgruppen beschränkt. Vgl. auch BGH, Beschl. v. 7.7.1960 – V BLw 33/59, BGHZ 33, 66, 71. Eine Zusammenschau aller zitierten Entscheidungen des RG und des BGH führt zu einem gemeinsamen Nenner: Beide Gerichte lehnen grundsätzlich eine analoge Anwendung unter Hinweis auf den Ausnahmecharakter einer dinglichen Surrogation ab.

Literatur[376] lehnt dies grundsätzlich ab, da es sich um Ausnahmevorschriften handele und die Surrogationsvorschriften eng anzuwenden seien. Die Gegenansicht lehnt zwar ebenfalls ein allgemeines „Surrogationsprinzip" ab, nimmt allerdings an, dass die Surrogation als allgemeiner Grundsatz zumindest bei Sondervermögen gelte.[377] Auch das Reichgericht, das grundsätzlich für eine enge Anwendung der Surrogationsnormen plädierte, hat in der Vergangenheit teilweise eine Analogie zugelassen.[378]

Die Frage, welcher Ansicht allgemeingültig der Vorzug zu geben ist, kann im Rahmen dieser Arbeit nicht abschließend beantwortet werden, da die Fallkonstellationen und die jeweils zugrundeliegenden Sachverhalte zu vielfältig sind, um eine über den Geltungsbereich der InsO hinausgehende Aussage treffen zu können. Eine umfangreiche Auseinandersetzung mit der jeweiligen Argumentation der dargestellten Ansichten unterbleibt daher an dieser Stelle. Für die vorliegende Arbeit genügt an dieser Stelle vielmehr die Feststellung, dass allein die Tatsache des Vorliegens einer Ausnahmevorschrift noch nicht automatisch gegen die Zulässigkeit einer Analogie spricht.[379] Auszugehen ist vielmehr von

---

376 Vgl. nur *Feist*, S. 13 und S. 96; *Brehm/Berger*, § 29 Rn. 21; *Raasch*, S. 19; *Wendel*, S. 108. Zurückhaltend auch *Coester-Waltjen*, Jura 1996, 24, 26. Ebenso *Frommhold*, S. 18, der sich allerdings auf S. 22 f. doch für eine begrenzte Einzelanalogie auszusprechen scheint. Auch *Wolf* kommt in seiner umfassenden Aufsatzreihe zu dem Ergebnis, dass die dingliche Surrogation Fallgestaltungen verschiedenster Art erfasse, die sich nicht auf ein allgemeines Prinzip zurückführen lassen würden, *Wolf*, JuS 1975, 643, 645. Ähnlich auch *Windmüller*, S. 7.

377 So: *Rühl*, S. 42; *Menken*, S. 157; *Welle*, S. 110 f.; *Wecker*, S. 3 (nur hinsichtlich der Surrogation bei Einzelgegenständen); *Wengler*, S. 481. So wohl auch *Viebig*, S. 36: Das Surrogationsprinzip habe eine allgemeine Bedeutung. Ähnlich auch *Strauch*, der hierbei insgesamt annimmt, dass sich zumindest ein „Prinzip des mehrheitlichen Rechtsersatzes" kreieren lasse, da auch in anderen, als den gesetzlich geregelten, Fällen eine Verletzung einer Mitberechtigung durch ein soziales Band eintreten könne, da Rechte häufig nicht nur einem, sondern mehreren zustünden, *Strauch*, S. 189 ff. Krit. zu dieser extensiven Anwendung allerdings *Frommhold*, S. 20 f. und *Stiebitz*, S. 182.

378 Vgl. bspw. RG, Urt. v. 4.3.1905 – Rep. V 402/04, RGZ 60, 221, 224, zur analogen Anwendung der Surrogationsnormen aus dem Bereich der Zwangsversteigerung auf Rechte, die auf einem am Grundstück bestehenden Recht lasten. Vgl. auch RG, Urt. v. 3.11.1932 – IV 295/32, RGZ 138, 132, 134, zur analogen Anwendung des § 2041 BGB auf den Testamentsvollstrecker.

379 Krit. zur sog. „singularia-Formel" auch *Frommhold*, S. 22 f. m.w.N.: Jede Norm erscheine im logischen Sinn als Ausnahme, wenn man ihr eine allgemeine Norm gegenüberstelle. Daher sei schon die Bezeichnung einer Norm als Ausnahmevorschrift ein Ergebnis der Auslegung und könne nicht erst zu der Erkenntnis führen, dass eine

der These, dass in begrenzten Ausnahmefällen eine analoge Anwendung der Surrogationsvorschriften möglich und u.U. sogar erforderlich sein kann. Vor allem bei einem Sondervermögen, das ebenso schutzbedürftig ist wie die im BGB geregelten Sondervermögensmassen, sind einschlägige Argumente gegen eine Analogie nicht ersichtlich. Alle Surrogationsvorschriften hinsichtlich eines Sondervermögens haben das einheitliche Ziel, den Berechtigten zu schützen und die besondere Vermögensmasse als Einheit zu erhalten.[380] Gerade dieser besondere Schutzgedanke spricht bei sog. Sondervermögensmassen für die Zulässigkeit einer Analogie bei ungeregelten Fällen.

Ein Blick auf die Konzeption der InsO und den oben dargestellten Sinn und Zweck einer dinglichen Surrogation führt vorliegend zu der Annahme, dass eine analoge Anwendung der Surrogationsregeln im Insolvenzrecht sogar geboten ist, da es sich auch bei *Insolvenzmasse* um ein *Sondervermögen* handelt[381].

Während man als Vermögen die Summe aller geldwerten Güter einer Person versteht[382], spricht man von einem Sondervermögen, wenn eine bestimmte Vermögensmasse einer Person von ihrem übrigen anderen Vermögen dadurch abgehoben wird, dass sie durch besondere gesetzliche Bestimmungen in rechtlicher Hinsicht anders behandelt wird und an bestimmte gesetzlich festgelegte Zwecke gebunden ist, beispielsweise mit Rücksicht auf die Verwaltung oder die Haftung[383]. Dies ist bei der Insolvenzmasse ebenfalls der Fall, da sie besonderen Bestimmungen und Regelungen unterliegt. Die §§ 35, 36 InsO zeigen, dass es sich bei der Insolvenzmasse um eine bestimmte Vermögensmasse des Schuldners handelt, da nicht das gesamte, sondern nur das pfändbare Vermögen des Schuldners zur Insolvenzmasse gehört. Das vom Insolvenzbeschlag erfasste

---

Auslegung restriktiv zu erfolgen habe. Ähnlich auch *Menken*, S. 141: Allein weil es sich um eine Ausnahmevorschrift handelt, schließe dies eine analoge Anwendung nicht von vornherein aus. Vgl. auch *Welle*, S. 110 f.

380 Vgl. *Wolf*, JuS 1975, 710, 711.

381 Allgemeine Meinung, vgl. nur *Harder*, Rn. 64; *Häsemeyer*, Rn. 9.03; *Ganter*, NZI 2013, 969; Staudinger/*Jickeli*/*Stieper*, BGB, § 90 Rn. 76; MünchKomm/*Stresemann*, BGB, § 90 Rn. 44; K. Schmidt/*Büteröwe*, InsO, § 35 Rn. 1; Soergel/*Marly*, BGB, Vor § 90 Rn. 12. So bereits zur Konkursmasse: *Wolf*, JuS 1975, 710, 711 m.w.N.; *Unzner*, S. 831.

382 Soergel/*Marly*, BGB, Vor § 90 Rn. 10. Das BGB definiert den Begriff des Vermögens nicht selbst. Einen guten Überblick über die ersten Definitions- und Umschreibungsansätze bietet *Viebig*, S. 17 ff.

383 Vgl. *Harder*, Rn. 60; Soergel/*Marly*, BGB, Vor § 90 Rn. 12; *Wolf*, JuS 1975, 710 m.w.N.; *Welle*, S. 88 Fn. 21 m.w.N. Vgl. auch *Unzner*, S. 830; MünchKomm/*Stresemann*, BGB, § 90 Rn. 44.

Vermögen unterliegt auch unzweifelhaft anderen rechtlichen Regelungen als das beschlagfreie Vermögen des Schuldners. So darf der Schuldner beispielsweise nach Verfahrenseröffnung nicht mehr über Massegegenstände verfügen und der Verwalter ist nunmehr verpflichtet, diese Gegenstände in Besitz zu nehmen und zu verwerten. Dieses Sondervermögen „Insolvenzmasse“ ist ebenso vor Aushöhlung besonders zu schützen, wie dies auch bei anderen Sondervermögensmassen gesetzlich vorgesehen ist.

Wie oben bereits ausgeführt, spielt die dingliche Surrogation vor allem dann eine Rolle, wenn der Verwalter oder der Schuldner *während des eröffneten Verfahrens* Gegenstände mit Massemitteln erwirbt. Es fragt sich lediglich, ob dies auch noch *nach Verfahrensaufhebung* gilt bzw. ob die soeben dargestellte Schutzbedürftigkeit der Masse auch noch nach Beendigung des Verfahrens anzunehmen ist.

Diese Frage ist eindeutig zu bejahen. Die Insolvenzmasse dient ab Insolvenzeröffnung der Haftungsverwirklichung der Gläubiger. Obwohl das Rechtsgebilde „Insolvenzmasse“ nach Verfahrensaufhebung im eigentlichen Sinne nicht mehr besteht, wird die Haftungsverwirklichung auch noch nach Verfahrensaufhebung durch die Regelungen der §§ 203 ff. InsO konsequent fortgesetzt. Oben[384] wurde bereits kurz angedeutet, dass mit Verfahrensaufhebung zwar der Insolvenzbeschlag, nicht jedoch die „haftungsrechtliche Zuweisung“ an die Gläubiger endet. Letzteres folgt direkt aus den §§ 203 ff. InsO selbst, die eine nachträgliche Haftungsrealisierung hinsichtlich solcher Gegenstände vorsehen, die ursprünglich zur Insolvenzmasse gehörten.[385] Aus diesem Grund kann man auch noch nach Verfahrensaufhebung gewissermaßen von einem „Sondervermögen“ in Bezug auf ursprüngliche Massegegenstände sprechen, obwohl nach Verfahrensaufhebung durch den Wegfall des Insolvenzbeschlags in rechtlicher Hinsicht (zunächst) keine getrennten Vermögensmassen des Schuldners mehr bestehen und dieser auch keinen Verfügungsbeschränkungen unterliegt. Angeknüpft an die oben dargestellte Definition eines Sondervermögens folgt die Annahme eines fortbestehenden „Sondervermögens“ aber gerade daraus, dass ehemalige Massegegenstände an andere gesetzlich festgelegte Zwecke gebunden sind, nämlich hier mit Rücksicht auf die (fortgesetzte) Haftung. Diese fortgesetzte Haftung wird durch die Regelungen der §§ 203 ff. InsO erzeugt. Das Fortbestehen eines „Sondervermögens“ ergibt sich daher aus dem Umstand, dass bestimmte Vermögensmassen einer fortbestehenden Haftung i.R.d. Nachtragsverteilung

384 Teil 4., B., III., 2., c).

385 Vgl. auch *Gundlach/Frenzel*, NZI 2009, 772.

Vordergrund, da das Erbe nicht beliebig vermehrbar ist.[393] Die Surrogation hat hier allgemein die Funktion die verschiedenen Vermögensmassen, die mit der Erbfolge entstehen, zu erhalten und eine Verschiebung zwischen denselben zu verhüten.[394] Diese Bestandserhaltung steht auch bei der (ehemaligen) Insolvenzmasse im Vordergrund, da diese, wie oben bereits ausgeführt, ab Verfahrensaufhebung ebenfalls nicht mehr beliebig vermehrbar ist.

Des Weiteren kann eine weitere allgemeine Eingrenzung der Suche unter dem Gesichtspunkt erfolgen, dass nach sog. „Mittel-Surrogationsnormen"[395] zu suchen ist[396], da der Schuldner im vorliegenden Fall etwas mit Mitteln der ehemaligen Insolvenzmasse erworben bzw. erhalten hat. Eine solche Mittelsurrogation enthalten beispielsweise die §§ 2019, 2111 BGB. Ob aber eine dieser Normen auf den oben dargestellten Sachverhalt analog herangezogen werden könnte, hängt zum einen davon ab, welchen konkreten Sachverhalt die jeweilige Norm betrifft und zum anderen, welcher konkrete Schutzzweck gerade hinter der betreffenden Norm steht.

Hieran gemessen scheidet eine entsprechende Heranziehung des § 2019 BGB von vornherein aus. Da der Schuldner mit Verfahrensaufhebung nicht unrechtmäßiger Besitzer der Massegegenstände ist, sind die Sachverhalte nicht annähernd vergleichbar. Mit Verfahrensaufhebung erlangt der Schuldner die volle Verfügungsbefugnis zurück und wird damit vielmehr rechtmäßiger Besitzer der Gegenstände. Eine vergleichbare Interessenlage zu § 2019 BGB besteht daher ersichtlich nicht.

Die Vorschrift des § 2111 BGB scheint dagegen passender zu sein. Diese Norm befindet sich im Abschnitt über die Einsetzung eines Nacherben und bestimmt, dass zur Erbschaft alles gehört, was der Vorerbe auf Grund eines zur Erbschaft

---

393 Bei den Surrogationsvorschriften des Erbrechts wird überwiegend der Bestandsschutz sowie die Bindung des Sondervermögens als Verwaltungseinheit an eine bestimmte Verwaltungszuständigkeit genannt, vgl. *Stiebitz*, S. 165 ff. m.w.N.

394 *Wengler*, S. 468. Vgl. auch BGH, Urt. v. 21.11.1989 – IVa ZR 220/88, BGHZ 109, 214, 217: „Die erbrechtlichen Fälle der dinglichen Surrogation [...] haben den Sinn, die realen Werte [...] eines bestimmten Sondervermögens (Nachlaß [sic!] bzw. Erbschaft) zu binden und im Interesse bestimmter begünstigter Personen [...] und ihrer Gläubiger über allen Wechsel der zu ihm gehörenden konkreten Bestandteile hinweg zusammenzuhalten und für den Zweck des Sondervermögens zu reservieren."

395 Es lassen sich allgemein vier Tatbestände für einen Surrogationserwerb herausarbeiten: Die Ersatz- und die Folgesurrogation sowie die Bezugs- und die Mittelsurrogation, vgl. *Frommhold*, S. 18 und *Coester-Waltjen*, Jura 1996, 24, 25 jeweils m.w.N.

396 Für eine allgemeine analoge Anwendung der Mittelklauseln auf die Insolvenzmasse vgl. auch *Harder*, Rn. 116.

gehörenden Rechts oder als Ersatz für die Zerstörung oder Beschädigung eines Erbschaftsgegenstandes oder durch Rechtsgeschäft mit Mitteln der Erbschaft erwirbt, sofern nicht der Erwerb ihm als Nutzung gebührt. Der Zweck des § 2111 BGB fällt dabei sofort ins Auge: Da das Nachlassvermögen als Sondervermögen nicht beliebig vermehrbar ist, würde ohne eine Surrogation das vom Vorerben neu erworbene Vermögen selbst dann nicht in den Nachlass, sondern in sein Eigenvermögen fallen, wenn der Erwerb auf dem Einsatz von Nachlassmitteln beruht.[397] Durch § 2111 BGB wird gewährleistet, dass sich die Rechte der Gegenstände, die dem Nachlass verloren gehen, an dem neu erworbenen Gegenstand fortsetzen[398], wobei der Wille des Verfügenden gleichgültig ist.

Dieser Zweck des § 2111 BGB ist auf die vorliegenden Fallkonstellationen entsprechend übertragbar, da die (ehemalige) Insolvenzmasse, wie bereits mehrfach hervorgehoben, spätestens nach Verfahrensaufhebung ebenfalls nicht mehr beliebig vermehrbar ist. Daher ist die ehemalige Masse aus Gläubigersicht besonders schutzbedürftig und bestenfalls im Ganzen zu erhalten, um die Massevermögenswerte im Wege der Nachtragsverteilung nachträglich gleichmäßig an die Gläubiger zu verteilen.

Doch nicht nur der hinter § 2111 BGB stehende Zweck, sondern auch der generelle Grundgedanke dieser Surrogationsnorm ist auf die hier zu untersuchenden Fallkonstellationen entsprechend übertragbar. § 2111 BGB soll denjenigen schützen, dem letztendlich der Nachlass gebühren soll, nämlich den Nacherben. Dies lässt sich auf die vorliegenden Fallkonstellationen ohne Weiteres mit dem Gedanken übertragen, dass hier die Gläubiger geschützt werden sollen, denen die Vermögenswerte, über die der Schuldner nunmehr nach Verfahrensaufhebung verfügt hat, durch das Insolvenzereignis und der durch das vorangegangene Insolvenzverfahren erzeugten Beschlagnahme haftungsrechtlich zugewiesen wurden, sodass diese Vermögenswerte letztendlich ihnen im Rahmen einer gleichmäßigen Verteilung gebühren sollen. Durch eine analoge Anwendung des § 2111 BGB wird somit gewährleistet, dass den Gläubigern ihre „Rechte“ an der ehemaligen Insolvenzmasse auch nach Verfahrensaufhebung nicht verloren gehen.

Allerdings müssen vorliegend einige Einschränkungen gemacht bzw. abweichende Überlegungen im Vergleich zum Vorerben angestellt werden: Im Falle

397 *Wendel*, S. 108; vgl. auch *Menken*, S. 87. Ein weiterer Zweck wird in dem Schutz der Nachlassgläubiger gesehen, die gegen Veränderungen des Nachlasses ebenso geschützt werden sollen wie der Nacherbe, BGH, Urt. v. 21.11.1989 – IVa ZR 220/88, BGHZ 109, 214, 217; *Wolf*, JuS 1975, 710, 711; Staudinger/*Avenarius*, BGB, § 2111 Rn. 11; MünchKomm/*Grunsky*, BGB, § 2111 Rn. 7.

398 *Wendel*, S. 108.

des § 2111 BGB ist der Vorerbe zwar Eigentümer der Erbschaft; sein Eigentum dauert jedoch nur bis zu einem bestimmten Zeitpunkt, nämlich dem Eintritt der Nacherbfolge, an. Er besitzt und verwaltet freilich die Erbschaft, hat aber stets den Zeitpunkt der Herausgabe der Erbschaft vor Augen und muss daher die Erbschaft gewissermaßen als fremdes, ihm besonders anvertrautes Gut betrachten.[399] Dies ist auf die Rechtsstellung des Schuldners nach Verfahrensaufhebung nicht ohne Einschränkung übertragbar. Zunächst kann man auch im Falle der Verfahrensaufhebung sagen, dass der Schuldner Eigentümer der „Insolvenzmasse" ist; genau genommen hat er sein Eigentum nie, selbst nicht durch die Verfahrenseröffnung, verloren, sondern lediglich seine Verfügungsbefugnis. Diese Verfügungsbefugnis über die (ehemaligen) Massegegenstände erhält der Schuldner mit Verfahrensaufhebung zwar wieder zurück; sie dauert allerdings nur solange an, bis das Insolvenzgericht hinsichtlich dieser Massegegenstände eine Nachtragsverteilung anordnet. Daraus ergibt sich die Gemeinsamkeit mit der Stellung des Vorerben dadurch, dass beiden das Verfügungsrecht nur bis einem bestimmten Zeitpunkt zusteht. Insofern besteht volle Kongruenz zur Vorerbschaft. Der entscheidende Unterschied liegt allerdings in der Voraussehbarkeit des Eintritts dieses Zeitpunktes. Während nämlich der Vorerbe im Falle der Vorerbschaft sicher weiß, dass sein Verfügungsrecht nicht auf Dauer ist und er daher auch hinsichtlich bestimmter Verfügungen beschränkt ist (vgl. beispielsweise §§ 2113, 2114 BGB), kann dies im Falle der Aufhebung des Insolvenzverfahrens anders sein. In diesem Fall darf der Schuldner *grundsätzlich*[400] darauf vertrauen, dass er seine Verfügungsbefugnis auf Dauer behält, sodass er bei etwaigen Verfügungen über ehemalige Massegegenstände auch nicht Rücksicht auf Gläubigerinteressen oder sonstige Dritte nehmen muss. Etwas anderes ist regelmäßig nur in solchen Fällen anzunehmen, in denen der Schuldner bereits im eröffneten Verfahren Massegegenstände verschwiegen oder beiseite geschafft hat, um über diese nach Aufhebung des Verfahrens verfügen zu können. In diesem Fall darf der Schuldner keineswegs darauf vertrauen, dass er seine Verfügungsbefugnis bei einem nachträglichen Bekanntwerden dieser Vermögenswerte auf Dauer wird behalten können. Er muss hier vielmehr sicher davon ausgehen, dass bei einem nachträglichen Bekanntwerden dieser Vermögenswerte auch eine entsprechende Nachtragsverteilung angeordnet wird; zumindest sofern es sich um

399 *Feist*, S. 92.

400 Genau genommen kann aber auch hier kein schutzwürdiges Vertrauen des Schuldners aufgebaut werden, da die §§ 203 ff. InsO gerade zeigen, dass auch eine nachträgliche Haftungsrealisierung möglich ist.

werthaltige Gegenstände handelt, was jedoch regelmäßig der Fall sein wird, da der Schuldner selten wertlose Vermögenswerte verheimlichen wird.

Dieser soeben aufgezeigte Unterschied führt jedoch im Gesamtergebnis nicht dazu, dass eine Analogie des § 2111 BGB auf den vorliegenden Fall abzulehnen wäre, da die Interessenlage nach wie vor vergleichbar ist. Die Regelung des § 2111 BGB ist an dieser Stelle nur insofern zu modifizieren, als der Schuldner grundsätzlich nicht mit Rücksicht auf etwaige Dritte handeln muss. Ansonsten hat der Schuldner hinsichtlich ehemaliger Massegegenstände eine ähnliche Stellung wie der Vorerbe, da auch hier die ehemalige Masse geschützt und für eine bestmögliche Haftungsrealisierung zusammengehalten werden muss und der Schuldner seine zunächst zurückerhaltene Verfügungsbefugnis ab Anordnung der Nachtragsverteilung wieder verliert.

Gegen eine analoge Anwendung des § 2111 BGB können auch nicht Belange oder schützenswerte Interessen des Rechtsverkehrs vorgebracht werden, da dieser keinen Schaden erleidet. Aufgrund der vollwirksamen Verfügungsbefugnis leistet ein Dritter (im zugrundeliegenden Sachverhalt der Rentenversicherungsträger) mit schuldbefreiender Wirkung an den Schuldner und ein Dritter erwirbt auch vom Berechtigten.[401] Dass der Schuldner „im Innenverhältnis" ab Anordnung der Nachtragsverteilung zur „Weitergabe" des erlangten Gegenwertes verpflichtet ist, schadet dem Rechtsverkehr nicht. Der gutgläubige Schuldner ist an dieser Stelle auch hinreichend über §§ 818 Abs. 3, 819 BGB geschützt. Hat der Schuldner die ihm zugeflossenen Vermögenswerte zwischenzeitig in gutem Glauben und somit in der Annahme, darüber unbeschränkt verfügen zu können, verbraucht, so kann man auf §§ 818 Abs. 3, 819 BGB zurückgreifen, wie dies auch vom BGH am Ende seiner Entscheidung kurz ausführt wird.[402] Eine entsprechende Gutgläubigkeit des Schuldners ist allerdings dann abzulehnen, wenn dieser mit der Anordnung der Nachtragsverteilung rechnen musste.[403]

---

401 Zur Herleitung einer über die gesetzlich geregelten Fälle hinaus möglichen Anwendung vgl. allgemein auch *Strauch*, S. 235 f. Anders dagegen *Wendel*, S. 108, die vorbringt, dass der Veräußerer aufgrund der Surrogation keine Gewissheit über die Person des Erwerbers hätte und daher nicht darauf vertrauen könne, dass ihm die beim Erwerber befindlichen Gegenstände zur Vollstreckung zur Verfügung stünden. Das Verkehrsinteresse spreche daher nach ihrer Ansicht gegen eine Surrogation.

402 BGH, Beschl. v. 26.1.2012 – IX ZB 111/10, NZI 2012, 271, 272 Rn. 24. So auch *Heinze*, ZInsO 2012, 1606, 1607; *Tetzlaff*, jurisPR-InsR 7/2012 Anm. 1.

403 *Heinze*, ZInsO 2012, 1606, 1608. *Heinze* macht hier zutreffend darauf aufmerksam, dass es hinsichtlich der Gutgläubigkeit auch darauf ankommt, wie groß der zeitliche Abstand zum aufgehobenen Insolvenzverfahren ist.

Dementsprechend kam in der zugrundeliegenden Entscheidung des BGH eine solche Bereicherungseinrede nicht in Betracht, da dem Schuldner bereits lange vor Auszahlung des Erstattungsbetrages bekannt war, dass der Treuhänder eine Nachtragsverteilung beabsichtigt und der Schuldner die Ermittlung des Auszahlungsanspruchs durch Auskunftsverweigerung über die Identität des Rentenversicherungsträgers gezielt verhindert hat.[404]

Festzuhalten ist somit, dass bei „Masse"-Verfügungen des Schuldners nach Verfahrensaufhebung die Regelung des § 2111 BGB analog heranzuziehen ist. Ohne analoge Anwendung des § 2111 BGB würde man insbesondere den Schuldner, der vorweg Vermögensgegenstände verschwiegen hat, noch belohnen[405] und die Gläubigergesamtheit wäre nur unzureichend vor Manipulationen des Schuldners und des nachlässigen Insolvenzverwalters geschützt[406]. Im Wege der dinglichen Surrogation gehören mithin die Gegenwerte, die der Schuldner für die Verfügung über ehemalige Massegegenstände erhalten hat, zur (ehemaligen) Insolvenzmasse und stellen damit auch *Masse*gegenstände i.S.d. § 203 Abs. 1 InsO dar.

Ob die Regelung des § 2111 BGB allerdings in gewissen Sachverhaltskonstellationen lediglich insolvenzspezifisch anzuwenden ist, wird in einem gesonderten Abschnitt[407] untersucht.

dd) Anwendung des gefundenen Ergebnisses auf den konkreten Fall

Zurückgekehrt zu dem vom BGH zu entscheidenden Fall ist nunmehr zu untersuchen, ob es sich um einen Erwerb mit „Mitteln der Insolvenzmasse" gehandelt hat, sodass der Anwendungsbereich des § 2111 BGB eröffnet war.

Ein Erwerb mit Mitteln der Erbschaft i.S.d. § 2111 BGB liegt dann vor, wenn der Gegenwert objektiv aus dem Nachlass stammt.[408] Es ist mithin ausschließlich maßgeblich, dass der Erwerb objektiv mit Erbschaftsmitteln erfolgt ist.[409] Übertragen auf das Insolvenzrecht bedeutet dies, dass ein Erwerb mit Mitteln der (ehemaligen) Insolvenzmasse dann vorliegt, wenn der Gegenwert objektiv aus der (ehemaligen) Insolvenzmasse stammt. Dies war vorliegend der Fall, da der Gegenwert, nämlich der Beitragserstattungsanspruch gegen den Rentenversicherungsträger, objektiv aus der (ehemaligen) Insolvenzmasse stammte, da dieser

404 BGH, Beschl. v. 26.1.2012 - IX ZB 111/10, NZI 2012, 271, 272, Rn. 24.

405 So auch *Keller*, NZI 2012, 272, 274.

406 *Tetzlaff*, jurisPR-InsR 7/2012 Anm. 1.

407 Vgl. Abschnitt Teil 4., B., IV., 1., g).

408 *Wendel*, S. 121 m.w.N.

409 MünchKomm/*Grunsky*, BGB, § 2111 Rn. 12.

nicht von § 36 InsO erfasst wurde. Im Wege der dinglichen Surrogation analog § 2111 BGB setzte sich die Massezugehörigkeit nach Forderungseinzug mithin an den vereinnahmten Geldbeträgen fort, sodass die erhaltenen Geldbeträge ebenfalls „Masse"-Gegenstände darstellten. Aufgrund dieser Masseeigenschaft konnte die Nachtragsverteilung im Ergebnis auch rechtmäßig auf Grundlage des § 203 Abs. 1 Nr. 3 InsO angeordnet werden.

d) Zusammenfassung

Zusammenfassend ist festzuhalten, dass die Entscheidung des Senats zumindest im Ergebnis Zustimmung verdient, da es unbillig wäre, die Zulässigkeit der Nachtragsverteilung allein davon abhängig zu machen, ob der Schuldner die Forderung bereits eingezogen hat oder nicht. Insbesondere der vorliegende Fall zeigt die enorme Missbrauchsanfälligkeit, da der Schuldner dem Treuhänder die Identität des Rentenversicherungsträgers erst nach mehrfacher Aufforderung mitteilte, wobei er zwischenzeitig die Beträge selbst eingezogen hatte. Allerdings hätte der Senat vor einer „weiten Auslegung" des § 203 Abs. 1 Nr. 3 InsO zunächst prüfen müssen, ob es sich bei dem streitigen Gegenstand überhaupt noch um einen *Masse*gegenstand i.S.d. § 203 Abs. 1 Nr. 3 InsO gehandelt hat. Dies gilt umso mehr, als der BGH durch seine „weite Auslegung" anscheinend eine „versteckte" Surrogation anzunehmen scheint. Leider hat es der Senat an dieser Stelle jedoch unterlassen, zu der vorliegend allein entscheidungserheblichen Frage einer dinglichen Surrogation Stellung zu nehmen.

Es wurde gezeigt, dass die InsO zwar keine Surrogationsvorschriften enthält, dem Insolvenzrecht jedoch eine Surrogation auch an anderer Stelle durchaus nicht fremd ist. Unter Berücksichtigung des Schutzzwecks der Surrogationsvorschriften ist die Insolvenzmasse ebenfalls besonders schützenswert und ihre Aushöhlung ist selbst nach Verfahrensaufhebung zu verhindern. Auch wenn die „Insolvenzmasse" nach Verfahrensaufhebung im eigentlichen Sinne nicht mehr besteht, so entfällt dieser besondere Schutz der (ehemaligen) Masse nicht. Die §§ 203 ff. InsO bezwecken nach wie vor eine bestmögliche Haftungsrealisierung der Gläubiger, sodass auch die (ehemalige) Masse zu schützen ist und daher die Surrogationsnormen analog heranzuziehen sind. Da eine Gesamtanalogie aufgrund der Vielfältigkeit der Surrogationsnormen ausscheidet, wurde gezeigt, dass § 2111 BGB analog auf den Fall der Masserealisierung nach Verfahrensaufhebung anzuwenden ist. Diese Norm umfasst sowohl die Ersatz- und

Folgesurrogation[410] als auch die Mittelsurrogation und schützt damit umfangreich das Sondervermögen „Nachlass".[411] Diese drei Surrogationstatbestände sind notwendig, aber auch ausreichend, um das Sondervermögen „Insolvenzmasse" nach Verfahrensaufhebung im Wert zu erhalten und um den Gläubigern auch nachträglich eine bestmögliche und gleichmäßige Haftungsrealisierung zu ermöglichen.[412] Aufgrund einer dinglichen Surrogation analog § 2111 BGB handelte es sich im konkreten Fall somit um Massegegenstände, sodass die Anordnung der Nachtragsverteilung im Ergebnis rechtmäßig war.

Trotz der geäußerten Kritik soll zuletzt allerdings noch eine positive Anmerkung zur dargestellten Entscheidung des BGH erfolgen: Diese ist trotz unzureichender Begründung zumindest unter dem Gesichtspunkt begrüßenswert, als dass sich in Zukunft Gläubiger und Verwalter an ihr orientieren werden und eine Nachtragsverteilung vermutlich auch dann beantragen werden, wenn der Schuldner über vormalige Massegegenstände bereits verfügt hat. Die Entscheidung des BGH bietet insofern zumindest eine Argumentationshilfe[413], auch wenn diese äußerst schwach ist.

e) Nachtragsgegenstand und Bestimmtheitserfordernis

Im Folgenden ist der Frage nachzugehen, welcher konkrete Vermögenswert nunmehr Gegenstand der Nachtragsverteilung ist und wie ein dahingehender Anordnungsbeschluss des Insolvenzgerichts auszugestalten ist.

Als Gegenstand der Nachtragsverteilung kommt in den vorliegenden Fallkonstellationen nicht eine bestimmte Sache oder Forderung, sondern nur der an den Schuldner geflossene Betrag oder Gegenwert in Betracht. Insofern kommt es nicht darauf an, ob die Erlöse noch unterscheidbar im Vermögen des Schuldners vorhanden sind[414], da sich die Anordnung auf einen bestimmten Betrag bezieht. Allerdings muss der Gegenwert im Anordnungsbeschluss genau bezeichnet und beziffert sein, um dem Bestimmtheitserfordernis[415] zu genügen. Dem

---

410 Zur Notwendigkeit dieser Surrogationstatbestände vgl. den Abschnitt Teil 4., B., IV., 1., g).

411 Vgl. auch *Coester-Waltjen*, Jura 1996, 24, 27.

412 Die weitere Surrogationsregelung der „Bezugssurrogation" wurde in § 2111 BGB nicht geregelt. In diesem Fall wäre an eine Analogie zu § 2041 BGB zu denken. Zur analogen Anwendung der sog. Beziehungsklauseln auf das Insolvenzrecht vgl. auch *Harder*, Rn. 96 ff.

413 *Kießner*, FD-InsR 2012, 329207.

414 *Heinze*, ZInsO 2012, 1606, 1607.

415 Vgl. dazu den Abschnitt Teil 5., C.

Bestimmtheitserfordernis ist beispielsweise dann nicht Genüge getan, wenn der Anordnungsbeschluss nur den ehemaligen Massegegenstand bezeichnet, über den der Schuldner bereits wirksam verfügt hat. Das Insolvenzgericht bringt hierdurch zwar zum Ausdruck, dass der Wert dieses Gegenstandes den Gläubigern des Insolvenzverfahrens zugewiesen ist. Aufgrund der Beschlagnahmewirkungen des Anordnungsbeschlusses[416] und den daraus folgenden vollstreckungsrechtlichen Zugriffsmöglichkeiten des Verwalters (§ 148 Abs. 2 InsO) ist jedoch zu fordern, dass der Gegenstand der Nachtragsverteilung im Tenor grundsätzlich genau zu bezeichnen und beziffern ist.[417] Zudem wird dem Bestimmtheitsgrundsatz dann nicht entsprochen, wenn das Gericht aufgrund eigener Unkenntnis darüber, ob die Forderung vom Schuldner bereits eingezogen wurde oder nicht, hilfsweise die Nachtragsverteilung hinsichtlich des eingezogenen Betrags anordnet. Ein solch bedingter Insolvenzbeschlag verträgt sich nicht mit der Rechtssicherheit.[418] Das Gericht muss vor der Anordnung der Nachtragsverteilung grundsätzlich alle Sachverhalte ermitteln, die für eine Anordnung von Relevanz sind. Es muss hier insbesondere die wirksame Verfügung des Schuldners und den Zufluss des Erlöses an diesen sowie eine evtl. in Betracht zu ziehende Bereicherungseinrede prüfen. Dabei kann es allerdings den Insolvenzverwalter als Gutachter einsetzen.[419] Eine Anordnung der Nachtragsverteilung sollte erst dann erfolgen, wenn der Sachverhalt ausreichend ermittelt wurde, da nur dann der (endgültige) Gegenstand der Nachtragsverteilung hinreichend feststeht.

f) Beschlagnahmewirkung und Vollstreckung

Da sich der Anordnungsbeschluss nicht auf eine bestimmte Sache oder Forderung, sondern auf einen bezifferten Gegenwert der vorherigen Verfügung bezieht, kann der Anordnungsbeschluss keine unmittelbare Beschlagnahmewirkung dergestalt entfalten, dass dem Verwalter nunmehr das Verwaltungs- und Verfügungsrecht an diesem Gegenwert/Erlös zusteht. In diesen Fällen liegt somit kein dinglicher, sondern lediglich ein wertmäßiger Bezug auf die Erlöse vor. Der Anordnungsbeschluss gibt dem Verwalter mithin keinen gegenständlichen

416 Vgl. dazu den Abschnitt Teil 6., B.

417 Vgl. auch *Heinze*, ZInsO 2012, 1606, 1608.

418 *Zipperer*, EWiR 2012, 183, 184.

419 *Heinze*, ZInsO 2012, 1606, 1608. Nach *Heinze* trifft den Schuldner die faktische Beweislast, wenn sich nicht mehr aufklären lasse, ob ein gutgläubiger Verbrauch eingetreten ist. Dies ergebe sich aus einer entsprechenden Anwendung der materiellen Regelungen im Bereicherungsrecht. Zudem sei der Schuldner in diesen Fällen zwingend vor einer Anordnung anzuhören.

Herausgabe-, sondern vielmehr einen *Zahlungsanspruch* gegen den Schuldner, der einerseits die Verfügungsbefugnis des Schuldners über sein Vermögen völlig unberührt lässt und andererseits mit weiteren Verfügungen des Schuldners grundsätzlich nicht mehr untergeht.[420]

Dennoch ist eine unmittelbare Vollstreckung aus dem Anordnungsbeschluss möglich und zwar als Zahlungstitel in das gesamte Vermögen des Schuldners.[421] Mangels dinglichen Bezugs entfaltet der Anordnungsbeschluss hier jedoch keine unmittelbaren Pfändungswirkungen, sodass der Verwalter gezwungen ist, diese in einem weiteren Schritt durch Vollstreckungsmaßnahmen nach der ZPO, beispielsweise durch Beantragung eines Pfändungs- und Überweisungsbeschlusses, zu begründen.[422]

g) Weitere Gegenwerte als Nachtragsgegenstand?

Unabhängig von der vom BGH entschiedenen Sachverhaltskonstellation stellt sich die Frage, ob eine „verlängerte" Nachtragsverteilung auch hinsichtlich anderer Gegenwerte/Gegenstände rechtswirksam angeordnet werden kann. Namentlich geht es hierbei um Fälle, in denen es sich um einen gesetzlichen Erwerb des Schuldners nach Verfahrensaufhebung, um einen Ersatz für Zerstörung, Beschädigung oder Entziehung eines ehemaligen Massegegenstandes oder aber um andere Erlöse aus einem ehemaligen Massegegenstand handelt.

Soweit ersichtlich, geht lediglich *Heinze* in einer neueren Abhandlung auch auf die Frage ein, welche konkreten Gegenwerte über den vom BGH entschiedenen Sachverhalt hinaus für eine Nachtragsverteilung in Betracht kommen könnten.[423] Bei der Beantwortung dieser Frage hilft zunächst die analoge Anwendung des § 2111 BGB weiter. Dabei werden im Folgenden Fallkonstellationen aufgelistet, in denen ebenfalls eine Anordnung der Nachtragsverteilung in Betracht kommen kann. Zudem wird – wie oben bereits angekündigt – untersucht, ob es

---

420 *Heinze*, ZInsO 2012, 1606, 1607.

421 *Heinze*, ZInsO 2012, 1606, 1609: Eine weitere Zahlungsklage neben diesem Zahlungstitel komme nicht in Betracht.

422 *Heinze*, ZInsO 2012, 1606, 1609: Die sachliche Zuständigkeit liege hier beim Insolvenzgericht als besonderem und sachnäherem Vollstreckungsgericht. Dies folge daraus, dass die Nachtragsverteilung eine Fortsetzung des eröffneten Verfahrens ist. Zudem dürfte sich die sachliche Zuständigkeit des Insolvenzgerichts aus § 148 Abs. 2 InsO analog ergeben.

423 *Heinze*, ZInsO 2012, 1606, 1608. *Heinze* untersucht die weiteren Fallkonstellationen einer „verlängerten Nachtragsverteilung" allerdings ohne Analogie zu § 2111 BGB.

i.R.d. analogen Anwendung des § 2111 BGB teilweise notwendig ist, insolvenzspezifische Besonderheiten zu beachten.

§ 2111 Abs. 1 S. 1 BGB umfasst nach seinem Wortlaut zunächst den Erwerb aufgrund eines zur Erbschaft gehörenden Rechts, wozu nur der Erwerb kraft Gesetzes, beispielsweise durch Verbindung und Vermischung nach §§ 946 ff. BGB, gehört.[424] Damit können diese gesetzlich erworbenen Gegenstände auch als Gegenstand einer Nachtragsverteilung in Betracht kommen, wenn der gesetzliche Eigentumserwerb (zumindest teilweise) mit Mitteln der (ehemaligen) Insolvenzmasse geschah. Dies ist auch insofern interessengerecht, als es aus Gläubigersicht regelmäßig keinen Unterschied macht, ob der Erwerb rechtsgeschäftlich oder gesetzlich erfolgte.

Mithilfe des § 2111 BGB lässt sich auch die Frage beantworten, ob eine erhaltene Versicherungssumme für einen zerstörten oder beschädigten Gegenstand für eine Nachtragsverteilung in Betracht kommen kann. Man denke an den Fall, dass sich ein wertvoller Gegenstand, der gegen Diebstahl oder Beschädigung besonders versichert ist, zwar nachträglich ermitteln lässt, dieser jedoch bis zur Anordnung der Nachtragsverteilung gestohlen oder zerstört wird. Die Frage, ob die Nachtragsverteilung nun auch hinsichtlich der Versicherungssumme angeordnet werden kann, lässt sich vermutlich nicht ausschließlich durch eine vom BGH vorgenommene „weite Auslegung" des § 203 Abs. 1 Nr. 3 InsO, sondern vielmehr nur durch eine analoge Anwendung des § 2111 Abs. 1 S. 1 BGB problemlos beantworten. Bereits in den Motiven zum Bürgerlichen Gesetzbuch wurde erkannt, dass Versicherungsgelder ein zur Surrogation geeignetes Objekt sind.[425] Dementsprechend erfasst § 2111 Abs. 1 S. 1 BGB nach seinem ausdrücklichen Wortlaut auch alle Vermögenswerte, die als Ersatz für Zerstörung, Beschädigung oder Entziehung eines Erbschaftsgegenstandes erworben wurden. Durch § 2111 Abs. 1 S. 1 BGB wird folglich für eine Kontinuität des Wertbestandes[426] gesorgt. Folge der analogen Anwendung ist somit, dass der Schadensersatzanspruch oder der Anspruch auf die Versicherungssumme[427] zur „Insolvenzmasse"[428] gehört und

424 Vgl. MünchKomm/*Grunsky*, BGB, § 2111 Rn. 10 m.w.N.

425 § 1002 E I, Motive III, S. 514. Dort heißt es weiter, dass der Anspruch auf die Versicherungsgelder eventuell an die Stelle der Sache treten soll.

426 *Coester-Waltjen*, Jura 1996, 24, 25.

427 Unter den Ersatzerwerb fallen vornehmlich Schadensersatz- und Bereicherungsansprüche sowie Versicherungsforderungen, *Wolf*, JuS 1975, 710, 713 m.w.N.; *Einsele*, JZ 1990, 1005, 1008.

428 Eine Insolvenzmasse im eigentlichen Sinne gibt es zwar nach Verfahrensaufhebung nicht mehr. Mit dieser Wortwahl soll hier vielmehr die haftungsrechtliche Zuordnung

daher als nachträglich ermittelter Massegegenstand i.S.d. § 203 Abs. 1 Nr. 3 InsO für eine Nachtragsverteilung in Betracht kommen kann. Voraussetzung ist nur, dass diese Ansprüche aus einer Zerstörung, Beschädigung oder Entziehung eines Gegenstandes resultieren, der zur (ehemaligen) Insolvenzmasse gehörte. Sollte der Schuldner diese Forderung gegen den Versicherungsgeber zwischenzeitig eingezogen haben, so gelten dieselben Grundsätze wie im Ausgangsfall des BGH.

Wie bereits kurz dargestellt, werden von § 2111 Abs. 1 BGB darüber hinaus alle Gegenstände erfasst, die der Vorerbe durch rechtsgeschäftlichen Erwerb mit Mitteln der Erbschaft erwirbt, sog. Mittelsurrogation. Davon sind alle Gegenstände erfasst, deren Erwerb objektiv mit Erbschaftsmitteln erfolgte, gleichgültig auf welchem Vertragstyp dieser Erwerb beruht und welche Parteirolle der Vorerbe dabei inne hatte.[429] In den Nachlass fällt dabei auch alles, was auf eine zum Nachlass gehörende Forderung geleistet worden ist.[430] Daraus folgt für die Nachtragsverteilung, dass diese nicht nur Beträge einschließt, die der Schuldner nach Verfahrensaufhebung eigenständig eingezogen hat, wie dies in der zugrundeliegenden Entscheidung des BGH der Fall war, sondern ebenso alle Gegenwerte erfasst, die der Schuldner für eine rechtsgeschäftliche Verfügung über (ehemalige) Massegegenstände erhalten hat. Sollte der Erwerb nur teilweise mit (ehemaligen) Massegegenständen erfolgt sein, so unterfällt auch nur der entsprechende Anteil einer Nachtragsverteilung.[431]

Mit einer analogen Anwendung des § 2111 BGB lassen sich auch diejenigen Fälle lösen, in denen der Schuldner eine Verfügung bereits während des laufenden Verfahrens vorgenommen hat. Dass diese Verfügung zunächst nach § 81 InsO unwirksam ist, dürfte als bekannt vorausgesetzt werden. Sie wird aber mit Verfahrensaufhebung über § 185 Abs. 2 BGB analog wirksam, da der Schuldner seine Verfügungsbefugnis mit der Aufhebung des Verfahrens zurückerhält.[432] Hier stellt sich ebenfalls die Frage, ob eine spätere Nachtragsverteilung noch möglich ist.

In diesem Zusammenhang führte *Weber* in seiner Kommentierung zur KO aus, dass zwar die Unwirksamkeit der Verfügung mit Konkursbeendigung

---

eines Gegenstandes für eine nachträgliche Gläubigerbefriedigung nach §§ 203 ff. InsO umschrieben werden.

429 MünchKomm/*Grunsky*, BGB, § 2111 Rn. 12.

430 MünchKomm/*Grunsky*, BGB, § 2111 Rn. 20.

431 Vgl. MünchKomm/*Grunsky*, BGB, § 2111 Rn. 13; Staudinger/*Avenarius*, BGB, § 2111 Rn. 31, für den Fall des teilweisen Erwerbes mit Nachlassmitteln durch den Vorerben.

432 Vgl. Uhlenbruck/*Uhlenbruck*, InsO, 13. Aufl., § 203 Rn. 10. So bereits zur KO: Jaeger/*Weber*, KO, § 166 Rn. 5.

geheilt sei. Er versuchte die Nachtragsverteilung aber dadurch zu „retten", indem er annahm, dass der Zweck des § 166 KO die Annahme rechtfertige, dass die Heilung der Anordnung der Nachtragsverteilung nicht vorgreife.[433] Auch *Breutigam* scheint sich unter Geltung der InsO dieser Ansicht anzuschließen, da er die Fälle einer unwirksamen Verfügung gem. § 81 InsO nach Verfahrenseröffnung als einen Anwendungsfall des § 203 Abs. 1 Nr. 3 InsO subsumiert und zur Begründung auf die Kommentierung von *Weber* zur KO zurückgreift.[434]

Dieser contra legem vorgenommene „Rettungsversuch" überzeugt jedoch nicht. Da der Schuldner mit Verfahrensaufhebung seine Verfügungsbefugnis zurückerhält – die Fallkonstellationen eines Nachtragsvorbehalts sowie der hinterlegten Beträge bleiben hier einmal außen vor –, wird seine Verfügung analog § 185 Abs. 2 BGB geheilt. Diese Heilung tritt bereits im Zeitpunkt der Verfahrensaufhebung ein und kann auch nicht durch eine spätere Nachtragsanordnung rückgängig gemacht werden, zumal die Anordnung keine Rückwirkung hat[435]. Darüber hinaus würde die Annahme, die spätere Nachtragsverteilungsanordnung gehe der früheren Heilung analog § 185 Abs. 2 BGB vor, die Sicherheit des Rechtsverkehrs nachhaltig beeinträchtigen. Aufgrund der Heilung analog § 185 Abs. 2 BGB ist die Verfügung wirksam; der Vermögenswert ist rechtswirksam aus dem Vermögen des Schuldners ausgeschieden und kommt somit auch nicht (mehr) für eine Nachtragsverteilung in Betracht.[436] *Webers* Ansicht ist daher mit Nachdruck zu widersprechen.

Eines solchen contra legem vorgenommenen „Rettungsversuchs" bedarf es aber auch überhaupt nicht, sofern man mit der hier vertretenen Meinung eine Analogie zu § 2111 BGB bejaht. Die Verfügung des Schuldners ist zwar wirksam, sie wurde aber mit Mitteln der Insolvenzmasse getätigt. Analog § 2111 BGB ist daher eine Nachtragsverteilung hinsichtlich der in das Schuldnervermögen geflossenen Gegenwerte anzuordnen. Für eine Anwendbarkeit der § 203 Abs. 1 Nr. 3 InsO i.V.m. § 2111 BGB analog macht es nämlich keinen Unterschied, zu welchem Zeitpunkt der Schuldner die Verfügung vorgenommen hat; gleichgültig ist, ob dies noch während des eröffneten Verfahrens war oder erst nach Verfahrensbeendigung. Entscheidend ist nur, dass der Schuldner die Verfügung

433 Jaeger/*Weber*, KO, § 166 Rn. 5.

434 Vgl. BerlKomm/*Breutigam*, InsO, § 203 Rn. 13.

435 Vgl. dazu ausführlich das Kapitel Teil 6., B.

436 Etwas anderes gilt nur dann, wenn diese Rechtshandlung nach § 147 InsO angefochten werden könnte. Dann käme dieser Anfechtungsgegenstand auch als maßgeblicher Gegenstand einer Nachtragsverteilung gem. § 203 Abs. 1 Nr. 3 InsO in Betracht.

mit Mitteln der Insolvenzmasse vorgenommen hat und dass diese Verfügung letztendlich wirksam ist.

Eine Nachtragsverteilung kommt ferner auch bei einer Ersparnis von Aufwendungen seitens des Schuldners in Betracht, wenn der Drittschuldner statt zu zahlen mit einer eigenen Forderung aufrechnet, da es i.R.d. § 2111 Abs. 1 S. 1 BGB unerheblich ist, welche Rolle der Schuldner einnahm. Diese Fallgruppe stellt auch *Heinze* zutreffend heraus und subsumiert diesen Fall ebenfalls unter § 203 Abs. 1 Nr. 3 InsO.[437] Es macht nämlich erneut keinen Unterschied, ob der Schuldner eine Zahlung zunächst empfängt und sodann seine eigenen Verbindlichkeiten tilgt, oder aber, ob der Gläubiger oder aber auch der Schuldner selbst von vornherein aufrechnet. Dies wird in der Praxis insbesondere bei Steuererstattungsansprüchen relevant, die zur ehemaligen Insolvenzmasse gehörten. Liegt der Fall so, dass der Insolvenzbeschlag zunächst mit Verfahrensaufhebung endete (da eine Nachtragsverteilung hinsichtlich dieser Erstattungsansprüche nicht vorbehalten wurde) und rechnet nunmehr das Finanzamt mit einer Forderung auf, so kommt eine Nachtragsverteilung hinsichtlich der ursprünglichen Steuererstattungsansprüche nicht mehr in Betracht, da diese erloschen sind, vgl. § 389 BGB. Die Aufrechnung war wirksam, da § 96 InsO mangels fortdauernden Beschlags nicht eingreift.[438] Dennoch sind die Gläubiger nicht schutzlos, da eine Nachtragsverteilung in selbiger Höhe hinsichtlich der ersparten Aufwendungen des Schuldners angeordnet werden kann. An dieser Stelle ist jedoch i.R.d. analogen Anwendung des § 2111 BGB eine insolvenzspezifische Besonderheit zu beachten, worauf *Heinze* in seiner Abhandlung zutreffend – allerdings ohne Bezugnahme auf § 2111 BGB – hinweist: Bestand die Aufrechnungslage bereits vor Verfahrenseröffnung, rechnet der Gläubiger oder der Schuldner aber erst nach Verfahrensaufhebung auf, so kommt

437 *Heinze*, ZInsO 2012, 1606, 1608.

438 An dieser Stelle ist *Wipperfürth*, InsbürO 2013, 459, 451 f. mit Nachdruck zu widersprechen. *Wipperfürth* nimmt unter Bezugnahme auf das hier besprochene Urteil des BGH (BGH, Beschl. v. 26.1.2012 – IX ZB 111/10, NZI 2012, 271 f.) an, dass die vom Finanzamt erklärte Aufrechnung aufgrund der zeitlich späteren (!) Anordnung der Nachtragsverteilung unwirksam sei. Damit versteht *Wipperfürth* die Entscheidung des BGH jedoch falsch. Der BGH hat – insoweit zutreffend – nicht die Verfügung mit der Folge als unwirksam erachtet, dass der ursprüngliche Massegegenstand (hier also der Erstattungsanspruch) den Gegenstand der Nachtragsverteilung bilden konnte. Vielmehr war die Verfügung mangels fortdauernden Beschlags wirksam, sodass der BGH mittels einer „weiten Auslegung" des § 203 Abs. 1 Nr. 3 InsO nunmehr die in das Schuldnervermögen geflossenen Gegenwerte als maßgeblichen Nachtragsgegenstand ansah. Eine Rückwirkung der Beschlagnahme durch Anordnung der Nachtragsverteilung gibt es gerade nicht, vgl. dazu bereits oben sowie Teil 6., B., III.

eine spätere Nachtragsverteilung nicht in Betracht, da der Schuldner aufgrund der Insolvenzfestigkeit der Aufrechnungsposition (§ 94 InsO) nichts erspart hat und der Masse somit auch nichts verloren geht.[439] Diese insolvenzspezifische Besonderheit i.R.d. analogen Anwendung des § 2111 BGB resultiert zum einen daraus, dass es eine solche Fallkonstellation bei der Vor- und Nacherbschaft nicht geben kann und zum anderen aus dem Zweck der Anwendung des § 2111 BGB auf Verfügungen nach Verfahrensaufhebung. Dieser Zweck besteht nämlich nicht darin, weitere werthaltige Masse nach Aufhebung des Verfahrens zu schaffen, sondern nur darin, werthaltige Massepositionen zu schützen. War eine Masseposition aber bereits vor Verfahrensaufhebung nicht werthaltig, so kann diese auch nicht automatisch mit Verfahrensaufhebung werthaltig werden mit der Folge, diesen Massewert nunmehr i.R.d. Nachtragsverteilung verwerten zu können.

Des Weiteren prüft *Heinze*, ob auch andere Erlöse aus einem Massegegenstand der Nachtragsverteilung unterfallen, wie etwa Mieteinnahmen aus einer Immobilie, und bejaht dies im Ergebnis. Hier seien dem Schuldner aber neben der Entreicherungseinrede auch erbrachte Aufwendungen anzurechnen, da den Gläubigern nur der Überschuss zugutekommen kann.[440] Dem ist zuzustimmen. Dieses Ergebnis lässt sich auch mit der hier bevorzugten analogen Anwendung des § 2111 BGB unter Berücksichtigung der konkreten insolvenzrechtlichen Situation erzielen. Zwar sieht § 2111 Abs. 1 S. 1 BGB a.E. ausdrücklich vor, dass Nutzungen nicht der Surrogation unterliegen, sondern vielmehr dem Vorerben gebühren. Allerdings ist diese Vorschrift nicht endgültig bzw. unabdingbar. Beispielsweise kann der Erblasser dem Vorerben im Wege eines Vermächtnisses oder einer Auflage aufgeben, die Nutzungen ganz oder teilweise an den Nacherben auszuzahlen.[441] Ferner ist auch der Zweck dieser Regelung zu beachten: So stellen die Nutzungen wirtschaftlich den Hauptinhalt der Vorerbschaft dar.[442] Dies bedeutet, dass durch § 2111 Abs. 1 S. 1 BGB a.E. gewährleistet wird, dass der Vorerbe überhaupt einen Vorteil aus der Vorerbschaft zieht. Dies ist jedoch bei dem Schuldner, der nach Verfahrensaufhebung über ehemalige Insolvenzmasse

439 *Heinze*, ZInsO 2012, 1606, 1608. Wird der Insolvenzgläubiger dagegen erst nach Anordnung der Nachtragsverteilung etwas zur Insolvenzmasse schuldig, dann sollte eine Aufrechnung gegen die der beschränkten Beschlagnahme unterliegenden Forderung des Schuldners in analoger Anwendung des § 96 Abs. 1 Nr. 1 InsO unzulässig sein. Für eine solche extensive Auslegung des Aufrechnungsverbots vgl. auch *Neuhof*, NJW 1995, 937, 939.

440 *Heinze*, ZInsO 2012, 1606, 1608: Hier böte sich eine Analogie zu §§ 987 ff. BGB an.

441 Vgl. MünchKomm/*Grunsky*, BGB, § 2111 Rn. 29 m.w.N.

442 Staudinger/*Avenarius*, BGB, § 2111 Rn. 34.

verfügt, anders. Diesem gebühren keinerlei Vorteile aus der ehemaligen Insolvenzmasse, da diese durch die eingetretene Insolvenz des Schuldners und die Verfahrenseröffnung haftungsrechtlich den Gläubigern zugewiesen wurde. Daher ist hier erneut eine insolvenzspezifische Besonderheit i.R.d. analogen Anwendung des § 2111 BGB vorzunehmen: Entgegen der Regelung des § 2111 Abs. 1 S. 1 BGB a.E. gebühren die Nutzungen nicht dem Schuldner, sondern ebenfalls den Gläubigern, sodass auch Mieteinnahmen aus einem zur (ehemaligen) Insolvenzmasse gehörenden Mietobjekt als geeigneter Gegenstand einer späteren Nachtragsverteilung in Betracht kommen können. Hat der Schuldner diese Mietzinsforderung bereits eingezogen, so gelten die gleichen Erwägungen wie im Ausgangsfall des BGH. In diesem Fall wird in der Praxis jedoch häufig die Entreicherungseinrede des Schuldners besondere Relevanz besitzen. Ferner sind dem Schuldner auch die erbrachten Aufwendungen anzurechnen, da den Gläubigern wie im eröffneten Verfahren nur der Überschuss zugutekommen kann.[443]

Die Grenze einer zulässigen Nachtragsverteilung ist allerdings bei solchen Verfügungserlösen erreicht, die auf einer Wertsteigerung durch eigenständige Leistungen des Schuldners (beispielsweise § 950 BGB) nach dem Verfahrensabschluss beruhen, selbst wenn § 2111 BGB grundsätzlich auch den gesetzlichen Erwerb umfasst. Diese Erlöse kommen nicht für eine Nachtragsverteilung in Betracht, da diese Wertsteigerung nicht mehr den Gegenwert des Massegegenstandes bildet.[444] Eine Nachtragsverteilung geht des Weiteren ins Leere, wenn der Schuldner für den Massegegenstand keinen Gegenwert erhalten hat, da in diesem Fall keine Surrogation eintreten kann. Allerdings kann hier u.U. an eine Anwendung des § 117 Abs. 2 BGB gedacht werden, wenn indirekte Zuwendungen an den Schuldner ermittelbar sind.[445]

Zusammenfassend ist daher festzuhalten, dass sich über eine analoge Anwendung des § 2111 BGB vielfältige, aber von der Interessenlage vergleichbare, Sachverhaltsgestaltungen einheitlich handhaben lassen. Dabei müssen jedoch auch immer insolvenzspezifische Besonderheiten beachtet werden.

2. *Pflichtteilsansprüche vor vertraglicher Anerkennung oder Rechtshängigkeit*

Pflichtteilsansprüche gehören unstreitig dann zur Insolvenzmasse und sind vom Verwalter zu verwerten[446], wenn der Erbfall vor oder während des

---

443 *Heinze*, ZInsO 2012, 1606, 1608.
444 Ebd.
445 Ebd.
446 *Haas/Vogel*, KTS 2011, 387, 390.

Insolvenzverfahrens eingetreten ist und der Pflichtteilsanspruch noch vor Verfahrensaufhebung vertraglich anerkannt oder rechtshängig gemacht wurde, §§ 35, 36 InsO i.V.m. § 852 Abs. 1 ZPO. Aufgrund seiner Massezugehörigkeit kann dieser Pflichtteilsanspruch auch unproblematisch im Rahmen einer späteren Nachtragsverteilung verwertet werden. Denkbar ist etwa, dass der Pflichtteilsanspruch erst kurz vor Verfahrensaufhebung rechtshängig gemacht wurde und dieser nunmehr einer späteren Nachtragsverteilung vorbehalten wird, um die Verfahrensaufhebung nicht unnötig in die Länge zu ziehen. Sollte sich erst nach Verfahrensaufhebung herausstellen, dass dem Schuldner anerkannte oder rechtshängig gemachte Pflichtteilsansprüche bereits während des laufenden Verfahrens zustanden, so kommt eine Nachtragsverteilung unter dem Blickwinkel des § 203 Abs. 1 Nr. 3 InsO in Betracht.

Als problematisch könnten sich allerdings solche Sachverhalte erweisen, in denen der Schuldner den Pflichtteilsanspruch weder vor Verfahrensaufhebung rechtshängig gemacht hat noch dieser zuvor vertraglich anerkannt wurde. Befindet sich der Schuldner mittlerweile in der Wohlverhaltensperiode und macht er erst zu diesem Zeitpunkt den Pflichtteilsanspruch geltend, so stellt sich die Frage, ob dieser Anspruch in voller Höhe einer Nachtragsverteilung unterliegt oder aber, ob „nur" der Halbteilungsgrundsatz des § 295 Abs. 1 Nr. 2 InsO gilt, wonach es keiner Nachtragsverteilung bedürfte und der Schuldner die Hälfte an den Treuhänder auszukehren hätte. Diese Frage wird in Rechtsprechung und Literatur nicht einheitlich beantwortet.

a) LG Göttingen, Beschl. v. 26.10.2009 – 10 T 86/09

Mit dieser Frage musste sich das LG Göttingen in seiner Beschwerdeentscheidung vom 26.10.2009 befassen. Im zugrunde liegenden Sachverhalt verstarb der Vater des Schuldners bereits vier Jahre vor Verfahrenseröffnung. Nachdem das Insolvenzverfahren aufgehoben wurde, teile die Schuldnerin dem Treuhänder während der Wohlverhaltensperiode mit, dass sie im Rahmen eines Vergleichs mit ihrer Stiefmutter einen Pflichtteil in Höhe von knapp 6.300 EUR erhalten habe. Nachdem der Treuhänder die Schuldnerin aufgefordert hatte, den erhaltenen Betrag an die Masse auszukehren und die Schuldnerin dieser Aufforderung nicht nachkam, ordnete das Insolvenzgericht die Nachtragsverteilung hinsichtlich der Pflichtteilsansprüche an. Daraufhin zahlte die Schuldnerin die Hälfte des erhaltenen Betrages an den Treuhänder aus. Im Übrigen wandte sie sich mit der sofortigen Beschwerde gegen die Anordnung der Nachtragsverteilung und trug vor, dass nach ihrer Ansicht lediglich die Hälfte des Pflichtteils zur Masse gezogen werden könnte.

Diese Ansicht teilte auch das LG Göttingen und führte dazu aus, dass die Voraussetzungen des § 203 Abs. 1 Nr. 3 InsO nicht gegeben seien, da der Pflichtteilsanspruch kein Massegegenstand gewesen sei.[447] Pflichtteilsansprüche würden nur dann zur Insolvenzmasse gehören, wenn diese bei Verfahrenseröffnung oder im laufenden Verfahren anerkannt oder rechtshängig gemacht wurden. Dies folge aus einer Analogie zu § 852 ZPO. Der Pflichtteilsanspruch entstehe zwar mit dem Erbfall, § 2317 BGB, er werde aber nur dann Bestandteil der Insolvenzmasse, wenn er pfändbar ist. Da die Schuldnerin den Pflichtteilsanspruch aber weder während des laufenden Insolvenzverfahrens rechtshängig gemacht hat noch dieser vertraglich anerkannt wurde, sei er auch nicht pfändbar gewesen und habe daher nicht zur Insolvenzmasse gehört. Mangels Massezugehörigkeit käme daher auch keine Nachtragsverteilung in Betracht. Die Abführung der Hälfte des erhaltenen Betrages hat das Gericht jedoch unter Beachtung des § 295 Abs. 1 Nr. 2 InsO nicht beanstandet.

b) BGH, Beschl. v. 2.12.2010 - IX ZB 184/09

Während der BGH in seinem Beschluss vom 18.12.2008 noch ausdrücklich offen ließ, wie die vorliegenden Sachverhalte zu behandeln sind[448], hat er nunmehr mit Beschluss vom 2.12.2010[449] zu dieser Rechtsfrage Stellung genommen.

Dieser Entscheidung lag ein ähnlicher Sachverhalt zugrunde, wie ihn auch das LG Göttingen zu entscheiden hatte. Der Vater der Schuldnerin verstarb während des eröffneten Verbraucherinsolvenzverfahrens. Dieser hatte den Bruder der Schuldnerin zum Alleinerben eingesetzt, sodass die Schuldnerin enterbt wurde. Nachdem das Insolvenzverfahren mit Beschluss vom 17. Juni 2004 nach Ankündigung der Restschuldbefreiung aufgehoben wurde, erhob die Schuldnerin am 6. Juli 2004 wegen ihres Pflichtteilsanspruchs Klage gegen ihren Bruder. Durch rechtskräftiges Urteil vom 16. Januar 2009 wurde entschieden, dass der Bruder der Schuldnerin knapp 33.000 EUR nebst Zinsen zu zahlen hat. Kurz zuvor endete die Laufzeit der Abtretungserklärung. Das Insolvenzgericht hat daraufhin die Nachtragsverteilung hinsichtlich des zugesprochenen Betrages mit Beschluss vom 2. April 2009 angeordnet, gegen den die Schuldnerin erfolglos sofortige Beschwerde einlegte.[450] Mit ihrer beim BGH

---

447 LG Göttingen, Beschl. v. 26.10.2009 – 10 T 86/09, NZI 2009, 896.

448 BGH, Beschl. v. 18.12.2008 – IX ZB 249/07, ZInsO 2009, 299, 300 Rn. 15. Diese Frage musste der BGH nicht klären, da im dortigen Sachverhalt die Voraussetzungen des § 852 Abs. 1 ZPO bis zum Abschluss der Tatsacheninstanz nicht eingetreten waren.

449 BGH, Beschl. v. 2.12.2010 – IX ZB 184/09, ZIP 2011, 135 ff.

450 Vgl. LG Münster, Beschl. v. 13.7.2009 – 5 T 296/09, NZI 2009, 657 ff.

eingelegten Rechtsbeschwerde verfolgte sie ihr Aufhebungsbegehren weiter; im Ergebnis jedoch ebenfalls ohne Erfolg.

Der Senat vertrat die Auffassung, dass die Voraussetzungen des § 203 Abs. 1 Nr. 3 InsO gegeben waren, da der Pflichtteilsanspruch während des laufenden Insolvenzverfahrens durch den Tod des Vaters entstanden sei und daher ab diesem Zeitpunkt auch zur Insolvenzmasse gehört habe, §§ 35, 36 InsO. Zwar sei der Pflichtteilsanspruch nach § 852 Abs. 1 ZPO der Pfändung nur unterworfen, wenn er durch Vertrag anerkannt oder rechtshängig geworden ist. Diese Vorschrift stehe einer Pfändung jedoch nach Ansicht des Senats nicht entgegen, da nach gefestigter Rechtsprechung der „[...] Pflichtteilsanspruch bereits vor der vertraglichen Anerkennung oder Rechtshängigkeit als in seiner zwangsweisen Verwertbarkeit aufschiebend bedingter Anspruch gepfändet werden [...]“[451] könne. Für die Zuordnung zur Insolvenzmasse bzw. zum Neuerwerb während der Wohlverhaltensperiode sei somit lediglich maßgeblich, ob der Erbfall vor oder nach Aufhebung des Insolvenzverfahrens eingetreten ist. Da der Erbfall vorliegend während des eröffneten Verfahrens eintrat, habe der Pflichtteilsanspruch zur Insolvenzmasse gehört, sodass er nicht dem Halbteilungsgrundsatz des § 295 Abs. 1 Nr. 2 InsO, sondern vollumfänglich der Verwertung i.R.d. Nachtragsverteilung unterlegen habe. Die Vorschrift des § 203 Abs. 1 Nr. 3 InsO umfasse hierbei nämlich auch solche Gegenstände, die während des Verfahrens tatsächlich (noch) nicht verwertbar waren.[452]

c) Rechtliche Würdigung

Betrachtet man die jeweiligen Entscheidungsgründe genauer, so fällt auf, dass es bei der Prüfung der Anordnung der Nachtragsverteilung allein um die Frage geht, ob der Pflichtteilsanspruch zur (ehemaligen) Insolvenzmasse gehörte oder nicht. Gehörte er nämlich bereits vor seiner vertraglichen Anerkennung oder Rechtshängigkeit zur Insolvenzmasse, so kann er auch in voller Höhe einer Nachtragsverteilung unterliegen und der Halbteilungsgrundsatz des § 295 Abs. 1 Nr. 2 InsO findet keine Anwendung.[453]

Da zur Insolvenzmasse nach §§ 35, 36 InsO nur solche Vermögenswerte des Schuldners gehören, die pfändbar sind, sind bei der Untersuchung der Massezugehörigkeit des Pflichtteilsanspruchs die Besonderheiten der vollstreckungsrechtlichen Behandlung dieses Anspruchs zu beachten. Dieser Anspruch entsteht

---

451 BGH, Beschl. v. 2.12.2010 – IX ZB 184/09, ZIP 2011, 135, 136 Rn. 8.

452 BGH, Beschl. v. 2.12.2010 – IX ZB 184/09, ZIP 2011, 135, 136 Rn. 11.

453 BGH, Beschl. v. 18.12.2008 – IX ZB 249/07, ZInsO 2009, 299, 300 Rn. 15.

zwar nach § 2317 Abs. 1 BGB mit dem Erbfall und kann ab diesem Moment nach § 2317 Abs. 2 BGB uneingeschränkt abgetreten werden.[454] Für einen Zugriff im Wege der Zwangsvollstreckung ist aber die Regelung des § 852 Abs. 1 ZPO zu beachten, die über § 36 Abs. 1 InsO auch im Insolvenzverfahren Anwendung findet. Bevor also der Frage nachgegangen werden kann, ob der Pflichtteilsanspruch vor seiner Geltendmachung oder Anerkennung zur Insolvenzmasse gehört, muss zunächst die Regelung des § 852 Abs. 1 ZPO näher untersucht werden.

Nach § 852 Abs. 1 ZPO ist eine Pfändung von Pflichtteilsansprüchen insofern beschränkt, als diese einer Pfändung erst dann unterworfen sind, wenn sie durch Vertrag anerkannt wurden oder rechtshängig geworden sind. Auf den ersten Blick scheint die vorliegende Rechtsfrage somit klar beantwortet: Da der Schuldner den Pflichtteilsanspruch in beiden Sachverhalten erst nach Verfahrensaufhebung geltend gemacht hat, war er im laufenden Verfahren nicht gem. § 852 Abs. 1 ZPO pfändbar und wäre daher auch nicht Bestandteil der Insolvenzmasse geworden.

Eine solche allgemeine Betrachtung würde allerdings die ständige Rechtsprechung des BGH zur Pfändbarkeit des Pflichtteilsanspruchs im Wege der Einzelzwangsvollstreckung missachten, auf die auch der Senat in der vorliegenden Entscheidung Bezug nimmt. Bereits zu Zeiten der KO stellte der BGH überzeugend fest, dass ein Pflichtteilsanspruch auch schon vor vertraglicher Anerkennung oder Rechtshängigkeit als in seiner zwangsweisen Verwertbarkeit aufschiebend bedingter Anspruch gepfändet werden könne und insoweit § 852 Abs. 1 ZPO einschränkend auszulegen sei.[455] Diese einschränkende Auslegung folge aus der Überlegung, dass alle Pfändungsbeschränkungen grundsätzlich das Existenzminimum des Schuldners sichern und eine Kahlpfändung vermeiden wollen. Die beschränkte Pfändbarkeit des Pflichtteilsanspruchs nach § 852 Abs. 1 ZPO diene aber nicht der Sicherung des Existenzminimums, sondern solle vermeiden, dass der Anspruch gegen den Willen des Enterbten geltend gemacht wird.[456] Mit Rücksicht auf die familiäre Verbundenheit von Erblasser und Pflichtteilsberechtigten, bezwecke § 852 Abs. 1 ZPO den Schutz des Pflichtteilsberechtigten vor einem Entzug seiner Entscheidungskompetenz darüber, den Anspruch geltend zu machen oder nicht. Die Vorschrift bezwecke aber

454 *Floeth*, FamRZ 2011, 1399.

455 BGH, Urt. v. 8.7.1993 – IX ZR 116/92, BGHZ 123, 183 ff.

456 BGH, Beschl. v. 2.12.2010 – IX ZB 184/09, ZIP 2011, 135, 136 Rn. 10. Vgl. auch Motive V, S. 418: „Würde der Pflichttheilsanspruch [sic!] für unbeschränkt pfändbar erklärt, so würde unter Umständen der Pflichttheilsberechtigte [sic!] mittelbar gezwungen, seinen Pflichttheilsanspruch [sic!] geltend zu machen."

nicht, den Pflichtteilsanspruch den Gläubigern zu entziehen.[457] Eine Pfändung aufschiebend bedingter Ansprüche werde darüber hinaus allgemein als zulässig angesehen. Der Pflichtteilsanspruch sei gem. § 2317 Abs. 1 BGB zwar bereits mit dem Erbfall wirksam entstanden. Einer aufschiebenden Bedingung unterläge jedoch die zwangsweise Verwertbarkeit dieses Anspruchs.[458]

Diese Ansicht hat der BGH, wie auch in der hier besprochenen Entscheidung, seither aufrechterhalten und immer wieder hervorgehoben.[459] Auch die Mehrheit in Rechtsprechung und Literatur hat sich dieser teleologischen Reduktion des § 852 Abs. 1 ZPO angeschlossen.[460] Diese Auslegung des § 852 Abs. 1 ZPO ist auch überzeugend.[461] Es hätte hier einer die Pfändung einschränkenden

---

457 BGH, Urt. v. 8.7.1993 – IX ZR 116/92, BGHZ 123, 183, 186: Der Schutzzweck des § 852 Abs. 1 ZPO verbiete lediglich eine Pfändung, „[…] die ein umfassendes Pfandrecht an dem Pflichtteilsanspruch begründet, durch das die Entscheidungsfreiheit des Berechtigten ausgeschaltet wird. Einer Pfändung, die diese Entscheidungsfreiheit wahrt, indem sie ein Pfandrecht nur für den Fall begründet, daß [sic!] die in § 852 Abs. 1 ZPO vorgeschriebenen Voraussetzungen für einen umfassenden Zugriff erfüllt werden, steht dieser Zweck nicht entgegen."

458 BGH, Urt. v. 8.7.1993 – IX ZR 116/92, BGHZ 123, 183, 187.

459 Vgl. nur BGH, Urt. v. 6.5.1997 – IX ZR 147/96, NJW 1997, 2384; BGH, Beschl. v. 18.12.2008 – IX ZB 249/07, ZInsO 2009, 299, 300 Rn. 14; BGH, Beschl. v. 26.2.2009 – VII ZB 30/08, WM 2009, 710, 711 Rn. 7; BGH, Beschl. v. 25.6.2009 – IX ZB 196/08, ZInsO 2009, 1461, 1462 Rn. 8; BGH, Beschl. v. 16.7.2009 – IX ZB 72/09, ZInsO 2009, 1831, 1832 Rn. 9.

460 Vgl. OLG Brandenburg, Beschl. v. 31.10.1998 – 10 W 44/97, FamRZ 1999, 1436; LG Hildesheim, Urt. v. 30.1.2009 – 4 O 307/08, FamRZ 2009, 1440, 1441; OLG München, Beschl. v. 11.3.2010 – 34 Wx 10/10, NZI 2010, 527, 528; *Wax*, LM H. 11/1993 § 852 ZPO Nr. 1 Bl. 4; *Gerhardt*, EWiR 1993, 1141, 1142; *Gerhardt*, EWiR 1997, 683, 684; *Windel*, KTS 1995, 367, 383; Jaeger/*Windel*, InsO, § 83 Rn. 15; Staudinger/*Haas*, BGB, § 2317 Rn. 52; *Stöber*, Rn. 271; *Hannich*, S. 65; MünchKomm/*Smid*, ZPO, § 852 Rn. 2; Prütting/Gehrlein/*Ahrens*, ZPO, § 852 Rn. 7; *Greve*, ZIP 1996, 699, 700; *Bartels*, KTS 2003, 41, 45; *Musielak*, ZEV 2009, 249, 250; *Klumpp*, ZEV 1998, 123, 125. I.E. wohl auch *Kuchinke*, NJW 1994, 1769, 1772. Nur vereinzelt finden sich hier Kritiker, vgl. bspw. *Harder*, WuB 1994, 219, 221. Krit. hinsichtlich einer unentgeltlichen Verfügung auch *Schubert*, JR 1994, 419, 420.

461 Für die Einzelzwangsvollstreckung bedeutet dies, dass der Überweisungsbeschluss erst ergehen darf, wenn die Voraussetzungen des § 852 Abs. 1 ZPO eingetreten sind. Das Vollstreckungsgericht sollte in dem Pfändungsbeschluss den Hinweis aufnehmen, dass eine Verwertung erst erfolgen darf, wenn die Voraussetzungen erfüllt sind, vgl. BGH, Beschl. v. 26.2.2009 – VII ZB 30/08, WM 2009, 710 ff., m. zust. Anm. *Musielak*, ZEV 2009, 249, 250. Anders dagegen *Klumpp*, ZEV 1998, 123, 125; *Keim*, ZEV 1998, 127, 128 (bzgl. des Auskunftsanspruchs gem. § 836 Abs. 3 ZPO) und *Stöber*,

Sonderregelung nämlich nicht bedurft, wenn der Pflichtteilsanspruch überhaupt erst mit Eintritt der tatbestandlichen Voraussetzungen zum Vermögen des Berechtigten gehört, da eine Pfändbarkeit doch gerade voraussetzt, dass der Anspruch bereits zum Vermögen des Pflichtteilsberechtigten gehört.[462] Ein Vergleich mit anderen Pfändungsschutzvorschriften zeigt, dass es bei § 852 Abs. 1 ZPO nicht um die Sicherung eines Existenzminimums, sondern lediglich um den Schutz der Entscheidungsfreiheit[463] des Pflichtteilsberechtigten wegen der höchstpersönlichen Natur des Anspruchs geht. Während beispielsweise die §§ 850a ff. ZPO im Wege eines Pfändungs*verbots* gewisse Beträge gänzlich einer Pfändung entziehen, damit dem Schuldner zumindest in beschränktem Umfang eine eigene menschenwürdige Lebensgestaltung möglich bleibt und er nicht auf Sozialhilfe angewiesen ist, wird die Pfändung durch § 852 Abs. 1 ZPO nur *beschränkt*, sodass diese erst zulässig ist, wenn die Voraussetzungen eingetreten sind. Die Regelung des § 852 ZPO will diese Vermögenswerte daher nicht endgültig aus der Haftungsmasse des Berechtigten herausnehmen. Durch eine Pfändung des in seiner Verwertbarkeit aufschiebend bedingten Pflichtteilsanspruchs wird auch nicht in die Entscheidungsfreiheit des Pflichtteilsberechtigten eingegriffen, da ein vollwertiges Pfandrecht und damit eine Verwertbarkeit erst nach Geltendmachung des Pflichtteilsanspruchs entsteht.[464] Darüber hinaus muss der Berechtigte ohnehin damit rechnen, dass seine Gläubiger nach Geltendmachung des Pflichtteilsanspruchs auf diesen zugreifen[465], sodass auch nicht in seine Entscheidungsfreiheit eingegriffen werden kann.

Festzuhalten ist damit zunächst, dass eine Pfändung des Pflichtteilsanspruchs im Wege der Einzelzwangsvollstreckung bereits vor seiner vertraglichen Anerkennung oder Rechtshängigkeit möglich ist. Gepfändet wird hier aber nicht ein bedingter Anspruch; dies wäre unzulässig. Auch wird nicht ein in seiner

---

Rn. 273b m.w.N. Kann der Gläubiger bereits bei Antragstellung beweisen, dass die Voraussetzungen des § 852 Abs. 1 ZPO eingetreten sind, so kann der Überweisungsbeschluss zugleich mit dem Pfändungsbeschluss ergehen, *Hintzen*, WuB 2009, 571, 573. Ausführliche Hinweise zu den Anforderungen des Pfändungsantrags finden sich bei *Kuchinke*, NJW 1994, 1769, 1770.

462 *Floeth*, FamRZ 2010, 460, 461.

463 Dass die Entscheidungsfreiheit des Pflichtteilsberechtigten bei § 852 Abs. 1 ZPO im Vordergrund steht, ergibt sich darüber hinaus aus der Entstehungsgeschichte dieser Norm, vgl. dazu die sehr anschauliche Kurzzusammenfassung von *Schubert*, JR 1994, 419, 420.

464 *Wax*, LM H. 11/1993 § 852 ZPO Nr. 1 Bl. 4; vgl. auch *Kuchinke*, NJW 1994, 1769, 1771.

465 *Hannich*, S. 125.

Entstehung aufschiebend bedingter Anspruch gepfändet. Gepfändet wird vielmehr ein vollwertiger Anspruch, der lediglich in seiner Verwertbarkeit durch die Erfüllung der Voraussetzungen des § 852 Abs. 1 ZPO aufschiebend bedingt ist.[466]

Fraglich ist allerdings, ob diese Erwägungen auch uneingeschränkt auf das Insolvenzverfahren übertragen werden können, mit der Folge, dass der Pflichtteilsanspruch bereits vor seiner vertraglichen Anerkennung oder Rechtshängigkeit zur Insolvenzmasse (§§ 35, 36 InsO) gehört. Diese Frage wird unterschiedlich beantwortet.

Die überwiegende Ansicht in Rechtsprechung und Literatur orientiert sich insofern an der Rechtsprechung des BGH i.R.d. Einzelzwangsvollstreckung und stellt heraus, dass § 852 Abs. 1 ZPO einem bedingten Insolvenzbeschlag nicht entgegenstehe.[467] Demgegenüber spricht sich eine beachtliche Gegenansicht, auf die auch das LG Göttingen in der hier besprochenen Entscheidung Bezug nimmt, gegen eine Beschlagnahmewirkung im Insolvenzverfahren vor Geltendmachung des Pflichtteilsanspruchs aus.[468] Folge dieser Ansicht wäre, dass bei einer Geltendmachung während der Wohlverhaltensphase „nur" der Halbteilungsgrundsatz des § 295 Abs. 1 Nr. 2 InsO gelten würde. Insbesondere *Lüke* beruft sich insoweit vornehmlich darauf, dass es der Rangwahrung der Pfändung, die durch

---

466 *Wax*, LM H. 11/1993 § 852 ZPO Nr. 1 Bl. 4.

467 Vgl. BGH, Beschl. v. 18.12.2008 – IX ZB 249/07, ZInsO 2009, 299, 300 Rn. 14; MünchKomm/*Siegmann*, InsO, 2. Aufl., Anh. zu § 315 Rn. 27; Uhlenbruck/*Hirte*, InsO, 13. Aufl., § 35 Rn. 201; Jaeger/*Windel*, InsO, § 83 Rn. 15; *Häsemeyer*, Rn. 9.10; Kreft/*Kayser*, InsO, § 83 Rn. 3; HambKomm/*Kuleisa*, InsO, 4. Aufl., § 83 Rn. 8; Braun/*Kroth*, InsO, § 83 Rn. 6; Staudinger/*Haas*, BGB, § 2317 Rn. 58; *Vallender*, WuB 2011, 223; *Haas*/*Vogel*, KTS 2011, 387, 388; *Hannich*, S. 170; *Kießner*, FD-InsR 2011, 313567; *Floeth*, FamRZ 2011, 1399; *Storz*, EWiR 2011, 157, 158; *Keim*, ZEV 1998, 127, 128; *Herrler*, NJW 2011, 2258, 2261; *Geitner*, S. 23; *Klumpp*, ZEV 1998, 123, 126. So bereits zur GesO: OLG Brandenburg, Beschl. v. 31.10.1998 – 10 W 44/97, FamRZ 1999, 1436.

468 Vgl. KPB/*Lüke*, InsO, § 83 Rn. 12; Uhlenbruck/*Uhlenbruck*, InsO, 13. Aufl., § 83 Rn. 11; FK-InsO/*App*, § 83 Rn. 12; NR/*Andres*, InsO, § 35 Rn. 62 und § 36 Rn. 34; *Haarmeyer*/*Wutzke*/*Förster*, Handbuch, Kap. 5 Rn. 81: Nur bei Geltendmachung des Pflichtteilsanspruchs durch den Schuldner gehöre der Anspruch zur Insolvenzmasse. Ebenso *Becker*, jurisPR-FamR 19/2010 Anm. 7. *Becker* rät dem Schuldner an dieser Stelle, den Pflichtteilsanspruch erst nach Verfahrensaufhebung und bestenfalls erst nach Ablauf der Wohlverhaltensphase geltend zu machen, sofern dieser bis dahin nicht verjährt ist. So wohl auch *Sternal*, NZI 2011, 465, 468. Ebenso noch MünchKomm/*Schumann*, InsO, 2. Aufl., § 83 Rn. 13 und MünchKomm/*Peters*, InsO, 2. Aufl., § 36 Rn. 53 . Diese Ansicht scheinen beide jedoch mittlerweile aufgegeben zu haben, vgl. MünchKomm/*Schumann*, InsO, 3. Aufl., § 83 Rn. 16 und MünchKomm/*Peters*, InsO, 3. Aufl., § 35 Rn. 430.

die einschränkende Auslegung des § 852 ZPO bezweckt wird, im Insolvenzverfahren wegen der Gleichrangigkeit der Gläubiger nicht bedürfe. Daher solle es im Insolvenzverfahren auf eine Geltendmachung des Pflichtteilsanspruchs ankommen.[469]

Die zuletzt genannte Ansicht überzeugt jedoch nicht. Insofern wird übersehen, dass mit § 36 InsO ein Gleichlauf mit den Vorschriften der Einzelzwangsvollstreckung erzeugt wird. Der Insolvenz und der Einzelzwangsvollstreckung liegt damit grundsätzlich ein einheitliches materielles Haftungsprinzip zugrunde.[470] Warum sollte eine Pfändung im Wege der Einzel-, nicht aber im Wege der Gesamtvollstreckung möglich sein? Dieses Ergebnis ist nicht überzeugend. Die teleologische Reduktion des § 852 Abs. 1 ZPO hat daher nicht nur für die Einzel-, sondern über § 36 InsO auch für die Gesamtvollstreckung i.R.d. InsO Bedeutung.[471] Daher verdient die überwiegende Ansicht den Vorzug, sodass auch der noch nicht geltend gemachte Pflichtteilsanspruch dem Insolvenzbeschlag unterliegt und somit zur Insolvenzmasse gehört. Dass dieser Anspruch nicht sofort verwertbar ist, sondern erst nach Geltendmachung durch den Pflichtteilsberechtigten, ändert nichts an der Zugehörigkeit zur Insolvenzmasse. Der BGH verweist an dieser Stelle auf seine Rechtsprechung zur Testamentsvollstreckung und stellt zutreffend fest, dass die sofortige Verwertbarkeit keine Voraussetzung für die Zugehörigkeit eines Vermögensgegenstandes zur Masse sei.[472] Ebenso ist es für die Zuordnung zur Insolvenzmasse unschädlich, dass der Pflichtteilsanspruch nicht vom Verwalter, sondern nur vom Schuldner geltend gemacht werden kann.[473]

---

469 KPB/*Lüke*, InsO, § 83 Rn. 12.

470 *Hannich*, S. 167 m.w.N.

471 Vgl. auch *Haas*/*Vogel*, KTS 2011, 387, 388.

472 BGH, Beschl. v. 2.12.2010 – IX ZB 184/09, ZIP 2011, 135, 136 Rn. 9 unter Verweis auf BGH, Urt. v. 11.5.2006 – IX ZR 42/05, BGHZ 167, 352 ff., m. zust. Anm. *Stahlschmidt*, EWiR 2006, 659, 660; *Wehdeking*, jurisPR-InsR 15/2006 Anm. 4; *Siegmann*, ZEV 2006, 408; *Tetzlaff*, WuB 2006, 663, 664. Vgl. auch HambKomm/*Kuleisa*, InsO, 4. Aufl., § 83 Rn. 5 und *Geitner*, S. 247 f. In diesem Urteil stellte der Senat zutreffend heraus, dass auch ein der Testamentsvollstreckung unterliegender Nachlass (unter Beachtung des § 83 InsO) in die Insolvenzmasse falle. Der Verwalter könne den Nachlass jedoch bis zur Beendigung der Testamentsvollstreckung nicht verwerten. Der unter Testamentsvollstreckung stehende Nachlass bilde eine Sondermasse, vgl. auch *Messner*, ZVI 2004, 433, 437. Krit. zur Bildung einer Sondermasse dagegen *Kesseler*, RNotZ 2006, 474, 475 f.

473 BGH, Beschl. v. 25.6.2009 – IX ZB 196/08, ZInsO 2009, 1461, 1462 Rn. 8; LG Münster, Beschl. v. 13.7.2009 – 5 T 296/09, NZI 2009, 657, 658.

Für das Insolvenzverfahren – und damit auch für die Nachtragsverteilung – bedeutet die einschränkende Auslegung des § 852 Abs. 1 ZPO Folgendes: Bei einem Erbfall vor oder während des eröffneten Insolvenzverfahrens gehört der Pflichtteilsanspruch zur Insolvenzmasse und unterliegt dem Insolvenzbeschlag. Durch die Zuordnung des Pflichtteilsanspruchs zur Insolvenzmasse verliert der Schuldner somit nach § 80 Abs. 1 InsO die Verfügungsbefugnis über den Anspruch, sodass er diesen beispielsweise nicht abtreten oder veräußern kann. Der Verlust der Verfügungsbefugnis führt jedoch nicht dazu, dass dem Schuldner auch die Befugnis zur Geltendmachung des Pflichtteilsanspruchs entzogen wird.[474] Diese Befugnis verbleibt aufgrund des Schutzzwecks des § 852 Abs. 1 ZPO (Schutz der familiären Verbundenheit) beim Schuldner, sodass es dem Verwalter selbst nicht möglich ist, eine Anerkennung herbeizuführen. Der Schuldner ist hier in seiner Entscheidungsbefugnis, ob er den Anspruch geltend machen will oder nicht, vollkommen frei.[475] Er kann weder zu einer Geltendmachung während des laufenden Insolvenzverfahrens gezwungen werden noch benötigt

474 OLG Brandenburg, Beschl. v. 31.10.1998 – 10 W 44/97, FamRZ 1999, 1436; Staudinger/*Haas*, BGB, § 2317 Rn. 58; MünchKomm/*Lange*, BGB, § 2317 Rn. 26; Uhlenbruck/*Hirte*, InsO, 13. Aufl., § 35 Rn. 202; HambKomm/*Kuleisa*, InsO, 4. Aufl., § 83 Rn. 8; *Kuchinke*, NJW 1994, 1769, 1771; *Floeth*, FamRZ 2011, 1399; *Klumpp*, ZEV 1998, 123, 126; *Hannich*, S. 171.

475 Vgl. BGH, Beschl. v. 18.12.2008 – IX ZB 249/07, ZInsO 2009, 299, 300 Rn. 14; OLG Brandenburg, Beschl. v. 31.10.1998 – 10 W 44/97, FamRZ 1999, 1436 zur GesO. Die alleinige Entscheidungskompetenz des Schuldners ist auch interessengerecht. Viele Kinder fordern ihren Pflichtteil bspw. nicht ein, da insbesondere beim Tod eines Elternteils vielfach der überlebende Ehegatte finanziell überfordert wäre, wenn er die Pflichtteilsansprüche der Kinder in Geld bedienen müsste, vgl. *Bartsch*, jurisPR-BKR 11/2009 Anm. 2. Die vollkommene Entscheidungsfreiheit des Schuldners zeigt sich auch darin, dass nach wohl einhelliger Ansicht die Nichtgeltendmachung des Anspruchs nicht der Gläubiger- oder Insolvenzanfechtung unterliegt, BGH, Urt. v. 6.5.1997 – IX ZR 147/96, NJW 1997, 2384; m. zust. Anm. *Smid*, LM H. 10/1997 § 1 AnfG Nr. 7 Bl. 2; *Gerhardt*, EWiR 1997, 683, 684; *Jedzig*, WuB 1997, 1007, 1009. Vgl. auch *Floeth*, FamRZ 2010, 460, 461; *Bartels*, KTS 2003, 41, 60; *Geitner*, S. 24; MünchKomm/*Smid*, ZPO, § 852 Rn. 6; Staudinger/*Haas*, BGB, § 2317 Rn. 57. So bereits zur KO: *Windel*, KTS 1995, 367, 389. Darüber hinaus stellt die Nichtgeltendmachung auch keine Obliegenheitsverletzung gem. § 295 InsO dar, vgl. BGH, Beschl. v. 25.6.2009 – IX ZB 196/08, ZInsO 2009, 1461, 1462 Rn. 13 f., m. zust. Anm. *Kiesbye*, jurisPR-InsR 19/2009 Anm. 2; *Floeth*, FamRZ 2010, 460, 461; *Bartsch*, jurisPR-BKR 11/2009 Anm. 2. Erneut bestätigt in: BGH, Beschl. v. 10.3.2011 – IX ZB 168/09, Rpfleger 2011, 455. So bereits *Bartels*, KTS 2003, 41, 67.

er bei einem Verzicht auf seinen Anspruch eine Zustimmung des Verwalters[476]. Der Verwalter ist somit hinsichtlich der Herbeiführung der Verwertbarkeit auf die Mitwirkung des Schuldners angewiesen. Sofern der Schuldner seinen Pflichtteilsanspruch nicht bereits vor oder während des laufenden Insolvenzverfahrens verfolgt, ist es dem Verwalter nicht möglich, diesen Anspruch während des laufenden Insolvenzverfahrens zu verwerten. Macht der Schuldner diesen Anspruch aber nach Verfahrensaufhebung geltend, so kann dieser Anspruch Gegenstand einer Nachtragsverteilung sein. Demgegenüber findet § 295 Abs. 1 Nr. 2 InsO keine Anwendung, da es sich aufgrund der vorherigen Massezugehörigkeit nicht um einen Neuerwerb während der Wohlverhaltensphase handelt.[477] Durch die spätere Nachtragsanordnung wird auch nicht in das Bestimmungsrecht des Schuldners eingegriffen, da eine Nachtragsverteilung erst dann in Betracht kommt, wenn der Schuldner den Anspruch bereits geltend gemacht hat.[478]

Die Voraussetzungen für eine Anordnung nach § 203 Abs. 1 Nr. 3 InsO liegen im Falle einer späteren Geltendmachung des Pflichtteilsanspruchs auch unproblematisch vor. Oben[479] wurde bereits ausführlich dargestellt, dass § 203 Abs. 1 Nr. 3 InsO auch Gegenstände erfasst, von denen der Verwalter bereits im eröffneten Verfahren Kenntnis hatte. Folgerichtig erfasst diese Regelung daher auch Fälle, in denen der Verwertung eines Gegenstandes während des laufenden Insolvenzverfahrens ein rechtliches Hindernis (hier: § 852 ZPO) entgegenstand, welches nach dem Schlusstermin wegfällt.[480]

Da der Pflichtteilsanspruch zur Insolvenzmasse gehört und somit einer Nachtragsverteilung nach § 203 Abs. 1 Nr. 3 InsO zugänglich ist, hat der Schuldner auch nicht die Möglichkeit, das Ende des Insolvenzverfahrens abzuwarten, um diesen Anspruch sodann an seinen Gläubigern vorbei zu seinem beschlagnahmefreien Vermögen zu ziehen.[481]

---

476 *Goltzsche*, DNotZ 2009, 865, 867.

477 LG Münster, Beschl. v. 13.7.2009 – 5 T 296/09, NZI 2009, 657, 658; Braun/*Kießner*, InsO, § 203 Rn. 12; *Haas/Vogel*, KTS 2011, 387, 391. Während des laufenden Insolvenzverfahrens gilt die Verpflichtung des § 295 Abs. 1 Nr. 2 InsO nicht, sondern der gesamte Erwerb von Todes wegen unterfällt nach §§ 35, 36 InsO der Insolvenzmasse, *Kesseler*, RNotZ 2006, 474.

478 BGH, Beschl. v. 2.12.2010 – IX ZB 184/09, ZIP 2011, 135, 136 Rn. 10; *Floeth*, FamRZ 2011, 1399, 1400; *Storz*, EWiR 2011, 157, 158.

479 Vgl. den Abschnitt Teil 4., B., III., 2.

480 BGH, Beschl. v. 2.12.2010- IX ZB 184/09, ZIP 2011, 135, 136 Rn. 11; Jaeger/*Meller-Hannich*, InsO, § 203 Rn. 9; *Floeth*, FamRZ 2011, 1399; *Haas/Vogel*, KTS 2011, 387, 391.

481 Vgl. HambKomm/*Kuleisa*, InsO, 4. Aufl., § 83 Rn. 8; *Vallender*, WuB 2011, 223; *Schmerbach*, InsbürO 2011, 73. *Kießner* schlägt an dieser Stelle vor, dass der Schuldner

Zusammenfassend ist folglich festzuhalten, dass das LG Göttingen in seiner Entscheidungsbegründung nicht nur die ständige Rechtsprechung des BGH zur teleologischen Reduktion des § 852 Abs. 1 ZPO i.R.d. Einzelzwangsvollstreckung übersieht, sondern auch an keiner Stelle auf diese Rechtsprechung eingeht. Da die Entscheidung des LG Göttingen unvereinbar mit der ständigen Rechtsprechung des BGH ist[482], ist sie unter jedem Gesichtspunkt abzulehnen. Dagegen ist der Entscheidung des BGH im Ergebnis uneingeschränkt zuzustimmen.[483] Für die Zugehörigkeit des Pflichtteilsanspruchs zur Insolvenzmasse kommt es daher nur auf den Zeitpunkt des Entstehens dieses Anspruchs, mithin den Todeszeitpunkt des Erblassers, nicht hingegen auf die Geltendmachung durch den Berechtigten an. Macht der Berechtigte den Pflichtteilsanspruch erst nach Verfahrensaufhebung geltend, so kann eine Nachtragsverteilung nach § 203 Abs. 1 Nr. 3 InsO angeordnet werden. Entscheidend für die Anordnung der Nachtragsverteilung gem. § 203 Abs. 1 Nr. 3 InsO ist somit lediglich, dass die Voraussetzungen des § 852 Abs. 1 ZPO „irgendwann" eingetreten sind.[484] Auch wenn man durchaus daran zweifeln kann, ob der Schuldner bei einem Erbfall vor oder während des Insolvenzverfahrens überhaupt noch ein wirtschaftliches Interesse an der Geltendmachung des

dieses Ergebnis dadurch vermeiden könne, dass er den Anspruch erst nach Ablauf der Wohlverhaltensperiode geltend macht, Braun/*Kießner*, InsO, § 203 Rn. 12. Hierbei übersieht *Kießner* jedoch, dass dies ebenfalls nichts an der Massezugehörigkeit des Pflichtteilsanspruchs ändert und eine Nachtragsverteilung, wie oben gezeigt, keiner zeitlichen Befristung unterliegt. Macht der Schuldner den Pflichtteilsanspruch irgendwann nach Verfahrensaufhebung geltend, so kann hier eine Nachtragsverteilung nach § 203 Abs. 1 Nr. 3 InsO hinsichtlich des gesamten Anspruchs angeordnet werden. *Kießners* Vorschlag gilt somit nur für den Fall, dass der Erbfall während der Wohlverhaltensperiode eintritt.

482 Jaeger/*Meller-Hannich*, InsO, § 203 Rn. 9 Fn. 37.

483 So auch die h.A. in der Literatur, vgl. *Jahreis*, jurisPR-FamR 14/2011 Anm. 2; *Floeth*, FamRZ 2011, 1399, 1400; *Haas/Vogel*, KTS 2011, 387, 391; *Vallender*, WuB 2011, 223, 224; *Kießner*, FD-InsR 2011, 313567; *Litzenburger*, FD-ErbR 2011, 313626; *Schmerbach*, InsbürO 2011, 188; *Lindner*, jurisPR-BGHZivilR 7/2011 Anm. 3; *Reul*, ZEV 2011, 88, 89; *Schmerbach*, InsbürO 2011, 73; *Storz*, EWiR 2011, 157, 158; *Smid*, Handbuch, § 13 Rn. 5; Jaeger/*Meller-Hannich*, InsO, § 203 Rn. 9; Braun/*Kießner*, InsO, § 203 Rn. 12; HambKomm/*Kuleisa*, InsO, 4. Aufl., § 83 Rn. 8. So bereits vor der Entscheidung des BGH vom 2.12.2010: Uhlenbruck/*Hirte*, InsO, 13. Aufl., § 35 Rn. 202.

484 *Reul*, ZEV 2011, 88.

Pflichtteilsanspruchs haben kann[485], so kann es dennoch Fallgestaltungen geben, in denen sich die Geltendmachung für den Berechtigten lohnt.

In diesem Zusammenhang ist abschließend noch Folgendes zu beachten: Da der Schuldner seine Verfügungsbefugnis mit Beendigung des Verfahrens zurückerhält, kann er seinen Pflichtteilsanspruch ab diesem Zeitpunkt auch wirksam abtreten, § 2317 Abs. 2 BGB. Auch wenn eine Abtretung des Anspruchs als Geltendmachung i.S.d. § 852 Abs. 1 ZPO gewertet wird[486], so würde eine erst nach der Abtretung erfolgte Nachtragsanordnung allerdings zu spät kommen, da der Pflichtteilsanspruch bereits rechtswirksam aus dem Vermögen des Schuldners ausgeschieden ist.[487] In diesen Fällen könnte lediglich analog § 2111 BGB auf eine etwaige Gegenleistung im Wege der Nachtragsverteilung zugegriffen werden.[488] Dieses Ergebnis ließe sich nur dadurch vermeiden, dass der Pflichtteilsanspruch bereits vor Verfahrensaufhebung einer späteren Nachtragsverteilung vorbehalten wird. In diesem Fall wäre nämlich bereits die Verfügung des Schuldners nach § 81 InsO unwirksam und eine Nachtragsverteilung käme nunmehr aufgrund der Geltendmachung des Anspruchs durch den Schuldner in Betracht.[489] Auch wenn es durchaus fraglich ist, ob der Schuldner seinen Anspruch in diesem Fall überhaupt jemals geltend machen wird, so sollte der Verwalter dennoch bei Kenntnis von dem Erbfall darauf hinwirken, dass ein solcher Nachtragsvorbehalt geregelt wird.

---

485 Vgl. *Vallender*, WuB 2011, 223, 224; *Wax*, LM H. 11/1993 § 852 ZPO Nr. 1 Bl. 4. Der Schuldner hat bei einem Erbfall vor Verfahrensaufhebung zu bedenken, dass die Geltendmachung des Pflichtteilsanspruchs in erster Linie seinen Gläubigern zugutekommt, *Lindner*, jurisPR-BGHZivilR 7/2011 Anm. 3.

486 Vgl. *Gerhardt*, EWiR 1993, 1141, 1142; *Hannich*, S. 14 m.w.N.; MünchKomm/*Smid*, ZPO, § 852 Rn. 3; *Stöber*, Rn. 272; Prütting/Gehrlein/*Ahrens*, ZPO, § 852 Rn. 4; Zöller/*Stöber*, ZPO, § 852 Rn. 2; Staudinger/*Haas*, BGB, § 2317 Rn. 51; MünchKomm/*Lange*, BGB, § 2317 Rn. 16; *Klumpp*, ZEV 1998, 123, 124. Eingeschränkt auf die Fälle einer wirtschaftlichen Verwertung dagegen *Schubert*, JR 1994, 419, 420.

487 *Haas*/*Vogel*, KTS 2011, 387, 392.

488 Vgl. zu § 2111 BGB analog die Ausführungen im Abschnitt Teil 4., B., IV., 1. Genau genommen hätte eine solche Surrogation auch vom LG Göttingen in der hier besprochenen Entscheidung untersucht werden müssen, da dort der Pflichtteilsanspruch durch Zahlung der 6.300 EUR bereits erfüllt wurde.

489 *Haas*/*Vogel*, KTS 2011, 387, 392; vgl. auch *Kießner*, FD-InsR 2011, 313567

Zuletzt soll zudem noch kurz darauf hingewiesen werden, dass die soeben aufgezeigten Erwägungen auch für den Fall einer vor oder während des Verfahrens angefallenen Erbschaft oder eines Vermächtnisses gelten.[490] Die Erbschaft bzw. das Vermächtnis fällt nämlich ebenfalls bereits vor der Annahme nach § 35 InsO in die Insolvenzmasse, sodass die Nachlassgegenstände vom Insolvenzbeschlag erfasst werden.[491] Der Verwalter kann den Nachlass jedoch so lange nicht verwerten, bis nicht der Schuldner die Annahme der Erbschaft bzw. des Vermächtnisses erklärt hat, § 83 Abs. 1 InsO.[492] Erklärt der Schuldner die Annahme erst nach Verfahrensaufhebung, so kommt aber auch in diesen Fällen eine spätere Nachtragsverteilung gem. § 203 Abs. 1 Nr. 3 InsO in Betracht.[493]

---

490 *Jahreis*, jurisPR-FamR 14/2011 Anm. 2; *Reul*, ZEV 2011, 88, 89; *Herrler*, NJW 2011, 2258, 2261; *Geitner*, S. 300 f.; *Messner*, ZVI 2004, 433, 439.

491 Streitig, so aber: LSZ/*Smid*, InsO, § 83 Rn. 1; FK-InsO/*App*, § 83 Rn. 4; *Herrler*, NJW 2011, 2258, 2260. Anders dagegen: KPB/*Lüke*, InsO, § 83 Rn. 2; NR/*Wittkowski*/*Kruth*, InsO, § 83 Rn. 4. So auch *Krauß*, NotBZ 2011, 212, 214, der deshalb auch eine Nachtragsverteilung bei späterer Annahme des Vermächtnisses ablehnt. Diese Ansicht überzeugt jedoch nicht. Für eine Erbschaft oder ein Vermächtnis kann richtigerweise nichts anderes gelten, als für den Pflichtteilsanspruch. Auch § 83 InsO will nur die höchstpersönliche Entscheidungsfreiheit des Schuldners gewährleisten, *Herrler*, NJW 2011, 2258, 2260.

492 Vgl. Kreft/*Kayser*, InsO, § 83 Rn. 8.

493 Zu beachten ist allerdings, dass der Schuldner mit Annahme der Erbschaft auch die Verbindlichkeiten des Erblassers übernimmt. Ist der Nachlass überschuldet, sind hier getrennte Vermögensmassen zu bilden und der Verwalter hat ggf. Nachlassverwaltung oder Nachlassinsolvenz zu beantragen, vgl. Kreft/*Kayser*, InsO, § 83 Rn. 9; KPB/*Lüke*, InsO, § 83 Rn. 6 ff.; FK-InsO/*App*, § 83 Rn. 6. In diesen Fällen erübrigt sich somit eine Nachtragsverteilung, da aus dem Nachlass regelmäßig keine weitere Masse realisiert werden kann.

3. *Notwendigkeit der Nachtragsverteilung bei Steuererstattungsansprüchen während der Wohlverhaltensphase? – BGH, Beschl. v. 12.1.2006 – IX ZB 239/04*

Es entspricht mittlerweile gefestigter Auffassung des VII. Senats des BFH[494], des BGH[495] und der überwiegenden Ansicht[496], dass Steuererstattungsansprüche dann Bestandteil der Insolvenzmasse sind, wenn der Rechtsgrund für die Erstattung vor oder während des eröffneten Insolvenzverfahrens gelegt wurde. Es kommt demnach nicht auf den Zeitpunkt der Vollrechtsentstehung nach steuerrechtlichen Grundsätzen, sondern ausschließlich auf insolvenzrechtliche Grundsätze an.[497]

---

494 So bereits zur KO: BFH, Urt. v. 22.5.1979 – VIII R 58/77, BFHE 128, 146, 148; BFH, Urt. v. 9.2.1993 – VII R 12/92, BFHE 170, 300, 301, m. zust. Anm. *Frotscher*, EWiR 1993, 793, 794 (krit. allerdings hinsichtlich der Aufrechnungsmöglichkeit des Fiskus); BFH, Urt. v. 6.2.1996 – VII R 116/94, BFHE 179, 547, 551, m. zust. Anm. *Braun*, EWiR 1996, 505, 506. Auch unter Geltung der InsO hat der BFH diese Rspr. ausdrücklich aufrechterhalten, vgl. BFH, Urt. v. 5.10.2004 – VII R 69/03, BFHE 208, 10, 13, m. zust. Anm. *Onusseit*, EWiR 2005, 475, 476; BFH, Urt. v. 16.11.2004 – VII R 75/03, BFHE 208, 296, 301; BFH, Urt. v. 31.5.2005 – VII R 74/04, BFH/NV 2005, 1745, 1746; BFH, Beschl. v. 7.6.2006 – VII B 329/05, BFHE 212, 436, 438; m. Anm. *Rüsken*, BFH/PR 2006, 408; BFH, Urt. v. 28.2.2012 – VII R 36/11, BFHE 236, 202, 204 Rn. 10 (diese Entscheidung wird ausführlich im Kapitel Teil 6., A., I. dargestellt).

495 BGH, Beschl. v. 12.1.2006 – IX ZB 239/04, ZIP 2006, 340, 341, m. zust. Anm. *Beck*, EWiR 2006, 245, 246; *Rattunde*, jurisPR-InsR 4/2007 Anm. 3; *Stahlschmidt*, StuB 2006, 462, 464; *Hintzen*, WuB 2006, 518.

496 Vgl. AG Göttingen, Beschl. v. 27.2.2001 – 74 IK 136/00, NZI 2001, 270, 271; AG Dortmund, Beschl. v. 21.3.2002 – 257 IK 17/00, ZInsO 2002, 685; MünchKomm/*Peters*, InsO, 3. Aufl., § 35 Rn. 422; LSZ/*Smid*, InsO, § 203 Rn. 6a; NR/*Andres*, InsO, § 35 Rn. 59a; Uhlenbruck/*Hirte*, InsO, 13. Aufl., § 35 Rn. 181 f.; FK-InsO/*Kießner*, § 203 Rn. 14; *Ladiges*, ZInsO 2011, 1001; *Pluta/Heidrich*, jurisPR-InsR 20/2006 Anm. 5; *Meyer*, EFG 2006, 1142; *Bähr/Smid*, S. 76; *Onusseit*, ZInsO 2005, 638; 640; *Mihm*, AOStB 2005, 167, 168; *Grote*, ZInsO 2001, 452, 453; *Urban*, DGVZ 1999, 104, 107; *Nayel*, ZInsO 2011, 153; *Lissner*, BB 2013, 1495. Zum Aufteilungsmaßstab bei anteiliger Steuererstattung (beispielsweise bei einem Steuererstattungsanspruch aus dem Jahre 2010, wenn innerhalb dieses Jahres das Verfahren aufgehoben wurde) vgl. die Ausführungen von *Nayel*, ZInsO 2011, 153, 155 f. Krit. dagegen *Welsch*, DZWIR 2006, 406, 408. Ebenfalls krit. *Gleichstein*, NZI 2006, 624, 626, der darauf aufmerksam macht, dass diese Rspr. in Fällen, in denen sich eine konkrete Steuerzahlung in einer späteren Erstattung nicht wiederfinden lässt, dogmatisch unmöglich sei.

497 Diese Rspr. führt in den meisten Fällen i.d.R. zur Massemehrung. Sie führt aber auch dazu, dass das Aufrechnungsverbot des § 96 Abs. 1 Nr. 1 InsO nicht eingreift und

Der Rechtsgrund für die Erstattung von Einkommenssteuer wird bereits mit der Leistung der Vorauszahlungen gelegt, da der Steuerpflichtige bereits zu diesem Zeitpunkt einen Anspruch auf Erstattung der Vorauszahlungen unter der aufschiebenden Bedingung erhält, dass am Jahresende die geschuldete Einkommenssteuer geringer ist als die Summe der Vorauszahlungen.[498] Gleiches gilt für andere Steuerarten wie beispielsweise die Kraftfahrzeugsteuer[499] (für den Fall, dass das Fahrzeug innerhalb des gezahlten Jahres entweder vom Schuldner oder vom Verwalter abgemeldet wird), die Vermögenssteuer[500], die Körperschaftssteuer[501] und die Umsatzsteuer[502].

Aufgrund der Massezugehörigkeit können Steuererstattungsansprüche auch unproblematisch für eine Nachtragsverteilung in Betracht kommen[503], wobei sie auch einer späteren Nachtragsverteilung vorbehalten werden können. Werden die Erstattungsansprüche erst nach Verfahrensaufhebung ermittelt, so kommt

---

sich der Fiskus als Insolvenzgläubiger durch Aufrechnung befriedigen kann, vgl. nur BFH, Urt. v. 31.5.2005 – VII R 74/04, BFH/NV 2005, 1745, 1746, dazu *Rattunde*, jurisPR-InsR 6/2006 Anm. 4; BFH, Urt. v. 5.10.2004 – VII R 69/03, BFHE 208, 10, 14 f.

498 So die ständige Rspr., vgl. nur BFH, Urt. v. 22.5.1979 – VIII R 58/77, BFHE 128, 146, 148; BFH, Urt. v. 9.2.1993 – VII R 12/92, BFHE 170, 300, 302; BFH, Beschl. v. 7.6.2006 – VII B 329/05, BFHE 212, 436, 438. Vgl. auch *Wipperfürth*, InsbürO 2013, 459, 450. Krit. zu der Rechtsfigur eines aufschiebend bedingten Anspruchs dagegen *Weiss*, UR 1994, 232.

499 BFH, Urt. v. 9.2.1993 – VII R 12/92, BFHE 170, 300, 302 f., m. zust. Anm. *Weiss*, UR 1994, 232. BFH, Urt. v. 16.11.2004 – VII R 62/03, BFHE 207, 371, 374; m. teilweise krit. Anm. *Onusseit*, ZInsO 2005, 638, 643.

500 BFH, Urt. v. 9.2.1993 – VII R 12/92, BFHE 170, 300, 304.

501 Vgl. BFH, Urt. v. 29.1.1991 – VII R 45/90, BFH/NV 1991, 791, 792; BFH, Urt. v. 6.2.1996 – VII R 116/94, BFHE 179, 547, 552; FK-InsO/*Kießner*, § 203 Rn. 15.

502 BFH, Urt. v. 4.8.1987 – VII R 11/84, UR 1988, 51, 52; krit. dazu allerdings *Weiss*, UR 1988, 52; *Weiss*, UR 1994, 232. BFH, Urt. v. 31.5.2005 – VII R 74/04, BFH/NV 2005, 1745, 1746; BFH, Urt. v. 16.11.2004 – VII R 75/03, BFHE 208, 296, 301. Anders ist dies aber hinsichtlich eines Vorsteueranspruchs, der auf dem Vergütungsanspruch des vorläufigen Verwalters beruht, FG Nürnberg, Urt. v. 11.10.2005 – II 426/2003, EFG 2006, 1139, 1141, m. krit. Anm. *Meyer*, EFG 2006, 1142; bestätigt durch die Revisionsinstanz BFH, Urt. v. 16.1.2007 – VII R 4/06, BFHE 216, 385.

503 Vgl. auch Jaeger/*Meller-Hannich*, InsO, § 203 Rn. 8; Graf-Schlicker/*Castrup*, InsO, 3. Aufl., § 203 Rn. 6; KPB/*Holzer*, InsO, § 203 Rn. 36; Braun/*Kießner*, InsO, § 203 Rn. 32; Uhlenbruck/*Uhlenbruck*, InsO, 13. Aufl., § 203 Rn. 10; FK-InsO/*Kießner*, InsO, § 203 Rn. 14.

eine Anordnung gem. § 203 Abs. 1 Nr. 3 InsO in Betracht.[504] Wie oben bereits kurz ausgeführt[505], kommt demgegenüber eine Anordnung nach § 203 Abs. 1 Nr. 2 InsO in Betracht, wenn Vorauszahlungen aus der Insolvenzmasse geleistet wurden und später (nach dem Schlusstermin) nichtbenötigte Beträge an die Masse zurückfließen.[506] Für die Anordnung der Nachtragsverteilung ist es im Ergebnis allerdings gleichgültig, auf welchem konkreten Tatbestand des § 203 Abs. 1 InsO die Anordnung basiert[507]; entscheidend ist nur, dass es sich um Massegegenstände handelt, die noch nicht verteilt wurden. Bei Zweifeln kann daher eine genaue Einordnung des jeweiligen Sachverhalts unter einen der drei Tatbestände des § 203 Abs. 1 InsO unterbleiben. Lediglich für den Fall, dass die Erstattungsansprüche erst *nach Aufhebung* des Insolvenzverfahrens *begründet* wurden, scheidet eine Nachtragsverteilung aus, da diese Ansprüche freie Masse des Schuldners darstellen.[508]

Von der bisher untersuchten Frage, ob eine Nachtragsverteilung im Falle von Steuererstattungsansprüchen angeordnet werden kann, ist allerdings die Frage zu trennen, ob es einer solchen überhaupt bedarf. Namentlich geht es hier um Fälle, in denen sich der Schuldner in der Wohlverhaltensphase befindet. Sollten nämlich etwaige Steuererstattungsansprüche bereits von der Abtretungserklärung des § 287 Abs. 2 InsO erfasst werden, so wäre eine Nachtragsverteilung nicht nur unnötig, sondern sogar unzulässig.

Ob Steuererstattungsansprüche allerdings von der Abtretungserklärung erfasst werden, ist streitig.

Mit dieser Frage musste sich der BGH in seiner Entscheidung vom 12.1.2006 auseinandersetzen.[509] Dieser Entscheidung lag folgender Sachverhalt zugrunde: Das vereinfachte Insolvenzverfahren wurde am 24.10.2001 eröffnet und nach Durchführung des Schlusstermins durch Beschluss vom 18.11.2003 aufgehoben.

---

504 Vgl. BFH, Beschl. v. 7.6.2006 – VII B 329/05, BFHE 212, 436, 438. Waren diese Vermögenswerte bereits vor Aufhebung bekannt, so sollte der Verwalter den Insolvenzbeschlag sichern, indem er im Schlusstermin anregt, diese Vermögenswerte einer Nachtragsverteilung vorzubehalten, da anderenfalls die Gefahr eines Masseverlustes durch zwischenzeitige Aufrechnung besteht, *Pluta/Heidrich*, jurisPR-InsR 20/2006 Anm. 5. Vgl. dazu auch die Ausführungen im Abschnitt Teil 6., A.

505 Vgl. Kapitel Teil 4., B., II.

506 Jaeger/*Meller-Hannich*, InsO, § 203 Rn. 8; Graf-Schlicker/*Castrup*, InsO, 3. Aufl., § 203 Rn. 4. *Büteröwe* fasst diesen Fall dagegen unter § 203 Abs. 1 Nr. 1 InsO, vgl. K. Schmidt/*Büteröwe*, InsO, § 35 Rn. 10.

507 Vgl. LG Dresden, Beschl. v. 13.9.2010 – 5 T 712/10, ZInsO 2011, 302.

508 Braun/*Kießner*, InsO, § 203 Rn. 13.

509 BGH, Beschl. v. 12.1.2006 – IX ZB 239/04, ZIP 2006, 340.

Zum Treuhänder im Restschuldbefreiungsverfahren wurde der bisherige Treuhänder bestellt. Für das Jahr 2003 ergab sich ein Einkommenssteuererstattungsanspruch des Schuldners in Höhe von 1.162,00 EUR. Diesen Erstattungsanspruch teilte das Finanzamt anteilig auf und überwies den auf die Zeit vor Verfahrensaufhebung entfallenden Betrag in Höhe von 1.022,90 EUR an die Gerichtskasse und den Restbetrag von 139,10 EUR an den Schuldner. Mit Beschluss vom 19.8.2004 entschied das Insolvenzgericht von Amts wegen, dass auch der an die Gerichtskasse gezahlte Betrag dem Schuldner zustehe. Hiergegen legte der Treuhänder sofortige Beschwerde ein. Daraufhin änderte das Beschwerdegericht den Beschluss des Insolvenzgerichts und stellte fest, dass der Betrag von 1.022,90 EUR dem Treuhänder zustehe, da der Anspruch auf Einkommensteuererstattung von der Abtretungserklärung des § 287 Abs. 2 InsO erfasst werde. Mit seiner Rechtsbeschwerde begehrte der Schuldner die Wiederherstellung der erstinstanzlichen Entscheidung; im Ergebnis mit Erfolg.

Der BGH teilte die Auffassung des Beschwerdegerichts nicht und führte aus, dass der Einkommensteuererstattungsanspruch nicht von der Abtretungserklärung des § 287 Abs. 2 InsO erfasst werde, da er öffentlich-rechtlicher Natur sei und daher nicht den Charakter eines Einkommens habe.[510] Damit unterfalle der streitige Betrag mit Verfahrensaufhebung wieder dem Verfügungsrecht des Schuldners. Das Insolvenzgericht hätte jedoch von Amts wegen die Anordnung der Nachtragsverteilung gem. § 203 Abs. 1 Nr. 3 InsO prüfen müssen. Diese Prüfung habe das Insolvenzgericht nachzuholen.[511] Mit der Anordnung trete dann hinsichtlich dieser Ansprüche erneut die Insolvenzbeschlagnahme ein[512] und die Beträge seien sodann an den Treuhänder auszukehren.

Vorab ist hierzu anzumerken, dass diese Entscheidung keine Neuerung in der Rechtsprechung des BGH ist. Bereits mit Urteil vom 21.7.2005 stellte der BGH heraus, dass der Anspruch auf Erstattung von Lohn- und Einkommensteuerzahlungen nicht von der Abtretungserklärung des § 287 Abs. 2 InsO erfasst werde.[513] Im zugrundeliegenden Sachverhalt befand sich die klagende Schuldnerin nach einem vorangegangenen Verbraucherinsolvenzverfahren seit dem 26.7.2001

---

510 BGH, Beschl. v. 12.1.2006 – IX ZB 239/04, ZIP 2006, 340, 341 Rn. 9.

511 Ob diese „Durchverweisung" an das erstinstanzliche Gericht vorliegend zulässig war, wird hier nicht näher diskutiert. Vgl. dazu die Ausführungen von *Gleichenstein*, NZI 2006, 624.

512 BGH, Beschl. v. 12.1.2006 – IX ZB 239/04, ZIP 2006, 340, 341 Rn. 11.

513 BGH, Urt. v. 21.7.2005 – IX ZR 115/04, BGHZ 163, 391. So zuletzt erneut hervorgehoben in: BGH, Urt. v. 29.3.2012 – IX ZR 116/11, NZI 2012, 513, 514 Rn. 12 und BGH, Beschl. v. 13.2.2014 – IX ZB 23/13, NZI 2014, 312, 313 Rn. 5.

in der Wohlverhaltensphase. Nach Verfahrensaufhebung setzte das Finanzamt Steuererstattungsansprüche für den Veranlagungszeitraum 2000 in Höhe von etwa 430 EUR und für das Jahr 2001 in Höhe von knapp 600 EUR fest, zahlte diese jedoch nicht an die Schuldnerin aus, sondern rechnete mit rückständigen Steuerforderungen auf. Nachdem das AG die Klage auf Zahlung der Steuererstattung abgewiesen und das Berufungsgericht ausgeführt hatte, dass § 96 InsO einer Aufrechnung nicht entgegenstehe, begehrte die Schuldnerin mit ihrer beim BGH eingelegten Revision nach wie vor die Auszahlung der Erstattungsbeträge. Doch auch der BGH sah die Forderung der Schuldnerin als durch Aufrechnung erloschen an. Das Gesetz schließe mit § 294 Abs. 3 InsO lediglich die Aufrechnung durch Insolvenzgläubiger gegen Forderungen aus, die gem. § 287 Abs. 2 InsO von der Abtretung an den Treuhänder erfasst werden. Bei Steuererstattungsansprüchen handle es sich aber nicht um Forderungen des Schuldners auf Bezüge aus einem Dienstverhältnis oder an deren Stelle tretende laufende Bezüge, sodass die Aufrechnung nicht gem. § 294 Abs. 3 InsO ausgeschlossen gewesen sei.[514] Die insoweit teilweise vertretene Gegenansicht treffe nicht zu. Der Anspruch auf Erstattung überzahlter Lohnsteuer habe zwar insofern seinen materiellen Ursprung im Arbeitsverhältnis, als zum Arbeitslohn auch die Lohnsteuer gehört, die der Arbeitgeber einzubehalten und an das Finanzamt abzuführen hat. Nach der Rechtsprechung des BFH wandle sich jedoch die Rechtsnatur des als Lohnsteuer einbehaltenen Betrages aufgrund des Lohnsteueranspruchs des Staates in einen öffentlich-rechtlichen Charakter. Der an den Steuerpflichtigen zu erstattende Betrag erlange daher nicht wieder den Charakter eines Einkommens, das dem Berechtigten aufgrund einer Arbeits- oder Dienstleistung zusteht, auch wenn er wirtschaftlich betrachtet das auf den Veranlagungszeitraum entfallende Einkommen erhöht.[515] Daher würden Steuererstattungsansprüche grundsätzlich nicht der Abtretungserklärung gem. § 287 Abs. 2 InsO unterfallen. Da der InsO keine weiteren Aufrechnungsbeschränkungen zu entnehmen seien, insbesondere § 294 Abs. 1 InsO vorliegend keine Anwendung finde, und auch kein allgemeines Aufrechnungsverbot während der Wohlverhaltensperiode bestehe, sei die Aufrechnung des Finanzamtes wirksam gewesen, sodass die Forderung der Schuldnerin erloschen sei.[516]

---

514 BGH, Urt. v. 21.7.2005 – IX ZR 115/04, BGHZ 163, 391, 392.

515 BGH, Urt. v. 21.7.2005 – IX ZR 115/04, BGHZ 163, 391, 393.

516 BGH, Urt. v. 21.7.2005 – IX ZR 115/04, BGHZ 163, 391, 394 f. So bereits LG Koblenz, Beschl. v. 13.6.2000 – 2 T 162/2000, ZInsO 2000, 507, 508; LG Kiel, Beschl. v. 6.4.2004 – 13 T 150/03, ZInsO 2004, 558. Ebenso FG Münster, Urt. v. 2.9.2005 – 11 K 3099/04 AO, EFG 2005, 1826. Die Verneinung eines generellen Aufrechnungsverbots wurde

Auch schon vor den soeben dargestellten Entscheidungen des BGH entsprach es der überwiegend vertretenen Ansicht in Rechtsprechung und Literatur, dass Steuererstattungsansprüche nicht von der Abtretungserklärung des § 287 Abs. 2 InsO erfasst werden.[517] Die Gegenansicht nahm dagegen an, dass auch Lohn- und Einkommenssteuererstattungsansprüche unter die Regelung des § 287 Abs. 2 InsO fallen würden.[518] Der Begriff der Bezüge in § 287 Abs. 2 InsO sei weit auszulegen, sodass auch eine einmalige Zahlung ausreichend sei, da zumindest ein Bezug zu dem Dienstverhältnis bestehe.[519] Demgegenüber vertrat das AG Göttingen die weitere Ansicht, dass der Erstattungsanspruch zur Hälfte öffentlich-rechtlicher Natur sei und zur anderen Hälfte Arbeitseinkommen darstelle und somit hälftig zwischen Treuhänder und Schuldner während der Wohlverhaltensphase geteilt werden müsse.[520]

---

zum Teil kritisiert, vgl. vor allem *Pape*, WuB 2006, 174, 175 f. und *Beck*, EWiR 2006, 245, 246. Auch *Grote* sprach sich früh für eine Auslegung des § 294 Abs. 1 InsO als Aufrechnungsschutz aus, vgl. *Grote*, ZInsO 2001, 452, 454. Auf dieses Problem soll hier jedoch nicht näher eingegangen werden. Vgl. zum Streit über ein generelles Aufrechnungsverbot während der Wohlverhaltensphase *Fritsche*, DZWIR 2006, 39 f. m.w.N. Auch der BFH sieht eine Aufrechnung des Finanzamtes gegen Lohnsteuererstattungsansprüche während der Wohlverhaltensphase als zulässig an, vgl. BFH, Beschl. v. 4.9.2008 – VII B 239/07, BFH/NV 2009, 6, 7.

517 Vgl. LG Koblenz, Beschl. v. 13.6.2000 – 2 T 162/2000, ZInsO 2000, 507, 508; LG Kiel, Beschl. v. 6.4.2004 – 13 T 150/03, ZInsO 2004, 558; FG Düsseldorf, Beschl. v. 10.11.2004 – 18 K 321/04 AO, ZInsO 2004, 1368, 1369; FG Münster, Urt. v. 12.11.2004 – 11 K 1959/04 AO, EFG 2005, 251; FG Münster, Urt. v. 2.9.2005 – 11 K 3099/04 AO, EFG 2005, 1826; AG Düsseldorf, Beschl. v. 10.8.2005 – 500 IK 10/03, ZInsO 2006, 166; MünchKomm/*Stephan*, InsO, 2. Aufl., § 287 Rn. 40; *Bähr*/*Smid*, S. 76; HWF/*Schmerbach*, InsO, 2. Aufl., § 287 Rn. 13; *Gerigk*, ZInsO 2001, 931, 935; *Grote*, ZInsO 2001, 452, 453; Graf-Schlicker/*Castrup*, InsO, 3. Aufl., § 203 Rn. 6; Graf-Schlicker/*Riedel*, InsO, 3. Aufl., § 211 Rn. 17; KPB/*Holzer*, InsO, § 203 Rn. 26; Braun/*Kießner*, InsO, § 203 Rn. 32; *Henning*, ZInsO 2002, 685, 686. So bereits *Urban*, DGVZ 1999, 104, 108. Offen gelassen von AG Göttingen, Beschl. v. 27.2.2001 – 74 IK 136/00, NZI 2001, 270, 271.

518 Vgl. AG Gifhorn, Urt. v. 12.6.2001 – 2 C 1055/00 (VI), ZInsO 2001, 630. So wohl auch LAG Frankfurt a.M., Urt. v. 15.4.1988 – 13 Sa 1224/87, BB 1989, 295, 296, das den Anspruch insgesamt zivilrechtlich einordnet. Ebenso LAG Hamm, Urt. v. 12.2.1988 – 16 Sa 1834/87, NZA 1989, 529, 530: Der Erstattungsanspruch gehöre zum Arbeitseinkommen. So ebenfalls noch Uhlenbruck/*Vallender*, InsO, 12. Aufl., § 287 Rn. 31. Diese Ansicht hat *Vallender* jedoch mittlerweile aufgegeben, vgl. Uhlenbruck/*Vallender*, InsO, 13. Aufl., § 287 Rn. 31.

519 AG Gifhorn, Urt. v. 12.6.2001 – 2 C 1055/00 (VI), ZInsO 2001, 630.

520 AG Göttingen, Beschl. v. 15.10.2004 – 1 IN 43/02, ZInsO 2005, 222.

Obwohl diese Streitfrage durch die dargestellten Entscheidungen des BGH vom 21.7.2005 und vom 12.1.2006 mittlerweile entschieden sein dürfte, sprechen sich nach wie vor einige Vertreter für eine weite Auslegung des § 287 InsO aus. *Pape* kritisiert an der Entscheidung des BGH vom 21.7.2005 vor allem, dass diese Handhabung zu einer Missbrauchsmöglichkeit seitens der Finanzämter insofern führen könne, als diese dazu animiert werden könnten, Steuern erst nach Verfahrensaufhebung festzusetzen, um sich damit eine Aufrechnungsmöglichkeit zu schaffen.[521] Darüber hinaus bedeute die Entscheidung einen Bruch im Hinblick auf die Gleichbehandlung der Gläubiger.

Trotz dieser Kritik verdient jedoch im Ergebnis die enge Auslegung des § 287 Abs. 2 InsO den Vorzug, da es sich bei Steuererstattungsansprüchen nicht um wiederkehrende Leistungen i.S.d. Vorschrift, sondern um einmalige Leistungen handelt.[522] Da zum Arbeitslohn auch die Lohnsteuer gehört, hängt der Erstattungsanspruch zwar mit dem Arbeitsverhältnis zusammen. Der BGH führt jedoch zutreffend aus, dass der Einkommenssteuererstattungsanspruch einen öffentlich-rechtlichen Charakter aufweist. Der BFH hat bereits im Jahre 1995 herausgestellt, dass sich die Rechtsnatur des einbehaltenen Lohnsteuerbetrages zum Zeitpunkt des Einbehalts durch den Arbeitgeber in einen öffentlich-rechtlichen Anspruch wandle und dieser öffentliche Charakter im Falle eines Erstattungsanspruchs des Steuerpflichtigen nicht verloren gehe.[523] Diese Auffassung verdient insofern Zustimmung, als der Erstattungsanspruch dem Steuerpflichtigen nicht aufgrund des Arbeits- oder Dienstverhältnisses, sondern aufgrund

---

521 *Pape*, WuB 2006, 174, 175: Ungeachtet dieser Kritik sei der Erstattungsanspruch aber nach Ansicht von *Pape* nach Aufhebung an den Insolvenzverwalter zwecks Durchführung einer Nachtragsverteilung auszukehren, da die Aufrechnungsverbote der §§ 95 f. InsO weiter gelten würden. Dieser Ansicht ist hier jedoch unter dem Gesichtspunkt zu widersprechen, dass die §§ 95 f. InsO mangels einer fortdauernden Beschlagnahme ab Verfahrensaufhebung nicht mehr gelten und somit einer Aufrechnung auch nicht entgegenstehen können. Ohne Anordnung der Nachtragsverteilung sind diese Beträge nicht an den Verwalter, sondern an den Schuldner auszukehren.

522 So auch *Gleichenstein*, NZI 2006 624, 626; *Stahlschmidt*, StuB 2006, 462, 464; *Fritsche*, DZWIR 2006, 39, 40; *Lang*, FD-InsR 2006, 182258; *Lessing*, LMK 2005, 158802; *Rattunde*, jurisPR-InsR 4/2007 Anm. 3.

523 BFH, Beschl. v. 13.7.1995 – VII S 1/95, BFH/NV 1996, 10, 12. Fortgeführt in: BFH, Beschl. v. 26.9.1995 – VII B 117/95, BFH/NV 1996, 281, 282; BFH, Beschl. v. 27.10.1998 – VII B 101/98, BFH/NV 1999, 738, 739. Zust. auch *Beck*, EWiR 2006, 245, 246; Uhlenbruck/*Vallender*, InsO, 13. Aufl., § 287 Rn. 31.

öffentlich-rechtlicher Vorschriften zusteht.[524] Laufende Bezüge i.S.d. § 287 Abs. 2 InsO haben ihren Rechtsgrund aber in einem zivilrechtlichen Dienstverhältnis und nicht in einem öffentlich-rechtlichen Steuerschuldverhältnis.[525]

Daher ist zunächst festzuhalten, dass Steuererstattungsansprüche nicht von der Abtretungserklärung des § 287 Abs. 2 InsO erfasst werden und somit zum freien Vermögen des Schuldners gehören. Damit der Treuhänder auf diese Beträge zugreifen und sie an die Gläubiger gleichmäßig verteilen kann, bedarf es somit der Nachtragsanordnung. Dabei ist jedoch auch immer zu beachten, dass sich die Nachtragsverteilung nur auf Bestandteile der (ehemaligen) Insolvenzmasse beziehen kann. Zurückgekehrt auf die hier besprochene Entscheidung des BGH vom 12.1.2006 bedeutet dies, dass eine Nachtragsverteilung nur hinsichtlich der Erstattungsansprüche i.H.v. 1.022,90 EUR zulässig war[526], da nur dieser Erstattungsbetrag aus Vorauszahlungen resultierte, die noch während des eröffneten Insolvenzverfahrens erfolgten, sodass der Rechtsgrund für die Erstattung während des Verfahrens gelegt wurde. Insofern war auch die Entscheidung des Insolvenzgerichts im Ausgangsfall dahingehend, dass die an die Gerichtskasse geleisteten Zahlungen unrechtmäßig seien und diese Beträge dem Schuldner gebühren, im Ergebnis richtig, da eine Nachtragsverteilung noch nicht angeordnet wurde. Der BGH macht jedoch insoweit zutreffend darauf aufmerksam, dass das Insolvenzgericht eine amtswegige Anordnung der Nachtragsverteilung hätte prüfen müssen.[527] Eine solche wäre hinsichtlich des Erstattungsbetrages von 1.022,90 EUR auch gem. § 203 Abs. 1 Nr. 2 InsO unproblematisch zulässig. Ab Anordnung der Nachtragsverteilung werden die Erstattungsbeträge sodann wieder der Beschlagnahme unterworfen und sind an den Insolvenzverwalter/Treuhänder auszuzahlen.[528]

Abschließend noch ein praktischer Hinweis: Da der Schuldner seine Verfügungsbefugnis mit Verfahrensaufhebung zurückerhält, besteht erneut die Gefahr, dass er bereits vor der Anordnung der Nachtragsverteilung wirksam über den

---

524 *Stahlschmidt*, StuB 2006, 462, 464. Vgl. auch AG Dortmund, Beschl. v. 21.3.2002 - 257 IK 17/00, ZInsO 2002, 685: Der Erstattungsanspruch werde pfändungspfandrechtlich nicht wieder zum Arbeitseinkommen.

525 *Gerigk*, ZInsO 2001, 931, 935.

526 Ebenso wohl *Hintzen*, WuB 2006, 518; *Beck*, EWiR 2006, 245, 246; *Rattunde*, jurisPR-InsR 4/2007 Anm. 3. Anders dagegen *Gleichenstein*, NZI 2006, 624, 626, der jedoch insgesamt der Zuordnung der Einkommenssteuererstattungsansprüchen zur Insolvenzmasse kritisch gegenübersteht.

527 Vgl. auch *Bähr/Smid*, S. 76; *Smid*, Handbuch, § 46 Rn. 52.

528 Vgl. *Welsch*, DZWIR 2006, 406, 407; *Wipperfürth*, InsbürO 2013, 459, 451.

Erstattungsanspruch verfügt oder aber das Finanzamt mangels Anwendbarkeit des § 96 InsO gegen den Erstattungsanspruch aufrechnet[529]. Der Praxis ist daher zu raten, in Fällen, in denen mit einem Erstattungsanspruch nach Verfahrensaufhebung zu rechnen ist, diesen Anspruch bereits einer späteren Nachtragsverteilung vorzubehalten, um diesen Vermögenswert einer fortdauernden Beschlagnahme zu unterwerfen.[530] Um dem Bestimmtheitserfordernis zu genügen, ist es hierbei aber nicht erforderlich, dass das Gericht die einzelnen Steuerarten und Erstattungsansprüche genau bezeichnet und beziffert; dies wäre dem Gericht vermutlich auch nicht möglich. Es genügt vielmehr, dass das Gericht den Vorbehalt für sämtliche Steuererstattungsansprüche ausspricht, da aufgrund des zeitlichen Rahmens der Insolvenzbeschlagnahme hinreichend klar geregelt ist, welche Ansprüche gemeint sind.[531]

4. *Nachtragsverteilung bezüglich freigegebener Gegenstände? – LG Dortmund, Beschl. v. 21.6.2010 – 9 T 212/10 und BGH, Beschl. v. 3.4.2014 – IX ZA 5/14*

Das LG Dortmund musste sich in seiner Entscheidung vom 21.6.2010 mit der Frage auseinandersetzen, ob die Nachtragsverteilung auch freigegebene[532] Vermögensgegenstände erfasst.[533] Dieser Entscheidung lag folgender, hier vereinfacht wiedergegebener, Sachverhalt zugrunde: In einem 2004 eröffneten Verbraucherinsolvenzverfahren besaß der Schuldner ein unbewohntes Reihenhaus mit erheblichem Reparaturstau. Der Treuhänder stellte daher fest, dass dieses

---

529 Bis zur Anordnung der Nachtragsverteilung kann das Finanzamt mit Gegenforderungen aufrechnen, da erst ab der Anordnung eine erneute Insolvenzbeschlagnahme und damit auch das allgemeine Aufrechnungsverbot besteht, vgl. dazu BGH, Urt. v. 29.3.2012 – IX ZR 116/11, NZI 2012, 513, 514 Rn. 13.

530 Ein Nachtragsvorbehalt führt i.E. zu einer gegenständlich beschränkten fortdauernden Beschlagnahme, vgl. dazu ausführlich das Kapitel Teil 6., A. Vgl. auch AG Düsseldorf, Beschl. v. 10.8.2005 – 500 IK 10/03, ZInsO 2006, 166, 167. Unterbleibt ein solcher Vorbehalt und hat der Schuldner vor der Anordnung der Nachtragsverteilung wirksam über den Erstattungsanspruch verfügt oder aber das Finanzamt dagegen wirksam aufgerechnet, so kommt hier eine Nachtragsverteilung allerdings analog § 2111 BGB hinsichtlich eines etwaigen Gegenwertes im Vermögen des Schuldners oder aber unter dem Gesichtspunkt der Ersparnis von Aufwendungen in Betracht, vgl. dazu die obigen Ausführungen im Abschnitt Teil 4., B., IV., 1.

531 So zu Recht *Lissner*, BB 2013, 1495, 1496.

532 Ausführliche Hinweise zur Freigabe finden sich bei *Smid*, Handbuch, § 14 Rn. 1 ff.; *Haarmeyer/Wutzke/Förster*, Handbuch, Kap. 5 Rn. 474 ff.

533 LG Dortmund, Beschl. v. 21.6.2010 – 9 T 212/10, ZInsO 2010, 1615.

Objekt derzeit entweder überhaupt nicht oder nur zu einem Veräußerungswert von unter 60.000 EUR verwertet werden könnte. Auf dem Grundstück lastete zudem eine Eigentümergrundschuld über knapp 65.000 EUR, die der Schuldner an einen Gläubiger abgetreten hatte. Der Treuhänder gab daraufhin den Grundbesitz Mitte 2005 aus dem Insolvenzbeschlag frei, da dieser wertausschöpfend belastet war. Durch Beschluss des AG Dortmund wurde Mitte 2007 die Restschuldbefreiung angekündigt und wenig später das Verfahren mangels Masse ohne Schlussverteilung aufgehoben. Kurze Zeit später schloss der Schuldner mit dem Grundschuldgläubiger einen Vergleich, mit dem er gegen Zahlung von 10.000 EUR Forderung und Grundschuld ablöste. Daraufhin beantragte der Treuhänder eineinhalb Jahre später die Nachtragsverteilung gem. § 203 Abs. 1 Nr. 3 InsO hinsichtlich des Grundbesitzes anzuordnen, da der zum Zeitpunkt der Freigabe wertausschöpfend belastete Vermögensgegenstand wieder werthaltig geworden sei. Das AG Dortmund ordnete sodann die Nachtragsverteilung antragsgemäß an. Gegen diese Anordnung richtete sich die sofortige Beschwerde des Schuldners, der das LG Dortmund stattgab. Das Gericht führte aus, dass die Nachtragsverteilung nicht Gegenstände oder Beträge erfasse, über die der Schuldner nach Freigabe wirksam verfügt hat, und verweist hierbei auf die einschlägige Kommentarliteratur.[534] Die rechtswirksame Freigabe hindere insoweit eine spätere Nachtragsverteilung.

Ein ähnlicher Sachverhalt lag auch der Entscheidung des BGH vom 3.4.2014[535] zugrunde. Auch hier hat der Treuhänder im Insolvenzverfahren eine nach seiner Sicht wertausschöpfend belastete Eigentumswohnung freigegeben. Nach Verfahrensaufhebung teilte der Schuldner dem Treuhänder mit, dass der Grundpfandgläubiger die Wohnung mit einem Übererlös von knapp 8.300,00 EUR habe zwangsversteigern lassen und der Übererlös an ihn, den Schuldner, ausgezahlt worden sei. Das Insolvenzgericht ordnete sodann die Nachtragsverteilung auf entsprechenden Antrag des Treuhänders an. Auf die vom Schuldner hiergegen eingelegte sofortige Beschwerde hob das Beschwerdegericht die Anordnung wieder auf. Daraufhin hat der Treuhänder innerhalb der Rechtsbeschwerdefrist beantragt, Prozesskostenhilfe für die beabsichtigte Rechtsbeschwerde zu bewilligen; im Ergebnis jedoch ohne Erfolg. Auch der BGH führte insoweit aus, dass der Nachtragsverteilung nicht solche Gegenstände unterliegen würden, die der Insolvenzverwalter oder Treuhänder bereits wirksam freigegeben hat, da der freigegebene Vermögenswert kein Massegegenstand mehr sei. Daher könne auch

534 LG Dortmund, Beschl. v. 21.6.2010 – 9 T 212/10, ZInsO 2010, 1615.
535 BGH, Beschl. v. 3.4.2014 – IX ZA 5/14, juris.

der später erzielte Verwertungserlös für den freigegebenen Gegenstand nicht Massegegenstand i.S.d. § 203 Abs. 1 Nr. 3 InsO sein.[536]

Diese Ausführungen verdienen vollumfänglich Zustimmung und sind auch in der Literatur (soweit ersichtlich) unumstritten. Die Regelung des § 203 Abs. 1 InsO erfasst grundsätzlich nicht solche Gegenstände, die der Verwalter freigegeben hat.[537] Freigegebene Gegenstände unterliegen nicht mehr dem Insolvenzbeschlag[538] und können somit mangels weiterer Massezugehörigkeit auch nicht für eine nachträgliche Verteilung herangezogen werden.[539] Die Freigabe ist auch unwiderruflich.[540] Ferner ist die Nachtragsverteilung kein Instrument zur Korrektur ungünstig verlaufender Liquidationsbemühungen, in denen für unverwertbar gehaltene Gegenstände dem Schuldner freigegeben wurden.[541] Wie bereits dargestellt, werden von § 203 Abs. 1 Nr. 3 InsO zwar grundsätzlich auch solche Vermögenswerte erfasst, die der Verwalter fälschlicherweise als nicht werthaltig eingestuft hat. Der entscheidende Unterschied besteht aber darin, dass der Treuhänder vorliegend ausdrücklich die Freigabe erklärt hat und das Grundstück nicht lediglich fälschlich als nicht werthaltig angesehen hat, da es

---

536 BGH, Beschl. v. 3.4.2014 – IX ZA 5/14, juris Rn. 6.

537 MünchKomm/*Hintzen*, InsO, 3. Aufl., § 203 Rn. 12; *Hess*, InsO, § 203 Rn. 2; KPB/*Holzer*, InsO, § 203 Rn. 8; Braun/*Kießner*, InsO, § 203 Rn. 3; Uhlenbruck/*Uhlenbruck*, InsO, 13. Aufl., § 203 Rn. 4; NR/*Westphal*, InsO, §§ 203, 204 Rn. 8; *Sternal*, NZI 2011, 465, 472. So bereits zur KO: *Wachtel*, S. 41.

538 RG, Urt. v. 3.2.1905 – Rep. VII 497/04, RGZ 60, 107, 109; RG, Urt. v. 1.3.1912 – Rep. VII 423/11, RGZ 79, 27, 29; OLG Nürnberg, Urt. v. 11.7.1957 – 3 U 221/56, MDR 1957, 683; *Bai*, S. 4; *Haarmeyer/Wutzke/Förster*, Handbuch, Kap. 5 Rn. 475; Jaeger/*Henckel*, InsO, § 35 Rn. 6; KPB/*Holzer*, InsO, § 35 Rn. 24; K. Schmidt/*Büteröwe*, InsO, § 35 Rn. 5; *Höpfner*, ZIP 2000, 1517, 1518.

539 MünchKomm/*Hintzen*, InsO, 3. Aufl., § 203 Rn. 12; Uhlenbruck/*Uhlenbruck*, InsO, 13. Aufl., § 203 Rn. 4; HambKomm/*Preß/Henningsmeier*, InsO, 4. Aufl., § 203 Rn. 6; KPB/*Holzer*, InsO, § 203 Rn. 14; Graf-Schlicker/*Castrup*, InsO, 3. Aufl., § 203 Rn. 2; *Hess*, InsO, § 203 Rn. 24; NR/*Westphal*, InsO, §§ 203, 204 Rn. 8; Bork/Koschmieder/*Riedel*, Rn. 10.185; Gottwald/*Eickmann*, § 65 Rn. 53.

540 BGH, Beschl. v. 3.4.2014 – IX ZA 5/14, juris Rn. 11; MünchKomm/*Hintzen*, InsO, 3. Aufl., § 203 Rn. 12; *Haarmeyer/Wutzke/Förster*, Handbuch, Kap. 5 Rn. 475; KPB/*Holzer*, InsO, § 35 Rn. 28; Gottwald/*Eickmann*, § 65 Rn. 53; *Höpfner*, ZIP 2000, 1517, 1520. So bereits zur KO: OLG Nürnberg, Urt. v. 11.7.1957 – 3 U 221/56, MDR 1957, 683; RG, Urt. v. 3.2.1905 – Rep. VII 497/04, RGZ 60, 107, 109.

541 *Becker*, Rn. 1518.

zum Zeitpunkt der Freigabe tatsächlich nicht werthaltig war.[542] Diese Erwägungen gelten zunächst uneingeschränkt bei einer sog. echten Freigabeerklärung[543].

Fraglich ist jedoch, ob bei einer sog. unechten Freigabeerklärung, mit der der Verwalter lediglich deklaratorisch festhält, dass ein Vermögensgegenstand nicht zur Insolvenzmasse gehört[544], etwas anderes gilt. Praxisrelevant wird diese Frage dann, wenn der Verwalter irrtümlich annahm, dass ein Gegenstand nicht zur Insolvenzmasse gehört und diesen sodann – aus seiner Sicht nur deklaratorisch – freigibt. Hier stellt sich die Frage, ob diese Freigabeerklärung im Nachhinein korrigiert werden kann, sodass der Gegenstand wieder als massezugehörig anzusehen ist und somit auch für eine Nachtragsverteilung in Betracht käme.

Auf diese Frage geht auch das LG Dortmund kurz in seiner Entscheidungsbegründung ein und führt insoweit aus, dass in Fällen einer sog. unechten Freigabe aufgrund Irrtums des Verwalters oder der Gläubigerversammlung etwas anderes gelte.[545] Auch in der Literatur findet sich in diesem Zusammenhang teilweise der Hinweis, dass eine Nachtragsverteilung dann in Betracht komme, wenn der Insolvenzverwalter oder die Gläubigerversammlung vor dem Schlusstermin irrtümlich

542 LG Dortmund, Beschl. v. 21.6.2010 – 9 T 212/10, ZInsO 2010, 1615, 1616.

543 Eine solche liegt vor, wenn der Verwalter an den Schuldner eine Erklärung richtet, die den Willen erkennen lässt, auf die Massezugehörigkeit des Gegenstandes auf Dauer zu verzichten, vgl. BGH, Urt. v. 29.5.1961 – VII ZR 46/60, BGHZ 35, 180, 181; BGH, Urt. v. 5.10.1994 – XII ZR 53/93, BGHZ 127, 156, 163; BGH, Urt. v. 7.12.2006 – IX ZR 161/04, ZInsO 2007, 94, 96; BGH, Beschl. v. 3.4.2014 – IX ZA 5/14, juris Rn. 9; *Henkel*, NZI 2006, 294 m.w.N.; MünchKomm/*Schmahl*/*Busch*, InsO, 3. Aufl., § 33 Rn. 78. Ausführlich zur echten Freigabe, insbesondere zu dessen Rechtsnatur: *Bai*, S. 4 ff. Zu einer solchen Freigabe ist der Verwalter nach überwiegender Ansicht auch in einem Insolvenzverfahren über das Vermögen einer juristischen Person befugt, obwohl dadurch keine vollständige Abwicklung des Gesellschaftsvermögens erfolgt, vgl. BGH, Urt. v. 21.4.2005 – IX ZR 281/03, BGHZ 163, 32, 34. Anders dagegen K. Schmidt/*Jungmann*, InsO, § 199 Rn. 3.

544 Vgl. zum Begriff K. Schmidt/*Büteröwe*, InsO, § 35 Rn. 39 m.w.N. Als „unechte" Freigabe werden diejenigen Fälle verstanden, in denen der Verwalter lediglich eine bereits bestehende Rechtslage anerkennt, vgl. KPB/*Holzer*, InsO, § 35 Rn. 25 m.w.N.; *Haarmeyer*/*Wutzke*/*Förster*, Handbuch, Kap. 5 Rn. 478; *Kuhn*/*Uhlenbruck*, KO, § 1 Rn. 5c. Vgl. auch *Bai*, S. 16, die unter einer unechten Freigabe die Herausgabe eines massefremden Gegenstandes an den Aussonderungsberechtigten versteht.

545 LG Dortmund, Beschl. v. 21.6.2010 – 9 T 212/10, ZInsO 2010, 1615, 1616. Ein solcher Irrtum war im zugrundeliegenden Sachverhalt aber nicht ersichtlich und hätte nach Ansicht des LG Dortmund allenfalls dann vorgelegen, „[…] wenn Anhaltspunkte dafür bestanden hätten, dass die Werthaltigkeit des Grundstücks entgegen der bestehenden Belastung zum Zeitpunkt der Freigabe doch gegeben war […]."

davon ausgingen, dass ein tatsächlich zur Insolvenzmasse gehöriger Gegenstand nicht zur Insolvenzmasse gehört und dieser sodann freigegeben wird.[546] An diese Freigabeerklärung sei der Insolvenzverwalter nicht gebunden.[547]

Dieser Ansicht kann in dieser Allgemeinheit jedoch nicht gefolgt werden. Wie oben bereits ausführlich dargestellt[548], werden von § 203 Abs. 1 Nr. 3 InsO zwar auch Gegenstände erfasst, die der Verwalter irrtümlich als nicht massezugehörig, überbelastet oder unverwertbar eingestuft hat. Hier besteht jedoch ein entscheidender Unterschied zu den oben genannten Fällen: Während in den oben genannten Fallbeispielen eine Verwertung des jeweiligen Gegenstandes nur irrtümlich unterblieben ist, hat der Verwalter in den vorliegenden Fallkonstellationen nicht nur den Gegenstand nicht verwertet, sondern darüber hinaus auch (irrtümlich) eine *rechtsverbindliche Erklärung* abgegeben. Bevor man sich also auf den Standpunkt stellt, dass der Verwalter an diese rechtsverbindliche Erklärung nicht gebunden sei, muss man sich erst einmal fragen, ob sich der Verwalter von dieser Erklärung überhaupt wieder lösen kann. Da die Freigabeerklärung eine einseitige empfangsbedürftige Willenserklärung ist[549], sprechen zunächst zwar keine Gründe gegen eine Anwendung allgemeiner zivilrechtlicher Vorschriften, hier also der §§ 119 ff. BGB. In Fällen einer Freigabe von Gegenständen aufgrund der irrtümlichen Annahme, sie seien nicht Teil der Insolvenzmasse, wird es sich aber zumeist lediglich um einen sog. Motivirrtum handeln, der grundsätzlich unbeachtlich ist.[550] Zutreffend wird daher eine Anfechtung der Freigabeerklärung wegen Irrtums überwiegend abgelehnt.[551] Da der Verwalter

---

546 NR/*Westphal*, InsO, §§ 203, 204 Rn. 6; MünchKomm/*Hintzen*, InsO, 3. Aufl., § 203 Rn. 18; Uhlenbruck/*Uhlenbruck*, InsO, 13. Aufl., § 203 Rn. 8 und Rn. 11; Jaeger/*Meller-Hannich*, InsO, § 203 Rn. 9. Vgl. auch *Neuhof*, NJW 1995, 937, 938 für den Fall, dass sich die Sicherheitenbestellung im Nachhinein als unwirksam herausstellt.

547 MünchKomm/*Hintzen*, InsO, 3. Aufl., § 203 Rn. 18. So bereits zur KO: *Neuhof*, NJW 1995, 937, 938.

548 Vgl. Teil 4., B., III., 2.

549 RG, Urt. v. 19.10.1918 – Rep. V 176/18, RGZ 94, 55, 56; *Höpfner*, ZIP 2000, 1517, 1518; *Häsemeyer*, Rn. 13.15; KPB/*Holzer*, InsO, § 35 Rn. 27; *Kuhn/Uhlenbruck*, KO, § 1 Rn. 5d.

550 Irrt der Verwalter über die Verwertbarkeit oder Unverwertbarkeit des Gegenstandes, dann liegt ein (unbeachtlicher) Motivirrtum vor, vgl. BGH, Beschl. v. 3.4.2014 – IX ZA 5/14, juris Rn. 11; *Höpfner*, ZIP 2000, 1517, 1520. Ein Erklärungs- und ein Inhaltsirrtum gem. § 119 Abs. 1 BGB wird dagegen vermutlich nie gegeben sein, da der Verwalter die Freigabe erklären wollte und auch wusste, was er damit erklärt.

551 KPB/*Holzer*, InsO, § 35 Rn. 28; KPB/*Holzer*, InsO, § 203 Rn. 8; Gottwald/*Eickmann*, § 65 Rn. 53; *Höpfner*, ZIP 2000, 1517, 1520 m.w.N. Zur KO bereits: *Kuhn/Uhlenbruck*,

somit an seine irrtümliche Freigabeerklärung gebunden ist, kann diese auch nicht mehr rückgängig gemacht werden, sodass der freigegebene Gegenstand mangels Massezugehörigkeit auch nicht für eine Nachtragsverteilung in Betracht kommt.[552] Etwas anderes dürfte nur dann gelten, wenn der Verwalter bei Abgabe seiner Freigabeerklärung arglistig getäuscht wurde. Diese Erklärung kann der Verwalter nach zutreffender Ansicht gem. § 123 BGB anfechten.[553] Aufgrund der ex tunc Wirkung der Anfechtung gem. § 142 Abs. 1 BGB gilt die Freigabeerklärung dann als nicht erfolgt, sodass der Gegenstand seine Massezugehörigkeit nie verloren hat und somit auch für eine spätere Nachtragsverteilung zur Verfügung stünde[554].

KO, § 1 Rn. 5e; Jaeger/*Weber*, KO, § 166 Rn. 6; *Wachtel*, S. 41. Anders dagegen anscheinend das LG Dortmund, Beschl. v. 21.6.2010 - 9 T 212/10, ZInsO 2010, 1615, 1616. Dies muss auch für Fälle gelten, in denen der Verwalter irrtümlich annahm, dass der Gegenstand nicht zur Insolvenzmasse gehörte, obwohl dies aufgrund geänderter Rechtsprechung doch der Fall war. Anders dagegen Uhlenbruck/*Uhlenbruck*, InsO, 13. Aufl., § 203 Rn. 8 und *Neuhof*, NJW 1995, 937, 938, nach denen eine Nachtragsverteilung auch dann in Betracht komme, wenn sich nachträglich (bspw. aufgrund geänderter Rechtsprechung) herausstellt, dass die Sicherheitenbestellung unwirksam war. Der Bereicherungsanspruch des Schuldners könne dann Gegenstand der Nachtragsverteilung sein. Ähnlich wohl auch LSZ/*Smid*, InsO, § 203 Rn. 6, indem *Smid* allgemein ausführt, dass aufgrund Widerrufs oder Anfechtung der Freigabe eine Nachtragsverteilung gem. § 203 Abs. 1 Nr. 3 InsO in Betracht käme. Hierbei wird jedoch übersehen, dann ein solcher Widerruf und oder eine Anfechtung i.d.R. nicht möglich ist.

552 In diesen Fällen käme eine Nachtragsverteilung nur bezüglich etwaiger Schadensersatzansprüche gegen den Verwalter in Betracht, sofern dem Verwalter auch ein Verschulden vorgeworfen werden kann. Der Verwalter begeht bei unberechtigter Freigabe zumindest eine Pflichtverletzung in Form der Masseverkürzung. Vgl. dazu auch *Höpfner*, ZIP 2000, 1517, 1519, der aus diesem Grund untersucht, wie sich der Verwalter von einer einmal erklärten (jedoch pflichtwidrigen) Freigabeerklärung wieder lösen kann.

553 KPB/*Holzer*, InsO, § 35 Rn. 28; Gottwald/*Eickmann*, § 65 Rn. 53; *Kuhn*/*Uhlenbruck*, KO, § 1 Rn. 5e. Eine solche Täuschung liegt bspw. vor, wenn der Schuldner den Verwalter wider besseren Wissens vortäuscht, dass ein massezugehöriges Grundstück erheblich mit Altlasten kontaminiert sei, obwohl dies nicht der Realität entspricht und der Verwalter dieses Grundstück daraufhin aus der Masse freigibt, *Höpfner*, ZIP 2000, 1517, 1520.

554 Anders dagegen anscheinend Uhlenbruck/*Uhlenbruck*, InsO, 13. Aufl., § 203 Rn. 4, der allgemein darstellt, dass eine Nachtragsverteilung nicht für Gegenstände einer Anfechtung der Freigabe in Betracht käme. Hierbei übersieht *Uhlenbruck* allerdings die Rückwirkung der Anfechtung.

Festzuhalten bleibt daher, dass freigegebene Gegenstände, gleichgültig ob es sich um eine echte oder unechte Freigabe gehandelt hat, grundsätzlich nicht mehr für eine spätere Nachtragsverteilung in Betracht kommen. Etwas anderes gilt nur, wenn der Verwalter bei der Freigabeerklärung arglistig getäuscht wurde und er daher seine Erklärung nach § 123 BGB anfechten kann. Diese Anfechtungserklärung kann der Verwalter allerdings erst nach angeordneter Nachtragsverteilung abgeben, da er vor der Anordnung keinerlei Befugnisse hinsichtlich der ehemaligen Insolvenzmasse mehr hat. Der Verwalter müsste dem Insolvenzgericht somit darlegen, dass er arglistig getäuscht wurde und den freigegebenen Gegenstand nunmehr im Wege der Nachtragsverteilung verwerten will. Im Anordnungsbeschluss dürfte es insoweit genügen, dass diese Umstände dargestellt werden, sodass sich der Beschluss direkt auf den freigegebenen Gegenstand beziehen kann.

Zuletzt ist noch darauf hinzuweisen, dass von den soeben dargestellten Sachverhalten die Fälle zu trennen sind, in denen der Verwalter einen Sicherungsgegenstand nicht an den Schuldner, sondern an den Sicherungsgläubiger zur Verwertung „freigegeben“ hat und der Sicherungsgläubiger später einen unerwarteten Übererlös erzielt. Wie der BGH in seinem Beschluss vom 1.12.2005 zutreffend ausführt, kann hinsichtlich dieses Übererlöses unproblematisch eine Nachtragsverteilung gem. § 203 Abs. 1 Nr. 3 InsO angeordnet werden.[555] Von der „Freigabeerklärung“ war nämlich von vornherein nicht auch der Anspruch des Schuldners auf einen etwaigen Übererlös erfasst. In der bloßen Überlassung zur Verwertung durch den Sicherungsgläubiger liegt weder eine Freigabe des Gegenstandes noch ein Verzicht auf einen etwaigen Übererlös.[556]

C. Absehen von der Anordnung oder Anforderung eines Kostenvorschusses

Bei Vorliegen der materiellen Tatbestandsvoraussetzungen des § 203 Abs. 1 InsO ordnet das Gericht die Nachtragsverteilung i.d.R. an, sofern es nicht von seinem Ermessen nach § 203 Abs. 3 InsO Gebrauch macht. Diese Vorschrift ermöglicht dem Gericht, in bestimmten Fällen von der Nachtragsverteilung abzusehen (§ 203 Abs. 3 S. 1 InsO) oder diese von einem Kostenvorschuss abhängig zu machen (§ 203 Abs. 3 S. 2 InsO).

---

555 BGH, Beschl. v. 1.12.2005 – IX ZB 17/04, NZI 2006, 180, 181 Rn. 7.

556 Dies wurde von der Vorinstanz zutreffend herausgestellt, vgl. LG Koblenz, Beschl. v. 13.1.2004 – 2 T 901/03, NZI 2004, 157, 159 m.w.N.

I. Geringfügige Beträge, § 203 Abs. 3 S. 1 InsO

Nach § 203 Abs. 3 S. 1 InsO kann das Gericht nach pflichtgemäßem Ermessen von der Anordnung der Nachtragsverteilung absehen, wenn ein objektives Missverhältnis zwischen der Höhe des zu verteilenden Betrages oder dem Wert des zur Verfügung stehenden Gegenstandes und den Kosten einer Nachtragsverteilung besteht.[557] Der Gesetzgeber wollte mit dieser Regelung den Bedürfnissen der Praxis in solchen Fällen entgegenkommen, in denen sich eine Nachtragsverteilung aufgrund der Geringfügigkeit des zur Verteilung zur Verfügung stehenden Betrages nicht lohnen würde und den Aufwand des Verwalters kaum rechtfertigen könnte.[558]

1. Objektives Missverhältnis

Bezüglich der Frage, wann ein negatives Kosten-Nutzen-Verhältnis anzunehmen ist, enthält das Gesetz selbst keine Angaben. Solche Angaben hätten vermutlich auch nicht verbindlich vom Gesetzgeber festgelegt werden können, da sich beispielsweise eine geringe Menge bei verhältnismäßig wenigen Gläubigern als verteilungsfähig erweisen kann, während dies bei einer größeren Masse und bei einer hohen Anzahl von Gläubigern nicht mehr der Fall sein könnte.[559]

Streitig ist in diesem Zusammenhang insbesondere die Frage, ob es bei der Beurteilung eines objektiven Missverhältnisses nur auf die Höhe des insgesamt zu verteilenden Betrages[560] oder aber auf die zugunsten der einzelnen Gläubiger

---

557 KPB/*Holzer*, InsO, § 203 Rn. 16; MünchKomm/*Hintzen*, InsO, 3. Aufl., § 203 Rn. 25.

558 Begr. zu § 231, § 232 und § 233 RegE-InsO, BT-Drs. 12/2443, S. 187. In der KO fehlte eine vergleichbare Vorschrift. Die überwiegende Meinung ging jedoch auch hier davon aus, dass eine Anordnung der Nachtragsverteilung nur dann erfolgen sollte, wenn sich diese auch lohnte, vgl. *Parsch*, KTS 1956, 148; *Bohnenberg*, KuT 1936, 99; Jaeger/Weber, KO, § 166 Anm. 9; *K. Schmidt*, KO, § 166 Anm. 2; *Baade*, KTS 1958, 165, 170. Die Rspr. war dagegen teilweise strenger und sah von einer Nachtragsverteilung nur dann ab, wenn diese in jeder praktischen Hinsicht offensichtlich nutzlos war, vgl. bspw. LG Osnabrück, Beschl. v. 5.4.1957 – 8 T 91/57, KTS 1957, 142, 143.

559 Vgl. KPB/*Holzer*, InsO, § 203 Rn. 15. Einige Vertreter nehmen hier trotz fehlender gesetzlicher Regelung Wertgrenzen an, bei denen nicht mehr von einer Geringfügigkeit auszugehen sei, vgl. bspw. *Hess*, InsO, § 203 Rn. 48: Gegenstände mit einem Wert von mehr als 500 EUR seien auch in Großverfahren nicht mehr als geringwertig anzusehen. Anders dagegen KPB/*Holzer*, InsO, § 203 Rn. 16; Uhlenbruck/*Uhlenbruck*, InsO, 13. Aufl., § 203 Rn. 20: Eine feste Wertgrenze gebe es nicht.

560 So: KPB/*Holzer*, InsO, § 203 Rn. 16; *Holzer*, InsbürO 2011, 82, 87; Jaeger/*Meller-Hannich*, InsO, § 203 Rn. 14; Braun/*Kießner*, InsO, § 203 Rn. 22.

entfallenden Beträge[561] ankommt. Diese Streitfrage wird vor allem dann relevant, wenn durchaus werthaltige Beträge oder Gegenstände anfallen, aufgrund der Vielzahl von Gläubigern jedoch nur Kleinstbeträge an jeden Gläubiger verteilt werden könnten.[562]

Stellt man auf den Anteil der auf die einzelnen Gläubiger entfallenden Quote ab und lehnt eine Nachtragsverteilung gem. § 203 Abs. 3 InsO ab, da die Kosten, die durch die Überweisung und banktechnische Buchungen entstehen, höher sind als die einzelnen Quoten, so dürfte eine Nachtragsverteilung nahezu in jedem Großverfahren ausscheiden.[563] Eine ausschließliche Berücksichtigung von Großgläubigern mit dem Ziel, dadurch (Überweisungs-) Kosten zu sparen, ist hingegen nicht zulässig[564], da eine solche Handhabung der gleichmäßigen Gläubigerbefriedigung nach § 1 S. 1 InsO widerspricht[565]. Bereits dieser Umstand spricht somit gegen ein Abstellen auf die auszuzahlende Quote. Darüber hinaus steht auch der Wortlaut des § 203 Abs. 3 InsO, der von der Geringfügigkeit des Betrages bzw. Geringwertigkeit des Gegenstandes spricht, nicht jedoch davon, wie hoch die auszuzahlende Quote ist, einem alleinigen Abstellen auf die Höhe der auszuzahlenden Quote entgegen.[566] Ein ausschließliches Abstellen auf die Quote könnte zudem dazu führen, dass ggf. hohe Summen an den Schuldner ausgezahlt werden müssten.[567] Insofern erscheint es vorzugswürdig, bei der Prüfung eines objektiven Missverhältnisses lediglich auf die Höhe des insgesamt

561 So: Uhlenbruck/*Uhlenbruck*, InsO, 13. Aufl., § 203 Rn. 19; Andres/Leithaus/Dahl/*Leithaus*, InsO, § 203 Rn. 9; *Haarmeyer/Wutzke/Förster*, Handbuch, Kap. 8 Rn. 109; *Smid/Lambrecht*, S. 131. Ebenso wohl LG Göttingen, Beschl. v. 16.12.2011 - 10 T 110/11, NZI 2012, 276; MünchKomm/*Hintzen*, InsO, 3. Aufl., § 203 Rn. 25.

562 Jaeger/*Meller-Hannich*, InsO, § 203 Rn. 14.

563 *Smid/Lambrecht*, S. 131.

564 Vgl. auch Graf-Schlicker/*Castrup*, InsO, 3. Aufl., § 203 Rn. 10. So aber Bork/Koschmieder/*Riedel*, Rn. 10.178. Ebenso zur KO: *Bohnenberg*, KuT 1936, 99, 100, mit einem sehr anschaulichen Beispiel.

565 So bereits zur KO: LG Osnabrück, Beschl. v. 5.4.1957 - 8 T 91/57, KTS 1957, 142, 143; Jaeger/*Weber*, KO, § 166 Anm. 9; *Parsch*, KTS 1956, 148, 149.

566 Jaeger/*Meller-Hannich*, InsO, § 203 Rn. 14.

567 Jaeger/*Meller-Hannich*, InsO, § 203 Rn. 14. Insofern ist an dieser Stelle Uhlenbruck/*Uhlenbruck*, InsO, 13. Aufl., § 203 Rn. 20 mit Nachdruck zu widersprechen. *Uhlenbruck* nimmt an, dass in Großverfahren auch eine Ausschüttung eines Gesamtbetrages von 20.000,00 EUR an über 1.000 Gläubiger unverhältnismäßig sein könne. Hier wird besonders deutlich, dass ein Abstellen auf die auszuzahlende Quote gravierende Folgen nach sich ziehen kann, wenn man annimmt, dass dem Schuldner die 20.000,00 EUR (!) gebühren sollen.

zur Verteilung zur Verfügung stehenden Betrages abzustellen. Dies entspricht nicht nur dem Grundsatz der Gleichbehandlung der Gläubiger.[568] Vielmehr differenziert die InsO auch an anderer Stelle nicht danach, welche Quotenhöhe der einzelne Gläubiger erwarten kann.

Somit ist festzuhalten, dass es bei der Feststellung eines objektiven Missverhältnisses grundsätzlich nicht auf die einzelnen Quoten der Gläubiger, sondern auf den insgesamt zur Verteilung stehenden Betrag ankommt. Demgegenüber spielt die Anzahl der Forderungsanmeldungen keine Rolle. Eine Zusammenschau aus der Höhe des zur Verteilung zur Verfügung stehenden Betrages und der Anzahl der Forderungsanmeldungen kann zwar zu dem Ergebnis führen, dass lediglich Minimalbeträge an die einzelnen Gläubiger ausgeschüttet werden könnten.[569] Jedoch sind auch diese Kleinbeträge an die Gläubiger i.R.d. Nachtragsverteilung auszuschütten[570], da § 203 Abs. 3 InsO ausschließlich auf die Geringfügigkeit des insgesamt zur Verfügung stehenden Betrages abstellt. Dagegen wäre es unzulässig, bestimmte Kleingläubiger bei der Verteilung nicht zu berücksichtigen, da sie nur geringe Zahlungen erhalten, die möglicherweise geringer sind als die Kosten der Überweisung. Eine solche Handhabung widerspricht dem Grundsatz der gleichmäßigen Gläubigerbefriedigung, der auch i.R.d. Nachtragsverteilung Geltung beansprucht.[571] Vielmehr können die Kosten der Auszahlung in der Praxis dadurch gering gehalten werden, dass eine Mitteilung der Quote

---

568 Braun/*Kießner*, InsO, § 203 Rn. 22.

569 So lag der Sachverhalt auch in der Entscheidung des LG Göttingen, Beschl. v. 16.12.2011 – 10 T 110/11, NZI 2012, 276, in dem ein Betrag von 97,36 EUR zur Verteilung zur Verfügung stand und 25 Gläubiger ihre Forderungen zur Tabelle angemeldet hatten. Hier stellte das LG Göttingen fest, dass nach Abzug der Kosten der Nachtragsverteilung lediglich Centbeträge an die einzelnen Gläubiger zu zahlen seien und hob daher die Anordnung gem. § 203 Abs. 3 InsO auf.

570 Anders dagegen MünchKomm/*Hintzen*, InsO, 3. Aufl., § 203 Rn. 25: Kleinbeträge von 10 bis 15 EUR sollen nicht an die Gläubiger ausgezahlt werden. *Haarmeyer/Wutzke/Förster*, Handbuch, Kap. 8 Rn. 110: Bagatellbeträge von weniger als 50 DM (25 EUR) pro Gläubiger sollen nicht Gegenstand der Nachtragsverteilung sein. Die genannten Vertreter stellen jedoch fälschlicherweise bei der Prüfung des objektiven Missverhältnisses auf die Höhe der auszuzahlenden Quote ab.

571 Vgl. KPB/*Holzer*, InsO, § 203 Rn. 16; LG Osnabrück, Beschl. v. 5.4.1957 – 8 T 91/57, KTS 1957, 142, 143; *Parsch*, KTS 1956, 148, 149. Zudem soll durch § 203 Abs. 3 InsO lediglich die Verschleuderung des Schuldnervermögens verhindert werden, BGH, Beschl. v. 6.12.2007 – IX ZB 229/06, NZI 2008, 177, 178 Rn. 9.

und Auszahlung durch einfache Überweisung und einen Vermerk auf dem Beleg vorgenommen wird.[572]

Steht somit fest, dass der insgesamt zu verteilende Betrag nicht als geringfügig anzusehen ist, dann ist dieser anhand des Schlussverzeichnisses an alle Gläubiger zu verteilen, sofern er nicht in einem objektiven Missverhältnis zu den Kosten der Nachtragsverteilung (insbesondere Vergütung des Verwalters, Verwertungskosten, Überweisungskosten) steht. Unzweifelhaft hat eine Nachtragsverteilung daher dann zu unterbleiben, wenn die Kosten der Nachtragsverteilung den insgesamt zu verteilenden Betrag übersteigen[573], was beispielweise der Fall sein kann, wenn der Gegenstand von vornherein wertlos ist. Dies wird im Folgenden untersucht.

2. Objektives Missverhältnis aufgrund Wertlosigkeit des Gegenstandes – BGH, Beschl. v. 6.12.2007 – IX ZB 229/06

Es wurde bereits ausgeführt, dass der Schuldner mit Verfahrensaufhebung (grundsätzlich) wieder die volle Verfügungsbefugnis zurück erhält. Dies hat zur Folge, dass alle ehemaligen Massegegenstände, über die der Schuldner nach Verfahrensaufhebung verfügt, nicht mehr für eine Nachtragsverteilung in Betracht kommen, da sie rechtswirksam aus dem Vermögen des Schuldners ausgeschieden sind und auch mangels Anwendbarkeit der §§ 129 ff. InsO nicht von dem Dritten herausverlangt werden können.[574] Lediglich etwaig an den Schuldner geflossene Gegenleistungen oder ersparte Aufwendungen kommen analog § 2111 BGB als Gegenstand einer Nachtragsverteilung in Betracht.

Im Rahmen der bisherigen Untersuchungen wurde insoweit immer unterstellt, dass die Vermögensverfügung zum Zeitpunkt der Anordnungsentscheidung des Gerichts bereits vollständig abgeschlossen war. Dies kann sich jedoch insbesondere bei Verfügungen über unbewegliche Gegenstände anders darstellen, da es sich hierbei um einen mehraktigen Rechtserwerb handelt und der Erwerber erst mit der Eintragung im Grundbuch Eigentümer wird, § 873 BGB. Sollte also dieser Erwerbsvorgang zum Zeitpunkt der Anordnung noch

572 KPB/*Holzer*, InsO, § 205 Rn. 6; FK-InsO/*Kießner*, InsO, § 205 Rn. 7; Jaeger/*Meller-Hannich*, InsO, § 203 Rn. 14; Uhlenbruck/*Uhlenbruck*, InsO, 13. Aufl., § 205 Rn. 4. So bereits zur KO: LG Osnabrück, Beschl. v. 5.4.1957 – 8 T 91/57, KTS 1957, 142, 143; *Parsch*, KTS 1956, 148, 149; *Bohnenberg*, KuT 1936, 99; *Delhaes*, KTS 1963, 240, 249; *Kuhn/Uhlenbruck*, KO, § 166 Rn. 9.

573 Jaeger/*Meller-Hannich*, InsO, § 203 Rn. 14.

574 Vgl. dazu bereits die Ausführung im Kapitel Teil 4., B., IV., 1.

nicht abgeschlossen sein, so käme auch eine Nachtragsverteilung aufgrund der weiterhin bestehenden Eigentümerstellung des Schuldners grundsätzlich in Betracht, ohne dass man hier über eine Surrogation hinsichtlich etwaiger Erlöse nachdenken müsste. Eine ganz andere Frage ist in diesen Fällen jedoch, ob einer Anordnung u.U. die Regelung des § 203 Abs. 3 S. 1 InsO entgegensteht, da der Gegenstand zwischenzeitig „wertlos" geworden ist.

Mit einer solchen Fragestellung musste sich der BGH in seiner Entscheidung vom 6.12.2007 befassen.[575] Dieser Entscheidung lag folgender, hier vereinfacht wiedergegebener, Sachverhalt zugrunde: Bereits einen Tag nach Verfahrensaufhebung und Überleitung in das Restschuldbefreiungsverfahren bat das Insolvenzgericht den vormaligen Insolvenzverwalter und den nunmehr zum Treuhänder bestellten Beteiligten um Auskunft, warum ein lastenfreier Grundbesitz des Schuldners nicht im Insolvenzverfahren verwertet wurde. Kurze Zeit später beantragte der Treuhänder daraufhin die Nachtragsanordnung, woraufhin das AG die Nachtragsverteilung noch mit Beschluss vom selben Tage anordnete. Gegen diese Anordnung legte der Schuldner sofortige Beschwerde ein und trug vor, er habe die Grundstücke bereits 3 Jahre vor Insolvenzeröffnung mit notariellem Vertrag an die Käuferin S. verkauft und aufgelassen. Am selben Tag, an dem das AG die Nachtragsverteilung angeordnet hatte, jedoch etwa eine Stunde vor dem Anordnungsbeschluss, sei der Antrag auf Eintragung der Käuferin in das Grundbuch beim Grundbuchamt abgegeben worden. Nachdem das LG der sofortigen Beschwerde nicht abhalf, legte der Schuldner Rechtsbeschwerde ein; im Ergebnis mit Erfolg.

Der BGH lehnte die Nachtragsverteilung unter Berufung auf § 203 Abs. 3 S. 1 InsO ab. Dazu führte er aus, dass der Schuldner im Zeitpunkt des Eintragungsantrags in vollem Umfang verfügungsbefugt gewesen sei, da seine Verfügungsbefugnis erst mit der Anordnung der Nachtragsverteilung, also etwa eine Stunde nach Stellung des Eintragungsantrags, wieder entfallen sei. Des Weiteren führte er aus, dass der Schuldner zwar nach wie vor Eigentümer der Grundstücke sei, da das Eigentum an Grundstücken erst nach Eintragung im Grundbuch gem. §§ 873, 925 BGB auf den Erwerber übergehe, sodass hinsichtlich dieser Eigentumsposition eine Nachtragsverteilung gem. § 203 Abs. 1 Nr. 3 InsO auch grundsätzlich in Betracht komme.[576] Die Anordnung scheide jedoch wegen § 203 Abs. 3 InsO aus, da der Treuhänder den Rechtserwerb der Käuferin im Hinblick auf § 91 Abs. 2 InsO, § 878 BGB nicht mehr verhindern könne, womit

575 BGH, Beschl. v. 6.12.2007 – IX ZB 229/06, NZI 2008, 177 ff.

576 BGH, Beschl. v. 6.12.2007 – IX ZB 229/06, NZI 2008, 177, Rn. 7.

die dem Schuldner verbleibende Rechtsposition wertlos sei.[577] Ein an die Gläubiger auskehrbarer Betrag sei daher nicht zu erwarten, sodass die Nachtragsverteilung nur zusätzliche Kosten verursachen würde. Ferner betont der Senat, dass eine Nachtragsverteilung nur dann durchzuführen sei, wenn eine solche wirtschaftlich sinnvoll ist, was insbesondere dann der Fall sei, wenn der Schuldner den Eintragungsantrag gestellt hat. In diesen Fällen könne der Treuhänder den Eintragungsantrag zurücknehmen, sodann nach § 103 Abs. 1 InsO vorgehen und die Grundstücke anderweitig verwerten.[578] Da jedoch im zugrundeliegenden Fall Feststellungen darüber fehlten, wann die Auflassung erklärt und wann und von wem der Eintragungsantrag beim Grundbuchamt gestellt wurde, konnte der Senat die Rechtssache am Ende nicht endgültig entscheiden.

Diese Entscheidung des BGH verdient vollumfänglich Zustimmung. Richtig ist, dass der Schuldner zum Zeitpunkt der Stellung des Eintragungsantrags verfügungsbefugt war, da dieser kurz vor der Nachtragsanordnung gestellt wurde und das Grundstück einer Nachtragsverteilung auch nicht vorbehalten wurde. Mangels Eintragung im Grundbuch war der Schuldner auch im Zeitpunkt des Anordnungsbeschlusses noch Eigentümer des Grundstücks[579], sodass hinsichtlich dieser Eigentumsposition eine Nachtragsverteilung gem. § 203 Abs. 1 Nr. 3 InsO grundsätzlich in Betracht kam. Da jedoch im Zeitpunkt des Anordnungsbeschlusses bereits die Auflassung erklärt und der Eintragungsantrag gestellt wurde[580], stellt der Senat zu Recht auf § 91 Abs. 2 InsO, § 878 BGB[581] ab und fragt danach, ob der Treuhänder den Eigentumserwerb noch verhindern kann.

577 BGH, Beschl. v. 6.12.2007 – IX ZB 229/06, NZI 2008, 177, Rn. 8 f.

578 BGH, Beschl. v. 6.12.2007 – IX ZB 229/06, NZI 2008, 177, 178 Rn. 10.

579 Vgl. auch *Tetzlaff*, jurisPR-InsR 6/2008 Anm. 1; Jaeger/*Meller-Hannich*, InsO, § 203 Rn. 9.

580 Dies wird vorliegend unterstellt. In den Entscheidungsgründen führt der Senat jedoch aus, dass Feststellungen darüber, wann der Eintragungseintrag gestellt wurde, nicht getroffen wurden. Insofern soll hier allerdings der vom Rechtsbeschwerdeführer vorgetragene Sachverhalt als wahr unterstellt werden.

581 Bei dem Erwerb von Grundstücken handelt es sich um einen mehraktigen Rechtserwerb. Erst die Eintragung bewirkt den Eigentumsübergang. Der Schuldner muss grundsätzlich bis zum Eigentumsübergang verfügungsbefugt sein. Wird der Schuldner zwischenzeitig in seiner Verfügungsbefugnis beschränkt, so schützt den Erwerber aber die Vorschrift des § 878 BGB. Durch die Anordnung der Nachtragsverteilung verliert der Schuldner ebenfalls seine Verfügungsbefugnis hinsichtlich des betreffenden Gegenstandes, da hierdurch eine beschränkte Beschlagnahmewirkung eintritt, vgl. dazu ausführlich das Kapitel Teil 6. Zu Recht wendet der BGH daher vorliegend §§ 91 Abs. 2 InsO, 878 BGB an; vgl. auch *Frege/Keller/Riedel*, Rn. 1731.

Ist diese Frage nämlich zu verneinen, so würde der (alleinige)[582] Gegenstand der Nachtragsverteilung mit Eintragung im Grundbuch automatisch wegfallen, sodass kein nennenswerter bzw. überhaupt ein Erlös erzielt werden könnte und die Nachtragsverteilung in der Tat nur zusätzliche Kosten verursachen würde. Zutreffend wendet der BGH daher an dieser Stelle die Regelung des § 203 Abs. 3 S. 1 InsO an, auch wenn der Wortlaut dieser Vorschrift dies nicht unbedingt erwarten lässt. Eine Heranziehung des § 203 Abs. 3 S. 1 InsO ist aber allein deshalb richtig, weil der Wert des Gegenstandes auch dann als gering zu bewerten ist, wenn der Gegenstand aus Rechtsgründen nicht zugunsten der Masse verwertet werden kann[583] und somit letztlich wertlos ist. Ist mithin das Anwartschaftsrecht der Käuferin im vorliegenden Fall wirksam entstanden, so ist das Grundstück im Grunde wertlos.

Für ein wirksames Anwartschaftsrecht des Erwerbers kommt es zunächst darauf an, ob § 878 BGB überhaupt eingreift. An dieser Stelle lässt der Senat leider die umstrittene Frage offen, ob der Schutz des § 878 BGB nur eingreift, wenn der Erwerber den Eintragungsantrag gestellt hat, oder ob es auch ausreichend ist, wenn dieser Antrag „nur" vom Veräußerer gestellt wurde.[584] Aus seinem Hinweis auf eine Rücknahmemöglichkeit des Treuhänders im Falle einer alleinigen Antragstellung durch den Schuldner lässt sich allerdings ableiten, dass der Senat die Antragsstellung durch den Veräußerer für den Schutz des § 878 BGB ausreichen lässt, da es ansonsten auch keiner Rücknahme durch den Treuhänder bedürfte. Diese Ansicht ist auch vorzugswürdig, zumal auch § 878 BGB keine Einschränkungen hinsichtlich der Person des Antragstellers enthält. Darüber hinaus ist die Antragsrücknahme auch durch die besondere Formvorschrift des § 31 GBO erschwert, sodass der Erwerber auch auf einen nur vom Veräußerer

582 Vorliegend wurde die Nachtragsverteilung nur hinsichtlich des betreffenden Grundstücks, nicht dagegen hinsichtlich etwaiger Veräußerungserlöse angeordnet. Im Falle einer am Ende wirksamen Verfügung unterliegen diese Erlöse aber ebenfalls einer Nachtragsverteilung nach § 203 Abs. 1 Nr. 3 InsO i.V.m. § 2111 BGB analog. Allerdings müssten diese Veräußerungserlöse auch im Anordnungsbeschluss genau bezeichnet werden, vgl. dazu bereits Teil 4., B., IV., 1., e).

583 *Kießner*, FD-InsR 2008, 251333. Vgl. auch Jaeger/*Meller-Hannich*, InsO, § 203 Rn. 9; FK-InsO/*Kießner*, § 203 Rn. 27.

584 Nach MünchKomm/*Kohler*, BGB, § 878 Rn. 17 ist es gleichgültig, wer den Antrag gestellt hat, m.w.N. zur Gegenauffassung; ebenso Soergel/*Stürner*, BGB, § 878 Rn. 5 m.w.N. Zu der Frage, ob es für § 878 BGB ausreicht, wenn nur der Verfügende den Eintragungsantrag gestellt hat und die Verfügungsbefugnis danach aufgrund der Eröffnung des Insolvenzverfahrens wegfällt, vgl. allgemein Staudinger/*Gursky*, BGB, § 878 Rn. 49 ff. m.w.N.

gestellten Antrag vertrauen darf. Somit reicht es für die Anwendbarkeit des § 878 BGB aus, wenn lediglich der Schuldner den Eintragungsantrag gestellt hat.

Der Senat differenziert sodann hinsichtlich der Rücknahmemöglichkeit zutreffend danach, wer den Eintragungsantrag gestellt hat. War dies der Erwerber, so besteht für den Treuhänder keine Rücknahmemöglichkeit und damit auch keine Möglichkeit, den Rechtserwerb zu verhindern. Wurde die Nachtragsverteilung erst nach Stellung des Eintragungsantrags durch den Käufer angeordnet, so käme diese somit zu spät.[585] Zwar käme eine Nachtragsverteilung hinsichtlich der nach wie vor bestehenden Eigentumsposition des Schuldners grundsätzlich in Betracht. Jedoch würde dieses Eigentum automatisch mit Eintragung im Grundbuch auf den Erwerber übergehen, §§ 91 Abs. 2 InsO, 878 BGB, sodass der Nachtragsgegenstand nachträglich ohne Einflussmöglichkeiten wegfällt. Die Nachtragsverteilung scheitert dann richtig an § 203 Abs. 3 InsO, weil das Grundstück aufgrund des wirksam entstandenen Anwartschaftsrechts dem Grunde nach wertlos ist[586] und eine Nachtragsverteilung daher nur Kosten verursachen würde, ohne dass ein Nutzen für die Gläubiger bestünde.[587]

Hat hingegen der Schuldner den Eintragungsantrag gestellt, so geht die Verfügungsbefugnis über das nach wie vor in seinem Eigentum stehende Grundstück mit Erlass des Anordnungsbeschlusses auf den Verwalter bzw. Treuhänder über. Nur in diesem Fall kommt eine Rücknahme des Antrags durch den Verwalter bzw. Treuhänder[588] unter Beachtung der Form des § 31 GBO in Betracht, sodass dieser den Rechtserwerb des Erwerbers u.U. noch mit der Folge verhindern könnte, dass das Anwartschaftsrecht des Erwerbers erlischt und das Grundstück endgültig im Eigentum des Schuldners verbleiben würde und somit anderweitig vom Treuhänder verwertet werden könnte. Die erzielten Erlöse wären sodann im Wege der Nachtragsverteilung zu verteilen.[589] Da im vorliegenden Fall jedoch

---

585 Braun/*Kießner*, InsO, § 203 Rn. 14a.

586 So auch Jaeger/*Meller-Hannich*, InsO, § 203 Rn. 9.

587 Ein solcher Nutzen entstünde erst, wenn die Nachtragsverteilung hinsichtlich etwaig erlangter Gegenleistungen analog § 2111 BGB angeordnet wird, was vorliegend jedoch nicht der Fall war.

588 *Wipperfürth*, InsbürO 2013, 459, 452. Zur Antragsrücknahmemöglichkeit bei Insolvenzeröffnung vgl. *Raebel*, ZInsO 2002, 954, 955; BGH, Urt. v. 9.1.1997 – IX ZR 47/96, WM 1997, 436, 437. Diese Möglichkeit muss nun aber aufgrund der Beschlagswirkung bei der Nachtragsverteilung auch der Nachtragsverwalter bzw. -treuhänder haben. Anders, jedoch nicht überzeugend: *Müller*, JZ 1980, 554, 558. *Müller* überspannt an dieser Stelle ersichtlich die Interessen des Erwerbers.

589 Vgl. auch *Tetzlaff*, jurisPR-InsR 6/2008 Anm. 1.

unklar war, wer den Eintragungsantrag gestellt hatte, musste der Senat die Sache an die Vorinstanz zur weiteren Aufklärung zurückverweisen und konnte nicht selbst entscheiden.

Trotz der geäußerten Zustimmung soll zuletzt allerdings noch eine kurze kritische Anmerkung zu der vorliegenden Entscheidung erfolgen: Wie bereits der oben dargestellte Sachverhalt nahe legt, besteht der begründete Verdacht, dass der Insolvenzverwalter während des Insolvenzverfahrens pflichtwidrig gehandelt hat, indem er die Immobilie unverwertet ließ. Wie sonst könnte das Insolvenzgericht den nunmehr zum Treuhänder bestellten Verwalter bereits *einen Tag* nach Verfahrensaufhebung um eine Stellungnahme hierüber bitten? Der Senat nimmt zwar zutreffend an, dass das Verschulden des Verwalters daran, dass die Gegenstände erst nach dem Schlusstermin ermittelt werden, für die Anwendbarkeit des § 203 Abs. 1 Nr. 3 InsO jeweils unbeachtlich ist.[590] Er hat aber der Vorinstanz nur noch aufgegeben zu entscheiden, ob und welche Eigentumspositionen dem Schuldner verbleiben und welche Kosten die Nachtragsverteilung verursachen würde.[591] Aufgrund der Feststellung, dass vorliegend wohl kein erzielbarer Erlös aus dem Grundstück zu erwarten war, hätte sich der Senat hier aber auch mit der Frage auseinandersetzen müssen, ob eine Nachtragsverteilung nicht hinsichtlich etwaiger Schadensersatzansprüche gegen den vormaligen Verwalter in Betracht gezogen werden könnte, womit dann im Ergebnis doch die Frage relevant wird, warum eine Verwertung unterblieben ist und warum die Auflassungserklärung vom Verwalter nicht angefochten wurde.[592] Zumindest aber hätte der Senat diese Prüfung an die Vorinstanzen verweisen können. Käme das Gericht hier zu dem Ergebnis, dass Haftungsansprüche nach § 60 InsO bestehen, so könnten diese auch Gegenstand einer späteren Nachtragsverteilung sein.[593] Hierfür wäre jedoch ein erneuter Anordnungsbeschluss erforderlich, da sich der bisherige Beschluss nur auf das Grundstück des Schuldners, nicht jedoch auf etwaige Schadensersatzansprüche gegen den vormaligen Verwalter bezog.

---

590 Vgl. dazu bereits die Ausführungen im Abschnitt Teil 4., B., III.

591 BGH, Beschl. v. 6.12.2007 – IX ZB 229/06, NZI 2008, 177, 178 Rn. 11. Dies kritisiert auch *Graeber*, NZI 2008, 178.

592 So die berechtigte Kritik von *Graeber*, NZI 2008, 178.

593 *Graeber*, NZI 2008, 178. Vgl. auch *Frege/Keller/Riedel*, Rn. 1731. Zudem kämen im Falle eines rechtswirksamen Eigentumsverlust auch etwaige Veräußerungserlöse gem. § 203 Abs. 1 Nr. 3 InsO i.V.m. § 2111 BGB analog für eine Nachtragsverteilung in Betracht.

3. *Rechtsfolgen eines objektiven Missverhältnisses*

Liegt ein objektives Missverhältnis i.S.d. § 203 Abs. 3 InsO vor, so fehlt entsprechenden Nachtragsanträgen nicht etwa das Rechtsschutzbedürfnis, da § 203 Abs. 3 InsO als Ermessensvorschrift ausgestaltet ist.[594] Ein negatives Kosten-Nutzen-Verhältnis ist lediglich materielle Voraussetzung für die Befugnisse des Gerichts auf Rechtsfolgenseite.[595]

Die frühere Praxis hat im Falle einer negativen Kosten-Nutzen-Rechnung die betroffenen Beträge zumeist dem Verwalter nachträglich als Vergütung festgesetzt oder aber einer gemeinnützigen Organisation gespendet.[596] Diese Vorgehensweise kann allerdings nicht befürwortet werden. Abgesehen davon, dass diese Handhabung bereits damals auf Kritik gestoßen ist[597], ist hierfür unter Geltung der InsO kein Raum mehr und auch nicht mit § 203 Abs. 3 InsO zu vereinbaren.[598] Auch eine Auskehrung an die Justizkasse kommt nicht in Betracht.[599] Kommt das Gericht zu dem Ergebnis, dass eine Kosten-Nutzung-Rechnung negativ ausfällt, sind die Beträge nach dem eindeutigen Wortlaut des § 203 Abs. 3 InsO dem Schuldner auszuhändigen und ermittelte Gegenstände diesem zu überlassen.[600]

Falls der Betrag oder Gegenstand weiterhin dem Insolvenzbeschlag unterlag, hat diese Überlassung die Wirkung einer Freigabe, sodass der Schuldner hierüber wieder frei verfügen kann.[601] Wegen dieser Freigabewirkung sollte eine gründliche Prüfung erfolgen und in Zweifelsfällen – insbesondere in Fällen, in denen

594 Jaeger/*Meller-Hannich*, InsO, § 203 Rn. 13. Anders dagegen MünchKomm/*Hintzen*, InsO, 3. Aufl., § 203 Rn. 25.

595 Jaeger/*Meller-Hannich*, InsO, § 203 Rn. 13.

596 Vgl. Jaeger/*Weber*, KO, § 166 Rn. 9; Kuhn/*Uhlenbruck*, KO, § 166 Rn. 7; *Baade*, KTS 1958, 165, 170.

597 Vgl. bspw. *Parsch*, KTS 1956, 148, 150.

598 Uhlenbruck/*Uhlenbruck*, InsO, 13. Aufl., § 203 Rn. 21; KPB/*Holzer*, InsO, § 203 Rn. 16; Braun/*Kießner*, InsO, § 203 Rn. 23; HambKomm/*Preß*/*Henningsmeier*, InsO, 4. Aufl., § 203 Rn. 16; Kreft/*Depré*, InsO, § 203 Rn. 7; MünchKomm/*Hintzen*, InsO, 3. Aufl., § 203 Rn. 6 und Rn. 25; *Tröger*, S. 28. Vgl. auch BGH, Beschl. v. 6.10.2011 – IX ZB 12/11, NZI 2011, 906. Insofern verfehlt: *Haarmeyer*/*Wutzke*/*Förster*, Handbuch, Kap. 8 Rn. 109, die in diesen Fällen auch eine Festsetzung einer weiteren Vergütung für den Verwalter befürworten.

599 Vgl. LG Dresden, Beschl. v. 13.9.2010 – 5 T 712/10, ZInsO 2011, 302, 303.

600 FK-InsO/*Kießner*, § 203 Rn. 26; KPB/*Holzer*, InsO, § 203 Rn. 20; LSZ/*Smid*, InsO, § 203 Rn. 8; Uhlenbruck/*Uhlenbruck*, InsO, 13. Aufl., § 203 Rn. 19; *Hess*, InsO, § 203 Rn. 49.

601 KPB/*Holzer*, InsO, § 203 Rn. 20; Kreft/*Depré*, InsO, § 203 Rn. 7; Braun/*Kießner*, InsO, § 203 Rn. 28.

noch mit der Einzahlung des Kostenvorschusses nach § 203 Abs. 3 S. 2 InsO zu rechnen ist – von einer (vorschnellen) Überlassung an Schuldner abgesehen werden.[602] Insoweit ist auch immer das Interesse der Gläubiger auf vollständige Befriedigung ihrer Forderungen zu berücksichtigen.[603] Da das Gericht, wie eingangs bereits dargestellt, nicht zu einer sofortigen Anordnung verpflichtet ist, sollte es von einer Entscheidung nach § 203 Abs. 3 S. 1 InsO vorerst absehen und stattdessen eine vorübergehende Hinterlegung dieser Beträge anordnen, wenn ein weiterer Massezufluss hinreichend absehbar ist. Um Kosten zu sparen, kann dann später ein Sammelnachtragsverteilungsverfahren angeordnet werden.[604]

II. Anforderung eines Kostenvorschusses, § 203 Abs. 3 S. 2 InsO

Die Regelung in § 203 Abs. 3 S. 2 InsO ist im Vergleich zur KO gänzlich neu.[605]

Statt von der Nachtragsverteilung wegen Geringfügigkeit abzusehen, kann das Gericht die Anordnung nach dieser Vorschrift auch von der Leistung eines Kostenvorschusses abhängig machen.[606] Die Einforderung eines solchen Kostenvorschusses steht im Ermessen des Insolvenzgerichts[607] und erfolgt durch gerichtlichen Beschluss[608].

In der Praxis dürfte die Regelung des § 203 Abs. 3 S. 2 InsO jedoch kaum Relevanz besitzen. Ein Insolvenzgläubiger wird i.d.R. wenig Interesse daran haben, zugunsten der anderen Gläubiger einen Vorschuss zu leisten. Stattdessen wird er vermutlich eher versuchen in die betreffenden Vermögenswerte nach

---

602 KPB/*Holzer*, InsO, § 203 Rn. 21; K. Schmidt/*Jungmann*, InsO, § 203 Rn. 19: Falls hier Zweifel bestehen, sollten die Beträge zunächst nach § 198 InsO hinterlegt werden.

603 KPB/*Holzer*, InsO, § 203 Rn. 16; Braun/*Kießner*, InsO, § 203 Rn. 22. Vgl. auch K. Schmidt/*Jungmann*, InsO, § 203 Rn. 18, der zutreffend rät, die Vorschrift restriktiv zu handhaben.

604 *Hess*, InsO, § 203 Rn. 50.

605 NR/*Westphal*, InsO, §§ 203, 204 Rn. 1; Uhlenbruck/*Uhlenbruck*, InsO, 13. Aufl., § 203 Rn. 22; Braun/*Kießner*, InsO, § 203 Rn. 2.

606 NR/*Westphal*, InsO, §§ 203, 204 Rn. 15; MünchKomm/*Hintzen*, InsO, 3. Aufl., § 203 Rn. 6; Uhlenbruck/*Uhlenbruck*, InsO, 13. Aufl., § 203 Rn. 22; *Hess*, InsO, § 203 Rn. 51; Andres/Leithaus/Dahl/*Leithaus*, InsO, § 203 Rn. 9.

607 Uhlenbruck/*Uhlenbruck*, InsO, 13. Aufl., § 203 Rn. 22; KPB/*Holzer*, InsO, § 203 Rn. 17. Es kann insbesondere von der Anforderung eines Kostenvorschusses absehen, wenn von vornherein abzusehen ist, dass ein solcher nicht geleistet wird, was häufig in Fällen eines evidenten Missverhältnisses zwischen Kosten und Nutzen der Nachtragsverteilung der Fall sein wird.

608 Uhlenbruck/*Uhlenbruck*, InsO, 13. Aufl., § 203 Rn. 22.

§ 201 Abs. 2 S. 1 InsO aus dem Tabellenauszug zu vollstrecken.[609] Der Vollständigkeit halber erfolgen an dieser Stelle dennoch einige kurze Ausführungen zu dieser Regelung.

Nach der amtlichen Begründung zum Regierungsentwurf kommt ein Kostenvorschuss insbesondere dann in Betracht, wenn unsicher ist, welcher Erlös bei der Verwertung eines Gegenstandes voraussichtlich erzielt werden kann.[610] Zudem bietet sich ein Kostenvorschuss an, wenn die Verwertung eines nachträglich ermittelten Gegenstandes weitere Kosten (beispielsweise Versteigerungs- oder Transportkosten) verursachen wird.[611] Der vom Gericht eingeforderte Vorschuss sollte dabei die gesamten Kosten der Nachtragsverteilung[612] decken und ist von dem antragstellenden Gläubiger oder von der Insolvenzgläubigergemeinschaft anzufordern, wobei letzteres in der Praxis wohl undurchführbar ist.[613] Wurde die Nachtragsverteilung im Schlusstermin vorbehalten oder ist bereits absehbar, dass eine solche später angeordnet wird, so kann die Gläubigerversammlung auch bestimmen, dass ein bestimmter Betrag von der Schlussverteilung ausgenommen und zurückgestellt wird, der dann die Kosten des späteren Nachtragsverteilungsverfahrens deckt.[614]

Um den Gläubigern die Möglichkeit einer nachträglichen gemeinschaftlichen Befriedigung nicht von vornherein zu nehmen, sollte das Gericht in Zweifelsfällen

---

609 Vgl. FK-InsO/*Kießner*, § 203 Rn. 29; Kreft/*Depré*, InsO, § 203 Rn. 8; Braun/*Kießner*, InsO, § 203 Rn. 25; HambKomm/*Preß/Henningsmeier*, InsO, 4. Aufl., § 203 Rn. 17; MünchKomm/*Hintzen*, InsO, 3. Aufl., § 203 Rn. 28.

610 Begr. zu § 231, § 232 und § 233 RegE-InsO, BT-Drs. 12/2443, S. 187.

611 FK-InsO/*Kießner*, § 203 Rn. 28; KPB/*Holzer*, InsO, § 203 Rn. 17.

612 Hierzu zählen insbesondere die Verwertungskosten, die weiteren Auslagen des Verwalters, das zusätzliche Honorar und etwaig anfallende Zustellungs- und Veröffentlichungskosten, vgl. BGH, Beschl. v. 6.12.2007 – IX ZB 229/06, NZI 2008, 177, 178 Rn. 9; MünchKomm/*Hintzen*, InsO, 3. Aufl., § 203 Rn. 27; Graf-Schlicker/*Castrup*, InsO, 3. Aufl., § 203 Rn. 9; NR/*Westphal*, InsO, §§ 203, 204 Rn. 15; HambKomm/*Preß/Henningsmeier*, InsO, 4. Aufl., § 203 Rn. 15. Nach *Frege/Keller/Riedel*, Rn. 1734, sollte sich das Gericht mit dem Verwalter über die Höhe der Vergütung und die voraussichtlich entstehenden Auslagen absprechen, um abschätzen zu können, ob eine Nachtragsverteilung sinnvoll ist. Zu den Kosten zählen auch die Überweisungskosten, auch wenn es sich eigentlich um eine Holschuld i.S.d. § 269 Abs. 1 BGB handelt. Dies ist aber für alle Beteiligten unpraktisch, sodass die Auszahlung daher durch Überweisung auf das Konto des Gläubigers erfolgt, vgl. *Holzer*, InsbürO 2011, 82, 85.

613 MünchKomm/*Hintzen*, InsO, 3. Aufl., § 203 Rn. 28; Uhlenbruck/*Uhlenbruck*, InsO, 13. Aufl., § 203 Rn. 22. Nach NR/*Westphal*, InsO, §§ 203, 204 Rn. 15 ist dies wohl nur in kleineren Verfahren möglich.

614 So auch *Cranshaw*, jurisPR-InsR 3/2010 Anm. 2 a.E.

vor einem Absehen nach § 203 Abs. 3 S. 1 InsO einen Vorschuss einfordern, der die Kosten der Nachtragsverteilung deckt.[615] Der Antrag eines Gläubigers oder des Verwalters sollte – sofern dies dem Antragsteller möglich ist – den ungefähren Wert des Gegenstandes angeben[616], um dem Gericht eine Entscheidung nach § 203 InsO zu erleichtern. Falls ein Kostenvorschuss von vornherein nicht eingefordert oder ein solcher nicht fristgerecht eingezahlt wurde, kann der Anordnungsantrag dagegen zurückgewiesen werden.[617] Zudem sollte es möglich sein, dass ein bereits eingeleitetes Verfahren nachträglich bei fehlender Kostendeckung eingestellt werden kann, da dies auch im eröffneten Verfahren nach § 207 InsO möglich ist.[618]

Nicht gesetzlich geregelt wurde dagegen, inwiefern der den Kostenvorschuss leistende Gläubiger zu befriedigen ist. Insofern erscheint es interessengerecht, diesen Gläubiger bei der Erlösverteilung in Höhe des geleisteten Vorschusses entsprechend § 313 Abs. 2 S. 2 InsO vorab zu befriedigen.[619]

---

615 KPB/*Holzer*, InsO, § 203 Rn. 17.

616 *Holzer*, InsbürO 2011, 82, 87; KPB/*Holzer*, InsO, § 203 Rn. 17.

617 KPB/*Holzer*, InsO, § 203 Rn. 18; *Hess*, InsO, § 203 Rn. 55.

618 So auch KPB/*Holzer*, InsO, § 203 Rn. 19.

619 *Hess*, InsO, § 203 Rn. 54; Andres/Leithaus/Dahl/*Leithaus*, InsO, § 203 Rn. 9. So wohl auch MünchKomm/*Hintzen*, InsO, 3. Aufl., § 203 Rn. 28. Eine entsprechende Anwendung des § 26 Abs. 3 InsO kommt dagegen nicht in Betracht, da der Kostenvorschuss nach § 26 Abs. 1 S. 2 InsO gezahlt wird, um das Verfahren überhaupt in Gang zu bringen. In diesem Fall wird widerlegbar vermutet, dass die Geschäftsführer einer Gesellschaft schuldhaft ihre Insolvenzantragspflicht verletzt haben, weshalb sie nach § 26 Abs. 3 InsO zur Erstattung der Kosten herangezogen werden können. Die Sachlage ist jedoch bei der Nachtragsverteilung anders, da es hier darum geht, einen Massegegenstand nachträglich der Verteilung zuzuführen. Die Vermutung des § 26 Abs. 3 InsO greift daher nicht ein, vgl. auch NR/*Westphal*, InsO, §§ 203, 204 Rn. 16; Braun/*Kießner*, InsO, § 203 Rn. 24.

Teil 5. Anordnung des Verfahrens

Liegen die Voraussetzungen des § 203 InsO vor, so erfolgt die Anordnung der Nachtragsverteilung gem. § 204 S. 1 InsO durch Beschluss des Insolvenzgerichts.

Die Rechtskraft des Anordnungsbeschlusses wirkt dabei über die Verfahrensbeteiligten hinaus; ihr kommt inter-omnes-Wirkung zu.[620] Frühester Zeitpunkt für die Anordnung ist die Abhaltung des Schlusstermins. Unzulässig ist es demgegenüber, i.R.d. Vergütungsfestsetzung für das Insolvenzverfahren eine Entscheidung über die Nachtragsverteilung zu treffen.[621]

A. Erforderlichkeit der Anordnung

Es wurde bereits kurz erwähnt, dass ein förmlicher Anordnungsbeschluss auch in den Fällen erforderlich ist, in denen bestimmte Vermögenswerte einer späteren Nachtragsverteilung vorbehalten wurden. Dieser Vorbehalt bewirkt nämlich nur eine fortdauernde Beschlagnahme.[622] Aus dieser insoweit fortdauernden Verwaltungs- und Verfügungsbefugnis des Verwalters ergibt sich jedoch nicht, dass der Verwalter vereinnahmte Beträge nach eigenem Gutdünken ausschütten darf. Für die Verteilung weiterer Beträge benötigt der Verwalter auch hier die formale Anordnung der Nachtragsverteilung.[623] Liegt keine Anordnung durch das Gericht vor, darf der Insolvenzverwalter die erlangte Masse somit weder an die Gläubiger ausschütten noch auf Gerichtskosten zahlen. Ohne Anordnungsbeschluss muss er die Vermögenswerte daher prinzipiell an den Schuldner herausgeben, sofern das Gericht endgültig von einer Anordnung absieht.[624]

---

620 NR/*Westphal*, InsO, §§ 203, 204 Rn. 20; Braun/*Kießner*, InsO, § 203 Rn. 18.

621 BGH, Beschl. v. 17.3.2005 – IX ZB 286/03, NZI 2005, 395; Graf-Schlicker/*Castrup*, InsO, 3. Aufl., § 203 Rn. 8; KPB/*Holzer*, InsO, § 203 Rn. 4.

622 BFH, Urt. v. 28.2.2012 – VII R 36/11, BFHE 236, 202, 205 Rn. 13; LG Dresden, Beschl. v. 13.9.2010 – 5 T 712/10, ZInsO 2011, 302, 303; HambKomm/*Preß*/*Henningsmeier*, InsO, 4. Aufl., § 203 Rn. 3a; Uhlenbruck/*Uhlenbruck*, InsO, 13. Aufl., § 203 Rn. 24; MünchKomm/*Hintzen*, InsO, 3. Aufl., § 203 Rn. 19; NR/*Westphal*, InsO, §§ 203, 204 Rn. 9; Jaeger/*Meller-Hannich*, InsO, § 203 Rn. 11; *Bauhaus*, AOStB 2012, 164, 165. Vgl. bereits zur KO: *Wachtel*, S. 49, Jaeger/*Weber*, KO, § 166 Anm. 9. Vgl. dazu ausführlich den Abschnitt Teil 6., A.

623 Vgl. LG Dresden, Beschl. v. 13.9.2010 – 5 T 712/10, ZInsO 2011, 302, 303; K. Schmidt/*Jungmann*, InsO, § 203 Rn. 10; *Lissner*, InsbürO 2013, 355, 357.

624 Vgl. LG Dresden, Beschl. v. 13.9.2010 – 5 T 712/10, ZInsO 2011, 302, 303; Graf-Schlicker/*Kalkmann*, InsO, 3. Aufl., § 6 InsVV Rn. 2.

B. Prüfungspflicht des Gerichts – BGH, Beschl. v. 20.06.2013 – IX ZB 10/13

Das Gericht ist vor einer Anordnung, vor allem in den Fällen des § 203 Abs. 1 Nr. 3 InsO, zu einer rechtlichen Prüfung dahingehend verpflichtet, ob die ermittelten Vermögenswerte die Anordnung der Nachtragsverteilung rechtfertigen.[625] Dies hat der BGH erst kürzlich nochmals ausdrücklich klargestellt.[626] Im zugrundeliegenden Sachverhalt wandte sich die Schuldnerin gegen die Nachtragsanordnung hinsichtlich mehrerer Schmuckstücke im Wert von rund 23.000 EUR und einer Kapitallebensversicherung in Höhe von knapp 36.000 EUR. Die Schuldnerin machte insoweit geltend, dass diese Vermögenswerte nicht ihr, sondern ihrer Tochter gehören würden. Nachdem das Beschwerdegericht die Beschwerde zurückwies, wandte sich die Schuldnerin mit der vom Beschwerdegericht zugelassenen Rechtsbeschwerde an den BGH. Der BGH führte hierzu aus, dass die Zugehörigkeit eines nachträglich ermittelten Massegegenstandes zur Masse tatbestandliche Voraussetzung der Anordnung nach § 203 Abs. 1 Nr. 3 InsO sei. Diese Massezugehörigkeit könne daher „[...] nicht vom Insolvenzgericht offen gelassen und entsprechend § 47 Satz 2 InsO der Klärung im ordentlichen Verfahren überlassen werden."[627] Das Insolvenzgericht habe vielmehr von Amts wegen die erforderlichen Ermittlungen anzustellen und dazu auch notwendige Beweise zu erheben. Diesen Ausführungen ist uneingeschränkt zuzustimmen. Vor Erlass des Anordnungsbeschlusses hat das Gericht sowohl die Voraussetzungen des § 203 Abs. 1 InsO als auch die Wirtschaftlichkeit zu prüfen. Insoweit gilt auch hier der Amtsermittlungsgrundsatz, § 5 InsO.[628] Wie oben bereits gezeigt[629], besteht nur in solchen Fällen eine „eingeschränkte" Prüfungspflicht, in denen die für eine Nachtragsverteilung in Betracht kommenden Gegenstände erst nach Durchführung eines Anfechtungsrechtsstreits zur Masse gezogen werden können. Hier genügt eine summarische Schlüssigkeitsprüfung durch das Insolvenzgericht, da es nicht seine Aufgabe ist, die Begründetheit der Klage vollständig zu

---

625 BGH, Beschl. v. 11.2.2010 – IX ZB 105/09, NZI 2010, 259.

626 BGH, Beschl. v. 20.06.2013 – IX ZB 10/13, ZInsO 2013, 1409.

627 Ebd.

628 Jaeger/*Meller-Hannich*, InsO, § 203 Rn. 12. Dagegen prüft das Gericht nicht das Vorliegen etwaiger Eröffnungsgründe nach §§ 17 ff. InsO, da dies keine Voraussetzung für die Zulässigkeit der Anordnung ist. Das Nachtragsverteilungsverfahren ist, wie bereits mehrfach erwähnt, kein eigenständiges Insolvenzverfahren, sondern knüpft als „fortgesetzte Verteilung" lediglich an das vorangegangene Insolvenzverfahren an.

629 Teil 4., B., III., 3., b).

prüfen. Hält das Gericht das Vorbringen des Verwalters für schlüssig, so kann es die Nachtragsverteilung rechtmäßig anordnen, womit der Verwalter dann auch die notwendige Prozessführungsbefugnis erlangt.

C. Der Anordnungsbeschluss: Inhalt und Bestimmtheitsgrundsatz

Die Regelung des § 203 InsO enthält im Gegensatz zu § 27 InsO keine Angaben zum Inhalt des Anordnungsbeschlusses. In Anlehnung an § 27 Abs. 2 Nr. 1 InsO dürfte jedoch unstreitig sein, dass der Anordnungsbeschluss in jedem Fall den Schuldner, dessen Vermögen betroffen ist, genau bezeichnen muss. Ferner sollte der Anordnungsbeschluss aufgrund seiner Rechtswirkungen[630] entsprechend § 27 Abs. 2 InsO nach Tag und Stunde datiert sein.[631] Fehlt die Angabe der Stunde, so kann die Regelung des § 27 Abs. 3 InsO analog herangezogen werden.[632]

Zudem hat das Gericht im Anordnungsbeschluss auch einen Verwalter zu bestellen, dem die Durchführung der Nachtragsverteilung übertragen wird.[633] Im Falle eines Nachtragsvorbehalts sollte das Gericht den Namen des Verwalters im Anordnungsbeschluss nochmals gesondert benennen, damit der Nachtragsverwalter allen Beteiligten bekannt ist. Da der Verwalter in diesem Fall i.d.R. noch im Besitz seiner Bestallungsurkunde ist, erübrigt sich eine gesonderte Ausstellung dieser Urkunde[634], da auch das „Folgeverfahren" von der ursprünglichen Bestellung umfasst ist. Die Aushändigung einer neuen Bestallungsurkunde wird regelmäßig nur in den Fällen der § 203 Abs. 1 Nr. 2 und Nr. 3 InsO notwendig sein, da hier die Masseverwaltung durch den Verwalter mit Verfahrensaufhebung zunächst geendet hat und er daher seine Urkunde i.d.R. bereits zurückgegeben haben wird. Das Gericht ist bei der Auswahl des Nachtragsverwalters grundsätzlich in seiner Entscheidung frei.[635] I.d.R. wird es aber denselben Verwalter

630 Vgl. dazu ausführlich das Kapitel Teil 6.

631 HambKomm/*Preß*/*Henningsmeier*, InsO, 4. Aufl., § 203 Rn. 11; MünchKomm/*Hintzen*, InsO, 3. Aufl., § 203 Rn. 21.

632 BGH, Beschl. v. 26.1.2012 – IX ZB 111/10, NZI 2012, 271 Rn. 7.

633 KPB/*Holzer*, InsO, § 203 Rn. 4; FK-InsO/*Kießner*, § 203 Rn. 23; Uhlenbruck/*Uhlenbruck*, InsO, 13. Aufl., § 203 Rn. 26.

634 Uhlenbruck/*Uhlenbruck*, InsO, 13. Aufl., § 203 Rn. 13.

635 Anders dagegen anscheinend HWF/*Förster*, InsO, 2. Aufl., § 203 Rn. 14, nach dem das Insolvenzgericht verpflichtet sei, den ehemaligen Verwalter für die Nachtragsverteilung zu bestellen, da die Nachtragsverteilung die Fortführung der Schlussverteilung sei. Ein anderer Verwalter sei nur einzusetzen, wenn hinsichtlich des bisherigen Verwalters ein Entlassungsgrund vorliegt. Diese Ansicht findet jedoch im Gesetz keine

einsetzen, der bereits vor Abschluss des Verfahrens tätig war.[636] In diesem Fall kann ihm auch die alte Bestallungsurkunde erneut ausgehändigt werden; ggf. ist die Urkunde neu auszustellen[637]. Falls der ehemalige Insolvenzverwalter aber aus persönlichen oder sonstigen Gründen nicht mehr in der Lage ist, das Amt zu führen, so muss das Gericht einen neuen Insolvenzverwalter mit der Durchführung der Nachtragsverteilung beauftragen.[638] Sollte es sich um Schadensersatzansprüche gegen den früheren Verwalter handeln, so muss das Gericht zwingend eine andere Person als den ursprünglichen Verwalter für die Durchführung der Nachtragsverteilung bestellen.[639]

Wie oben bereits kurz erwähnt[640], muss der Anordnungsbeschluss auch dem Bestimmtheitsgrundsatz genügen, da sich die Nachtragsverteilung nicht auf das gesamte Vermögen des Schuldners bezieht. Die Nachtragsverteilung erfasst lediglich die in § 203 Abs. 1 InsO abschließend aufgezählten Massezuflüsse. Daher ist eine klare Trennung zwischen dem beschlagnahmten und dem insolvenzfreien Vermögen des Schuldners nötig. Diese gebotene Trennschärfe gewährleistet der Bestimmtheitsgrundsatz.[641] Das Gericht ist danach verpflichtet, die Gegenstände

---

Stütze. Allein aus dem Wortlaut des § 205 S. 1 InsO („der Insolvenzverwalter") folgt auch nicht, dass dies zwingend der ehemalige Insolvenzverwalter sein muss. Auch die weitere Ansicht, die die Durchführung der Nachtragsverteilung durch den vormaligen Verwalter als seine Amtspflicht ansieht, vgl. dazu MünchKomm/*Hintzen*, InsO, 3. Aufl., § 203 Rn. 24; HambKomm/*Preß*/*Henningsmeier*, InsO, 4. Aufl., § 203 Rn. 12; ähnlich wohl auch Jaeger/*Meller-Hannich*, InsO, § 203 Rn. 17, vermag nicht zu überzeugen, da es dem Verwalter hier ebenso wie im Eröffnungsverfahren möglich sein muss, die Übernahme abzulehnen, so auch MünchKomm/*Hintzen*, InsO, 3. Aufl., § 204 Rn. 7.

636 KPB/*Holzer*, InsO, § 205 Rn. 2; NR/*Westphal*, InsO, § 205 Rn. 2; LSZ/*Smid*, InsO, § 203 Rn. 10; Jaeger/*Meller-Hannich*, InsO, § 203 Rn. 17; Braun/*Kießner*, InsO, § 205 Rn. 3.

637 Jaeger/*Meller-Hannich*, InsO, § 203 Rn. 17 und § 205 Rn. 4.

638 MünchKomm/*Hintzen*, InsO, 3. Aufl., § 203 Rn. 24; Uhlenbruck/*Uhlenbruck*, InsO, 13. Aufl., § 203 Rn. 14; Jaeger/*Meller-Hannich*, InsO, § 203 Rn. 17; HambKomm/*Preß*/*Henningsmeier*, InsO, 4. Aufl., § 203 Rn. 12. Die Bestellung eines anderen Insolvenzverwalters kann aber auch deshalb erfolgen, weil dieser für die Durchführung der Nachtragsverteilung besser geeignet ist; Jaeger/*Meller-Hannich*, InsO, § 203 Rn. 17.

639 LSZ/*Smid*, InsO, § 203 Rn. 11; MünchKomm/*Hintzen*, InsO, 3. Aufl., § 203 Rn. 24; Braun/*Kießner*, InsO, § 205 Rn. 3; Graf-Schlicker/*Castrup*, InsO, 3. Aufl., § 203 Rn. 13; NR/*Westphal*, InsO, § 205 Rn. 2; FK-InsO/*Kießner*, § 205 Rn. 2; *Smid*/*Lambrecht*, S. 131; *Ludewig*, S. 83.

640 Vgl. Teil 4., B., IV., 1., e).

641 *Zipperer*, EWiR 2012, 183, 184.

und Beträge, deretwegen die Nachtragsverteilung konkret angeordnet werden soll, im Anordnungsbeschluss genau zu bezeichnen.[642] Ein Anordnungsbeschluss geht beispielsweise ins Leere, wenn er sich nur auf einen vom Schuldner bereits veräußerten Gegenstand, nicht hingegen auf den in sein Vermögen geflossenen Gegenwert bezieht.[643] Wie bereits ausgeführt[644], ist bzgl. eines etwaigen Gegenwertes vielmehr ein eigenständiger Anordnungsbeschluss erforderlich, da der Gegenwert nicht von dem Anordnungsbeschluss hinsichtlich des ursprünglichen Massegegenstandes erfasst wird. Hier sollte im Beschluss die Höhe des Betrages, der i.R.d. Nachtragsverteilung an die Gläubiger verteilt werden soll, grundsätzlich genau zu beziffern. Unterbleibt eine solche Bezifferung, dann ist dieser Umstand aber für das Bestimmtheitserfordernis unschädlich, wenn sich der zurückzuerstattende Betrag aus dem in Bezug genommenen Antrag des Verwalters auf Anordnung der Nachtragsverteilung ergibt.[645]

Liegen zugleich mehrere Tatbestände des § 203 Abs. 1 Nr. 1 – 3 InsO vor, was insbesondere der Fall ist, wenn es sich um mehrere frei gewordene Beträge oder mehrere Rückflüsse in die Masse handelt, so ist das Gericht wegen der notwendigen Beschlagnahmewirkung grundsätzlich verpflichtet, die Nachtragsverteilung

---

642 Bork/Koschmieder/*Riedel*, Rn. 10.186; *Zipperer*, EWiR 2012, 183, 184. Vgl. auch das Muster eines Anordnungsbeschlusses abgedruckt bei: *Frege/Keller/Riedel*, Rn. 1735. Insofern erweist sich bspw. der Anordnungsbeschluss in der Beschwerdeentscheidung des LG Berlin, Beschl. v. 4.1.1993 – 81 T 589/92, Rpfleger 1993, 301 als problematisch. Hier wurde nachträglich ehemaliger Grundbesitz in der DDR bekannt, woraufhin das Insolvenzgericht die Nachtragsverteilung angeordnet hat. Dem Gericht war es jedoch nicht möglich, die Vermögensbestandteile vollständig im Beschlusstenor zu erfassen. Das LG Berlin war daher der Auffassung, dass eine Formulierung genügend sei, nach der alle Grundstücke und grundstücksgleichen Rechte erfasst seien, „die der Gemeinschuldnerin in der DDR am Tage ihres Beitritts zur BRD gehörten". Es obliege sodann dem Konkursverwalter im Einzelnen festzustellen, um welchen Grundbesitz es sich handle. Dem kann nicht gefolgt werden. Dieser Anordnungsbeschluss ist entgegen der Ansicht des LG Berlin vielmehr wegen Unbestimmtheit als nichtig anzusehen.

643 *Kießner*, FD-InsR 2012, 329207.

644 Vgl. Teil 4., B., IV., 1. e).

645 BGH, Beschl. v. 26.1.2012 – IX ZB 111/10, NZI 2012, 271 Rn. 9, so wohl auch *Heinze*, ZInsO 2012, 1606, 1609. Der Inhalt dieser Entscheidung vom 26.1.2012 wurde bereits ausführlich oben, Teil 4., B., IV., 1., dargestellt. In der zugrundeliegenden Entscheidung wurde der zurückzuerstattende Betrag darüber hinaus in der Beschwerdeentscheidung genau beziffert, woraus der BGH schloss, dass die Anordnung der Nachtragsverteilung jedenfalls in Form der Beschwerdeentscheidung dem Bestimmtheitserfordernis genügt habe.

jeweils gesondert anzuordnen.[646] Es kann die Anordnung jedoch auch mit der Maßgabe verbinden, dass die Nachtragsverteilung zu einem späteren Zeitpunkt, in welchem alle Massezuflüsse vorliegen, einheitlich durch den Insolvenzverwalter erfolgt[647], wobei jedoch die einzelnen Massezuflüsse genau zu bezeichnen sind.

D. Zuständiges Gericht

Im Folgenden ist zu untersuchen, welches Gericht für die Anordnung der Nachtragsverteilung sachlich und örtlich zuständig ist. Zudem wird der Frage nachgegangen, welches Organ funktional zuständig ist.

I. Sachliche Zuständigkeit

Die Frage der sachlichen Zuständigkeit lässt sich unproblematisch beantworten. Für die Anordnung der Nachtragsverteilung ist nach § 203 Abs. 1 InsO das Insolvenzgericht sachlich zuständig. Dies ist die Abteilung des Amtsgerichts, die nach dem Geschäftsverteilungsplan für Insolvenzverfahren zuständig ist.[648]

II. Örtliche Zuständigkeit

Schwieriger zu beurteilen ist dagegen die Frage der örtlichen Zuständigkeit. Die einschlägige Kommentarliteratur schweigt zu der Frage der örtlichen Zuständigkeit. Anders als der § 315 InsO enthalten die § 203 ff. InsO auch keine weiteren Regelungen zur örtlichen Zuständigkeit.

Man könnte daher zunächst daran denken, die allgemeine Regelung des § 3 Abs. 1 InsO heranzuziehen, wonach das Amtsgericht zuständig wäre, in dessen Bezirk der Schuldner seinen allgemeinen Gerichtsstand hat oder aber der Ort, der den Mittelpunkt seiner wirtschaftlichen Tätigkeit bildet. Da es bei der Bestimmung der örtlichen Zuständigkeit allgemein auf den Zeitpunkt des Eingangs des Antrags beim Insolvenzgericht ankommt[649] und auch die Nachtragsverteilung

---

646 Uhlenbruck/*Uhlenbruck*, InsO, 13. Aufl., § 203 Rn. 23.

647 Uhlenbruck/*Uhlenbruck*, InsO, 13. Aufl., § 203 Rn. 23; BerlKomm/*Breutigam*, InsO, § 203 Rn. 20. Sollte hier ein Kostenvorschuss nach § 203 Abs. 3 S. 2 InsO eingefordert werden, so muss dieser die Kosten der gesamten Nachtragsverteilung decken, Uhlenbruck/*Uhlenbruck*, InsO, 13. Aufl., § 203 Rn. 23.

648 MünchKomm/*Ganter/Lohmann*, InsO, 3. Aufl., § 2 Rn. 4; Jaeger/*Gerhardt*, InsO, § 2 Rn. 32.

649 Absolut h.M., vgl. nur BGH, Beschl. v. 22.3.2007 – IX ZB 164/06, ZInsO 2007, 440; OLG Frankfurt a.M., Beschl. v. 21.5.2002 – 21 AR 113/01, NZI 2002, 499; AG

auf Antrag angeordnet werden kann, könnte sich daraus entnehmen lassen, dass das Gericht örtlich zuständig ist, in dessen Bezirk der Schuldner zum Zeitpunkt der Antragstellung bzw. der Anordnung von Amts wegen seinen allgemeinen Gerichtsstand hat oder aber seine wirtschaftliche Tätigkeit ausübt. Dies hätte allerdings zur Folge, dass durch jeden Umzug des Schuldners nach Verfahrensaufhebung nunmehr ein anderes Insolvenzgericht als das ursprüngliche örtlich zuständig wäre.

Dieses Ergebnis ist nicht praxistauglich und kann nicht vom Gesetzgeber gewollt worden sein. Dagegen spricht zum einen schon der Gesichtspunkt des Gläubigerschutzes. Wie bereits dargestellt, haben auch Insolvenzgläubiger ein Antragsrecht nach § 203 Abs. 1 InsO. Man könnte diesen aber nicht zumuten, sich nach Verfahrensaufhebung über den derzeitigen Wohnort des Schuldners oder den Mittelpunkt seiner Tätigkeit zu informieren, nur um zu erfahren, welches Gericht örtlich zur Entgegennahme des Nachtragsantrags zuständig ist. Zum anderen spricht gegen einen Wechsel der örtlichen Zuständigkeit der Umstand, dass das Gericht eine Nachtragsverteilung nach § 203 Abs. 1 InsO auch von Amts wegen anordnen kann. Dass eine solche Anordnung von Amts wegen aber von einem – durch Wohnsitzwechsel des Schuldners nach Verfahrensaufhebung – nunmehr örtlich zuständigen Gericht vorgenommen werden würde, erscheint fernliegend, zumal dieses Gericht oft auch keine Kenntnis von dem vormaligen und bei einem anderen Gericht geführten Insolvenzverfahren haben wird. Aus diesen Erwägungen folgt somit, dass es für die Frage der örtlichen Zuständigkeit nicht auf die allgemeine Regelung des § 3 InsO ankommen kann.

Für die Anordnung der Nachtragsverteilung bleibt daher vielmehr das Gericht örtlich zuständig, das auch für das vormalige Insolvenzverfahren zuständig war[650]; insoweit könnte man durchaus eine analoge Anwendung des § 261 Abs. 3 Nr. 2 ZPO in Erwägung ziehen. Dieses Ergebnis ist in jeder Hinsicht interessengerecht, da das Ausgangsgericht bereits hinreichende Sachkenntnis bzgl. des vorausgegangenen Insolvenzverfahrens, mitsamt angeordneter Hinterlegungen und Gläubigerbeschlüssen, hat.

Düsseldorf, Beschl. v. 25.5.2000 – 503 IK 28/99, NZI 2000, 555; Uhlenbruck/*Pape*, InsO, 13. Aufl., § 3 Rn. 3; Jaeger/*Gerhardt*, InsO, § 3 Rn. 40; FK-InsO/*Schmerbach*, § 3 Rn. 25. Anders dagegen OLG Düsseldorf, Beschl. v. 2.1.2004 – I-19 Sa 111/03, ZInsO 2004, 507, das auf die Zustellung des Antrags abstellt.

650 So auch bereits *Wachtel*, S. 51 zur KO: „Das Konkursgericht bei der Nachtragsverteilung ist natürlicherweise dasselbe, wie beim vorhergegangenen Konkurs, […].“

III. Funktionelle Zuständigkeit

Nach überwiegender Auffassung ist der Rechtspfleger für die Anordnung der Nachtragsverteilung funktionell zuständig, § 18 Abs. 1 RPflG.[651] Demgegenüber ist nach *Schmerbach* in jedem Fall der Richter für die Anordnung zuständig, da zugleich ein Insolvenzverwalter zu bestellen sei.[652] Diese Ansicht ist jedoch abzulehnen. Wie bereits mehrfach erwähnt, handelt es sich bei der Nachtragsverteilung um ein dem Insolvenzverfahren nachgeordnetes Verteilungsverfahren und nicht um eine Wiederaufnahme des Insolvenzverfahrens.[653] Das Nachtragsverteilungsverfahren ist vielmehr eine zweckgebundene Fortsetzung des Insolvenzverfahrens.[654] Dies wird zudem daran deutlich, dass die Nachtragsverteilung auch von Amts wegen eingeleitet werden kann, während bei einem Insolvenzverfahren eine amtswegige Verfahrenseinleitung nicht vorgesehen ist.[655] Daher ist der Rechtspfleger auch zuständig, wenn die Nachtragsverteilung nach Aufhebung des Insolvenzverfahrens angeordnet wird.[656] Dies gilt ebenfalls für den Fall, dass ein neuer Insolvenzverwalter für die Durchführung der Nachtragsverteilung bestellt werden muss, da eine der Erstbestellung des Insolvenzverwalters im Eröffnungsbeschluss vergleichbare Situation nicht vorliegt und die Nachtragsverteilung die Fortsetzung des insoweit mit Verfahrenseröffnung auf den Rechtspfleger übergegangenen Insolvenzverfahrens ist.[657]

---

651 Vgl. KPB/*Holzer*, InsO, § 203 Rn. 4; MünchKomm/*Hintzen*, InsO, 3. Aufl., § 203 Rn. 10; FK-InsO/*Kießner*, § 203 Rn. 23; LSZ/*Rechel*, InsO, § 2 Rn. 16; Uhlenbruck/*Uhlenbruck*, InsO, 13. Aufl., § 203 Rn. 26; HambKomm/*Preß*/*Henningsmeier*, InsO, 4. Aufl., § 203 Rn. 13.

652 FK-InsO/*Schmerbach*, § 2 Rn. 34.

653 KPB/*Holzer*, InsO, § 203 Rn. 1; HambKomm/*Preß*/*Henningsmeier*, InsO, 4. Aufl., § 203 Rn. 4; *Holzer*, NZI 1999, 44, 46; *Neuhof*, NJW 1995, 937, 938.

654 Mohrbutter/Ringstmeier/*Ernestus*, § 11 Rn. 95.

655 KPB/*Holzer*, InsO, § 203 Rn. 1.

656 Uhlenbruck/*Uhlenbruck*, InsO, 13. Aufl., § 203 Rn. 26; Braun/*Kießner*, InsO, § 203 Rn. 17; HambKomm/*Preß*/*Henningsmeier*, InsO, 4. Aufl., § 203 Rn. 13.

657 MünchKomm/*Hintzen*, InsO, 3. Aufl., § 203 Rn. 10; Uhlenbruck/*Uhlenbruck*, InsO, 13. Aufl., § 203 Rn. 26; KPB/*Holzer*, InsO, § 203 Rn. 4; HambKomm/*Preß*/*Henningsmeier*, InsO, 4. Aufl., § 203 Rn. 13; Mohrbutter/Ringstmeier/*Ernestus*, § 11 Rn. 92. Ähnlich, aber in anderem Zusammenhang, auch HambKomm/*Rüther*, InsO, 4. Aufl., § 2 Rn. 10 m.w.N., der allgemein annimmt, dass sich § 18 Abs. 1 Nr. 1 RPflG nur auf die erstmalige Bestellung des Verwalters im Eröffnungsbeschluss beziehe. Anders dagegen Jaeger/*Meller-Hannich*, InsO, § 203 Rn. 11; ebenso bereits zur KO: Jaeger/*Weber*, KO, § 166 Anm. 9; *Baade*, KTS 1958, 165, 170.

E. Zustellungen und darüber hinaus auch öffentliche Bekanntmachung?

Während der damalige § 166 KO keine Aussage über das Verfahren der Anordnung traf[658], regelt § 204 InsO nunmehr die Zustellung des Anordnungsbeschlusses bzw. der Ablehnung der Anordnung. Eine förmliche Zustellung ist dabei aber nicht erforderlich; wegen § 8 Abs. 1 S. 2 InsO genügt vielmehr die einfache Versendung per Post.[659]

Lehnt das Insolvenzgericht die Anordnung der beantragten[660] Nachtragsverteilung ab, dann ist dieser ablehnende Beschluss nach § 204 Abs. 1 S. 1 InsO nur dem jeweiligen Antragsteller zuzustellen, da nur dieser durch die Ablehnung der Nachtragsverteilung in einer Rechtsposition nachteilig betroffen ist.[661] Darüber hinaus findet weder eine Zustellung an die übrigen Gläubiger noch eine öffentliche Bekanntmachung des Ablehnungsbeschlusses statt.[662]

Ordnet das Gericht die Nachtragsverteilung an, dann ist der Anordnungsbeschluss gem. § 204 Abs. 2 S. 1 InsO dem Insolvenzverwalter[663], dem Schuldner[664]

---

658 Hier wurde dennoch eine Zustellung des ablehnenden oder des anordnenden Beschlusses für erforderlich gehalten, vgl. *K. Schmidt*, KO, § 166 Anm. 2; *Kuhn/Uhlenbruck*, KO, § 166 Rn. 9.

659 Jaeger/*Meller-Hannich*, InsO, § 204 Rn. 4; LSZ/*Smid*, InsO, § 204 Rn. 3; Uhlenbruck/*Uhlenbruck*, InsO, 13. Aufl., § 204 Rn. 2.

660 Wurde die Nachtragsverteilung nicht beantragt, sondern lediglich (von einem nicht antragsberechtigten Dritten) angeregt, so ergeht kein ablehnender Beschluss, Jaeger/*Meller-Hannich*, InsO, § 204 Rn. 3.

661 KPB/*Holzer*, InsO, § 204 Rn. 2; Graf-Schlicker/*Castrup*, InsO, 3. Aufl., § 204 Rn. 2; Braun/*Kießner*, InsO, § 204 Rn. 2. Eine Zustellung an den Schuldner unterbleibt hier allein aus dem Grund, dass dieser durch die ablehnende Entscheidung nicht beschwert ist, Jaeger/*Meller-Hannich*, InsO, § 204 Rn. 3; KPB/*Holzer*, InsO, § 204 Rn. 2.

662 Graf-Schlicker/*Castrup*, InsO, 3. Aufl., § 204 Rn. 2; *Hess*, InsO, § 204 Rn. 2; Braun/*Kießner*, InsO, § 204 Rn. 2; HambKomm/*Preß*/*Henningsmeier*, InsO, 4. Aufl., § 204 Rn. 2.

663 Die Zustellung an den Insolvenzverwalter ist zwingend, da dieser nach § 205 S. 1 die Nachtragsverteilung durchzuführen hat, Graf-Schlicker/*Castrup*, InsO, 3. Aufl., § 204 Rn. 3; Braun/*Kießner*, InsO, § 204 Rn. 3.

664 Die Zustellung an den Schuldner ist erforderlich, da dieser durch den Anordnungsbeschluss die Verwaltungs- und Verfügungsbefugnis bzgl. des genau bezeichneten Gegenstandes wieder verliert, LSZ/*Smid*, InsO, § 204 Rn. 3. Problematisch ist die Zustellung allerdings bei einer bereits gelöschten Gesellschaft. Teilweise wird hier eine Zustellung an das letzte vertretungsberechtigte Organ als sog. geborenen Liquidator befürwortet, vgl. AG Göttingen, Beschl. v. 11.11.1994 – 71 N 63/92, ZIP 1995, 145,

und ggf. auch dem antragstellenden Gläubiger[665] zuzustellen. Wird die Anordnung nach § 203 Abs. 3 S. 2 InsO von der Leistung eines Kostenvorschusses des antragstellenden Gläubigers abhängig gemacht, so ist diese Entscheidung ebenfalls dem antragstellenden Gläubiger, dem Schuldner und dem Insolvenzverwalter zuzustellen.[666]

Fraglich ist, ob die Anordnung der Nachtragsverteilung darüber hinaus auch öffentlich bekannt zu machen ist. Diese Frage wird unterschiedlich beurteilt. Während teilweise unter Bezugnahme auf § 206 Nr. 3 InsO vertreten wird, dass der Anordnungsbeschluss öffentlich bekannt zu machen sei[667], wird dies von anderen generell abgelehnt[668]. Welcher Ansicht der Vorzug zu geben ist, lässt sich nur durch einen Blick in das Gesetz beantworten. Hier fällt im Vergleich zu § 30 Abs. 1 S. 1 InsO auf, dass § 204 InsO eine öffentliche Bekanntmachung selbst nicht vorschreibt. Zudem bezieht sich die Regelung des § 206 Nr. 3 InsO lediglich auf die Bekanntmachung des zur Verteilung zur Verfügung stehenden

---

146; NR/*Westphal*, InsO, §§ 203, 204 Rn. 18 Fn. 2; KPB/*Holzer*, InsO, § 204 Rn. 3; *Hess*, InsO, § 204 Rn. 7. Nach a.A. habe die Zustellung dagegen an einen zu bestellenden Nachtragsliquidator zu erfolgen, der dann auch die Gesellschaft vertrete, vgl. *Müller-Wüsten*, EWiR 1995, 81, 82. Nach *Uhlenbruck* lohnt sich dagegen die Bestellung eines Nachtragsliquidators nicht, sodass eine Zustellung an den Schuldner entsprechend § 10 Abs. 1 S. 1 InsO ganz unterbleiben könne, Uhlenbruck/*Uhlenbruck*, InsO, 13. Aufl., § 204 Rn. 3. Gegen eine Bestellung eines Nachtragsliquidators auch Jaeger/*Meller-Hannich*, InsO, § 204 Rn. 7 Fn. 5.

665 Eine Zustellung an die übrigen Insolvenzgläubiger ist dagegen nicht erforderlich, Uhlenbruck/*Uhlenbruck*, InsO, 13. Aufl., § 204 Rn. 2; Jaeger/*Meller-Hannich*, InsO, § 204 Rn. 7.

666 Jaeger/*Meller-Hannich*, InsO, § 204 Rn. 10. Die Zustellung an den Schuldner ist deshalb erforderlich, da die Anordnung hier lediglich noch von der Leistung des Kostenvorschusses abhängt und der Schuldner damit potentiell beschwert ist. Zur Frage der Statthaftigkeit von Rechtsmitteln bei Anforderung eines Kostenvorschusses vgl. Jaeger/*Meller-Hannich*, InsO, § 204 Rn. 10.

667 Vgl. FK-InsO/*Kießner*, § 203 Rn. 23 (widersprüchlich jedoch zu seiner Kommentierung unter § 204 Rn. 2, in der *Kießner* annimmt, dass die Nachtragsverteilung nicht öffentlich bekannt zu machen sei); Kreft/*Depré*, InsO, § 203 Rn. 9; MünchKomm/*Hintzen*, InsO, 3. Aufl., § 203 Rn. 11; HambKomm/*Preß/Henningsmeier*, InsO, 4. Aufl., § 203 Rn. 14; Graf-Schlicker/*Castrup*, InsO, 3. Aufl., § 203 Rn. 12; Mohrbutter/Ringstmeier/*Ernestus*, § 11 Rn. 93.

668 Vgl. Uhlenbruck/*Uhlenbruck*, InsO, 13. Aufl., § 204 Rn. 2; Jaeger/*Meller-Hannich*, InsO, § 204 Rn. 8; KPB/*Holzer*, InsO, § 203 Rn. 17; Braun/*Kießner*, InsO, § 203 Rn. 16; *Keller*, Insolvenzrecht, Rn. 791; *Frege/Keller/Riedel*, Rn. 1733; Bork/Koschmieder/*Riedel*, Rn. 10.186.

Betrags, analog § 188 InsO.[669] Daher ist eine öffentliche Bekanntmachung nicht zwingend erforderlich. Dennoch kann eine solche durchaus zweckmäßig sein, um auch dem außenstehenden Rechtsverkehr aufzuzeigen, hinsichtlich welcher Vermögenswerte die Verfügungsbefugnis des Schuldners wieder bzw., bei einer Anordnung vor Verfahrensaufhebung, nach wie vor entfallen ist.

F. Eintragung der Anordnung im Grundbuch

Ist ein Grundstück oder ein Grundstücksrecht Gegenstand der Nachtragsverteilung, so sollte die Anordnung der Nachtragsverteilung in Anlehnung an § 32 InsO zudem im Grundbuch eingetragen werden.[670] Dadurch wird ein gutgläubiger Erwerb des Grundstücks oder des Grundstücksrechts über § 81 Abs. 1 S. 2 InsO i.V.m. § 892 BGB verhindert. Da die Gerichte ein darauf gerichtetes Ersuchen häufig unterlassen, sollte der Verwalter entweder darauf drängen oder die Eintragung in analoger Anwendung des § 32 Abs. 2 S. 2 InsO selbst beim Grundbuchamt beantragen.[671]

G. Rechtsmittel

Während die Statthaftigkeit eines Rechtsmittels i.R.d. § 166 KO mangels einer gesetzlichen Regelung noch höchst umstritten war[672], ist dieser Streit durch die Neuregelung des § 204 InsO obsolet geworden. Danach ist die sofortige Beschwerde das statthafte Rechtsmittel; dies gilt auch bei Entscheidungen des Rechtspflegers, § 11 Abs. 1 RPflG[673].

Wird die Nachtragsverteilung angeordnet, so steht nach § 204 Abs. 2 S. 2 InsO dem Schuldner die sofortige Beschwerde zu. Nur ihm steht dieses Rechtsmittel

669 So auch Braun/*Kießner*, InsO, § 203 Rn. 16.

670 HambKomm/*Preß/Henningsmeier*, InsO, 4. Aufl., § 203 Rn. 12; Braun/*Kießner*, InsO, § 203 Rn. 19; Gottwald/*Eickmann*, § 65 Rn. 65; NR/*Westphal*, InsO, § 205 Rn. 4; Uhlenbruck/*Uhlenbruck*, InsO, 13. Aufl., § 203 Rn. 17; MünchKomm/*Hintzen*, InsO, 3. Aufl., § 203 Rn. 21.

671 Gottwald/*Eickmann*, § 65 Rn. 65; NR/*Westphal*, InsO, §§ 203, 204 Rn. 20a.

672 Dafür: Jaeger/*Weber*, KO, § 166 Anm. 9 m.w.N. Dagegen: *Wachtel*, S. 57.

673 HambKomm/*Preß/Henningsmeier*, InsO, 4. Aufl., § 204 Rn. 3; BerlKomm/*Breutigam*, InsO, § 204 Rn. 3. Insofern verfehlt: *Hess*, InsO, § 204 Rn. 3, der im Falle einer ablehnenden Entscheidung des Rechtspflegers eine befristete Erinnerung nach § 11 Abs. 1 S. 2 RPflG als statthaft ansieht. Dies widerspricht jedoch der Regelung des § 204 InsO.

zu[674], da nur er aufgrund des Verlustes seines Verwaltungs- und Verfügungsrechts hinsichtlich der betroffenen Vermögenswerte beschwert ist.[675] Wurde die beantragte Nachteilsverteilung dagegen abgelehnt, so steht ausschließlich dem Antragsteller nach § 204 Abs. 1 S. 2 InsO die sofortige Beschwerde zu.[676] Dem Schuldner, den übrigen Gläubigern oder dem Verwalter steht in diesem Fall dagegen kein Rechtsmittel zu, da sie, wenn sie nicht ebenfalls einen Antrag gestellt haben, nicht beschwert sind.[677] Der Verwalter und die übrigen Gläubiger können jedoch unabhängig von dem Verfahren nach § 204 InsO einen neuen Antrag

---

674 K. Schmidt/*Jungmann*, InsO, § 204 Rn. 2; HambKomm/*Preß/Henningsmeier*, InsO, 4. Aufl., § 204 Rn. 5; MünchKomm/*Hintzen*, InsO, 3. Aufl., § 204 Rn. 5; KPB/*Holzer*, InsO, § 204 Rn. 4; Kreft/*Depré*, InsO, § 204 Rn. 2; Jaeger/*Meller-Hannich*, InsO, § 204 Rn. 9; FK-InsO/*Kießner*, § 204 Rn. 3; Braun/*Kießner*, InsO, § 204 Rn. 4; BerlKomm/*Breutigam*, InsO, § 204 Rn. 7; HWF/*Förster*, InsO, 2. Aufl., § 204 Rn. 6. Dies hat auch der BGH hervorgehoben, vgl. BGH, Beschl. v. 18.1.2011 – IX ZB 253/10, BeckRS 2011, 02579. Nach LSZ/*Smid*, InsO, § 204 Rn. 4; NR/*Westphal*, InsO, §§ 203, 204 Rn. 19 stehe dagegen auch dem Insolvenzverwalter ein solches Beschwerderecht zu, sofern dieser die Nachtragsverteilung nicht selbst beantragt habe. Dieses Beschwerderecht folge daraus, dass es sich um einen Eingriff in die Berufsausübung des Verwalters handele. Dieser Ansicht kann jedoch nur schwer gefolgt werden. Bereits ein Eingriff in die Berufsausübungsfreiheit erscheint fraglich, da das Amt des Insolvenzverwalters im Allgemeinen der Annahme bedarf, die ausdrücklich oder konkludent erklärt werden kann. Eine Pflicht zur Übernahme besteht dagegen nicht, vgl. Begr. zu § 65 RegE-InsO, BT-Drs. 12/2443, S. 127; LSZ/*Rechel*, InsO, § 56 Rn. 46; KPB/*Lüke*, InsO, § 56 Rn. 65; NR/*Delhaes*, InsO, § 56 Rn. 24. Vgl. auch OLG Düsseldorf, Urt. v. 7.11.1972 – 4 U 79/72, KTS 1973, 270, 272: „Das Amt des Konkursverwalters beginnt erst mit der Übernahme des Amtes durch den Konkursverwalter [...]." Diese Erwägungen müssen auch i.R.d. Nachtragsverteilung gelten, sodass dem Verwalter das Recht zusteht, das Amt abzulehnen oder nachträglich aus dem Amt auszuscheiden, so auch MünchKomm/*Hintzen*, InsO, 3. Aufl., § 204 Rn. 7: „[...] es gelten die Regelungen zu §§ 56, 59.". Da die Durchführung der Nachtragsverteilung somit nur mit Zustimmung des Verwalters möglich ist, kann bei Amtsübernahme kein Eingriff in die Berufsausübungsfreiheit vorliegen, sodass dem Verwalter auch kein Recht zur sofortigen Beschwerde zugestanden werden kann.

675 KPB/*Holzer*, InsO, § 204 Rn. 4; MünchKomm/*Hintzen*, InsO, 3. Aufl., § 204 Rn. 5; NR/*Westphal*, InsO, §§ 203, 204 Rn. 18.

676 Teilweise wird hier die Eröffnung dieses Rechtsmittels als verfehlt angesehen, da andere Entscheidungen des Insolvenzgerichts mit erheblich größerer Tragweite auch nicht angegriffen werden könnten, so: Kreft/*Depré*, InsO, § 204 Rn. 1; HWF/*Förster*, InsO, 2. Aufl., § 204 Rn. 7.

677 Vgl. KPB/*Holzer*, InsO, § 204 Rn. 2; LSZ/*Smid*, InsO, § 204 Rn. 2; Braun/*Kießner*, InsO, § 204 Rn. 2.

nach § 203 Abs. 1 InsO stellen[678], was vor allem dann in Betracht zu ziehen ist, wenn weitere Vermögenswerte für die Masse verfügbar werden.[679]

H. Wirkung der Anordnung auf den Lauf der Verjährung

Es wurde bereits dargestellt, dass alle im Schlussverzeichnis aufgeführten Forderungen, auch die mittlerweile verjährten, an der Nachtragsverteilung teilnehmen. Für die Einzelrechtsverfolgung des Gläubigers ist es dennoch von Relevanz, ob die Verjährung seines Anspruchs durch die Anordnung der Nachtragsverteilung erneut gehemmt wird.

Soweit ersichtlich widmet sich lediglich *Zimmer* dieser Fragestellung. Nach ihm wird die Verjährung durch die Anordnung der Nachtragsverteilung erneut gehemmt, arg. § 204 Abs. 2 S. 3 BGB.[680] Gerade wegen Gewährleistungseinbehalten oder bei der Verwertung einer Immobilie könne sich die Dauer der Nachtragsverteilung über Jahre erstrecken, sodass inzwischen die Ansprüche der Gläubiger, denen der Schuldner widersprochen hat und die somit nicht der Verjährungsfrist des § 197 Abs. 1 Nr. 5 InsO unterliegen, verjährt sein könnten. Daher müsse § 204 Abs. 2 BGB dahingehend ausgelegt werden, dass die Hemmung der Verjährung nicht durch Beendigung des Insolvenzverfahrens, sondern im Falle einer vor Verfahrensaufhebung angeordneten Nachtragsverteilung erst mit Beendigung jener Nachtragsverteilung ende.[681]

Ob dieser Ansicht allerdings zu folgen ist, lässt sich nur durch einen Blick auf den Zweck der Verjährungshemmung gem. § 204 BGB beantworten.

Der Zweck der Verjährungshemmung nach § 204 BGB liegt darin, den Gläubiger davor zu schützen, dass sein Anspruch verjährt, nachdem er ein förmliches Verfahren mit dem Ziel der Anspruchsdurchsetzung eingeleitet hat.[682] Während dem Gläubiger vor Verfahrenseröffnung eine ganze Bandbreite an verjährungshemmenden Maßnahmen zur Verfügung steht, bleibt ihm nach Insolvenzeröffnung nur die Möglichkeit, seine Forderung nach den Vorschriften der Insolvenzordnung zu verfolgen. Dies geschieht durch Anmeldung des

---

678 LSZ/*Smid*, InsO, § 204 Rn. 2; HambKomm/*Preß/Henningsmeier*, InsO, 4. Aufl., § 204 Rn. 4. Nach Uhlenbruck/*Uhlenbruck*, InsO, 13. Aufl., § 204 Rn. 4 werde dies in der Praxis aber nicht viel bringen.

679 Jaeger/*Meller-Hannich*, InsO, § 204 Rn. 5.

680 *Zimmer*, KTS 2009, 199, 210.

681 Ebd.

682 *Kiesbye*, S. 30.

Anspruchs im Insolvenzverfahren.[683] Die Legitimation der Verjährungshemmung durch Forderungsanmeldung nach § 204 Abs. 1 Nr. 10 BGB beruht daher auf zweierlei: Zum einen stellt die Anmeldung im Insolvenzverfahren eine besondere Form der Rechtsverfolgung dar. Zum anderen kann der Gläubiger seine Forderung ab Verfahrenseröffnung ausschließlich im Wege der Forderungsanmeldung zur Tabelle durchsetzen.[684]

Unter diesen Gesichtspunkten erscheint die von *Zimmer* vertretene Ansicht schwer vertretbar. Im regulären Insolvenzverfahren führt nicht bereits die Verfahrenseröffnung, sondern erst das aktive Betreiben des Gläubigers zur Verjährungshemmung. Bei der Nachtragsverteilung findet hingegen keine erneute Forderungsanmeldung statt und die Gläubiger nehmen, mit Ausnahme ihres Antragsrechts aus § 203 Abs. 1 InsO, eher eine passive Rolle ein. Darüber hinaus ist den Gläubigern durch eine angeordnete Nachtragsverteilung aufgrund der lediglich beschränkten Beschlagnahmewirkung auch nicht jedwede andere Art der Rechtsverfolgung untersagt. Sie dürfen nur nicht in den Gegenstand vollstrecken, der dem Nachtragsbeschlag unterliegt. Wenn überhaupt ließe sich unter Berücksichtigung des § 204 Abs. 2 S. 3 BGB allein für den antragstellenden Gläubiger eine erneute Verjährungshemmung seines Anspruchs vertreten, da er das Verfahren mit der Antragstellung weiter betreibt. Den übrigen Gläubigern steht aber nach Anordnung kein weiteres Antragsrecht zu, sofern sich nicht weiteres Vermögen des Schuldners ermitteln lässt. Richten sich die zeitlich nachfolgenden Anträge der weiteren Gläubiger auf denselben Gegenstand, so fehlt ihnen aufgrund der bereits erfolgten Anordnung das Rechtsschutzbedürfnis. Ein genereller Neueintritt der Verjährungshemmung für alle Gläubiger, die an der Nachtragsverteilung teilnehmen, kommt damit nicht in Betracht, ist aber wie gezeigt auch nicht nötig.

Zimmer folgert aus einer bereits vor Verfahrensaufhebung erfolgten Anordnung darüber hinaus, dass die Verjährungshemmung nicht mit Verfahrensbeendigung, sondern erst mit Beendigung der Nachtragsverteilung ende, da dies insbesondere in Fällen einer jahrelangen Immobilienverwertung billig sei. Auch diese Auslegung ist abzulehnen, da – wie oben gezeigt – auch verjährte Forderungen an der Verteilung teilnehmen. Die Gläubiger können lediglich nicht in den der Nachtragsverteilung unterliegenden Gegenstand vollstrecken. Besitzt der Schuldner darüber hinaus auch noch nach mehreren Jahren kein pfändbares Vermögen, so erleiden die Gläubiger keinen Nachteil, da ihnen auch trotz

683 *Kiesbye*, S. 17.

684 *Kiesbye*, S. 32 m.w.N.

Verjährung ihres Anspruchs eine anteilmäßige Befriedigung i.R.d. Nachtragsverteilung zusteht.

Zusammenfassend ist daher festzuhalten, dass die Nachtragsanordnung keine erneute Verjährungshemmung der Gläubigeransprüche zur Folge hat. Die verjährungshemmenden Tatbestände des § 204 BGB sind an dieser Stelle eng anzuwenden. Zudem mangelt es bei der Nachtragsverteilung an einer aktiven Rechtsverfolgung, wie dies im eröffneten Verfahren durch die Anmeldung der Forderung zur Tabelle geschieht. Daher kann § 204 Abs. 1 Nr. 10 BGB auch nicht analog herangezogen werden.

Teil 6. Insolvenzbeschlag und Befugnisse des Verwalters

Eingangs wurde bereits ausgeführt, dass der Insolvenzbeschlag gem. § 80 Abs. 1 InsO grundsätzlich mit der Aufhebung des Verfahrens endet und der Schuldner insoweit die Verfügungsbefugnis zurückerhält. Es wurde aber auch bereits mehrfach erwähnt, dass es von dieser Aufhebungswirkung Ausnahmen gibt. Diese Ausnahmen sollen im Folgenden aufgezeigt und untersucht werden. Zudem wird untersucht, wie und wann eine erneute Insolvenzbeschlagnahme erzeugt werden kann. Da sich die Verwaltungs- und Verfügungsbefugnis sowie die Prozesslegitimation des Verwalters grundsätzlich am Insolvenzbeschlag orientieren[685], werden die entsprechenden Verwaltungsbefugnisse des Verwalters ebenfalls in diesem Kapitel dargestellt.

A. Fortdauernder Insolvenzbeschlag

Zunächst ist zu untersuchen, in welchen Fällen der Insolvenzbeschlag trotz Verfahrensaufhebung weiterhin ununterbrochen fortbesteht.

Unproblematisch ist eine fortdauernde Beschlagnahme bestimmter Vermögenswerte in Fällen gegeben, in denen das Gericht die *Nachtragsverteilung* hinsichtlich dieser Gegenstände bereits vor Verfahrensaufhebung oder auch zeitgleich mit Erlass des Aufhebungsbeschlusses *angeordnet* hat.[686]

In der einschlägigen Literatur findet sich ferner mehrfach der Hinweis, dass der Insolvenzbeschlag des formell beendeten Insolvenzverfahrens in allen Fällen des § 203 Abs. 1 Nr. 1 InsO fortwirke.[687] Diesen Ausführungen ist – um das Ergebnis vorwegzunehmen – zunächst einmal zuzustimmen. So besteht der Insolvenzbeschlag insbesondere hinsichtlich zurückbehaltener und nach § 198

685 Vgl. § 80 Abs. 1 InsO; §§ 85 f. InsO; Uhlenbruck/*Uhlenbruck*, InsO, 13. Aufl., § 203 Rn. 14.

686 *Häsemeyer*, Rn. 7.71.

687 Vgl. KPB/*Holzer*, InsO, § 203 Rn. 24; Jaeger/*Meller-Hannich*, InsO, § 203 Rn. 10; MünchKomm/*Hintzen*, InsO, 3. Aufl., § 203 Rn. 20; Pape/Uhlenbruck/Voigt-Salus/*Voigt-Salus*, Kap. 35 Rn. 5; Braun/*Kießner*, InsO, § 203 Rn. 20; Graf-Schlicker/*Castrup*, InsO, 3. Aufl., § 203 Rn. 7; Gottwald/*Eickmann*, § 65 Rn. 59; NR/*Westphal*, InsO, §§ 203, 204 Rn. 12; Uhlenbruck/*Uhlenbruck*, InsO, 13. Aufl., § 203 Rn. 15. So ebenfalls zu § 166 Abs. 1 KO: BGH, Urt. v. 22.2.1973 – VI ZR 165/71, NJW 1973, 1198, 1199.

InsO *hinterlegter Beträge* über Verfahrensaufhebung hinaus fort[688], ohne dass es zur Fortwirkung der Beschlagnahme einer zusätzlichen Anordnung der Nachtragsverteilung bedarf[689].

Ob demgegenüber aber allein ein *Nachtragsvorbehalt* für eine fortdauernde Beschlagnahme genügt oder ob zusätzlich ein entsprechender Anordnungsbeschluss des Gerichts erforderlich ist, wird nicht einheitlich beantwortet und im Folgenden untersucht.

I. Genügt allein ein Nachtragsvorbehalt zur Aufrechterhaltung der Beschlagnahme? – BFH, Urt. v. 28.2.2012 – VII R 36/11

Mit dieser Frage musste sich der BFH in seiner Entscheidung vom 28.2.2012 befassen.[690] In dieser Entscheidung ging es konkret um die Frage, ob eine vom Finanzamt nach Verfahrensaufhebung erklärte Aufrechnung aufgrund eines fortdauernden Insolvenzbeschlags unwirksam war oder nicht.

Dieser Entscheidung lag folgender, hier vereinfacht wiedergegebener, Sachverhalt zugrunde: Das Insolvenzverfahren wurde mit Beschluss vom 31.7.2006 aufgehoben, wobei im Aufhebungsbeschluss gleichzeitig die Nachtragsverteilung hinsichtlich der vor und während der Dauer des Verfahrens begründeten Ansprüche auf Steuererstattung vorbehalten wurde. Nachdem sich aus der Einkommenssteuerveranlagung für das Jahr 2006 Erstattungsbeträge ergaben, wurde der Steuererstattungsanspruch mit Schreiben des Finanzamtes vom 9.8.2007 für 7/12 von 2006 auf 855,04 EUR beziffert. Nach Aktenlage erfolgte seitens des Finanzamtes am 4.9.2007 eine Aufrechnung mit Insolvenzforderungen durch Umbuchungsmitteilung. Mit Schreiben vom 5.1.2009 begehrte die vormalige

---

688 BGH, Beschl. v. 17.2.2011 – IX ZB 268/08, NZI 2011, 263, 264 Rn. 12; BerlKomm/*Breutigam*, InsO, § 198 Rn. 5; KPB/*Holzer*, InsO, § 198 Rn. 13c; Kreft/*Depré*, InsO, § 198 Rn. 1; Graf-Schlicker/*Castrup*, InsO, 3. Aufl., § 198 Rn. 2; HambKomm/*Preß*, InsO, 4. Aufl., § 198 Rn. 3.

689 Anders dagegen anscheinend MAH/*Beck*, § 42 Rn. 29 f., der zusätzlich die Anordnung der Nachtragsverteilung in diesem Zusammenhang erwähnt und davon ausgeht, dass die Einschränkung der Verwaltungs- und Verfügungsbefugnis des Schuldners stets eine ausdrückliche Anordnung durch das Insolvenzgericht erfordere. Diese Ansicht überzeugt jedoch nicht, da diese Vermögenswerte zum einen nicht in das Schuldnervermögen zurückgeflossen sind und der Schuldner zum anderen über diese Vermögenswerte aufgrund ihrer Hinterlegung nicht disponieren kann. Hier ist daher richtigerweise von einer fortdauernden Beschlagnahme dieser Vermögenswerte auch ohne gesonderte Anordnung auszugehen.

690 BFH, Urt. v. 28.2.2012 – VII R 36/11, BFHE 236, 202 ff.

Insolvenzverwalterin die Auszahlung des Betrages für 2006 bzw. die Erteilung eines rechtsmittelfähigen Bescheides. Das Finanzamt lehnte beide Begehren mit Bescheid vom 15.1.2009 ab und wies den hiergegen eingelegten Einspruch zurück. Dabei war es der Ansicht, dass es für eine Auszahlung des Betrages auf das Treuhandkonto der vormaligen Insolvenzverwalterin keinen Rechtsgrund gebe, da die Nachtragsverteilung lediglich vorbehalten, nicht hingegen angeordnet worden sei. Insoweit führte das Finanzamt aus, dass nur im Falle einer wirksam angeordneten Nachtragsverteilung das Verfügungsrecht des Insolvenzschuldners über den Einkommenssteuererstattungsanspruch beschränkt sei, da es sich um einen Fall des § 203 Abs. 1 Nr. 3 InsO handle und nur durch Anordnung der Nachtragsverteilung eine erneute Insolvenzbeschlagnahme eintreten würde. Die Insolvenzverwalterin sei daher nach Verfahrensaufhebung nicht mehr am Steuerfestsetzungsverfahren beteiligt. Daraufhin erhob die Insolvenzverwalterin Klage mit dem Begehren, das Finanzamt zu verurteilen, ihr einen Abrechnungsbescheid über 855,04 EUR zu erlassen. Dieser Klage entsprach das FG Berlin-Brandenburg mit Urteil vom 16.12.2010.[691] Das FG war der Ansicht, dass der Insolvenzbeschlag hinsichtlich der Steuererstattungsansprüche nach wie vor aufgrund der vorbehaltenen Nachtragsverteilung fortbestehe und die klagende Insolvenzverwalterin insoweit auch einen Anspruch auf Auszahlung des Betrages und Erstellung eines entsprechenden Abrechnungsbescheides habe. Bei vorbehaltener Nachtragsverteilung würden die Befugnisse des Insolvenzverwalters insoweit nicht mit Verfahrensaufhebung enden. Mit der beim BFH eingelegten Revision vertrat das Finanzamt weiterhin die Auffassung, dass der Insolvenzverwalterin kein Anspruch aus dem Steuerschuldverhältnis zustehe und sie mit Verfahrensaufhebung die Rechtsstellung als Verwalterin der Insolvenzmasse verloren habe. Diese Ansicht teilte der BFH dagegen nicht und wies die Revision als unbegründet zurück.

Der BFH folgte im Ergebnis den Ausführungen der Vorinstanz und sprach der klagenden Insolvenzverwalterin einen Anspruch auf Erteilung eines Abrechnungsbescheides für die Steuererstattungsansprüche aus dem Jahre 2006 zu. Die Insolvenzverwalterin sei nach wie vor am Steuererhebungsverfahren beteiligt, soweit die Zugehörigkeit nachträglich entstandener Ansprüche aus dem Steuerschuldverhältnis zur Insolvenzmasse streitig sei. Zu Recht habe das FG auch entschieden, dass der Schuldner die Verfügungsbefugnis über die Steuererstattungsansprüche 2006 nicht mit Verfahrensaufhebung zurückerhalten habe, da der Insolvenzbeschlag aufgrund der vorbehaltenen Nachtragsverteilung auch

691 FG Berlin-Brandenburg, Urt. v. 16.12.2010 – 10 K 15202/09, ZInsO 2011, 1804, 1805.

nach Verfahrensaufhebung fortbestehe.[692] Der streitgegenständliche Steuererstattungsanspruch habe auch zur Insolvenzmasse gehört, da der Rechtsgrund für den Erstattungsanspruch (aufgrund geleisteter Vorauszahlungen im Wege des Steuerabzugs vom Lohn) bis zur Verfahrensaufhebung am 31.7.2006 während des laufenden Insolvenzverfahrens gelegt worden sei.[693] Dass die Nachtragsverteilung bisher nicht angeordnet, sondern lediglich vorbehalten wurde, ändere nichts an der fortdauernden Insolvenzbeschlagnahme dieser Ansprüche. Dadurch werde verhindert, dass der Insolvenzschuldner die Verfügungsbefugnis über diese Gegenstände trotz Verfahrensbeendigung wiedererlangt, wodurch die Befriedigung der Gläubiger gesichert werde. Es widerspreche Sinn und Zweck eines Nachtragsvorbehalts, wenn man – wie das Finanzamt meint – auch hier eine fortdauernde Insolvenzbeschlagnahme von der Anordnung der Nachtragsverteilung abhängig machen wollte.[694] Folge der fortbestehenden Beschlagnahme sei vorliegend, dass die Aufrechnung des Finanzamtes gem. § 96 Abs. 1 Nr. 1 InsO unzulässig gewesen und der Erstattungsanspruch damit nicht erloschen sei. Diesen Ausführungen ist uneingeschränkt zuzustimmen.

Zunächst ist festzuhalten, dass das FG Berlin-Brandenburg und der BFH die streitigen Erstattungsansprüche für 7/12 aus 2006 zutreffend als zur Insolvenzmasse gehörig eingestuft haben. Der Einkommenssteuererstattungsanspruch entsteht zwar gem. § 38 AO i.V.m. § 36 Abs. 1 EStG erst mit Ablauf des Veranlagungszeitraums. Wie oben bereits ausgeführt[695], ist aber nicht der Zeitpunkt der Vollrechtsentstehung, sondern vielmehr der Zeitpunkt, in dem nach insolvenzrechtlichen Grundsätzen der Rechtsgrund für die Erstattung gelegt wurde, maßgeblich. Da der Rechtsgrund für Einkommenssteuererstattungsansprüche bereits mit der Abführung der Lohnsteuer gelegt wird[696] und die streitigen Erstattungsansprüche bis 7/12 aus 2006 noch auf Vorauszahlungen während des eröffneten Verfahrens basierten, gehörten die Erstattungsansprüche zur ursprünglichen Insolvenzmasse und kamen damit auch als geeigneter Gegenstand einer späteren Nachtragsverteilung in Betracht.

---

692 BFH, Urt. v. 28.2.2012 – VII R 36/11, BFHE 236, 202, 205 Rn. 13.

693 BFH, Urt. v. 28.2.2012 – VII R 36/11, BFHE 236, 202, 204 Rn. 11.

694 BFH, Urt. v. 28.2.2012 – VII R 36/11, BFHE 236, 202, 205 Rn. 14.

695 Vgl. Teil 4., B., IV., 3.

696 *Steinhauff*, jurisPR-SteuerR 26/2012 Anm. 1; *Rüsken*, BFH/PR 2012, 253.

Auch im Übrigen verdient die Auffassung des BFH zur fortdauernden Beschlagnahme bei vorbehaltener Nachtragsverteilung Zustimmung.[697] Dies entspricht zudem der überwiegenden Meinung in Rechtsprechung und Literatur.[698]

Die insoweit teilweise vertretene Gegenansicht, nach der eine durch Vorbehalt erzeugte fortdauernde Beschlagnahme dem Insolvenzrecht fremd sei und nur die Anordnung der Nachtragsverteilung zu einer (fortdauernden bzw. erneuten) Beschlagnahme führe[699], vermag nicht zu überzeugen. Die Regelung des § 197 Abs. 1 Nr. 3 InsO muss nicht nur auf nicht verwertbare, sondern auch auf *noch nicht* verwertbare Gegenstände ausgedehnt werden, damit in der Praxis die Möglichkeit besteht, das Verfahren zügig aufzuheben.[700] Es wäre doch sehr seltsam, wenn das Insolvenzgericht zwar bestimmte Gegenstände einer Nachtragsverteilung vorbehalten könnte, mit diesem Vorbehalt aber keinerlei Rechtswirkungen verbunden wären. Der Nachtragsvorbehalt liefe vorliegend ins Leere, wenn man der Auffassung des Finanzamtes und der Minderansicht folgen würde.[701]

Der BFH nimmt mit der vorliegenden Entscheidung auch eine deutliche Abgrenzung zu seiner Entscheidung vom 4.9.2008[702] vor und stellt zutreffend heraus, dass die Entscheidung vom 4.9.2008 aufgrund der unterschiedlichen Sachverhaltskonstellationen keine Allgemeingültigkeit besitzt. Während nämlich in dem damaligen Sachverhalt keine Nachtragsverteilung vorbehalten wurde, ist

697 So auch *Raab*, jurisPR-InsR 14/2012 Anm. 4; *Steinhauff*, jurisPR-SteuerR 26/2012 Anm. 1; *Bauhaus*, AOStB 2012, 164; *Sinz/Hiebert*, EWiR 2012, 463, 464; *Rüsken*, BFH/PR 2012, 253.

698 Vgl. BGH, Beschl. v. 17.2.2011 – IX ZB 268/08, NZI 2011, 263, 264 Rn. 12, m. Anm. *Smid*, jurisPR-InsR 1/2012 Anm. 3; MünchKomm/*Hintzen*, InsO, 3. Aufl., § 203 Rn. 3 und Rn. 19/20; Jaeger/*Meller-Hannich*, InsO, § 203 Rn. 8; NR/*Westphal*, InsO, §§ 203, 204 Rn. 2; Uhlenbruck/*Uhlenbruck*, InsO, 13. Aufl., § 203 Rn. 15; MAH/*Beck*, § 42 Rn. 29; Uhlenbruck/*Sinz*, InsO, 13. Aufl., § 95 Rn. 25; *Pluta/Heidrich*, jurisPR-InsR 20/2006 Anm. 5. So bereits zur KO: RG, Urt. v. 17.9.1891 – Rep. IV 136/91, RGZ 28, 68 ff.; BGH, Urt. v. 22.2.1973 – VI ZR 165/71, NJW 1973, 1198, 1199.

699 Vgl. *Scheiper/Farr*, NZI 2009, 761, 763, unter Berufung darauf, dass vor Einreichung der Steuererklärung der Erstattungsanspruch noch nicht existent sei und damit nicht Gegenstand eines Zurückbehalts sein könne. *Nayel*, ZInsO 2011, 153, 159.

700 Vgl. auch Braun/*Kießner*, InsO, § 203 Rn. 32a.

701 *Raab*, jurisPR-InsR 14/2012 Anm. 4.

702 BFH, Beschl. v. 4.9.2008 – VII B 239/07, BFH/NV 2009, 6. In dieser Entscheidung war die Aufrechnung des Finanzamtes gegen Erstattungsansprüche mangels fortdauernder Insolvenzbeschlagnahme nicht gem. § 96 Abs. 1 Nr. 1 InsO unwirksam. Da der Steuererstattungsanspruch somit durch Aufrechnung erloschen war, kam dieser auch nicht mehr für eine (erst nach der Aufrechnung angeordnete) Nachtragsverteilung in Betracht. Ebenso *Nayel*, ZInsO 2011, 153, 158.

dies in der vorliegend besprochenen Entscheidung anders. Der BFH differenziert damit zutreffend zwischen einer bereits bei Verfahrensaufhebung vorbehaltenen und einer erst später angeordneten Nachtragsverteilung ohne vorherigen Vorbehalt. Letztere führt hier zu einer Lücke im Schutz der Masse, da die Anordnung der Nachtragsverteilung keine Rückwirkung hat[703], sodass in dem Zeitraum zwischen Aufhebung und Anordnung die Regelung des § 96 Abs. 1 InsO nicht gilt.[704] Durch den Nachtragsvorbehalt werden aber die vom Vorbehalt betroffenen Vermögenswerte nach wie vor unter Beschlag gehalten. Daher gelten auch die allgemeinen Wirkungen der Insolvenzbeschlagnahme weiterhin für diese Gegenstände, insbesondere also auch das Aufrechnungsverbot des § 96 Abs. 1 InsO. Daraus folgt für den vorliegenden Fall, dass eine Aufrechnung des Finanzamtes gegen die Erstattungsansprüche 2006 gem. § 96 Abs. 1 Nr. 1 InsO insoweit unzulässig war, als diese Ansprüche während der Dauer des Insolvenzverfahrens begründet worden sind, was auf die Ansprüche bis 07/2006 zutraf. Zusätzliche Folge der fortdauernden Insolvenzbeschlagnahme ist, dass der Verwalter weiterhin am Steuerverfahren beteiligt ist, da er nach wie vor hinsichtlich dieser Ansprüche verwaltungs- und verfügungsbefugt ist. Da vorliegend Streit über die Verwirklichung bestimmter Ansprüche aus dem Steuerschuldverhältnis bestand, hatte der Verwalter damit gem. § 218 Abs. 1 AO auch einen Anspruch auf Erteilung des Abrechnungsbescheides.[705]

Zusammenfassend ist daher festzuhalten, dass es für eine Fortwirkung des Insolvenzbeschlags ausreichend ist, wenn bestimmte Vermögenswerte einer Nachtragsverteilung vorbehalten wurden. Wie oben bereits dargestellt[706], kann dieser Vorbehalt vom Gericht auch im Aufhebungsbeschluss nach § 200 InsO gesondert aufgeführt werden. Für eine Aufrechterhaltung der Beschlagnahme bedarf es damit keiner zusätzlichen Anordnung der Nachtragsverteilung durch das Gericht. Aufgrund der Fortwirkung des Insolvenzbeschlags wirkt ein später erlassener Anordnungsbeschluss nur *deklaratorisch*[707] und ist allein notwendige Voraussetzung für die Zulässigkeit der Verteilung[708]. Allerdings ist zu beachten,

703 BFH, Beschl. v. 4.9.2008 – VII B 239/07, BFH/NV 2009, 6, 7.

704 *Sinz/Hiebert*, EWiR 2012, 463, 464; vgl. auch *Nayel*, ZInsO 2011, 153, 154.

705 BFH, Urt. v. 28.2.2012 – VII R 36/11, BFHE 236, 202, 204 Rn. 8; *Raab*, jurisPR-InsR 14/2012 Anm. 4; *Steinhauff*, jurisPR-SteuerR 26/2012 Anm. 1.

706 Teil 4., B., I., 2., a).

707 MünchKomm/*Hintzen*, InsO, 3. Aufl., § 203 Rn. 20; Jaeger/*Meller-Hannich*, InsO, § 203 Rn. 10; KPB/*Holzer*, InsO, § 203 Rn. 24; K. Schmidt/*Jungmann*, InsO, § 203 Rn. 12.

708 Vgl. dazu bereits die Ausführungen im Abschnitt Teil 5., A.

dass die Beschlagnahme nur gegenständlich beschränkt wirkt. Sie erfasst nur diejenigen Vermögenswerte, die auch ausdrücklich einer späteren Nachtragsverteilung vorbehalten wurden. Demgegenüber unterfällt das übrige Vermögen mit Verfahrensaufhebung wieder dem Verfügungsrecht des Schuldners.

Die vorliegende Entscheidung verschafft Klarheit darüber, dass auch (lediglich) ein Nachtragsvorbehalt für eine fortdauernde Beschlagnahme ausreichend ist. Dies ist insbesondere in der steuerrechtlichen Praxis wichtig, da in der Vergangenheit einige Finanzämter, wie auch das beklagte Finanzamt im vorliegenden Fall, einen solchen Vorbehalt fälschlich als unzureichend angesehen haben[709]. Im Ergebnis zeigt die besprochene Entscheidung auch, dass es in der Praxis von Bedeutung sein kann, bereits bei Verfahrensaufhebung alle bekannten Erstattungsansprüche einer späteren Nachtragsverteilung vorzubehalten. Hätte es in der hier besprochenen Entscheidung nämlich an einem solchen Vorbehalt gefehlt[710], wäre die Forderung des Schuldners durch Aufrechnung erloschen und die Gläubiger könnten keine nachträgliche Befriedigung hinsichtlich des Erstattungsanspruchs erfahren.[711] Für die insolvenzgerichtliche Praxis ist zudem von Bedeutung, dass das Insolvenzgericht mit einem Vorbehalt oder der Anordnung der Nachtragsverteilung nicht solange zuwarten muss, bis der Erstattungsanspruch durch Einreichung der Steuererklärung nach § 38 AO existent ist, da der Erstattungsanspruch bereits durch die Steuervorauszahlungen in die Insolvenzmasse fällt. Der Praxis ist daher zu raten, einen Nachtragsvorbehalt immer dann zu regeln, wenn mit einem Erstattungsanspruch zu rechnen ist.[712] Bleibt ein erwarteter Erstattungsanspruch am Ende wider Erwarten aus, so erleidet weder

---

709 *Sinz/Hiebert*, EWiR 2012, 463, 464. Auch in einer neueren Entscheidung des FG Leipzig klingt am Rande an, dass es anscheinend nach Ansicht des Gerichts nach wie vor auf eine Anordnung der Nachtragsverteilung ankomme, vgl. FG Leipzig, Urt. v. 18.10.2013 – 4 K 579/13, juris Rn. 12. Das FG Leipzig führt hier aus, dass nach Beendigung des Verfahrens alle insolvenzrechtlichen Beschränkungen entfielen, so dass auch Finanzbehörden wieder die nicht befriedigten Steuerforderungen vollstrecken könnten, wenn nicht, was im zugrundeliegenden Fall nicht gegeben war, eine Nachtragsverteilung *angeordnet* worden sei. Diese Ausführungen des FG Leipzig geraten an dieser Stelle aber zu kurz, da das FG Leipzig bei dieser Darstellung auch den Nachtragsvorbehalt hätte erwähnen müssen.

710 Wie dies bei BFH, Beschl. v. 4.9.2008 – VII B 239/07, BFH/NV 2009, 6 der Fall war.

711 Uhlenbruck/*Sinz*, InsO, 13. Aufl., § 95 Rn. 25; Braun/*Kießner*, InsO, § 203 Rn. 31a. Eine Nachtragsverteilung wäre aber hinsichtlich der ersparten Aufwendungen des Schuldners analog § 2111 BGB denkbar.

712 Vgl. auch *Lissner*, InsbürO 2013, 355, 357: „Der Vorbehalt einer Nachtragsverteilung kann daher durchaus finanzielle und haftungsrelevante Aspekte mit sich bringen."

das Finanzamt noch der Schuldner oder ein Dritter durch den Nachtragsvorbehalt einen ungerechtfertigten Schaden.

II. Zusätzliche Anforderungen bei einem Vorbehalt der Gläubigerversammlung?

Oben[713] wurde bereits ausgeführt, dass auch die Gläubigerversammlung einen Nachtragsvorbehalt regeln kann. Diese Befugnis folgt aus § 197 Abs. 1 Nr. 3 InsO. Offen gelassen wurde aber bisher die Frage, ob bei einem Nachtragsvorbehalt durch Gläubigerbeschluss weitere Voraussetzungen gefordert werden sollten, um den Insolvenzbeschlag auch über Verfahrensaufhebung hinaus aufrechtzuerhalten.

In diesem Zusammenhang werden in der Literatur überwiegend keine weiteren Voraussetzungen aufgeführt. So liest man hierzu regelmäßig nur, dass im Falle einer durch die Gläubigerversammlung vorbehaltenen Nachtragsverteilung der Insolvenzbeschlag fortdauere und ein etwaiger Erlös aus einer späteren Verwertung dann der Nachtragsverteilung unterliege.[714]

Dem kann jedoch in dieser Allgemeinheit nicht gefolgt werden und zwar aus folgendem Grund: Der Beschluss der Gläubigerversammlung ist ein reines Internum und wird nach der InsO nicht öffentlich bekannt gemacht, sodass dieser für außenstehende Dritte auch nicht erkennbar ist. Einem rein internen Beschluss nun aber eine derartige Außenwirkung einer fortdauernden Beschlagnahme beizumessen, erscheint schon aus Rechtssicherheitsgründen problematisch. Da die Verwaltungs- und Verfügungsbefugnis im Regelfall mit Verfahrensaufhebung wieder vollständig auf den Schuldner zurückfällt, muss für außenstehende Dritte erkennbar sein, welche Vermögenswerte entgegen diesem Regelfall weiterhin beschlagnahmt sind und welche nicht. Welche Probleme sich aus einem rein internen Beschluss vor allem für den Verwalter nach Verfahrensaufhebung ergeben können, liegt auf der Hand. Zu denken ist insbesondere an einen vom Verwalter nach Verfahrensaufhebung fortgeführten Masseprozess. Wendet hier der Prozessgegner gegenüber dem Prozessgericht ein, dass das Insolvenzverfahren aufgehoben wurde und bestreitet er dadurch (konkludent) die Prozessführungsbefugnis des Verwalters, so befindet sich Letzterer in Erklärungsnot, da das Prozessgericht über den Beschluss der Gläubigerversammlung i.d.R. keine Kenntnis haben wird. Das Prozessgericht wird das Verfahren daher u.U. vorerst aussetzen,

713 Vgl. Abschnitt Teil 4., B., I., 2., a).

714 Vgl. bspw. NR/*Westphal*, InsO, § 196 Rn. 8; BerlKomm/*Breutigam*, InsO, § 203 Rn. 10; Mohrbutter/Ringstmeier/*Pursche*, § 13 Rn. 24. Zur KO: *Kalter*, KTS 1980, 215, 218.

bis die Prozessführungsbefugnis des Verwalters verbindlich geklärt wurde. Dies führt nicht nur zu einer Verfahrensverzögerung des Masseprozesses, sondern kann mitunter auch zu einer Abweisung des gesamten Verfahrens führen, sofern dem Prozessgericht auch nach einer Erklärung des Verwalters weiterhin Zweifel an seiner Prozessführungsbefugnis verbleiben. Aus Rechtssicherheitsgründen sollte daher ein rein interner Beschluss der Gläubigerversammlung nicht ausreichend sein, um eine fortbestehende Beschlagnahmewirkung, die auch Grundlage für die Prozessführungsbefugnis des Verwalter ist, zu erzeugen. Es ist daher nach anderen Lösungsmöglichkeiten zu suchen.

In der Literatur findet sich insoweit teilweise der Hinweis, dass das Insolvenzgericht im Falle eines Vorbehalts durch Beschluss der Gläubigerversammlung die Nachtragsverteilung bereits anordne[715] bzw. anzuordnen habe[716], wodurch der Verwalter dann weiterhin verfügungsbefugt bleibe. Diese Handhabung würde jedoch augenscheinlich zu weit gehen. Wie zuvor bereits gezeigt, ist das Insolvenzgericht zur Aufrechterhaltung der Beschlagnahme generell nicht verpflichtet, eine Nachtragsverteilung sofort anzuordnen. Hier reicht vielmehr ein Gerichtsbeschluss über den Vorbehalt aus, der aber aus Rechtssicherheitsgründen im Aufhebungsbeschluss explizit genannt werden sollte. Übertragen auf den Fall eines Beschlusses der Gläubigerversammlung genügt es somit zum Schutze der Rechtssicherheit, wenn das Insolvenzgericht den Vorbehaltsbeschluss der Gläubigerversammlung im Aufhebungsbeschluss nach § 200 InsO gesondert aufführt, ohne dass es die Nachtragsverteilung bereits direkt anordnen müsste. Da dieser Aufhebungsbeschluss gem. §§ 200 Abs. 2, 9 InsO öffentlich bekannt gemacht wird, wird auch der entsprechende Vorbehalt durch die Gläubigerversammlung für außenstehende Dritte bekannt, womit für Rechtssicherheit gesorgt ist. Dem Insolvenzgericht bleibt es natürlich unbenommen, die Nachtragsverteilung bereits vor Verfahrensaufhebung anzuordnen; verpflichtet ist es hierzu allerdings nicht. Erst wenn die Verteilung konkret ansteht, muss das Gericht die Nachtragsverteilung durch Beschluss anordnen.

Die hier bevorzugte Lösung hätte allerdings auch zur Konsequenz, dass im Falle eines Unterbleibens einer gesonderten Aufführung des Gläubigerbeschlusses im Aufhebungsbeschluss die Aufhebungswirkungen ungeschmälert eintreten und der Schuldner das Recht zurückerhält, über alle verbleibenden Vermögenswerte frei zu verfügen. Dies ist jedoch aus Rechtssicherheitsgründen gerechtfertigt. Sollte das Insolvenzgericht die Aufnahme des Gläubigerbeschlusses in den

---

715 So: FK-InsO/*Kießner*, § 197 Rn. 29.

716 So: Braun/*Pehl*, InsO, § 197 Rn. 18.

Aufhebungsbeschluss verschuldet unterlassen haben und entsteht durch spätere (und auch wirksame) Verfügungen des Schuldners den Beteiligten ein Schaden, so kommt hier u.U. eine Haftung nach Amtshaftungsgrundsätzen in Betracht. Um diesem zu entgehen, ist der Insolvenzgerichtspraxis Folgendes zu empfehlen: Liegt ein Vorbehaltsbeschluss der Gläubigerversammlung vor, so sollte dieser entweder immer im Aufhebungsbeschluss nach § 200 InsO gesondert aufgeführt werden, oder das Insolvenzgericht sollte von sich aus im Aufhebungsbeschluss einen Nachtragsvorbehalt hinsichtlich der von der Gläubigerversammlung genau bezeichneten Vermögenswerte regeln oder aber die Nachtragsverteilung bereits durch Beschluss anordnen. Im letzten Fall bedarf der Vorbehaltsbeschluss keiner gesonderten Erwähnung mehr, da bereits die Anordnung die erwünschten Rechtswirkungen herbeiführt.

III. Rechtsfolgen des fortdauernden Insolvenzbeschlags

Im Folgenden werden die Rechtsfolgen des fortdauernden Insolvenzbeschlags sowie deren Auswirkungen auf Verfügungen des Schuldners und die Befugnisse des Verwalters näher untersucht.

1. Auswirkungen für Schuldner, Gläubiger und Dritte

Folge der fortdauernden Beschlagnahme ist zunächst, dass der Schuldner trotz formeller Verfahrensaufhebung über solche Vermögenswerte nicht wirksam verfügen kann, die einer Nachtragsverteilung vorbehalten oder die hinterlegt wurden oder aber auch hinsichtlich solcher, für die das Gericht eine Nachtragsverteilung bereits förmlich angeordnet hat.

Verfügt der Schuldner dennoch über solche Vermögenswerte, so greift die Regelung des § 81 InsO ein[717], die zu einer absoluten Unwirksamkeit[718] verbotswidriger Masseverfügungen des Schuldners führt. Danach erwirbt ein Dritter eine bewegliche Sache in keinem Fall[719]; anderes gilt nur, wenn der Verwalter diese Verfügung nachträglich gem. § 185 Abs. 2 BGB genehmigt. Ein gutgläubiger Erwerb des Dritten kommt nur bei unbeweglichen Sachen in Betracht, wenn zugunsten des Erwerbers § 892 BGB eingreift, vgl. § 81 Abs. 1 S. 2 InsO.

---

717 Gottwald/*Eickmann*, § 65 Rn. 64; Uhlenbruck/*Uhlenbruck*, InsO, 13. Aufl., § 203 Rn. 17.

718 Vgl. LSZ/*Smid*, InsO, § 81 Rn. 6 m.w.N.

719 Gutgläubiger Fahrniserwerb ist i.R.d. § 81 InsO grundsätzlich nicht vorgesehen, vgl. LSZ/*Smid*, InsO, § 81 Rn. 15.

Um dies auszuschließen, ist es, wie bereits kurz erwähnt[720], trotz fehlender Regelung ratsam, entweder die Anordnung der Nachtragsverteilung öffentlich bekannt zu machen und in das Grundbuch entsprechend § 32 InsO einzutragen oder aber – und dies dürfte bei einer Anordnung vor Verfahrensaufhebung oder einem Nachtragsvorbehalt zweckmäßiger sein – den ursprünglich im Grundbuch eingetragenen Insolvenzvermerk erst überhaupt nicht mit Verfahrensaufhebung zu löschen, sofern das betreffende Grundstück Bezugsgegenstand der Nachtragsverteilung ist[721]. Auf diese Weise wird ein gutgläubiger Erwerb eines Dritten nach § 81 Abs. 1 S. 2 InsO, § 892 BGB unmöglich gemacht und die Nachtragsmasse effektiv geschützt. Falls diese „Vorkehrungsmaßnahmen" unterlassen werden und es daher zu einem gutgläubigen Wegerwerb des Gegenstandes kommt, so kann diese vereitelnde Verfügung des Schuldners aufgrund der fortdauernden Beschlagnahme jedoch angefochten werden.[722] Der Verwalter ist in diesen Fällen wegen der fortdauernden Beschlagnahme direkt befugt, die Verfügung des Schuldners anzufechten und den Gegenstand vom Dritten zur Nachtragsmasse zurückzuverlangen.

Ferner findet die Regelung des § 91 InsO hinsichtlich solcher Vermögenswerte entsprechende Anwendung, die nach wie vor insolvenzbefangen sind. Dies hat zur Folge, dass der streitige Gegenstand von dem Dritten herausverlangt und verwertet werden kann.[723]

Für Gläubiger ist bei einer fortdauernden Beschlagnahme bestimmter Vermögenswerte zu beachten, dass Vollstreckungshandlungen in diese Vermögenswerte nach § 89 InsO weiterhin unzulässig sind, da diese Vermögenswerte nach wie vor für eine gleichmäßige Gläubigerbefriedigung zur Verfügung stehen.[724] Dieser Vollstreckungssperre unterliegen auch Neugläubiger, dessen

720 Vgl. Kapitel Teil 5., F.

721 MünchKomm/*Hintzen*, InsO, 3. Aufl., § 200 Rn. 28.

722 MünchKomm/*Hintzen*, InsO, 3. Aufl., § 203 Rn. 17; HambKomm/*Preß*/*Henningsmeier*, InsO, 4. Aufl., § 203 Rn. 10; BerlKomm/*Breutigam*, InsO, § 203 Rn. 14. Anders dagegen Uhlenbruck/*Uhlenbruck*, InsO, 13. Aufl., § 203 Rn. 13: Eine Anfechtung scheide hier aus. Die Verfügung sei nach § 81 Abs. 1 S. 1 InsO unwirksam, wenn nicht § 81 Abs. 1 S. 2 InsO eingreife. Dieser Ansicht kann nicht gefolgt werden. Zwar ist den Ausführungen zu § 81 InsO zuzustimmen. Allerdings ist damit eine Anfechtung nicht automatisch ausgeschlossen.

723 Vgl. Gottwald/*Eickmann*, § 65 Rn. 63.

724 Vgl. MünchKomm/*Hintzen*, InsO, 3. Aufl., § 203 Rn. 20; Uhlenbruck/*Uhlenbruck*, InsO, 13. Aufl., § 203 Rn. 15; Graf-Schlicker/*Castrup*, InsO, 3. Aufl., § 201 Rn. 1.

Ansprüche erst nach Aufhebung des Verfahrens entstanden sind.[725] Diese fallen zwar grundsätzlich nicht direkt unter die Vollstreckungssperre nach § 89 InsO. Ein Vollstreckungsverbot in Gegenstände, die der Masse zugeordnet sind, ergibt sich aber spätestens aus § 91 Abs. 1 InsO, der jeglichen Rechtserwerb an massezugehörigen Gegenständen ausschließt.[726] Wie oben gezeigt[727], findet zudem § 96 InsO bei fortdauernder Beschlagnahme Anwendung, sodass eine Aufrechnung gegen beschlagnahmte Forderungen auch nach Verfahrensaufhebung unzulässig ist.

2. Verwaltungs- und Prozessführungsbefugnisse des Verwalters

In allen Fällen einer fortdauernden Beschlagnahme aufgrund einer Zurückbehaltung und Hinterlegung oder eines Nachtragsvorbehalts endet die Verwaltungs- und Verfügungsbefugnis des Verwalters hinsichtlich der betroffenen Vermögenswerte nicht mit Verfahrensaufhebung, sondern bleibt zum Zwecke der Nachtragsverteilung bestehen[728], ohne dass es hierfür – wie oben bereits gezeigt – einer förmlichen Anordnung der Nachtragsverteilung bedarf. Die Verwaltungs- und Verfügungsbefugnis des Verwalters bezieht sich jedoch nur auf die der Nachtragsverteilung unterliegenden Gegenstände[729] und endet erst mit Freigabe dieser Vermögenswerte an den Schuldner. Aufgrund der fortwirkenden Beschlagnahme kann der Verwalter beispielsweise einen bei Verfahrensaufhebung noch nicht beendeten Forderungseinzug weiter betreiben und Ansprüche gegen die Nachtragsmasse abwehren.[730]

Entgegen der eingangs[731] dargestellten Regel des Rückfalls der Prozessführungsbefugnis auf den Schuldner, bleibt der Verwalter auch hinsichtlich streitbefangener Vermögenswerte, die zurückbehalten oder einer Nachtragsverteilung

725 Jaeger/*Meller-Hannich*, InsO, § 203 Rn. 10; Uhlenbruck/*Uhlenbruck*, InsO, 13. Aufl., § 203 Rn. 15.

726 MünchKomm/*Hintzen*, InsO, 3. Aufl., § 203 Rn. 20.

727 Vgl. Kapitel Teil 6., A., I.

728 Vgl. MünchKomm/*Hintzen*, InsO, 3. Aufl., § 203 Rn. 23; Kreft/*Depré*, InsO, § 203 Rn. 6; Uhlenbruck/*Uhlenbruck*, InsO, 13. Aufl., § 203 Rn. 14; *Hess*, InsO, § 205 Rn. 1; NR/*Westphal*, InsO, § 205 Rn. 4; Jaeger/*Meller-Hannich*, InsO, § 205 Rn. 4; FK-InsO/*Kießner*, § 200 Rn. 8; HambKomm/*Preß*, InsO, 4. Aufl., § 200 Rn. 13; K. Schmidt/*Jungmann*, InsO, § 198 Rn. 5.

729 MünchKomm/*Hintzen*, InsO, 3. Aufl., § 203 Rn. 23; BerlKomm/*Breutigam*, InsO, § 203 Rn. 8.

730 *Bork*, ZIP 2009, 2077, 2079.

731 Vgl. die Kapitel Teil 2., A. und B.

vorbehalten wurden, trotz Verfahrensaufhebung weiterhin prozessführungsbefugt.[732] So kann der Verwalter beispielsweise einen Feststellungsprozess auch nach Verfahrensaufhebung fortführen, wenn der Gläubiger den Nachweis der Klageerhebung gem. § 189 Abs. 1 InsO rechtzeitig geführt hat und daraufhin der auf die Forderung entfallende Anteil gem. § 189 Abs. 2 InsO bei der Verteilung zurückbehalten und hinterlegt wurde. Die Prozessführungsbefugnis des Insolvenzverwalters dauert an diesem Anteil über Verfahrensaufhebung hinaus fort[733], da die hinterlegten Beträge nach wie vor insolvenzbefangen sind.

Im Falle eines Nachtragsvorbehalts ist allerdings Folgendes zu beachten: Voraussetzung ist, dass gerade der prozessbefangene Gegenstand einer späteren Nachtragsverteilung vorbehalten wurde. Daraus ergibt sich, dass allein der Umstand, dass bei Verfahrensaufhebung noch ein Prozess anhängig ist, nicht genügt, um eine fortdauernde Prozessführungsbefugnis des Verwalters zu begründen.[734] Fehlt es trotz eines bei Verfahrensaufhebung noch anhängigen Masseaktivprozesses an einem diesbezüglichen Nachtragsvorbehalt, so verliert der Verwalter mit Verfahrensaufhebung auch seine Prozessführungsbefugnis. Wie bereits ausgeführt[735], gilt dies auch in den Fällen, in denen der Verwalter eine rechtshängige Masseforderung bereits während des laufenden Insolvenzverfahrens an einen Gläubiger abgetreten hat. Die Prozessführungsbefugnis geht in diesen Fällen jedoch nicht auf den Schuldner, sondern auf den neuen Gläubiger über, da dieser aufgrund der Regelung des § 265 Abs. 2 ZPO erst in den Rechtsstreit eintritt, wenn das Insolvenzverfahren aufgehoben wird.[736] Sollte sich der Gläubiger verpflichtet haben, einen etwaigen Überschuss an die Insolvenzmasse auszukehren, so bedarf es für dessen Beschlagnahme entweder eines entsprechenden Vorbehalts oder aber einer Anordnung der Nachtragsverteilung, da allein die Verpflichtung

732 MünchKomm/*Hintzen*, InsO, 3. Aufl., § 203 Rn. 23; HambKomm/*Preß*, InsO, 4. Aufl., § 200 Rn. 18; K. Schmidt/*Jungmann*, InsO, § 196 Rn. 7 und § 200 Rn. 6; FK-InsO/*Kießner*, § 200 Rn. 11; BerlKomm/*Gruber*, InsO, § 200 Rn. 28 f.; MAH/*Beck*, § 42 Rn. 47; Uhlenbruck/*Uhlenbruck*, InsO, 13. Aufl., § 200 Rn. 15; KPB/*Holzer*, InsO, § 200 Rn. 9. So bereits zur KO: RG, Urt. v. 17.9.1891 – Rep. IV. 136/91, RGZ 28, 68, 70; LG Köln, Beschl. v. 1.12.1981 – 19 T 224/81, ZIP 1982, 337.

733 *Smid*, ZInsO 2010, 641, 642; *Smid*, Handbuch, § 35 Rn. 16.

734 So bereits zur KO: BGH, Urt. v. 15.6.1992 – II ZR 88/91, ZIP 1992, 1152, 1153.

735 Vgl. Kapitel Teil 2., A. und B.

736 Zur KO: BGH, Urt. v. 15.6.1992 – II ZR 88/91, ZIP 1992, 1152, m. zust. Anm. *Fleck*, EWiR 1992, 825, 826.

des Gläubigers zur Auskehrung an die (ehemalige) Masse keine automatische Beschlagnahme des Überschusses nach Verfahrensaufhebung bewirkt[737].

Neben der Befugnis, bereits anhängige Prozesse fortzuführen, ist der Verwalter auch berechtigt, ggf. einen neuen Prozess einzuleiten, um damit den insolvenzbefangenen Vermögenswert zur Masse zu ziehen.[738] Wurde beispielsweise eine Forderung gegen einen Drittschuldner einer späteren Nachtragsverteilung vorbehalten und leistet der Drittschuldner nicht freiwillig, so kann der Verwalter diesen Masseanspruch im Klagewege geltend machen.

Auch insolvenzrechtliche Anfechtungsansprüche können einer Nachtragsverteilung vorbehalten werden, da der Rückgewähranspruch zur Insolvenzmasse gehört[739]. Mit einem solchen Nachtragsvorbehalt bleibt auch die Prozessführungsbefugnis des Verwalters über Verfahrensbeendigung hinaus aufrechterhalten, sodass er unproblematisch einen bei Verfahrensaufhebung *bereits anhängigen* Anfechtungsprozess weiterführen[740] kann. Für den Fall des Unterliegens sind hier allerdings entsprechende Rückstellungen zu bilden.[741] Fraglich ist allerdings, ob der Verwalter auch befugt ist, einen Anfechtungsprozess erst *nach Verfahrensaufhebung anhängig* zu machen. Mit Blick auf die Vorschrift des § 259 Abs. 3

---

737 So aber anscheinend BGH, Urt. v. 15.6.1992 – II ZR 88/91, ZIP 1992, 1152, 1153. Der Senat führt hierzu aus: „Ergibt sich nach Beendigung des Rechtsstreits in der Zwangsvollstreckung ein der Konkursmasse zustehender Überschuß [sic!], dann ist insoweit freilich eine Nachtragsverteilung erforderlich. Hierauf bezieht sich der Konkursbeschlag, nicht aber auf die zur Sicherung abgetretene Forderung als solche."

738 BGH, Urt. v. 10.12.2009 – IX ZR 206/08, ZInsO 2010, 82, 83 Rn. 8; MünchKomm/*Hintzen*, InsO, 3. Aufl., § 200 Rn. 40; *Bork*, ZIP 2009, 2077, 2079; NR/*Westphal*, InsO, § 200 Rn. 11.

739 BGH, Urt. v. 10.2.1982 – VIII ZR 158/80, BGHZ 83, 102, 103; Jaeger/*Meller-Hannich*, InsO, § 200 Rn. 17; HambKomm/*Preß*, InsO, 4. Aufl., § 200 Rn. 18; Kreft/*Depré*, InsO, § 200 Rn. 7; FK-InsO/*Kießner*, InsO, § 200 Rn. 11; MünchKomm/*Hintzen*, InsO, 3. Aufl., § 200 Rn. 40; BerlKomm/*Gruber*, InsO, § 200 Rn. 29. Nach *Henckel* ist dies „der Ertrag des Prozesses", der einer Nachtragsverteilung vorbehalten werden könne, vgl. Jaeger/*Henckel*, InsO, § 129 Rn. 299.

740 Vgl. BGH, Urt. v. 10.12.2009 – IX ZR 206/08, ZInsO 2010, 82, 83 Rn. 8; FK-InsO/*Kießner*, § 200 Rn. 11; BerlKomm/*Gruber*, InsO, § 200 Rn. 29; Jaeger/*Henckel*, InsO, § 129 Rn. 299; Uhlenbruck/*Hirte*, InsO, 13. Aufl., § 129 Rn. 25; KPB/*Jacoby*, InsO, § 143 Anh. Rn. 12. Insofern teilweise verfehlt: Jaeger/*Meller-Hannich*, InsO, § 200 Rn. 17, die lediglich anführt, dass der Verwalter den Anfechtungsprozess bei einer angeordneten Nachtragsverteilung fortführen könne. Einer ausdrücklichen Anordnung bedarf es hier jedoch nicht, da bereits allein der Nachtragsvorbehalt eine fortdauernde Beschlagnahme bewirkt.

741 KPB/*Jacoby*, InsO, § 143 Anh. Rn. 12

InsO könnte man nämlich durchaus überlegen, ob der Verwalter bei vorbehaltener Nachtragsverteilung möglicherweise verpflichtet ist, die Anfechtungsklage bereits *vor* Verfahrensaufhebung anhängig zu machen. Die Regelung des § 259 Abs. 3 InsO sieht insoweit ausdrücklich vor, dass der Verwalter nur einen *anhängigen*[742] Rechtsstreit, der die Insolvenzanfechtung zum Gegenstand hat, nach Verfahrensaufhebung fortführen kann, wenn eine entsprechende Regelung im Insolvenzplan enthalten ist. Eine solche Heranziehung des § 259 Abs. 3 InsO ist allerdings im Ergebnis abzulehnen, da der Nachtragsvorbehalt und die Regelung des § 259 Abs. 3 S. 1 InsO zu unterschiedlich gelagert sind. Durch beide Rechtsinstitute soll dem Verwalter zwar die Prozessführungsbefugnis für eine Anfechtungsklage auch nach Verfahrensbeendigung vermittelt werden. Bei einer vorbehaltenen Nachtragsverteilung im Regelinsolvenzverfahren soll dadurch aber sichergestellt werden, dass die Gläubiger überhaupt noch eine nachträgliche Befriedigung erfahren. Es besteht also ein gewisser Regelungsbedarf dahingehend, dass diese nachträgliche Befriedigung auch gewährleistet ist. Im Falle der Verfahrensaufhebung nach einem Insolvenzplanverfahren, mithin dem Regelungsbereich des § 259 InsO, ist es aber der Schuldner selbst, der dafür Sorge zu tragen hat, dass die Plangläubiger befriedigt werden[743]. Er hat so oder so sein gesamtes Vermögen zur Befriedigung der Gläubiger einzusetzen. Dieser entscheidende Unterschied rechtfertigt es, dass der Verwalter einen Anfechtungsprozess im Falle eines Nachtragsvorbehalts im Regelverfahren auch erst nach Verfahrensaufhebung anhängig machen kann, wobei die Befugnis hierzu direkt aus

742 Dieses Tatbestandsmerkmal ist allerdings nicht so eindeutig, wie es der Wortlaut zunächst nahelegt. Da der BGH in seiner Entscheidung vom 10.12.2009 – IX ZR 206/08, ZInsO 2010, 82, im Leitsatz darstellte, dass der Verwalter i.R.d. § 259 Abs. 3 InsO nur berechtigt sei, einen bereits *rechtshängigen* Anfechtungsrechtsstreit fortzusetzen, er jedoch in seinen Entscheidungsgründen wieder eine *Anhängigkeit* genügen ließ, sorgte dies augenscheinlich für Verwirrung in Literatur und Rechtsprechung, vgl. auch die Kritik von *Priebe*, ZInsO 2012, 1015, 1016. Seither wird teilweise entgegen des ausdrücklichen Wortlauts des § 259 Abs. 3 InsO auf die Rechtshängigkeit abgestellt, vgl. LG Marburg, Urt. v. 14.3.2012 – 1 O 123/11, ZInsO 2012, 1023, 1024; LG Berlin, Urt. v. 6.11.2012 – 22 O 223/11, ZInsO 2012, 2344, 2345.; Graf-Schlicker/*Kebekus/Wehler*, InsO, 3. Aufl., § 259 Rn. 2; *Priebe*, ZInsO 2011, 467, 475; *Priebe*, ZInsO 2012, 1015, 1016. Hier ist allerdings aufgrund des Wortlauts des § 259 Abs. 3 InsO davon auszugehen, dass der BGH die Begriffe An- und Rechtshängigkeit im Sinne eines Redaktionsversehens nebeneinander verwendet hat, vgl. *Hees*, ZInsO 2011, 953, 955. I.E. genügt hier die Anhängigkeit des Prozesses, so auch K. Schmidt/*Spliedt*, InsO, § 259 Rn. 10.

743 *Smid*, NZI 2006, 201, 202.

der fortdauernden Beschlagnahme infolge des Nachtragsvorbehalts folgt. Sofern also der insolvenzrechtliche Anfechtungsanspruch bzw. der anfechtungsbehaftete Gegenstand einer Nachtragsverteilung vorbehalten wird, ist der Verwalter befugt, einen neuen Anfechtungsprozess auch erst nach Verfahrensaufhebung einzuleiten.[744] Das Verfahren kann hier – sofern die restliche Verwertung und Verteilung abgeschlossen ist – unter dem Vorbehalt der Nachtragsverteilung aufgehoben werden und der Verwalter kann die Anfechtungsklage für die Nachtragsmasse auch erst nachträglich erheben.

Zusammenfassend lässt sich somit festhalten, dass der Verwalter sämtliche Verwaltungs- und Prozessführungsbefugnisse behält, die er auch im eröffneten Insolvenzverfahren hat. Diese sind lediglich gegenständlich beschränkt auf die hinterlegten Beträge oder aber auf diejenigen Vermögenswerte, die einer Nachtragsverteilung vorbehalten oder deretwegen eine solche bereits angeordnet wurde. Bei der Nachtragsverteilung greift der Insolvenzbeschlag nämlich nicht in dem von § 35 Abs. 1 i.V.m. § 36 Abs. 1 InsO beschriebenen Umfang, sondern ist gegenständlich auf den im Anordnungsbeschluss bzw. im Nachtragsvorbehalt genau bezeichneten Gegenstand oder Betrag *beschränkt*.[745]

B. Erneute Insolvenzbeschlagnahme

Während in den Fällen des § 203 Abs. 1 Nr. 1 InsO der Insolvenzbeschlag – vereinfacht ausgedrückt – über Verfahrensaufhebung hinaus gegenständlich beschränkt bestehen bleibt, ist dies in den Tatbestandskonstellationen der § 203 Abs. 1 Nr. 2 und 3 InsO anders. Bei der Frage, wann und wodurch hier eine erneute Beschlagnahme eintritt, muss zwischen beiden Tatbeständen differenziert werden.

---

744 So auch MünchKomm/*Hintzen*, InsO, 3. Aufl., § 200 Rn. 40; K. Schmidt/*Jungmann*, InsO, § 200 Rn. 6; vgl. auch *Lissner*, InsbürO 2013, 355, 357. Zur KO: LG Köln, Beschl. v. 1.12.1981 – 19 T 224/81, ZIP 1982, 337. So auch BGH, Urt. v. 10.12.2009 – IX ZR 206/08, ZInsO 2010, 82, 83 Rn. 8, hier allerdings fälschlicherweise unter gleichzeitiger Erwähnung einer bereits angeordneten Nachtragsverteilung. Eine solche ist jedoch – wie bereits gezeigt – für eine fortdauernde Beschlagnahme nicht notwendig.

745 BGH, Beschl. v. 2.12.2010 – IX ZB 151/09, ZIP 2011, 134, 135 Rn. 5; BGH, Urt. v. 13.12.2012 – III ZR 70/12, juris Rn. 6; *Zipperer*, EWiR 2012, 183, 184; KPB/*Holzer*, InsO, § 203 Rn. 26; *Smid*, ZInsO 2010, 641, 642; *Smid*, Handbuch, § 35 Rn. 16; Braun/*Kießner*, InsO, § 203 Rn. 21; *Ludewig*, S. 82; *K. Schmidt*, KO, § 166 Anm. 2.

I. Zurückfließende Beträge, § 203 Abs. 1 Nr. 2 InsO

Im Rahmen des § 203 Abs. 1 Nr. 2 InsO ist streitig, ob der Anordnungsbeschluss nur deklaratorische oder aber konstitutive Bedeutung hat, das heißt, ob die Beschlagnahme automatisch durch den Rückfluss der Beträge eintritt oder ob es dafür einer gesonderten Anordnung bedarf.

Nach *Holzer* tritt der Insolvenzbeschlag bereits automatisch mit dem Rückfluss der Beträge wieder ein, unabhängig davon, ob die Nachtragsverteilung angeordnet wurde oder nicht.[746] Der Anordnungsbeschluss habe wie in Fällen des § 203 Abs. 1 Nr. 1 InsO nur deklaratorische Bedeutung. Im Gegensatz zu § 203 Abs. 1 Nr. 1 InsO handle es sich aber nicht um eine Fortdauer der ursprünglichen Beschlagnahme, „[...] da diese durch die Zahlung aus der Masse entfallen war".[747] Die überwiegende Ansicht in Rechtsprechung und Literatur nimmt dagegen an, dass keine automatische Beschlagnahme eintritt, sondern die zurückfließenden Beträge erst wieder mit der Nachtragsanordnung insolvenzbefangen seien; dies allerdings nur mit ex nunc Wirkung.[748]

Für *Holzers* Ansicht spricht zwar zunächst die Überlegung, dass es sich in den Fallkonstellationen des § 203 Abs. 1 Nr. 2 InsO ursprünglich um aus der Masse gezahlte Beträge gehandelt hat, sodass eine automatische Massebefangenheit auch bei einem Rückfluss eintreten könnte. Allerdings ist dieser Rückfluss in der

746 KPB/*Holzer*, InsO, § 203 Rn. 25. Ebenso anscheinend das RG, indem es ausführt, dass der freien Verfügungsbefugnis des Schuldners solche Beträge entzogen seien, die aus der Masse gezahlt wurden und später an diese zurückfließen. Die Beträge würden rechtlich wie tatsächlich noch zur Konkursmasse gehören, RG, Urt. v. 6.11.1889 – Rep. V 172/89, RGZ 25, 7, 8. Ähnlich könnte auch *Uhlenbruck* zu verstehen sein, indem er allgemein ausführt, dass Schuldnervermögen nach wie vor dem Insolvenzbeschlag unterliegen würde, „für das gem. § 203 Abs. 1 Nr. 1, 2 eine Nachtragsverteilung in Betracht kommt [...]", Uhlenbruck/*Uhlenbruck*, InsO, 13. Aufl., § 200 Rn. 14. Dies steht allerdings im Widerspruch zu seiner Kommentierung unter Uhlenbruck/*Uhlenbruck*, InsO, 13. Aufl., § 203 Rn. 15.

747 KPB/*Holzer*, InsO, § 203 Rn. 25. In einer neueren Abhandlung geht *Holzer* sogar noch weiter und nimmt an, dass diese Beträge nach wie vor insolvenzbefangen seien, vgl. *Holzer*, InsbürO 2011, 82, 86.

748 Uhlenbruck/*Uhlenbruck*, InsO, 13. Aufl., § 203 Rn. 15; MünchKomm/*Hintzen*, InsO, 3. Aufl., § 203 Rn. 3 und 21; Kreft/*Depré*, InsO, § 203 Rn. 6; MAH/*Beck*, § 42 Rn. 29; Gottwald/*Eickmann*, § 65 Rn. 60; Graf-Schlicker/*Castrup*, InsO, 3. Aufl., § 203 Rn. 7; NR/*Westphal*, InsO, §§ 203, 204 Rn. 13; Jaeger/*Meller-Hannich*, InsO, § 203 Rn. 10; K. Schmidt/*Jungmann*, InsO, § 203 Rn. 13; Braun/*Kießner*, InsO, § 203 Rn. 21; *Welsch*, DZWIR 2006, 406, 407; *Lissner*, InsbürO 2013, 355, 357. So bereits zur KO: BGH, Urt. v. 22.2.1973 – VI ZR 165/71, NJW 1973, 1198, 1199; Jaeger/*Weber*, KO, § 166 Anm. 10.

Praxis zumeist nicht gewiss oder voraussehbar und hängt oft auch von reinen Zufälligkeiten ab. Allein durch den Rückfluss bestimmter, aus der vormaligen Masse gezahlter, Beträge in das Vermögen des Schuldners nun aber zu unterstellen, diese Beträge unterlägen nicht der Verfügungsbefugnis des Schuldners, da sie automatisch wieder insolvenzbefangen seien, erscheint praxisfern und auch ein wenig konstruiert. Eine solche Beschlagnahme ließe sich allenfalls dadurch begründen, dass das zurückfließende Vermögen direkt vom übrigen Vermögen des Schuldners separiert wird. Dies ließe sich in der Praxis vermutlich nur durch Bildung eines Sonderkontos erreichen. *Holzers* Ansicht könnte damit wenn überhaupt nur dann zutreffend sein, wenn der Verwalter ein eigenes Sonderkonto bildet, auf das später die zurückfließenden Beträge eingezahlt werden. Nur dadurch wird dieses Vermögen vom Vermögen des Schuldners getrennt. In diesem Fall wird es sich aber regelmäßig um einen entsprechenden Nachtragsvorbehalt handeln, da der Verwalter nicht eigens ein entsprechendes Sonderkonto einrichten wird, ohne hierzu ermächtigt worden zu sein. Dann bedarf es aber auch keines Rückgriffs auf § 203 Abs. 1 Nr. 2 InsO.

Zudem bedarf es auch aus Masseschutzgesichtspunkten keiner automatischen Beschlagnahme durch einen späteren Rückfluss. Zwar wurde die Notwendigkeit eines effektiven nachträglichen Masseschutzes bereits mehrfach hervorgehoben. Es besteht jedoch auch hier die Möglichkeit, einen etwaigen Rückfluss von aus der Masse gezahlten Beträgen einer späteren Nachtragsverteilung vorzubehalten, womit dann § 203 Abs. 1 Nr. 1 InsO einschlägig wäre und die Beschlagnahme aufgrund des Vorbehalts fortwirkt. Ein solcher Vorbehalt empfiehlt sich in der Praxis vor allem hinsichtlich etwaiger Steuervorauszahlungen aus der Masse, bei denen bei Verfahrensaufhebung nicht sicher abgeschätzt werden kann, ob sich ein Steuerrückzahlungsanspruch für die Masse ergibt. Ebenso sollte bei überzahlter Verwaltervergütung verfahren werden. Damit bleibt auch der Verwalter verfügungsbefugt und kann durch Bildung eines Sonderanderkontos deutlich erkennen, wann und von wem Gelder nachträglich eingegangen sind. Festzuhalten ist somit, dass die überwiegende Ansicht den Vorzug verdient. Für diese Ansicht spricht der Umstand, dass es sich i.R.d. § 203 Abs. 1 Nr. 2 InsO um Vermögen handelt, dass zunächst aus der Masse ausgeschieden ist und erst später (wieder) für die Masse verfügbar wird. Anders ist dies nur in den Fällen des § 203 Abs. 1 Nr. 1 InsO, da hier die Massezugehörigkeit nie geendet hat, gleichgültig ob hier eine Hinterlegung oder ein Vorbehalt erfolgt ist. Im Ergebnis bedarf es daher in den Fallkonstellationen des § 203 Abs. 1 Nr. 2 InsO eines förmlichen Anordnungsbeschlusses des Insolvenzgerichts, um zurückfließende Beträge (wieder) ex nunc[749] zu beschlagnahmen.

II. Nachträglich ermittelte Gegenstände, § 203 Abs. 1 Nr. 3 InsO

Handelt es sich um nachträglich ermittelte Gegenstände i.S.d. § 203 Abs. 1 Nr. 3 InsO, so wurden diese mit Verfahrensaufhebung (zunächst) aus der Beschlagnahme entlassen. Eine erneute Beschlagnahme erfolgt in diesen Fallkonstellationen erst mit dem Anordnungsbeschluss ohne rückwirkende Kraft.[750] Es fehlt nämlich jegliche gesetzliche Grundlage dafür, dass Vermögensgegenstände, deren Massezugehörigkeit erst nach Verfahrensaufhebung ermittelt wird, ununterbrochen als Konkursmasse zu behandeln sind.[751] Ansonsten wäre der Rechtsverkehr auch dauerhaft den Risiken des § 81 Abs. 1 S. 1 InsO ausgesetzt[752], was nicht gerechtfertigt ist.

III. Zeitpunkt der Beschlagnahme

Da die Nachtragsverteilung keine Wiederaufnahme des abgeschlossenen Insolvenzverfahrens ist[753], hat die Anordnung keine Rückwirkung, sodass die im Anordnungsbeschluss bezeichneten Gegenstände erst mit der Anordnung der Nachtragsverteilung wieder dem Insolvenzbeschlag unterliegen.[754] Eine ex tunc Wirkung kommt auch allein deshalb nicht in Betracht, da ein Nachtragsbeschluss

---

749 Dazu sogleich, vgl. Teil 6., B., III.

750 Dies ist, soweit ersichtlich, auch unumstritten, vgl. nur BFH, Beschl. v. 7.6.2006 – VII B 329/05, BFHE 212, 436, 439; BFH, Beschl. v. 4.9.2008 – VII B 239/07, BFH/NV 2009, 6, 7; KPB/*Holzer*, InsO, § 203 Rn. 26; Jaeger/*Meller-Hannich*, InsO, § 203 Rn. 10; Graf-Schlicker/*Castrup*, InsO, 3. Aufl., § 203 Rn. 7; NR/*Westphal*, InsO, §§ 203, 204 Rn. 13; MünchKomm/*Hintzen*, InsO, 3. Aufl., § 203 Rn. 21; Gottwald/*Eickmann*, § 65 Rn. 61; *Raab*, jurisPR-InsR 21/2008 Anm. 1. So bereits zur KO: BGH, Urt. v. 22.2.1973 – VI ZR 165/71, NJW 1973, 1198, 1199; Jaeger/*Weber*, KO, § 166 Anm. 7.

751 So bereits zur KO: Jaeger/*Weber*, KO, § 166 Anm. 7; RG, Urt. v. 6.11.1889 – Rep. V. 172/89, RGZ 25, 7, 9.

752 KPB/*Holzer*, InsO, § 203 Rn. 26. So bereits zur KO: Jaeger/*Weber*, KO, § 166 Anm. 7: „Ein solcher Fortbestand des Konkursbeschlags auf unabsehbare Zeit [...] würde ja auch die Verkehrssicherheit unerträglich erschüttern."; *Kuhn/Uhlenbruck*, KO, § 166 Rn. 7a.

753 Vgl. dazu bereits die Ausführungen im Abschnitt Teil 5., D., III.

754 Vgl. OLG Hamm, Urt. v. 15.4.2008 – I-27 U 218/06, ZIP 2008, 1880 , 1883; BFH, Beschl. v. 4.9.2008 – VII B 239/07, BFH/NV 2009, 6, 7; BGH, Urt. v. 22.2.1973 – VI ZR 165/71, NJW 1973, 1198, 1199.

gem. § 203 InsO nicht weiter gehen kann als ein Eröffnungsbeschluss nach § 27 InsO, dem ebenfalls keine ex tunc Wirkung zukommt. Die Anordnung wirkt mithin nur für die Zukunft.[755] Wie bereits ausgeführt[756], sollte der Anordnungsbeschluss daher in den Fällen der §§ 203 Abs. 1 Nr. 2 und Nr. 3 InsO den Tag und die Stunde des Erlasses enthalten.[757]

Fraglich ist allerdings, ob es für eine Wiederbeschlagnahme zusätzlich der Zustellung des Anordnungsbeschlusses an den Schuldner gem. § 204 Abs. 2 S. 1 InsO bedarf. Dies wird teilweise bejaht.[758] Nach anderer Ansicht bedürfe es für den Eintritt der Beschlagnahmewirkung nur dann der Zustellung an den Schuldner, wenn der Anordnungsbeschluss nicht nach Tag und Stunde datiert wurde.[759] Im Ergebnis kann keine dieser Ansichten vollständig überzeugen.

Der erstgenannten Ansicht ist vorzuwerfen, dass sie sich nicht in das System der InsO einfügt. Hinsichtlich des Zeitpunkts des Neueintritts der Insolvenzbeschlagnahme sollte ein Gleichlauf zwischen dem Eröffnungsbeschluss und dem Anordnungsbeschluss gem. § 203 InsO angestrebt werden. Die Beschlagnahme bei Insolvenzeröffnung ist jedoch nicht von der Zustellung des Beschlusses an den Schuldner abhängig; die Beschlagnahmewirkungen treten hier bereits zu dem Zeitpunkt ein, in dem der Richter den Eröffnungsbeschluss erlässt.[760] Daraus folgt, dass in Fällen, in denen der Anordnungsbeschluss gem. § 203 InsO nach Tag und Stunde datiert ist, die Beschlagnahme hinsichtlich der betroffenen

755 MünchKomm/*Kayser*, InsO, 3. Aufl., § 129 Rn. 213; Jaeger/*Henckel*, InsO, § 129 Rn. 299. Insofern ersichtlich verfehlt *Wipperfürth*, InsbürO 2013, 449, 452, die eine rückwirkende Beschlagnahme durch Anordnung der Nachtragsverteilung annimmt.

756 Vgl. Teil 5., C.

757 BGH, Beschl. v. 26.1.2012 – IX ZB 111/10, NZI 2012, 271 Rn. 7; MünchKomm/*Hintzen*, InsO, 3. Aufl., § 203 Rn. 21; HambKomm/*Preß/Henningsmeier*, InsO, 4. Aufl., § 203 Rn. 11.

758 So: Kreft/*Depré*, InsO, § 203 Rn. 6; *Brei/Bultmann*, § 11 Rn. 15. Ebenso zur KO: Jaeger/*Weber*, KO, § 166 Anm. 10; *Kuhn/Uhlenbruck*, KO, § 166 Rn. 7a.

759 So: KPB/*Holzer*, InsO, § 203 Rn. 22; Braun/*Kießner*, InsO, § 203 Rn. 21; *Zipperer*, EWiR 2012, 183, 184. Vgl. auch BGH, Beschl. v. 8.12.1994 – IX ZR 177/94, ZIP 1995, 40, 41; OLG Köln, Urt. v. 29.9.1995 – 26 U 11/95, ZIP 1995, 1684, 1685, m. zust. Anm. *Uhlenbruck*, EWiR 1995, 1205, jeweils zu der Frage, wann ein allgemeines Veräußerungsverbot im Eröffnungsverfahren wirksam wird. MünchKomm/*Hintzen*, InsO, 3. Aufl., § 203 Rn. 21 scheint dagegen den Eintritt der Beschlagnahmewirkung gänzlich unabhängig von der Zustellung zu betrachten.

760 Überwiegende Ansicht, vgl. nur KPB/*Pape*, InsO, § 27 Rn. 54 f.; *Smid*, Handbuch, § 29 Rn. 13; LSZ/*Smid/Leonhardt*, InsO, § 27 Rn. 33; Jaeger/*Schilken*, InsO, § 27 Rn. 16; NR/*Mönning/Schweizer*, InsO, § 27 Rn. 41 ff.; LSZ/*Smid*, InsO, § 80 Rn. 4.

Vermögenswerte auch genau in dem Moment eintritt, indem der Rechtspfleger den Anordnungsbeschluss unterzeichnet.[761] In diesem Moment geht somit die Verwaltungs- und Verfügungsbefugnis über die der Nachtragsverteilung unterliegenden Gegenstände und Beträge auf den Insolvenzverwalter über (§ 80 InsO) und Zwangsvollstreckungen sind für Insolvenz- und Neugläubiger unzulässig (§§ 89, 91 InsO).[762] Demgegenüber findet § 88 InsO, die sog. Rückschlagsperre, keine Anwendung, da kein Antrag auf Insolvenzeröffnung vorliegt.[763] Ab erneuter Beschlagnahme werden auch Aufrechnungen gegen beschlagnahmte Forderungen gem. §§ 94 – 96 InsO (wieder) unzulässig.[764] Einer Zustellung an den Schuldner bedarf es zwar nach § 204 Abs. 2 S. 1 InsO trotzdem. Diese Zustellung ist aber keine Voraussetzung für den Eintritt der Beschlagnahme.

Fehlt es hingegen an der Angabe des Tages oder der Stunde, so ist entgegen der zweitgenannten Ansicht danach zu differenzieren, welche Angabe fehlt oder ob gar beide Angaben fehlen. Wie bereits dargestellt, ist die fehlende Angabe der Stunde für die Rechtmäßigkeit des Anordnungsbeschlusses unschädlich, da insofern § 27 Abs. 3 InsO entsprechend heranzuziehen ist. Fehlt somit lediglich die Angabe der Stunde im Anordnungsbeschluss, so ist dies für den Eintritt der Beschlagnahmewirkung unschädlich. Die Beschlagnahme tritt dann in entsprechender Anwendung des § 27 Abs. 3 InsO zur Mittagsstunde des Erlasstages ein. Fehlt es hingegen an der Angabe des Tages, so kommt es für den Zeitpunkt des Beschlagnahmeeintritts in der Tat auf die Zustellung an den Schuldner an.[765] Insofern ist der zweitgenannten Ansicht zuzustimmen. Dies ist auch interessengerecht, da nur so für alle Beteiligten ein einheitlicher Beschlagnahmezeitpunkt festgelegt wird.

IV. Verwaltungs- und Prozessführungsbefugnisse des Verwalters

Wurden Vermögenswerte weder hinterlegt noch einer Nachtragsverteilung vorbehalten und wurde eine Nachtragsverteilung auch noch nicht vor Verfahrensaufhebung angeordnet, so entfallen mit Verfahrensaufhebung zunächst

---

761 KPB/*Holzer*, InsO, § 203 Rn. 22; MünchKomm/*Hintzen*, InsO, 3. Aufl., § 203 Rn. 21; *Hess*, InsO, § 203 Rn. 30; Uhlenbruck/*Uhlenbruck*, InsO, 13. Aufl., § 203 Rn. 16.

762 MünchKomm/*Hintzen*, InsO, 3. Aufl., § 203 Rn. 21.

763 Ebd.

764 Vgl. BFH, Beschl. v. 7.6.2006 – VII B 329/05, BFHE 212, 436, 439.

765 Der BGH stellte in der Vergangenheit ebenfalls auf die Zustellung an den Schuldner in einem Fall ab, in dem der Beschluss über die Anordnung eines allgemeinen Verfügungsverbots nicht nach Tag und Stunde datiert wurde, vgl. BGH, Urt. v. 1.3.1982 – VIII ZR 75/81, NJW 1982, 2074, 2075.

sämtliche Wirkungen der Verfahrenseröffnung und der Schuldner erhält seine Verfügungsbefugnis zurück. Anhängige Prozesse werden in Analogie zu § 239 ZPO wegen des Verlustes der Prozessführungsbefugnis des Verwalters unterbrochen und können grundsätzlich – mit Ausnahme von Anfechtungsprozessen – vom Schuldner aufgenommen werden.[766]

Der Schuldner verliert seine Verfügungs- und Prozessführungsbefugnis erst wieder mit der Anordnung der Nachtragsverteilung. Da die Nachtragsverteilung kein vollständiges Insolvenzverfahren ist, werden nur diejenigen Vermögenswerte erneut beschlagnahmt, auf die sich die Anordnung bezieht. Die Verfügungsbefugnis des Verwalters bestimmt sich somit ausschließlich nach dem Anordnungsbeschluss.[767] Mit der Anordnung der Nachtragsverteilung lebt das Amt des Verwalters wieder auf und die Verwaltungs- und Verfügungsbefugnis über das Nachtragsvermögen geht auf ihn über.[768] Durch die erneute Beschlagnahme ist der Verwalter auch wieder prozessführungsbefugt. Er kann also den streitigen Massegegenstand notfalls im Klagewege zur Nachtragsmasse ziehen.

An dieser Stelle soll allerdings ausdrücklich hervorgehoben werden, dass der Verwalter in Fällen, in denen Massevermögenswerte weder für einen Prozess hinterlegt noch einer Nachtragsverteilung vorbehalten wurden, ohne gerichtliche Nachtragsverteilungsanordnung nicht prozessführungsbefugt ist und somit auch keinen anhängigen (Anfechtungs-) Prozess (fort-) führen kann. Diese Hervorhebung erfolgt hier deshalb, weil es in der Literatur hierzu augenscheinlich einige Missverständnisse bzw. Ungenauigkeiten gab und auch immer noch gibt. So führt beispielsweise *Meller-Hannich* aus, dass „Prozesse über Gegenstände, die der Nachtragsverteilung unterliegen [...]" nach Verfahrensaufhebung vom Verwalter fortzuführen seien.[769] Teilweise findet man auch die Ausführung, dass der Verwalter zur Fortführung von Anfechtungsklagen nach Verfahrensaufhebung

766 Vgl. dazu bereits Teil 2., B. und Teil 4., B., III., 3.

767 MünchKomm/*Hintzen*, InsO, 3. Aufl., § 203 Rn. 23.

768 Jaeger/*Meller-Hannich*, InsO, § 205 Rn. 4; Uhlenbruck/*Uhlenbruck*, InsO, 13. Aufl., § 205 Rn. 2.

769 Jaeger/*Meller-Hannich*, InsO, § 200 Rn. 16.

befugt sei, wenn die *Möglichkeit* einer Nachtragsverteilung *bestünde*[770] bzw. wenn der Gegenstand für eine Nachtragsverteilung *in Betracht komme*[771].

Diese Ausführungen sind sowohl missverständlich als auch unvollständig, da eine Nachtragsverteilung nicht nur möglich sein muss, damit der Verwalter wieder oder weiterhin prozessführungsbefugt ist, sondern diese muss vielmehr ausdrücklich angeordnet worden sein, da der ursprüngliche Insolvenzbeschlag mit Verfahrensaufhebung entfallen ist und der Verwalter damit zunächst auch alle Masseverwaltungsbefugnisse verloren hat (die Fälle des Nachtragsvorbehalts und der Hinterlegung bleiben hierbei außer Betracht).

Hintergrund dieser missverständlichen Darstellungen in der Literatur sind vermutlich zugleich zwei Entscheidungen des BGH.[772] So hat der BGH sowohl in seiner Entscheidung vom 10.2.1982[773] als auch in seiner Entscheidung vom 15.6.1992[774] ausgeführt, dass der Verwalter nach Beendigung des Verfahrens für solche Vermögenswerte verwaltungs- und prozessführungsbefugt bleibe, für die eine Nachtragsverteilung in Betracht komme bzw. weil für sie eine Nachtragsverteilung in Frage komme, da der Rückgewähranspruch zur Insolvenzmasse gehöre. Diese Wortwahl des Senats „für die eine Nachtragsverteilung in Betracht kommt"

770 So: Braun/*de Bra*, InsO, § 129 Rn. 39; HambKomm/*Rogge*/*Leptien*, InsO, § 129 Rn. 99; K. Schmidt/*Jungmann*, InsO, § 203 Rn. 12. Missverständlich formuliert auch: MAH/ *Beck*, § 42 Rn. 28, der darstellt, dass von der freien Verwaltungs- und Verfügungsbefugnis diejenigen Massegegenstände ausgenommen seien, bezüglich derer das Insolvenzgericht die Nachtragsverteilung anordnen *könne*.

771 So: Graf-Schlicker/*Huber*, InsO, 3. Aufl., § 129 Rn. 32; KPB/*Ehricke*, InsO, § 129 Rn. 34a. Ebenso bereits zur KO: *Delhaes*, KTS 1963, 240, 251. *Delhaes* ging aber noch darüber hinaus und nahm an, dass der Verwalter hinsichtlich aller Gegenstände, für die eine Nachtragsverteilung in Betracht komme, das Verwaltungs- und Verfügungsrecht über Verfahrensaufhebung hinaus behalte. Ebenfalls missverständlich: *Hess*, Sanierungshandbuch, Kap. 34 Rn. 11, nach dem der Verwalter für anhängige oder noch anhängig zu machende Rechtsstreite aktivlegitimiert bleibe, soweit es sich um Gegenstände für eine Nachtragsverteilung handele.

772 Beide sogleich folgenden Entscheidungen des BGH werden von der Mehrheit der genannten Vertreter in ihren Ausführungen zitiert.

773 BGH, Urt. v. 10.2.1982 – VIII ZR 158/80, BGHZ 83, 102, 103. Der Senat zitiert hierzu die Entscheidung des RG, Urt. v. 17.9.1891 – Rep. IV. 136/91, RGZ 28, 68, 70, übersieht dabei jedoch, dass die Vermögenswerte in der Entscheidung des RG einer Nachtragsverteilung vorbehalten wurden.

774 BGH, Urt. v. 15.6.1992 – II ZR 88/91, ZIP 1992, 1152, 1153. In dieser Entscheidung führte der Senat jedoch auch richtig aus, dass allein die Tatsache eines schwebenden Prozesses bei Verfahrensaufhebung nicht genüge, um eine fortdauernde Prozessführungsbefugnis des Verwalters zu begründen.

und „weil für sie eine Nachtragsverteilung in Frage kommt“ ist äußerst mehrdeutig und geht an dieser Stelle ersichtlich fehl. Diese Ausführungen könnten in der Tat dahingehend verstanden werden, dass es für eine fortdauernde Prozessführungsbefugnis des Verwalters bereits ausreichend ist, dass der Rückgewähranspruch zur Insolvenzmasse gehört und dass bei Verfahrensaufhebung noch ein Anfechtungsprozess anhängig ist. Da der Rückgewähranspruch jedoch immer zur Insolvenzmasse gehört, wäre der Verwalter bei Anfechtungsstreitigkeiten und ebenso bei sonstigen Rechtsstreitigkeiten über ehemalige Massegegenstände auch immer über Verfahrensaufhebung hinaus prozessführungsbefugt, ohne dass es hier einer Hinterlegung oder eines Nachtragsvorbehalts bedürfte.[775] Eine Differenzierung nach fortdauernder oder beendeter Insolvenzbeschlagnahme wäre damit hinfällig. Dass dies nicht richtig sein kann, liegt auf der Hand, da der Regelfall eben der Rückfall sämtlicher Massebefugnisse auf den Schuldner und die Beendigung des Verwalteramtes ist. Den oben genannten Darstellungen in der Literatur unter Heranziehung der genannten BGH-Entscheidungen ist somit mit Nachdruck zu widersprechen. Der Verwalter ist in den Fallkonstellationen der § 203 Abs. 1 Nr. 2, 3 InsO erst (wieder) verwaltungs- und prozessführungsbefugt, wenn die Nachtragsverteilung hinsichtlich des betroffenen Vermögenswertes angeordnet wurde.

Speziell für Anfechtungsstreitigkeiten gilt somit Folgendes: Ursprünglich gehörte der Rückgewähranspruch zwar zur Insolvenzmasse. Mit Aufhebung des Verfahrens enden jedoch sämtliche Befugnisse des Verwalters und somit auch seine Prozessführungsbefugnis hinsichtlich etwaiger Anfechtungsprozesse. Allein die pauschale Begründung, dass der Rückgewähranspruch zur Insolvenzmasse gehört, genügt nicht, um eine fortdauernde Prozessführungsbefugnis des Verwalters über Verfahrensaufhebung hinaus zu begründen.[776] Wenn allein die ursprüngliche Massezugehörigkeit eines Gegenstandes als Begründung für eine fortdauernde Verwaltungsbefugnis des Verwalters herangezogen werden könnte, wären auch die Regelungen der §§ 203 ff. InsO überflüssig. Denn dann könnte der Verwalter beispielsweise bei einem späteren Bekanntwerden weiterer ehemaliger Massegegenstände diese ohne besondere Anordnung in Besitz

775 Dieses Ergebnis scheint auch *Uhlenbruck* unter Heranziehung der genannten BGH-Entscheidungen zu vertreten, indem er ausführt, dass es eines Vorbehalts nicht bedürfe, vgl. *Uhlenbruck*, NZI 2001, 408, 410. Dabei wird jedoch übersehen, dass der Insolvenzbeschlag mit Verfahrensaufhebung endet. Daher ist der Schuldner auch nicht in seiner freien Verfügungsbefugnis eingeschränkt und gleichermaßen der Verwalter nicht zur weiteren Masseverwaltung berechtigt.

776 So wohl auch *Smid*, Handbuch, § 35 Rn. 17; *Smid*, ZInsO 2010, 641, 642.

nehmen und verwerten – ein doch widersinniges Ergebnis. Die Zugehörigkeit des Rückgewähranspruchs zur (ehemaligen) Insolvenzmasse ist vielmehr nur Voraussetzung dafür, dass überhaupt eine Nachtragsverteilung vorbehalten oder später angeordnet werden kann, da sich die Nachtragsverteilung nur auf ehemalige Massegegenstände bezieht. Die Befugnisse des Verwalters orientieren sich immer an der Beschlagnahme. Da diese aber in Fällen, in denen die betroffenen Beträge weder hinterlegt wurden noch der Rückgewähranspruch einer Nachtragsverteilung vorbehalten wurde, endet, ist der Verwalter nicht befugt, einen Anfechtungsprozess von sich aus nach Verfahrensaufhebung fortzuführen oder einzuleiten. Erst mit erneuter Beschlagnahme durch Anordnung der Nachtragsverteilung wird der Verwalter (wieder) prozessführungsbefugt. Wurde eine Nachtragsverteilung daher nicht vorbehalten, geht die Anfechtungsbefugnis mit Beendigung des Verfahrens unter.[777] Der Verwalter erhält seine Befugnis zur Geltendmachung der Anfechtung erst wieder, wenn diesbezüglich eine Nachtragsverteilung ausdrücklich angeordnet wurde, da erst zu diesem Zeitpunkt der Rückgewähranspruch erneut beschlagnahmt wird. Die Anordnung der Nachtragsverteilung begründet dann ein neues Anfechtungsrecht des Verwalters.[778] Der Rückgewähranspruch ist auch nicht etwa wegen der zwischenzeitigen Verfahrensaufhebung aus materiell-rechtlichen Gründen untergegangen, da nur die Anfechtungsbefugnis des Verwalters endet, ohne dabei Einfluss auf den materiell-rechtlichen Masserückgewähranspruch zu haben. Mit Anordnung der Nachtragsverteilung lebt vielmehr die Anfechtungs- und Prozessführungsbefugnis des Verwalters wieder auf[779] und er kann einen neuen Anfechtungsstreit anhängig machen.[780] Hat zwischenzeitig ein Gläubiger einen Anfechtungsrechtsstreit eingeleitet, so gilt ab Anordnung der Nachtragsverteilung die Regelung des § 17 AnfG[781], sodass der Anfechtungsstreit des Gläubigers unterbrochen wird und dieser sodann vom Verwalter zum Zwecke der Nachtragsverteilung aufgenommen werden kann. Ergeht dagegen kein Anordnungsbeschluss nach § 203 InsO,

777 So auch KPB/*Jacoby*, InsO, § 143 Anh. Rn. 13; NR/*Westphal*, InsO, § 200 Rn. 11; Uhlenbruck/*Uhlenbruck*, InsO, 13. Aufl., § 200 Rn. 16; FK-InsO/*Kießner*, § 200 Rn. 13.

778 Vgl. auch MünchKomm/*Kayser*, InsO, 3. Aufl., § 129 Rn. 211.

779 HambKomm/*Preß*, InsO, 4. Aufl., § 200 Rn. 18; BerlKomm/*Gruber*, InsO, § 200 Rn. 29; Uhlenbruck/*Uhlenbruck*, InsO, 13. Aufl., § 200 Rn. 15.

780 Vgl. BGH, Urt. v. 10.12.2009 – IX ZR 206/08, ZInsO 2010, 82, 83 Rn. 8; *Cranshaw*, jurisPR-InsR 3/2010 Anm. 2; Uhlenbruck/*Hirte*, InsO, 13. Aufl., § 129 Rn. 25; Kreft/*Kreft*, InsO, § 129 Rn. 85.

781 MünchKomm/*Kayser*, InsO, 3. Aufl., § 129 Rn. 213.

so ist der bisherige Verwalter mangels Prozessführungsbefugnis nicht berechtigt, einen Anfechtungsprozess nach Verfahrensaufhebung zu führen.[782]

Zusammenfassend sind an dieser Stelle somit die obigen Darstellungen in der Literatur dahingehend zu korrigieren bzw. zu ergänzen, dass die verwendeten Begrifflichkeiten „Gegenstände, die einer Nachtragsverteilung unterliegen", „wenn die Möglichkeit einer Nachtragsverteilung besteht" bzw. „der Gegenstand für eine Nachtragsverteilung in Betracht kommt" ersatzlos zu streichen und stattdessen durch den Wortlaut „wenn die Nachtragsverteilung angeordnet wurde" zu ersetzen sind. Nur in diesem Fall ist der Verwalter ohne vorbehaltene Nachtragsverteilung auch nach Verfahrensaufhebung wieder verwaltungs- und prozessführungsbefugt.

Sollte der Verwalter einen Anfechtungsprozess bereits im laufenden Verfahren angestrengt haben und wurde eine Nachtragsverteilung hinsichtlich des Rückgewähranspruchs weder vorbehalten noch angeordnet, so ist im Weiteren aber fraglich, ob der Verwalter bei späterer Anordnung diesen Anfechtungsanspruch erneut geltend machen kann. Eingangs[783] wurde bereits erwähnt, dass anhängige Anfechtungsprozesse ohne Nachtragsvorbehalt bzw. -anordnung mit Verfahrensaufhebung erledigt sind, da der Schuldner nicht Rechtsnachfolger des Verwalters ist. Diese Erledigung kann auch vom Verwalter selbst ausgesprochen werden.[784] Ob der Verwalter im Falle einer späteren Anordnung den Anfechtungsanspruch erneut im Klagewege geltend machen kann oder nicht, hängt davon ab, wieweit die „Rechtskraft" der vorangegangenen Entscheidung reicht. Diese Frage richtet sich danach, wie das vorangegangene Verfahren geendet hat; durch Beschluss oder aber durch streitiges Urteil. Dies hängt wiederum davon ab, ob sich der Anfechtungsgegner der Erledigung anschließt oder nicht. Schließt sich die Gegenseite der Erledigungserklärung an, so entscheidet das Gericht nach § 91a ZPO nur noch über die Kosten durch Beschluss. Diese Entscheidung begründet allgemein keine Rechtskraft für die Hauptsache, sodass der Kläger nicht daran gehindert ist, seine Klage zu wiederholen.[785] In diesem Fall könnte der Verwalter somit den Anfechtungsanspruch bei einer späteren Anordnung erneut im Klagewege geltend machen. Schließt sich die Gegenseite demgegenüber der Erledigung nicht an, so wird streitig darüber entschieden, ob eine Erledigung vorliegt, ob also ein Anfechtungsanspruch vor Verfahrensaufhebung bestand

782 HambKomm/*Preß*, InsO, 4. Aufl., § 200 Rn. 18.

783 Vgl. Abschnitt Teil 2., B.

784 KPB/*Jacoby*, InsO, § 143 Anh. Rn. 13.

785 BGH, Urt. v. 28.5.1991 – IX ZR 181/90, NJW 1991, 2280, 2281 m.w.N. auch zur Gegenansicht.

und die Anfechtungsklage damit begründet war oder nicht, § 256 ZPO.[786] Da der dann noch rechtshängige Feststellungsanspruch in Rechtskraft erwächst und auch den zugrundeliegenden Anspruch erfasst, ist daher eine erneute Klage wegen dieses Anspruchs unzulässig[787], sodass der Verwalter den Rückgewähranspruch auch nicht durch spätere Nachtragsanordnung erneut gerichtlich geltend machen kann. Um diese Unsicherheit zu vermeiden, ist der Praxis daher im Falle eines anhängigen Anfechtungsprozesses bei Verfahrensaufhebung dringend zu raten, den Rückgewähranspruch einer späteren Nachtragsverteilung vorzubehalten. In diesem Fall besteht die Prozessführungsbefugnis des Verwalters aufgrund der fortdauernden Beschlagnahme unverändert fort, sodass die Verfahrensaufhebung keine Auswirkungen auf den Anfechtungsprozess hat[788].

C. Ende des Insolvenzbeschlags

Im Falle der Nachtragsverteilung endet der Insolvenzbeschlag entweder erst mit endgültiger Verwertung des Gegenstandes und Aufhebung der Nachtragsverteilung oder aber wenn das Gericht nach § 203 Abs. 3 InsO mit Rücksicht auf die Geringfügigkeit nachträglich beschließt, den Gegenstand dem Schuldner zu überlassen.[789] Zudem kann der Verwalter den Nachtragsgegenstand an den Schuldner freigeben, wenn sich später herausstellen sollte, dass dieser unverwertbar ist.

D. Zusammenfassung

Zusammenfassend ist festzuhalten, dass der Schuldner seine Verfügungsbefugnis bei einer Hinterlegung sowie bei einem Nachtragsvorbehalt hinsichtlich der betroffenen Vermögenswerte trotz Verfahrensaufhebung nicht zurückerhält. Insoweit bleibt der Verwalter über Verfahrensaufhebung hinaus legitimiert und kann auch neue Prozesse zugunsten der Nachtragsmasse anstrengen. Wurde die Nachtragsverteilung bereits vor oder mit Verfahrensaufhebung angeordnet, so gilt selbiges.

Ohne Hinterlegung, Nachtragsvorbehalt oder bereits erfolgter Anordnung erhält der Schuldner seine Verfügungsbefugnis hingegen über alle noch vorhandenen Massevermögenswerte zunächst mit Verfahrensaufhebung zurück. In diesen

---

786 KPB/*Jacoby*, InsO, § 143 Anh. Rn. 13.

787 LG Berlin, Urt. v. 15.7.2004 - 62 S 112/04, juris.

788 KPB/*Jacoby*, InsO, § 143 Anh. Rn. 13.

789 MAH/*Beck*, § 42 Rn. 30; BerlKomm/*Gruber*, InsO, § 200 Rn. 19.

Fällen erfolgt erst mit der Anordnung der Nachtragsverteilung eine erneute Beschlagnahme, sodass der Schuldner bis zur Anordnung über diese Gegenstände frei verfügen kann[790].

Wurde die Nachtragsverteilung bei Verfahrensaufhebung vorbehalten oder bestimmte Beträge für einen Masseprozess hinterlegt, so besteht das Amt des Verwalters insoweit fort.[791] In allen anderen Fällen lebt das frühere Amt des Verwalters erst mit der Anordnung der Nachtragsverteilung wieder auf, da der Verwalter ohne Anordnung nicht berechtigt ist, Handlungen in Bezug auf Vermögensgegenstände einer Nachtragsverteilung vorzunehmen.[792] Dies gilt auch für Insolvenzanfechtungsansprüche. Da sich die Befugnisse des Verwalters immer an der Insolvenzbeschlagnahme orientieren, ist bei Anfechtungsansprüchen zu fordern, dass der Rückgewähranspruch einer nachträglichen Verteilung vorbehalten wird oder aber eine Nachtragsverteilung bereits bei Verfahrensaufhebung angeordnet wird, um eine fortdauernde Befugnis des Verwalters zu begründen. Geschieht dies nicht, verliert der Verwalter mit Verfahrensaufhebung seine Prozessführungsbefugnis und kann diese nur durch eine nachträgliche Anordnung wiedererlangen. Dem Verwalter ist daher insbesondere im Falle eines kurz vor Verfahrensaufhebung begonnenen Anfechtungsprozesses zu raten, beim Gericht entweder einen Nachtragsvorbehalt anzuregen oder aber die Nachtragsverteilung zu beantragen.

Abschließend ist nochmals hervorzuheben, dass die Beschlagnahmewirkungen nur zum Zwecke der Nachtragsverteilung wieder neu eintreten oder aufrechterhalten werden[793], da der Insolvenzbeschlag bei der Nachtragsverteilung nicht in dem von § 35 Abs. 1 i.V.m. § 36 Abs. 1 InsO beschriebenen Umfang greift, sondern gegenständlich auf den im Anordnungsbeschluss bzw. im Nachtragsvorbehalt genau bezeichneten Gegenstand oder Betrag *beschränkt* ist[794].

---

790 HambKomm/*Preß*, InsO, 4. Aufl., § 200 Rn. 13.

791 Vgl. auch *Kalter*, KTS 1980, 215, 218.

792 So richtig: Uhlenbruck/*Uhlenbruck*, InsO, 13. Aufl., § 205 Rn. 2; Graf-Schlicker/*Castrup*, InsO, 3. Aufl., § 205 Rn. 1; Jaeger/*Meller-Hannich*, InsO, § 205 Rn. 4. Verfehlt dagegen wohl: MünchKomm/*Hintzen*, InsO, 3. Aufl., § 205 Rn. 8, der annimmt, dass das Amt in allen Fällen von § 203 Abs. 1 Nr. 1 – 3 InsO fortbestehe; KPB/*Holzer*, InsO, § 205 Rn. 2.

793 Uhlenbruck/*Uhlenbruck*, InsO, 13. Aufl., § 203 Rn. 17; Jaeger/Weber, KO, § 166 Rn. 10; *Kuhn/Uhlenbruck*, KO, § 166 Rn. 7a.

794 BGH, Beschl. v. 2.12.2010 – IX ZB 151/09, ZIP 2011, 134, 135 Rn. 5; BGH, Urt. v. 13.12.2012 – III ZR 70/12, juris Rn. 6; *Zipperer*, EWiR 2012, 183, 184; KPB/*Holzer*, InsO, § 203 Rn. 26; *Smid*, ZInsO 2010, 641, 642; *Smid*, Handbuch, § 35 Rn. 16; Braun/*Kießner*, InsO, § 203 Rn. 21; *Ludewig*, S. 82; *K. Schmidt*, KO, § 166 Anm. 2.

Teil 7. Vollzug der Nachtragsverteilung

Nachdem sich die bisherigen Ausführungen ausschließlich auf die Voraussetzungen und Rechtsfolgen der Nachtragsverteilung beschränkt haben, soll nunmehr auch ein Blick auf den praktischen Vollzug der Nachtragsverteilung erfolgen.

Während die KO keine Vorschrift über den Vollzug der Nachtragsverteilung enthielt und man insoweit auf die allgemeine Regelung des § 167 KO zurückgegriffen hat[795], regelt nunmehr § 205 InsO ausdrücklich den Vollzug der Nachtragsverteilung.

A. Beginn der Verwertung und Verteilung

Wie oben bereits kurz dargestellt[796], ist der Verwalter auch dann nicht befugt von sich aus mit der Verteilung der Nachtragsmasse zu beginnen, wenn ihm bereits verteilbare Vermögenswerte zur Verfügung stehen.[797] Dies darf er selbst dann nicht, wenn er aufgrund einer fortdauernden Beschlagnahme weiterhin die Verfügungsbefugnis innehat. Endete der Insolvenzbeschlag mit Verfahrensaufhebung, so benötigt der Verwalter darüber hinaus eine Ermächtigung zur Besitzergreifung der Massestücke. In beiden Fällen ist somit die gerichtliche Anordnung zwingende Voraussetzung für das Handeln des Verwalters. Ohne gerichtliche Anordnung darf der Verwalter die Massegegenstände grundsätzlich weder verwerten noch an die Gläubiger verteilen. Nur so ist gewährleistet, dass die Kosten des Verfahrens gedeckt sind (§ 203 Abs. 3 S. 1 InsO) und es steht *endgültig* fest, auf welche Vermögenswerte sich der – neu eingetretene oder aufrecht erhaltene – Insolvenzbeschlag erstreckt.[798] Eine Ausnahme ist nur bei einer vorbehaltenen Nachtragsverteilung zu machen. In diesen Fällen darf der Verwalter auch ohne Anordnung Masseverwertungshandlungen, wie beispielsweise die prozessuale Geltendmachung eines Rückgewähranspruchs, fortführen. Die erhaltenen Prozessgewinne darf er hingegen erst nach erfolgter Anordnung an die Gläubiger verteilen.

---

795 *K. Schmidt*, KO, § 167 Anm. 1; NR/*Westphal*, InsO, § 205 Rn. 1; Uhlenbruck/*Uhlenbruck*, InsO, 13. Aufl., § 205 Rn. 1; Braun/*Kießner*, InsO, § 205 Rn. 1.

796 Vgl. Teil 5., A.

797 MünchKomm/*Hintzen*, InsO, 3. Aufl., § 205 Rn. 2; *Hess*, InsO, § 205 Rn. 2 m.w.N.

798 MünchKomm/*Hintzen*, InsO, 3. Aufl., § 205 Rn. 2; HambKomm/*Preß*/*Henningsmeier*, InsO, 4. Aufl., § 205 Rn. 2; Braun/*Kießner*, InsO, § 205 Rn. 2; KPB/*Holzer*, InsO, § 205 Rn. 1.

Allerdings enthält § 205 InsO keine Angaben darüber, ab wann der Verwalter nach Erlass des Anordnungsbeschlusses mit der (Verwertung und) Verteilung der Gegenstände beginnen darf. So kann es durchaus sein, dass der Schuldner gegen die Anordnung zwischenzeitig sofortige Beschwerde nach § 204 Abs. 2 S. 2 InsO eingelegt hat, sodass unsicher ist, ob der Anordnungsbeschluss weiterhin Bestand haben wird. Aufgrund dieser Unsicherheit sollte der Beginn der (Verwertung und) Verteilung der Nachtragsmasse nicht bereits mit Erlass des Anordnungsbeschlusses, sondern erst dann erfolgen, wenn der Anordnungsbeschluss rechtskräftig geworden ist.[799] Dies folgt zudem aus dem Umstand, dass in § 205 S. 1 InsO kein Bezug zu § 34 Abs. 3 S. 3 InsO gewählt wurde. Für das Eröffnungsverfahren lässt sich aus § 34 Abs. 3 S. 3 InsO ableiten, dass der Verwalter bei Verfahrenseröffnung direkt nach Erlass des Eröffnungsbeschlusses tätig werden kann, da diese Vorschrift eine Regelung hinsichtlich der Rechtshandlungen des Insolvenzverwalters im Falle einer späteren Aufhebung des Eröffnungsbeschlusses enthält. Eine solche Regelung fehlt jedoch in § 205 InsO, sodass hier für das Tätigwerden des Verwalters ein rechtskräftiger Anordnungsbeschluss gefordert werden sollte. Ansonsten wäre auch unklar, wie in Fällen zu verfahren ist, in denen der Verwalter zwischenzeitig die Nachtragsmasse verwertet hat, nunmehr aber der Anordnungsbeschluss vom Beschwerdegericht aufgehoben wird. Bis zur Rechtskraft des Anordnungsbeschlusses ist es allerdings zulässig, dass der Verwalter bereits notwendige Massesicherungsmaßnahmen einleitet, die noch nicht zu einer Verwertung führen, da hierdurch selbst im Falle einer späteren Aufhebung der Anordnung kein Beteiligter einen nennenswerten Schaden erleidet. Daher kann der Verwalter die betreffenden Vermögenswerte bereits vor Rechtskraft des Anordnungsbeschlusses in Besitz nehmen, ohne bereits mit ihrer Verwertung zu beginnen.

B. Durchführung der Nachtragsverteilung

Die Zielsetzung bei der Nachtragsverteilung entspricht derjenigen sämtlicher Verteilungen im Insolvenzverfahren, nämlich die gleichmäßige Befriedigung der Insolvenzgläubiger.[800] Die Nachtragsverteilung wird daher ähnlich wie die

---

799 So wohl auch Uhlenbruck/*Uhlenbruck*, InsO, 13. Aufl., § 205 Rn. 1; KPB/*Holzer*, InsO, § 205 Rn. 1. Ähnlich auch HambKomm/*Preß*/*Henningsmeier*, InsO, 4. Aufl., § 205 Rn. 2. Anders dagegen FK-InsO/*Kießner*, § 205 Rn. 1, der annimmt, dass die Nachtragsverteilung unmittelbar nach der Anordnung vollzogen werden könne.

800 Jaeger/*Meller-Hannich*, InsO, § 205 Rn. 1.

Abschlags- und Schlussverteilung durchgeführt.[801] Für den Vollzug der Nachtragsverteilung gelten somit grundsätzlich auch die allgemeinen Regeln der §§ 187 ff. InsO.[802]

I. Zustimmung der Gläubigerorgane?

Da die Regelungen der §§ 187 ff. InsO grundsätzlich auch i.R.d. Nachtragsverteilung gelten, wäre hier zunächst an eine Anwendung des § 187 Abs. 3 S. 2 InsO zu denken, was zur Folge hätte, dass der Verwalter vor Vollzug der Nachtragsverteilung die Zustimmung des Gläubigerausschusses einzuholen hätte, wenn ein solcher bestellt ist.

Problematisch an einer Anwendung des § 187 Abs. 3 S. 2 InsO ist allerdings, dass der Gläubigerausschuss in den meisten Nachtragsfällen nicht mehr existiert. Dass ein solcher alleine zum Zwecke der Nachtragsverteilung bestellt wird, ist wohl – wenn überhaupt – nur in Ausnahmefällen denkbar.[803] Wenn das Verfahren einmal beendet wurde, leben die Funktionen des Gläubigerausschusses auch nicht eigens wieder auf.[804] Lediglich in Fällen, in denen die Nachtragsverteilung bereits vor Aufhebung des Insolvenzverfahrens parallel zur Schlussverteilung durchgeführt wird[805] und somit der bestellte Gläubigerausschuss noch besteht, ist dessen Zustimmung einzuholen.[806]

Da im Nachtragsverteilungsverfahren keine erneute Gläubigerversammlung vorgesehen ist, muss der Verwalter auch nicht die ansonsten im regulären Verfahren erforderlichen Zustimmungen, beispielsweise nach § 160 Abs. 2 Nr. 1 InsO, einholen.[807] Dies ist auch insofern interessengerecht, als die Nachtragsverteilung

---

801 KPB/*Holzer*, InsO, § 205 Rn. 3; Uhlenbruck/*Uhlenbruck*, InsO, 13. Aufl., § 205 Rn. 1.

802 Jaeger/*Meller-Hannich*, InsO, § 205 Rn. 3.

803 KPB/*Holzer*, InsO, § 205 Rn. 4; Uhlenbruck/*Uhlenbruck*, InsO, 13. Aufl., § 205 Rn. 2. *Holzer*, InsbürO 2011, 82, 83: Besteht ein solcher nicht mehr, ist seine Bildung allein zum Zwecke seiner Zustimmung zur Verteilung nicht erforderlich, da § 187 Abs. 3 S. 2 InsO lediglich eine Ordnungsvorschrift darstellt.

804 Uhlenbruck/*Uhlenbruck*, InsO, 13. Aufl., § 205 Rn. 2; BerlKomm/*Gruber*, InsO, § 200 Rn. 22.

805 Vgl. dazu bereits die Ausführungen im Abschnitt Teil 4., A., I., 2.

806 Vgl. Jaeger/*Meller-Hannich*, InsO, § 205 Rn. 3; K. Schmidt/*Jungmann*, InsO, § 205 Rn. 2.

807 KPB/*Holzer*, InsO, § 205 Rn. 5; Graf-Schlicker/*Castrup*, InsO, 3. Aufl., § 205 Rn. 2. In besonders gelagerten Fällen dürfte hier jedoch zu fordern sein, dass der Verwalter die Zustimmung des Gerichts einholt oder aber das Gericht auf seine Verwertungsabsicht aufmerksam macht.

kein neues Insolvenzverfahrens, sondern nach der gesetzlichen Konzeption der §§ 203 ff. InsO vielmehr ein einfach und zügig ausgestaltetes nachträgliches Verteilungsverfahren ist. Um den Gläubigerinteressen dennoch in Einzelfällen gerecht zu werden, wäre es hingegen denkbar, dass diese beispielswiese ein nicht verwertetes Grundstück einer späteren Nachtragsverteilung vorbehalten[808] und dem Verwalter mit diesem „Verwertungsauftrag" bereits eine dem § 160 Abs. 2 Nr. 1 InsO entsprechende Entscheidung mitteilen.

II. Ermittlung und Verwertung der Masse

Der Verwalter muss vor allem in den Fällen des § 203 Abs. 1 Nr. 3 InsO zunächst die zur Verteilung zur Verfügung stehende Masse ermitteln[809], sichern und verwerten.[810] Eingehende Beträge sollte er wie im eröffneten Verfahren auf ein eigens eingerichtetes Anderkonto nehmen. Dies empfiehlt sich insbesondere in den Fällen der §§ 203 Abs. 1 Nr. 1 und Nr. 2 InsO, wenn bereits bei Verfahrensaufhebung weitere Zahlungen von dritter Seite absehbar sind.

Auch im Nachtragsverfahren hat der Verwalter vor einer Verwertung etwaig bestehende Absonderungsrechte zu beachten. Eine solche Konstellation lag der Entscheidung des BGH vom 21.9.2006 zugrunde.[811] Im zugrundeliegenden Sachverhalt konnte nach Einstellung wegen Masseunzulänglichkeit nachträglich ein Anspruch des Schuldners auf Versicherungsleistung aus einer Unfallversicherung ermittelt werden, §§ 203 Abs. 1 Nr. 3 InsO, 211 InsO. Diese Ansprüche waren jedoch zur Sicherheit an einen Dritten abgetreten. Auf entsprechenden Antrag ordnete das Insolvenzgericht die Nachtragsverteilung an. Die gegen die Anordnung eingelegte sofortige Beschwerde des Schuldners blieb ebenso wie die beim BGH eingelegte Rechtsbeschwerde erfolglos. Der BGH stellte hierzu zutreffend fest, dass dieser Anspruch trotz erfolgter Sicherungsabtretung zur Masse gehört habe, da der Sicherungsnehmer lediglich nach § 51 Nr. 1 InsO absonderungsberechtigt sei. Aufgrund der Massezugehörigkeit des Anspruchs habe dieser auch Gegenstand einer Nachtragsverteilung sein können. Die erfolgte Sicherungsabtretung stehe der Anordnung der Nachtragsverteilung somit nicht

---

808 Wie bereits ausgeführt, ist dieser Vorbehaltsbeschluss der Gläubigerversammlung aber aus Rechtsschutzgesichtspunkten im Aufhebungsbeschluss ausdrücklich aufzuführen.

809 Uhlenbruck/*Uhlenbruck*, InsO, § 205 Rn. 2; KPB/*Holzer*, InsO, § 205 Rn. 5.

810 KPB/*Holzer*, InsO, § 205 Rn. 5; HambKomm/*Preß*/*Henningsmeier*, InsO, 4. Aufl., § 203 Rn. 12; Braun/*Kießner*, InsO, § 205 Rn. 4.

811 BGH, Beschl. v. 21.9.2006 – IX ZB 287/05, ZInsO 2006, 1105.

entgegen.[812] Offengelassen wurde vom BGH allerdings, wie hier eine Verwertung zu erfolgen hat und welcher Erlös letztlich i.R.d. Nachtragsverteilung erwartet werden kann. Insofern sind in diesen Fällen die §§ 166 ff. InsO entsprechend heranzuziehen, da die Nachtragsverteilung nicht weiter als das ursprüngliche Insolvenzverfahren gehen kann. Aus der Anwendung der §§ 166 ff. InsO folgt, dass der Verwalter u.U. nur die Feststellungs- und Verwertungspauschale nach §§ 170, 171 InsO zur Nachtragsmasse ziehen kann, da der übrige Erlös vollständig an den absonderungsberechtigten Gläubiger auszukehren ist. Sollte dies der Fall sein, so wird erneut die Regelung des § 203 Abs. 3 S. 1 InsO relevant und es sollte bei Geringfügigkeit von einer Nachtragsverteilung abgesehen werden.

III. Verteilung der Nachtragsmasse

Die Durchführung der Verteilung richtet sich generell nach denselben Grundsätzen wie die Schlussverteilung nach § 196 InsO, da sie der Sache nach die „Fortsetzung" der Schlussverteilung ist.[813] Es findet jedoch weder ein erneuter Schlusstermin[814] noch eine Aufstellung eines Nachtragsverteilungsverzeichnisses[815] statt. Der Verwalter hat die Verteilung vielmehr gem. § 205 S. 1 InsO auf Grund des Schlussverzeichnisses vorzunehmen.[816] Da die Verteilung aufgrund des Schlussverzeichnisses erfolgt, findet zudem weder eine erneute Prüfung von

812 BGH, Beschl. v. 21.9.2006 – IX ZB 287/05, ZInsO 2006, 1105, 1106 Rn. 10.

813 MünchKomm/*Hintzen*, InsO, 3. Aufl., § 205 Rn. 1; KPB/*Holzer*, InsO, § 205 Rn. 6; *Haarmeyer/Wutzke/Förster*, Handbuch, Kap. 8 Rn. 114; Braun/*Kießner*, InsO, § 205 Rn. 4.

814 KPB/*Holzer*, InsO, § 205 Rn. 7; Braun/*Kießner*, InsO, § 205 Rn. 6; *Frege/Keller/Riedel*, Rn. 1736; HambKomm/*Preß/Henningsmeier*, InsO, 4. Aufl., § 205 Rn. 3.

815 KPB/*Holzer*, InsO, § 205 Rn. 6; LSZ/*Smid*, InsO, § 205 Rn. 3; Jaeger/*Meller-Hannich*, InsO, § 205 Rn. 3; Braun/*Kießner*, InsO, § 205 Rn. 5; NR/*Westphal*, InsO, § 205 Rn. 5; Uhlenbruck/*Uhlenbruck*, InsO, 13. Aufl., § 205 Rn. 3. Gottwald/*Eickmann*, § 65 Rn. 56 sieht die Aufstellung eines eigenen Verteilungsverzeichnisses sogar als unzulässig an.

816 Die Bindung der Nachtragsverteilung an das Schlussverzeichnis ergibt sich darüber hinaus aus der Überlegung, dass eine Nachtragsverteilung erst nach dem Schlusstermin erfolgen kann und im Schlusstermin unter anderem auch das Schlussverzeichnis abschließend geprüft wird, § 197 Abs. 1 S. 2 Nr. 2 InsO, vgl. MünchKomm/*Hintzen*, InsO, 3. Aufl., § 203 Rn. 9; HambKomm/*Preß/Henningsmeier*, InsO, 4. Aufl., § 205 Rn. 3. Zur KO bereits: *Delhaes*, KTS 1063, 240, 251.

Einwendungen statt[817] noch muss das Schlussverzeichnis nochmals bekanntgegeben oder niedergelegt werden.[818]

Durch die Bezugnahme auf das Schlussverzeichnis erfolgt eine Verteilung i.R.d. Nachtragsverteilung damit nur auf solche Forderungen, die auch in das Verteilungsverzeichnis aufgenommen wurden.[819] Nicht aufgenommene Forderungen werden i.R.d. Nachtragsverteilung nicht berücksichtigt.[820] Der Verwalter ist auch nicht befugt, diese Forderungen von sich aus nachträglich zu befriedigen.[821] Wie bereits ausgeführt[822], findet auch eine nachträgliche Änderung des Schlussverzeichnisses nicht statt.[823] Aus diesem Grund sollten auch diejenigen Gläubiger in das Schlussverzeichnis aufgenommen werden, bei denen zur Zeit der Erstellung des Verzeichnisses nicht mit einer Quote zu rechnen ist, was

---

817 Uhlenbruck/*Uhlenbruck*, InsO, 13. Aufl., § 205 Rn. 4; Kreft/*Depré*, InsO, § 205 Rn. 3; HambKomm/*Preß/Henningsmeier*, InsO, 4. Aufl., § 205 Rn. 3. Anders dagegen Graf-Schlicker/*Castrup*, InsO, 3. Aufl., § 203 Rn. 12, nach dem das Verteilungsverzeichnis im Hinblick auf § 206 Nr. 3 InsO vor der Durchführung der Nachtragsverteilung bei Gericht auszulegen sei. Ebenso KPB/*Holzer*, InsO, § 205 Rn. 6. Die Ausschlussfrist des § 194 Abs. 1 InsO wird ebenfalls durch das Nachtragsverteilungsverfahren nicht erneut in Gang gesetzt, sodass Einwendungen gegen das Schlussverzeichnis in der Nachtragsverteilung präkludiert sind, vgl. BerlKomm/*Breutigam*, InsO, § 205 Rn. 2; NR/*Westphal*, InsO, § 205 Rn. 5; LSZ/*Smid*, InsO, § 205 Rn.3; Uhlenbruck/*Uhlenbruck*, InsO, 13. Aufl., § 205 Rn. 3; Kreft/*Depré*, InsO, § 205 Rn. 2; Jaeger/*Meller-Hannich*, InsO, § 205 Rn. 3. Aufgrund dieser Präklusion bedarf es auch keiner erneuten Gläubigerversammlung, LSZ/*Smid*, InsO, § 205 Rn. 3; NR/*Westphal*, InsO, § 205 Rn. 5.

818 MünchKomm/*Hintzen*, InsO, 3. Aufl., § 205 Rn. 5; Uhlenbruck/*Uhlenbruck*, InsO, 13. Aufl., § 205 Rn. 4.

819 RG, Urt. v. 4.12.1931 – II 155/31, KuT 1932, 97, 98; KPB/*Holzer*, InsO, § 203 Rn. 7 und § 205 Rn. 7; MünchKomm/*Hintzen*, InsO, 3. Aufl., § 203 Rn. 9; FK-InsO/*Kießner*, § 203 Rn. 7; Uhlenbruck/*Uhlenbruck*, InsO, 13. Aufl., § 203 Rn. 3; Jaeger/*Meller-Hannich*, InsO, § 203 Rn. 1. Das Nachtragsverteilungsverfahren ist, wie bereits mehrfach erwähnt, kein neues Insolvenzverfahren, sodass auch keine weitere Forderungsanmeldung stattfindet.

820 KPB/*Holzer*, InsO, § 203 Rn. 7; FK-InsO/*Kießner*, § 205 Rn. 3.

821 RG, Urt. v. 4.12.1931 – II 155/31, KuT 1932, 97, 98.

822 Vgl. Kapitel Teil 4., A., I., 1.

823 Braun/*Kießner*, InsO, § 203 Rn. 6. Der Verwalter dürfte aber dennoch in Ausnahmefällen befugt sein, Korrekturen vorzunehmen. Dies wäre bspw. der Fall, wenn nunmehr strittige Beträge endgültig festgestellt sind oder der Verwalter sichere Kenntnis davon hat, dass der Gläubiger nachträglich auf seine Forderung verzichtet hat, vgl. KPB/*Holzer*, InsO, § 205 Rn. 6; MünchKomm/*Hintzen*, InsO, 3. Aufl., § 205 Rn. 3; HWF/*Förster*, InsO, 2. Aufl., § 205 Rn. 9.

hauptsächlich Inhaber nachrangiger Forderungen i.S.d. § 39 InsO betrifft.[824] *Eickmann* warnt daher zu Recht vor der weit verbreiteten Praxis, nur diejenigen Gläubiger in die Schlussverteilung aufzunehmen, für die sich in der Schlussverteilung auch tatsächlich eine Dividende ergibt.[825] Kommt es später zu einer Nachtragsverteilung, so wären die nicht aufgenommenen Gläubiger von dieser Verteilung nämlich ausgeschlossen und ihre Einwendungen präkludiert.

Wie bereits erwähnt, ist der zur Verteilung zur Verfügung stehende Betrag vor der Verteilung öffentlich bekannt zu machen.[826] Dies ergibt sich sowohl aus § 206 Nr. 3 InsO als auch aus § 188 S. 3 InsO. Abweichend von § 188 S. 3 InsO muss aber die Summe der Forderungen nicht mehr öffentlich bekannt gemacht werden, da sich diese bereits aus dem Schlussverzeichnis ergibt und das Verzeichnis bereits im aufgehobenen Verfahren öffentlich bekannt gemacht wurde.[827] Bei der weiteren Frage, wer für die Bekanntgabe des zur Verfügung stehenden Betrages zuständig ist, nimmt die Mehrheit der Literatur an, dass dies der Verwalter sei.[828] Dabei wird allerdings zum einen übersehen, dass dies nicht dem Wortlaut des § 188 S. 3 InsO entspricht und zum anderen, dass eine öffentliche Bekanntmachung gem. § 9 Abs. 1 S. 1 InsO länderübergreifend auf der Internetseite „www.insolvenzbekanntmachungen.de“ erfolgt, auf die der Verwalter keine unmittelbare Zugriffsmöglichkeit hat.[829] Daher kann man dem Verwalter auch nicht die Aufgabe übertragen, die Bekanntgabe eigenständig vorzunehmen. Der Verwalter ist hier vielmehr angehalten, den für die Verteilung verfügbaren Betrag dem Gericht anzuzeigen; dieses muss den Betrag sodann im Internet veröffentlichen[830].

---

824 BerlKomm/*Breutigam*, InsO, § 203 Rn. 21; BerlKomm/*Gruber*, InsO, § 188 Rn. 10; Gottwald/*Eickmann*, § 65 Rn. 56.

825 Gottwald/*Eickmann*, § 65 Rn. 56. Die nicht aufgenommenen Gläubiger sollten unbedingt die Aufnahme ihrer Forderung erzwingen, Gottwald/*Eickmann*, § 65 Rn. 47.

826 *Hess*, InsO, § 205 Rn. 5.

827 NR/*Westphal*, InsO, § 205 Rn. 6; *Haarmeyer/Wutzke/Förster*, Handbuch, Kap. 8 Rn. 115; BerlKomm/*Breutigam*, InsO, § 205 Rn. 1; Uhlenbruck/*Uhlenbruck*, InsO, 13. Aufl., § 204 Rn. 2 und § 205 Rn. 4. Anders dagegen: FK-InsO/*Kießner*, § 205 Rn. 4, der annimmt, dass das Gericht auch die Summe der Forderungen öffentlich bekannt zu machen habe.

828 Uhlenbruck/*Uhlenbruck*, InsO, 13. Aufl., § 205 Rn. 4; MünchKomm/*Hintzen*, InsO, 3. Aufl., § 205 Rn. 5; HambKomm/*Preß/Henningsmeier*, InsO, 4. Aufl., § 205 Rn. 4; *Haarmeyer/Wutzke/Förster*, Handbuch, Kap. 8 Rn. 115; Gottwald/*Eickmann*, § 65 Rn. 57.

829 Jaeger/*Meller-Hannich*, InsO, § 204 Rn. 8 Fn. 8.

830 NR/*Westphal*, InsO, § 205 Rn. 6; Jaeger/*Meller-Hannich*, InsO, § 205 Rn. 3; Braun/*Kießner*, InsO, § 205 Rn. 7; *Frege/Keller/Riedel*, Rn. 1736.

Vor einer Verteilung an die Insolvenzgläubiger hat der Verwalter auch im Nachtragsverteilungsverfahren die Regelung des § 53 InsO zu beachten, sodass Massegläubiger vor den Insolvenzgläubigern zu befriedigen sind.[831] Hier ist allerdings die Sonderregelung des § 206 Nr. 3 InsO zu beachten, nach der i.R.d. Nachtragsverteilung nur diejenigen Massegläubiger berücksichtigt werden, deren Ansprüche dem Insolvenzverwalter vor der öffentlichen Bekanntmachung[832] bekanntgeworden[833] sind. Alle anderen Massegläubiger können nach dieser Regelung „Befriedigung nur aus den Mitteln verlangen, die nach der Verteilung in der Insolvenzmasse verbleiben".

Die konkrete Auszahlungsquote an die Insolvenzgläubiger wird im Nachtragsverteilungsverfahren sodann allein vom Verwalter anhand des Schlussverzeichnisses bestimmt, wobei er allerdings der insolvenzgerichtlichen Aufsicht unterliegt.[834] Eine Bestimmung der Quote durch den Gläubigerausschuss, wie dies grundsätzlich nach § 195 InsO bei der Abschlagsverteilung vorgesehen ist, findet nicht statt, da dieser in der Mehrheit der Fälle nicht mehr im Amt ist.[835] Wie bereits dargestellt, genügt hier eine formlose Mitteilung über die auszuzahlende Quote auf dem Überweisungsträger. Diese Handhabung hat den Vorteil, die Kosten für die Auszahlung so gering wie möglich zu halten.

---

831 Vgl. MünchKomm/*Hintzen*, InsO, 3. Aufl., § 205 Rn. 4; Uhlenbruck/*Uhlenbruck*, InsO, 13. Aufl., § 205 Rn. 3; Kreft/*Depré*, InsO, § 205 Rn. 2; *Schmidt*, ZInsO 2003, 9, 14.

832 Mit „öffentlicher Bekanntmachung" ist hier die Bekanntmachung des zur Verteilung zur Verfügung stehenden Betrages gemeint, da eine Bekanntmachung der Nachtragsverteilungsanordnung nicht gesetzlich vorgeschrieben ist, vgl. dazu bereits Teil 5., E.

833 Maßgeblich ist nur die Kenntnis des Verwalters, sodass ein Kennenmüssen nicht ausreicht, vgl. HWF/*Förster*, InsO, 2. Aufl., § 206 Rn. 10. Wurde ein Massegläubiger unrechtmäßig von der Verteilung ausgeschlossen, so kann dieser entweder gegen den Verwalter im Wege einer Schadensersatzforderung oder nach überwiegender Auffassung auch gegen die insoweit ungerechtfertigt bereicherten Insolvenzgläubiger gem. § 812 BGB vorgehen, vgl. HWF/*Förster*, InsO, 2. Aufl., § 206 Rn. 9; KPB/*Holzer*, InsO, § 206 Rn. 6 m.w.N. auch zur Gegenauffassung.

834 MünchKomm/*Hintzen*, InsO, 3. Aufl., § 205 Rn. 4; NR/*Westphal*, InsO, § 205 Rn. 5; KPB/*Holzer*, InsO, § 205 Rn. 4; HambKomm/*Preß*/*Henningsmeier*, InsO, 4. Aufl., § 205 Rn. 5. Auch im Nachtragsverteilungsverfahren gelten §§ 189 ff., 198 InsO, Kreft/*Depré*, InsO, § 205 Rn. 6; Jaeger/*Meller-Hannich*, InsO, § 205 Rn. 3; HambKomm/*Preß*/*Henningsmeier*, InsO, 4. Aufl., § 205 Rn. 5. Allerdings sollte von einer Hinterlegung i.R.d. Nachtragsverteilung nur in Ausnahmefällen Gebrauch gemacht werden, da durch eine Hinterlegung wieder die Grundlage für eine neue Nachtragsverteilung gelegt werden würde, MünchKomm/*Hintzen*, InsO, 3. Aufl., § 205 Rn. 9.

835 FK-InsO/*Kießner*, § 205 Rn. 6; Braun/*Kießner*, InsO, § 205 Rn. 7; NR/*Westphal*, InsO, § 205 Rn. 5.

Können nach Durchführung der Nachtragsverteilung alle im Schlussverzeichnis aufgeführten Forderungen der Insolvenzgläubiger vollständig befriedigt werden und verbleibt darüber hinaus ein Überschuss, so ist dieser Überschuss in Anlehnung an § 199 InsO an den Schuldner auszubezahlen.[836] Dagegen findet eine Aufforderung an nachrangige Insolvenzgläubiger, ihre Forderung anzumelden, nicht statt, da das Nachtragsverteilungsverfahren kein vollständiges Insolvenzverfahren ist.[837]

C. Beendigung der Nachtragsverteilung und Rechnungslegung

Das Nachtragsverteilungsverfahren findet i.d.R. mit der vollständigen Verteilung der im Anordnungsbeschluss genannten Beträge sein Ende. Mit Auszahlung des letzten Anteils ist die Nachtragsverteilung vollzogen.[838]

Nicht geregelt wurde dagegen, ob es in Anlehnung an § 200 InsO auch einer förmlichen Aufhebung bedarf. *Haarmeyer*, *Wutzke* und *Förster* ziehen an dieser Stelle § 200 InsO analog heran und vertreten die Ansicht, dass das Nachtragsverteilungsverfahren analog § 200 InsO mit der Aufhebung der Nachtragsverteilung durch das Insolvenzgericht sein Ende finden würde.[839] Dem ist zuzustimmen. Eine analoge Heranziehung des § 200 InsO ist insofern interessengerecht, als dadurch der Zeitpunkt bestimmt wird, in dem der Verwalter sein Amt niederlegen darf und der Schuldner die Verfügungsbefugnis über solche Nachtragsgegenstände wiedererlangt, die wider Erwarten nicht verwertet werden konnten. Ab diesem Zeitpunkt ist auch wieder eine Einzelzwangsvollstreckung in diese unverwertet gebliebenen Gegenstände möglich. Auch wenn die §§ 203 ff. InsO keine förmliche Aufhebung vorsehen, so sollte das Gericht schon aus Rechtssicherheitsgründen analog § 200 InsO die Anordnung der Nachtragsverteilung durch Beschluss aufheben.[840] Zudem kann auch ein Nachtragsvorbehalt analog § 200 InsO nachträglich aufgehoben werden, wenn sich herausstellen sollte, dass der betroffene Massegegenstand nicht verwertet werden kann.

---

836 So auch *Haarmeyer/Wutzke/Förster*, Handbuch, Kap. 8 Rn. 116, allerdings unter Anwendung des § 203 Abs. 3 InsO.

837 So auch BGH, Beschl. v. 15.7.2010 – IX ZB 229/07, BGHZ 186, 223, 229 Rn. 18.

838 NR/*Westphal*, InsO, § 205 Rn. 9.

839 *Haarmeyer/Wutzke/Förster*, Handbuch, Kap. 8 Rn. 116.

840 Vgl. auch NR/*Westphal*, InsO, § 205 Rn. 9.

Vor der Aufhebung der Nachtragsverteilung hat der Verwalter dem Gericht gem. § 205 S. 2 InsO Rechnung zu legen.[841] Grund für diese Regelung ist, dass die Regelungen der § 159 Halbs. 2 InsO und §§ 160 ff. InsO keine Anwendung finden, da die Gläubigerorgane nach Verfahrensaufhebung nicht mehr bestehen.[842] Doch selbst in Fällen, in denen die Nachtragsverteilung vor Verfahrensbeendigung erfolgt und somit die Gläubigerorgane noch im Amt sind, unterliegt der Verwalter nur der insolvenzgerichtlichen Aufsicht.[843] Die Kontrolle der Gläubiger wird hier durch die Pflicht zur Rechnungslegung gegenüber dem Gericht ersetzt, auf die § 66 Abs. 2 InsO entsprechend anzuwenden ist.[844] Das Insolvenzgericht sollte die Überprüfung der Rechnungsunterlagen des Verwalters mit besonderer Sorgfalt durchzuführen, da es insoweit die Belange der Gläubiger zu beachten hat.[845] Der Verwalter muss dem Gericht vor allem den Vollzug der Nachtragsverteilung nachweisen.[846] Bei längerer Dauer der Nachtragsverteilung kann das Gericht auch Zwischenrechnungen verlangen.[847] Darüber hinaus kann

---

841 Hierbei handelt es sich um eine gesetzliche Rechenschaftspflicht des Verwalters, der er vor Niederlegung seines Amtes nachkommen muss, MünchKomm/*Hintzen*, InsO, 3. Aufl., § 205 Rn. 1.

842 KPB/*Holzer*, InsO, § 205 Rn 8; Uhlenbruck/*Uhlenbruck*, InsO, 13. Aufl., § 205 Rn. 5; Kreft/*Depré*, InsO, § 205 Rn. 5.

843 Uhlenbruck/*Uhlenbruck*, InsO, 13. Aufl., § 205 Rn. 5; BerlKomm/*Breutigam*, InsO, § 205 Rn. 4. Allerdings fehlen hier gesetzliche Regelungen zu den Mitteln der insolvenzgerichtlichen Aufsicht. Denkbar wäre bspw. § 196 Abs. 2 InsO entsprechend anzuwenden, so: LSZ/*Smid*, InsO, § 205 Rn. 3.

844 KPB/*Holzer*, InsO, § 205 Rn. 8; Uhlenbruck/*Uhlenbruck*, InsO, 13. Aufl., § 205 Rn. 5; BerlKomm/*Breutigam*, InsO, § 205 Rn. 4. Dabei dürfte der Inhalt dieser Rechnungslegung jedoch gegenüber der Schlussrechnungslegung gem. § 196 InsO eingeschränkt sein, vgl. dazu Uhlenbruck/*Uhlenbruck*, InsO, 13. Aufl., § 205 Rn. 5; BerlKomm/*Breutigam*, InsO, § 205 Rn. 4. Allerdings gehört zur Rechnungslegung auch die Vorlage eines Tätigkeitsberichts des Verwalters, ein Bericht über die Ermittlung und Verwertung der zugeflossenen Beträge, der Kosten der Verwertung und die Art der Verteilung mit Quotenbestimmung, vgl. KPB/*Holzer*, InsO, § 205 Rn. 9; Braun/*Kießner*, InsO, § 205 Rn. 8; *Hess*, InsO, § 205 Rn. 8 f.; MünchKomm/*Hintzen*, InsO, 3. Aufl., § 205 Rn. 10; HambKomm/*Preß*/*Henningsmeier*, InsO, 4. Aufl., § 205 Rn. 7.

845 NR/*Westphal*, InsO, § 205 Rn. 7; MünchKomm/*Hintzen*, InsO, 3. Aufl., § 205 Rn. 10; Jaeger/*Meller-Hannich*, InsO, § 205 Rn. 7; Uhlenbruck/*Uhlenbruck*, InsO, 13. Aufl., § 205 Rn. 5; *Haarmeyer*/*Wutzke*/*Förster*, Handbuch, Kap. 8 Rn. 116.

846 Dabei genügt allein die Vorlage von Ablichtungen von Überweisungsträgern nicht, da aus diesen Ablichtung nicht zu entnehmen ist, ob die Überweisungen ausgeführt wurden, BGH, Beschl. v. 4.7.2013 – IX ZB 44/11, ZInsO 2013, 1635, 1636 Rn. 7.

847 HWF/*Förster*, InsO, 2. Aufl., § 205 Rn. 8.

das Gericht nach § 58 Abs. 2 InsO auch ein Zwangsgeld gegen den Verwalter festsetzen, sofern dieser längere Zeit untätig geblieben ist und die Nachtragsverteilung nicht vollzieht; dabei gehört zum „Vollzug“ nicht nur die Durchführung nach § 205 S. 1 InsO, sondern auch die Rechnungslegung nach § 205 S. 2 InsO.[848]

D. Haftung des Insolvenzverwalters

Auch i.R.d. Nachtragsverteilung gilt § 60 InsO.[849] Pflichtverletzungen bei der Nachtragsverteilung, beispielsweise durch Nichtberücksichtigung angemeldeter Forderungen oder pflichtwidrige Handlungen i.R.d. nachträglichen Verwertung, können somit eine Haftung nach den allgemeinen Regeln der §§ 60 – 62 InsO begründen.[850] Der Verwalter ist daher auch i.R.d. Nachtragsverteilung zu einer ordnungsgemäßen Verwaltung und Verwertung angehalten, auch wenn er „nur“ noch der insolvenzgerichtlichen Aufsicht untersteht. Sollte einem Gläubiger ein Schaden entstanden sein, so verjähren etwaige Schadensersatzansprüche nach § 62 S. 1 InsO i.V.m. § 195 BGB in drei Jahren von dem Zeitpunkt an, in dem der Geschädigte von dem Schaden und dem schadensbegründenden Ereignis Kenntnis erlangt, spätestens jedoch in drei Jahren ab Vollzug der Nachtragsverteilung gem. § 62 S. 3 i.V.m. § 62 S. 2 InsO. Auf die förmliche Aufhebung der Nachtragsverteilung, die zwar nicht vorgeschrieben, dennoch empfehlenswert ist, kommt es demgegenüber nicht an.[851]

848 BGH, Beschl. v. 4.7.2013 – IX ZB 44/11, ZInsO 2013, 1635, 1636 Rn. 7.

849 Uhlenbruck/*Uhlenbruck*, InsO, 13. Aufl. § 205 Rn. 8; NR/*Westphal*, InsO, § 205 Rn. 9; Jaeger/*Meller-Hannich*, InsO, § 205 Rn. 6; Braun/*Kießner*, InsO, § 205 Rn. 9.

850 Jaeger/*Meller-Hannich*, InsO, § 205 Rn. 6; Uhlenbruck/*Uhlenbruck*, InsO, 13. Aufl., § 205 Rn. 8.

851 NR/*Westphal*, InsO, § 205 Rn. 9.

Teil 8. Nachtragsverteilung bei Verfahrenseinstellung

Die Notwendigkeit einer späteren Nachtragsverteilung kann sich in der Praxis nicht nur nach Durchführung der Schlussverteilung und Aufhebung ergeben, sondern auch in den Fällen der §§ 207 ff. InsO; mithin nach einer vorherigen Verfahrenseinstellung. Insbesondere in Fällen einer Verfahrenseinstellung wegen Massearmut im weiteren Sinne kommt es häufig vor, dass nach der Einstellung Gegenstände an die Masse zurückfließen oder nachträglich ermittelt werden[852]. Im Folgenden geht es mithin um die Frage, ob solche Vermögenswerte ebenfalls im Rahmen einer späteren Nachtragsverteilung nachträglich verteilt werden können.

A. Nachtragsverteilung bei Einstellung gem. §§ 212, 213 InsO?

Die Insolvenzordnung ordnet mit den §§ 212, 213 InsO besondere Einstellungsgründe im Falle eines Massereichtums bzw. im Falle einer Zustimmung aller Gläubiger an. Nur teilweise findet man in der Kommentarliteratur in diesem Zusammenhang den Hinweis, dass eine Nachtragsverteilung in beiden Fällen von vornherein ausscheide.[853] Dem ist uneingeschränkt zuzustimmen.

In den Fällen des § 213 InsO erfolgt eine Einstellung bei Zustimmung aller Gläubiger.[854] Es würde hier doch in der Tat merkwürdig anmuten, wenn die Gläubiger zwar ihre Zustimmung zu einer Einstellung des Verfahrens erteilen, sie aber im Nachhinein die Durchführung einer Nachtragsverteilung beantragen könnten. Stimmen alle Gläubiger einer Verfahrenseinstellung zu, dann ist der Zweck des Insolvenzverfahrens – die gleichmäßige Gläubigerbefriedigung zu gewähren – anderweitig erreicht[855] und muss/darf auch nicht im Wege der Nachtragsverteilung neu aufgerollt werden.

---

852 KPB/*Holzer*, InsO, § 203 Rn. 27.

853 Vgl. HambKomm/*Preß*/*Henningsmeier*, InsO, § 203 Rn. 5a und Rn. 18; *Lissner*, InsbürO 2013, 355, 357. Vgl. auch MünchKomm/*Hintzen*, InsO, 3. Aufl., § 203 Rn. 29: Die Einstellungsmöglichkeiten nach §§ 212, 213 InsO seien hier nicht weiter relevant.

854 Vgl. näher zu § 213 InsO: LSZ/*Smid*, InsO, § 213 Rn. 1 ff.; *Haarmeyer*/*Wutzke*/*Förster*, Handbuch, Kap. 8 Rn. 153 ff.; FK-InsO/*Kießner*, § 213 Rn. 1 ff.

855 LSZ/*Smid*, InsO, § 213 Rn. 1.

Auch bei einer Einstellung gem. § 212 InsO kommt eine spätere Nachtragsverteilung nicht in Betracht. Die Regelung des § 212 InsO gibt dem Schuldner die Möglichkeit, bei Fehlen oder Wegfall des Eröffnungsgrundes die Einstellung des Verfahrens zu verlangen. Dieser Einstellungsgrund hat den Hintergrund, dass die schwerwiegenden Eingriffe, die eine Verfahrenseröffnung für die Verfügungsfreiheit des Schuldners über sein Vermögen mit sich bringen, nicht mehr zu rechtfertigen sind, wenn feststeht, dass eine Insolvenz nicht bzw. nicht mehr besteht.[856] Auch eine spätere Nachtragsverteilung mit ihrer beschränkten Beschlagnahmewirkung ist nicht zu rechtfertigen, wenn die Insolvenz des Schuldners nicht mehr besteht. Bei Solvenz des Schuldners sind die Gläubiger auch nicht auf anteilige und gleichmäßige Gläubigerbefriedigung im Wege der Nachtragsverteilung angewiesen, sodass einem entsprechenden Gläubigerantrag das Rechtsschutzbedürfnis fehlt.[857] Dies hat auch der BGH in seiner Entscheidung vom 15.7.2010 bestätigt.[858] Der Senat geht aber noch darüber hinaus, indem er ausführt, dass eine Nachtragsverteilung auch dann nicht in Betracht komme, wenn der Schuldner erst nach Verfahrensaufhebung glaubhaft macht, dass das Verfahren nicht hätte aufgehoben, sondern vielmehr nach § 212 InsO hätte eingestellt werden müssen. Dem ist zuzustimmen. Besteht eine derartige Solvenz des Schuldners, dass dieser grundsätzlich eine Einstellung nach § 212 InsO hätte verlangen können, so besteht für eine Nachtragsverteilung auch dann kein Bedürfnis, wenn das Verfahren ordentlich aufgehoben wurde. Die Gläubiger sind bei einer derartigen Solvenz des Schuldners ebenfalls nicht auf eine (anteilige) gleichmäßige Befriedigung im Wege der Nachtragsverteilung angewiesen, sondern können vielmehr im Wege der Einzelzwangsvollstreckung gegen den Schuldner vorgehen. Besonderheiten bestehen allerdings im Falle einer vom Schuldner beantragten und vom Gericht bereits angekündigten Restschuldbefreiung, da hier Einzelzwangsvollstreckungen der Gläubiger gem. § 294 Abs. 1 InsO unzulässig sind und sie eine weitergehende Befriedigung nur im Wege der Nachtragsverteilung erlangen können.[859] In diesem Zusammenhang führt der BGH aus, dass in einer nachträglichen Berufung des Schuldners auf § 212 InsO

---

856 FK-InsO/*Kießner*, § 212 Rn. 4; LSZ/*Smid*, InsO, § 212 Rn. 1.

857 Vgl. auch *Würdiger/Hofmann*, WuB 2010, 700, 702; *Smid*, DZWIR 2011, 45, 50.

858 BGH, Beschl. v. 15.7.2010 – IX ZB 229/07, BGHZ 186, 223, 228 Rn. 14: In der Regel scheide eine Nachtragsverteilung bei einer Einstellung gem. § 212 InsO aus, da ein Bedürfnis nach insolvenzmäßiger Gläubigerbefriedigung entfallen sei. Der Sachverhalt dieser Entscheidung wurde bereits im Kapitel Teil 2., C. ausführlich dargestellt. Vgl. auch KPB/*Holzer*, InsO, § 203 Rn. 6.

859 BGH, Beschl. v. 15.7.2010 – IX ZB 229/07, BGHZ 186, 223, 228 Rn. 15.

eine Rücknahme seines Antrags auf Erteilung der Restschuldbefreiung zu sehen sei. Auch dies verdient uneingeschränkt Zustimmung, da bei Rückerlangung der Zahlungsfähigkeit des Schuldners die soziale Rechtfertigung der Schuldbefreiung nicht mehr eingreifen kann[860] und die wiederhergestellte Zahlungsfähigkeit einer Restschuldbefreiung entgegensteht[861]. Wehrt sich der Schuldner somit nachträglich gegen eine angeordnete Nachtragsverteilung mit einer Berufung auf § 212 InsO, so stellt dies eine Rücknahme seines Antrags auf Restschuldbefreiung dar, mit der Folge des Wegfalls der Vollstreckungssperre des § 294 Abs. 1 InsO.[862] Anderenfalls wäre den Gläubigern ein Zugriff auf die noch während des laufenden Verfahrens erlangten Vermögenswerte nämlich weder i.R.d. Nachtragsverteilung (wegen § 212 InsO) noch i.R.d. Restschuldbefreiungsverfahrens (wegen § 294 InsO) möglich und der Schuldner würde ungerechtfertigt bevorteilt. Der Schuldner kann sich somit entscheiden, ob er sich gegen die angeordnete Nachtragsverteilung mit einer Berufung auf § 212 InsO verteidigen will und damit konkludent seinen Antrag auf Restschuldbefreiung zurück nimmt oder ob er es bei der beantragten Restschuldbefreiung belässt, sodass die Vermögenswerte vollständig im Wege der Nachtragsverteilung an die Gläubiger verteilt werden können.[863]

B. Nachtragsverteilung bei Einstellung gem. § 211 Abs. 1 InsO

Als eine Errungenschaft der InsO wird die deutliche Trennung zwischen der fehlenden Massekostendeckung, die zu einer zeitnahen Einstellung führt (heute § 207 InsO), und der Masseunzulänglichkeit im weiteren Sinne gesehen.[864]

Sind zwar die Verfahrenskosten gem. § 54 InsO, nicht aber auch alle sonstigen Masseverbindlichkeiten[865] gedeckt oder droht eine solche Unterdeckung zum

---

860 Ebd.

861 K. Schmidt/*Henning*, InsO, § 287 Rn. 20.

862 Ebenso *Würdiger/Hofmann*, WuB 2010, 700, 702; *Kießner*, FD-InsR 2010, 307916.

863 Vgl. BGH, Beschl. v. 15.7.2010 – IX ZB 229/07, BGHZ 186, 223, 229 Rn. 16; *Würdiger/Hofmann*, WuB 2010, 700, 702. Da das Beschwerdegericht in der zugrundeliegenden Entscheidung nicht ermittelt hat, wie sich der Schuldner entscheidet und auch die Bereitschaft des Schuldners zur hälftigen Wertherausgabe gem. § 295 Abs. 1 Nr. 2 InsO nicht den eindeutigen Schluss zuließ, dass dieser das Restschuldbefreiungsverfahren weiterlaufen lassen wollte, musste der BGH die Sache zurückverweisen.

864 Mohrbutter/Ringstmeier/*Pape*, § 12 Rn. 65.

865 Unter den „sonstigen Masseverbindlichkeiten" fallen die in § 55 InsO bezeichneten Verbindlichkeiten, Unterhaltszahlungen nach §§ 100, 101 Abs. 1 S. 3 InsO und im

jeweiligen Fälligkeitszeitpunkt, so erfolgt nach § 208 Abs. 1 InsO die Anzeige der Masseunzulänglichkeit durch den Insolvenzverwalter. Vielfach wird hier von einem „Konkurs im Konkurs“ oder heute von einer „Insolvenz in der Insolvenz“ gesprochen, da die Massegläubiger sich einer zur Deckung ihrer Forderungen insuffizienten Masse gegenübersehen.[866] Nach Anzeige der Masseunzulänglich erfolgt jedoch keine sofortige Einstellung des Verfahrens; § 208 Abs. 3 InsO ordnet vielmehr an, dass die Pflicht des Verwalters zur Verwaltung und Verwertung der Insolvenzmasse fortbesteht.[867] Er hat die Masse sodann nach der Rangordnung des § 209 InsO zu verteilen. Erst nach Verwertung und Verteilung der Masse erfolgt eine Einstellung des Verfahrens durch Beschluss und ohne Ermessen des Gerichts.[868]

Wie eingangs bereits erwähnt, kann sich in der Praxis auch nach einer Einstellung wegen Masseunzulänglichkeit ein Bedürfnis für eine spätere Nachtragsverteilung ergeben. Während die Frage der Zulässigkeit der Nachtragsverteilung nach einer Verfahrenseinstellung in der KO noch höchst umstritten war[869], wollte

---

Nachlassinsolvenzverfahren die in § 324 InsO genannten Verbindlichkeiten. Dagegen fallen Ansprüche aus Sozialplänen gem. § 123 InsO nicht hierunter, vgl. HambKomm/*Weitzmann*, InsO, 4. Aufl., § 208 Rn. 2; FK-InsO/*Kießner*, § 208 Rn. 8; *Smid/Lambrecht*, S. 140; *Pape*, KTS 1995, 189, 195.

866 LSZ/*Smid*, InsO, § 208 Rn. 1; *Smid/Lambrecht*, S. 137; Uhlenbruck/*Ries*, InsO, 13. Aufl., § 208 Rn. 1; MünchKomm/*Hefermehl*, InsO, 3. Aufl., § 208 Rn. 3; NR/*Westphal*, InsO, § 208 Rn. 14; *Keller*, Rpfleger 2008, 1, 2; *Roth*, FS Gaul, S. 573, 574.

867 LSZ/*Smid*, InsO § 208 Rn. 17; *Smid*, WM 1998, 1313, 1318. Ausführlich zur Verwaltungs- und Verwertungspflicht: Jaeger/*Windel*, InsO, § 208 Rn. 65 ff. und *Kröpelin*, Rn. 203 ff., insbesondere zu einer Anwendung des § 160 InsO. Die Aufrechterhaltung der Pflichten ist dem Verwalter auch zumutbar, da diesem zumindest eine Minimalvergütung i.R.d. Verfahrenskosten gesichert ist und diese vorrangig befriedigt wird, §§ 209 Abs. 1 Nr. 1, 54 InsO, vgl. FK-InsO/*Kießner*, § 211 Rn. 2; MünchKomm/*Hefermehl*, InsO, 3. Aufl., § 208 Rn. 43; Uhlenbruck/*Ries*, InsO, 13. Aufl., § 208 Rn. 19; BerlKomm/*Breutigam*, InsO, § 208 Rn. 23. Dies gilt auch, wenn die Verfahrenskosten nach § 4 a Abs. 1 InsO gestundet wurden; vgl. BGH, Beschl. v. 19.11.2009 – IX ZB 261/08, NZI 2010, 188, 189; Uhlenbruck/*Ries*, InsO, 13. Aufl., § 209 Rn. 2; Jaeger/*Windel*, InsO, § 209 Rn. 32; *Kübler*, Kölner Schrift, Kap. 18 Rn. 36. Anders dagegen: Kreft/*Landfermann*, InsO, § 209 Rn. 6; Braun/*Kießner*, InsO, § 209 Rn. 8 ff.

868 Uhlenbruck/*Ries*, InsO, 13. Aufl., § 211 Rn. 2; LSZ/*Smid*, InsO, § 208 Rn. 24 und § 211 Rn. 1.

869 Dafür: LG Oldenburg, Beschl. v. 25.9.1991 – 6 T 495/91, ZIP 1992, 200, *Pape*, EWiR 1992, 177, 178; *Pape*, ZIP 1992, 747, 750; *Pape*, KTS 1995, 189, 219. Dagegen: *Uhlenbruck*, ZIP 1993, 241, 244; Jaeger/*Weber*, KO, Einl. § 166; *Kuhn/Uhlenbruck*, KO, § 166 Rn. 7a; i.E. wohl auch *Heilmann*, KTS 1982, 181 184.

der Gesetzgeber diesem abhelfen, indem er die Vorschriften der Nachtragsverteilung durch § 324 Abs. 3 RegE-InsO (heute § 211 Abs. 3 InsO) für entsprechend anwendbar erklären wollte.[870] Ob diese gesetzliche Regelung jedoch gelungen ist, wird im Folgenden untersucht. Vorwegzunehmen ist allerdings, dass die Nachtragsverteilung hier den Zweck erfüllt, selbst bei Masseunzulänglichkeit eine vollständige Verwertung des schuldnerischen Vermögens zu ermöglichen.[871] Die Regelung des § 211 Abs. 3 InsO stellt insoweit die logische Ergänzung zu § 208 Abs. 3 InsO dar, der den Verwalter auch nach angezeigter Masseunzulänglichkeit zur Verwaltung und Verwertung der Masse verpflichtet[872].

I. Die Regelung des § 211 Abs. 3 InsO

Nach § 211 Abs. 3 InsO ist eine Nachtragsverteilung zulässig, wenn nach der Einstellung des Verfahrens Gegenstände der Insolvenzmasse ermittelt werden.

Bereits nach dem Wortlaut nimmt diese Regelung damit ersichtlich auf § 203 Abs. 1 Nr. 3 InsO Bezug[873], sodass die oben genannten Fallbeispiele zu § 203 Abs. 1 Nr. 3 InsO auch hier unproblematisch Geltung beanspruchen. Dies gilt auch für nachträglich ermittelte Anfechtungsansprüche, da der Verwalter nach zutreffender Ansicht auch im masseunzulänglichen Verfahren das Recht und ggf. auch die Pflicht hat, Anfechtungsansprüche geltend zu machen, selbst wenn der jeweilige Erlös nur den Massegläubigern zugutekommt[874].

---

870 Begr. zu § 324 RegE-InsO, BT-Drs. 12/2443, S. 221.

871 MünchKomm/*Hefermehl*, InsO, 3. Aufl., § 211 Rn. 18; Kreft/*Landfermann*, InsO, § 211 Rn. 7.

872 *Walther*, S. 264.

873 Vgl. auch BGH, Beschl. v. 21.9.2006 – IX ZB 287/05, ZInsO 2006, 1105 Rn. 5; Jaeger/*Windel*, InsO, § 211 Rn. 5 und Rn. 16; *Walther*, S. 264.

874 Vgl. LG Hamburg, Urt. v. 16.3.2001 – 303 O 310/00, ZIP 2001, 711, 713; OLG Hamburg, Urt. v. 22.3.2002 – 1 U 55/01, ZIP 2002, 1360, 1361; BGH, Urt. v. 19.7.2001 – IX ZR 36/99, WM 2001, 1777, 1780: Nach Anzeige der Masseunzulänglichkeit diene das Verfahren mittelbar den Interessen sämtlicher Gläubiger; die vorrangige Befriedigung der Massegläubiger sei nur als Vorstufe zu einer potentiellen späteren Berücksichtigung auch der Insolvenzgläubiger gedacht (krit. zu dieser Begr. dagegen *Kröpelin*, Rn. 382); OLG Brandenburg, Urt. v. 30.5.2002 – 8 U 101/01, ZIP 2002, 1698, 1699; *Smid*, Handbuch, § 36 Rn. 25; *Adam*, DZWIR 2011, 485, 491; Braun/*Kießner*, InsO, § 211 Rn. 21 f.; *Grundlach*/*Frenzel*/*Schmidt*, NZI 2004, 184, 186; FK-InsO/*Kießner*, § 211 Rn. 21 f.; *Ahrendt*/*Struck*, ZInsO 2000, 264, 265; *Pape*, ZIP 2001, 901, 903; *Kröpelin*, Rn. 505 ff.; *Kübler*, Kölner Schrift, Kap. 18 Rn. 33; Mohrbutter/Ringstmeier/*Pape*, § 12 Rn. 117 ff. Anders dagegen die eingeschränkte Auffassung, die eine Insolvenzanfechtung nur dann als zulässig ansieht, wenn durch die Geltendmachung des Anfechtungsprozesses

Im Vergleich zu § 203 InsO besteht hier jedoch eine Besonderheit: Der Wortlaut des § 211 Abs. 3 S. 1 InsO knüpft nicht an den Schlusstermin, sondern an die Verfahrenseinstellung an. Dies ist insofern konsequent, als im masseunzulänglichen Verfahren i.d.R. kein Schlusstermin durchgeführt wird[875], sodass dieser auch nicht als Anknüpfungspunkt für eine Nachtragsverteilung in

---

die Masseunzulänglichkeit beseitigt werde. Führe die Geltendmachung dagegen nicht zu einer Beseitigung der Masseunzulänglichkeit, so sei die Insolvenzanfechtung unzulässig; vgl. *Dinstühler*, ZIP 1998, 1697, 1705; *Schmidt*, NZI 1999, 442, 443; Bork/Koschmieder/*Nissen*, Rn. 11.40; OLG Dresden, Beschl. v. 21.1.2001 – 13 W 1650/00, NZI 2001, 259, 260 (noch zu § 10 GesO). Noch strenger anscheinend: LG Stralsund, Urt. v. 15.2.2001 – 6 O 342/99, ZIP 2001, 936, 940. Die zuletzt genannten Ansichten überzeugen jedoch nicht. Zwar spricht § 129 InsO lediglich von der Benachteiligung der Insolvenzgläubiger. Dennoch ist nicht erkennbar, dass der Gesetzgeber in den Fällen des § 208 InsO den in anfechtbarer Weise weggegebenen Gegenstand nicht zur Masse ziehen wollte. Auch bei Masseunzulänglichkeit ist die vollständige Verwertung des schuldnerischen Vermögens das Ziel, *Ahrendt/Struck*, ZInsO 2000, 264, 265. Darüber hinaus würde man den Anfechtungsgegner im Falle der Masseunzulänglichkeit ohne Zulassung der Insolvenzanfechtung – ohne sachlichen Grund – besser stellen als im Regelverfahren, Mohrbutter/Ringstmeier/*Pape*, § 12 Rn. 119.

875 Ein Schlusstermin wurde im masseunzulänglichen Verfahren nicht gesetzlich normiert und erscheint aufgrund des geänderten Verfahrenszwecks grundsätzlich auch nicht notwendig. Dennoch ist diese Frage in der Literatur höchst umstritten. Überwiegend wird die Anberaumung einer weiteren Gläubigerversammlung und die Durchführung eines Schlusstermins abgelehnt, sodass der Verwalter auch kein Schlussverzeichnis erstellen muss, vgl. Uhlenbruck/*Uhlenbruck*, InsO, 12. Aufl., § 211 Rn. 3; Kreft/*Landfermann*, InsO, § 208 Rn. 22; HambKomm/*Weitzmann*, InsO, 4. Aufl., § 211 Rn. 3; *Keller*, Rpfleger 2008, 1, 4; *Mäusezahl*, ZVI 2003, 617, 619; *Pape/Hauser*, Rn. 318; *Uhlenbruck*, NZI 2001, 408, 410; *Pape*, Gläubigerbeteiligung, Rn. 284. Lediglich im Falle einer beantragten Restschuldbefreiung müsse eine weitere Gläubigerversammlung stattfinden und ein Schlussverzeichnis erstellt werden, vgl. MünchKomm/*Hefermehl*, InsO, 3. Aufl., § 211 Rn. 17; Uhlenbruck/*Ries*, InsO, 13. Aufl., § 208 Rn. 20; HambKomm/*Weitzmann*, InsO, 4. Aufl., § 211 Rn. 3; *Pape/Hauser*, Rn. 321; *Hess*, InsO, § 211 Rn. 13; *Keller*, Rpfleger 2008, 1, 4; *Mäusezahl*, ZVI 2003, 617, 622. Andere nehmen hingegen an, dass das Verfahren wie gewohnt seinen Fortgang nehme, vgl. Graf-Schlicker/*Riedel*, InsO, 3. Aufl., § 208 Rn. 18; *Adam*, DZWIR 2011, 485, 491; Braun/*Kießner*, InsO, § 211 Rn. 9; *Kröpelin*, Rn. 220 und 293; *Walther*, S. 237 f.; *Frege/Keller/Riedel*, Rn. 1786 und Rn. 1790; *Kayser/Heck*, NZI 2005, 65, 69. Differenzierend: Jaeger/*Windel*, InsO, § 211 Rn. 9f.: Das Feststellungsverfahren nehme wie gewohnt seinen Fortgang. Eines Schlusstermins bedürfe es dagegen nur, wenn ein Antrag auf Restschuldbefreiung gestellt wurde. Ebenso anscheinend *Heyn*, InsbürO 2006, 282, 287.

Betracht kommen kann. Alle bis zur Verfahrenseinstellung bekannt gewordenen Vermögenswerte sind daher grundsätzlich noch im eröffneten Verfahren zu verwerten und die Erlöse sind sodann an die Massegläubiger nach der Rangordnung des § 209 InsO zu verteilen.

II. Nachtragsverteilung bei zurückbehaltenen und zurückfließenden Beträgen?

Da § 211 Abs. 3 S. 1 InsO lediglich auf § 203 Abs. 1 Nr. 3 InsO Bezug nimmt, ist fraglich, ob eine Nachtragsverteilung auch bei zurückbehaltenen oder zurückfließenden Beträgen i.S.d. § 203 Abs. 1 Nr. 1 und Nr. 2 InsO in Betracht kommt. Streng nach dem Wortlaut ist diese Frage zu verneinen. Da eine gesetzgeberische Begründung für den fehlenden Bezug zu § 203 Abs. 1 Nr. 1 und 2 InsO fehlt, verwundert es an dieser Stelle nicht, dass diese Frage in der Literatur nicht einheitlich beantwortet wird.

1. Darstellung des Meinungsstandes

Einige Vertreter in der Literatur orientieren sich streng an dem Wortlaut des § 211 Abs. 3 S. 1 InsO und sehen eine Nachtragsverteilung im masseunzulänglichen Verfahren nur in den Fällen des § 203 Abs. 1 Nr. 3 InsO als zulässig an.[876]

Die überwiegende Ansicht spricht sich dagegen für eine Ausweitung dieser Norm aus. Uneinigkeit besteht dabei jedoch hinsichtlich der Reichweite dieser Ausweitung. Das Meinungsspektrum reicht von einer Analogie zu bestimmten Einzelfällen bis hin zu einer Gesamtanalogie zu § 203 Abs. 1 Nr. 1 und Nr. 2 InsO. So spricht sich beispielsweise *Pape* anscheinend nur für eine Analogie zu § 203 Abs. 1 Nr. 1 InsO aus.[877] Nach *Westphal* ist hingegen nur § 203 Abs. 1 Nr. 2 InsO entsprechend anwendbar, da die Nichterwähnung in § 211 Abs. 3 InsO

---

876 Vgl. Graf-Schlicker/*Castrup*, InsO, 3. Aufl., § 203 Rn. 2; so bereits die Vorauflage: Graf-Schlicker/*Mäusezahl*, InsO, 1. Aufl., § 211 Rn. 8; BerlKomm/*Blersch*, InsO, § 6 InsVV Rn. 11. So wohl auch *Hess*, InsO, § 211 Rn. 15; *Hess*, Sanierungshandbuch, Kap. 34 Rn. 74, der zwar eine extensive Auslegung für den Fall, dass der Verwalter Ansprüche ermittelt hat, die er nach Einstellung weiterverfolgt, befürwortet, darüber hinaus aber die weiteren Fälle des § 203 Abs. 1 InsO nicht erwähnt. I.E. auch *Kluth*, ZInsO, 2000, 177, 183, der zwar auf die missliche Lage der Unanwendbarkeit des § 203 Abs. 1 Nr. 1 InsO hinweist, eine Analogie jedoch aufgrund der vorsätzlichen Nichtregelung durch den Gesetzgeber ablehnt.

877 KPB/*Pape*, InsO, § 211 Rn. 6; der Fall des § 203 Abs. 1 Nr. 2 InsO wird von *Pape* nicht erwähnt.

unbefriedigend sei und nicht Wille des Gesetzgebers sein könne.[878] Eine entsprechende Anwendung des § 203 Abs. 1 Nr. 1 InsO lehnt er dagegen ab.[879] Die Mehrheit in der Literatur hält dagegen sowohl § 203 Abs. 1 Nr. 1 InsO als auch § 203 Abs. 1 Nr. 2 InsO für entsprechend anwendbar.[880] Als Grund wird mehrheitlich angeführt, dass es widersinnig sei, die frei werdenden bzw. zurückfließenden Beträge dem Schuldner zu überlassen.[881] Das praktische Bedürfnis für die Zulässigkeit der Nachtragsverteilung bei frei werdenden oder zurückfließenden Beträgen sei ebenso groß wie in Fällen der Aufhebung des Verfahrens nach § 200 InsO.[882] Zudem sei die Situation nach einer Verfahrenseinstellung weitgehend mit der Situation nach regulärer Aufhebung des Verfahrens gem. § 200 InsO vergleichbar.[883] Dieser Ansicht hat sich nunmehr auch ausdrücklich der BGH in seiner Entscheidung vom 10.10.2013 angeschlossen.[884]

---

878 NR/*Westphal*, InsO, § 211 Rn. 15.

879 Als Grund führt *Westphal* hier an, dass eine Nachtragsverteilung nur bei nachträglich ermittelten, also dem Verwalter unbekannten Gegenständen möglich sei, sodass auch eine Einstellung vor Abschluss anhängiger Prozesse unzulässig sei, NR/*Westphal*, InsO, § 211 Rn. 15. Ebenso *Pape*, ZIP 1992, 747, 750, der annimmt, dass eine Verfahrenseinstellung bei noch anhängigen Anfechtungsprozessen erst nach deren Abschluss erfolgen dürfe. Diese Ansicht ist eine konsequente Fortsetzung des bereits oben diskutierten Problems einer Verfahrensaufhebung vor Abschluss aller Prozesse. Auch hier vertritt *Westphal* die Ansicht, dass eine Aufhebung vor Abschluss dieser Prozesse nicht in Betracht komme, vgl. dazu bereits die Ausführungen im Kapitel Teil 4., B., I., 2., b).

880 Vgl. Jaeger/*Windel*, InsO, § 211 Rn. 17; K. Schmidt/*Jungmann*, InsO, § 211 Rn. 19; Mohrbutter/Ringstmeier/*Pape*, § 12 Rn. 147; Braun/*Kießner*, InsO, § 211 Rn. 19 ff.; FK-InsO/*Kießner*, § 211 Rn. 24; Kreft/*Landfermann*, InsO, § 211 Rn. 8; MünchKomm/*Hefermehl*, InsO, 3. Aufl., § 211 Rn. 19; Uhlenbruck/*Ries*, InsO, 13. Aufl., § 211 Rn. 12; BerlKomm/*Breutigam*, InsO, § 211 Rn. 7; HWF/*Tetzlaff*, InsO, 2. Aufl., § 211 Rn. 8; *Walther*, S. 265; *Kröpelin*, Rn. 311 f.; *Frege/Keller/Riedel*, Rn. 1803. So wohl auch Graf-Schlicker/*Riedel*, InsO, 3. Aufl., § 211 Rn. 15 (die Nichterwähnung der § 203 Abs. 1 Nr. 1 und Nr. 2 InsO sei wohl nicht weiter zu beachten).

881 Vgl. bspw. Jaeger/*Windel*, InsO, § 211 Rn. 17.

882 Kreft/*Landfermann*, InsO, § 211 Rn. 8.

883 Uhlenbruck/*Ries*, InsO, 13. Aufl., § 211 Rn. 12.

884 BGH, Beschl. v. 10.10.2013 – IX ZB 40/13, ZIP 2013, 2320, 2321. Der Inhalt dieser Entscheidung wird ausführlich im nächsten Abschnitt (Teil 8., C., I.) dargestellt. Erneut bestätigt in BGH, Beschl. v. 16.1.2014 – IX ZB 122/12, ZInsO 2014, 340.

2. *Stellungnahme*

Bei der Untersuchung, welche Ansicht vorzugswürdig ist, muss zwischen den Fällen des § 203 Abs. 1 Nr. 1 und Nr. 2 InsO unterschieden werden. Zunächst wird untersucht, ob § 203 Abs. 1 Nr. 1 InsO analog auf die Fälle der Verfahrenseinstellung nach Anzeige der Masseunzulänglichkeit anwendbar ist. Die Antwort auf diese Frage löst zusätzlich das Problem, wie der Verwertungsauftrag des § 208 Abs. 3 InsO zu verstehen ist, ob nämlich zwingend alle Massewerte vor Verfahrenseinstellung verwertet werden müssen oder ob auch hier eine Verfahrenseinstellung unter Vorbehalt der Nachtragsverteilung und Hinterlegung entsprechender (Prozess-) Beträge zulässig ist.

a) Anwendbarkeit des § 203 Abs. 1 Nr. 1 InsO

Auch bei einem masseunzulänglichen Verfahren besteht ein berechtigtes Interesse der Massegläubiger an einem zügigen[885] Abschluss des Verfahrens, da ihre Forderungen nur noch quotal befriedigt werden können. Eine weitere Masseschmälerung durch langwierige Verfahrensdauer sollte daher verhindert werden. Der Verwalter ist zwar nach § 208 Abs. 3 InsO verpflichtet, die vorhandenen Massemittel zu verwerten und zu verteilen. Allerdings kann es auch hier durchaus Fallgestaltungen geben, in denen sich die Realisierung eines Aktivpostens nicht unverzüglich ergibt, sondern ggf. sogar Jahre dauern kann. Zu denken ist an Aktivprozesse für die Masse, namentlich Anfechtungsprozesse, in denen eine rechtskräftige Entscheidung möglicherweise erst in Jahren erwartet werden kann, oder aber auch an schwer liquidierbare Vermögenswerte wie Immobilienvermögen oder frei werdende Einbehalte, die erst nach Ablauf der Gewährleistungsfrist zur Masse gezogen werden können.[886] Hat der Verwalter alle sonstigen Massebestandteile verwertet, steht jedoch noch ein langwieriger Anfechtungsprozess aus, so erscheint es widersinnig, nur auf den Ausgang dieses Prozesses warten zu müssen, damit das Verfahren eingestellt werden kann. Eine Weiterführung des Insolvenzverfahrens verursacht nämlich weitere Masseschulden[887] und belastet

885 Krit. hierzu allerdings: Jaeger/*Windel*, InsO, § 211 Rn. 18.

886 Beispiele aus: Braun/*Kießner*, InsO, § 211 Rn. 19; FK-InsO/*Kießner*, § 211 Rn. 18. Vgl. auch K. Schmidt/*Jungmann*, InsO, § 211 Rn. 15.

887 Insbesondere aus Dauerschuldverhältnissen, z.B. Nutzung der angemieteten betrieblichen Räume. Der Mietzins nach angezeigter Masseunzulänglichkeit stellt hier dann eine Neumasseverbindlichkeit i.S.d. § 209 Abs. 1 Nr. 2 InsO dar; vgl. MünchKomm/*Hefermehl*, InsO, 3. Aufl., § 209 Rn. 33a m.w.N.

sowohl Schuldner als auch Gläubiger[888]. *Kießner* verweist daher an dieser Stelle zu Recht darauf, dass es für derzeit unverwertbare Gegenstände unsinnig wäre, das Verfahren in vollem Umfang weiterzubetreiben, ohne eine Verteilung nach § 209 InsO vornehmen zu können.[889] Auch *Jungmann* führt zutreffend an, dass eine grundsätzliche Pflicht zur vollständigen Masseverteilung ohne Ausnahmen wenig praxistauglich wäre und bei einem solchen Verständnis des § 211 InsO unnötige Verfahrensverzögerungen vorprogrammiert wären.[890] In diesen Fällen entspricht es vielmehr dem Interesse aller Beteiligten, das Verfahren zügig einzustellen und für den Fall, dass aufgrund des Ausgangs des Prozesses bzw. anderer dem Verwalter vorbehaltener Verwertungsmaßnahmen weitere Massemittel zur Verfügung stehen, entsprechende Beträge zu hinterlegen, die Nachtragsverteilung vorzubehalten oder direkt anzuordnen, um so das Verfahren im Übrigen einstellen zu können.[891]

Da die Interessenlage der Gläubiger derjenigen im regulären Verfahren gleicht, verdient die überwiegende Ansicht in der Literatur, der sich nunmehr auch der BGH ausdrücklich angeschlossen hat, Zustimmung. Daraus folgt, dass ein Nachtragsvorbehalt auch bei Masseunzulänglichkeit zulässig ist. Der Vorteil eines Nachtragsvorbehalts ist, dass das Verfahren beendet werden kann, das (gesamte) Vermögen des Schuldners nicht über Gebühr dem Insolvenzbeschlag unterliegt und der Verwalter aufgrund des Vorbehalts auch weiterhin zur Geltendmachung des Anspruchs und Führung des Prozesses befugt ist.[892] Das masseunzulängliche Verfahren kann somit trotz einzelner ausstehender Verwertungsmaßnahmen oder eines noch anhängigen Anfechtungsprozesses eingestellt werden und die betreffenden Vermögenswerte können entsprechend § 203 Abs. 1 Nr. 1 InsO einer späteren Nachtragsverteilung vorbehalten werden.[893] Alternativ kann hier auch eine Nachtragsverteilung bereits bei Verfahrenseinstellung angeordnet werden.

---

888 *Kröpelin*, Rn. 302; *Walther*, S. 232.

889 Braun/*Kießner*, InsO, § 211 Rn. 20.

890 K. Schmidt/*Jungmann*, InsO, § 211 Rn. 14.

891 *Walther*, S. 235; K. Schmidt/*Jungmann*, InsO, § 211 Rn. 16.

892 Vgl. MünchKomm/*Hefermehl*, InsO, 3. Aufl., § 211 Rn. 8; KPB/*Pape*, InsO, § 211 Rn. 6; *Uhlenbruck*, NZI 2001, 408, 409.

893 Vgl. *Kröpelin*, Rn. 304; FK-InsO/*Kießner*, § 211 Rn. 18 ff.; MünchKomm/*Hefermehl*, InsO, 3. Aufl., § 211 Rn. 8; KPB/*Pape*, InsO, § 211 Rn. 5; Uhlenbruck/*Ries*, InsO, 13. Aufl., § 211 Rn. 4 und Rn. 12; BerlKomm/*Breutigam*, InsO, § 211 Rn. 2 und 7; *Uhlenbruck*, NZI 2001, 408, 409; *Haarmeyer/Wutzke/Förster*, Handbuch, Kap. 8 Rn. 175; *Bork*, ZIP 2009, 2077, 2080.

Für eine entsprechende Anwendung des § 203 Abs. 1 Nr. 1 InsO spricht darüber hinaus noch eine weitere Überlegung: Auch bei Masseunzulänglichkeit ergibt sich häufig die Situation, dass einzelne Masseverbindlichkeiten zwischen den Beteiligten streitig sind und ggf. in einem Prozess geklärt werden müssen. Im Regelverfahren kann der streitige Betrag in diesen Fällen nach §§ 189, 198 InsO hinterlegt werden, ohne dass der Ausgang des (Feststellungs-) Prozesses abgewartet werden müsste. Bei einem späteren Freiwerden der hinterlegten Beträge zugunsten der Masse, können diese i.R.d. Nachtragsverteilung verteilt werden. Dies muss auch bei einem masseunzulänglichen Verfahren gelten. Zwar ist streitig, ob entsprechende (Prozess-) Beträge im masseunzulänglichen Verfahren nach § 214 Abs. 3 InsO sicherzustellen[894] oder aber nach §§ 189, 198 InsO[895] zu hinterlegen sind. Dies bedarf jedoch keiner näheren Auseinandersetzung, da unter den Begriff der „zurückbehaltenen Beträge" nach § 203 Abs. 1 Nr. 1 InsO nicht nur nach § 198 InsO hinterlegte, sondern auch sichergestellte Beträge nach § 214 Abs. 3 InsO fallen[896] und somit die entsprechenden Beträge einer späteren Nachtragsverteilung problemlos zugänglich sind. Unterliegt der Massegläubiger später im Prozess, so kann der sichergestellte bzw. hinterlegte Betrag entsprechend § 203 Abs. 1 Nr. 1 InsO im Wege der Nachtragsverteilung verteilt werden.[897] Zudem bleibt in beiden Fällen der Insolvenzbeschlag aufrechterhalten, sodass die Verfügungs- und Prozessführungsbefugnis des Verwalters sichergestellt ist.

Damit ist festzuhalten, dass eine Nachtragsverteilung gem. § 203 Abs. 1 Nr. 1 InsO auch bei Masseunzulänglichkeit zulässig ist. Dies hat zudem das praxistaugliche Ergebnis zur Folge, nicht jegliche (derzeit unverwertbare) Massewerte zwingend vor einer Einstellung verwerten zu müssen, sondern ggf. einer späteren

894 So: Graf-Schlicker/*Riedel*, InsO, 3. Aufl., § 211 Rn. 10; MünchKomm/*Hefermehl*, InsO, 3. Aufl., § 211 Rn. 7; HambKomm/*Weitzmann*, InsO, 4. Aufl., § 211 Rn. 4; FK-InsO/*Kießner*, § 211 Rn. 16.

895 So: KPB/*Pape*, InsO, § 211 Rn. 5; Jaeger/*Windel*, InsO, § 211 Rn. 17; *Kröpelin*, Rn. 303. Einschränkend auch *Walther*, S. 235, der § 189 InsO für streitige Altmasseverbindlichkeiten anwenden und dabei auf die Notwendigkeit der Erhebung einer Feststellungsklage verzichten will. Für Neumasseverbindlichkeiten wendet er dagegen § 214 Abs. 3 InsO an, vgl. *Walther*, S. 232.

896 *Walther*, S. 233. Dennoch ein kurzer Hinweis: Gegen eine entsprechende Anwendung des § 189 InsO spricht, dass dies eine Norm des förmlichen Anmeldeverfahren ist und eine solche Anmeldung für Masseverbindlichkeiten gerade nicht erforderlich ist, Braun/*Kießner*, InsO, § 211 Rn. 15. Dagegen ist der Regelungszweck des § 214 Abs. 3 InsO auch bei einer Verfahrenseinstellung wegen Masseunzulänglichkeit erfüllt, Graf-Schlicker/*Riedel*, InsO, 3. Aufl., § 211 Rn. 10.

897 *Kröpelin*, Rn. 303.

Nachtragsverteilung vorzubehalten. Sollte es sich um noch nicht entscheidungsreife Masseprozesse handeln, so soll an dieser Stelle jedoch nochmals ausdrücklich darauf aufmerksam gemacht werden, dass es auch hier zu weit ginge, den Verwalter für bereits anhängige Prozesse stets auch nach Verfahrenseinstellung als prozessführungsbefugt anzusehen.[898] Es wurde bereits ausführlich dargestellt[899], dass der Verwalter seine Prozessführungsbefugnis nicht automatisch aufgrund der Tatsache eines anhängigen Prozesses bei Verfahrensaufhebung behält, sondern für eine fortdauernde Befugnis vielmehr entweder entsprechende Prozessbeträge hinterlegt werden müssen und der weitere Massezufluss einer Nachtragsverteilung vorbehalten oder aber eine Nachtragsverteilung bereits bei Verfahrensaufhebung angeordnet werden muss. Dies gilt auch im Falle einer Verfahrenseinstellung gem. § 211 InsO. Nur mit dieser Verfahrensweise wird erreicht, dass der Schuldner sein Verwaltungs- und Verfügungsrecht entgegen § 215 Abs. 2 S. 1 InsO nicht zurückerhält und der Verwalter über Verfahrenseinstellung hinaus verfügungsbefugt bleibt.

b) Anwendbarkeit des § 203 Abs. 1 Nr. 2 InsO

Gegen eine entsprechende Anwendung des § 203 Abs. 1 Nr. 2 InsO i.R.d. § 211 Abs. 3 InsO sind keine durchgreifenden Argumente ersichtlich. Eine Verteilung nachträglich zurückfließender Beträge nach einer Einstellung eines masseunzulänglichen Verfahrens nicht zuzulassen erscheint unbefriedigend.[900] Diese Fallkonstellationen sind auch in der Praxis nicht auszuschließen; insbesondere ist an fehlerhafte Auszahlungen des Insolvenzverwalters oder an eine nachträgliche Herabsetzung seiner Vergütung zu denken. Könnten diese Rückflüsse nicht nachträglich verteilt werden, würde die gesetzgeberische Intention der vollständigen Haftungsrealisierung, notfalls mit Hilfe der Nachtragsverteilung, verfehlt werden.[901]

---

898 So aber anscheinend KPB/*Pape*, InsO, § 211 Rn. 7 (erneut unter Verweis auf BGH, Urt. v. 22.2.1973 – VI ZR 165/71, NJW 1973, 1198). Ebenso HWF/*Tetzlaff*, InsO, 2. Aufl., § 211 Rn. 8: „Die Prozessführungsbefugnis bleibt bestehen, wenn die Möglichkeit einer Nachtragsverteilung nach § 211 Abs. 3 in Betracht zu ziehen ist." Ebenso FG Berlin-Brandenburg, Urt. v. 23.5.2007 – 3 K 1407/03 B, EFG, 2007, 1344. Krit. dagegen ebenfalls Uhlenbruck/*Ries*, InsO, 13. Aufl., § 211 Rn. 12.

899 Vgl. dazu die Ausführungen im Abschnitt Teil 6., A., III.

900 NR/*Westphal*, InsO, § 211 Rn. 15; *Kröpelin*, Rn. 311.

901 *Walther*, S. 265; MünchKomm/*Hefermehl*, InsO, 3. Aufl., § 211 Rn. 19.

c) Ergebnis

Insgesamt ist daher festzuhalten, dass der Wortlaut des § 211 Abs. 3 InsO missglückt ist. Über den Wortlaut hinaus ist eine Nachtragsverteilung auch bei zurückbehaltenen und zurückfließenden Beträgen i.S.d. § 203 Abs. 1 Nr. 1 und Nr. 2 InsO zulässig, womit eine vollständige Kongruenz zum regulären Verfahren besteht.

III. Einleitung der Nachtragsverteilung im masseunzulänglichen Verfahren

In Anlehnung an § 203 Abs. 1 InsO sieht § 211 Abs. 3 InsO sowohl die Möglichkeit eines Antrags auf Anordnung der Nachtragsverteilung als auch eine Anordnung von Amts wegen vor.

Antragsberechtigt sind der Insolvenzverwalter und die Massegläubiger, wobei die Regelung des § 211 Abs. 3 InsO nicht zwischen Alt- und Neumassegläubiger unterscheidet. Hinsichtlich der Neumassegläubiger, die nach § 209 Abs. 1 Nr. 2 InsO vor den Altmassegläubigern zu befriedigen sind, ist jedoch zu beachten, dass ihrem Antrag das Rechtsschutzbedürfnis fehlt, wenn sie bereits im eingestellten Verfahren vollständig befriedigt wurden.[902]

Dagegen haben Insolvenzgläubiger kein Antragsrecht. Die fehlende Antragsbefugnis lässt sich damit begründen, dass die Insolvenzgläubiger im Falle der Masseunzulänglichkeit regelmäßig keine quotale Befriedigung erwarten können, da zuerst die Massegläubiger zu befriedigen sind; demnach fehlt ihrem Antrag auch das Rechtschutzbedürfnis.[903] Denkbar ist zwar, dass Insolvenzgläubiger dann ein Interesse an der Durchführung einer Nachtragsverteilung haben, wenn der Wert der aufgefunden Gegenstände die noch ausstehenden Masseverbindlichkeiten übersteigt und somit auch ihre Forderungen (zumindest quotal) befriedigt werden könnten. Doch auch in diesen Fällen ist ihr Antrag i.R.d. § 211 Abs. 3 InsO unzulässig. Allerdings kann der Antrag als Anregung für eine amtswegige Tätigkeit des Gerichts genutzt werden.[904]

902 Vgl. *Walther*, S. 266.

903 NR/*Westphal*, InsO, § 211 Rn. 16; MünchKomm/*Hefermehl*, InsO, 3. Aufl., § 211 Rn. 20.

904 Jaeger/*Windel*, InsO, § 211 Rn. 21; NR/*Westphal*, InsO, § 211 Rn. 16; MünchKomm/*Hefermehl*, InsO, 3. Aufl., § 211 Rn. 20; K. Schmidt/*Jungmann*, InsO, § 211 Rn. 17; *Kröpelin*, Rn. 310. So auch *Walther*, S. 266 f., der jedoch zutreffend darauf aufmerksam macht, dass die Begründung des fehlenden Rechtsschutzbedürfnisses in diesen Fällen versagt. Der Gesetzgeber hätte nach ihm besser daran getan, auch die Insolvenzgläubiger in den Kreis der Antragsberechtigten mit einzubeziehen.

IV. Absehen von der Anordnung, Rechtsmittel und Insolvenzbeschlag

Die Regelung des § 211 Abs. 3 S. 2 InsO enthält eine Verweisung auf § 203 Abs. 3 InsO. Sollte mithin ein Missverhältnis zwischen dem Wert des Gegenstandes und den Kosten des Verfahrens bestehen, so kann das Gericht von der Anordnung absehen, sofern es diese nicht von der Leistung eines Kostenvorschusses, der von dem antragstellenden Massegläubiger oder der Massegläubigergemeinschaft eingefordert werden kann, abhängig macht.[905] Wie im regulären Verfahren hat ein Absehen von der Anordnung wegen Geringfügigkeit im Falle einer vorbehaltenen Nachtragsverteilung die Wirkung einer Freigabe an den Schuldner.[906]

Darüber hinaus ist nach § 211 Abs. 3 S. 2 InsO auch § 204 InsO entsprechend anwendbar. Ein ablehnender Beschluss ist daher dem Antragsteller zuzustellen. Nur diesem steht im Falle der Ablehnung das Rechtsmittel der sofortigen Beschwerde offen, §§ 211 Abs. 3 S. 2 i.V.m. § 204 Abs. 1 InsO. Da der Antrag eines Insolvenzgläubigers unzulässig ist, zieht seine Ablehnung dagegen keine Beschwerdeberechtigung nach sich.[907] Im Falle der Anordnung der Nachtragsverteilung erfolgt die Zustellung an den Verwalter, den Schuldner und ggf. an den antragstellenden Massegläubiger, §§ 211 Abs. 3 S. 2 i.V.m. § 204 Abs. 2 InsO. In diesem Fall steht ausschließlich dem Schuldner das Rechtsmittel der sofortigen Beschwerde offen, §§ 211 Abs. 3 S. 2 i.V.m. 204 Abs. 2 InsO.[908]

Hinsichtlich des Insolvenzbeschlags gelten die obigen Ausführungen zum regulären Verfahren entsprechend. Wurde die Nachtragsverteilung bereits vor oder

---

905 *Walther*, S. 267. Ein Absehen von der Anordnung nach §§ 211 Abs. 3 S. 2, 203 Abs. 3 InsO kommt aber nicht bereits deshalb in Betracht, weil keine Auszahlungen an die Insolvenzgläubiger zu erwarten sind, Graf-Schlicker/*Riedel*, InsO, 3. Aufl., § 211 Rn. 16; *Walther*, S. 269. Diese Handhabung würde dem Zweck des § 211 Abs. 3 InsO widersprechen, der eine nachträgliche Verteilung an Massegläubiger vorsieht.

906 Insofern ist an dieser Stelle *Tetzlaff* und *Weitzmann* mit Nachdruck zu widersprechen. Beide führen an, dass im Falle der Geringfügigkeit eine nachträgliche Erhöhung der Verwaltervergütung und der Auslagenersatzansprüche möglich sei, HWF/*Tetzlaff*, InsO, 2. Aufl., § 211 Rn. 8; HambKomm/*Weitzmann*, InsO, 4. Aufl., § 211 Rn. 5. Eine solche Handhabung findet im Gesetz aber keine Stütze, vgl. dazu bereits die Ausführungen im Kapitel Teil 4., C., I., 3.

907 Jaeger/*Windel*, InsO, § 211 Rn. 22.

908 Krit. dazu allerdings Jaeger/*Windel*, InsO, § 211 Rn. 22: Die hiermit gewährleistete volle Überprüfbarkeit der Entscheidung über die Nachtragsverteilung stehe in eklatantem Widerspruch zum Ausschluss eines Rechtsmittels gegen die Verfahrenseinstellung.

bei Verfahrenseinstellung angeordnet, so erhält der Schuldner entgegen § 215 Abs. 2 S. 1 InsO die Verfügungsmacht nicht zurück, da der Insolvenzbeschlag hinsichtlich dieser Gegenstände aufrechterhalten wird.[909] Selbiges gilt hinsichtlich zurückbehaltener Gegenstände und bei einer vorbehaltenen Nachtragsverteilung bezüglich der vorbehaltenen Vermögenswerte. In diesen Fällen besteht auch das gegenständlich beschränkte Vollstreckungsverbot des § 210 InsO über Verfahrenseinstellung hinaus fort.[910] In den Fällen der § 211 Abs. 3 i.V.m. § 203 Abs. 1 Nr. 2 und Nr. 3 InsO entfällt der Insolvenzbeschlag dagegen zunächst mit Verfahrenseinstellung; zu einer gegenständlich beschränkten Beschlagnahme kommt es auch hier erst durch Anordnung der Nachtragsverteilung.[911]

V. Durchführung der Nachtragsverteilung im masseunzulänglichen Verfahren

Der Vollzug der Nachtragsverteilung richtet sich nach § 205 InsO, den § 211 Abs. 3 S. 2 InsO ebenfalls für entsprechend anwendbar erklärt.

Unabdingbare Voraussetzung für das Tätigwerden des Verwalters ist auch hier, dass die Nachtragsverteilung angeordnet wurde, da der Verwalter selbst bei vorbehaltener Nachtragsverteilung nicht befugt ist, entsprechende Vermögenswerte eigenständig zu verteilen. Falls erforderlich, hat der Verwalter den Gegenstand zu verwerten; anschließend erfolgt die Verteilung an die Massegläubiger.[912] Dass i.R.d. Nachtragsverteilung die Massegläubiger gem. § 53 InsO vorab befriedigt werden, ist unzweifelhaft. Genau genommen dient § 211 Abs. 3 InsO schlechthin der nachträglichen Befriedigung der Massegläubiger. Die Verteilung hat auch bei der Nachtragsverteilung nach der Rangordnung des § 209 Abs. 1 InsO zu erfolgen.[913]

Im Folgenden soll untersucht werden, auf welcher Grundlage eine solche nachträgliche Verteilung an die Massegläubiger erfolgen kann und wie bei einem etwaigen Verteilungsüberschuss zu verfahren ist.

---

909 MünchKomm/*Hefermehl*, InsO, 3. Aufl., § 211 Rn. 21; Jaeger/*Windel*, InsO, § 211 Rn. 23.

910 Jaeger/*Windel*, InsO, § 211 Rn. 23.

911 Jaeger/*Windel*, InsO, § 211 Rn. 23; *Roth*, FS Gaul, S. 573, 579.

912 Jaeger/*Windel*, InsO, § 211 Rn. 24.

913 Graf-Schlicker/*Riedel*, InsO, 3. Aufl., § 211 Rn. 16; Braun/*Kießner*, InsO, § 211 Rn. 28; *Kröpelin*, Rn. 293 m.w.N. und Rn. 313; Uhlenbruck/*Ries*, InsO, 13. Aufl., § 211 Rn. 3a; MünchKomm/*Hefermehl*, InsO, 3. Aufl., § 211 Rn. 22. Vgl. auch *Heyn*, InsbürO 2006, 282, 288.

1. *Grundlage für die Verteilung an die Massegläubiger*

Die in § 211 Abs. 3 S. 2 InsO enthaltene Verweisung auf § 205 InsO erweist sich bereits bei erstem Hinsehen als problematisch, da § 205 S. 1 InsO anordnet, dass die Verteilung „auf Grund des Schlussverzeichnisses" zu erfolgen hat. Über Masseforderungen wird allerdings nach zutreffender Ansicht mangels Anwendbarkeit der §§ 187 ff. InsO kein insolvenzspezifisches Schlussverzeichnis erstellt.[914] Zudem werden Masseforderungen auch nicht mit in das Schlussverzeichnis nach §§ 188, 197 InsO aufgenommen, da diese nicht an der Verteilung nach §§ 174 ff. InsO teilnehmen, sondern vorab zu befriedigen sind. Aus der Verweisung des § 211 Abs. 3 S. 2 InsO folgt auch nicht, dass der Gesetzgeber den Verwalter in diesen Fällen als verpflichtet ansieht, ein Schlussverzeichnis zu erstellen, das es so im masseunzulänglichen Verfahren nicht gibt.[915] Die Verweisung des § 211 Abs. 3 S. 2 InsO auf § 205 S. 1 InsO wird daher zu Recht kritisiert.[916]

Bei näherer Betrachtung handelt es sich bei der Verweisung des § 211 Abs. 3 S. 2 InsO jedoch nur um ein Scheinproblem. In der Praxis wird der Verwalter nämlich regelmäßig – schon um einer persönlichen Haftungsinanspruchnahme nach § 60 InsO zu entgehen – bereits im masseunzulänglichen Verfahren Verteilungslisten erstellen oder ein Masseschuldenbuch führen, um die Mittelverteilung hinreichend dokumentieren zu können.[917] Bei diesen Listen (oder „Massetabellen") handelt es

---

914 Vgl. *Kluth*, ZInsO 2000, 177, 182; *Pape/Hauser*, Rn. 414; MünchKomm/*Hefermehl*, InsO, 3. Aufl., § 211 Rn. 5; Jaeger/*Windel*, InsO, § 208 Rn. 45; *Kröpelin*, Rn. 284; *Walther*, S. 229; *Adam*, DZWIR 2011, 485, 486. Anders dagegen: Uhlenbruck/*Ries*, InsO, 13. Aufl., § 211 Rn. 2; BerlKomm/*Breutigam*, InsO, § 209 Rn. 6. So auch noch *Smid*, WM 1998, 1313, 1321. Diese Ansicht dürfte *Smid* inzwischen aufgegeben haben, vgl. *Smid/Lambrecht*, S. 142.

915 *Walther*, S. 269.

916 Vgl. NR/*Westphal*, InsO, § 211 Rn. 18; *Walther*, S. 268; krit. ebenfalls *Kluth*, ZInsO 2000, 177, 183. *Walther*, S. 269 sieht in dem Verweis auf § 205 InsO das „normale" Schlussverzeichnis der Insolvenzgläubiger, das nach seiner Ansicht immer auch im masseunzulänglichen Verfahren zu erstellen sei. So erübrige sich nach seiner Ansicht auch, den Verweis in § 211 Abs. 3 S. 2 InsO in vom Verwalter erstellte Arbeitspapiere umzudeuten. Dieses Schlussverzeichnis sei aber erst dann relevant, wenn alle Masseforderungen voll befriedigt werden könnten.

917 So bereits zur KO: *Heilmann*, KTS 1982, 181, 183; *Weber/Irschlinger/Wirth*, KTS 1979, 133, 142. Zur InsO: Kreft/*Landfermann*, InsO, § 211 Rn. 3; Jaeger/*Windel*, InsO, § 209 Rn. 16; *Pape/Hauser*, Rn. 415; HambKomm/*Weitzmann*, InsO, 4. Aufl., § 211 Rn. 4; MünchKomm/*Hefermehl*, InsO, 3. Aufl., § 211 Rn. 5; NR/*Westphal*, InsO, § 211 Rn. 13 m.w.N.; Mohrbutter/Ringstmeier/*Pape*, § 12 Rn. 145; Bork/Koschmieder/*Nissen*, Rn. 11.42. *Heyn*, InsbürO 2006, 282, 286 und Uhlenbruck/*Ries*, InsO, 13. Aufl., § 211

sich zwar um unverbindliche und nicht (direkt) überprüfbare Arbeitspapiere des Verwalters[918], welche dem Gericht vor Verfahrenseinstellung in der Schlussrechnung des Verwalters mitgeteilt werden, nachdem zuvor die vorhandene Masse anhand dieses Verteilungsverzeichnisses an die Massegläubiger verteilt wurde[919]. Doch auch wenn es sich bei diesen Listen nur um unverbindliche Arbeitspapiere des Verwalters handelt, kann dieser hierauf auch in einem anschließenden Nachtragsverteilungsverfahren zurückgreifen[920], da für Masseforderung kein streng formalisiertes Verfahren nach den §§ 174 ff. InsO vorgesehen ist. Eine solche Aufstellung von eigenen Verteilungslisten ist der Praxis auch insbesondere im Hinblick auf spätere Nachtragsverteilungen oder ein anschließendes Restschuldbefreiungsverfahren[921] zu empfehlen.[922] Dies sollte vor allem dann geschehen, wenn mit einer anschließenden Nachtragsverteilung zu rechnen ist.

Rn. 2 sehen eine solche Verteilungsliste sogar als Pflicht an. Vgl. auch *Smid/Lambrecht*, S. 142.

918 Gottwald/*Klopp/Kluth*, § 74 Rn. 42; FK-InsO/*Kießner*, § 211 Rn. 14; Braun/*Kießner*, InsO, § 211 Rn. 12; *Kluth*, ZInsO 2000, 177, 182; *Kröpelin*, Rn. 289.

919 HambKomm/*Weitzmann*, InsO, 4. Aufl., § 211 Rn. 4; Braun/*Kießner*, InsO, § 211 Rn. 28.

920 *Kröpelin*, Rn. 313; NR/*Westphal*, InsO, § 211 Rn. 18; Uhlenbruck/*Ries*, InsO, 13. Aufl., § 211 Rn. 12; KPB/*Pape*, InsO, § 211 Rn. 17. Ähnlich auch Graf-Schlicker/*Riedel*, InsO, 3. Aufl., § 211 Rn. 16: Die Auszahlung erfolge anhand der Verteilungsliste. Krit. dagegen: Jaeger/*Windel*, InsO, § 211 Rn. 24: Es gebe keine gerichtliche Überprüfbarkeit. Ebenfalls krit. *Kluth*, ZInsO 2000, 177, 183: Dieses unverbindliche Arbeitspapier werde vom Gesetzgeber legitimiert. Bei dieser Kritik wird jedoch übersehen, dass eine solche gerichtliche Kontrolle spätestens in einem vom (vermeintlich oder tatsächlich) unrichtig oder nicht berücksichtigten Massegläubiger gegen den Verwalter angestrengten Haftungsprozess der gerichtlichen Kontrolle unterliegt, NR/*Westphal*, InsO, § 211 Rn. 18 Fn. 2. Der Verwalter wird daher auch ein eigenes Interesse daran haben, die Verteilungsliste richtig und vollständig zu führen.

921 Auch im Restschuldbefreiungsverfahren sind nach zutreffender Ansicht die Massegläubiger vorrangig zu befriedigen (arg. § 53 InsO), vgl. bereits die Begr. Zu § 329 RegE-InsO, BT-Drs. 12/2443, S. 222; ebenso BGH, Beschl. v. 17.3.2005 – IX ZB 214/04, NZI 2005, 399, 401; Kreft/*Landfermann*, InsO, § 289 Rn. 12; FK-InsO/*Ahrens*, § 289 Rn. 31; Graf-Schlicker/*Riedel*, InsO, 3. Aufl., § 211 Rn. 18; Kohte/Ahrens/Grote/Busch/*Ahrens*, InsO, § 289 Rn. 31; Mohrbutter/Ringstmeier/*Pape*, § 12 Rn. 145 und § 17 Rn. 105; *Pape/Hauser*, Rn. 425; *Mäusezahl*, ZVI 2003, 617, 623; *Uhlenbruck*, NZI 2001, 408, 410; *Kröpelin*, Rn. 293; *Walther*, S. 272; *Schmidt*, ZInsO 2003, 9, 14, der den Vorrang der Massegläubiger mit einer Analogie zu §§ 211 Abs. 3, 206 Nr. 3, 209 InsO begründet. Anders dagegen: *Frege/Keller/Riedel*, Rn. 1805; *Adam*, DZWIR 2006, 495, 499.

922 Bork/Koschmieder/*Nissen*, Rn. 11.42; NR/*Westphal*, InsO, § 211 Rn. 13; *Kröpelin*, Rn. 292; vgl. auch *Keller*, Rpfleger 2008, 1, 5.

2. *Überschuss bei der Verteilung*

Können alle Masseforderung i.R.d. Nachtragsverteilung befriedigt werden und ergibt sich darüber hinaus ein Überschuss, so ist fraglich, ob dieser an den Schuldner herauszugeben oder aber an die Insolvenzgläubiger zu verteilen ist.

Nach *Mäusezahl* ist der Überschuss in diesen Fällen immer an den Schuldner auszukehren.[923] Hinsichtlich des überschießenden Betrages könne jedoch ein neuer Insolvenzantrag gestellt werden.

Dem kann in dieser Allgemeinheit nicht gefolgt werden. Primäres Ziel nach Anzeige der Masseunzulänglichkeit ist zwar die volle Befriedigung der Massegläubiger und dieses Ziel wurde – mithilfe der Nachtragsverteilung – auch erreicht. Es ist aber kein Grund ersichtlich, warum der überschießende Betrag oder Gegenstand nun stets dem Schuldner gebühren sollte. Zudem fehlt in den §§ 208 ff. InsO eine dem § 199 InsO entsprechende Vorschrift, sodass vielmehr auf das in § 1 S. 1 InsO festgeschriebene Verfahrensziel der gemeinschaftlichen, bestenfalls vollständigen, Befriedigung der Gläubiger zurückzugreifen ist. Die von *Mäusezahl* vorgeschlagene Lösung, in diesen Fällen einen neuen Insolvenzantrag zu stellen, erscheint gegenüber einer Verteilung im Nachtragsverteilungsverfahren zu umständlich und auch nicht immer notwendig.

Aus diesem Grund vertritt die überwiegende Literatur die Ansicht, dass ein vorhandener Überschuss nicht an den Schuldner auszukehren, sondern vielmehr an die Insolvenzgläubiger zu verteilen sei.[924] Aber auch dieser Ansicht kann nicht in jedem Fall gefolgt werden. Problematisch ist hier nämlich die Frage, auf welcher Grundlage eine Verteilung an die Insolvenzgläubiger erfolgen soll, da im masseunzulänglichen Verfahren i.d.R. kein Schlusstermin stattfindet und auch kein Schlussverzeichnis erstellt wird.[925] Um diesem Problem

---

923 *Mäusezahl*, ZVI 2003, 617, 622.

924 Vgl. Jaeger/*Windel*, InsO, § 211 Rn. 24; Uhlenbruck/*Ries*, InsO, 13. Aufl., § 211 Rn. 3a; KPB/*Pape*, InsO, § 211 Rn. 16; BerlKomm/*Breutigam*, InsO, § 211 Rn. 10; *Landfermann*, KTS 1989, 763, 785; *Kröpelin*, Rn. 313.

925 Dies ist auch interessengerecht, da sich der Zweck des Verfahrens nach Anzeige der Masseunzulänglichkeit von einer gleichmäßigen Befriedigung der Insolvenzgläubiger in eine ausschließliche Befriedigung der Massegläubiger wandelt, MünchKomm/*Hefermehl*, InsO, 3. Aufl., § 208 Rn. 14 und § 211 Rn. 1; *Pape/Hauser*, Rn. 359. Da die Insolvenzgläubiger bei Fortbestehen der Masseunzulänglichkeit vollständig ausfallen, *Keller*, Rpfleger 2008, 1, 2; *Kayser/Heck*, NZI 2005, 65, ist es hier nicht gerechtfertigt, das Verfahren durch Forderungsanmeldung und -prüfung unnötig in die Länge zu ziehen. Anders dagegen anscheinend FK-InsO/*Kießner*, § 211 Rn. 25, nach dem in jedem Fall das Anmelde- und Prüfungsverfahren durchzuführen sei.

zu entgehen, wird daher teilweise dahingehend argumentiert, dass der Verwalter in Fällen, in denen ein solches Schlussverzeichnis noch nicht erstellt wurde, ein solches nachträglich erstellen müsse.[926] Hier bedürfe es dann entgegen § 197 InsO keines Schlusstermins zur Prüfung, sondern es genüge, wenn der Verwalter gegenüber dem Insolvenzgericht über die Nachtragsverteilung Rechnung legt.[927] Dem kann jedoch ebenfalls nicht gefolgt werden. Ein solches Verzeichnis ohne geordnete Anmeldung und Überprüfung würde nämlich nur ein unverbindliches und nicht überprüfbares Arbeitspapier des Verwalters darstellen, zu dem sich die Gläubiger unter Wahrung ihrer verfahrensmäßigen Beteiligungsrechte nicht äußern konnten[928]. Auf ein solches Arbeitspapier kann zwar bei der Verteilung an Masseforderungen zurückgegriffen werden, da hier die §§ 174 ff. InsO keine Anwendung finden. Der Verteilung an die Insolvenzgläubiger liegen aber nach der gesetzlichen Konzeption der §§ 174 ff. InsO andere Grundsätze zugrunde. Die §§ 174 ff. InsO zeigen deutlich, dass eine Verteilung an die Insolvenzgläubiger erst nach Durchführung eines förmlichen (Feststellungs-) Verfahrens und aufgrund eines geprüften Schlussverzeichnisses erfolgen soll. Um die Beteiligungsrechte der Insolvenzgläubiger sicherzustellen, muss dies auch i.R.d. Nachtragsverteilung bei einer vorherigen Masseunzulänglichkeit beachtet werden. Eine den §§ 174 ff. InsO entsprechende Forderungsanmeldung und -prüfung kann auch nicht im Nachtragsverfahren stattfinden, da dieses kein vollständiges Insolvenzverfahren ist, sondern nur auf eine nachträgliche Verteilung ausgerichtet ist.

Bei der Frage, ob ein etwaiger Überschuss an die Insolvenzgläubiger zu verteilen oder aber an den Schuldner auszukehren ist, muss daher richtigerweise danach differenziert werden, ob eine Forderungsanmeldung und -prüfung im noch eröffneten Verfahren bereits stattgefunden hat oder nicht. Dies wird häufig davon abhängen, zu welchem Zeitpunkt des Verfahrens die Masseunzulänglichkeit eintritt.[929]

Erfolgt die Anzeige der Masseunzulänglichkeit bereits kurz nach Verfahrenseröffnung, so erscheint es unbillig, das Verfahren in jedem Fall durch Forderungsprüfungen und der Erstellung eines Schlussverzeichnisses[930] weiter unnötig in die

926 So: MünchKomm/*Hefermehl*, InsO, 3. Aufl., § 211 Rn. 22; Jaeger/*Windel*, InsO, § 211 Rn. 25; KPB/*Pape*, InsO, § 211 Rn. 17; BerlKomm/*Breutigam*, InsO, § 211 Rn. 10.

927 Jaeger/*Windel*, InsO, § 211 Rn. 25.

928 Uhlenbruck/*Ries*, InsO, 13. Aufl., § 211 Rn. 3a.

929 Ähnlich auch *Uhlenbruck*, NZI 2001, 408, 410.

930 Eine Ausnahme besteht hier aber im Falle einer beantragten Restschuldbefreiung. Hier ist auch bei Masseunzulänglichkeit nach absolut h.M. immer auch ein

Länge zu ziehen.[931] Der Verwalter ist daher grundsätzlich nicht zur Erstellung eines Schlussverzeichnisses verpflichtet.[932] Mangels vorheriger Forderungsprüfung kann somit auch i.R.d. Nachtragsverteilung keine Verteilung an die Insolvenzgläubiger erfolgen, da eine solche Prüfung nicht innerhalb des Nachtragsverteilungsverfahrens nachgeholt werden kann. Ein vorhandener Überschuss wäre daher in diesen Fällen in der Tat an den Schuldner auszukehren.[933]

Schlussverzeichnis zu erstellen, vgl. nur Braun/*Kießner*, InsO, § 211 Rn. 8; Graf-Schlicker/*Riedel*, InsO, 3. Aufl., § 211 Rn. 3; *Mäusezahl*, ZVI 2003, 617, 622; Mohrbutter/Ringstmeier/*Pape*, § 17 Rn. 103. Dies ist vor allem vor dem Hintergrund des § 302 InsO wichtig. Anders dagegen Kreft/*Landfermann*, InsO, § 289 Rn. 12, der annimmt, dass ein Schlussverzeichnis nur zu erstellen sei, wenn damit zu rechnen ist, dass in der Wohlverhaltensperiode auch Zahlungen an die Insolvenzgläubiger geleistet werden können. Nicht tragbar ist dagegen die Auffassung von *Uhlenbruck*, NZI 2001, 408, 410, der bei fehlendem Schlussverzeichnis dem Schuldner die Erstellung eines Verzeichnisses in der Wohlverhaltensperiode aufträgt. Eine solche Handhabe liefe ersichtlich der Ordnungs- und Befriedigungsfunktion des Insolvenzverfahrens zuwider, vgl. *Kröpelin*, Rn. 217; *Pape/Hauser*, Rn. 321. Darüber hinaus muss bei einem sich anschließenden Restschuldbefreiungsverfahren zumindest eine dem Schlusstermin entsprechende Gläubigerversammlung stattfinden, vgl. LG Kassel, Beschl. v. 12.1.2004 – 3 T 668/03, ZInsO 2004, 160, 161; BGH, Beschl. v. 19.3.2009 – IX ZB 134/08, ZVI 2009, 346: Vor der Ankündigung der Restschuldbefreiung muss eine Anhörung der Insolvenzgläubiger sowie des Insolvenzverwalters bzw. Treuhänders in einer Gläubigerversammlung erfolgen. Möglich ist aber auch eine Anhörung im schriftlichen Verfahren, wenn das Gericht ein solches ausdrücklich durch Beschluss angeordnet hat, BGH, Beschl. v. 20.3.2003 – IX ZB 388/02, ZInsO 2003, 413, 415 mit zust. Anm. *Grote*, ZInsO 2003, 416, 417. Dieser Beschluss basiert noch auf § 312 Abs. 2 InsO a.F. Diese Regelung wurde durch das InsVerfVereinfG aufgehoben. Heute findet sich die wortlautgleiche Regelung in § 5 Abs. 2 InsO.

931 Das Tabellenverfahren kostet darüber hinaus oftmals auch viel Zeit und verursacht weitere Kosten; vgl. Graf-Schlicker/*Mäusezahl*, InsO, 1. Aufl., § 208 Rn. 20; *Mäusezahl*, ZVI 2003, 617, 619. Darüber hinaus fällt bei einer Einstellung vor dem Ende des Prüfungstermins eine geringere Gebühr an, vgl. Anlage 1 zum GKG, Kostenverzeichnis, Nr. 2321, 2322

932 Vgl. MünchKomm/*Hefermehl*, InsO, 3. Aufl., § 211 Rn. 16; *Bähner*, KTS 1991, 347, 359. Bereits in der Begr. zu § 323 RegE-InsO klingt an, dass das Interesse der Insolvenzgläubiger an der Durchführung des Verfahrens weitgehend fortfällt, abgedruckt in: *Uhlenbruck*, Das neue Insolvenzrecht, S. 578.

933 So auch Kreft/*Landfermann*, InsO, § 211 Rn. 7. Den Gläubigern bleibt es hier natürlich unbenommen, ein neues Insolvenzverfahren zu beantragen oder aber im Wege der Einzelzwangsvollstreckung gegen den Schuldner vorzugehen.

Allerdings kann auch dieses Ergebnis nicht immer überzeugen, insbesondere dann nicht, wenn es sich um besonders wertvolle Vermögenswerte handelt. Der Praxis ist daher bei frühzeitiger Anzeige der Masseunzulänglichkeit Folgendes zu raten: Bei der Frage, ob Insolvenzgläubiger auch nach Masseunzulänglichkeit zur Anmeldung ihrer Forderungen aufgefordert werden und eine Forderungsprüfung stattfinden soll, sollte es darauf ankommen, wie wahrscheinlich Zahlungen an die Insolvenzgläubiger (notfalls im Wege einer späteren Nachtragsverteilung) sind. Sollte absehbar sein, dass eine volle Befriedigung der Massegläubiger (notfalls im Wege einer Nachtragsverteilung) überwiegend wahrscheinlich ist, so sollte auch im masseunzulänglichen Verfahren ein Forderungsanmeldungs- und Prüfungsverfahren stattfinden, auf dessen Grundlage dann ein Schlussverzeichnis zu erstellen ist.[934] Ergibt sich dann noch im laufenden Verfahren oder erst i.R.d. Nachtragsverteilung ein Überschuss, so kann dieser problemlos anhand des Schlussverzeichnisses an die Insolvenzgläubiger verteilt werden und eine Auskehrung an den Schuldner scheidet aus.

Unproblematischer dürften dagegen die Fälle sein, in denen zwischen Verfahrenseröffnung und Anzeige der Masseunzulänglichkeit ein gewisser Zeitraum liegt, in dem bereits ein Prüfungstermin stattgefunden hat. In diesem Fall liegt zumindest eine Insolvenztabelle mit Prüfungsergebnissen vor.[935] Hier ist es dem Verwalter zumutbar, anhand der Prüfungsergebnisse ein Schlussverzeichnis zu erstellen, welches dann in einem abschließenden Schlusstermin geprüft wird, da dies keinen großen Arbeitsaufwand erzeugt. Dies sollte ebenfalls vor allem dann erfolgen, wenn mit einer vollständigen Befriedigung der Massegläubiger gerechnet werden kann und daher auch eine Auszahlung an die Insolvenzgläubiger wahrscheinlich ist. Da in diesen Fällen ein geprüftes Schlussverzeichnis existiert, kann dieses auch unproblematisch die Grundlage für eine spätere Verteilung des Überschusses an die Insolvenzgläubiger sein.

---

934 Ähnlich auch Uhlenbruck/*Ries*, InsO, 13. Aufl., § 211 Rn. 3a: „Gericht und Verwalter sollten aber vor allem solche Fälle im Auge behalten, bei denen ernstlich in Frage kommt, dass der Überschuss ausreicht, um Ausschüttungen an Insolvenzgläubiger vorzunehmen." Eine spätere vollständige Befriedigung der Massegläubiger ist auch nicht unwahrscheinlich, da bei der Feststellung der Masseunzulänglichkeit nur auf die liquiden Mittel zur Befriedigung der fälligen Masseverbindlichkeiten abgestellt wird. Noch zu liquidierendes Vermögen wird nicht mit zu den vorhandenen Aktiva gerechnet. Häufig handelt es sich daher nur um eine sog. temporäre Masseunzulänglichkeit.

935 *Uhlenbruck*, NZI 2001, 408, 410.

Zusammenfassend ist daher festzuhalten, dass die überwiegende Literaturansicht, die im Falle eines Überschusses eine Verteilung an die Insolvenzgläubiger befürwortet, zwar grundsätzlich vorzugswürdig ist. Eine solche Verteilung kann aber nur dann stattfinden, wenn die Forderungen der Insolvenzgläubiger zuvor bereits in einem förmlichen Forderungsanmeldungs- und Feststellungsverfahren geprüft wurden und ein Schlussverzeichnis erstellt wurde, welches dann als nachträgliche Verteilungsgrundlage dient. Sollte dies nicht der Fall sein, so wäre ein vorhandener Überschuss an den Schuldner auszukehren.

C. Nachtragsverteilung bei Einstellung gem. § 207 Abs. 1 S. 1 InsO

Während im Falle der Masseunzulänglichkeit zumindest noch die Verfahrenskosten gedeckt sind, stellt sich die Sachlage im Fall des § 207 Abs. 1 InsO noch dramatischer dar.[936] Zu einer Einstellung mangels Masse nach § 207 Abs. 1 S. 1 InsO kommt es, wenn sich nach Verfahrenseröffnung herausstellt, dass die Insolvenzmasse nicht einmal ausreicht, um die Verfahrenskosten (auch in Zukunft[937]) zu decken.[938] In dieser Situation wird somit in Kauf genommen, dass der Schuldner sein unverwertetes Vermögen zurückerhält.[939]

Da die fehlende Kostendeckung dazu führt, dass der Verwalter nicht mehr ordnungsgemäß vergütet werden kann, kann ihm auch eine Fortsetzung seiner Tätigkeit nicht zugemutet werden.[940] Daher sieht § 207 Abs. 3 S. 2 InsO im Gegensatz zu der Situation bei Masseunzulänglichkeit von einer weiteren

---

936 Nach *Smid* markiere § 207 InsO den Zeitpunkt, zu dem das Verfahren „völlig tot“ sei; *Smid*, Handbuch, § 36 Rn. 9; *Smid/Lambrecht*, S. 135.

937 Eine nur vorübergehende Illiquidität schadet nicht, *Schröder*, S. 77.

938 Jaeger/*Windel*, InsO, § 207 Rn. 26. Dabei orientiert sich § 207 Abs. 1 S. 1 InsO an dem Kostenbegriff des § 54 InsO, Begr. zu § 317 RegE-InsO, BT-Drs. 12/2443, S. 218; Pape/Uhlenbruck/Voigt-Salus/*Voigt-Salus*, Kap. 36 Rn. 4; Jaeger/*Windel*, InsO, § 207 Rn. 33. Streitig ist, ob die „unausweichlichen Verwaltungskosten“ zu den Kosten des Verfahrens zählen, vgl. dazu Jaeger/*Windel*, InsO, § 207 Rn. 35 ff.; *Kröpelin*, Rn. 82 ff.; *Schröder*, S. 67 ff. jeweils m.w.N. Krit. zu dem engen Kostenbegriff auch *Dinstühler*, ZIP 1998, 1697, 1699; BerlKomm/*Gruber*, InsO, § 207 Rn. 5 und *Haarmeyer/Wutzke/Förster*, Handbuch, Kap. 8 Rn. 127/128.

939 Kreft/*Landfermann*, InsO, § 207 Rn. 3.

940 Begr. zu § 317 RegE-InsO, BT-Drs. 12/2443, S. 218; MünchKomm/*Hefermehl*, InsO, 3. Aufl., § 207 Rn. 62; *Landfermann*, KTS 1989, 763, 780.

Verwertungspflicht von Massegegenständen ab.[941] Der Verwalter ist lediglich noch dazu verpflichtet, die vorhandenen Barmittel zur Begleichung der Verfahrenskosten nach der Rangfolge des § 207 Abs. 3 S. 1 InsO zu verwenden. Nach durchgeführter Gläubigerversammlung und Verteilung der Barmittel ist das Gericht sodann verpflichtet das Verfahren einzustellen, da § 207 Abs. 1 S. 1 InsO dem Gericht insoweit kein Ermessen eröffnet. Das nicht verwertete Vermögen erhält der Schuldner sodann mit Verfahrenseinstellung zurück, § 215 Abs. 2 S. 1 InsO.

I. Anordnung der Nachtragsverteilung im massearmen Verfahren?

Der Gesetzgeber hat eine Nachtragsverteilung bei Verfahrenseinstellung wegen Masselosigkeit[942] nicht geregelt, da eine dem § 211 Abs. 3 InsO vergleichbare Vorschrift in § 207 InsO fehlt. Nach dem systematischen Zusammenhang betrifft § 211 Abs. 3 InsO auch nur den Fall, dass nach einer Einstellung wegen Masseunzulänglichkeit nachträglich Vermögenswerte ermittelt werden.

---

941 Der Verwalter ist jedoch nicht daran gehindert, bis zur Einstellung weitere Verwertungshandlungen vorzunehmen. Nimmt er weitere Verwertungsmaßnahmen vor, so haftet er aber persönlich für die Deckung der dabei anfallenden Kosten, *Smid*, WM 1998, 1313, 1315; *Smid/Lambrecht*, S. 136; KPB/*Pape*, InsO, § 207 Rn. 25; Uhlenbruck/*Ries*, InsO, 13. Aufl., § 207 Rn. 11. Dagegen ist der Verwalter nicht befugt, einen weiteren Prozess zu beginnen, vgl. OLG Dresden, Beschl. v. 25.11.2009 – 13 U 1612/09, ZVI 2010, 188, 189; BGH, Beschl. v. 16.7.2009 – IX ZB 221/08, NZI 2009, 602, 603 (hinsichtlich der Einleitung eines Anfechtungsprozesses), krit. dazu allerdings *Ries/Böhner*, FD-InsR 2009, 287612; Kreft/*Landfermann*, InsO, § 207 Rn. 21; Bork/Koschmieder/*Nissen*, Rn. 11.11. Anders dagegen *Hörmann*, NZI 2008, 291, der auch bei einem massearmen Verfahren die zusätzliche Gewährung von Prozesskostenhilfe befürwortet. Nach OLG Celle, Beschl. v. 22.12.2009 – 13 W 94/09, NZI 2010, 688, 689 komme die Gewährung von Prozesskostenhilfe für die Einleitung eines neuen Prozesses dann in Betracht, wenn dadurch voraussichtlich die Massearmut beseitigt werden kann. Nach *Pape*, ZIP 2001, 901, 902 behalte der Verwalter demgegenüber auch im Fall des § 207 InsO die Möglichkeit, Insolvenzmasse durch Anfechtungen zu realisieren, um damit die Ansprüche der Massegläubiger zumindest teilweise zu erfüllen.

942 Kam es dagegen mangels Masse nie zu einer Eröffnung des Insolvenzverfahrens (§ 26 InsO), so scheidet eine Nachtragsverteilung von vornherein aus, da es hier mangels Verfahrenseröffnung nie zum Eintritt der Beschlagnahmewirkungen gekommen ist, vgl. AG Göttingen, Beschl. v. 28.6.1999 – 74 IN 130, 136, 138, 139/99, DZWIR 1999, 439; KPB/*Holzer*, InsO, § 203 Rn. 31; *Holzer*, InsbürO 2011, 82, 87; FK-InsO/*Kießner*, § 203 Rn. 35; FK-InsO/*Schmerbach*, § 11 Rn. 42. Ausschlaggebend für die Frage des Vorliegens eines Vermögensbeschlags ist somit immer, dass das Insolvenzverfahren überhaupt zur Eröffnung gelangt war, *Smid*, jurisPR-InsR 3/2014 Anm. 1.

Bereits zu Zeiten der KO wurde die Frage einer analogen Anwendung der Vorschriften über die Nachtragsverteilung kontrovers diskutiert.[943] Aufgrund der fehlenden Regelung in § 207 InsO ist diese Diskussion auch heute noch aktuell. Zu dieser Rechtsfrage hat nunmehr auch jüngst der BGH Stellung bezogen.

1. *Befürwortende Ansicht*

Nach einer Ansicht ist eine Nachtragsverteilung trotz fehlender Regelung auch bei einer Verfahrenseinstellung mangels Masse nach § 207 InsO zulässig.[944]

Es handle sich um ein Redaktionsversehen des Gesetzgebers[945], da es nicht seine Intention gewesen sein könne, dass in Fällen der Einstellung nach § 207 InsO

---

943 Befürwortend: AG Göttingen, Beschl. v. 11.11.1994 – 71 N 63/92, ZIP 1995, 145; *Müller-Wüsten*, EWiR 1995, 81, 82; LG Oldenburg, Beschl. v. 25.9.1991 – 6 T 495/91, ZIP 1992, 200; m. zust. Anm. *Pape*, EWiR 1992, 177, 178; LG Darmstadt, Beschl. v. 29.5.2001 – 5 T 794/00, Rpfleger 2001, 512; *K. Schmidt*, KO, § 166 Anm. 4. Ablehnend: OLG Celle, Beschl. v. 17.3.1965 – 5 VA 1/65, Nds.Rpfl. 1965, 200, 201; *Kuhn/Uhlenbruck*, KO, § 166 Rn. 7a; *Uhlenbruck*, ZIP 1993, 241, 244; *Baade*, KTS 1958, 165, 170; *Bohnenberg*, KuT 1936, 99; *Delhaes*, KTS 1963, 240, 250; *Wachtel*, S. 24.

944 So: *Kübler*, Kölner Schrift, Kap. 18 Rn. 53; KPB/*Pape*, InsO, § 207 Rn. 39; KPB/*Holzer*, InsO, § 203 Rn. 29; LSZ/*Smid*, InsO, § 207 Rn. 18; FK-InsO/*Kießner*, § 207 Rn. 39 und § 203 Rn. 28 f.; Mohrbutter/Ringstmeier/*Pape*, § 12 Rn. 60; Braun/*Kießner*, InsO, § 207 Rn. 28 und § 203 Rn. 27; *Keller*, Insolvenzrecht, Rn. 802; *Pape/Hauser*, Rn. 265; *Zimmer*, KTS 2009, 199, 217; *Smid*, WM 1998, 1313, 1315; *Holzer*, NZI 1999, 44, 46; *Holzer*, InsbürO 2011, 82, 87; *Schulte-Kaubrügger*, ZInsO 2009, 1321, 1323; *Schröder*, S. 81; Gottwald/*Klopp/Kluth*, § 74 Rn. 49. So i.E. wohl auch *Vallender/Fuchs*, NZI 2003, 292, 296, die jedoch darauf aufmerksam machen, dass es hierfür einer gesetzlichen Grundlage bedürfe, da eine Regelungslücke für eine entsprechende Anwendung des § 211 Abs. 3 InsO nicht bestehe. Stattdessen sei zu erwägen, den § 207 InsO um einen Abs. 4 zu ergänzen, in dem die Nachtragsverteilung geregelt wird. Eine gesetzliche Regelung erscheine vor allem aus prozessökonomischen Gründen angezeigt. Ebenso Uhlenbruck/*Uhlenbruck*, InsO, 13. Aufl., § 203 Rn. 28, der dem Fall jedoch kaum praktische Bedeutung beimisst. I.E. wohl auch Andres/Leithaus/Dahl/*Leithaus*, InsO, § 207 Rn. 11, nach dem es zwar dahinstehen könne, ob eine Nachtragsverteilung zulässig ist oder nicht, da dasselbe Ergebnis über die erneute Stellung eines Insolvenzantrags erzielt werden könne. *Leithaus* macht jedoch auch darauf aufmerksam, dass sich die kostengünstige Nachtragsverteilung dann anbieten würde, je kürzer der Zeitpunkt des Einstellungsbeschlusses nach § 207 InsO zurückliegt.

945 KPB/*Holzer*, InsO, § 203 Rn. 29; *Holzer*, NZI 1999, 44, 47; *Zimmer*, EWiR 2014, 19, 20. So wohl auch FK-InsO/*Kießner*, InsO, § 203 Rn. 32.

dem Schuldner die aufgefundenen Vermögenswerte zu überlassen sind[946]. Die Interessen der Massegläubiger nach Einstellung mangels Masse seien weitestgehend deckungsgleich zu denen der Insolvenzgläubiger nach dem Schlusstermin.[947] Es gebe keinen sachlichen Grund, weshalb die Verfahrenskostengläubiger nicht auch in den Genuss einer Nachtragsverteilung kommen sollen, wenn sich nach Einstellung herausstellt, dass noch Vermögenswerte vorhanden sind[948], zumal der Ausfall der Kostengläubiger so gering wie möglich gehalten werden solle[949]. Zudem sei zu beachten, dass der Gesetzgeber mit § 53 InsO eine absolute Priorität der Verfahrenskosten postuliert habe, sodass es systemwidrig wäre, für Massegläubiger i.S.d. § 55 InsO eine Nachtragsverteilung zuzulassen, für Massegläubiger i.S.d. § 54 InsO dagegen nicht.[950] Darüber hinaus unterscheide sich die verfahrensrechtliche Situation und die Lage der Massegläubiger nach Verfahrenseinstellung gem. § 207 InsO nicht erheblich von derjenigen, die nach Einstellung gem. §§ 208 ff. InsO bestehe, da in beiden Fällen Masseverbindlichkeiten offen blieben.[951] Aus dem absoluten Vorrang der Verfahrenskosten folge zudem, dass das Rechtsschutzinteresse der Verfahrenskostengläubiger nicht minder stark sein könne als das der Masse- und Insolvenzgläubiger.[952]

Ferner ergebe sich die Zulässigkeit der Nachtragsverteilung aus einer Zusammenschau mit der Verfahrenskostenstundung. Im Falle der Verfahrenskostenstundung scheide nämlich eine Einstellung nach § 207 InsO aus (vgl. § 207 Abs. 1 S. 2 InsO) und es bleibe nur die Möglichkeit, das Verfahren vollständig bis zur Aufhebung durchzuführen oder aber bei gegebener Masseunzulänglichkeit nach § 211 InsO einzustellen. In beiden Fällen sei eine Nachtragsverteilung unzweifelhaft zulässig; einmal gem. § 203 InsO und einmal gem. § 211 Abs. 3 InsO. Dass die Frage, ob sonstige Masse- oder Insolvenzgläubiger von einer Nachtragsverteilung profitieren können oder nicht, von einer Verfahrenskostenstundung

946 *Kübler*, Kölner Schrift, Kap. 18 Rn. 53: Hier sei die Masse in besonders krasser Weise vom Schuldner dezimiert worden.

947 MünchKomm/*Hintzen*, InsO, 3. Aufl., § 203 Rn. 29.

948 FK-InsO/*Kießner*, § 203 Rn. 33; Braun/*Kießner*, InsO, § 203 Rn. 27, der darauf aufmerksam macht, dass der Verwalter für den Fall, dass nicht nur Masseverbindlichkeiten bedient werden, ein Schlussverzeichnis benötige. Zur KO: LG Darmstadt, Beschl. v. 29.5.2001 - 5 T 794/00, Rpfleger 2001, 512.

949 FK-InsO/*Kießner*, § 207 Rn. 39.

950 *Zimmer*, EWiR 2014, 19, 20.

951 Mohrbutter/Ringstmeier/*Pape*, § 12 Rn. 60; *Pape/Hauser*, Rn. 265.

952 *Zimmer*, KTS 2009, 199, 216.

abhängig sein soll, ergebe keinen Sinn.[953] Der Weg in ein neues Insolvenzverfahren sei zu umständlich und kostenträchtig[954], zumal auch eine erneute Antragstellung nicht sichergestellt sei[955]. Eine Chance auf Befriedigung der Massegläubiger sei daher allenfalls über eine Nachtragsverteilung gegeben.[956]

Nicht zuletzt folge die Zulässigkeit der Nachtragsverteilung bei Massearmut auch aus der Regierungsbegründung zu § 324 RegE-InsO. Hier habe der Gesetzgeber offensichtlich nicht zwischen einer Einstellung nach Anzeige der Masseunzulänglichkeit oder mangels Masse unterscheiden wollen.[957] Lediglich die gesetzliche Umsetzung sei misslungen. Gegen das von der Gegenansicht vorgebrachte Argument, der Gesetzgeber habe nur für die Fälle der §§ 208 ff. InsO eine Regelung gewollt, wird vorgebracht, dass dies nicht überbewertet werden dürfe, da im Gesetzgebungsverfahren viele Vorschriften im masseinsuffizienten Verfahren gestrichen worden seien, um entsprechende Regelungen der Praxis zu überlassen. Daraus folge, dass keine Verbindlichkeit des Gesetzes, sondern vielmehr Spielraum für pragmatische Lösungen bestehe.[958]

2. *Ablehnende Ansicht*

Nach einer beachtlichen Gegenansicht kommt eine Nachtragsverteilung dagegen bei einer Verfahrenseinstellung mangels Masse nicht in Betracht.[959]

Dies sei insofern konsequent, als bei einer Verfahrenseinstellung mangels Masse in Kauf genommen werde, dass der Schuldner Teile der Masse unverwertet

---

953 *Zimmer*, KTS 2009, 199, 217.
954 Vgl. FK-InsO/*Kießner*, § 207 Rn. 39.
955 *Kübler*, Kölner Schrift, Kap. 18 Rn. 53.
956 Mohrbutter/Ringstmeier/*Pape*, § 12 Rn. 60.
957 MünchKomm/*Hintzen*, InsO, 3. Aufl., § 203 Rn. 29.
958 Mohrbutter/Ringstmeier/*Pape*, § 12 Rn. 60; *Pape/Hauser*, Rn. 265.
959 So: LG Marburg, Beschl. v. 27.11.2002 – 3 T 214/02, ZInsO 2003, 288, 289; MünchKomm/*Hefermehl*, InsO, 3. Aufl., § 207 Rn. 85; Uhlenbruck/*Ries*, InsO, 13. Aufl., § 207 Rn. 13; Jaeger/*Windel*, InsO, § 207 Rn. 114; Jaeger/*Meller-Hannich*, InsO, § 203 Rn. 3; HWF/*Tetzlaff*, InsO, 2. Aufl., § 207 Rn. 16; *Frege/Keller/Riedel*, Rn. 1744; Graf-Schlicker/*Riedel*, InsO, 3. Aufl., § 207 Rn. 7; ebenso bereits die Vorauflage Graf-Schlicker/*Mäusezahl*, InsO, 1. Aufl., § 207 Rn. 15; Graf-Schlicker/*Castrup*, InsO, 3. Aufl., § 203 Rn. 2; K. Schmidt/*Jungmann*, InsO, § 203 Rn. 16; NR/*Westphal*, InsO, § 207 Rn. 39 und § 203 Rn. 21a; *Haarmeyer/Wutzke/Förster*, Handbuch, Kap. 8 Rn. 144; Bork/Koschmieder/*Nissen*, Rn. 11.44, Fn. 98; *Becker*, Rn. 1499; *Dinstühler*, ZIP 1998, 1697, 1707; *Mäusezahl*, ZVI 2003, 617, 622; Mohrbutter/Ringstmeier/*Pursche*, § 13 Rn. 63; Pape/Uhlenbruck/Voigt-Salus/*Voigt-Salus*, Kap. 36 Rn. 11 Fn. 28.

zurückerhält.[960] Das Gesetz lasse mit der Regelung des § 211 Abs. 3 InsO eine Nachtragsverteilung ausdrücklich nur in den Fällen der Masseunzulänglichkeit zu.[961] Eine analoge Anwendung des § 211 Abs. 3 InsO oder der §§ 203 ff. InsO komme nicht in Betracht, da es insoweit an einer planwidrigen Regelungslücke fehle.[962] Zudem fehle die Rechtsähnlichkeit zu § 211 Abs. 3 InsO, da im Falle der Einstellung gem. § 207 InsO regelmäßig nicht auf einen erzielten Verfahrensstand, etwa eine Masseschuldtabelle als Verteilungsgrundlage, zurückgegriffen werden könne.[963]

Gegen ein Redaktionsversehen des Gesetzgebers spreche, dass eine Regelung zur Nachtragsverteilung durchgängig in allen Entwürfen seit § 313 Abs. 3 DiskE nur für den Fall der Masseunzulänglichkeit vorgesehen war.[964] Aus der ausdrücklichen Regelung des § 207 Abs. 3 S. 2 InsO, nach der der Verwalter nicht mehr zu einer Verwertungstätigkeit verpflichtet ist, ergebe sich zugleich, dass ihm eine solche Verwertungspflicht auch nicht im Rahmen einer Nachtragsverteilung auferlegt werden könne.[965] Eben in dieser fehlenden Verpflichtung zur weiteren Verwertung liege der grundlegende Unterschied zu §§ 208 ff. InsO.[966] Des Weiteren würde sich bei Zulassung der Nachtragsverteilung eine Widersprüchlichkeit dergestalt aufzeigen, dass der Verwalter zunächst Sachen an den Schuldner unverwertet herausgibt, um dieselben anschließend, zusammen mit neu aufgefundenen Vermögenswerten, wieder in Beschlag zu nehmen.[967] Die Norm des § 207 InsO wolle aber „[…] einen sauberen Schnitt, getreu nach dem alten Spruch: lieber ein schnelles Ende mit Schrecken als ein Schrecken ohne Ende".[968]

Ferner sei es aus Sicht der Gläubiger nicht gerechtfertigt, ihnen Massegegenstände, die ihnen durch den Insolvenzbeschlag haftungsrechtlich zugewiesen

---

960 NR/*Westphal*, InsO, §§ 203, 204 Rn. 21a; Kreft/*Landfermann*, InsO, § 207 Rn. 24; K. Schmidt/*Jungmann*, InsO, § 207 Rn. 20; *Haarmeyer/Wutzke/Förster*, Handbuch, Kap. 8 Rn. 144.

961 Uhlenbruck/*Ries*, InsO, 13. Aufl., § 207 Rn. 13; *Uhlenbruck*, NZI 2001, 408; Jaeger/*Windel*, InsO, § 207 Rn. 114.

962 LG Marburg, Beschl. v. 27.11.2002 – 3 T 214/02, ZInsO 2003, 288, 289; K. Schmidt/*Jungmann*, InsO, § 207 Rn. 20.

963 *Dinstühler*, ZIP 1998, 1697, 1707.

964 Jaeger/*Windel*, InsO, § 207 Rn. 114.

965 MünchKomm/*Hefermehl*, InsO, 3. Aufl., § 207 Rn. 85; NR/*Westphal*, InsO, § 207 Rn. 39 und § 203 Rn. 21a.

966 Uhlenbruck/*Ries*, InsO, 13. Aufl., § 207 Rn. 13.

967 Ebd.

968 Ebd.

wurden, nun wieder zur Befriedigung der Verfahrenskosten zu entziehen.[969] Eine Anwendung des § 211 Abs. 3 InsO führe dazu, dass Vermögenswerte, die seit Verfahrenseinstellung unterschiedslos dem Haftungszugriff der Gläubiger unterlegen haben, nunmehr vorrangig den Verfahrenskostengläubigern und nachrangig den sonstigen Massegläubigern zugewiesen werden würden.[970] Damit würden den Insolvenzgläubigern jegliche Befriedigungsaussichten genommen und es käme zu einer nicht gerechtfertigten Privilegierung der Verfahrenskostengläubiger.[971]

Sollten nachträglich weitere Vermögenswerte auftauchen, könne stattdessen ggf. ein neues Insolvenzverfahren beantragt werden, wobei der Insolvenzbeschlag dieses Verfahrens dann auch das Vermögen erfasse, das dem Schuldner bei Verfahrenseinstellung zurückgegeben wurde.[972] Zudem verbleibe den ausgefallenen Kostengläubigern die Möglichkeit der Einzelzwangsvollstreckung in nachträglich ermittelte Werte.[973]

3. *Differenzierende Ansicht*

Eine weitere in der Literatur vertretene Ansicht befürwortet eine Nachtragsverteilung zwar grundsätzlich i.R.d. § 207 InsO, differenziert aber auch danach, ob die Nachtragsverteilung dem Verwalter zumutbar ist oder nicht.

Bei der Beantwortung dieser Frage müsse danach geschaut werden, ob der zu erwartende Erlös aus der Verwertung ausreicht, um die gesamten Verfahrenskosten, einschließlich der Verwertungskosten und der Vergütung des Verwalters für die Nachtragsverteilung, zu decken.[974] Sollte dies der Fall sein, dann sei die

---

969 MünchKomm/*Hefermehl*, InsO, 3. Aufl., § 207 Rn. 85; Jaeger/*Meller-Hannich*, InsO, § 203 Rn. 3.

970 Jaeger/*Windel*, InsO, § 207 Rn. 119.

971 Jaeger/*Windel*, InsO, § 207 Rn. 119/120.

972 Kreft/*Landfermann*, InsO, § 207 Rn. 24; MünchKomm/*Hefermehl*, InsO, 3. Aufl., § 207 Rn. 85; Uhlenbruck/*Ries*, InsO, 13. Aufl., § 207 Rn. 13; Graf-Schlicker/*Mäusezahl*, InsO, 1. Aufl., § 207 Rn. 15; NR/*Westphal*, InsO, § 207 Rn. 39; *Haarmeyer/Wutzke/Förster*, Handbuch, Kap. 8 Rn. 144; Pape/Uhlenbruck/Voigt-Salus/*Voigt-Salus*, Kap. 36 Rn. 11 Fn. 28.

973 Uhlenbruck/*Ries*, InsO, 13. Aufl., § 207 Rn. 13: Die Gerichtskasse könne die ungedeckten Kostenforderungen gem. § 6 JBeitrO gegen den Schuldner zwangsweise durchsetzen. Die sonstigen Kostengläubiger könnten ihre Vergütungen und Auslagen gerichtlich festsetzen lassen, wobei die Festsetzungsbeschlüsse dann jeweils Titel i.S.d. § 794 Abs. 1 Nr. 2 ZPO bilden würden.

974 So: *Hess*, InsO, § 207 Rn. 55; *Kröpelin*, Rn. 166; *Walther*, S. 280; *Binz/Hess*, Rn. 2872; BerlKomm/*Gruber*, InsO, § 207 Rn. 52. So i.E. wohl auch Jaeger/*Windel*, InsO, § 207 Rn. 117. Ähnlich, jedoch ungenau, auch Beck/Depré/*Beck*, § 13 Rn. 37: „Die

Nachtragsverteilung dem Verwalter zumutbar und könne somit auch unproblematisch angeordnet und vom Verwalter durchgeführt werden.[975] Auch § 207 Abs. 3 S. 2 InsO, nach dem der Verwalter nicht mehr zu weiteren Verwertungsmaßnahmen verpflichtet ist, stehe dem nicht entgegen, da die Massekosten und damit auch der Vergütungsanspruch für die Nachtragsverteilung voll gedeckt sein müssten, um die Zumutbarkeit zu bejahen.[976] Können alle Verfahrenskosten durch die ermittelten Gegenstände gedeckt werden, so gleiche diese Situation derjenigen nach Beendigung des Verfahrens auf Grund des § 211 InsO. Für die Zulässigkeit der Nachtragsverteilung spreche hier auch die gesetzliche Konzeption, die Verwertung der Masse immer dann zuzulassen, sofern die Deckung der Verfahrenskosten sichergestellt ist.[977]

Falle die Prognose über den zu erwartenden Erlös dagegen negativ aus, reicht also der erwartete Verwertungserlös nicht aus, um die gesamten Verfahrenskosten zu decken, komme es darauf an, ob der frühere Verwalter eine risikolose und günstige Verwertungsmöglichkeit sieht und zur Verwertung bereit ist oder diese wegen des Verwertungsrisikos ablehnt.[978] M.a.W.: Bei negativer Prognose solle die Anordnung der Nachtragsverteilung vom Einverständnis des Verwalters abhängig gemacht werden, da der Verwalter zur Verwertung zwar nicht verpflichtet, aber doch berechtigt sei[979]. Dies folge aus der Überlegung, dass dem Verwalter i.R.d. Nachtragsverteilung nicht mehr abverlangt werden könne als im ursprünglichen Insolvenzverfahren, da er in beiden Fällen ohne Aussicht auf vollständige Vergütung tätig werden müsste.[980]

---

nachträgliche Generierung von verteilungsfähiger Masse ist deshalb zunächst zur Deckung der Verfahrenskosten zu verwenden und an die Gerichtskasse zu leisten. Erst nach Deckung der Verfahrenskosten stellt sich die Frage nach einer Nachtragsverteilung an die Massegläubiger, die nach § 211 Abs. 3 InsO analog über die Vorschriften für die Nachtragsverteilung gemäß §§ 203 ff. InsO durchzuführen ist." Diese Ausführungen sind deshalb ungenau, weil *Beck* übersieht, dass für die weitere Verteilung von Beträgen auf die Verfahrenskosten eine Nachtragsverteilung notwendig wäre, da der Verwalter seine Verfügungsbefugnisse mit Verfahrenseinstellung (zunächst) verloren hat.

975 *Hess*, InsO, § 207 Rn. 55; *Kröpelin*, Rn. 166; *Walther*, S. 280; *Binz/Hess*, Rn. 2872; BerlKomm/*Gruber*, InsO, § 207 Rn. 52.

976 Vgl. *Hess*, InsO, § 207 Rn. 55.

977 *Walther*, S. 280.

978 *Kröpelin*, Rn. 166.

979 BerlKomm/*Gruber*, InsO, § 207 Rn. 52.

980 *Walther*, S. 280.

Auch wenn in der Praxis Fälle, in denen das Verfahren zunächst mangels Masse eingestellt und dann später über eine Nachtragsverteilung wieder aufgegriffen wird, eher selten sein mögen[981], so hatte nunmehr auch endlich der BGH Gelegenheit, sich mit dieser streitigen Frage auseinanderzusetzen. Der Senat hat sich dabei der befürwortenden Ansicht angeschlossen und eine Nachtragsverteilung auch in Fällen der Verfahrenseinstellung mangels Masse bejaht.[982]

Im zugrundeliegenden Sachverhalt wurde in dem im Jahre 2002 eröffneten Insolvenzverfahren zunächst Masseunzulänglichkeit angezeigt. Nachdem das Insolvenzgericht mit Beschluss vom 4.6.2006 sämtliche Rechte, die sich aus einer titulierten Forderung gegen einen der beiden Geschäftsführer der Schuldnerin ergaben, einer Nachtragsverteilung vorbehalten hatte, wurde das Insolvenzverfahren am 6.7.2007 mangels einer verfahrenskostendeckenden Masse gem. § 207 InsO eingestellt. Mit Schreiben vom 19.12.2012 beantragte der vormalige Insolvenzverwalter die Nachtragsanordnung wegen eines Betrages von 3.500 EUR. Dieser Betrag sollte als Gegenleistung für die Erteilung einer Löschungsbewilligung für die auf dem Grundstück des Geschäftsführers lastende Zwangssicherungshypothek an die frühere Insolvenzmasse gezahlt werden. Nachdem das Insolvenzgericht den Antrag mit Beschluss vom 4.3.2013 mit der Begründung zurückgewiesen hatte, dass im Falle des § 207 InsO keine Nachtragsverteilung vorgesehen sei, legte der Verwalter sofortige Beschwerde ein. Aber auch diese führte zu keiner abweichenden Entscheidung. Das Beschwerdegericht teilte die Rechtsauffassung des Insolvenzgerichts und führte aus, dass eine Nachtragsverteilung lediglich für den Fall der Masseunzulänglichkeit gesetzlich vorgesehen sei.[983] Für den Fall der Einstellung mangels Masse mangele es hingegen an einer gesetzlichen Regelung. Für die Annahme einer Analogie zu § 211 Abs. 3 InsO oder § 203 InsO fehle es an der Vergleichbarkeit der Fallkonstellationen, da der Verwalter im Falle des § 207 InsO nicht mehr zur Verwertung verpflichtet sei. Anders sei dies aber in den Fällen der §§ 208 ff. InsO, da der Verwalter hier weiter zur Verwaltung und Verwertung der Masse verpflichtet ist und es deshalb folgerichtig sei, dass bei einer nachträglichen Ermittlung von Massegegenständen eine Nachtragsverteilung angeordnet werden kann. Da ein Insolvenzverfahren

---

981 Uhlenbruck/*Uhlenbruck*, InsO, 13. Aufl., § 203 Rn. 28; Uhlenbruck/*Ries*, InsO, 13. Aufl., § 207 Rn. 13.

982 BGH, Beschl. v. 10.10.2013 – IX ZB 40/13, ZIP 2013, 2320, 2321. Erneut bestätigt in: BGH, Beschl. v. 16.1.2014 – IX ZB 122/12, ZInsO 2014, 340.

983 LG Kassel, Beschl. v. 22.03.2013 – 3 T 141/13, ZInsO 2013, 2565.

im Falle der Einstellung mangels Masse im Ergebnis überhaupt nicht durchgeführt werde, sich die Nachtragsverteilung aber an die Durchführung eines geordneten Insolvenzverfahrens anschließe, komme diese i.R.d. § 207 InsO nicht in Betracht. Gegen diese ablehnende Entscheidung wandte sich der Verwalter mit der Rechtsbeschwerde; im Ergebnis mit Erfolg.

Der BGH folgte der Rechtsauffassung des Beschwerdegerichts nicht und schloss sich im Ergebnis der befürwortenden Ansicht an. Die Argumentation des BGH lehnt sich dabei vorwiegend an die oben bereits dargestellte Argumentation der befürwortenden Ansicht an. Auch nach dem BGH müsse eine Nachtragsverteilung im Falle des § 207 InsO deshalb zulässig sein, weil sich die Situation der Gläubiger nicht von derjenigen bei §§ 208 ff. InsO unterscheide. Die Eröffnung eines neuen Insolvenzverfahrens sei nicht erforderlich und wäre mit zusätzlichen Kosten verbunden. Zudem käme man im Falle einer Verfahrenskostenstundung, in dem eine Einstellung nach § 207 Abs. 1 S. 2 InsO ausscheide, zu der Zulässigkeit der Nachtragsverteilung, während diese ohne Stundung nicht stattfinden dürfe.[984] Dies sei auch nach dem BGH ein widersinniges Ergebnis.

5. *Stellungnahme*

Bei der Frage, welche Ansicht im Ergebnis vorzugswürdig ist, kommt es zunächst darauf an, ob überhaupt die Voraussetzungen einer Analogie vorliegen. Dazu müsste eine planwidrige Regelungslücke und eine vergleichbare Interessenlage zu § 211 Abs. 3 InsO bzw. §§ 203 ff. InsO bestehen.

Eine Regelungslücke liegt unproblematisch vor, da § 207 InsO keine dem § 211 Abs. 3 InsO entsprechende Regelung enthält. Fraglich ist aber, ob diese planwidrig, also vom Gesetzgeber unbeabsichtigt, ist. Zu untersuchen ist mithin die Frage, welche Zielrichtung der Gesetzgeber mit der Einführung des § 211 Abs. 3 InsO verfolgt hat.

Ein erster Anhaltspunkt für die Annahme einer Planwidrigkeit könnte sich aus der damaligen Regierungsbegründung zum heutigen § 211 Abs. 3 InsO ergeben. In dieser heißt es: „Zum geltenden Konkursrecht wird kritisiert, daß [sic!] nach einer *Einstellung mangels Masse* [Hervorh. d. Verf.] die Verteilung nachträglich ermittelter Masse nicht möglich ist. Absatz 3 hilft diesem Mangel ab, indem er die Vorschriften über die Nachtragsverteilung für entsprechend anwendbar erklärt."[985] Aus dieser Begründung wird zunächst deutlich, dass dem

984 BGH, Beschl. v. 10.10.2013 – IX ZB 40/13, ZIP 2013, 2320, 2322.

985 Begr. Zu § 324 RegE, abgedruckt in: *Uhlenbruck*, Das neue Insolvenzrecht, S. 580.

Gesetzgeber der damalige Diskussionsstand zu § 166 KO bekannt war.[986] Zudem ließe sich aus dem gewählten Wortlaut der Begründung „Einstellung mangels Masse“ u.U. schließen, dass der Gesetzgeber damit den heutigen § 207 InsO meinte, der allein die Einstellung mangels Masse regelt, wohingegen die §§ 208 ff. InsO die Einstellung wegen Masseunzulänglichkeit betreffen.

Dieser einfache Rückschluss unter Zuhilfenahme des heutigen (!) Wortlauts der §§ 207 ff. InsO lässt sich indes nicht ziehen, zumal es dabei auch verwundern würde, dass der Gesetzgeber nur eine Regelung in § 211 InsO und nicht auch in § 207 InsO getroffen hat. Bei der Auslegung der Regierungsbegründung darf man daher nicht auf den heutigen Wortlaut der §§ 207 ff. InsO abstellen, sondern muss vielmehr an den damaligen Zeitpunkt anknüpfen und das frühere Verständnis zur Massearmut i.R.d. KO heranziehen. Nur so lässt sich ermitteln, was der Gesetzgeber mit der Wortwahl „Einstellung mangels Masse“ gemeint haben könnte.

In der KO waren die maßgeblichen Vorschriften in §§ 204, 60 KO zu finden. Diese Vorschriften kannten den heutigen Unterschied zwischen Massekostendeckung und Masseschuldendeckung jedoch nicht.[987] Hier wurde vielfach angenommen, dass die Konkurse massearm waren, wenn sich herausstellte, dass die Konkursmasse nicht zur vollständigen Befriedigung der Massegläubiger ausreicht.[988] In § 204 KO wurden sowohl Fälle des heutigen § 207 InsO als auch Fälle des heutigen § 211 InsO zusammengefasst, da zu den Massekosten nach § 58 Nr. 1, 2 KO nicht nur die Gerichtskosten und die Vergütung des Konkursverwalters, mithin die heutigen Kosten des Verfahrens i.S.d. § 54 InsO, sondern sämtliche Ausgaben für die Verwaltung, Verwertung und Verteilung der Masse zählten[989]. Daher sprach man damals auch in den Fällen der heutigen Masseunzulänglichkeit i.S.d. §§ 208 ff. InsO von einer „Einstellung mangels Masse“ gem. § 204 KO.[990] Da mithin im damaligen Recht unter einer „Einstellung mangels Masse“ i.S.d. § 204 KO sowohl der heutige § 207 InsO als auch die heutigen §§ 208 ff. InsO gefasst wurden, ließe sich daraus zwar nach wie vor schließen, dass der Gesetzgeber unter dem Begriff „Einstellung mangels Masse“ beide Fälle

986 LG Marburg, Beschl. v. 27.11.2002 – 3 T 214/02, ZInsO 2003, 288, 289; Jaeger/*Meller-Hannich*, InsO, § 203 Fn. 7.

987 Vgl. *Pape*, KTS 1995, 189, 216.

988 Vgl. *Heilmann*, KTS 1982, 181; *Weber/Irschlinger/Wirth*, KTS 1979, 133.

989 MünchKomm/*Hefermehl*, InsO, 3. Aufl., § 207 Rn. 6.

990 Entgegen der damaligen Überschrift des § 204 KO („Einstellung mangels Masse“) wurde vielfach auch von dem einheitlichen Begriff der „Masseunzulänglichkeit“ gesprochen, vgl. bspw. *K. Schmidt*, KO, § 204 Anm. 1; *Kuhn/Uhlenbruck*, KO, § 204 Rn. 1.

der Massearmut (im engeren und im weiteren Sinne) verstanden wissen wollte.[991] Doch auch dieser Rückschluss greift nicht vollumfänglich durch. Es war bekanntermaßen ein ausdrückliches Ziel der InsO, der erschreckend hohen Zahl der Verfahrensabweisungen oder Einstellungen mangels Masse i.R.d. KO effizient entgegenzuwirken.[992] Die hohe Einstellungszahl resultierte in der Vergangenheit vor allem aus dem weiten Begriff der Massekosten i.R.d. § 58 KO. Um diesem entgegenzuwirken, bestimmte der Gesetzgeber den Begriff der Verfahrenskosten neu. Es sollte sichergestellt werden, dass das Verfahren nur dann abgebrochen wird, wenn aus der Masse nicht einmal die reinen Verfahrenskosten (heute § 54 InsO) aufgebracht werden können. Seien jedoch die Verfahrenskosten, nicht aber die übrigen Masseverbindlichkeiten gedeckt, so sollte das Verfahren weitergeführt werden.[993] Ein wesentliches Anliegen der InsO war es daher, den in der KO einheitlich verwendeten Begriff der „Einstellung mangels Masse" in den engeren Begriff der Massekostenarmut und den der Masseunzulänglichkeit aufzuspalten[994]; was dem Gesetzgeber durch Schaffung der § 207 InsO und §§ 208 ff. InsO auch gelungen sein dürfte. Aufgrund dieser klaren und vom Gesetzgeber auch ausdrücklich gewollten Trennung zwischen einer Einstellung mangels Masse und einer solchen wegen Masseunzulänglichkeit verwundert es hier dennoch, dass er keine Regelungen zur Nachtragsverteilung i.R.d. § 207 InsO vorgesehen hat.

Daher kann im Ergebnis trotz des Wortlauts in der Regierungsbegründung („Einstellung mangels Masse") und dem Wissen, dass von dieser Begrifflichkeit damals sowohl die Fälle des heutigen § 207 InsO als auch die der heutigen §§ 208 ff. InsO erfasst wurden, kein eindeutiger Rückschluss auf den Willen des Gesetzgebers gezogen werden, da hier die Begriffe Massearmut und Masseunzulänglichkeit unpräzise verwendet werden[995]. Damit lässt sich eine Planwidrigkeit nicht allein mit einem Hinweis auf die Regierungsbegründung zu § 324 RegE-InsO begründen. Insofern kann die Argumentation der befürwortenden Ansicht und des BGH nicht vollständig überzeugen.

Allerdings ist dem BGH und der befürwortenden Ansicht darin zuzustimmen, dass es in der Tat nicht gerechtfertigt wäre, frei werdende oder nachträglich ermittelte Beträge immer dem Schuldner zu überlassen. Der Vorschlag der

---

991 Ähnlich auch die Begr. von MünchKomm/*Hintzen*, InsO, 3. Aufl., § 203 Rn. 29; BGH, Beschl. v. 10.10.2013 – IX ZB 40/13, ZIP 2013, 2320, 2321 Rn. 11.

992 MünchKomm/*Hefermehl*, InsO, 3. Aufl., § 207 Rn. 7 m.w.N.

993 Begr. RegE zum 7. Teil, abgedruckt in: *Uhlenbruck*, Das neue Insolvenzrecht, S. 568.

994 Vgl. KPB/*Pape*, InsO, § 207 Rn. 7; *Hess*, InsO, § 207 Rn. 1.

995 *Zimmer*, KTS 2009, 199, 217.

gegenteiligen Ansicht, in diesen Fällen ein neues Insolvenzverfahren durchzuführen, ist auch nicht tragbar, da dies dazu führt, dass Gerichtsgebühren ein zweites Mal fällig werden.[996] Auch das Rechtsschutzinteresse der Verfahrenskostengläubiger entspricht demjenigen der Masse- und Insolvenzgläubiger i.R.d. §§ 211 Abs. 3, 203 ff. InsO; ist dieses doch einheitlich darauf gerichtet, eine gleichmäßige Befriedigung auch nach Verfahrensaufhebung bzw. Verfahrenseinstellung zu gewährleisten. Das Argument der ablehnenden Ansicht, durch Zulassung einer Nachtragsverteilung i.R.d. § 207 InsO würde den Insolvenzgläubigern jegliche Aussicht auf Befriedigung genommen und es käme zu einer nicht gerechtfertigten Privilegierung der Verfahrenskostengläubiger, überzeugt nicht, da dies auch im eröffneten Verfahren nicht anders ist. Im eröffneten Verfahren haben die Verfahrenskosten ebenfalls absolute Priorität und sind nach der Reihenfolge des § 53 InsO vor den übrigen Masseverbindlichkeiten und Insolvenzforderungen zu begleichen.[997] Insoweit lässt sich daher eine Planwidrigkeit begründen.

Fraglich ist allerdings, ob auch eine vergleichbare Interessenlage gegeben ist. Dass die Interessenlage der Gläubiger in allen Fällen der §§ 203 ff., 211, 207 InsO vergleichbar ist, wurde soeben bereits bejaht. Es würde hier allerdings zu kurz greifen, wenn man nur auf die Interessenlage der (Masse-) Gläubiger abstellen würde. Vielmehr bedarf es auch einer Vergleichbarkeit der Stellung des Insolvenzverwalters im Verfahren und seiner Interessenlage. Zwar würde er als Verfahrenskostengläubiger auch unmittelbar von der Nachtragsverteilung profitieren. Allerdings müsste er auch unmittelbar tätig werden und die Nachtragsverteilung durchführen. M.a.W.: Er profitiert zwar von der Nachtragsverteilung, muss dafür aber auch selbst eine Arbeitsleistung erbringen. Daher kommt es auch entscheidend auf eine vergleichbare Interessenlage des Verwalters an. Bei einem solchen Vergleich fällt direkt die Regelung des § 207 Abs. 3 S. 2 InsO in den Blick, nach der der Verwalter – im Gegensatz zu § 208 InsO – zu einer weiteren Masseverwertung nicht mehr verpflichtet ist. Dies ist insofern interessengerecht, als es diesem nicht zumutbar wäre, die Verwertung der Masse fortzusetzen, obwohl seine Vergütungsansprüche nicht voll erfüllt werden können. In diesem Zusammenhang wäre es in der Tat offensichtlich widersprüchlich, wenn man nun den Verwalter durch eine analoge Heranziehung der Regeln über die Nachtragsverteilung

996 BerlKomm/*Gruber*, InsO, § 207 Rn. 51.

997 Vgl. LSZ/*Smid*/*Leonhardt*, InsO, § 53 Rn. 6. Vgl. auch *Zimmer*, EWiR 2014, 19, 20: Der Gesetzgeber habe mit § 53 InsO eine absolute Priorität der Verfahrenskosten postuliert.

gewissermaßen als verpflichtet[998] ansehen würde, eine solche durchzuführen, obwohl eventuell auch hier seine Vergütungsansprüche, sowohl die offenen für das eingestellte Verfahren als auch seine Ansprüche für die Durchführung der Nachtragsverteilung[999], nicht voll gesichert sind. Es muss daher richtigerweise danach geschaut werden, was dem Verwalter zumutbar ist und was nicht, da dem Verwalter i.R.d. Nachtragsverteilung nicht mehr abverlangt werden kann, als im ursprünglichen Insolvenzverfahren[1000].

In diesem Zusammenhang überzeugt die Argumentation der befürwortenden Ansicht und des BGH dahingehend, eine Nachtragsverteilung müsse i.R.d. § 207 InsO schon deshalb in jedem Falle zulässig sein, da eine solche auch bei einer Verfahrenskostenstundung ohne weiteres möglich sei, nicht. Hierbei wird nämlich übersehen, dass die Vergütungsansprüche des Verwalters im Falle der Verfahrenskostenstundung gem. § 63 Abs. 2 InsO durch einen Anspruch gegen die Staatskasse gesichert sind. M.a.W.: Der Verwalter erleidet im Falle der Verfahrenskostenstundung keinen Schaden, da die Staatskasse für seine Vergütungsansprüche aufkommt. Aufgrund dieser Absicherung ist es dem Verwalter auch zumutbar, das Verfahren fortzusetzen.

Im Hinblick auf § 207 Abs. 3 S. 2 InsO, der eine weitere Verwertungspflicht bei fehlender Kostendeckung wegen Unzumutbarkeit ausschließt, verdient daher die differenzierende Ansicht den Vorzug. Diese Ansicht passt sich vollumfänglich in das System der §§ 207 ff. InsO ein, die den Verwalter nur dann zu einer weiteren Verwertung verpflichten, wenn er dafür auch ordnungsgemäß vergütet werden kann. Dieser Ansicht kann auch nicht entgegengehalten werden, dass es eine Nachtragsverteilung i.R.d. § 207 InsO nicht geben könne, da hier das Verfahren, anders als bei Masseunzulänglichkeit, mit der Folge abgebrochen werde, dass zurückbehaltene und zurückfließende Beträge dem Schuldner zustehen.[1001] Können nämlich alle Verfahrenskosten durch die frei werdenden oder nachträglich ermittelten Gegenstände gedeckt werden, fallen jedoch die übrigen Massegläubiger teilweise aus, so entspricht diese Situation derjenigen der §§ 208 ff. InsO.[1002] In dieser Situation ist eine Nachtragsverteilung aber über § 211 Abs. 3 InsO unzweifelhaft zulässig. Die differenzierende Ansicht stellt daher bei der

998 Eine absolute Verpflichtung des Verwalters zur Durchführung der Nachtragsverteilung besteht dagegen nicht, vgl. dazu bereits die Ausführungen im Abschnitt Teil 5., G.

999 Zur Vergütung des Verwalters für die Durchführung der Nachtragsverteilung vgl. Kapitel Teil 10.

1000 So zu Recht das Argument von *Walther*, S. 280.

1001 So aber Kreft/*Landfermann*, InsO, § 207 Rn. 25.

1002 *Walther*, S. 280.

Frage der Zulässigkeit der Nachtragsverteilung i.R.d. § 207 InsO zu Recht darauf ab, ob die Verfahrenskosten durch die ermittelten Gegenstände gedeckt werden können oder nicht.

Festzuhalten ist daher, dass es für die Frage der Zulässigkeit der Nachtragsverteilung i.R.d. § 207 InsO darauf ankommt, ob durch die streitigen Vermögenswerte sowohl die Verfahrenskosten des eingestellten Verfahrens als auch die Kosten der Nachtragsverteilung[1003] voll gedeckt werden können. Ist dies der Fall, kann eine Nachtragsverteilung auch nach Verfahrenseinstellung gem. § 207 InsO (ohne Zustimmung des Verwalters) angeordnet und vom Verwalter durchgeführt werden, da diese Situation derjenigen der §§ 208 ff. InsO entspricht. Sollte diese Deckung dagegen nicht gewährleistet sein, so kann eine Nachtragsverteilung nur angeordnet werden, wenn sich der Verwalter mit dem Wissen der Unterdeckung seiner eigenen Vergütungsansprüche hierfür freiwillig bereit erklärt.[1004] Eine freiwillige Übernahme der weiteren Verwertung ist dem Verwalter hier schon unter dem Gesichtspunkt möglich, dass es ihm auch im eröffneten Verfahren i.R.d. § 207 InsO unbenommen ist, weitere Verwertungshandlungen (auf eigene Kosten) vorzunehmen, da § 207 Abs. 3 S. 2 InsO die fortgesetzte Wahrnehmung einzelner Rechte durch den Verwalter nicht ausschließt[1005]. Eine solche freiwillige Übernahme empfiehlt sich für den Verwalter vor allem dann, wenn er eine gute Verwertungsmöglichkeit sieht, aus der er sich am Ende eine vollständige Deckung aller Verfahrenskosten, mithin auch seiner Vergütungsansprüche, erhofft. Nach Anordnung der Nachtragsverteilung kann der Verwalter den Massegegenstand auch notfalls im Klagewege zur Masse ziehen, wobei er für diese Masseprozesse auch Prozesskostenhilfe nach §§ 114 ff. ZPO[1006] beantragen kann.

1003 Dass auch die Kosten der Nachtragsverteilung gedeckt sein müssen, folgt bereits aus § 203 Abs. 3 InsO, da das Gericht ansonsten von der Anordnung absehen könnte. Die Regelung des § 203 Abs. 3 S. 1 InsO ist allerdings an dieser Stelle dahingehend zu reduzieren, dass es nicht darauf ankommt, welche Quote die übrigen Massegläubiger und mitunter auch die Insolvenzgläubiger zu erwarten haben. So i.E. wohl auch *Walther*, S. 280 Fn. 2024.

1004 Krit. dazu allerdings Jaeger/*Windel*, InsO, § 207 Rn. 117: Dies führe zu einer Verfahrensgestaltung nach Maßgabe der Risikofreude des Verwalters. Dieser Kritik kann aber entgegengehalten werden, dass nichts anderes i.R.d. § 207 Abs. 3 InsO gilt.

1005 KPB/*Pape*, InsO, § 207 Rn. 45.

1006 Die Frage, ob Prozesskostenhilfe bewilligt wird, hängt davon ab, ob der Prozess mutwillig ist oder nicht. Mutwilligkeit scheidet aus, wenn der Verwalter substantiiert darlegt, dass der Prozess nicht nur zur Deckung der Kosten geführt wird, sondern auch mit einer Quote zu rechnen ist, vgl. OLG Köln, Beschl. v. 5.6.2013 – 18 W 32/13,

Zusammenfassend ist festzuhalten, dass eine Nachtragsverteilung auch i.R.d. § 207 InsO zulässig ist, wenn durch diese entweder alle Verfahrenskosten vollständig gedeckt werden können oder wenn der Verwalter im Falle der Unterdeckung die Durchführung freiwillig übernimmt. Eine Ausnahme von diesem Grundsatz sollte nur in Fällen gemacht werden, in denen der Verwalter lediglich Barmittel zu verteilen hat.[1007] In diesem Fall ist nämlich zum einen der tatsächliche Arbeitsaufwand des Verwalters gering und zum anderen profitiert er selbst als Verfahrenskostengläubiger von einer weiteren Verteilung dieser Mittel, auch wenn diese seinen Vergütungsanspruch nicht vollumfänglich abdecken.

Zu der oben zitierten Entscheidung des BGH ist zuletzt anzumerken, dass es der Senat bedauerlicherweise versäumt hat, sich mit der vorzugswürdigen differenzierenden Ansicht auseinanderzusetzen.[1008] Leider lässt sich zudem aus dem mitgeteilten Sachverhalt und den Entscheidungsgründen nicht eindeutig entnehmen, dass im Streitfall zumindest die Beseitigung der Massekostenarmut durch die Nachtragsverteilung erreicht werden wird bzw. wurde.[1009]

II. Anwendungsbereich

Von der Frage, ob eine Nachtragsverteilung auch bei Massekostenarmut zulässig ist, ist die Frage zu trennen, in welchen Fällen eine solche in Betracht kommt.

Hier stellt sich zunächst die Frage, welche Vorschriften analog heranzuziehen sind. Zu denken ist entweder an eine analoge Heranziehung des § 211 Abs. 3 InsO oder aber der §§ 203 ff. InsO. Der BGH zitiert an dieser Stelle die §§ 211 Abs. 3, 203 Abs. 1 InsO analog.[1010] Auch die befürwortende Ansicht zieht überwiegend

---

ZIP 2013, 2024, 2025. Dies scheint der BGH dagegen in einer neueren Entscheidung strenger zu sehen. Nach dem Senat kann es den am Gegenstand des Rechtsstreits wirtschaftlich beteiligten Gläubigern im Einzelfall zuzumuten sein, Vorschüsse auf die Prozesskosten aufzubringen, wobei insbesondere die zu erwartende Quotenverbesserung im Falle des Obsiegens zu berücksichtigen sei, vgl. BGH, Beschl. v. 26.9.2013 - IX ZB 247/11, ZIP 2013, 2112, 2113 Rn. 11 f.

1007 So auch *Kröpelin*, Rn. 166; Jaeger/*Windel*, InsO, § 207 Rn. 117.

1008 Der BGH hat stattdessen die Vertreter der differenzierenden Ansicht gemeinsam mit den Vertretern zitiert, die eine Nachtragsverteilung i.R.d. § 207 InsO ohne Einschränkung befürworten, vgl. BGH, Beschl. v. 10.10.2013 – IX ZB 40/13, ZIP 2013, 2320, 2322 Rn. 15.

1009 *Böhner*, FD-InsR 2013, 352745.

1010 BGH, Beschl. v. 10.10.2013 – IX ZB 40/13, ZIP 2013, 2320, 2322 Rn. 17.

den § 211 Abs. 3 InsO analog heran.[1011] Dem ist auch zu folgen, da zum einen der Sinn dieser Vorschrift und zum anderen auch die Stellung der Regelung im Abschnitt „Einstellung des Verfahrens" für eine Heranziehung des § 211 Abs. 3 InsO im Gegensatz zu den §§ 203 ff. InsO spricht.

Aus der analogen Anwendung des § 211 Abs. 3 InsO ist daher bereits nach dem Wortlaut zunächst zu folgern, dass eine Nachtragsverteilung völlig unproblematisch im Falle nachträglich ermittelter Gegenstände i.S.d. § 203 Abs. 1 Nr. 3 InsO zulässig ist. Voraussetzung ist nur, dass der Wert dieser Gegenstände entweder die gesamten Verfahrenskosten deckt oder, falls dies zu verneinen ist, dass der Verwalter die weitere Verwertung i.R.d. Nachtragsverteilung freiwillig übernimmt. Fraglich ist allerdings, ob eine Nachtragsverteilung, wie im Falle der Masseunzulänglichkeit, über den Wortlaut des § 211 Abs. 3 InsO hinaus auch bei zurückbehaltenen oder zurückfließenden Beträgen zulässig ist. Teilweise wird bei der Frage der Zulässigkeit der Nachtragsverteilung i.R.d. § 207 InsO nämlich lediglich der Fall der nachträglich ermittelten Gegenstände genannt.[1012] Dies liefert jedoch keine Begründung dafür, warum eine Nachtragsverteilung nach einer Verfahrenseinstellung mangels Masse nicht auch in den übrigen Fällen des § 203 Abs. 1 InsO zulässig sein sollte.

Zu untersuchen ist daher zunächst, ob eine Nachtragsverteilung auch in den Fällen des § 203 Abs. 1 Nr. 1 InsO zulässig ist. Damit stellt sich vor allem die Frage, ob auch im Falle der Massekostenarmut ein Nachtragsvorbehalt zulässig ist. So stellte sich auch der Sachverhalt in der oben ausgeführten Entscheidung des BGH dar, in der ein solcher Nachtragsvorbehalt noch während des eröffneten Verfahrens vom Gericht beschlossen wurde.

Da der BGH hierzu keine weiteren Ausführungen macht, scheint er einen solchen Vorbehalt auch i.R.d. § 207 InsO als zulässig anzusehen. Die Meinungen über die Zulässigkeit eines Nachtragsvorbehalts gehen allerdings auseinander. So führt *Ries* an, dass ein solcher Vorbehalt für den Verwalter eine indirekte Verfahrensförderungs- und Verwertungspflicht begründen würde, da er vorsichtshalber für den Fall, dass künftige Nachtragserträge die Schwelle einfacher Kostendeckung überschreiten, noch im eröffneten Verfahren ein Verzeichnis über potentielle sonstige Massegläubiger anlegen und auch das Anmeldungs-

---

1011 Vgl. KPB/*Holzer*, InsO, § 203 Rn. 28 und 29; KPB/*Pape*, InsO, § 207 Rn. 39; Münch Komm/*Hintzen*, InsO, 3. Aufl., § 203 Rn. 29; FK-InsO/*Kießner*, § 203 Rn. 32; *Smid*, WM 1998, 1313, 1315; *Zimmer*, KTS 2009, 199, 217.

1012 Vgl. bspw. *Schröder*, S. 81. So anscheinend auch *Walther*, S. 279 Fn. 1018: „Eine Nachtragsverteilung ist i.R.d. Verfahrenseinstellung nach § 207 InsO regelmäßig nur dann denkbar, wenn nachträglich Massegegenstände auftauchen."

und Prüfverfahren nach §§ 174 ff. InsO durchführen müsse.[1013] Auch nach *Landfermann* ist für eine Nachtragsverteilung nach § 203 Abs. 1 Nr. 1 InsO kein Raum, da zurückbehaltene Beträge mit Verfahrenseinstellung an den Schuldner auszukehren seien.[1014] Diese Argumente überzeugen allerdings nicht. Hierbei wird übersehen, dass die Grundsätze des § 207 Abs. 2, 3 InsO unter der oben aufgestellten Prämisse einer vollständigen Verfahrenskostendeckung keine Geltung mehr beanspruchen. Die Situation entspricht dann vielmehr derjenigen bei Masseunzulänglichkeit, bei der aber gerade nicht in Kauf genommen wird, dass der Schuldner mit Verfahrenseinstellung Gegenstände (endgültig) unverwertet zurückerhält. Es sind daher keine Gründe ersichtlich, die gegen eine analoge Heranziehung des § 203 Abs. 1 Nr. 1 InsO über § 211 Abs. 3 InsO sprechen.[1015] Auf diese Weise ist es somit möglich, dem Verwalter durch einen entsprechenden Nachtragsvorbehalt eine weitergehende Prozessführungsbefugnis einzuräumen[1016], sofern begründete Aussichten bestehen, dass die Verfahrenskosten durch eine weitere Masserealisierung im Prozesswege gedeckt werden können. Ein solcher Vorbehalt ist auch hinsichtlich anhängiger Anfechtungsprozesse zulässig, da es bei der Frage der Zulässigkeit der Insolvenzanfechtung nicht darauf ankommt, ob davon unmittelbar die Insolvenzgläubiger profitieren.[1017]

Allerdings darf ein Nachtragsvorbehalt nicht dazu „missbraucht" werden, ein derzeit massearmes Verfahren sofort einzustellen und die weitere Masserealisierung einer späteren Nachtragsverteilung vorzubehalten.[1018] Bei der Frage der Verfahrenskostendeckung kommt es nämlich nicht auf den aktuellen

---

1013 Uhlenbruck/*Ries*, InsO, 13. Aufl., § 207 Rn. 13.

1014 Kreft/*Landfermann*, InsO, § 207 Rn. 25. Ähnlich auch MünchKomm/*Hefermehl*, InsO, 2. Aufl., § 207 Rn. 85: Dem Verwalter könne nicht ausnahmsweise zum Zwecke der Durchführung einer Nachtragsverteilung die Prozessführungsbefugnis zur Einleitung oder Weiterführung eines Anfechtungsprozesses analog § 203 Abs. 1 Nr. 1 InsO eingeräumt werden.

1015 So auch ausdrücklich KPB/*Pape*, InsO, § 207 Rn. 45; BerlKomm/*Gruber*, InsO, § 207 Rn. 43. Genau genommen ist § 211 Abs. 3 InsO an dieser Stelle doppelt analog i.V.m. § 203 InsO anzuwenden, da vom Wortlaut des § 211 Abs. 3 InsO nur die Fälle des § 203 Abs. 1 Nr. 3 InsO erfasst werden.

1016 Ebenso Braun/*Kießner*, InsO, § 207 Rn. 33; KPB/*Pape*, InsO, § 207 Rn. 45; BerlKomm/*Gruber*, InsO, § 207 Rn. 43.

1017 Braun/*Kießner*, InsO, § 207 Rn. 33; BerlKomm/*Gruber*, InsO, § 207 Rn. 44; *Pape/Hauser*, Rn. 258. Vgl. dazu auch bereits die obigen Ausführungen im Abschnitt Teil 8., B. Anders dagegen HambKomm/*Weitzmann*, InsO, 4. Aufl., § 207 Rn. 25.

1018 So i.E. auch Jaeger/*Windel*, InsO, § 207 Rn. 116.

Stand, sondern auf eine Prognoseentscheidung an.[1019] Der Zeitraum dieser Prognoseentscheidung beträgt in der Regel zwei Jahre[1020], sodass eine Verfahrenseinstellung unterbleibt, wenn innerhalb von zwei Jahren genügend Masse vorhanden ist, um die Verfahrenskosten zu decken. Ein solcher Nachtragsvorbehalt ist mithin überhaupt nur dann zulässig, wenn sich eine Masserealisierung voraussichtlich erst weit außerhalb dieses Prognosezeitraums erreichen lassen wird[1021], da bis dahin das Verfahren selbst bei einer temporären Massekostenunterdeckung fortzuführen ist, sofern die Verfahrenskosten voraussichtlich innerhalb von zwei Jahren vollständig gedeckt werden können.

Des Weiteren stellt sich die Frage, ob eine Nachtragsverteilung auch bei zurückfließenden Beträgen i.S.d. § 203 Abs. 1 Nr. 2 InsO angeordnet werden kann.

An dieser Stelle ist zunächst den Ausführungen von *Westphal* mit Nachdruck zu widersprechen. *Westphal* führt insoweit aus, dass das Gesetz zwar für den Fall, in dem nach der Verteilung der vorhandenen Masse und der Einstellung des Verfahrens nachträglich Barmittel (etwa durch Zurückfließen versehentlich überzahlter Beträge) zur Verfügung stehen, keine Regelungen enthalte. Eine Verteilung dieser Barmittel könne nach ihm allerdings entsprechend § 207 Abs. 3 S. 1 InsO vom Verwalter erfolgen, wohingegen es zu einer Nachtragsverteilung nicht kommen könne.[1022] Diesen Ausführungen kann aus einem einfachen Grund nicht gefolgt werden: Da der Insolvenzbeschlag und damit auch die Verfügungsbefugnis des Verwalters mit Verfahrenseinstellung enden, hat der Verwalter keine Kompetenz, die zurückfließenden Beträge eigenständig in Besitz zu nehmen und an die Verfahrenskostengläubiger auszukehren. Für diese Kompetenzzuweisung bedarf es vielmehr einer erneuten Beschlagnahme, die entweder durch Eröffnung eines neuen Insolvenzverfahrens oder aber – und dies ist der einfachere Weg – durch Anordnung der Nachtragsverteilung hinsichtlich dieser Beträge erfolgen kann.[1023]

Gegen die Zulässigkeit der Nachtragsverteilung bei zurückfließenden Beträgen i.R.d. § 207 InsO sind – ebenso wie i.R.d. § 211 Abs. 3 InsO – keine Argumente ersichtlich, zumal es sich hierbei um Beträge handelt, die aus der ursprünglichen Insolvenzmasse gezahlt wurden. Handelt es sich lediglich um Barmittel, so kann

---

1019 Dies hat den Hintergrund, dass die fraglichen Kosten erst im Zeitpunkt der Fälligkeit gezahlt werden müssen, sodass die Frage der Kostendeckung zumeist erst zum Ende des Verfahrens relevant wird, *Schröder*, S. 77.

1020 Vgl. HambKomm/*Weitzmann*, InsO, 4. Aufl., § 207 Rn. 9 m.w.N.

1021 So auch BerlKomm/*Gruber*, InsO, § 207 Rn. 53.

1022 NR/*Westphal*, InsO, § 207 Rn. 39.

1023 Vgl. auch *Kröpelin*, Rn. 166 Fn. 376/377.

eine Nachtragsverteilung analog § 211 Abs. 3 InsO angeordnet werden, ohne dass es darauf ankäme, ob diese Beträge die gesamten Verfahrenskosten decken oder nicht. Wie bereits dargestellt ist es dem Verwalter nämlich bei ausschließlicher Verteilung vorhandener Barmittel in jedem Fall zumutbar, die Verteilung vorzunehmen, da auch er als Verfahrenskostengläubiger von dieser Verteilung profitiert. Ohne Nachtragsverteilungsanordnung darf der Verwalter diese Barmittel jedoch weder in Besitz nehmen noch an die Gläubiger verteilen.

Zusammenfassend ist damit festzuhalten, dass eine Nachtragsverteilung auch im Falle der Massekostenarmut in allen Tatbestandskonstellationen des § 203 Abs. 1 InsO über § 211 Abs. 3 InsO (doppelt) analog zulässig ist.

III. Einleitung der Nachtragsverteilung im massearmen Verfahren

Folgt man der hier vertretenen Auffassung, so stellt sich die weitere Frage, wie ein Nachtragsverfahren i.R.d. § 207 InsO eingeleitet werden kann.

Unzweifelhaft kann die Nachtragsverteilung analog § 211 Abs. 3 InsO vom Insolvenzgericht von Amts wegen angeordnet werden. Sollten die streitigen Vermögenswerte nicht ausreichen, um alle Verfahrenskosten, einschließlich der Kosten der Nachtragsverteilung, zu decken, so muss das Gericht vor der Anordnung aber Rücksprache mit dem Verwalter halten und dieser hat zu prüfen, ob er die Nachtragsverteilung trotz Unterdeckung seiner Vergütungsansprüche durchführen will.

Zudem kann die Nachtragsverteilung auch auf Antrag des Insolvenzverwalters eingeleitet werden. Dieses Antragsrecht folgt zum einen aus § 211 Abs. 3 S. 1 InsO analog und zum anderen daraus, dass er selbst unmittelbarer Nutznießer der Nachtragsverteilung ist, da er als Verfahrenskostengläubiger primär von der Nachtragsverteilung profitiert[1024]. Auch die weiteren Kostengläubiger, mithin auch die Mitglieder des Gläubigerausschusses, sind antragsberechtigt.[1025]

Ferner sollten auch die übrigen Massegläubiger i.S.d. § 55 InsO antragsberechtigt sein[1026], da grundsätzliche Voraussetzung für die Zulässigkeit der Nachtragsverteilung die volle Verfahrenskostendeckung ist und bei vollständiger Kostendeckung die übrigen Massegläubiger an nächster Stelle unmittelbar von der Nachtragsverteilung profitieren.[1027] Wird ein entsprechender Nachtragsantrag eines sonstigen

1024 So auch *Smid*, WM 1998, 1313, 1315.

1025 Ebd.

1026 So auch *Walther*, S. 280.

1027 Zwar mag man sich an dieser Stelle fragen, warum dann i.R.d. § 211 Abs. 3 InsO ein Antragsrecht der Insolvenzgläubiger abgelehnt und lediglich ein Anregungsrecht

Massegläubigers abgelehnt, so hat er jedoch in seiner Beschwerde darzulegen, dass durch die Nachtragsverteilung voraussichtlich alle Verfahrenskosten gedeckt werden würden, sodass er auch überhaupt von der Nachtragsverteilung profitieren würde. Andernfalls wäre das Rechtsschutzbedürfnis für die sofortige Beschwerde zu verneinen.

IV. Durchführung der Nachtragsverteilung im massearmen Verfahren

Über § 211 Abs. 3 InsO analog kommt auch hier § 205 InsO zur Anwendung. Daher könnte sich erneut das Problem stellen, auf welcher Grundlage eine nachträgliche Verteilung stattfindet, da die Verfahrenskostengläubiger nicht in ein Schlussverzeichnis eingetragen werden[1028]. Hierbei handelt es sich jedoch ebenfalls nur um ein Scheinproblem, da eine Verteilung an die Verfahrenskostengläubiger auch im regulären Verfahren ohne ein entsprechendes Verzeichnis erfolgt. Zur Bewahrung der Übersicht empfiehlt es sich jedoch, dass der Verwalter auch für die Verfahrenskosten vor Verfahrenseinstellung ein Arbeitspapier erstellt, um zu dokumentieren, welche Kosten noch nicht befriedigt wurden. Anhand dieses Arbeitspapiers kann der Verwalter dann auch die nachträglichen Massewerte an die Verfahrenskostengläubiger verteilen.

Können alle Verfahrenskosten gedeckt werden, so erfolgt die weitere Verteilung sodann an die übrigen Massegläubiger nach der Rangfolge des § 209 InsO. Insofern ist an dieser Stelle den Ausführungen von *Kröpelin* zu widersprechen, die annimmt, dass die Nachtragsverteilung nur auf die Verfahrenskosten erfolge und der überschießende Betrag an den Schuldner auszukehren sei. Für die übrigen (Masse- und Insolvenz-) Gläubiger bleibe nach *Kröpelin* aber die Möglichkeit, diesen Anspruch des Schuldners zu pfänden.[1029] Als Hauptargument führt *Kröpelin* an, dass eine anteilige Begleichung der Masseverbindlichkeiten nicht erfolgen könne, da zumeist kein Verzeichnis der Masseverbindlichkeiten als Verteilungsgrundlage existiere.[1030] Dies überzeugt jedoch nicht. Der Verwalter

befürwortet wurde, vgl. Teil 8., B., III. Der entscheidende Unterschied besteht hier aber darin, dass i.R.d. § 211 Abs. 3 InsO eine Befriedigungsaussicht der Insolvenzgläubiger ungewiss ist, während eine Befriedigung der übrigen Massegläubiger i.R.d. § 207 InsO nahezu gewiss ist, da die Verfahrenskosten nach hier vertretener Ansicht grundsätzlichen voll gedeckt sein müssen, sodass i.d.R. auch die übrigen Massegläubiger mit einer Quote rechnen können.

1028 *Zimmer*, KTS 2009, 199, 217.

1029 *Kröpelin*, Rn. 169.

1030 *Kröpelin*, Rn. 167.

wird nämlich regelmäßig zumindest eine entsprechende Auflistung über die übrigen Masseverbindlichkeiten erstellt haben. Auf dieses Arbeitspapier kann der Verwalter dann auch i.R.d. Nachtragsverteilung zurückgreifen. Eine fehlende „Masseschuldtabelle" kann daher einer Verteilung an die übrigen Massegläubiger nicht entgegenstehen.[1031] Dass eine voraussichtliche Verteilung an die übrigen Massegläubiger mitunter i.R.d. § 207 InsO nicht genügend vorbereitet ist, stellt daher kein Problem dar, da eine Verteilung an Massegläubiger kein Feststellungsverfahren nach §§ 174 ff. InsO voraussetzt, sondern anhand interner Arbeitspapiere erfolgt, die der Verwalter ggf. auch noch nachträglich erstellen kann.[1032] Der die Verfahrenskosten übersteigende Überschuss ist daher richtigerweise an die übrigen Massegläubiger zu verteilen.[1033]

Sollte die nachträgliche Masse so groß sein, dass auch eine Verteilung an die Insolvenzgläubiger in Betracht kommt, so stellt sich wie i.R.d. § 211 InsO ebenso die Frage, ob eine solche Verteilung möglich ist. Hier ist ebenfalls zu fordern, dass eine solche Verteilung nur erfolgen kann, sofern bereits ein Anmeldungs- und Prüfungsverfahren nach den §§ 174 ff. InsO stattgefunden hat und ein Schlussverzeichnis erstellt wurde.[1034] Falls dies nicht der Fall ist, so ist ein vorhandener Überschuss wie i.R.d. § 211 Abs. 3 InsO an den Schuldner auszukehren.[1035] Die

1031 So auch *Walther*, S. 280.

1032 Jaeger/*Windel*, InsO, § 207 Rn. 118.

1033 So auch *Walther*, S. 280, BerlKomm/*Gruber*, InsO, § 207 Rn. 52.

1034 Anders dagegen *Walther*, S. 281; BerlKomm/*Gruber*, InsO, § 207 Rn. 34, nach denen eine nachträgliche Erstellung des Schlussverzeichnisses möglich ist. Dem kann jedoch nicht gefolgt werden, da dadurch das formalisierte Verfahren der §§ 174 ff. InsO umgangen werden würde. Teilweise wird in der Literatur daher angenommen, dass der Verwalter i.R.d. § 207 InsO immer verpflichtet sei, ein Schlussverzeichnis zu erstellen, das dann auch für zukünftige Nachtragsverteilungen maßgeblich sein soll, vgl. FK-InsO/*Kießner*, § 203 Rn. 34; KPB/*Pape*, InsO, § 207 Rn. 20. Auch dieser Ansicht kann nicht gefolgt werden, da i.R.d. § 207 InsO zunächst keine Verteilung an die Insolvenzgläubiger erfolgt und die Durchführung des Feststellungsverfahrens nach §§ 174 ff. InsO somit sinnlose Förmelei wäre. Es wird in der Praxis vermutlich auch selten Fälle geben, in denen die nachträgliche Masse so groß ist, dass hiervon sowohl die Verfahrenskosten als auch alle sonstigen Masseverbindlichkeiten gedeckt werden können und dann noch ein Überschuss verbleibt, vgl. auch *Kröpelin*, Rn. 147. Daher sollte der Verwalter überhaupt nur dann zur Erstellung eines Schlussverzeichnisses verpflichtet sein, wenn mit an Sicherheit grenzender Wahrscheinlichkeit auch eine Zahlung an die Insolvenzgläubiger angenommen werden kann, was regelmäßig nur dann der Fall sein wird, wenn ein besonders wertvoller Massegegenstand einer späteren Nachtragsverteilung vorbehalten wurde.

1035 So auch Jaeger/*Windel*, InsO, § 207 Rn. 118.

Insolvenzgläubiger können auf den an den Schuldner ausgekehrten Überschuss aber im Wege der Einzelzwangsvollstreckung zugreifen oder aber auch ein neues Insolvenzverfahren beantragen, sofern dessen Voraussetzungen vorliegen.

D. Zusammenfassung

Während eine Nachtragsverteilung in den Fällen der Einstellung nach §§ 212, 213 InsO ohne Zweifel unzulässig ist, stellt sich eine solche i.R.d. §§ 207, 208 ff. InsO teilweise als problematisch bzw. ergänzungsbedürftig dar.

I.R.d. Masseunzulänglichkeit wurde gezeigt, dass eine Nachtragsverteilung entgegen des ausdrücklichen Wortlauts des § 211 Abs. 3 S. 1 InsO auch in den Fallvarianten der § 203 Abs. 1 Nr. 1 und Nr. 2 InsO zulässig ist. Zum anderen ist die Verweisung des § 211 Abs. 3 S. 2 InsO auf § 205 InsO dahingehend auszulegen, dass eine Verteilung nicht auf Grund des Schlussverzeichnisses – welches für Masseforderungen ohnehin nicht erstellt wird –, sondern anhand des Arbeitspapiers des Verwalters vorgenommen werden kann.

Auch wenn § 207 InsO keine ausdrückliche Regelung enthält, wurde gezeigt, dass eine Nachtragsverteilung auch bei Massekostenarmut zulässig ist, sofern damit die gesamten Verfahrenskosten gedeckt werden können oder aber der Verwalter die Durchführung freiwillig übernimmt. Eine Ausnahme von dem Erfordernis der Zumutbarkeit besteht lediglich dann, wenn der Verwalter nur Barmittel zu verteilen hat. Für eine nachträgliche Verteilung zugeflossener Barmittel ist zwingend eine Nachtragsverteilung anzuordnen, da der Verwalter seine Befugnisse mit Verfahrenseinstellung verloren hat. Ebenso wie bei § 211 Abs. 3 InsO ist eine Nachtragsverteilung hier ebenfalls nicht nur auf die Fälle des § 203 Abs. 1 Nr. 3 InsO begrenzt, sondern auch bei zurückbehaltenen und zurückfließenden Beträgen möglich.

Teil 9. Nachtragsverteilung außerhalb des Regelverfahrens

Nachdem sich die bisherigen Ausführungen ausschließlich mit dem regulären Insolvenzverfahren auseinandergesetzt haben, geht es im Folgenden nun um die Frage, ob eine Nachtragsverteilung auch bei anderen Verfahrensarten zulässig ist. Untersucht wird im Weiteren namentlich, ob eine Nachtragsverteilung auch nach Durchführung eines Verbraucherinsolvenzverfahrens, im Restschuldbefreiungsverfahren, im Falle der Eigenverwaltung oder aber nach Durchführung eines Insolvenzplanverfahrens zulässig ist.

A. Verbraucherinsolvenzverfahren

Der BGH hat bereits in seinem Beschluss vom 1.12.2005[1036] ausgeführt, dass die Anordnung einer Nachtragsverteilung auch in einem Verbraucherinsolvenzverfahren zulässig ist. Diese Ansicht hat er seither aufrechterhalten[1037] und entspricht auch der mittlerweile (soweit ersichtlich) einhelligen Meinung in der Literatur[1038]. Dem ist uneingeschränkt zuzustimmen. Die für das Regelinsolvenzverfahren geltenden Vorschriften finden auch im Verbraucherinsolvenzverfahren Anwendung, sofern in den §§ 304 ff. InsO nichts anderes bestimmt ist; vgl. § 304 Abs. 1

1036 BGH, Beschl. v. 1.12.2005 – IX ZB 17/04, NZI 2006, 180, 181; mit zust. Anm. *Wehdeking*, jurisPR-InsR 4/2006 Anm. 3; *Hintzen*, WuB 2006, 333, 334; *Lang*, FD-InsR 2006, 182285; ebenso bereits die Vorinstanz LG Koblenz, Beschl. v. 13.1.2004 – 2 T 901/03, NZI 2004, 157, 158.

1037 Vgl. BGH, Beschl. v. 2.12.2010 – IX ZB 184/09, ZIP 2011, 135 Rn. 5; BGH, Beschl. v. 26.1.2012 – IX ZB 111/10, NZI 2012, 271. So zuletzt: BGH, Beschl. v. 3.4.2014 – IX ZA 5/14, juris Rn. 6.

1038 Vgl. nur Uhlenbruck/*Uhlenbruck*, InsO, 13. Aufl., § 203 Rn. 1; Jaeger/*Meller-Hannich*, InsO, § 203 Rn. 3; KPB/*Holzer*, InsO, § 203 Rn. 35; Uhlenbruck/*Vallender*, InsO, 13. Aufl., § 313 Rn. 46a; Beck/Depré/*Viniol*, § 40 Rn. 70; Kohte/Ahrens/Grote/Busch/*Busch*, InsO, § 314 Rn. 32; *Vallender*, ZInsO 2001, 1011. Anders dagegen noch MünchKomm/*Hintzen*, InsO, 1. Aufl., § 203 Rn. 2, mit der Begründung, dass über den Antrag auf Erteilung der Restschuldbefreiung erst entschieden werden könne, wenn das gesamte Vermögen des Schuldners verwertet worden sei. Diese Auffassung hat *Hintzen* jedoch mittlerweile ausdrücklich aufgegeben, vgl. *Hintzen*, WuB 2006, 333, 334; MünchKomm/*Hintzen*, InsO, 3. Aufl., § 203 Rn. 2.

S. 1 InsO.[1039] Da sich in den §§ 311 ff. InsO[1040] keine Vorschriften finden, die das Verfahren der Nachtragsverteilung besonders regeln[1041] und zudem auch der Sinn und Zweck einer Nachtragsverteilung für eine Anwendung der §§ 203 ff. InsO spricht, steht einer Anwendung der §§ 203 ff. InsO über § 304 Abs. 1 S. 1 InsO grundsätzlich nichts im Wege.

Eine Nachtragsverteilung ist auch dann zulässig, wenn im vereinfachten Verfahren kein Schlusstermin nach § 197 InsO stattgefunden hat. Zwar führt der BGH in seinen Entscheidungen durchweg an, dass eine Nachtragsverteilung *jedenfalls* dann in Betracht komme, wenn auch im vereinfachten Verfahren ein der Vorschrift des § 197 InsO entsprechender Schlusstermin, sei es auch im schriftlichen Verfahren gem. § 5 Abs. 2 InsO n.F.[1042], stattgefunden habe, da damit dann die nötige Zäsur entstehe, an die § 203 InsO anknüpfe.[1043] Aus der Wortwahl des Senats „jedenfalls dann“ lässt sich aber zumindest schließen, dass der Senat eine Anwendung der §§ 203 ff. InsO selbst bei Fehlen eines Schlusstermins nicht komplett ausschließt. Dies ist auch interessengerecht, da allein eine Abhängigkeit der Anwendbarkeit der §§ 203 ff. InsO von der Durchführung eines Schlusstermins nicht interessengerecht wäre und auch nicht vom Gesetzgeber gewollt sein kann. Zwar knüpft § 203 Abs. 1 InsO an den Schlusstermin an. Daraus folgt jedoch nicht, dass eine Nachtragsverteilung bereits dann unzulässig ist, wenn kein Schlusstermin stattgefunden hat. Dies lässt sich bereits aus § 211 Abs. 3 InsO schließen, da bei Masseunzulänglichkeit ebenfalls kein Schlusstermin stattfindet. Die Anknüpfung an den Schlusstermin i.R.d. § 203 Abs. 1 InsO hat nur für die Einordnung Relevanz, welche Vermögenswerte noch i.R.d. regulären Schlussverteilung verteilt werden können und hinsichtlich welcher eine Nachtragsverteilung anzuordnen ist. Dagegen ist die Anknüpfung an

---

1039 BGH, Beschl. v. 1.12.2005 – IX ZB 17/04, NZI 2006, 180, 181; KPB/*Wenzel*, InsO, § 311 Rn. 2; *Hintzen*, WuB 2006, 333, 334.

1040 Die Vorschriften der §§ 312 – 314 InsO werden durch das „Gesetz zur Verkürzung des Restschuldbefreiungsverfahrens und zur Stärkung der Gläubigerrechte“ vom 15.7.2013 zum 1.7.2014 aufgehoben, BGBl. 2013, S. 2379.

1041 KPB/*Holzer*, InsO, § 203 Rn. 35.

1042 BGH, Beschl. v. 2.12.2010 – IX ZB 184/09, ZIP 2011, 135 Rn. 5.

1043 BGH, Beschl. v. 1.12.2005 – IX ZB 17/04 NZI 2006, 180, 181 Rn. 4. Ebenso bereits die Vorinstanz LG Koblenz, Beschl. v. 13.1.2004 – 2 T 901/03, NZI 2004, 157, 158 und KPB/*Holzer*, InsO, § 203 Rn. 35. So zuletzt BGH, Beschl. v. 26.1.2012 – IX ZB 111/10, NZI 2012, 271. In allen zitierten Entscheidungen musste sich der BGH nicht mit der Frage auseinandersetzen, ob eine Nachtragsverteilung auch ohne Schlusstermin zulässig ist, da ein solcher in allen zugrundeliegenden Sachverhalten durchgeführt wurde, vgl. auch *Hintzen*, WuB 2006, 333, 334.

den Schlusstermin nicht als Zulässigkeitsvoraussetzung für die Durchführung einer Nachtragsverteilung zu verstehen. Voraussetzung für eine Verteilung an die Insolvenzgläubiger ist nur, dass überhaupt ein Forderungsanmeldungs- und Prüfungsverfahren nach den §§ 174 ff. InsO stattgefunden hat und ein Schlussverzeichnis erstellt wurde. Auf die abschließende Prüfung i.R.d. Schlusstermins kommt es hingegen nicht an. Damit ist eine Nachtragsverteilung selbst dann zulässig, wenn kein Schlusstermin stattgefunden hat. In diesen Fällen ist allerdings als zeitliche Anknüpfung der Nachtragsverteilung auf die Aufhebung des Verfahrens abzustellen. Im Übrigen ergeben sich gegenüber der Nachtragsverteilung im regulären Insolvenzverfahren keine nennenswerten Besonderheiten.

B. Restschuldbefreiungsverfahren

Das Restschuldbefreiungsverfahren nach den §§ 286 ff. InsO ermöglicht einer natürlichen Person, sich von ihren Verbindlichkeiten gegenüber den Insolvenzgläubigern ohne deren Zustimmung zu befreien.[1044]

Im Folgenden ist zu untersuchen, ob eine Nachtragsverteilung auch nach Ankündigung oder überdies noch nach Erteilung der Restschuldbefreiung möglich ist.

I. Nachtragsverteilung nach Ankündigung der Restschuldbefreiung

Nach herrschender Meinung in Rechtsprechung und Literatur steht die Ankündigung der Restschuldbefreiung[1045] einer Anordnung der Nachtragsverteilung nicht entgegen.[1046] Dem ist zuzustimmen. Während nach Ankündigung der

---

1044 LSZ/*Kiesbye*, InsO, § 286 Rn. 1. Eine solche Entschuldung war in der KO nicht geregelt.

1045 Die Ankündigung der Restschuldbefreiung ist bisher in § 291 InsO geregelt. Diese Vorschrift wird durch das „Gesetz zur Verkürzung des Restschuldbefreiungsverfahrens und zur Stärkung der Gläubigerrechte" vom 15.7.2013 zum 1.7.2014 aufgehoben, BGBl. 2013, S. 2381. Die Entscheidung des Insolvenzgerichts ist zukünftig in § 287a InsO n.F. geregelt.

1046 Vgl. LSZ/*Smid*, InsO, § 203 Rn. 3; *Hess*/*Obermüller*, Rn. 1215; *Becker*, Rn. 1470; NR/*Römermann*, InsO, § 294 Rn. 11; LSZ/*Kiesbye*, InsO, § 289 Rn. 16; Kreft/*Landfermann*, InsO, § 289 Rn. 7. Vgl. auch die jeweiligen Sachverhalte von: BGH, Beschl. v. 1.12.2005 – IX ZB 17/04, NZI 2006, 180, BGH, Beschl. v. 18.10.2012 – IX ZB 263/10, BeckRS 2012, 22301; AG Göttingen, Beschl. v. 21.8.2009 – 74 IN 153/08, ZInsO 2009, 2070 und AG Düsseldorf, Beschl. v. 10.8.2005 – 500 IK 10/03, ZInsO 2006, 166, in denen jeweils nach Ankündigung der Restschuldbefreiung eine spätere Nachtragsverteilung unproblematisch in Betracht gezogen wurde.

Restschuldbefreiung eine Einzelzwangsvollstreckung nach Verfahrensaufhebung insbesondere durch § 294 InsO ausgeschlossen wird (vgl. § 201 Abs. 3 InsO), ist eine spätere Nachtragsverteilung nicht ausgeschlossen. Dies folgt bereits daraus, dass ein dem § 201 Abs. 3 InsO entsprechender Passus in den §§ 203 ff. InsO fehlt.[1047] Zudem steht auch der Regelungszweck der Vorschriften über die Restschuldbefreiung einer Nachtragsverteilung nicht entgegen. Das Vollstreckungsverbot nach § 294 InsO soll den Schuldner nämlich nicht etwa davor schützen, dass nach Einleitung des Restschuldbefreiungsverfahrens überhaupt noch in Vermögenswerte vollstreckt wird. Die Hauptaufgabe des § 294 InsO besteht vielmehr darin, den Gleichbehandlungsgrundsatz der Gläubiger auch während der Wohlverhaltensperiode zu gewährleisten.[1048] Diese Gleichbehandlung wird durch die Nachtragsverteilung aber gerade gewährleistet, da alle im Schlussverzeichnis aufgelisteten Gläubiger gleichsam am Erfolg der Nachtragsverteilung partizipieren.[1049] Daher ist eine Nachtragsverteilung auch dann zulässig, wenn sich ein Restschuldbefreiungsverfahren anschließt.

Hier ist jedoch zu beachten, dass eine Nachtragsverteilungsanordnung ausscheidet bzw. ins Leere geht, wenn es sich ausschließlich um Gegenstände handelt, die durch den Treuhänder bereits innerhalb seines von § 292 Abs. 1 InsO vorgegebenen Aufgabenkreises einzuziehen sind.[1050] Hinsichtlich dieser Gegenstände ist der Treuhänder bereits verwaltungs- und verfügungsbefugt und hat sie nach der gesetzlichen Regelung einmal jährlich an die Gläubiger auszuschütten. Eine Nachtragsverteilung ist mithin überflüssig. Handelt es sich dagegen um Gegenstände der ehemaligen Insolvenzmasse, etwa solche, die der Schuldner verschwiegen hat, so ist hierfür eine Nachtragsverteilung anzuordnen, da diese Vermögenswerte nicht von der Abtretungserklärung des § 287 Abs. 2 InsO erfasst werden.[1051]

1047 *Hess/Obermüller*, Rn. 1215.

1048 LSZ/*Kiesbye*, InsO, § 294 Rn. 1; *Hess/Obermüller*, Rn. 1215. Vgl. auch *Adam*, DZWIR 2006, 495, 496.

1049 Vgl. NR/*Römermann*, InsO, § 294 Rn. 11; MünchKomm/*Ehricke*, InsO, 2. Aufl., § 294 Rn. 9.

1050 KPB/*Holzer*, InsO, § 203 Rn. 36; *Zimmer*, KTS 2009, 199, 211. Wie oben bereits dargestellt, kommt eine Nachtragsverteilung aber bspw. wegen Steuererstattungsansprüchen in Betracht, da diese nicht von der Abtretungserklärung des § 287 Abs. 2 S. 1 InsO erfasst werden.

1051 Dies scheint *Bruckmann* zu übersehen, indem er ausführt, dass der Schuldner verschwiegenes Vermögen entsprechend § 295 Abs. 1 Nr. 2 InsO an den Treuhänder herauszugeben habe, vgl. *Bruckmann*, § 4 Rn. 91 (S. 216).

Eine Nachtragsverteilung ist nach zutreffender Ansicht des BGH selbst dann noch zulässig, wenn die Laufzeit der Abtretungserklärung nach § 287 Abs. 2 S. 1 InsO bereits abgelaufen ist, da die Nachtragsverteilung Vermögensgegenstände betrifft, die während des Insolvenzverfahrens zur Masse gehörten. Die Abtretung des § 287 InsO erfasst dagegen nur Forderungen, die erst nach Verfahrensaufhebung und dem damit verbundenen Insolvenzbeschlag entstehen.[1052]

An dieser Stelle soll jedoch erneut hervorgehoben werden, dass es für eine nachträgliche Verteilung vorhandener Massevermögenswerte auch zwingend einer entsprechenden Nachtragsverteilungsanordnung bedarf, da diese Vermögenswerte mit Verfahrensaufhebung aus dem ursprünglichen Insolvenzbeschlag entlassen wurden. Daher ist die vielfach geübte Praxis, die Nachtragsverteilung gemeinsam mit einer der jährlichen Ausschüttungen nach § 292 Abs. 1 S. 2 InsO vorzunehmen, ohne aber die Nachtragsverteilung anzuordnen, nicht ausreichend.[1053] Vielmehr ist hier die formale Anordnung der Nachtragsverteilung nötig, damit der Treuhänder die Verwaltungs- und Verfügungsbefugnis hinsichtlich dieser (nicht von § 292 Abs. 2 S. 1 InsO erfassten) Vermögensgegenstände erhält. Allerdings kann in der Anordnung der Nachtragsverteilung die Verteilung gemeinsam mit der ersten Ausschüttung nach § 292 Abs. 1 S. 2 InsO vorgesehen werden.[1054]

II. Nachtragsverteilung auch nach Erteilung der Restschuldbefreiung?

Während sich Rechtsprechung und Literatur bei der Frage der Zulässigkeit einer Nachtragsverteilung nach Ankündigung der Restschuldbefreiung (soweit ersichtlich) einig sind, gehen die Meinungen darüber auseinander, ob eine solche auch noch nach Erteilung der Restschuldbefreiung zulässig ist.

1. BGH, Beschl. v. 10.7.2008 – IX ZB 172/07

In seiner Entscheidung vom 10.7.2008[1055] stellte der BGH lediglich kurz fest, dass eine Nachtragsverteilung auch noch nach Erteilung der Restschuldbefreiung zu

1052 BGH, Beschl. v. 2.12.2010 – IX ZB 184/09, ZIP 2011, 135, 137 Rn. 13.

1053 Graf-Schlicker/*Kalkmann*, InsO, 3. Aufl., § 6 InsVV Rn. 2: Eine Vergütung könne dann zudem nicht gesondert festgesetzt werden.

1054 Graf-Schlicker/*Castrup*, InsO, 3. Aufl., § 203 Rn. 11; KPB/*Holzer*, InsO, § 203 Rn. 4.

1055 BGH, Beschl. v. 10.7.2008 – IX ZB 172/07, NZI 2008, 560 Rn. 9. Der Sachverhalt dieser Entscheidung wurde bereits kurz oben im Abschnitt Teil 4., B., III., 4. dargestellt.

erfolgen habe, falls unbekannte Vermögensgegenstände des Schuldners aufgefunden werden.

2. LG Dessau-Roßlau, Beschl. v. 2.9.2011 – 1 T 193/11

Mit dieser Rechtsfrage musste sich auch das LG Dessau-Roßlau in seiner Entscheidung vom 2.9.2011 befassen.[1056] Diesem Beschluss lag folgender, hier vereinfacht wiedergegebener, Sachverhalt zugrunde: Auf Eigenantrag des Schuldners, der mit einem Antrag auf Erteilung der Restschuldbefreiung verbunden war, wurde Anfang 2004 das Insolvenzverfahren eröffnet. Zum Zeitpunkt des Schlusstermins im Jahre 2006 war bekannt, dass gegen den Schuldner und seine Ehefrau Anklage wegen gewerbsmäßigen Betrugs vor dem Landgericht erhoben war. Eine Forderungsanmeldung des Landgerichts zur Sicherung von Schadensersatzansprüchen vermeintlicher Geschädigter erfolgte bereits Anfang 2004. Nach Ankündigung der Restschuldbefreiung wurde das Verfahren Ende 2006 aufgehoben. Dem Schuldner wurde am 9.3.2010 Restschuldbefreiung erteilt. Mit Schreiben vom 4.7.2011 teilte der vormalige Insolvenzverwalter dem Insolvenzgericht mit, dass er nach Mitteilung der Staatsanwaltschaft nunmehr Kenntnis von einem gemeinsamen Guthaben des Schuldners und seiner Ehefrau in Höhe von etwa 15.000 EUR erlangt habe, das bisher dem dinglichen Arrest gemäß eines Beschlusses des Amtsgerichts vom 2.12.1999 unterlegen habe. Da er von diesem Guthaben zuvor keine Kenntnis gehabt habe, regte er die Anordnung einer Nachtragsverteilung gem. § 203 Abs. 1 Nr. 3 InsO an. Mit Beschluss vom 6.7.2011 hat das Insolvenzgericht die Nachtragsverteilung angeordnet und deren Vollzug dem früheren Verwalter übertragen. Gegen diese Anordnung richtete sich die sofortige Beschwerde des Schuldners, mit der er geltend machte, dass für eine Nachtragsverteilung nach Erteilung der Restschuldbefreiung kein Raum sei. Darüber hinaus handle es sich bei den vor Verfahrenseröffnung arrestierten Beträgen nicht um Massegegenstände i.S.d. § 203 Abs. 1 Nr. 3 InsO. Diese Auffassungen teilte das Beschwerdegericht dagegen nicht.

Nach Ansicht des LG Dessau-Roßlau ist eine Nachtragsverteilung auch noch nach Erteilung der Restschuldbefreiung statthaft, da weiterhin die Voraussetzungen des § 203 Abs. 2 InsO gegeben seien. Die Erteilung der Restschuldbefreiung ändere nichts an der Zulässigkeit einer Nachtragsverteilung, da die Restforderungen der Insolvenzgläubiger weiterhin als unvollkommene Verbindlichkeiten

1056 LG Dessau-Roßlau, Beschl. v. 2.9.2011 – 1 T 193/11, NZI 2012, 281.

erfüllbar und lediglich nicht mehr zwangsweise durchsetzbar seien.[1057] Werde nach Ablauf der Wohlverhaltensperiode und Erteilung der Restschuldbefreiung weiteres Vermögen des Schuldners aufgefunden, das ursprünglich zur Insolvenzmasse gehörte, stelle es eine interessengerechte Lösung dar, dieses im Wege der Nachtragsverteilung an die Gläubiger zu verteilen. Hierin liege auch keine unangemessene Benachteiligung des Schuldners. Da die Anordnung des Arrests lediglich ein Pfändungspfandrecht begründet habe[1058], hätten die streitgegenständlichen Forderungen auch zur Insolvenzmasse gehört, sodass die Anordnung der Nachtragsverteilung auch nicht zu beanstanden gewesen sei.

3. Literaturansichten

Die Mehrheit in der Literatur folgt der soeben dargestellten Rechtsprechung und hält eine Nachtragsverteilung auch noch nach bereits erteilter Restschuldbefreiung für zulässig.[1059] Als Grund wird vornehmlich angeführt, dass die Nachtragsverteilung nicht zu einer nachträglichen Haftung führe, sondern allein eine konsequente Durchführung der bestehenden insolvenzrechtlichen Haftung darstelle.[1060] Mit der Nachtragsverteilung werde die mit der Restschuldbefreiung geschaffene Position des Schuldners nicht beeinträchtigt.[1061] Die Restschuldbefreiung solle nicht den zufällig erreichten Befriedigungsstand verstetigen, sondern dem Schuldner wirtschaftliche Bewegungsfreiheit verschaffen, nachdem im Verfahren das greifbare Vermögen versilbert worden ist. Was der Nachtragsverteilung unterliegt, zähle aber noch zu dem zu versilbernden Vermögen und

1057 LG Dessau-Roßlau, Beschl. v. 2.9.2011 – 1 T 193/11, NZI 2012, 281.

1058 LG Dessau-Roßlau, Beschl. v. 2.9.2011 – 1 T 193/11, NZI 2012, 281, 282. Dieser Aspekt bleibt in der weiteren Bearbeitung außer Betracht. Es sei aber kurz angemerkt, dass dies Zustimmung verdient. Vgl. auch *Cranshaw*, jurisPR-InsR 9/2012 Anm. 4, der zutreffend darauf aufmerksam macht, dass sich die Nachtragsverteilung nur auf den Betrag erstrecken könne, der dem Schuldner im Innenverhältnis zu seiner Ehefrau zusteht. Der mit der Nachtragsverteilung beauftragte Verwalter benötige insoweit die Zustimmung der Ehefrau zur Auszahlung.

1059 Vgl. *Cranshaw*, jurisPR-InsR 9/2012 Anm. 4; *Hess/Obermüller*, Rn. 1219; *Becker*, Rn. 1470; Kohte/Ahrens/Grote/Busch/*Ahrens*, InsO, § 301 Rn. 32; K. Schmidt/*Henning*, InsO, § 300 Rn. 10 und § 301 Rn. 12; Kreft/*Landfermann*, InsO, § 301 Rn. 7; LSZ/*Kiesbye*, InsO, § 301 Rn. 15; Graf-Schlicker/*Kexel*, InsO, 3. Aufl., § 301 Rn. 12; *Schmerbach*, VIA 2012, 32; KPB/*Wenzel*, InsO, § 286 Rn. 81; KPB/*Holzer*, InsO, § 203 Rn. 36; FK-InsO/*Ahrens*, § 301 Rn. 13; HWF/*Schmerbach*, InsO, 2. Aufl., § 301 Rn. 23; Mohrbutter/Ringstmeier/*Pape*, § 17 Rn. 179.

1060 Kohte/Ahrens/Grote/Busch/*Ahrens*, InsO, § 301 Rn. 32.

1061 FK-InsO/*Ahrens*, § 301 Rn. 13.

dürfe daher nicht durch den zufälligen Verlauf der Ereignisse der Befriedigung der Gläubiger entzogen werden.[1062] Der Nachtragsverteilung könne auch nicht der Umstand entgegengehalten werden, dass die durch die Nachtragsverteilung zu befriedigenden Forderungen der Insolvenzgläubiger mit Erteilung der Restschuldbefreiung nicht mehr durchsetzbar sind, da der Vollzug der Nachtragsverteilung auf Grundlage des Schlussverzeichnisses erfolge und hier auch bereits verjährte Forderungen Berücksichtigung fänden.[1063] Nichts anderes könne daher für solche Forderungen gelten, die aus einem anderen Grund nicht mehr durchsetzbar sind.

Dieser Ansicht ist *Zimmer* entgegengetreten. Nach *Zimmer* ist eine Nachtragsverteilung nach erteilter Restschuldbefreiung unzulässig, da die Restschuldbefreiung gem. § 301 Abs. 1 InsO gegen alle Insolvenzgläubiger wirke.[1064] Die oben kurz erwähnte Entscheidung des BGH vom 10.7.2008 kritisiert *Zimmer* dahingehend, dass diese Frage im dortigen Fall nicht entscheidungserheblich gewesen sei und der Senat seine Auffassung daher nicht begründet habe. Die Restschuldbefreiung bewirke, dass der Anspruch des Gläubigers nicht mehr durchsetzbar ist. Der Schuldner könne die Forderung zwar noch erfüllen, hierzu sei er aber nicht verpflichtet. Ließe man nun die Nachtragsverteilung auch nach erteilter Restschuldbefreiung zu, würde das bedeuten, dass der Nachtragsverwalter bzw. Treuhänder Zahlungen aus dem schuldnerischen Vermögen leistet, obwohl der Schuldner selbst nicht mehr zur Zahlung verpflichtet ist.[1065] Dem Schuldner stünden dann in dieser Situation Schadensersatzansprüche gegen den Verwalter bzw. Treuhänder zu. Eine Nachtragsverteilung kommt nach *Zimmer* selbst dann nicht in Betracht, wenn sie Forderungen betrifft, die nach § 302 InsO von der Restschuldbefreiung ausgenommen sind, da § 205 InsO auf das Schlussverzeichnis rekurriere und dort die Qualifikation der Forderung keine Rolle spiele.[1066] Bei nachträglicher Ermittlung weiterer Massegegenstände ist nach *Zimmer* daher ein Antrag auf Widerruf der Restschuldbefreiung nach § 303 InsO die richtige Vorgehensweise, soweit es der Sphäre des Schuldners zugerechnet werden kann, dass ein Vermögensgegenstand nicht verwertet wurde. Nach Widerruf der Restschuldbefreiung sei dann auch eine Nachtragsverteilung wieder möglich.[1067]

1062 *Becker*, Rn. 1470.
1063 *Hess/Obermüller*, Rn. 1219; KPB/*Wenzel*, InsO, § 286 Rn. 81.
1064 *Zimmer*, KTS 2009, 199, 212.
1065 *Zimmer*, KTS 2009, 199, 213.
1066 Ebd.
1067 Ebd.

4. *Stellungnahme*

Bei der Frage, welche Ansicht im Ergebnis vorzugswürdig ist, kommt es zunächst darauf an, welche Wirkung die Restschuldbefreiung hat.

Der Sinn und Zweck der Restschuldbefreiung besteht darin, dem redlichen Schuldner nach Durchführung eines Insolvenzverfahrens einen schuldenfreien wirtschaftlichen Neuanfang zu ermöglichen.[1068] Insofern sieht § 201 Abs. 3 InsO vor, dass das ansonsten bestehende freie Nachforderungsrecht der Gläubiger entfällt, wenn dem Schuldner Restschuldbefreiung erteilt wird. Folge der Erteilung der Restschuldbefreiung ist die Umwandlung der Ansprüche der Gläubiger in sog. Naturalobligationen bzw. unvollkommene Verbindlichkeiten; d.h. die Gläubiger können ihre Ansprüche nicht mehr durchsetzen, der Schuldner kann sie aber erfüllen.[1069]

Bereits an dieser Stelle fällt auf, dass die Argumentation von *Zimmer* nicht überzeugt. I.R.d. Nachtragsverteilung steht nämlich nicht die Befriedigung der Naturalobligationen, sondern die Befriedigung der angemeldeten und anerkannten Tabellenforderungen aus der Insolvenzmasse im Fokus.[1070] Die Restschuldbefreiung basiert auf dem Gedanken, dass der Schuldner sein gesamtes pfändbares Vermögen zur Befriedigung der Gläubiger eingesetzt hat[1071] und dennoch nicht alle Verbindlichkeiten getilgt werden konnten. Von den verbleibenden Schulden soll der Schuldner befreit werden. Hiervon ist jedoch der spätere Zugriff auf sich nachträglich herausstellende Massegegenstände der ehemaligen Insolvenzmasse zu unterscheiden[1072], da die Rechtsfolge der Umwandlung in Naturalobligationen unter die Voraussetzung gestellt ist, dass das vorhandene pfändbare Vermögen an die Gläubiger verteilt wurde.[1073] Die Zulässigkeit der Nachtragsverteilung folgt bereits aus dem Umstand, dass (ehemalige) Massegegenstände zur Befriedigung der festgestellten und nicht befriedigten Gläubigerforderungen bestimmt sind.[1074] Betrachtet man insbesondere den der Entscheidung des LG Dessau-Roßlau zugrundeliegenden Sachverhalt genauer, so fällt ohne weiteres auf, dass der Schuldner bereits bei Verfahrenseröffnung

---

1068 LSZ/*Kiesbye*, InsO, § 286 Rn. 2 m.w.N.; *Adam*, DZWIR 2006, 495.

1069 Braun/*Lang*, InsO, § 301 Rn. 1; MünchKomm/*Stephan*, InsO, 2. Aufl., § 301 Rn. 3; Graf-Schlicker/*Kexel*, InsO, 3. Aufl., § 301 Rn. 1;HWF/*Schmerbach*, InsO, 2. Aufl., § 301 Rn. 7; *Hess*, InsO, § 301 Rn. 4; Kreft/*Landfermann*, InsO, § 301 Rn. 1; *Adam*, DZWIR 2006, 495, 497; *Döbereiner*, S. 228.

1070 *Cranshaw*, jurisPR-InsR 9/2012 Anm. 4.

1071 Vgl. Uhlenbruck/*Vallender*, InsO, 13. Aufl., § 300 Rn. 29.

1072 *Cranshaw*, jurisPR-InsR 9/2012 Anm. 4.

1073 Kreft/*Landfermann*, InsO, § 301 Rn. 7.

1074 *Cranshaw*, jurisPR-InsR 9/2012 Anm. 4.

Kenntnis von dem beschlagnahmten Vermögen hatte, dies dem Verwalter aber nicht mitgeteilt hat. Hätte er hier seinen Auskunfts- und Mitwirkungspflichten genügt, so wäre der belastete Massegegenstand schon während des Verfahrens festgestellt worden und hätte einer Nachtragsverteilung vorbehalten werden können.[1075] Gründe dafür, diese Vermögenswerte nunmehr dem Schuldner endgültig zu belassen, sind nicht ersichtlich. Zudem ist *Zimmers* Lösungsvorschlag, in diesen Fällen die Restschuldbefreiung zu widerrufen, ein härterer Eingriff in die Schuldnersphäre als die Anordnung der Nachtragsverteilung hinsichtlich bestimmter (ehemaliger) Massewerte.

Ferner übersieht *Zimmer*, dass auch der Zweck der Restschuldbefreiung einer späteren Nachtragsverteilung nicht entgegensteht. Der Zweck der Restschuldbefreiung besteht nämlich darin, die Haftung des Schuldners mit solchem Vermögen auszuschließen, das nach der Restschuldbefreiung erworben wurde.[1076] Die Nachtragsverteilung erfasst dagegen nur solche Vermögenswerte, die noch während des eröffneten Insolvenzverfahrens erworben wurden.

Darüber hinaus kann der Zulässigkeit der Nachtragsverteilung auch nicht der Umstand entgegengehalten werden, dass sich die Verbindlichkeiten des Schuldners nach Erteilung der Restschuldbefreiung in unvollkommene Verbindlichkeiten umwandeln. Oben[1077] wurde bereits dargestellt, dass auch verjährte Forderungen an der Nachtragsverteilung teilnehmen, sofern diese im Schlussverzeichnis aufgeführt sind. Nichts anderes kann daher für Forderungen gelten, die wegen eines anderen Grundes nicht mehr durchsetzbar sind.[1078]

Wie das LG Dessau-Roßlau zutreffend herausstellt, steht § 203 InsO einer Anordnung nach Erteilung der Restschuldbefreiung nicht entgegen. § 203 Abs. 2 InsO lässt eine Nachtragsverteilung nach Verfahrensaufhebung ausdrücklich zu, ohne dabei eine verfahrensmäßige Begrenzung vorzunehmen.[1079]

Daher verdient die überwiegende Ansicht den Vorzug, sodass einer Nachtragsverteilung eine zwischenzeitig erteilte Restschuldbefreiung nicht entgegensteht.[1080] Eine Nachtragsverteilung ist hier nicht nur hinsichtlich nachträglich

---

1075 Vgl. *Cranshaw*, jurisPR-InsR 9/2012 Anm. 4.

1076 *Hess/Obermüller*, Rn. 1219; KPB/*Wenzel*, InsO, § 286 Rn. 81. Vgl. auch LG Duisburg, Urt. v. 18.10.2010 – 4 O 178/09, NZI 2011, 69, 70.

1077 Vgl. das Kapitel Teil 4., A., II., 2.

1078 KPB/*Wenzel*, InsO, § 286 Rn. 81; Uhlenbruck/*Vallender*, InsO, 13. Aufl., § 300 Rn. 29.

1079 Vgl. auch Uhlenbruck/*Vallender*, InsO, 13. Aufl., § 300 Rn. 29.

1080 In der Praxis kommt eine Nachtragsverteilung vor allem bei Pflichtteilsansprüchen, die der Schuldner erst nach erteilter Restschuldbefreiung geltend macht, in Betracht, vgl. *Schmerbach*, InsbürO 2011, 188.

ermittelter Gegenstände i.S.d. § 203 Abs. 1 Nr. 3 InsO, sondern auch in den weiteren Fällen des § 203 Abs. 1 zulässig.[1081] Für eine Beschränkung auf § 203 Abs. 1 Nr. 3 InsO sind nämlich keine Gründe ersichtlich, zumal die (ursprüngliche) Massezugehörigkeit der Gegenstände der § 203 Abs. 1 Nr. 1 und Nr. 2 InsO unzweifelhaft feststeht und auch diese Vermögenswerte der Gläubigergemeinschaft haftungsrechtlich zugewiesen wurden. Sofern man dem BGH in der oben dargestellten Entscheidung unterstellt, dass dieser eine Nachtragsverteilung nur in den Fällen des § 203 Abs. 1 Nr. 3 InsO für zulässig erachtet hat, ist zu beachten, dass im zugrundeliegenden Sachverhalt lediglich der Tatbestand des § 203 Abs. 1 Nr. 3 InsO gegeben war. Der Begründung des BGH ist dagegen nicht zu entnehmen, dass der Senat eine Nachtragsverteilung nach erteilter Restschuldbefreiung lediglich auf die Fälle des § 203 Abs. 1 Nr. 3 InsO beschränken wollte.

III. Nachtragsverteilung bzgl. abgetretenem Vermögenswert gem. § 287 Abs. 2 InsO bei Ende der Laufzeit der Abtretungserklärung?

Es wurde bereits kurz dargestellt, dass eine Nachtragsverteilung hinsichtlich solcher Vermögenswerte ausscheidet, die bereits von der Abtretungserklärung des § 287 Abs. 2 S. 1 InsO erfasst werden und die der Treuhänder bereits im Aufgabenbereich des § 292 Abs. 1 S. 2 InsO zu verwalten hat. Sind allerdings Gegenstände betroffen, die nicht von der Abtretungserklärung erfasst werden, kann eine rechtmäßige Verteilung an die Gläubiger *nur* nach Anordnung der Nachtragsverteilung erfolgen, da dem Treuhänder ansonsten die Verfügungsbefugnis über diese Vermögenswerte fehlt.

Fraglich ist aber, ob eine Nachtragsverteilung u.U. dann notwendig ist, wenn der im Streit stehende Gegenstand zwar von der Abtretungserklärung des § 287 Abs. 2 InsO erfasst wird, die Laufzeit der Abtretung jedoch zwischenzeitig geendet hat.

Mit einer solchen Fragestellung musste sich das AG Duisburg in seiner Entscheidung vom 24.3.2010 befassen.[1082] Im zugrundeliegenden Sachverhalt

---

1081 An dieser Stelle wird in der Literatur zwar teilweise lediglich § 203 Abs. 1 Nr. 3 InsO angeführt; vgl. *Hess/Obermüller*, Rn. 1219; KPB/*Holzer*, InsO, § 203 Rn. 36 (unter Zitierung von BGH, Beschl. v. 10.7.2008 - IX ZB 172/07); FK-InsO/*Ahrens*, § 301 Rn. 13; HWF/*Schmerbach*, InsO, 2. Aufl., § 301 Rn. 23. Allerdings stellen die genannten Autoren in diesem Zusammenhang auch hauptsächlich auf den Fall der vom Schuldner verheimlichten Gegenstände ab, die unstreitig unter den Tatbestand des § 203 Abs. 1 Nr. 3 InsO fallen, vgl. bspw. Mohrbutter/Ringstmeier/*Pape*, § 17 Rn. 179.

1082 AG Duisburg, Beschl. v. 24.3.2010 - 62 IK 86/03, ZInsO 2010, 1071.

wurde der Treuhänderin bekannt, dass der Schuldner pfändbare Bezüge, die von der Abtretungserklärung gem. § 287 Abs. 2 S. 1 InsO erfasst waren, selbst vereinnahmt hatte. Noch während der Laufzeit der Abtretungserklärung reichte sie diesbezüglich beim LG Duisburg Klage gegen den Schuldner ein, über die bis zur hier besprochenen Entscheidung des AG Duisburg noch nicht entschieden wurde. Nachdem die Laufzeit der Abtretungserklärung geendet hat und dem Schuldner Restschuldbefreiung erteilt wurde, beantragte die Treuhänderin nunmehr hinsichtlich der eingeklagten Beträge eine Nachtragsverteilung anzuordnen. Diesem Anordnungsbegehren entsprach das AG Duisburg jedoch nicht. Das Gericht führte aus, dass eine Nachtragsanordnung nicht erforderlich sei, weil die Treuhänderin schon von Rechts wegen auch nach Erteilung der Restschuldbefreiung die von ihr beanspruchten Befugnisse habe.[1083] Die Treuhänderin sei auch nach Ablauf der Abtretungserklärung berechtigt, die von der Abtretungserklärung erfassten, aber noch nicht vereinnahmten Bezüge von den Drittschuldnern einzuziehen. Die fortdauernde Befugnis der Treuhänderin folge aus dem Umstand, dass das Gesetz nicht ausdrücklich bestimme, wann das Amt des Treuhänders beendet ist. Lediglich für den Fall der vorzeitigen Beendigung enthalte § 299 InsO eine Sonderregelung. Die insoweit teilweise vertretenen Gegenansichten, die eine Beendigung des Amtes des Treuhänders entweder mit dem Ende der Laufzeit der Abtretungserklärungen oder mit rechtskräftiger Erteilung der Restschuldbefreiung annehmen, würden nicht überzeugen. Das Amt des Treuhänders ende erst, wenn er alle ihm vom Gesetz zugewiesenen Aufgaben erfüllt hat. Die zeitliche Begrenzung der erklärten Abtretung auf 6 Jahre sei in diesem Zusammenhang ohne Bedeutung, da sie nur das Objekt der Abtretung bestimme. Dagegen betreffe sie nicht den Zeitraum, innerhalb dessen der Treuhänder die abgetretenen Forderungen geltend machen dürfe. Wurde der Forderungseinzug am Ende der Laufzeit der Abtretungserklärung noch nicht abgeschlossen, so bleibe der Treuhänder auch nach Erteilung der Restschuldbefreiung aufgrund der Abtretungserklärung verwaltungs- und verfügungsbefugt.[1084] Diese Ausführungen überzeugen.

Zunächst hat das AG Duisburg die Anordnung der Nachtragsverteilung zutreffend abgelehnt. Eine Nachtragsverteilung war hinsichtlich der streitigen Beträge von vornherein nicht möglich, da eine solche nur Gegenstände der (vormaligen) Insolvenzmasse erfasst, um die es hier jedoch gerade nicht ging. Die streitigen Beträge gehörten nicht zur ursprünglichen Insolvenzmasse, da der

1083 AG Duisburg, Beschl. v. 24.3.2010 – 62 IK 86/03, ZInsO 2010, 1071, 1072.
1084 AG Duisburg, Beschl. v. 24.3.2010 – 62 IK 86/03, ZInsO 2010, 1071, 1072.

Schuldner die Beträge erst *nach* Verfahrensaufhebung erlangte. Die streitigen Beträge wurden allerdings von der Abtretungserklärung des § 287 Abs. 2 InsO erfasst. Doch auch dieser Umstand führt nicht zur Zulässigkeit der Nachtragsverteilung. Aus der systematischen Stellung im Gesetz sowie aus dem Wortlaut des § 203 Abs. 1 InsO folgt, dass eine Nachtragsverteilung nur hinsichtlich solcher Gegenstände in Betracht kommt, die zur *Insolvenzmasse* gehörten.[1085] Die Nachtragsverteilung knüpft immer an ein *Insolvenzverfahren* an, gleichgültig, ob dieses bis zur Schlussverteilung durchgeführt wurde oder vorher eingestellt werden musste. Die §§ 203 ff. InsO gelten somit nicht analog für solche Gegenstände, die der Verwaltung und Verteilung durch den Treuhänder während der Wohlverhaltensperiode unterliegen, da das Gesetz hier keine Regelungen enthält und eine analoge Anwendung auch nicht geboten ist.[1086] Eine analoge Anwendung des § 203 InsO ist aufgrund der Unterschiede zwischen Insolvenz- und Restschuldbefreiungsverfahren auch nicht gerechtfertigt[1087], da es im Insolvenzverfahren nicht nur um die Verteilung, sondern vor allem auch um die Verwertung der Masse geht, während der Treuhänder im Restschuldbefreiungsverfahren vorwiegend nur Barmittel vereinnahmt, die er sodann in regelmäßigen Abständen an die Gläubiger zu verteilen hat.

Darüber hinaus überzeugen auch die weiteren Ausführungen des AG Duisburg. Abgesehen davon, dass eine Nachtragsverteilung von vornherein nicht möglich war, bedurfte es einer solchen auch nicht, da die Treuhänderin selbst nach erteilter Restschuldbefreiung weiterhin prozessführungsbefugt war.[1088] Zwar ist umstritten, wann das Amt des Treuhänders im Restschuldbefreiungsverfahren endet. Das Meinungsspektrum reicht hier von dem Ende der Laufzeit der Abtretungserklärung[1089] über den Zeitpunkt der rechtskräftigen Erteilung der

---

1085 Vgl. auch BGH, Beschl. v. 2.12.2010 – IX ZB 184/09, ZIP 2011, 135, 137 Rn. 13: Die Nachtragsverteilung betreffe ehemalige Massegegenstände. Von der Abtretungserklärung des § 287 Abs. 2 InsO würden dagegen nur Forderungen erfasst werden, die nach Verfahrensaufhebung entstehen.

1086 Dies hat auch der BGH ausdrücklich hervorgehoben, vgl. BGH, Beschl. v. 10.1.2013 – IX ZB 163/11, NJW 2013, 870, 872 Rn. 19: „[…]; denn eine „Nachtragsverteilung" entsprechend §§ 203 ff. InsO von erst nach Erteilung der Restschuldbefreiung an den Treuhänder herausgegebenem Vermögen sieht die Insolvenzordnung nicht vor."

1087 *Grahlmann*, NZI 2010, 523, 524.

1088 Dies sah auch das zuständige Prozessgericht so, vgl. LG Duisburg, Urt. v. 18.10.2010 – 4 O 178/09, NZI 2011, 69, 70.

1089 So: Graf-Schlicker/*Kexel*, InsO, 3. Aufl., § 300 Rn. 7; Uhlenbruck/*Vallender*, InsO, 13. Aufl., § 292 Rn. 10; *Döbereiner*, S. 333. In diesem Sinne wohl auch *Grahlmann*, NZI 2010, 523, 524, der annimmt, dass mit Ablauf der Laufzeit der Abtretungserklärung

Restschuldbefreiung[1090] bis hin zu der (an den Ausführungen des AG Duisburg orientierten) Annahme, dass das Amt erst ende, wenn der Treuhänder alle Aufgaben, also auch die letzte Verteilung, erfüllt hat[1091]. Im Ergebnis kann allerdings nur die zuletzt genannte Ansicht überzeugen. Gegen die erstgenannte Ansicht spricht schon, dass der Schuldner nicht bereits mit dem Ende der Laufzeit der Abtretungserklärung, sondern erst mit Rechtskraft der Restschuldbefreiungsentscheidung die Inhaberschaft über die betreffenden Forderungen und damit das volle Verfügungsrecht überhaupt wiedererlangen würde.[1092] Dass das Amt mindestens bis zur Erteilung der Restschuldbefreiung fortbesteht, folgt auch aus § 300 Abs. 1 InsO, wonach der Treuhänder vor Erteilung der Restschuldbefreiung angehört werden muss. Daher muss das Amt allein zu diesem Zweck zumindest bis zum Anhörungstermin fortdauern.[1093] Aber auch die zweitgenannte Ansicht, die auf den Zeitpunkt der rechtskräftigen Erteilung der Restschuldbefreiung abstellt, überzeugt nicht. Diese Ansicht übersieht nämlich gerade diejenigen Fallgestaltungen, in denen bis zu diesem Zeitpunkt noch nicht alle abgetretenen Beträge an die Gläubiger verteilt werden konnten. Da eine Nachtragsverteilung unzulässig ist, muss es dem Treuhänder jedoch möglich sein, auch nach Erteilung der Restschuldbefreiung die an ihn abgetretenen Beträge einzuziehen.[1094] Diese Befugnis hat der Treuhänder aber auch nach erteilter Restschuldbefreiung, da insoweit sein Amt fortbesteht. Zwar mag man sich an dieser Stelle fragen, warum das Amt des Treuhänders auch über die Erteilung der Restschuldbefreiung hinaus ohne Weiteres fortbestehen kann, wo doch i.R.d. Regelinsolvenzverfahrens ausdrücklich hervorgehoben wurde, dass das Amt des Verwalters nur beschränkt und auch nur dann fortbestehen kann, wenn bestimmte Beträge hinterlegt wurden, bestimmte Vermögenswerte einer Nachtragsverteilung vorbehalten wurden oder eine solche bereits angeordnet wurde. Diese Frage lässt sich hingegen damit beantworten, dass zwischen Insolvenz- und Restschuldbefreiungsverfahren ein entscheidender Unterschied besteht: Während sich die Prozessführungsbefugnis des Verwalters im Insolvenzverfahren am Insolvenzbeschlag orientiert und somit allein die Tatsache, dass eine Klage bei Verfahrensaufhebung noch rechtshängig ist, nicht ausreicht, um eine fortdauernde Prozessführungsbefugnis zu

---

die Verwaltungsbefugnis der Treuhänderin und damit ihre Prozessführungsbefugnis entfalle.

1090 So: MünchKomm/*Ehricke*, InsO, 2. Aufl., § 292 Rn. 12; FK-InsO/*Ahrens*, § 291, Rn. 9.

1091 So: NR/*Römermann*, InsO, § 292 Rn. 9.

1092 Uhlenbruck/*Vallender*, InsO, 13. Aufl., § 300 Rn. 28.

1093 NR/*Römermann*, InsO, § 292 Rn. 9.

1094 So auch HWF/*Schmerbach*, InsO, 2. Aufl., § 287 Rn. 14.

begründen, orientieren sich die Befugnisse des Treuhänders in der Restschuldbefreiungsphase an den Wirkungen der Abtretungserklärung des § 287 Abs. 2 InsO. M.a.W.: Der Treuhänder leitet seine Befugnisse eben aus dieser Abtretung her, da er die abgetretenen Vermögenswerte treuhänderisch zu verwalten[1095] hat. Es ist kein Grund dafür ersichtlich, mit Erteilung der Restschuldbefreiung sämtliche Wirkungen der (vorherigen) Abtretungserklärung entfallen zu lassen.[1096] Die vorherige Abtretung gem. § 287 Abs. 2 InsO wird durch die Erteilung der Restschuldbefreiung gerade nicht rückgängig gemacht. Die Laufzeit der Abtretungserklärung beschränkt vielmehr lediglich das Abtretungsobjekt in zeitlicher Hinsicht. Die Begrenzung der Laufzeit der Abtretungserklärung will nur dem Schuldner irgendwann einen wirtschaftlichen Neuanfang ermöglichen, indem sie den Gläubigern den Zugriff auf den Neuerwerb des Schuldners nach Ende der Abtretungsfrist entziehen will.[1097]

Da es sich im zugrundeliegenden Sachverhalt um solche Vermögenswerte gehandelt hat, die von der vorherigen Abtretungserklärung des § 287 Abs. 2 InsO erfasst wurden, war die Treuhänderin aufgrund der fortdauernden Abtretung befugt, den Prozess zur Einziehung der abgetretenen Beträge auch nach Erteilung der Restschuldbefreiung fortzuführen.[1098] Anders ist dies hingegen zu beurteilen, wenn es sich nicht um Gegenstände nach § 287 Abs. 2 InsO handelt, sondern um solche, bei denen eine entsprechende Mitwirkungshandlung des Schuldners notwendig ist. Namentlich zu nennen ist hier die Herausgabe des hälftigen Wertes einer erlangten Erbschaft nach § 295 Abs. 1 Nr. 2 InsO. In diesem Fall kann der Treuhänder seine Befugnisse nämlich nicht aus einer erfolgten Abtretung herleiten. Da die §§ 203 ff. InsO keine analoge Anwendung finden, sollte in diesen Fällen mit der Erteilung der Restschuldbefreiung solange zugewartet werden, bis

1095 Vgl. *Smid*, Handbuch, § 46 Rn. 49.

1096 So aber anscheinend: MünchKomm/*Stephan*, InsO, 2. Aufl., § 287 Rn. 59.

1097 Dies wird zukünftig durch die Neuregelung des § 300a InsO durch das „Gesetz zur Verkürzung des Restschuldbefreiungsbefreiungsverfahrens und zur Stärkung der Gläubigerrechte", BGBl. 2013, S. 2382, deutlich, das zum 1.7.2014 in Kraft tritt. Die Neuregelung ist aber auch für das Insolvenzverfahren von Bedeutung, da nach § 300a Abs. 1 InsO n.F. solches Vermögens nicht mehr zur Insolvenzmasse gehört, das nach Ende der Abtretungsfrist erworben wird. Dieses Vermögens kann mangels Massezugehörigkeit dann auch nicht als Gegenstand einer späteren Nachtragsverteilung in Betracht kommen, wie dies vom BGH erst kürzlich ausdrücklich klargestellt wurde, vgl. BGH, Beschl. v. 13.2.2014 – IX ZB 23/13, NZI 2014, 312, 313.

1098 Vgl. auch die nach dem Urteil des AG Duisburg ergangene Entscheidung des LG Duisburg, Urt. v. 18.10.2010 – 4 O 178/09, NZI 2011, 69, 70. Krit. dazu allerdings *Töreki*, NZI 2011, 72.

der Nachlass verwertet und die Hälfte des Nachlasswertes an den Treuhänder herausgegeben wurde.[1099]

C. Eigenverwaltung

Auch bei der Eigenverwaltung ist grundsätzlich über § 270 Abs. 1 InsO die Durchführung eines Nachtragsverteilungsverfahrens denkbar.[1100] Fraglich ist hier allerdings zum einen, wer für die Nachtragsverteilung zuständig ist, und zum anderen, wer die Durchführung einer Nachtragsverteilung beantragen kann und wem ein Beschwerderecht nach § 204 InsO zusteht.

I. Zuständigkeit für die Durchführung der Nachtragsverteilung

Die Frage, wer für die Durchführung der Nachtragsverteilung zuständig ist, wird nicht einheitlich beantwortet.

Nach *Huhn* ist der Sachwalter für die Nachtragsverteilung zuständig, da die Gefahr für die Gläubiger besonders groß sei, dass der Schuldner im eigenen Interesse seiner Pflicht zur weiteren Verteilung nach dem Schlusstermin nicht nachkomme.[1101] Die Aufgabe nach § 203 Abs. 1 InsO setze notwendigerweise eine Unabhängigkeit voraus. Zudem hätte es des Beschwerderechts nach § 204 Abs. 2 S. 2 InsO nicht bedurft, wenn der Schuldner eine Entscheidung gem. § 203 InsO wie ein Insolvenzverwalter treffen würde.[1102] Die Zuständigkeit des Sachwalters ergebe sich ferner direkt aus § 283 Abs. 2 S. 1 InsO, nach dem der Schuldner streng genommen nur für die „Verteilung" zuständig sei. In § 203 InsO sei dagegen die Pflicht zur Eröffnung eines weiteren Verteilungsverfahrens geregelt.[1103] Die Situation des § 203 InsO entspreche derjenigen des § 285 InsO, wonach der Sachwalter für die Anzeige der Masseunzulänglichkeit zuständig ist. In beiden Fällen sei es unwahrscheinlich, dass der Schuldner die Integrität besitze, eine Entscheidung gegen sich selbst zu treffen.[1104]

Die überwiegende Literatur vertritt demgegenüber die Ansicht, dass die Nachtragsverteilung wegen der Regelung des § 283 Abs. 2 S. 1 InsO vom Schuldner

1099 Vgl. BGH, Beschl. v. 10.1.2013 – IX ZB 163/11, NJW 2013, 870, 872 Rn. 19, m. zust. Anm. *Wollmann*, ZEV 2013, 271, 272. Krit. dagegen im Hinblick darauf, dass der BGH keine Fristen bestimmt hat, *Reimann*, FamRZ 2013, 451.

1100 BerlKomm/*Blersch*, InsO, § 6 InsVV Rn. 6.

1101 *Huhn*, Rn. 794.

1102 Ebd.

1103 *Huhn*, Rn. 795.

1104 *Huhn*, Rn. 796.

vorzunehmen sei.[1105] Der Sachwalter habe gleichwohl die Verteilungsgrundlagen zu prüfen und schriftlich dazu Stellung zu nehmen, § 283 Abs. 2 S. 2 InsO.[1106] Allerdings könne das Gericht die Zuständigkeit für die Nachtragsverteilung auch dem früheren Sachwalter oder einem Dritten übertragen.[1107] So werde eine Kollision der Interessen des Schuldners mit denen der Gläubigergemeinschaft vermieden.

Auch nach *Foltis* ist grundsätzlich der Schuldner für die Verteilung zuständig. Etwas anderes gelte jedoch, wenn sich dieser mit der sofortigen Beschwerde gegen die Anordnung zur Wehr setzt. In diesen Fällen sei er aufgrund bestehender Interessenkollisionen von der Nachtragsverteilung ausgeschlossen und dem Sachwalter müsse in entsprechender Anwendung des § 280 InsO die Durchführung der Nachtragsverteilung übertragen werden.[1108]

Welche Ansicht im Ergebnis vorzugswürdig ist, kann nur durch einen Blick auf die gesetzlichen Regelungen sowie auf evtl. bestehende Interessenkollisionen beantwortet werden.

Gegen *Huhns* Ansicht spricht zunächst der Umstand, dass das Gesetz keine Vorschrift vorsieht, nach der dem Sachwalter die Durchführung der Nachtragsverteilung übertragen wurde. Nach der Grundkonzeption der Eigenverwaltung behält der Schuldner während des eröffneten Verfahrens das Verwaltungs- und Verfügungsrecht, § 270 Abs. 1 S. 1 InsO.[1109] Er ist auch nach §§ 282, 283 Abs. 2 S. 1 InsO für Verwertungen und Verteilungen zuständig[1110], wohingegen der

1105 Vgl. MünchKomm/*Wittig*/*Tetzlaff*, InsO, 2. Aufl., § 283 Rn. 20 (die Wirksamkeit der Verteilung könne aber von der Zustimmung des Sachwalters abhängig gemacht werden, vgl. dort Rn. 24); BerlKomm/*Blersch*, InsO, § 6 InsVV Rn. 6; HWF/*Buchalik*, InsO, 2. Aufl., § 283 Rn. 11; KPB/*Pape*, InsO, § 283 Rn. 26; Braun/*Riggert*, InsO, § 283 Rn. 6; Graf-Schlicker/*Graf-Schlicker*, InsO, 3. Aufl., § 283 Rn. 10; Kreft/*Landfermann*, InsO, § 283 Rn. 8; *Walther*, S. 290.

1106 BerlKomm/*Blersch*, InsO, § 6 InsVV Rn. 6; Uhlenbruck/*Uhlenbruck*, InsO, 13. Aufl., § 205 Rn. 6.

1107 So: HWF/*Buchalik*, InsO, 2. Aufl., § 283 Rn. 12; FK-InsO/*Foltis*, § 283 Rn. 5.

1108 FK-InsO/*Foltis*, 7. Aufl., § 283 Rn. 5.

1109 Den Sachwalter treffen hauptsächlich Überwachungs-, Mitwirkungs- und Informationspflichten, Pape/Uhlenbruck/Voigt-Salus/*Pape*, Kap. 39 Rn. 22. Ausschließlich dem Sachwalter übertragen sind dagegen bspw. folgende Bereiche: Anfechtungen und Liquidation von Gesamtschäden gem. § 280 InsO sowie die Anzeige der Masseunzulänglichkeit gem. § 285 InsO.

1110 In § 283 Abs. 2 InsO liegt ein Verweis auf §§ 187 ff. InsO, sodass der Schuldner insoweit an die Stelle des Insolvenzverwalters tritt, FK-InsO/*Foltis*, § 283 Rn. 5; MünchKomm/*Wittig*/*Tetzlaff*, InsO, 2. Aufl., § 283 Rn. 20; KPB/*Pape*, InsO, § 283 Rn. 25;

Sachwalter lediglich das Verteilungsverzeichnis nach § 283 Abs. 2 S. 2 InsO zu prüfen hat. Das Gesetz zählt mithin enumerativ diejenigen Befugnisse auf, die ausschließlich dem Sachwalter zustehen, vgl. beispielsweise § 285 InsO. Mangels gesetzlicher Regelung ist daher anzunehmen, dass der Gesetzgeber diese Zuständigkeitsverteilungen auch i.R.d. Nachtragsverteilung prinzipiell aufrechterhalten wollte[1111], zumal es sich bei der Nachtragsverteilung nur um eine weitere Form der Verteilung handelt. Die Zuständigkeit des Schuldners für die Durchführung der Verteilung folgt somit bereits direkt aus § 283 Abs. 2 S. 1 InsO. Insofern verdient die überwiegende Ansicht Zustimmung.[1112]

Allerdings sollte es in bestimmten Fällen zulässig sein, dem Sachwalter die Durchführung der Nachtragsverteilung zu übertragen. Dies sollte, wie *Foltis* zutreffend anführt, vor allem dann in Erwägung gezogen werden, wenn sich der Schuldner mit der sofortigen Beschwerde gegen die Anordnung wehrt, da in diesem Fall nicht sichergestellt ist, dass der Schuldner die Nachtragsverteilung auch ordnungsgemäß durchführen wird. Einer solchen Übertragung auf den Sachwalter stehen auch keine Bedenken entgegen. Die Zulässigkeit dieser Übertragung folgt zudem aus der Überlegung, dass die Anordnung der Eigenverwaltung im eröffneten Verfahren auch nach § 272 InsO aufgehoben werden kann, womit dann das Verfahren in ein Regelinsolvenzverfahren übergeleitet wird und der Insolvenzverwalter für die Verwertung und Verteilungen zuständig ist[1113]. Nichts anderes kann daher i.R.d. Nachtragsverteilung gelten, in der eine Übertragung lediglich zur Vermeidung von Interessenkollisionen erfolgt. Berücksichtigt man zudem, dass es i.R.d. Nachtragsverteilung häufig um vom Schuldner verheimlichte Gegenstände geht, so erscheint es nur interessengerecht, wenn die Durchführung der Verteilung auf eine andere Person – hier den Sachwalter – übertragen werden kann, da der Schuldner zuvor seinen Mitwirkungs- und Aufklärungspflichten nicht ordnungsgemäß nachgekommen ist.

NR/*Riggert*, InsO, § 283 Rn. 4. Vgl. auch *Huhn*, Rn. 790 ff., der jedoch hinsichtlich der Aufgaben nach §§ 189 f. InsO Bedenken äußert und insoweit den Sachwalter für zuständig erklärt.

1111 Vgl. auch *Walther*, S. 290; *Pape/Hauser*, Rn. 450.

1112 Nicht gefolgt werden kann allerdings der Annahme, dass der Sachwalter auch bei der Nachtragsverteilung die Verteilungsgrundlage gem. § 283 Abs. 2 S. 2 InsO zu prüfen habe. Eine solche Prüfung ist nämlich nicht notwendig, da die Nachtragsverteilung auf Grundlage des (bereits geprüften) Schlussverzeichnisses erfolgt. Grundsätzlich treffen den Sachwalter daher i.R.d. Nachtragsverteilung keine weiteren Aufgaben. Er hat lediglich den Schuldner zu beaufsichtigen, § 270 Abs. 1 S. 1 InsO.

1113 Vgl. LSZ/*Wehdeking*, InsO, § 272 Rn. 10.

II. Antrags- und Beschwerderecht

Unstreitig dürfte hier zunächst sein, dass dem Schuldner und den Insolvenzgläubigern ein solches Antragsrecht zusteht. Das Antragsrecht der Insolvenzgläubiger folgt bereits direkt aus § 203 Abs. 1 InsO. Das Antragsrecht des Schuldners erscheint vor dem Hintergrund, dass dieser bei der Eigenverwaltung grundsätzlich die Aufgaben des Insolvenzverwalters übernimmt, zutreffend.[1114] Da der Insolvenzverwalter gem. § 203 Abs. 1 InsO ein Antragsrecht hat, muss folglich auch dem Schuldner nach aufgehobener Eigenverwaltung eines solches Antragsrecht zugebilligt werden.[1115]

Streitig ist allerdings, ob daneben auch der Sachwalter antragsbefugt ist. Während der Sachwalter nach *Pape* lediglich den Anstoß zur Durchführung einer Nachtragsverteilung geben kann[1116], billigen andere diesem auch ein Antragsrecht zu[1117]. Diese Frage hat zugleich Auswirkungen auf die Beschwerdemöglichkeiten; spricht man dem Sachwalter nämlich ein eigenes Antragsrecht zu, so stünde diesem nach § 204 Abs. 1 S. 2 InsO bei Antragsablehnung auch das Rechtsmittel der sofortigen Beschwerde offen. Gegen ein eigenes Antragsrecht des Sachwalters sprechen allerdings die Regelungen der §§ 270 ff. InsO, wonach der Schuldner an die Stelle des Insolvenzverwalters tritt und damit auch dessen Antragsrecht nach § 203 Abs. 1 InsO übernimmt, wobei der Sachwalter eher eine überwachende Rolle einnimmt. Man mag zwar daran zweifeln, ob ein Schuldner jemals einen Antrag gegen sich selbst stellen wird. Dem Sachwalter verbleibt aber zumindest ein Anregungsrecht, womit das Insolvenzgericht dann die Nachtragsverteilung von Amts wegen anordnen kann.

Gegenüber der Nachtragsverteilung im Regelverfahren besteht hier allerdings hinsichtlich der Beschwerdemöglichkeit eine Besonderheit: Auch wenn dem Insolvenzverwalter im Regelverfahren bei Anordnung des Verfahrens mangels Beschwer kein Beschwerderecht zusteht[1118], steht dem Schuldner ein solches zumindest dann gem. § 204 Abs. 2 S. 2 InsO zu, wenn dieser die

1114 KPB/*Pape*, InsO, § 283 Rn. 26.

1115 Ob ein Schuldner aber in der Praxis jemals einen Antrag gegen sich selbst stellen wird, erscheint mehr als fraglich.

1116 KPB/*Pape*, InsO, § 283 Rn. 26. Aus dieser Formulierung („Anstoß") lässt sich schließen, dass *Pape* eher ein Anregungs- als ein Antragsrecht annimmt.

1117 HWF/*Buchalik*, InsO, 2. Aufl., § 283 Rn. 11; Kreft/*Landfermann*, InsO, § 283 Rn. 8. So wohl auch *Huhn*, Rn. 796, der insgesamt den Sachwalter für zuständig hält. Ebenso *Walther*, S. 290 für eine Nachtragsverteilung im masseunzulänglichen Verfahren.

1118 Vgl. dazu die Ausführungen im Abschnitt Teil 5., G.

Nachtragsverteilung nicht initiiert hat[1119]. Der Schuldner tritt zwar grundsätzlich an die Stelle des Verwalters. Sein Beschwerderecht folgt aber aus dem Umstand, dass er durch die Anordnung unmittelbar nachteilig betroffen ist, da dadurch nachträglich auf sein Vermögen zugegriffen wird. Dagegen ist ein solches Beschwerderecht abzulehnen, wenn die Anordnung der Nachtragsverteilung auf einen eigenen Antrag des Schuldners zurückzuführen ist. In diesen Fällen mangelt es an einer Beschwer des Schuldners[1120] und es stünde bei einer späteren Beschwerde des Schuldners zudem der Vorwurf des venire contra factum proprium im Raum.

D. Insolvenzplanverfahren

Im Folgenden soll der Frage nachgegangen werden, ob eine Nachtragsverteilung auch nach Durchführung eines Insolvenzplanverfahrens zulässig ist.

Allein aus dem Umstand, dass der Gesetzgeber in den §§ 217 ff. InsO keine Regelungen zur Nachtragsverteilung getroffen hat, lässt sich zunächst nicht ohne weiteres auf die Unzulässigkeit der Nachtragverteilung schließen.[1121] Ob eine Nachtragsverteilung auch nach rechtskräftig bestätigtem Insolvenzplan zulässig ist, wird allerdings kontrovers diskutiert.

I. Ablehnende Ansicht

Nach überwiegender Ansicht kommt eine Nachtragsverteilung nach bestätigtem Insolvenzplan nicht in Betracht.

1119 KPB/*Pape*, InsO, § 283 Rn. 26; FK-InsO/*Foltis*, § 283 Rn. 5: Dem Schuldner stehe bei Anordnung das Beschwerderecht in seiner Eigenschaft als Träger der Insolvenzmasse und nicht als Eigenverwalter zu. Ebenso Graf-Schlicker/*Graf-Schlicker*, InsO, 3. Aufl., § 283 Rn. 10.

1120 KPB/*Pape*, InsO, § 283 Rn. 26. Anders dagegen anscheinend: MünchKomm/*Wittig/Tetzlaff*, InsO, 2. Aufl., § 283 Rn. 20, die dem Verwalter ein uneingeschränktes Beschwerderecht zubilligen.

1121 So aber: Uhlenbruck/*Lüer*, InsO, 13. Aufl., § 259 Rn. 10; FK-InsO/*Jaffé*, § 259 Rn. 7. Diese Argumentation greift allerdings nicht durch, da auch in anderen Verfahren, namentlich § 207 InsO, eine Nachtragsverteilung auch ohne ausdrückliche Regelung zulässig ist.

1. *OLG Celle, Beschl. v. 20.11.2006 – 4 U 166/06*

Mit dieser Frage setzte sich insbesondere das OLG Celle in seiner Entscheidung vom 20.11.2006 auseinander.[1122] Im zugrundeliegenden Sachverhalt wollte der beklagte Insolvenzverwalter nach rechtskräftiger Bestätigung des Insolvenzplans und Aufhebung des Insolvenzverfahrens sowie nach Aufhebung der Planüberwachung Gelder, die sich auf seinem Anderkonto befanden, nicht an den Schuldner herausgeben, sondern diese vielmehr im Wege einer Nachtragsverteilung an die Gläubiger verteilen.

Dem folgte das OLG Celle hingegen nicht und stellte in einem obiter dictum fest, dass eine Nachtragsverteilung nach rechtskräftiger Bestätigung eines Insolvenzplans nicht in Betracht komme. Das Gericht begründete dies damit, dass nach überwiegender Auffassung die Regelung des § 259 Abs. 1 InsO, nach der die Ämter des Insolvenzverwalters und der Mitglieder des Gläubigerausschusses mit Aufhebung des Verfahrens erlöschen und der Schuldner die Verwaltungs- und Verfügungsbefugnis zurückerhält, nicht disponibel sei. Die einzige Einschränkung dieser Wirkung sei im Falle einer angeordneten Planüberwachung ein Zustimmungsvorbehalt des Verwalters nach § 263 InsO[1123], der den Verwalter jedoch ebenfalls nicht berechtige, Gegenstände des Schuldners zurückzuhalten und weiter eigene Verfügungsbefugnisse auszuüben. Doch auch diese Regelung komme aufgrund der zwischenzeitigen Aufhebung der Planüberwachung gem. § 268 Abs. 1 InsO ebenfalls nicht in Betracht. Wenn der Schuldner weiterhin über sein Vermögen nicht frei verfügen könnte und der Verwalter partiell im Amt bliebe, würde dies den Sinn und Zweck des Insolvenzplanverfahrens, dem Schuldner die Fortführung des Unternehmens zu ermöglich, auf den Kopf stellen. Die Befürchtung des beklagten Verwalters, dass der Schuldner die Beträge für sich verbrauche und nicht zur Befriedigung der Insolvenzgläubiger einsetze, sei unhaltbar. Würde man dieser Auffassung folgen, so würden die Wirkungen des Insolvenzplans verpuffen, da es tatsächlich dann dabei bliebe, dass ein Fremdverwalter weiterhin die Befriedigung der Gläubiger übernimmt. Die Verantwortung für die Gläubigerbefriedigung nach Verfahrensaufhebung trage aber allein der Schuldner. Gesetzliche Reaktion auf die Nichterfüllung des Insolvenzplans durch den Schuldner sei vielmehr nach § 255 InsO das Wiederaufleben

1122 OLG Celle, Beschl. v. 20.11.2006 – 4 U 166/06, ZInsO 2006, 1327.

1123 Rechtstechnisch handelt es sich bei § 263 InsO um einen teilweisen Fortbestand des Insolvenzbeschlags, vgl. FK-InsO/*Jaffé*, InsO, § 268 Rn. 8

der Forderungen der Gläubiger, soweit der Plan nichts anderes vorsieht. Für eine Nachtragsverteilung sei in diesem System dagegen kein Raum.[1124]

2. Entscheidungen des BGH

Die Entscheidungen des BGH zur Zulässigkeit einer Nachtragsverteilung im Planverfahren erscheinen auf den ersten Blick nicht einheitlich.[1125] Während der 2. Zivilsenat in seinem Urteil vom 7.1.2008 noch die im dortigen Insolvenzplan vorgesehene Nachtragsverteilung ohne nähere kritische Auseinandersetzung erwähnt[1126], lehnt derselbe Senat eine Nachtragsverteilung im Planverfahren in seiner Entscheidung vom 7.7.2008 eindeutig ab[1127]. Zur Begründung führte er aus, dass § 259 Abs. 1 S. 2 InsO nicht vorsehe, dass der Schuldner seine Verfügungsbefugnis nur teilweise zurückerhält. Für die mit einer Nachtragsverteilung verbundenen Beschränkungen der Verwaltungs- und Verfügungsbefugnis fehle es an einer gesetzlichen Grundlage. Die Befriedigung der Insolvenzforderungen sei eine Pflicht des Schuldners, sodass es zu keiner Nachtragsverteilung kommen könne.[1128] Auch in seiner Entscheidung vom 10.12.2009 führte der Senat kurz aus, dass eine Nachtragsverteilung im Insolvenzplanverfahren nicht vorgesehen sei.[1129]

1124 OLG Celle, Beschl. v. 20.11.2006 – 4 U 166/06, ZInsO 2006, 1327, 1328.

1125 So auch die Kritik von *Rendels/Körner*, EWiR 2010, 193, 194.

1126 Vgl. BGH, Urt. v. 7.1.2008 – II ZR 283/06, BGHZ 175, 86, 90, Rn. 11. In diesem Verfahren ging es um die Frage, ob der Insolvenzverwalter eine laut Insolvenzplan treuhänderisch an ihn abgetretene Masseforderung nach Verfahrensaufhebung noch als Partei kraft Amtes oder nur aus eigenem Recht als Zessionar weiterverfolgen kann. Der Senat nahm Letzteres an.

1127 BGH, Urt. v. 7.7.2008 – II ZR 26/07, ZInsO 2008, 1017, 1018 Rn. 10. In diesem Verfahren ging es ebenfalls um die Prozessführungsbefugnis des Verwalters nach Bestätigung eines Insolvenzplans. Der Senat führte hierzu aus, dass der Verwalter nach Aufhebung des Insolvenzplanverfahrens nicht mehr als Partei kraft Amtes, sondern allenfalls als gewillkürter Prozessstandschafter prozessführungsbefugt sei und er dies auch offenzulegen habe.

1128 BGH, Urt. v. 7.7.2008 – II ZR 26/07, ZInsO 2008, 1017, 1018 Rn. 10.

1129 BGH, Urt. v. 10.12.2009 – IX ZR 206/08, ZInsO 2010, 82, 83 Rn. 9. In diesem Verfahren ging es um die Frage, ob das Insolvenzgericht den Insolvenzverwalter im Aufhebungsbeschluss ermächtigen kann, Anfechtungsansprüche nach Verfahrensaufhebung gerichtlich und außergerichtlich geltend zu machen. Dies lehnte der Senat überzeugend ab, da dies der Regelung des § 259 Abs. 3 InsO widerspreche und es für eine solche Ermächtigung durch das Insolvenzgericht keine Rechtsgrundlage gebe.

3. *Überwiegende Literaturansicht*

Auch die überwiegende Ansicht im Schrifttum lehnt eine Nachtragsverteilung im Insolvenzplanverfahren ab.[1130] Gegen die Zulässigkeit der Nachtragsverteilung spreche die abschließende Regelung der Verwertung und Befriedigung der Gläubiger im Insolvenzplan mit den Rechtsfolgen der §§ 227, 254 und 259 InsO.[1131] Die Aufhebung des Verfahrens bewirke, dass die Ämter des Verwalters und der Mitglieder des Gläubigerausschusses erlöschen und der Schuldner die Verfügungsbefugnis über die Massegegenstände zurückerhält. Eine abweichende Regelung gelte, wenn der Insolvenzplan eine Planüberwachung und einen Zustimmungsvorbehalt nach § 263 InsO vorsieht.[1132] Darüber hinausgehende Einschränkungen der Verfügungsbefugnis des Schuldners könnten dagegen im

Vgl. auch die zust. Anm. von *Cranshaw*, jurisPR-InsR 3/2010 Anm. 2; *Blum*, WuB 2010, 312, 314.

1130 Vgl. Kreft/*Flessner*, InsO, § 259 Rn. 2; NR/*Westphal*, InsO, §§ 203, 204 Rn. 2b; Braun/*Kießner*, InsO, § 203 Rn. 4; Jaeger/*Meller-Hannich*, InsO, § 203 Rn. 3; Uhlenbruck/*Lüer*, InsO, 13. Aufl., § 258 Rn. 3 und § 259 Rn. 10; HWF/*Förster*, InsO, 2. Aufl., § 203 Rn. 12; Uhlenbruck/*Uhlenbruck*, InsO, 13. Aufl., § 203 Rn. 3; FK-InsO/*Jaffé*, § 259 Rn. 7; K. Schmidt/*Jungmann*, InsO, § 203 Rn. 2; Kreft/*Kreft*, InsO, § 129 Rn. 86; K. Schmidt/*Spliedt*, InsO, § 217 Rn. 12; Braun/*Braun/Frank*, InsO, § 258 Rn. 7; HambKomm/*Thies*, InsO, 4. Aufl., § 259 Rn. 7; HambKomm/*Preß/Henningsmeier*, InsO, 4. Aufl., § 203 Rn. 5a; *Brei/Bultmann*, § 11 Rn. 14; LSZ/*Rattunde*, InsO, § 258 Rn. 10; *Häsemeyer*, Rn. 28.51 (der Gesetzgeber habe es versäumt, die Regeln über die Nachtragsverteilung für entsprechend anwendbar zu erklären oder eine Sonderregelung zu treffen); KPB/*Otte*, InsO, § 258 Rn. 13; *Haarmeyer/Wutzke/Förster*, Handbuch, Kap. 8 Rn. 108; Bork/Koschmieder/*Riedel*, Rn. 10.177; *Zenker*, NJ 2008, 458, 459; *Cranshaw*, jurisPR-InsR 3/2010 Anm. 2; *Bähr/Landry*, EWiR 2007, 87, 88. So dem Grunde nach auch *Frank*, FD-InsR 2010, 297031 a.E., der allerdings darauf aufmerksam macht, dass durch den Insolvenzplan auch die Übertragung der Verwaltungs- und Verfügungsbefugnis vom Schuldner auf den ehemaligen Insolvenzverwalter im Wege einer Treuhandlösung vorgenommen werden könne. I.E. wohl auch *Tetzlaff*, jurisPR-InsR 6/2007 Anm. 3. Nach *Pape*, ZInsO 2007, 337, 351 sei eine Nachtragsverteilung sinnwidrig. So bereits zum damaligen Recht bei rechtskräftiger Aufhebung des Zwangsvergleichsverfahrens: *Kuhn/Uhlenbruck*, KO; § 190 Rn. 5a; Jaeger/*Weber*, KO, § 190 Rn. 7.

1131 HambKomm/*Thies*, InsO, 4. Aufl., § 259 Rn. 8.

1132 KPB/*Otte*, InsO, § 259 Rn. 4: Aber selbst in diesem Fall behalte der überwachende Verwalter nicht teilweise seine Verfügungsbefugnis. Seine Rechtsmacht beschränke sich darauf, einer ansonsten unwirksamen Verfügung des Schuldners Wirksamkeit zu verleihen.

Plan nicht beschlossen werden, da § 259 InsO insofern zwingend sei.[1133] Es fehle eine gesetzliche Grundlage dafür, den Übergang der Verwaltungs- und Verfügungsbefugnis für die Fälle der Nachtragsverteilung zu beschränken. Die gegenteilige Auffassung verkenne, dass es für den Eingriff in die Verwaltungs- und Verfügungsbefugnis einer gesetzlichen Grundlage bedarf.[1134] Die Nichtregelung der Nachtragsverteilung in den §§ 258 ff. InsO hebe die eigenständige Verantwortung des Schuldners hervor, auch nach Aufhebung des Planverfahrens für dessen ordnungsgemäße Erfüllung Sorge und Verantwortung und tragen.[1135] Allenfalls käme hier gem. § 255 InsO das Wiederaufleben der Forderungen der Gläubiger und die Durchführung eines neuen Insolvenzverfahrens in Betracht.[1136]

II. Befürwortende Ansicht

Demgegenüber wird teilweise im Schrifttum und in der Rechtsprechung[1137] vertreten, dass eine Nachtragsverteilung auch nach einem Planverfahren möglich sei. Uneinigkeit herrscht dagegen hinsichtlich der Frage, unter welchen Voraussetzungen und in welchen Fällen des § 203 Abs. 1 InsO hier eine Nachtragsverteilung zulässig sein soll.[1138]

1133 Vgl. Kreft/*Flessner*, InsO, § 259 Rn. 2. FK-InsO/*Jaffé*, § 259 Rn. 13: „Die Rückerlangung der Verfügungsbefugnis kann durch den Plan nicht aufgehoben werden." *Bähr/Landry*, EWiR 2007, 87, 88; MünchKomm/*Huber*, InsO, 2. Aufl., § 259 Rn. 12; Gottwald/*Braun*, § 68 Rn. 114 Fn. 7; Uhlenbruck/*Lüer*, InsO, 13. Aufl., § 259 Rn. 4. *Schiessler*, S. 206: § 259 Abs. 1 S. 2 InsO lasse es im Gegensatz zu § 192 KO nicht mehr zu, den Übergang der Verfügungsbefugnis im Plan abweichend zu regeln. *Smid/Rattunde*, Kap. 17 Rn. 17.1: „Beschränkungen der Verfügungsbefugnis sind nur i.R.d. § 259 Abs. 2 InsO möglich."

1134 Uhlenbruck/*Lüer*, InsO, 13. Aufl., § 259 Rn. 10.

1135 Ebd.

1136 NR/*Westphal*, InsO, §§ 203, 204 Rn. 2b.

1137 So anscheinend das OLG Düsseldorf, Urt. v. 22.12.2005 – 7 U 148/05, NZI 2006, 240, das die Prozessführungsbefugnis des dort klagenden Sachwalters auch damit begründet, dass bei einer Verneinung dieser Befugnis „[…] die Durchsetzung der im Insolvenzplan verankerten Rechte und Pflichten, insbesondere auch im Rahmen einer Nachtragsverteilung, nicht gewährleistet wäre."

1138 Lediglich *Jacobi*, ZInsO 2010, 2316, 2319 macht keinerlei Einschränkungen und hält eine Nachtragsverteilung anscheinend auch nach einem Insolvenzplanverfahren generell für zulässig.

1. *Nachtragsverteilung möglich, sofern Regelungen im Plan enthalten sind*

Nach einer Ansicht ist eine Nachtragsverteilung dann im Planverfahren zulässig, sofern der Insolvenzplan hierzu entsprechende Regelungen enthält.[1139] Die Regelung des § 259 Abs. 1 S. 2 InsO sei eine Schuldnerschutzvorschrift, auf deren Wirkung der Schuldner verzichten könne.[1140] In vielen Fällen sei eine nachträgliche Quotenausschüttung durch den Planüberwacher sogar geboten, da so mancher Schuldner hierzu nicht in der Lage sei.[1141] Gegen den Ausschluss der Nachtragsverteilung spreche zudem bereits die Regelung des § 259 Abs. 3 InsO, der hierzu grade zwinge, wenn der Verwalter einen Anfechtungsprozess nicht für Rechnung des Schuldners führt.[1142]

Voraussetzung für die Zulässigkeit der Nachtragsverteilung sei jedoch immer eine entsprechende Regelung im Insolvenzplan. Ohne eine solche Regelung könne es im Planverfahren nicht zu einer Nachtragsverteilung kommen.[1143] Für die Zulässigkeit eines Nachtragsvorbehalts spreche zudem, dass ein solcher im Regelverfahren ohne Mitwirkung des Schuldners möglich sei. Daher müsse dies erst recht für Fallkonstellationen gelten, in denen der Plan mit ausdrücklicher oder fiktiver Zustimmung des Schuldners Entsprechendes vorsehe.[1144] Nach

---

1139 So: *Hingerl*, ZInsO 2010, 1876, 1877; *Rendels/Körner*, EWiR 2010, 193, 194; *Paul*, ZInsO 2008, 843, 845 Fn. 22; BerlKomm/*Breutigam*, InsO, § 259 Rn. 4. Insgesamt befürwortend auch *Stapper*, ZInsO 2009, 2361, 2366, der den Gesetzgeber auffordert, eine klarstellende Regelung zu erlassen. So auch NR/*Braun*, InsO, § 259 Rn. 3f, der zwar § 259 Abs. 1 S. 2 InsO für zwingend hält und grundsätzlich annimmt, dass eine Nachtragsverteilung ausgeschlossen sei. Dieser Ausschluss gelte jedoch nur, soweit eine solche nicht selbst Planregelung sei. Ebenso MünchKomm/*Huber*, InsO, 2. Aufl., § 259 Rn. 13.

1140 *Rendels/Körner*, EWiR 2010, 193, 194.

1141 *Rendels/Körner*, EWiR 2010, 193, 194. Durch die Benennung des „Planüberwachers" scheinen beide eine Nachtragsverteilung allerdings nur in den Fällen zu befürworten, in denen im Insolvenzplan selbst eine Planüberwachung nach § 260 Abs. 1 InsO geregelt wurde.

1142 *Paul*, ZInsO 2008, 843, 845 Fn. 22; unentschieden dagegen noch in *Paul*, ZInsO 2007, 856, 860.

1143 *Rendels/Körner*, EWiR 2010, 193, 194.

1144 HWF/*Wenzel*, InsO, 2. Aufl., § 259 Rn. 12. Nach *Wenzel* ist eine Nachtragsverteilung im Planverfahren unter zwei Voraussetzungen möglich: Erstens müssten im Insolvenzplan die konkreten, dem Insolvenzbeschlag unterliegenden und für die Nachtragsverteilung bestimmten, Vermögenswerte genau bezeichnet werden. Zum anderen müsse das Insolvenzgericht diese Gegenstände im Anordnungsbeschluss

Wenzel ergebe sich die Zulässigkeit zudem aus der Neuregelung des § 258 Abs. 1 InsO, in dem seit dem ESUG der Zusatz „und der Insolvenzplan nicht etwas anderes vorsieht" enthalten ist.[1145] Ferner sollte den Gläubigern mit dem Insolvenzplan eine weitgehende Gestaltungsmöglichkeit i.R.d. Gläubigerautonomie zugestanden werden, sodass auch nicht davon gesprochen werden könne, dass die Anordnung der Nachtragsverteilung durch das Insolvenzgericht jeglicher gesetzlicher Grundlage entbehrt.[1146] Da das Ziel der gemeinschaftlichen Befriedigung der Gläubiger nach § 1 InsO auch im Insolvenzplanverfahren gelte und diesem Grundsatz auch die Vorschriften der Nachtragsverteilung dienen würden, könne die Verteilung dieser Gegenstände „a priori" niemals dem Sinn und Zweck eines Insolvenzplanverfahrens widersprechen.[1147]

2. *Nachtragsverteilung nur in den Fällen der § 203 Abs. 1 Nr. 2 und Nr. 3 InsO*

Nach anderer Ansicht ist der Ausschluss der Nachtragsverteilung für die Fälle des § 203 Abs. 1 Nr. 1 InsO nachvollziehbar. Etwas anderes gelte aber in den

---

genau benennen, um den partiell fortdauernden Beschlag hinreichend zu bestimmen. Allein eine Bestimmung im Plan genüge hierfür nicht, HWF/*Wenzel*, InsO, 2. Aufl., § 259 Rn. 12a.

1145 HWF/*Wenzel*, InsO, 2. Aufl., § 258 Rn. 20.

1146 *Hingerl*, ZInsO 2010, 1876, 1877. Nach *Hingerl* ist der Ansicht des BGH insoweit beizupflichten, als im Insolvenzplan selbst keine Regelungen zur Nachtragsverteilung enthalten sind und es sich um Anfechtungsansprüche handelt, da § 259 Abs. 3 InsO insoweit abschließend sei. Allerdings kritisiert er die zitierten Entscheidungen des BGH und des OLG Celle insoweit, als in den dortigen Insolvenzplänen keine Regelungen zur Nachtragsverteilung enthalten waren, die Gerichte aber dennoch eine Nachtragsverteilung generell ausgeschlossen hätten. Die Gerichte hätten seiner Ansicht nach hierbei vernachlässigt, dass eine Nachtragsverteilung in diesen Verfahren offensichtlich nicht von den Gläubigern gewollt gewesen sei. Dies könnte in der Praxis dazu führen, dass eine Nachtragsverteilung generell abgelehnt wird, ohne danach zu differenzieren, ob die Gläubiger im Insolvenzplan Regelungen vorgesehen haben oder nicht.

1147 *Hingerl*, ZInsO 2007, 870. Mit der Möglichkeit eines Insolvenzplans nach § 1 InsO solle nach *Hingerl* eine bessere Befriedigung der Gläubiger, zumindest aber keine schlechtere als im Falle der Liquidation, erreicht werden, *Hingerl*, ZInsO 2008, 404. *Hingerl* schlägt de lege ferenda vor, den § 259 Abs. 1 S. 2 InsO um folgenden Halbsatz zu erweitern: „...es sei denn, im Insolvenzplan ist für bestimmte Vermögensgegenstände Abweichendes geregelt.", *Hingerl*, ZInsO 2007, 870, 873.

Fällen der § 203 Abs. 1 Nr. 2 und Nr. 3 InsO. In diesen Fällen sei eine Nachtragsverteilung auch nach rechtskräftig bestätigtem Insolvenzplan zulässig.[1148]

Der zentrale Unterschied zwischen den genannten Normen bestehe darin, dass die Insolvenzbeschlagnahme nur in den Fällen des § 203 Abs. 1 Nr. 1 InsO über Verfahrensaufhebung hinaus fortbestehe. In den Fällen der § 203 Abs. 1 Nr. 2 und Nr. 3 InsO seien die betroffenen Vermögenswerte dagegen mit Verfahrensaufhebung zunächst einmal aus der Beschlagnahmewirkung entlassen und würden erst durch spätere Anordnung wieder neu beschlagnahmt, sodass auch die Regelung des § 259 Abs. 1 S. 2 InsO beachtet wurde. Die später erfolgende Beschlagnahme durch Anordnung der Nachtragsverteilung stelle dabei keinen Widerspruch zu der Regelung des § 259 Abs. 1 S. 2 InsO dar.[1149] Eine analoge Anwendung sei hier deshalb geboten, da Fälle der nachträglich ermittelten Gegenstände nicht durch eine ergänzende Vertragsauslegung oder Anwendung des § 313 BGB auf den Insolvenzplan adäquat erfasst werden könnten.[1150] Ohne Anwendbarkeit des § 203 Abs. 1 Nr. 3 InsO bestünden zudem erhebliche Anreize für den Schuldner, sein Vermögen während des Verfahrens zu verheimlichen.[1151] Es wäre höchst unbillig, den Schuldner dadurch zu „belohnen", dass den Gläubigern eine Befriedigung aus diesen Vermögenswerten unter Berufung auf den rechtskräftig festgestellten Insolvenzplan versagt werde und diese dem Schuldner überlassen werden.[1152]

III. Stellungnahme

Bei der Frage, ob eine Nachtragsverteilung auch nach Durchführung eines Insolvenzplanverfahrens zulässig ist, kommt es zunächst darauf an, ob die Regelung des § 259 Abs. 1 S. 2 InsO, die den Rückfall der Verwaltungs- und Verfügungsbefugnis auf den Schuldner regelt, dispositiver oder zwingender Natur ist. Diese Frage lässt sich allein mit dem Gesetzeswortlaut nicht beantworten.

Hier hilft jedoch sowohl ein Blick auf die damaligen Regelungen zum Zwangsvergleich als auch auf den Diskussionsentwurf weiter. In § 192 KO war geregelt,

---

1148 So: *Schulte-Kaubrügger*, ZInsO 2009, 1321; KPB/*Holzer*, InsO, § 203 Rn. 38. So anscheinend auch *Hess*, InsO, § 203 Rn. 17.

1149 *Schulte-Kaubrügger*, ZInsO 2009, 1321.

1150 *Schulte-Kaubrügger*, ZInsO 2009, 1321, 1322. *Schulte-Kaubrügger* untersucht hier nur eine analoge Anwendung des § 203 Abs. 1 Nr. 3 InsO. Aus einer Gesamtschau ergibt sich allerdings, dass er auch in Fällen des § 203 Abs. 1 Nr. 2 InsO eine Nachtragsverteilung für zulässig hält, vgl. dort S. 1324.

1151 *Schulte-Kaubrügger*, ZInsO 2009, 1321, 1324.

1152 KPB/*Holzer*, InsO, § 203 Rn. 38.

dass der Gemeinschuldner die Verfügungsbefugnis mit Aufhebung des Verfahrens zurückerhält, soweit der Zwangsvergleich nicht ein anderes bestimmt. Der Diskussionsentwurf des Bundesministeriums der Justiz sah noch eine ähnliche Regelung vor. In § 295 Abs. 1 S. 2 DE war geregelt, dass der Schuldner mit Verfahrensaufhebung das Verwaltungs- und Verfügungsrecht zurückerhält, soweit im Plan nichts anderes bestimmt ist.[1153] Hierin liegt ein entscheidender Unterschied zur heutigen Regelung, da die Möglichkeit eines solchen Planvorbehalts in § 259 Abs. 1 S. 2 InsO nicht mehr vorgesehen ist. In § 259 Abs. 1 S. 2 InsO heißt es nur: „Der Schuldner erhält das Recht zurück, über die Insolvenzmasse frei zu verfügen." Aus der Gesetzeshistorie lässt sich daher schließen, dass § 259 Abs. 1 S. 2 InsO nicht dispositiv, sondern vielmehr zwingend ist.[1154] Eine Beschränkung der Verwaltungs- und Verfügungsbefugnis durch den Insolvenzplan – wie beim Zwangsvergleich – ist heute daher nicht mehr möglich.[1155] Die einzige Ausnahme, die § 259 InsO von der Rückerlangung der Verwaltungs- und Verfügungsbefugnis vorsieht, ist in § 259 Abs. 2 und Abs. 3 InsO vorgesehen[1156], wonach die Vorschriften der Planüberwachung unberührt bleiben und der Verwalter bei entsprechender Regelung im gestaltenden Teil einen anhängigen Anfechtungsstreit auch nach Verfahrensaufhebung weiterverfolgen kann.[1157]

1153 DE, S. 150. Krit. zu dieser Regelung bereits *Bork*, Wirkungen, S. 51, 58, der früh forderte, den Planvorbehalt ganz zu streichen.

1154 So auch die h.A. in der Literatur: Uhlenbruck/*Lüer*, InsO, 13. Aufl., § 259 Rn. 4; Kreft/*Flessner*, InsO, § 259 Rn. 2; FK-InsO/*Jaffé*, § 259 Rn. 13; KPB/*Otte*, InsO, § 259 Rn. 4; *Bähr*/*Landry*, EWiR 2007, 87, 88; MünchKomm/*Huber*, InsO, 2. Aufl., § 259 Rn. 12; Gottwald/*Braun*, § 68 Rn. 114 Fn. 7; *Schiessler*, S. 206; *Smid*/*Rattunde*, Kap. 17 Rn. 17.1. Anders dagegen: OLG Düsseldorf, Urt. v. 22.12.2005 – 7 U 148/05, NZI 2006, 240.

1155 MünchKomm/*Huber*, 2. Aufl., § 259 Rn. 4; *Schiessler*, S. 206; KPB/*Otte*, InsO, § 259 Rn. 4; NR/*Braun*, InsO, § 259 Rn. 4. Auch der vom Gravenbrucher Kreis unterbreitete Vorschlag, während der Planüberwachung Verfügungsbeschränkungen weiterhin aufrechterhalten zu können, vgl. Gravenbrucher Kreis, BB 1986, Beilage 15, S. 17, wurde nicht vom Gesetzgeber übernommen.

1156 *Smid*/*Rattunde*, Kap. 17 Rn. 17.1.

1157 Vgl. Uhlenbruck/*Lüer*, InsO, 13. Aufl., § 259 Rn. 4; NR/*Braun*, InsO, § 259 Rn. 4. Zudem besteht eine weitere Einschränkung in den Fällen, in denen der Schuldner eine Forderung noch im eröffneten Verfahren an den Verwalter abgetreten hat. Hier kann der Verwalter die Forderung, notfalls im Klagewege, auch nach Verfahrensaufhebung einziehen, dies allerdings nicht mehr als Partei kraft Amtes, sondern nur in seiner Stellung als Treuhandzessionar, vgl. BGH, Urt. v. 7.1.2008 – II ZR 283/06, BGHZ 175, 86, 91 Rn. 12. Dies stellt auch keine Umgehung von § 259 InsO dar, da

An der zwingenden Natur des § 259 Abs. 1 InsO hat auch die Neufassung des § 258 Abs. 1 InsO durch das ESUG nichts geändert. Insofern ist *Wenzels* Rückschluss, aus der Neuregelung des § 258 Abs. 1 InsO ergebe sich die Zulässigkeit der Nachtragsverteilung[1158], zu widersprechen. Diese Neuregelung bildet nämlich keine Stütze für die Zulässigkeit der Nachtragsverteilung, sondern hängt ausschließlich mit der nunmehr ausdrücklich geregelten Möglichkeit sog. verfahrensleitender oder verfahrensbegleitender Insolvenzpläne zusammen, die nach ihrer Bestätigung nicht die Verfahrensaufhebung zur Folge haben sollen.[1159] Hätte sich der Gesetzgeber für die Zulässigkeit einer Nachtragsverteilung im Planverfahren entschieden, so hätte er nicht nur § 258 Abs. 1 InsO ändern, sondern vielmehr auch einen an § 192 KO angelehnten Passus in § 259 Abs. 1 S. 2 InsO vorsehen müssen. Die Regelung des § 259 Abs. 1 InsO ist aber durch das ESUG unverändert geblieben. Daher ist festzuhalten, dass sich durch die Neuregelungen der §§ 258 ff. InsO nichts an der Streitfrage der Zulässigkeit einer Nachtragsverteilung im Planverfahren geändert hat.

Da § 259 Abs. 1 S. 2 InsO nicht dispositiver Natur ist, folgt daraus zunächst, dass ein Nachtragsvorbehalt in einem Insolvenzplan, mit dem der Insolvenzbeschlag hinsichtlich bestimmter Gegenstände weiterhin aufrechterhalten wird, unzulässig ist.[1160] Damit scheidet eine Nachtragsverteilung in den Fallvarianten des § 203 Abs. 1 Nr. 1 InsO von vornherein aus. Insofern besteht ein Gegensatz zum Regelinsolvenzverfahren. Zwar erhält der Schuldner seine Verfügungsbefugnis grundsätzlich auch im Regelinsolvenzverfahren mit Verfahrensaufhebung zurück. Hier ist jedoch ein Nachtragsvorbehalt im Gegensatz zum Insolvenzplanverfahren zulässig, da die (gesetzlich nicht ausdrücklich geregelte) Rechtsfolge der Rückerlangung der Verfügungsbefugnis im Gegensatz zu § 259 Abs. 1 S. 2 InsO nicht zwingend ist. Dies zeigt schon die Existenz der §§ 203 ff. InsO. Diese Unterscheidung zwischen dispositiver und zwingender Rechtsfolge ist darauf zurückzuführen, dass zwischen einem Regel- und einem Insolvenzplanverfahren

---

der Massebeschlag nicht aufrechterhalten wird, sondern lediglich eine Rechtsübertragung stattfindet, K. Schmidt/*Spliedt*, InsO, § 259 Rn. 8.

1158 HWF/*Wenzel*, InsO, 2. Aufl., § 258 Rn. 20.

1159 Die Änderung des § 258 Abs. 1 InsO basiert auf den Empfehlungen der Ausschüsse des Bundesrates, die sich für eine Regelung sog. verfahrensleitender Insolvenzpläne aussprachen, vgl. Stellungnahme des Bundesrates zu Artikel 1 Nr. 40 (§ 258 Abs. 1 InsO), BT-Drs. 17/5712, Anlage 3 S. 58. Dies wurde durch den 6. Rechtsausschuss übernommen, vgl. BT-Drs. 17/7511, S. 18. Vgl. auch Braun/*Braun*/*Frank*, InsO, § 258 Rn. 2; HambKomm/*Thies*, InsO, 4. Aufl., § 258 Rn. 2.

1160 K. Schmidt/*Spliedt*, InsO, § 217 Rn. 12 sowie § 259 Rn. 7.

der struktureller Unterschied darin besteht, wer für die Verwertung und Verteilung bzw. Befriedigung der Gläubigerforderungen generell zuständig ist. Da dies im Regelinsolvenzverfahren der Verwalter ist, ist die Zulässigkeit der Nachtragsverteilung bei später aufgefundenen oder zurückgeflossenen Vermögenswerten nur eine konsequente Fortsetzung der ursprünglichen Verteilung. Da dies aber im Insolvenzplanverfahren regelmäßig der Schuldner ist, ist die fehlende Regelung der §§ 203 ff. InsO in den §§ 258 ff. InsO ebenfalls nur konsequent. Will man verhindern, dass der Schuldner die Verwaltungs- und Verfügungsbefugnis zurückerhält, so bleibt nur die Möglichkeit eines verfahrensleitenden Insolvenzplans nach § 258 Abs. 1 InsO, bei dem dann aber auch das Regelverfahren normal fortgesetzt wird[1161].

Es bleibt im Weiteren aber die Frage zu klären, ob eine Nachtragsverteilung zumindest in den Fallvarianten der §§ 203 Abs. 1 Nr. 2 und Nr. 3 InsO rechtmäßig angeordnet werden könnte. Allein mit der bisherigen Feststellung, dass § 259 Abs. 1 S. 2 InsO zwingendes Recht enthält, lässt sich diese Frage nicht beantworten, da der Schuldner in diesen Fallkonstellationen seine Verfügungsbefugnis zunächst mit Verfahrensaufhebung uneingeschränkt zurückerhält, womit auch die Regelung des § 259 Abs. 1 S. 2 InsO beachtet wird. Die Verfügungsbefugnis würde dem Schuldner in diesen Fällen erst wieder durch die spätere Nachtragsverteilungsanordnung gegenständlich beschränkt entzogen werden. Es stellt sich aber die Frage, ob die Regelungen des Regelinsolvenzverfahrens (hier: § 203 ff. InsO) überhaupt nach Aufhebung des Insolvenzplanverfahrens Anwendung finden können. Diese Frage ist aufgrund der erheblichen Unterschiede zwischen einem Regel- und einem Insolvenzplanverfahren zu verneinen. Wie bereits ausgeführt, besteht der entscheidende Unterschied vor allem darin, dass die Befriedigung der Forderungen der Insolvenzgläubiger im Insolvenzplanverfahren grundsätzlich eine Pflicht des Schuldners ist, §§ 254, 257 InsO, womit es auch zu keiner Nachtragsverteilung durch den vormaligen Insolvenzverwalter kommen kann.[1162] Wie *Smid* und *Rattunde* zutreffend herausgearbeitet haben, weist das Planerfüllungsverfahren im Gegensatz zum Regelinsolvenzverfahren eine ganz andere Grundstruktur auf.[1163] Das Regelinsolvenzverfahren zielt auf die Verwertung des Schuldnervermögens und die Verteilung des Erlöses ab. Dagegen tritt das gesamte Planerfüllungsverfahren an die Stelle der Masseverwertung und Erlösverteilung. „Mit dem Aufhebungsbeschluss wird die Verwertungsbefugnis

---

1161 K. Schmidt/*Spliedt*, InsO, § 217 Rn. 12.

1162 BGH, Urt. v. 7.7.2008 – II ZR 26/07, ZInsO 2008, 1017, 1018 Rn. 10. Ebenso HambKomm/*Preß*/*Henningsmeier*, InsO, 4. Aufl., § 203 Rn. 5a.

1163 *Smid*/*Rattunde*, Kap. 18 Rn. 18.37.

dem Schuldner restituiert mit der Folge, dass die Unterscheidung von Verteilung und Nachtragsverteilung gegenstandslos wird. Denn der Schuldner hat die Plangläubiger nach Verfahrensaufhebung überhaupt mit ihren im Plan festgestellten Forderungen zu befriedigen (§§ 254, 257 InsO)."[1164] Sollten die Gläubiger die Verwertung und Verteilung der Gegenstände durch den Verwalter kraft seines Amtes nach rechtskräftiger Planbestätigung beabsichtigen, so kommt dies nur bei einem sog. verfahrensbegleitenden Insolvenzplan in Betracht, der nicht die Aufhebung zur Folge hat.[1165] Wie das OLG Celle zudem zutreffend erkannt hat, würde eine vom Verwalter durchgeführte Nachtragsverteilung das System des Planverfahrens unterlaufen, das bei Nichterfüllung durch den Schuldner ein Wiederaufleben der Forderungen nach § 255 InsO und damit evtl. die Einleitung eines neuen Insolvenzverfahrens, aber eben keine Sicherung der Gläubiger mittels einer vom vormaligen Verwalter zurückgehaltenen oder wiedererlangten Insolvenzmasse vorsieht.[1166]

Gegen die hier vertretene Ansicht lässt sich auch nicht eine etwaige „Bestandskraft" der Vermögensverzeichnisse vorbringen. Dieser – vornehmlich von *Schulte-Kaubrügger* vorgebrachte – Einwand greift nämlich nicht durch. Zum einen kann sich der Schuldner nicht auf eine etwaige „Bestandskraft" dergestalt berufen, eine Verteilung von nachträglich ermittelten Vermögenswerten an die Gläubiger auf Grundlage des Insolvenzplans allein deshalb zu unterlassen, weil diese nicht im Vermögensverzeichnis enthalten sind. Zum anderen bedarf es hier auch keiner ergänzenden Vertragsauslegung oder einer Anpassung nach § 313 BGB. Richtig ist zwar, dass der Insolvenzplan mitsamt seiner Anlagen mit rechtskräftiger Bestätigung in Bestandskraft erwächst. Dies führt jedoch nicht dazu, dass der Schuldner die Gläubiger nur mit den in den Masse- und Vermögensverzeichnissen der §§ 151, 153, 229 InsO aufgelisteten Aktiva zu befriedigen hätte. Mit der stichtagsbezogenen[1167] Ermittlung und Aufnahme der Aktiva in die betreffenden Verzeichnisse ist keine abschließende Ermittlung verbunden. Überdies enthält das Gesetz eine solche von *Schulte-Kaubrügger* angenommene „Bestandskraft" nicht. Dies wird im Ergebnis auch von *Schulte-Kaubrügger* selbst vorgebracht, indem er ausführt, dass der Umfang des Schuldnervermögens bei Abfassung des Insolvenzplans zwar vorausgesetzt,

1164 Ebd.

1165 HambKomm/*Thies*, InsO, 4. Aufl., § 259 Rn. 6.

1166 Vgl. auch *Paul*, ZInsO 2007, 856, 859.

1167 § 229 InsO ist bspw. als stichtagsbezogene Bestandsrechnung auf den Zeitpunkt des Wirksamwerdens des Insolvenzplans zu begreifen, vgl. *Braun/Uhlenbruck*, S. 534

nicht jedoch zu dessen Inhalt gemacht werde.[1168] Diese Darstellungen verwendet er nun aber als maßgebliches Argument für eine Heranziehung des § 203 Abs. 1 Nr. 3 InsO analog, da der Schuldner insoweit nicht darauf vertrauen könne, dass alle nicht aufgelisteten Vermögenswerte endgültig bei ihm verbleiben würden. Dies überzeugt allerdings nicht, da der Schuldner nach Aufhebung des Insolvenzplanverfahrens ohnehin von sich aus gehalten ist, die Gläubiger nach den Regelungen des Insolvenzplans zu befriedigen. Daher bedarf es hier auch keiner Nachtragsverteilung durch den Verwalter. Die Gläubiger stehen durch einen solchen Ausschluss der Nachtragsverteilung auch nicht schlechter als im Regelinsolvenzverfahren, da der Schuldner eben nicht darauf vertrauen darf, die Gläubigerforderungen nur mit den Vermögenswerten zu befriedigen, die im Insolvenzplan aufgelistet sind. Ein solches Vertrauen oder eine solche „Bestandskraft" wird – und insoweit ist den Ausführungen von *Schulte-Kaubrügger* zuzustimmen – durch den Insolvenzplan gerade nicht vermittelt. Durch die Nichtzulassung der Nachtragsverteilung wird der Schuldner daher auch nicht gesetzlich bevorzugt[1169], da er schon von sich aus die Gläubiger nach rechtskräftiger Planbestätigung nach den im Plan genau aufgeführten Regeln zu befriedigen hat. Im Falle von zurückfließenden Beträgen oder nachträglich ermittelten Massegegenständen bedarf es folglich keiner Nachtragsverteilung. Die fehlende Regelung einer Nachtragsverteilung i.R.d. §§ 258 ff. InsO hebt hier vielmehr die eigenständige Verantwortung des Schuldners hervor, auch nach Verfahrensaufhebung für eine ordnungsgemäße Erfüllung des Insolvenzplans in eigener Verantwortung zu sorgen.[1170]

Im Ergebnis ist daher der überwiegenden Ansicht in Rechtsprechung und Literatur zuzustimmen, da die §§ 203 ff. InsO zu den allgemeinen Gesetzesvorschriften gehören, die durch die Regelungen des Insolvenzplans gem. § 217 InsO derogiert werden[1171]. Damit scheidet eine Nachtragsverteilung nach Durchführung eines Insolvenzplanverfahrens aus. An diesem Ergebnis ändert auch die Regelung des § 259 Abs. 3 InsO nichts; selbst dann nicht, wenn der Verwalter den Anfechtungsprozess für Rechnung des Schuldners führen sollte. Im letzteren Fall hat der Verwalter einen etwaigen Prozessgewinn nämlich grundsätzlich an den

1168 *Schulte-Kaubrügger*, ZInsO 2009, 1321, 1326.

1169 So aber *Hingerl*, ZInsO 2007, 870, 871, als weiteres Argument für eine analoge Heranziehung der §§ 203 ff. InsO.

1170 Uhlenbruck/*Lüer*, InsO, 13. Aufl., § 259 Rn. 10.

1171 *Smid*, ZInsO 2010, 641, 644.

Schuldner auszukehren.[1172] Auf diesen Vermögenswert können die Gläubiger entweder im Wege der Einzelzwangsvollstreckung zugreifen oder der Schuldner nutzt diese Werte wiederum von sich aus, um die Gläubigerforderungen zu befriedigen.

1172 H.M., vgl. nur BGH, Urt. v. 6.10.2005 – IX ZR 36/02, ZIP 2006, 39, 42 Rn. 24; HambKomm/*Thies*, InsO, 4. Aufl., § 259 Rn. 14; NR/*Braun*, InsO, § 259 Rn. 7; MünchKomm/*Huber*, InsO, 2. Aufl., § 259 Rn. 23; Uhlenbruck/*Lüer*, InsO, 13. Aufl., § 259 Rn. 19; *Priebe*, ZInsO 2011, 467, 476 Fn. 57. So auch die Begr. Zu § 306 RegE-InsO, BT-Drs. 12/2443, S. 214. Nach a.A. hat der Verwalter mit diesen Vermögenswerten dagegen vorrangig die nachträglich bekannt gewordenen Masseverbindlichkeiten nach § 258 Abs. 2 InsO zu tilgen, *Häsemeyer*, Rn. 28.52. Diese Ansicht ist jedoch abzulehnen, da sie sich nicht in das System des § 259 InsO einfügt, der in Abs. 3 nur die Fortführung von Prozessen und nicht die Erlösverteilung regelt, NR/*Braun*, InsO, § 259 Rn. 7 Fn. 7. Der Insolvenzplan kann zwar auch Gegenteiliges vorsehen. Doch auch dann bedarf es keiner Anwendung der §§ 203 ff. InsO, da der Verwalter seine Verteilungsbefugnisse direkt aus dem Insolvenzplan ableitet.

Teil 10. Vergütung des Verwalters

Es wurde bereits mehrfach erwähnt, dass der Verwalter für die Durchführung der Nachtragsverteilung eine zusätzliche Vergütung erhält. Dieser zusätzliche Vergütungsanspruch folgt aus § 6 Abs. 1 InsVV.

Da die Nachtragsverteilung keine Neuerung der Insolvenzordnung ist, gab es auch im damaligen Recht eine entsprechende Vergütungsvorschrift; diese war in § 4 Abs. 4 VergVO zu finden. Zwischen der damaligen und der heutigen Regelung besteht allerdings ein wesentlicher Unterschied. Nach der vormaligen Regelung des § 4 Abs. 4 VergVO hatte das Gericht sowohl über das *ob* als auch über die Höhe einer gesonderten Vergütung für die Nachtragsverteilung zu entscheiden. Folge dieser weitreichenden Entscheidungskompetenz des Gerichts war, dass von der Gewährung einer zusätzlichen Vergütung abgesehen wurde, wenn der Arbeitsaufwand gering war, wie dies vornehmlich dann angenommen wurde, wenn der Verwalter lediglich vorhandenes Bargeld auszuschütten oder ein Guthaben aufzulösen hatte. Erforderte die Verteilung dagegen einen nicht ganz unerheblichen Arbeitsaufwand, was insbesondere dann angenommen wurde, wenn sich der Vermögenswert erst durch eine notwendige Prozessführung oder durch weitere Verhandlungen zur Masse ziehen ließ, so wurde es überwiegend als billig angesehen, dem Verwalter eine zusätzliche Vergütung zu bewilligen.[1173] Eine solche (Billigkeits-) Entscheidung über das „ob" sieht die heutige Regelung des § 6 Abs. 1 InsVV nicht mehr vor. Dieser stellt vielmehr ausdrücklich klar, dass der Insolvenzverwalter grundsätzlich einen Anspruch auf gesonderte Vergütung bei Durchführung einer Nachtragsverteilung hat.[1174] Ein vollständiger Wegfall der Vergütung, beispielsweise, weil die Verteilung der Beträge ohne besondere Mühe möglich war, scheidet heute somit aus.[1175] Nach heutigem Recht

---

1173 Vgl. LG Düsseldorf, Beschl. v. 7.9.1971 – 15 T 73/71, KTS 1972, 126; *Schmidt*, Rpfleger 1968, 251, 253.

1174 FA-InsR/*Lorenz*, Kap. 29 Rn. 224; FK-InsO/*Lorenz*, Anh. V § 6 InsVV Rn. 2; KPB/*Eickmann*, InsO, § 6 InsVV Rn. 1. Das in § 6 Abs. 1 S. 1 InsVV erwähnte billige Ermessen bezieht sich nicht auf das „ob" der Vergütungsgewährung, sondern nur auf die Höhe, vgl. dazu unten den Abschnitt Teil 10., C. Dies folgt aus dem Aufbau des § 6 Abs. 1 S. 1 InsVV, der mit den Worten „Für die Nachtragsverteilung *erhält* [Hervorh. d. Verf.] der Insolvenzverwalter [...]" beginnt.

1175 *Haarmeyer/Wutzke/Förster*, InsVV, § 6 Rn. 4; NR/*Madert*, InsO, § 6 InsVV Rn. 1; Mohrbutter/Ringstmeier/*Ernestus*, § 34 Rn. 158. Insofern verfehlt: KPB/*Holzer*, InsO, § 205 Rn. 10; Uhlenbruck/*Uhlenbruck*, InsO, 13. Aufl., § 205 Rn. 7 und *Hess*, InsO,

erfolgt eine gesonderte Vergütungsfestsetzung lediglich dann nicht, wenn ein Ausschlussgrund nach § 6 Abs. 1 S. 2 InsVV vorliegt. Daraus folgt, dass die Festsetzung der Vergütung im Gegensatz zur VergVO nicht mehr in das Belieben des Gerichts gestellt ist.[1176]

A. Voraussetzungen für die gesonderte Vergütung

Nach § 6 Abs. 1 S. 1 InsVV erhält der Verwalter für eine Nachtragsverteilung eine gesonderte Vergütung, die unter Berücksichtigung des Werts der nachträglich verteilten Insolvenzmasse nach billigem Ermessen festzusetzen ist. Eine gesonderte Vergütung erfolgt gem. § 6 Abs. 1 S. 2 InsVV nur dann nicht, wenn die Nachtragsverteilung voraussehbar war *und* schon bei der Festsetzung der Vergütung für das Insolvenzverfahren berücksichtigt worden ist.

Aus diesen Regelungen lassen sich zwei Voraussetzungen ableiten, die für einen gesonderten Vergütungsanspruch vorliegen müssen: Zum einen der tatsächliche Vollzug der Nachtragsverteilung durch den Verwalter und zum anderen das Nichteingreifen der Ausschlussgründe nach § 6 Abs. 1 S. 2 InsVV.

I. Tatsächlicher Vollzug der Nachtragsverteilung; nachträglicher Massezufluss

Der Verwalter erhält eine gesonderte Vergütung zunächst nur dann, wenn er die Nachtragsverteilung auch tatsächlich durchführt.

Die ausdrückliche Hervorhebung dieser Voraussetzung mag zwar verwundern, da es doch allgemein bekannt sein dürfte, dass der Verwalter nur entlohnt wird, wenn er auch tätig geworden ist.[1177] Die Hervorhebung dieser

Anhang A, InsVV, § 6 Rn. 5, die annehmen, dass keine erneute Vergütung anfalle, wenn die Nachtragsverteilung keinen besonderen Aufwand darstellt. Dies widerspricht hingegen dem eindeutigen Wortlaut des § 6 Abs. 1 InsVV.

1176 *Haarmeyer/Wutzke/Förster*, InsVV, § 6 Rn. 4; BerlKomm/*Blersch*, InsO, § 6 InsVV Rn. 15.

1177 Im Allgemeinen entsteht der Vergütungsanspruch des Verwalters nach § 63 Abs. 1 S. 1 InsO mit der tatsächlichen Arbeitsleistung im Insolvenzverfahren und nicht bereits mit dessen Eröffnung und auch nicht erst mit dessen Beendigung, vgl. nur BGH, Urt. v. 5.12.1991 – IX ZR 275/90, BGHZ 116, 233, 242 (zwar noch zur KO, aber auf § 63 InsO übertragbar); BGH, Urt. v. 17.11.2005 – IX ZR 179/04, BGHZ 165, 96, 101; MünchKomm/*Stephan*, InsO, 3. Aufl., § 63 Rn. 17; Jaeger/*Schilken*, InsO, § 63 Rn. 8.

Voraussetzung erfolgt allerdings vor dem Hintergrund, dass der BGH in seiner Entscheidung vom 6.10.2011[1178] ausdrücklich zu dieser Frage Stellung bezog.

1. BGH, Beschl. v. 6.10.2011 – IX ZB 12/11

Im zugrundeliegenden Sachverhalt beantragte der Verwalter seine Vergütung im Insolvenzverfahren unter Zugrundelegung einer Berechnungsgrundlage von knapp 106.000 EUR, die sodann vom Insolvenzgericht auch festgesetzt wurde. Bei der gleichzeitig vorgelegten Berechnung der Verteilungsquote wurde von einer Masse i.H.v. etwa 80.000 EUR ausgegangen, zuzüglich einer vom Finanzamt zu erwartenden Steuererstattung in Höhe von knapp 6.000 EUR. Nach Verfahrensaufhebung im Jahre 2009 zeigte der Verwalter mit Schreiben vom 17.9.2010 einen nachträglichen Massezufluss in Höhe von rund 2.000 EUR aus einer Forderungsanmeldung in einem anderen Insolvenzverfahren an. Daraufhin beantragte er seine Vergütung auf der Grundlage einer Berechnungsgrundlage von nunmehr knapp 115.000 EUR einschließlich dieses Zuflusses und bereits erlangter oder noch zu erlangender Umsatzsteuererstattungen von etwa 7.000 EUR zu berechnen und eine weitere Vergütung von 1.366,86 EUR festzusetzen. Dem entsprach das Amtsgericht jedoch nicht und wies den Antrag zurück. Auch die vom Verwalter eingelegte Beschwerde blieb ohne Erfolg.[1179] Das Beschwerdegericht führte aus, dass Grundlage für die Berechnung der Verwaltervergütung nach § 63 Abs. 1 S. 2 InsO der Wert der Insolvenzmasse bei Beendigung des Verfahrens sei. Nachträgliche Einnahmen könnten nur insoweit berücksichtigt werden, wie ihr Zufluss mit Sicherheit zu erwarten sei. Massezuflüsse nach Aufhebung des Verfahrens kämen daher für die Berechnung der Verwaltervergütung nicht mehr in Betracht.

Mit seiner Rechtsbeschwerde verfolgte der Verwalter sein Begehren weiter. Er führte aus, dass der fragliche Massezufluss bei Erstellung der Schlussrechnung noch nicht sicher festgestanden habe und eine Nachtragsverteilung im Hinblick auf die hierdurch ausgelösten Kosten unangemessen sei. Nach seiner Ansicht habe sich für diese Fälle früher die Übung entwickelt, diese Massezuflüsse entweder als zusätzliche Vergütung festzusetzen oder einer gemeinnützigen Organisation zu spenden. Auch wenn nach § 203 Abs. 3 InsO diese Beträge grundsätzlich dem Schuldner gebühren, so sei dies vorliegend anders, da der Schuldner als juristische Person nicht mehr existiere. Es würde sich deshalb anbieten, den neuen Zufluss zur ursprünglichen Masse hinzuzurechnen, die

1178 BGH, Beschl. v. 6.10.2011 – IX ZB 12/11, NZI 2011, 906 f.

1179 Vgl. LG Osnabrück, Beschl. v. 3.1.2011 – 8 T 826/10, BeckRS 2011, 24723.

Vergütung entsprechend zu erhöhen und den Rest einer gemeinnützigen Einrichtung zu spenden.[1180]

Dieser Ansicht folgte der BGH jedoch nicht und führte aus, dass eine zusätzliche Vergütung vorliegend nur festgesetzt werden könne, sofern eine Nachtragsverteilung auch tatsächlich durchgeführt wird. Grundlage der Berechnung der Verwaltervergütung sei nach § 63 Abs. 1 S. 2 InsO der Wert der Insolvenzmasse bei Beendigung des Verfahrens, wobei spätere Massezuflüsse insoweit berücksichtigt werden könnten, wie ihre Realisierung bei Einreichung der Schlussrechnung schon mit Sicherheit feststehe.[1181] Da die Berechnungsgrundlage als Vorfrage nicht an der materiellen Rechtskraft der Vergütungsfestsetzung teilnehme, würden Massezuflüsse, die nach Einreichung der Schlussrechnung nicht sicher zu erwarten waren, neue Tatsachen darstellen, die zu einer ergänzenden Vergütungsfestsetzung führen könnten.[1182] Dies gelte jedoch nur dann, wenn sich der Massezufluss bis zur Beendigung des Verfahrens realisiert, da sich die Vergütung nach § 63 Abs. 1 S. 2 InsO nach dem Wert der Insolvenzmasse bei Beendigung des Verfahrens berechne. Da hier jedoch der Massezufluss lange nach Aufhebung des Verfahrens erfolgte, käme eine zusätzliche Vergütungsfestsetzung nur in Betracht, wenn es tatsächlich zu einer Nachtragsverteilung kommt, wobei sich die Vergütung dann ausschließlich nach § 6 Abs. 1 InsVV richten würde.[1183] Eine Nachtragsverteilung sei bisher aber weder vom Gericht angeordnet noch vom Verwalter beantragt worden. Ob vorliegend ein Fall des § 203 Abs. 3 InsO gegeben ist, habe das Insolvenzgericht zu entscheiden, da das Vergütungsfestsetzungsverfahren dafür keinen Raum bieten würde.[1184] Sollte eine Nachtragsverteilung noch durchgeführt werden, so richte sich die Vergütung dann ausschließlich nach § 6 Abs. 1 InsVV. Eine nachträgliche Erhöhung der ursprünglichen Teilungsmasse, um so zu einer einheitlichen erhöhten Vergütung zu gelangen, verbiete sich dagegen.[1185]

1180 Der Inhalt der Rechtsbeschwerde wird vom Senat ausführlich dargestellt, vgl. BGH, Beschl. v. 6.10.2011 – IX ZB 12/11, NZI 2011, 906 Rn. 6.

1181 BGH, Beschl. v. 6.10.2011 – IX ZB 12/11, NZI 2011, 906 Rn. 8.

1182 BGH, Beschl. v. 6.10.2011 – IX ZB 12/11, NZI 2011, 906 Rn. 9 f.

1183 BGH, Beschl. v. 6.10.2011 – IX ZB 12/11, NZI 2011, 906 Rn. 11 f.

1184 BGH, Beschl. v. 6.10.2011 – IX ZB 12/11, NZI 2011, 906, 907 Rn. 13.

1185 BGH, Beschl. v. 6.10.2011 – IX ZB 12/11, NZI 2011, 906, 907 Rn. 15.

2. *Rechtliche Auseinandersetzung*

Sachverhalte wie der vorliegende sind in der Praxis keine Seltenheit, handelt es sich bei Massezuflüssen nach Verfahrensaufhebung doch um die typischen Anwendungsfälle der Nachtragsverteilung nach § 203 InsO. Für den Verwalter kann sich hier das Problem stellen, dass eine Nachtragsverteilung aber u.U. unwirtschaftlich ist und daher gem. § 203 Abs. 3 InsO abgelehnt wird. Insoweit ist zunächst zu untersuchen, ob dem BGH darin beizupflichten ist, dass eine Fortschreibung der bisherigen Teilungsmasse tatsächlich unzulässig ist.

a) *Fortschreibung der bisherigen Teilungsmasse oder gesonderte Vergütungsfestsetzung nach § 6 Abs. 1 InsVV?*

Der Senat stellt sich auf den Standpunkt, dass eine Fortschreibung der bisherigen Teilungsmasse nach Verfahrensaufhebung unzulässig sei. In der vergangenen Insolvenzpraxis haben dennoch viele Insolvenzverwalter versucht, eine Fortschreibung der bisherigen Teilungsmasse zu erreichen, um so zu einer einheitlichen Vergütung zu gelangen. Dies zeigt ein Blick auf die bereits ergangene Rechtsprechung zu dieser Thematik.

Einen ähnlichen Sachverhalt hatte der BGH bereits im Jahre 2006 zu entscheiden, wobei er der vorliegend von der Rechtsbeschwerde angeführten Vorgehensweise bereits eine klare Absage erteilte.[1186] Im zugrundeliegenden Sachverhalt kam es ebenfalls wegen eines nachträglichen Zahlungseingangs nach Verfahrensaufhebung zur Durchführung einer Nachtragsverteilung. Der beschwerdeführende Insolvenzverwalter begehrte für die Festsetzung seiner Vergütung die nachträglich verteilte Insolvenzmasse zu der zuvor festgestellten Verteilungsmasse hinzuzuzählen, um so zu einer auf die erhöhte Verteilungsmasse bezogenen einheitlichen Vergütung zu gelangen. Diesem Begehren entsprach der BGH jedoch schon damals nicht und führte aus, dass der Wert der nachträglich verteilten Masse nicht zu der zuvor festgestellten Verteilungsmasse gem. § 1 InsVV hinzugezählt werden könne. Ein Errechnen einer einheitlichen erhöhten Vergütung in der Weise, dass der Wert der nachträglich ermittelten Masse zu der zuvor festgestellten Verteilungsmasse hinzugezählt werde, sei unzulässig. Zur Begründung führte der Senat aus, dass nach dem eindeutigen Wortlaut des § 6 Abs. 1 InsVV der Insolvenzverwalter für die Nachtragsverteilung eine „gesonderte Vergütung" erhalte. Das Nachtragsverteilungsverfahren sei daher auch gebührenrechtlich

1186 Vgl. BGH, Beschl. v. 12.10.2006 – IX ZB 294/05, ZInsO 2006, 1205. So bereits zur KO: AG Mannheim, Beschl. v. 17.3.1983 – 2 N 44/69, ZIP 1983, 479, 480.

ein selbstständiges, gesondert zu vergütetes Verfahren.[1187] Diese Ansicht stellte der Senat erneut ausdrücklich in einem Beschluss aus dem Jahre 2009 heraus, in dem es um eine ähnlich gelagerte Rechtsbeschwerde ging.[1188] Hier führte der Senat zudem aus, dass ein Hinzurechnen zur ursprünglichen Insolvenzmasse selbst dann nicht in Betracht komme, wenn die zuvor festgestellte Masse Null betrug und daher nur eine Mindestvergütung festgesetzt wurde. Von der Festsetzung einer gesonderten Vergütung könne selbst dann nicht abgewichen werden, wenn sich herausstellt, dass die ursprüngliche Vergütung bei ordnungsgemäßem Verhalten des Schuldners höher ausgefallen wäre.[1189]

Um das Ergebnis vorwegzunehmen: Diese Ausführungen verdienen vollumfänglich Zustimmung.[1190] Insoweit ist zum einen aus dem klaren Wortlaut des § 6 Abs. 1 S. 1 InsVV („gesonderte Vergütung") zu schließen, dass eine Fortschreibung der bisherigen Teilungsmasse nach Verfahrensaufhebung vom Verordnungsgeber grundsätzlich nicht gewollt war.[1191] Zum anderen folgt auch aus § 63 Abs. 1 S. 2 InsO, dass eine solche Fortschreibung der Teilungsmasse bei Massezuflüssen nach Verfahrensaufhebung nicht zulässig ist, da diese Vorschrift für die Berechnungsgrundlage für die Vergütung auf die Beendigung des Verfahrens, mithin die Verfahrensaufhebung, abstellt. Auch wenn dies dazu führen kann, dass die Gesamtvergütung aus der Vergütung für das abgeschlossene Insolvenzverfahren

---

1187 BGH, Beschl. v. 12.10.2006 – IX ZB 294/05, ZInsO 2006, 1205.

1188 BGH, Beschl. v. 22.10.2009 – IX ZB 78/08, NZI 2010, 259, 260.

1189 BGH, Beschl. v. 22.10.2009 – IX ZB 78/08, NZI 2010, 259, 260 Rn. 3.

1190 Zust. auch *Bähr*, jurisPR-InsR 3/2007 Anm. 2; *Vallender*, WuB 2007, 255, 256; *Graeber*, Rn. 321 (S. 212). Widersprüchlich insoweit *Haarmeyer/Wutzke/Förster*, InsVV, § 6 Rn. 6 und *Haarmeyer/Wutzke/Förster*, Handbuch, Kap. 8 Rn. 119, nach denen die nachträgliche Masse zu der Insolvenzmasse des § 1 InsVV hinzugerechnet werden könne, um dadurch eine einheitliche Gesamtvergütung zu erzielen, sofern über den Vergütungsantrag im Zeitpunkt des Vollzugs der Nachtragsverteilung noch nicht entschieden wurde. An anderer Stelle weisen *Haarmeyer*, *Wutzke* und *Förster* allerdings darauf hin, dass das Nachtragsverteilungsverfahren gebührenrechtlich ein selbstständiges, gesondert zu vergütendes Verfahren sei, vgl. *Haarmeyer/Wutzke/Förster*, InsVV, § 6 Rn. 4.

1191 In Rspr. und Literatur wird das Nachtragsverteilungsverfahren daher zu Recht gebührenrechtlich als selbstständiges Verfahren angesehen, vgl. LG Offenburg, Beschl. v. 5.1.2005 – 4 T 100/04, ZInsO 2005, 481, 483; BerlKomm/*Blersch*, InsO, § 6 InsVV Rn. 10; *Haarmeyer/Wutzke/Förster*, Handbuch, Kap. 8 Rn. 117; Stephan/Riedel/*Stephan*, § 6 InsVV Rn. 1; Mohrbutter/Ringstmeier/*Ernestus*, § 34 Rn. 155; *Zimmer*, KTS 2009, 199, 201. So bereits zur KO: AG Mannheim, Beschl. v. 17.3.1983 – 2 N 44/69, ZIP 1983, 479, 480; *K. Schmidt*, KO, § 85 Anm. 1d. Zu den Ausnahmen von einer gesonderten Vergütung vgl. den Abschnitt Teil 10., A., II.

und der Vergütung für die Nachtragsverteilung geringer ausfällt, als eine einheitliche Vergütung auf Basis der Insolvenzmasse inklusive des Wertes der Nachtragsverteilung[1192], so steht § 63 Abs. 1 S. 2 InsO einer nachträglichen Integration von Massezuflüssen nach Verfahrensaufhebung in die frühere Vergütungsberechnung entgegen.

Der Vollständigkeit halber sei aber erwähnt, dass es durchaus Fallvarianten gibt, in denen eine nachträgliche Fortschreibung der Teilungsmasse bzw. eine nachträgliche Änderung und Ergänzung der Berechnungsgrundlage der Vergütung zulässig ist, sodass es auch keiner gesonderten Vergütungsfestsetzung nach § 6 Abs. 1 InsVV bedarf.

Eine solche Fortschreibung ist zunächst dann zulässig, wenn sich die Masse nach Einreichung der Schlussrechnung und *bis zum Schlusstermin* unvorhergesehen mehrt. In diesen Fällen ist eine ergänzende Vergütungsfestsetzung auch nach dem BGH zulässig.[1193] Die Zulässigkeit dieser ergänzenden Beantragung folgt bereits aus einer Zusammenschau der §§ 1, 8 InsVV und § 203 InsO, § 6 InsVV. Nach § 1 Abs. 1 S. 1 InsVV berechnet sich die Vergütung nach dem Wert der Insolvenzmasse, auf die sich die Schlussrechnung bezieht.[1194] § 8 Abs. 1 S. 3 InsVV schreibt dementsprechend vor, dass der Verwalter den Antrag auf

---

1192 LG Offenburg, Beschl. v. 5.1.2005 - 4 T 100/04, ZInsO 2005, 481, 483; *Graeber/Graeber*, Rpfleger 2010, 252, 254.

1193 Bis zum Zeitpunkt des Schlusstermins können unstreitig weitere Massezuflüsse bei der Vergütungsfestsetzung berücksichtigt werden, vgl. BGH, Beschl. v. 26.1.2006 - IX ZB 183/04, ZIP 2006, 486. So auch der BGH im Ausgangsfall, BGH, Beschl. v. 6.10.2011 – IX ZB 12/11, NZI 2011, 906 Rn. 8. Dies entspricht auch der absolut h.A., vgl. LG Frankfurt/Oder, Beschl. v. 22.8.2002 – 6a T 104/02, ZInsO 2002, 1028, 1029, mit zust. Anm. *Keller*, EWiR 2003, 885, 886; AG Mosbach, Beschl. v. 12.1.2006 - IN 132/03, ZIP 2006, 489; *Prasser*, ZIP 2006, 487, 488; *Keller*, NZI 2004, 465, 474; *Graeber*, InsbürO 2013, 217, 218; Graf-Schlicker/*Kalkmann*, InsO, 3. Aufl. § 6 InsVV Rn. 2; FK-InsO/*Schmitt*, § 63 Rn. 2; Stephan/Riedel/*Stephan*, § 6 InsVV Rn. 3 und 5; *Tröger*, S. 24; Braun/*Kind*, InsO, § 63 Rn. 3; *Stoffler*, NZI 2014, 239, 240; *Pluta/Heidrich*, jurisPR-InsR 14/2006 Anm. 2; *Bartels*, WuB 2006, 815, 816. Dieser Antrag ist auch noch nach Abhaltung des Schlusstermins zulässig, da es keine zeitliche Einschränkung zur Einreichung von Vergütungsanträgen gibt, LG Magdeburg, Beschl. v. 27.5.2004 - 11 T 352/04, ZIP 2004, 1915. Zulässig ist es auch, dass der Verwalter sicher zu erwartende Massezuflüsse bis zur Aufhebung bereits in seinen Vergütungsantrag mit einbezieht, vgl. BGH, Beschl. v. 25.10.2007 - IX ZB 147/06, ZVI 2008, 88. Vgl. auch *Graeber*, Rn. 150 (S. 104).

1194 Dagegen stellt die übergeordnete Regelung des § 63 Abs. 1 InsO auf den Aufhebungszeitpunkt ab. Die Bezugnahme des § 1 Abs. 1 S. 1 InsVV auf die nach § 66 InsO ausgewiesene Teilungsmasse wird aber als zweckentsprechende und zutreffende Präzisierung des § 63 Abs. 1 S. 2 InsO angesehen, da im Aufhebungszeitpunkt keine

Vergütungsfestsetzung zeitlich mit der Einreichung der Schlussrechnung bei Gericht stellen soll. Zwischen Einreichung der Schlussrechnung und der Abhaltung des Schlusstermins kann jedoch eine gewisse Zeitspanne liegen, in der sich die Masse weiter erhöht.[1195] Diese Fälle lassen sich auch nicht durch eine Anwendung der § 203 InsO, § 6 Abs. 1 InsVV lösen, da es hier nicht um eine Nachtragsverteilung geht. Wie bereits dargestellt, werden nämlich alle Massezuflüsse bis zum Schlusstermin i.R.d. ursprünglichen Schlussverteilung an die Insolvenzgläubiger anhand des Schlussverzeichnisses verteilt[1196], ohne dass es einer Nachtragsverteilung nach §§ 203 ff. InsO bedarf. Da hinsichtlich dieser Massezuflüsse keine Nachtragsverteilung stattfindet, kann folglich auch keine Vergütung nach § 6 Abs. 1 InsVV festgesetzt werden.[1197] Daher ist es unzweifelhaft zulässig, dass Beträge, die i.R.d. Schlussverteilung verteilt werden können, auch bereits bei der Festsetzung der Vergütung des Verwalters für das aufgehobene Verfahren berücksichtigt werden. Insoweit ist folglich eine Fortschreibung der bisherigen Teilungsmasse zulässig.

Fraglich ist jedoch, ob eine solche Fortschreibung auch bei Massezuflüssen *zwischen dem Schlusstermin* und *der Aufhebung des Verfahrens* zulässig ist. Oben[1198] wurde bereits ausführlich dargestellt, dass nach der hier vertretenen Ansicht bezüglich solcher Massezuflüsse eine Nachtragsverteilung notwendig anzuordnen ist, da diese Zuflüsse nicht in die ursprüngliche Schlussverteilung integriert werden können. Dabei wurde aber bisher ausdrücklich die Frage offengelassen, ob der Verwalter für die Verteilung dieser Beträge ausschließlich nach § 6 Abs. 1 InsVV zu vergüten ist oder ob er seinen ursprünglichen Vergütungsantrag in diesen Fällen ergänzen kann.

Masse mehr vorhanden ist, vgl. Jaeger/*Schilken*, InsO, § 63 Rn. 31; Uhlenbruck/*Mock*, InsO, 13. Aufl., § 63 Rn. 22.

1195 Vgl. auch MünchKomm/*Stephan*, InsO, 3. Aufl., Anh. zu § 65 § 6 InsVV Rn. 3.

1196 Wie mehrfach erwähnt, erfasst die Nachtragsverteilung nach dem Wortlaut des § 203 Abs. 1 InsO nur Massezuflüsse nach dem Schlusstermin bzw. solche Massewerte, die erst nach dem Schlusstermin bekannt werden; vgl. auch *Pluta/Heidrich*, jurisPR-InsR 14/2006 Anm. 2; *Bartels*, WuB 2006, 815, 816.

1197 Vgl. auch LG Frankfurt/Oder, Beschl. v. 22.8.2002 – 6a T 104/02, ZInsO 2002, 1028, 1029.

1198 Kapitel Teil 4., A., I., 1., b).

Während der BGH diese Frage noch in seiner Entscheidung vom 6.10.2011[1199] offengelassen[1200] hat, führt er in seiner Entscheidung vom 19.12.2013[1201] nunmehr aus, dass eine Ergänzung der ursprünglichen Berechnungsgrundlage für die Vergütung auch bei Massezuflüssen im Zeitraum zwischen dem Schlusstermin und der Aufhebung des Verfahrens zulässig sei. Dem ist zuzustimmen. Auch wenn für diese Beträge nach der hier vertretenen Ansicht zwingend eine Nachtragsverteilung anzuordnen ist, so entspricht diese vergütungsrechtliche Handhabung der Regelung des § 63 Abs. 1 S. 2 InsO, nach der die Vergütung für das Insolvenzverfahren nach dem Wert der Insolvenzmasse zur Zeit der Beendigung des Insolvenzverfahrens berechnet wird. Zu Recht stellte daher das LG Osnabrück bereits in seiner Entscheidung vom 3.1.2011 heraus, dass nicht der Schlusstermin, sondern die Verfahrensaufhebung die vergütungsrechtliche Zäsur bilden würde, sodass Massezuflüsse bis zu diesem Zeitpunkt in die Vergütung für das Insolvenzverfahren integriert werden könnten und nur alle später erfolgten Massezuflüsse keine nachträgliche Erhöhung rechtfertigen würden.[1202] Daraus folgt, dass Massezuflüsse nach dem Schlusstermin und vor Verfahrensaufhebung vergütungsrechtlich in die Berechnungsgrundlage für die Vergütung für das Insolvenzverfahren hinzugerechnet werden können, auch wenn hinsichtlich dieser Beträge nach hiesiger Ansicht formal eine Nachtragsverteilung nach § 203 InsO anzuordnen ist. Dieser Lösung steht auch nicht entgegen, dass die Nachtragsverteilung, wie eingangs bereits erwähnt, grundsätzlich gebührenrechtlich ein selbstständiges, gesondert zu vergütendes Verfahren ist und sich die Vergütung des Verwalters bei Anordnung der Nachtragsverteilung regelmäßig ausschließlich nach § 6 Abs. 1 InsVV richtet.[1203] Dass eine einheitliche Vergütungsberechnung in diesen Fällen zulässig ist, zeigt nämlich bereits der Ausschlusstatbestand des § 6 Abs. 1 S. 2 InsVV selbst, nach dem eine gesonderte Vergütungsfestsetzung dann unterbleibt, wenn die Nachtragsverteilung schon bei der Festsetzung

---

1199 Mit dieser Frage musste sich der BGH nicht auseinandersetzen, da der Massezufluss im zugrundeliegenden Sachverhalt lange nach der Aufhebung des Verfahrens erfolgte, vgl. BGH, Beschl. v. 6.10.2011 – IX ZB 12/11, NZI 2011, 906 Rn. 11.

1200 Krit. wohl auch *Kalkmann*, EWiR 2011, 785.

1201 BGH, Beschl. v. 19.12.2013 – IX ZB 9/12, NZI 2014, 238, 239 Rn. 10. Der Inhalt dieser Entscheidung wurde bereits ausführlich im Kapitel Teil 4., A., I., 1., a) dargestellt. So auch *Stoffler*, NZI 2014, 239, 240.

1202 Vgl. LG Osnabrück, Beschl. v. 3.1.2011 – 8 T 826/10, BeckRS 2011, 24723. So auch bereits *Prasser*, ZIP 2006, 487, 488 m.w.N.: Erst zu diesem Zeitpunkt sei das Verfahren wirklich beendet.

1203 BGH, Beschl. v. 19.12.2013 – IX ZB 9/12, NZI 2014, 238, 239 Rn. 11.

der Vergütung für das Insolvenzverfahren berücksichtigt worden ist.[1204] Ergänzt der Verwalter somit in zulässiger Weise seinen ursprünglichen Vergütungsantrag um die nach Abhaltung des Schlusstermin und vor Verfahrensaufhebung zufließenden Beträge und wird daraufhin die Vergütung einheitlich festgesetzt, so hat der Verwalter die (angeordnete) Nachtragsverteilung durchzuführen, für die er jedoch regelmäßig mangels nennenswerten Mehraufwands und aufgrund der bereits erfolgten Berücksichtigung bei der Vergütung keine zusätzliche Vergütung erhält, § 6 Abs. 1 S. 2 InsVV[1205].

Der Insolvenzpraxis ist eine solche einheitliche Vergütungsfestsetzung bei weiteren Massezuflüssen vor Verfahrensaufhebung auch zu empfehlen, da dadurch ein neues selbstständiges Vergütungsfestsetzungsverfahren i.R.d. Nachtragsverteilung vermieden wird.[1206]

Erfolgt der Massezufluss dagegen wie im oben dargestellten Ausgangsfall des BGH[1207] (lange) *nach Verfahrensaufhebung*, so kommt eine nachträgliche Änderung der Vergütungsfestsetzung nicht in Betracht, da § 63 Abs. 1 S. 2 InsO insoweit eine zeitliche Zäsur aufstellt. Eine zusätzliche Vergütung kann hier nur gewährt werden, wenn eine Nachtragsverteilung angeordnet und vom Verwalter auch durchgeführt wird, wobei sich die Vergütung dann ausschließlich nach § 6 Abs. 1 InsVV richtet.

b) Vergütungsfestsetzung ohne Tätigwerden und Verteilung?

Die von der Rechtsbeschwerde im obigen Ausgangsfall vorgeschlagene Verfahrensweise, ohne besondere Tätigkeit eine zusätzliche Vergütung zu gewähren und den restlichen Betrag einer gemeinnützigen Organisation zu spenden, ist, wie oben bereits dargestellt[1208], unter Berücksichtigung des § 203 Abs. 3 InsO unhaltbar. Zutreffend weist der BGH daher eine solche Vorgehensweise zurück.

Die Vergütung nach der InsVV ist eine reine *Tätigkeits*vergütung.[1209] Der Vergütungsanspruch entsteht mit der tatsächlichen Arbeitsleitung des Verwalters (§ 63 Abs. 1 S. 1 InsO) und orientiert sich dabei immer an der tatsächlichen

---

1204 Ebd.

1205 Vgl. zu § 6 Abs. 1 S. 2 InsVV das folgende Kapitel, Teil 10., B., II.

1206 Vgl. auch *Prasser*, ZIP 2006, 487, 488.

1207 BGH, Beschl. v. 6.10.2011 – IX ZB 12/11, NZI 2011, 906, 907.

1208 Vgl. Teil 4., C., I., 3.

1209 Die Vergütung ist auch bei der Nachtragsverteilung kein Erfolgshonorar, sondern eine schlichte Tätigkeitsvergütung, vgl. BerlKomm/*Blersch*, InsO, § 6 InsVV Rn. 12. Vgl. dazu allgemein Kreft/*Eickmann*, InsO, § 63 Rn. 4; Uhlenbruck/*Mock*, InsO, 13. Aufl., § 63 Rn. 42.

Leistungserbringung und dem damit verbundenen Aufwand[1210]. Dies gilt auch bei der Nachtragsverteilung.[1211] Das Insolvenzgericht kann hier nicht ohne Gewährleistung einer eigenen Kontrolle oder Aufsicht Entscheidungen über dieses Vermögen treffen. „Einen Wildwuchs zu gestatten, in dem am Verfahren völlig Unbeteiligte plötzlich in den Genuss von Massebeträgen gelangen, ist selbstverständlich nicht möglich.“[1212]

Daraus folgt, dass der Verwalter bei einem Massezufluss nach Verfahrensaufhebung nur dann eine gesonderte Vergütung erhält, wenn die Nachtragsverteilung durch das Insolvenzgericht angeordnet und auch tatsächlich vom Verwalter durchgeführt wurde.[1213] Allein die Entgegennahme von Geldern, die nach Verfahrensaufhebung nicht mehr dem Insolvenzbeschlag unterliegen, rechtfertigt daher für sich allein keinen Vergütungsanspruch.[1214] Dass der Verwalter dadurch u.U. gezwungen ist, Minimalbeträge auszuschütten, die Nachtragsverteilung dabei aber auch nicht unerhebliche Kosten auslöst, ist kein Grund, mit Vermögenswerten zu operieren, die allein den Gläubigern[1215] zustehen.[1216] Daher ist der Verwalter grundsätzlich gehalten, diese Masse nach angeordneter Nachtragsverteilung, abzüglich seines Honorars, an die Gläubiger zu verteilen. Wird von einer Nachtragsverteilung dagegen wegen Geringfügigkeit abgesehen, so gebührt dieser Wert nach § 203 Abs. 3 InsO allein dem Schuldner und kann somit nicht als zusätzliche Vergütung festgesetzt oder einer gemeinnützigen Organisation gespendet werden. Daran ändert auch der von der Rechtsbeschwerde vorgebrachte Umstand, dass es bei einer juristischen Person oder Personenhandelsgesellschaft als Schuldnerin aufgrund der Löschung problematisch sein kann, den Massezufluss zuzuordnen, nichts. In diesen Fällen kann die Herausgabe der Gelder nämlich ggf. analog § 199 S. 2 InsO erfolgen.[1217] Die vom Verwalter in der

1210 *Kalkmann*, EWiR 2011, 785, 786.

1211 Vgl. *Haarmeyer/Wutzke/Förster*, InsVV, § 6 Rn. 4.

1212 *Smid*, jurisPR-InsR 24/2011 Anm. 2.

1213 Graf-Schlicker/*Kalkmann*, InsO, 3. Aufl., § 6 InsVV Rn. 2; *Kalkmann*, EWiR 2011, 785, 786.

1214 *Kalkmann*, EWiR 2011, 785, 786.

1215 Die fortdauernde haftungsrechtliche Zuweisung ehemaliger Massewerte an die Gläubiger wurde bereits mehrfach hervorgehoben und folgt bereits aus § 203 InsO selbst. Wie bereits im Teil 4., B., IV., 1. erwähnt, klingt auch in BGH, Beschl. v. 14.05.2009 – IX ZR 93/08, NZI 2009, 771, 772 Rn. 12 diese Fortwirkung der vermögensrechtlichen Zuweisung eines Anspruchs an die Insolvenzgläubiger an. So auch *Ludewig*, S. 83.

1216 *Smid*, jurisPR-InsR 24/2011 Anm. 2.

1217 *Kalkmann*, EWiR 2011, 785, 786.

Rechtsbeschwerde referierte „Übung" sehen *Smid* und *Kalkmann* daher zu Recht als Untreue an.[1218]

c) Zusammenfassung

Zusammenfassend lässt sich sagen, dass den Ausführungen des BGH in seiner Entscheidung vom 6.10.2011 zuzustimmen ist. Erfolgt ein weiterer Massezufluss nach Aufhebung des Verfahrens, bedarf es für eine nachträgliche Verteilung zwingend der Anordnung der Nachtragsverteilung und der Verwalter erhält nur dann eine zusätzliche Vergütung, wenn er die Nachtragsverteilung auch tatsächlich durchführt. Eine eigenständige Erhöhung der Vergütung für das Insolvenzverfahren ohne Tätigwerden oder aber eine Spende dieser Beträge an eine gemeinnützige Organisation kommt nicht in Betracht. Diese Vergütung ist gesondert nach § 6 Abs. 1 InsVV festzusetzen, sodass eine nachträgliche Erhöhung der Vergütung für das Insolvenzverfahren durch Fortschreibung der Teilungsmasse ausgeschlossen ist. Dies folgt bereits aus § 63 Abs. 1 S. 2 InsO, der insoweit eine zeitliche Zäsur der berücksichtigungsfähigen Massebeträge für die Vergütungsfestsetzung enthält. Will der Verwalter somit an Massezuflüssen nach Verfahrensaufhebung mit einer weiteren Vergütung partizipieren, muss das Insolvenzgericht eine Nachtragsverteilung anordnen und der Verwalter muss diese Massewerte in diesem geordneten Verfahren an die Gläubiger verteilen. Ansonsten kommt eine weitere Vergütung des Verwalters nicht in Betracht.[1219]

Eine Fortschreibung der bisherigen Teilungsmasse mit der Folge einer einheitlichen (erhöhten) Vergütungsfestsetzung ist allerdings in zwei Fällen möglich: Zum einen, wenn es sich um Massezuflüsse bis zum Schlusstermin handelt, da diese Massezuflüsse auch noch i.R.d. Schlussverteilung an die Gläubiger verteilt werden können, ohne dass es hier einer Nachtragsverteilung bedarf. Zum anderen ist eine solche Fortschreibung auch bei Massezuflüssen zwischen der Abhaltung des Schlusstermins und der Aufhebung des Verfahrens möglich, auch wenn hinsichtlich dieser Beträge nach hiesiger Ansicht eine Nachtragsverteilung anzuordnen ist. Die Zulässigkeit der Fortschreibung der Teilungsmasse folgt in diesem Fall aus § 63 Abs. 1 S. 2 InsO, der für die Berechnungsgrundlage auf die Beendigung des Verfahrens, mithin die Verfahrensaufhebung, abstellt. Erfolgt hier eine einheitliche Vergütungsfestsetzung, so erhält der Verwalter für die notwendig durchzuführende Nachtragsverteilung aber regelmäßig keine gesonderte Vergütung, da dies zu einer unzulässigen Doppelberücksichtigung führen würde, § 6 Abs. 1 S. 2 InsVV.

1218 *Smid*, jurisPR-InsR 24/2011 Anm. 2; *Kalkmann*, EWiR 2011, 785, 786.
1219 Vgl. *Kalkmann*, EWiR 2011, 785, 786.

II. Nichteingreifen der Ausschlussgründe gem. § 6 Abs. 1 S. 2 InsVV

Nach § 6 Abs. 1 S. 2 InsVV erhält der Verwalter trotz Durchführung der Nachtragsverteilung dann keine gesonderte Vergütung, wenn die Nachtragsverteilung voraussehbar war *und* schon bei der Festsetzung der Vergütung für das Insolvenzverfahren berücksichtigt worden ist.[1220]

Wie oben bereits kurz erwähnt, geht der Verordnungsgeber mit dieser Regelung davon aus, dass die Regelvergütung nach §§ 1 – 3 InsVV im Falle der Vorhersehbarkeit nachträglicher Verteilungen auch die Tätigkeit im Rahmen einer Nachtragsverteilung mit umfassen und dies bereits bei der Vergütungsfestsetzung berücksichtigt werden kann.[1221] Durch § 6 Abs. 1 S. 2 InsVV wird in diesen Fällen verhindert, dass der Verwalter für bestimmte Tätigkeiten bei Abwicklung des Insolvenzverfahrens doppelt oder mehrfach vergütet wird.[1222] Die Regelung des § 6 Abs. 1 S. 2 InsVV räumt dem Gericht auch kein Ermessen ein. Vielmehr darf das Gericht keine gesonderte Vergütung für die Nachtragsverteilung festsetzen, wenn die Ausschlussgründe kumulativ vorliegen.[1223]

Bevor die einzelnen Ausschlussvoraussetzungen näher begutachtet werden, ist vorab aber anzumerken, dass der Ausschlusstatbestand des § 6 Abs. 1 S. 2 InsVV in zwei Fällen von vornherein keine Anwendung finden kann: Zum einen erfasst der Ausschluss bereits nach dem eindeutigen Wortlaut nur den Vergütungsanspruch, nicht aber auch den Anspruch auf Auslagenersatz. Daher kann der Verwalter auch dann Erstattung seiner tatsächlich entstandenen und notwendig angefallenen Auslagen für die Durchführung der Nachtragsverteilung verlangen,

---

1220 Beide Voraussetzungen müssen kumulativ erfüllt sein, damit der gesonderte Vergütungsanspruch entfällt, *Zimmer*, KTS 2009, 199, 200.

1221 *Haarmeyer/Wutzke/Förster*, Handbuch, Kap. 8 Rn. 118; *Haarmeyer/Wutzke/Förster*, InsVV, § 6 Rn. 5.

1222 BerlKomm/*Blersch*, InsO, § 6 InsVV Rn. 18: Diese Ausschlussgründe sind wegen des Ausnahmecharakters der Vorschrift abschließend. Daher ist eine Erweiterung des § 6 Abs. 1 S. 2 InsVV im Rahmen einer Ausübung billigen Ermessens auf weitere Ausschlussfälle ausgeschlossen.

1223 *Tröger*, S. 30; Kreft/*Depré*, InsO, § 205 Rn. 4; *Keller*, Vergütung und Kosten, Rn. 357. Dies wird in der Literatur teilweise missverständlich dargestellt, indem ausgeführt wird, dass in diesen Fällen von einer zusätzlichen Vergütungsfestsetzung abgesehen werden *könne*, so bspw. FK-InsO/*Kießner*, § 205 Rn. 9; HambKomm/*Preß*/*Henningsmeier*, InsO, 4. Aufl., § 205 Rn. 9. Ein solches Ermessen räumt § 6 Abs. 1 S. 2 InsVV dagegen nicht ein. Lediglich § 6 Abs. 1 S. 1 InsVV räumt dem Gericht ein Ermessen hinsichtlich der Höhe der Vergütung ein, vgl. dazu den Abschnitt Teil 10., D.

wenn die übrigen Voraussetzungen des § 6 Abs. 1 S. 2 InsVV vorliegen.[1224] Zum anderen kann der Ausschlusstatbestand des § 6 Abs. 1 S. 2 InsVV überhaupt nur dann Anwendung finden, wenn die Nachtragsverteilung auch vom vormaligen Insolvenzverwalter durchgeführt wird, da nur in diesem Fall denkbar ist, dass der Nachtragsverteilungsaufwand bereits bei seiner Vergütung berücksichtigt wurde. Wurde für die Nachtragsverteilung dagegen ein neuer Insolvenzverwalter bestellt, so ist ihm schon nach den allgemeinen Gebührengrundsätzen immer eine Vergütung zuzubilligen.[1225]

1. Voraussehbarkeit

Als ersten Ausschlussgrund nennt § 6 Abs. 1 S. 2 InsVV die Voraussehbarkeit der Nachtragsverteilung. Bedauerlicherweise macht der Verordnungsgeber jedoch an dieser Stelle weder Ausführungen zu dem Begriff der Voraussehbarkeit[1226] noch zu der Frage, auf welchen Zeitpunkt und auf wessen Sichtweise es dabei ankommt.

Zunächst soll der Frage nachgegangen werden, auf welchen Zeitpunkt es i.R.d. Voraussehbarkeit ankommt.[1227] Teilweise wird hier in Anlehnung an den Wortlaut des § 203 Abs. 1 InsO der Schlusstermin als maßgeblicher Zeitpunkt angesehen.[1228] Dieser Zeitpunkt ist jedoch ersichtlich verfrüht, da zu diesem Zeitpunkt regelmäßig auch noch keine Entscheidung über die Vergütung erfolgt, die als weiteres Ausschlussmerkmal in § 6 Abs. 1 S. 2 InsVV enthalten ist. Demgegenüber stellen andere auf den Zeitpunkt der Aufhebung des Verfahrens ab.[1229] Auch

---

1224 Vgl. NR/*Delhaes*, InsO, § 63 Rn. 27; *Haarmeyer/Wutzke/Förster*, InsVV, § 6 Rn. 12; Jaeger/*Schilken*, InsO, § 63 Rn. 62.

1225 Vgl. MünchKomm/*Hintzen*, InsO, 3. Aufl., § 203 Rn. 27 und § 205 Rn. 7; NR/*Westphal*, InsO, § 205 Rn. 8; FK-InsO/*Lorenz*, Anh. V § 6 InsVV Rn. 6; *Haarmeyer/Wutzke/Förster*, Handbuch, Kap. 8 Rn. 118; BerlKomm/*Blersch*, InsO, § 6 InsVV Rn. 17; *Tröger*, S. 30.

1226 So auch die Kritik von FK-InsO/*Lorenz*, Anh. V § 6 InsVV Rn. 3.

1227 Als denkbare Zeitpunkte kommen hier die Schlussverteilung, die Niederlegung des Schlussverzeichnisses, die Zustimmung des Gerichts zur Schlussverteilung, der Schlusstermin, die Vergütungsfestsetzung oder auch die Verfahrensaufhebung nach § 200 InsO in Betracht, MünchKomm/*Nowak*, InsO, 2. Aufl., Anh. zu § 65, § 6 InsVV Rn. 3.

1228 So: MünchKomm/*Nowak*, InsO, 2. Aufl., Anh. zu § 65, § 6 InsVV Rn. 3; Jaeger/*Schilken*, InsO, § 63 Rn. 62; Uhlenbruck/*Mock*, InsO, 13. Aufl., § 63 Rn. 37.

1229 So: HambKomm/*Büttner*, InsO, 4. Aufl., § 6 InsVV Rn. 6. So wohl auch *Haarmeyer/Wutzke/Förster*, InsVV, § 6 Rn. 11, die auf die ex ante Sicht im Zeitpunkt der Beendigung des Verfahrens abstellen.

diese Ansicht kann aber nicht in jedem Fall überzeugen, da zu diesem Zeitpunkt die Vergütung für das Insolvenzverfahren regelmäßig bereits festgesetzt wurde, sodass die zweite kumulative Voraussetzung des § 6 Abs. 1 S. 2 InsVV, die Berücksichtigung bei der Verwaltervergütung, i.d.R. nicht vorliegen wird. Daher kommt es bei der Frage der Vorhersehbarkeit nach zutreffender Ansicht auf den Zeitpunkt der Festsetzung der Vergütung des Insolvenzverwalters an.[1230] In diesem Zeitpunkt kann nämlich auch eine Entscheidung darüber getroffen werden, ob der absehbare Mehraufwand i.R.d. Nachtragsverteilung bei der Vergütung für das Insolvenzverfahren bereits berücksichtigt werden soll oder nicht, § 6 Abs. 1 S. 2 InsVV.[1231] Handelt es sich um Massezuflüsse zwischen dem Schlusstermin und der Verfahrensaufhebung und beantragt der Verwalter in zulässiger Weise eine nachträgliche Erhöhung seiner ursprünglichen Vergütung, so kommt es auf diesen Zeitpunkt an, da in diesem Zeitpunkt der durch die zusätzlichen Verteilungen entstehende Mehraufwand erkennbar ist.

Des Weiteren lässt die Regelung des § 6 Abs. 1 S. 2 InsVV nicht erkennen, für wen diese Vorhersehbarkeit bestanden haben muss. Auch dies wird unterschiedlich beurteilt.

Nach *Lorenz* kommt es darauf an, ob der Insolvenzverwalter bei der Vergütungsbeantragung bzw. bei der Festsetzung seiner Vergütung vorhersehen konnte, dass eine Nachtragsverteilung durchzuführen sein wird.[1232] *Blersch* vertritt demgegenüber die Ansicht, dass nicht isoliert auf die Sicht des Insolvenzgerichts oder des Insolvenzverwalters, sondern vielmehr auf die Sicht eines objektiven Verfahrensbeteiligten, der sämtliche Verfahrensumstände kennt, abzustellen sei.[1233] Berücksichtigt man auch hier wieder, dass nicht allein die Vorhersehbarkeit zu einem Ausschluss der zusätzlichen Vergütung führt, sondern es dazu auch noch zu einer bereits erfolgten Berücksichtigung bei der Verwaltervergütung für das Insolvenzverfahren gekommen sein muss, so erscheint *Lorenz* Ansicht vorzugswürdig, da das Gericht ohne einen entsprechenden Antrag des Verwalters

---

1230 So: FK-InsO/*Lorenz*, Anh. V § 6 InsVV Rn. 6; FA-InsR/*Lorenz*, Kap. 29 Rn. 227; *Binz/Hess*, Rn. 3445; Mohrbutter/Ringstmeier/*Ernestus*, § 34 Rn. 156.

1231 Da die Frage der Vorhersehbarkeit als erstes Ausschlussmerkmal neben den weiteren Ausschlusstatbestand der Berücksichtigung bei der Vergütung gestellt ist, kann sich der Zeitpunkt der Vorhersehbarkeit nur auf den Zeitpunkt der Vergütungsfestsetzung beziehen, so zutreffend FA-InsR/*Lorenz*, Kap. 29 Rn. 227; FK-InsO/*Lorenz*, Anh. V § 6 InsVV Rn. 6.

1232 Ebd.

1233 BerlKomm/*Blersch*, InsO, § 6 InsVV Rn. 17. So auch *Haarmeyer/Wutzke/Förster*, InsVV, § 6 Rn. 11.

nicht eigens eine Vergütung festsetzt. Das heißt, nur wenn der Verwalter eine Nachtragsverteilung bereits vorhersehen konnte, wird er auch den anstehenden Mehraufwand bereits im Rahmen seines ursprünglichen Vergütungsantrags beziffern können, sodass es überhaupt nur zu einer Mitberücksichtigung bei der Verwaltervergütung i.S.d. § 6 Abs. 1 S. 2 InsVV kommen kann. Entsprechendes gilt bei Massezuflüssen zwischen dem Schlusstermin und der Verfahrensaufhebung, wenn der Verwalter hier eine Erhöhung seiner ursprünglichen Vergütung beantragt.

Im Weiteren stellt sich die Frage, wann überhaupt eine Voraussehbarkeit i.S.d. § 6 Abs. 1 S. 2 InsVV gegeben ist.

Insofern reicht es zunächst nicht aus, dass eine spätere Nachtragsverteilung nur möglich oder wahrscheinlich ist.[1234] Bei unsicherer Lage wird das Gericht nämlich die Vergütung für das Insolvenzverfahren gerade nicht entsprechend erhöhen, sodass es auch nicht zu der zweiten Ausschlussvoraussetzung des § 6 Abs. 1 S. 2 InsVV, der Berücksichtigung bei der Verwaltervergütung für das Insolvenzverfahren, kommen wird. Erforderlich ist hier vielmehr, dass belegbare Tatsachen vorliegen, die die Notwendigkeit der Durchführung einer späteren Nachtragsverteilung als überwiegend wahrscheinlich erscheinen lassen.

Eine solche Voraussehbarkeit liegt regelmäßig vor, wenn Beträge zurückbehalten und für eine Nachtragsverteilung nach §§ 189 Abs. 2, 190 Abs. 2 bzw. 191, 198 InsO hinterlegt wurden.[1235] Zwar mag in diesen Fällen ein weiterer Massezufluss noch nicht gesichert sein.[1236] Allerdings wird es in der Praxis kaum jemals Fälle geben, in denen für alle Beteiligten ein weiterer Massezufluss mit an Sicherheit grenzender Wahrscheinlichkeit absehbar und daher vollumfänglich gesichert ist. Da es sich häufig um Masse- oder Feststellungsprozesse handelt, wird auch immer eine gewisse Unsicherheit herrschen. Werden Beträge für Feststellungsprozesse hinterlegt, so ist ein weiterer Massezufluss in Höhe der hinterlegten Beträge für alle Beteiligten aber zumindest dann überwiegend wahrscheinlich, wenn die Einwendungen des Verwalters gegen die Gläubigerforderung plausibel sind.

Ein weiterer Fall, in dem sich eine Voraussehbarkeit i.S.d. § 6 Abs. 1 S. 2 InsVV bejahen lässt, liegt vor, wenn bestimmte Vermögenswerte einer Nachtragverteilung vorbehalten wurden, beispielsweise bei nur langfristig liquidierbarem

1234 FK-InsO/*Lorenz*, Anh. V § 6 InsVV Rn. 6; Mohrbutter/Ringstmeier/*Ernestus*, § 34 Rn. 156; HambKomm/*Büttner*, InsO, 4. Aufl., § 6 InsVV Rn. 6.

1235 *Haarmeyer/Wutzke/Förster*, InsVV, § 6 Rn. 11; NR/*Madert*, InsO, § 6 InsVV Rn. 2; BerlKomm/*Blersch*, InsO, § 6 InsVV Rn. 17.

1236 So: FK-InsO/*Lorenz*, Anh. V § 6 InsVV Rn. 6, der aus diesem Grund annimmt, dass allein aus der Hinterlegung keine Vorhersehbarkeit i.S.d. § 6 Abs. 1 S. 2 InsVV folge.

Schuldnervermögen.[1237] Ferner ist die Voraussehbarkeit i.S.d. § 6 Abs. 1 S. 2 InsVV unproblematisch zu bejahen, wenn es sich um Massezuflüsse zwischen dem Schlusstermin und der Aufhebung des Verfahrens handelt und eine Nachtragsverteilung bezüglich dieser Beträge bereits angeordnet wurde.

Handelt es sich dagegen um Sachverhalte der § 203 Abs. 1 Nr. 2 und Nr. 3 InsO, wird eine Vorhersehbarkeit (und auch eine Berücksichtigung bei der Verwaltervergütung) zumeist nicht vorliegen, da dies überwiegend Fälle betrifft, in denen sich ein nachträglicher Massezufluss eher zufällig ereignet. Insbesondere in Fällen der nachträglich ermittelten Gegenstände scheidet eine Vorhersehbarkeit i.d.R. aus, da andernfalls wohl anzunehmen wäre, dass der Verwalter pflichtwidrig einen Massegegenstand im bereits beendeten Verfahren nicht verwertet hat.[1238]

2. Berücksichtigung bei der Vergütung für das Insolvenzverfahren

Allein die Voraussehbarkeit der Nachtragsverteilung schließt eine zusätzliche Vergütung nach § 6 Abs. 1 S. 1 InsVV noch nicht aus. Eine zusätzliche Vergütung ist erst dann ausgeschlossen, wenn der nachträglich entstandene Verteilungsaufwand bereits bei der Festsetzung der Vergütung für das Insolvenzverfahren berücksichtigt worden ist, § 6 Abs. 1 S. 2 InsVV.[1239] Es fragt sich allerdings, wann man von einer solchen Berücksichtigung überhaupt sprechen kann.

Fest steht hier zunächst, dass man zumindest dann von einer Mitberücksichtigung i.S.d. § 6 Abs. 1 S. 2 InsVV sprechen kann, wenn die Vergütung des Verwalters für das Insolvenzverfahren ausdrücklich unter Bezugnahme auf die spätere Nachtragsverteilung wegen des besonderen Arbeitsaufwands i.R.d. bevorstehenden nachträglichen Verteilung nach § 3 Abs. 1 InsVV erhöht worden ist oder sich durch entsprechende Ausführungen des Gerichts ermitteln lässt, dass von der Vornahme eines Abschlags nach § 3 Abs. 2 InsVV abgesehen wurde, da noch eine Nachtragsverteilung zu erwarten war.[1240] Um in Fällen, in denen eine spätere Nachtragsverteilung wider Erwarten nicht durchgeführt wird oder diese einen

1237 Vgl. *Keller*, Vergütung und Kosten, Rn. 357; *Vallender*, WuB 2007, 255, 256; Bork/Koschmieder/*Keller*, Rn. 23.156; HambKomm/*Büttner*, InsO, 4. Aufl., § 6 InsVV Rn. 6.

1238 FK-InsO/*Lorenz*, Anh. V § 6 InsVV Rn. 6; BerlKomm/*Blersch*, InsO, § 6 InsVV Rn. 17.

1239 BerlKomm/*Blersch*, InsO, § 6 InsVV Rn. 18.

1240 Vgl. FK-InsO/*Lorenz*, Anh. V § 6 InsVV Rn. 8; FA-InsR/*Lorenz*, Kap. 29 Rn. 229; *Binz/Hess*, Rn. 3445; KPB/*Eickmann*, InsO, § 6 InsVV Rn. 3; Mohrbutter/Ringstmeier/*Ernestus*, § 34 Rn. 156; MünchKomm/*Nowak*, InsO, 2. Aufl., Anh. zu § 65, § 6 InsVV Rn. 4; *Vallender*, WuB 2007, 255, 256; *Keller*, NZI 2004, 465, 474; Kreft/*Keller*, InsO, § 6 InsVV Rn. 2. Vgl. auch HambKomm/*Büttner*, InsO, 4. Aufl., § 6 InsVV Rn. 7: Wurde ein Aufschlag gewährt, sei die Nachtragsverteilung berücksichtigt.

geringeren Aufwand hervorruft als bei der Festsetzung der Vergütung angenommen, sollte aus der Vergütungsfestsetzung jedoch klar erkennbar sein, welchen Zuschlag der Verwalter für die voraussehbare Nachtragsverteilung erhalten hat oder aber von welchem Abschlag abgesehen wurde. Nur so wird in diesen Fällen für alle Beteiligten ohne weiteres ersichtlich, ob die für die Nachtragsverteilung angesetzte Vergütung dem späteren Aufwand tatsächlich entspricht und welche Beträge der Verwalter u.U. wegen Überzahlung zurückzuerstatten hat.[1241] Wurde daher ein Betrag gem. § 3 InsVV im Insolvenzverfahren für den zusätzlichen Aufwand einer vorhersehbaren Nachtragsverteilung festgesetzt, so kann der Verwalter i.d.R. keine nochmalige Vergütung fordern.[1242]

Etwas anderes gilt aber, wenn die spätere Nachtragsverteilung eine unvorhergesehene Arbeitsbelastung mit sich gebracht hat, die nicht vorher absehbar war und somit auch nicht durch die bisher festgesetzte Vergütung abgedeckt ist.[1243] Da sich die Höhe der Vergütung immer auch am Arbeitsaufwand des Verwalters orientiert, ist das „wenn" in § 6 Abs. 1 S. 2 InsVV folglich als „*soweit*" zu lesen.[1244] Ein solcher unvorhergesehener Arbeitsaufwand kann beispielsweise dann vorliegen, wenn der Verwalter die streitigen Massegegenstände wider Erwarten nur durch komplizierte Anfechtungsprozesse oder Verhandlungen nachträglich zur Masse ziehen konnte.[1245]

Fraglich und umstritten ist demgegenüber die Frage, ob bei zurückbehaltenen und hinterlegten Beträgen nach §§ 189, 198 InsO zwangsläufig immer dann unmittelbar ein Ausschluss einer zusätzlichen Vergütung gem. § 6 Abs. 1 S. 2 InsVV anzunehmen ist, wenn diese Beträge bereits bei der Verwaltervergütung in die nach § 1 InsVV maßgebliche Insolvenzmasse mit eingerechnet wurden.

Nach der Mehrheit in der Literatur greift in diesen Fällen der Ausschlusstatbestand des § 6 Abs. 1 S. 2 InsVV nicht zwangsläufig ein. Auch wenn die Beträge bereits in die Verwaltervergütung mit eingerechnet wurden, handle es

---

1241 So auch *Graeber*, InsbürO 2005, 459, 460; *Graeber*, Rn. 321 (S. 212); *Haarmeyer/Wutzke/Förster*, InsVV, § 6 Rn. 11: Die Vergütung für die Nachtragsverteilung sei gesondert auszuweisen.

1242 MünchKomm/*Nowak*, InsO, 2. Aufl., Anh. zu § 65, § 6 InsVV Rn. 2. Vgl. auch die amtl. Begr. Zu § 6 InsVV, abgedruckt bei *Keller*, Vergütung und Kosten, Anhang III, S. 436.

1243 KPB/*Holzer*, InsO, § 205 Rn. 10; MünchKomm/*Nowak*, InsO, 2. Aufl., Anh. zu § 65, § 6 InsVV Rn. 1; Uhlenbruck/*Uhlenbruck*, InsO, 13. Aufl., § 205 Rn. 6 m.w.N.

1244 MünchKomm/*Nowak*, InsO, 2. Aufl., Anh. zu § 65, § 6 InsVV Rn. 1.

1245 Vgl. Uhlenbruck/*Uhlenbruck*, InsO, 13. Aufl., § 205 Rn. 6; KPB/*Holzer*, InsO, § 205 Rn. 10.

sich hierbei nicht um eine Abgeltung des Nachtragsverteilungsaufwands, denn diese Erhöhung der Vergütung hätte der Verwalter auch dann erhalten, wenn die hinterlegten Beträge später nicht zur Masse zurückgeflossen wären.[1246] Die Mehrvergütung sei daher keine vorhersehbare und als Abgeltung des Nachtragsverteilungsaufwands berücksichtigte Teilvergütung[1247], sodass § 6 Abs. 1 S. 2 InsVV nicht eingreifen würde. Teilweise wird in diesen Fällen aber gefordert, dass dann die gesonderte Nachtragsvergütung ggf. um die mittelbare Erhöhung aufgrund der höheren Berechnungsgrundlage zu kürzen sei.[1248]

Demgegenüber entfällt nach *Heyn* ein weiterer Vergütungsanspruch völlig, da es ansonsten zu einer unzulässigen Doppelberücksichtigung komme.[1249] *Blersch* vertritt wiederum die Ansicht, dass die Nachtragsverteilung in diesen Fällen zumeist schon mit der Verwaltervergütung abgegolten worden sei, da diese Beträge bei klarer Rechtslage schon während des regulären Insolvenzverfahrens hätten verteilt werden müssen. Anders sei dies nur, wenn der Verwalter bei seiner regulären Vergütung einen Abschlag wegen teilweise unterbliebener Verteilung hinnehmen musste oder wenn er wegen des geringen Verteilungsaufwands keinen Zuschlag nach § 3 InsVV geltend gemacht hat.[1250]

Welche Ansicht im Ergebnis vorzugswürdig ist, lässt sich nur anhand des Sinn und Zwecks des § 6 Abs. 1 S. 2 InsVV ermitteln. Durch § 6 Abs. 1 S. 2 InsVV soll vermieden werden, dass der Verwalter für eine bestimmte Tätigkeit doppelt oder mehrfach vergütet wird.[1251] Insoweit ist vorliegend zu beachten, dass allein durch ein Hinzurechnen der hinterlegten Beträge in die Berechnungsgrundlage nach § 1 InsVV für das Insolvenzverfahren regelmäßig noch nicht ein etwaiger Tätigkeitsaufwand mitberücksichtigt wurde, der durch die Nachtragsverteilung entsteht. Ein Ausschluss nach § 6 Abs. 1 S. 2 InsVV kommt aber nur dann in Betracht, wenn der Verwalter auch den voraussehbaren Aufwand, der durch die Nachtragsverteilung entsteht, mit in seinen Vergütungsantrag für

---

1246 So: KPB/*Eickmann*, InsO, § 6 InsVV Rn. 3; MünchKomm/*Nowak*, InsO, 2. Aufl., Anh. zu § 65, § 6 InsVV Rn. 4; Mohrbutter/Ringstmeier/*Ernestus*, § 34 Rn. 157; FK-InsO/*Lorenz*, Anh. V § 6 InsVV Rn. 6.

1247 KPB/*Eickmann*, InsO, § 6 InsVV Rn. 3; MünchKomm/*Nowak*, InsO, 2. Aufl., Anh. zu § 65, § 6 InsVV Rn. 4.

1248 Vgl. *Haarmeyer/Wutzke/Förster*, InsVV, § 6 Rn. 11; *Vallender*, WuB 2007, 255, 256; *Graeber*, InsbürO 2005, 459, 461; *Graeber*, Rn. 321 (S. 213).

1249 *Heyn*, Rn. 77 (S. 245).

1250 BerlKomm/*Blersch*, InsO, § 6 InsVV Rn. 18.

1251 Ebd.

das durchgeführte Insolvenzverfahren einbezogen hat.[1252] Unter Beachtung dieser Grundsätze ist daher die überwiegende Ansicht vorzugswürdig, sodass der Verwalter für die Durchführung der Nachtragsverteilung grundsätzlich auch in diesen Fällen eine zusätzliche Vergütung erhält. Um eine unzulässige Doppelberücksichtigung zu verhindern, sollte das Insolvenzgericht bei der Vergütungsfestsetzung für die Nachtragsverteilung aber darauf achten, ob die streitigen Vermögensgegenstände bereits bei der Vergütung für das eröffnete Insolvenzverfahren berücksichtigt wurden, obwohl eine Verwertung und Verteilung nicht stattgefunden hat.[1253] Wegen des Verbots der Doppelberücksichtigung erscheint es daher gerechtfertigt, die gesonderte Vergütung für die Nachtragsverteilung um den Betrag zu kürzen, durch den die Vergütung im eröffneten Verfahren durch ein Hinzurechnen zur Berechnungsgrundlage erhöht wurde[1254]; wobei jedoch ein entstandener Mehraufwand des Verwalters in jedem Falle angemessen zu entlohnen ist. Diese Handhabung kann u.U. auch dazu führen, dass der Verwalter keine zusätzliche Vergütung nach § 6 Abs. 1 InsVV erhält, was regelmäßig dann anzunehmen sein wird, wenn der Verwalter seine ursprüngliche Vergütung bei Massezuflüssen zwischen Schlusstermin und Verfahrensaufhebung nachträglich um die zugeflossenen (Bar-) Massewerte erhöht und diese sodann i.R.d. Nachtragsverteilung an die Gläubiger ohne nennenswerten Mehraufwand verteilt. In diesen Fällen ist die Nachtragsverteilung regelmäßig bereits durch die Berücksichtigung bei der Verwaltervergütung abgegolten, da die Erhöhung der ursprünglichen Berechnungsgrundlage oftmals zu einem höheren Vergütungsanspruch führt, als wenn der Verwalter die Nachtragsmasse zur Grundlage einer gesonderten Vergütung nach § 6 Abs. 1 InsVV macht.

B. Berechnungsgrundlage für die Vergütung

Im Gegensatz zur vormaligen Regelung des § 4 Abs. 4 VergVO gibt § 6 Abs. 1 S. 1 InsVV nunmehr die Berechnungsgrundlage für die Nachtragsvergütung vor. Danach ist der Wert der nachträglich verteilten Insolvenzmasse zugrunde zu legen.

Diese nachträglich verteilte Masse ist allerdings nicht zwingend auch der Betrag, der zur Ausschüttung an die Gläubiger gelangt. Wird beispielsweise eine während des Verfahrens angefallene Erbschaft erst nach Abhaltung des

1252 Ebd.

1253 *Vallender*, WuB 2007, 255, 256.

1254 Ein entsprechendes Rechenbeispiel findet sich bei *Graeber*, InsbürO 2005, 459, 461; *Graeber*, Rn. 321 (S. 213).

Schlusstermins bekannt, so unterliegt diese einer Nachtragsverteilung. Diese ist allerdings mit Erbschaftssteuer belastet, welche vorab aus der Masse zu entrichten ist. Insoweit gilt hier § 1 InsVV entsprechend.[1255] Der maßgebliche Berechnungswert ist daher regelmäßig der Schlussrechnung des Verwalters nach § 205 S. 2 InsO zu entnehmen.[1256] Zur Bestimmung der Berechnungsgrundlage sind insoweit die § 1 Abs. 2 Nr. 1, Nr. 2 und Nr. 5 InsVV entsprechend heranzuziehen.[1257]

C. Höhe der Vergütung

Nach § 6 Abs. 1 S. 1 InsVV ist die Vergütung für die Nachtragsverteilung unter Berücksichtigung des Werts der nachträglich verteilten Insolvenzmasse *nach billigem Ermessen* festzusetzen.

Aus dem Wortlaut „unter Berücksichtigung des Werts" der nachträglich verteilten Masse folgt zunächst, dass bei der Bemessung der Vergütungshöhe auch andere Begleitumstände und Kriterien, wie beispielsweise der konkrete Arbeitsumfang, die Schwierigkeit oder auch das vom Verwalter eingegangene Haftungsrisiko, beachtet werden müssen.[1258]

In der Praxis wird bei der Vergütungsbemessung für die Nachtragsverteilung i.d.R. ein die Regelvergütung deutlich unterschreitender Satz angesetzt, zumeist zwischen 10% bis 50% der Regelvergütung.[1259]

Fraglich und umstritten ist allerdings, ob trotz des Wortlauts („nach billigem Ermessen") die Festsetzung eines Regelsatzes i.S.d. § 2 Abs. 1 InsVV auch bei der Nachtragsverteilung in Betracht kommt.[1260]

1255 Graf-Schlicker/*Kalkmann*, InsO, 3. Aufl., § 6 InsVV Rn. 3.

1256 BerlKomm/*Blersch*, InsO, § 6 InsVV Rn. 14.

1257 BerlKomm/*Blersch*, InsO, § 6 InsVV Rn. 14; HambKomm/*Büttner*, InsO, 4. Aufl., § 6 InsVV Rn. 3.

1258 Vgl. MünchKomm/*Nowak*, InsO, 2. Aufl., Anh. zu § 65, § 6 InsVV Rn. 5; FK-InsO/*Lorenz*, Anh. V § 6 InsVV Rn. 9.

1259 Jaeger/*Meller-Hannich*, InsO, § 203 Rn. 16 m.w.N. Vgl. auch Graf-Schlicker/*Kalkmann*, InsO, 3. Aufl., § 6 InsVV Rn. 4. In BGH, Beschl. v. 12.10.2006 – IX ZB 294/05, ZInsO 2006, 1205 waren 10% der Regelvergütung veranschlagt, die der BGH nicht beanstandet hat, aber gleichwohl ausführte, dass es schon zweifelhaft sei, ob es einen „Regelfall" für die Nachtragsverteilung gebe.

1260 Nicht gefolgt werden kann hier von vornherein dem von *Haarmeyer/Wutzke/Förster*, InsVV, § 6 Rn. 9 gemachten Vorschlag, die Vergütung pauschal zu berechnen oder einen Stundensatz zu gewähren. Mit dieser Vorgehensweise wird die Systematik der InsVV, die grundsätzlich nach § 1 InsVV von dem Wert des Aktivvermögens ausgeht und hieraus die Regelvergütung nach § 2 InsVV, ggf. mit Zu- und Abschlägen nach

I. Herrschende Ansicht im Schrifttum

Die überwiegende Literatur vertritt die Ansicht, dass die Vergütung analog §§ 2, 3 InsVV mit der Regelvergütung aus dem Nachtragsverteilungsbetrag als maßgebende Insolvenzmasse i.S.d. § 1 InsVV abzugelten sei, wobei jedoch häufig Abschläge vorzunehmen seien.[1261] Die Begründung für die Heranziehung von festen Regelsätzen i.S.d. § 2 InsVV ist jedoch unterschiedlich.

Einige Vertreter erblicken in dem Verweis auf die Nachtragsverteilungsmasse in § 6 Abs. 1 S. 1 InsVV eine Vorgabe für die Anwendung der Staffelsätze des § 2 InsVV, da auch bei der Nachtragsverteilung eine gewisse Vergütungssystematik zu entwickeln sei, selbst wenn § 6 Abs. 1 S. 1 InsVV von billigem Ermessen spreche.[1262]

Nach *Lorenz* spricht für eine Anwendung der §§ 2, 3 InsVV der Umstand, dass sich auch bei der Nachtragsverteilung ein „Regelfall" bilden lasse, dem wiederum ein Bruchteil der Regelvergütung des § 2 InsVV zuzuordnen sei.[1263] Auch wenn Nachtragsverteilungen völlig unterschiedlich seien, sei die Interessenlage bei der Abwicklung des Insolvenzverfahrens auch völlig unterschiedlich. Dennoch werde im Insolvenzverfahren ein „Regelfall" i.S.d. § 2 InsVV für möglich gehalten.[1264] Der Verordnungsgeber schweige zwar an dieser Stelle, was der „Regelfall" eines Insolvenzverfahrens ist. Aus einer Zusammenschau mit § 3 InsVV lasse sich jedoch eine Art Regelfall ableiten.[1265] Ähnlich könne man auch i.R.d. Nachtragsverteilung verfahren.

---

§ 3 InsVV, berechnet, verlassen; so zu Recht: FK-InsO/*Lorenz*, Anh. V § 6 InsVV Rn. 10; BerlKomm/*Blersch*, InsO, § 6 InsVV Rn. 16. Die Regelung des § 6 Abs. 1 InsVV bestimmt bereits die konkrete Berechnungsgrundlage, sodass sich eine Berechnung anhand von Stundensätzen oder eine pauschale Festsetzung verbietet.

1261 Vgl. Jaeger/*Schilken*, InsO, § 63 Rn. 62; Kreft/*Keller*, InsO, § 6 InsVV Rn. 2; Münch Komm/*Nowak*, InsO, 2. Aufl., Anh. zu § 65, § 6 InsVV Rn. 5; HambKomm/*Büttner*, InsO, 4. Aufl., § 6 InsVV Rn. 4; FK-InsO/*Lorenz*, Anh. V § 6 InsVV Rn. 10; Braun/*Kießner*, InsO, § 205 Rn. 11; NR/*Delhaes*, InsO, § 63 Rn. 27; KPB/*Eickmann*, InsO, § 6 InsVV Rn. 4; *Frege/Keller/Riedel*, Rn. 2533; *Keller*, Vergütung und Kosten, Rn. 356; Mohrbutter/Ringstmeier/*Ernestus*, § 34 Rn. 157; *Binz/Hess*, Rn. 3447. Auch das LG Offenburg, Beschl. v. 5.1.2005 – 4 T 100/04, ZInsO 2005, 481, 482 verweist auf § 2 InsVV.

1262 So: KPB/*Eickmann*, InsO, § 6 InsVV Rn. 4; Stephan/Riedel/*Stephan*, § 6 InsVV Rn. 8.

1263 Vgl. FK-InsO/*Lorenz*, Anh. V § 6 InsVV Rn. 10 f.; FA-InsR/*Lorenz*, Kap. 29 Rn. 232.

1264 FK-InsO/*Lorenz*, Anh. V § 6 InsVV Rn. 11.

1265 Jaeger/*Schilken*, InsO, § 63 Rn. 43; Uhlenbruck/*Mock*, InsO, 13. Aufl., § 63 Rn. 26; *Keller*, Vergütung und Kosten, Rn. 234; *Keller*, ZIP 2000, 914, 921 m.w.N.. Zum „Normalfall" eines Insolvenzverfahrens vgl. Bork/Koschmieder/*Keller*, Rn. 23.107 ff.; KPB/

Nach *Eickmann* ist eine „Regelnachtragsverteilung“ dann gegeben, wenn nur zur Masse zurückgeflossene, hinterlegte Beträge verteilt werden, eine Abwicklung innerhalb von sechs Monaten möglich ist und die Verteilung an nicht mehr als 100 Gläubiger erfolgt.[1266] Ist die Nachtragsverteilung dagegen aufwändiger als diese „Regelnachtragsverteilung“, so kämen je nach dem konkreten Aufwand Zuschläge in unterschiedlicher Höhe nach einer von *Eickmann* entwickelten Faustregeltabelle in Betracht.[1267] Nach dieser Faustregeltabelle soll der Verwalter beispielsweise einen Zuschlag von 10% erhalten, sofern eine Verteilung an 100 bis 200 Gläubiger stattfindet und für je 100 mehr dann jeweils weitere 5%. Dauert das Nachtragsverteilungsverfahren mehr als 6 Monate bis zu 1 Jahr, so käme ein Zuschlag von 10%, bei einer Dauer bis zu 2 Jahren von 20% und bei einer Dauer von über 2 Jahren von 30% in Betracht. Kann dagegen ein Rückfluss von Beträgen nur durch Geltendmachung von Anfechtungsansprüchen erzielt werden, so sei ohne Rechtsstreit ein Zuschlag von 25% und nach einem notwendigen Rechtsstreit ein Zuschlag von 30 bis 40% zu gewähren.[1268]

Während innerhalb dieser herrschenden Literaturmeinung Einigkeit darüber herrscht, dass i.d.R. lediglich ein Bruchteil von der Regelvergütung des § 2 InsVV für die Nachtragsvergütung gewährt werden könne, da mit der Regelvergütung die Tätigkeiten für das gesamte Insolvenzverfahren abgegolten würden und die Nachtragsverteilung regelmäßig weniger aufwändig sei[1269], herrscht bezüglich der Frage, wie hoch dieser Bruchteil im Falle einer „Regelnachtragsverteilung“ sein soll, Uneinigkeit. Überwiegend wird dieser Bruchteil mit 25% der Regelvergütung des § 2 Abs. 1 InsVV beziffert.[1270] Weist die Nachtragsverteilung dagegen keine

---

Prasser/Stoffler, InsO, § 3 InsVV Rn. 60 ff., die hauptsächlich durch quantitative Kriterien ein „Normalverfahren“ umschreiben. So auch AG Rüsselsheim, Beschl. v. 26.5.1992 – 4 N 35/89, Rpfleger 1993, 35 für die Vergütung des Konkursverwalters in einem „Normalverfahren“.

1266 KPB/*Eickmann*, InsO, § 6 InsVV Rn. 6. Ihm folgend: Stephan/Riedel/*Stephan*, § 6 InsVV Rn. 9; FK-InsO/*Lorenz*, Anh. V § 6 InsVV Rn. 11.

1267 KPB/*Eickmann*, InsO, § 6 InsVV Rn. 7. Diese Faustregeltabelle wurde bspw. ohne Änderungen von FK-InsO/*Lorenz*, § 6 InsVV Rn. 12 übernommen.

1268 Vgl. zu den einzelnen Zuschlägen: KPB/*Eickmann*, InsO, § 6 InsVV Rn. 7; FK-InsO/*Lorenz*, § 6 InsVV Rn. 12.

1269 NR/*Madert*, InsO, § 6 InsVV Rn. 2; KPB/*Eickmann*, InsO, § 6 InsVV Rn. 5; FK-InsO/*Kießner*, § 205 Rn. 10; Stephan/Riedel/*Stephan*, § 6 InsVV Rn. 9; Braun/*Kießner*, InsO, § 205 Rn. 11; Jaeger/*Schilken*, InsO, § 63 Rn. 62.

1270 So: LG Offenburg, Beschl. v. 5.1.2005 – 4 T 100/04, ZInsO 2005, 481, 482; *Haarmeyer/Wutzke/Förster*, Handbuch, Kap. 8, Rn. 120; KPB/*Eickmann*, InsO, § 6 InsVV Rn. 6; *Frege/Keller/Riedel*, Rn. 2533; *Keller*, Vergütung und Kosten, Rn. 356; Kreft/*Keller*,

besonderen Schwierigkeiten auf, sondern stellt nur unterdurchschnittliche Anforderungen an den Verwalter, so wird teilweise angenommen, dass auch ein stärkeres Zurückbleiben hinter diesem Regelsatz gerechtfertigt sei.[1271] Andere halten dagegen 35%[1272] oder 50%[1273] der Regelvergütung nach § 2 Abs. 1 InsVV für angemessen. Bei weniger aufwändigen oder bei aufwändigeren Nachtragsverteilungen sei auch ein Rahmen von 25% bis 100%[1274] oder gar 150%[1275] in Betracht zu ziehen, wobei in Einzelfällen der Ansatz auch noch niedriger oder höher liegen könne.[1276] Dies könne u.U. durch Stundungssätze kontrolliert werden.[1277]

Teilweise wird in diesem Zusammenhang auch vorgebracht, dass die Tätigkeit für die Nachtragsverteilung dann angemessen vergütet werde, wenn eine Differenzberechnung zu der ursprünglichen Vergütung angestellt wird, wobei ein Aufschlag berücksichtigt werden könne, der bei vorhergesehener Nachtragsverteilung zu gewähren gewesen wäre.[1278] Es sei in jedem Fall eine Vergleichsberechnung dahingehend anzustellen, in welchem Umfang sich die Vergütung des Verwalters im Ausgangsverfahren erhöht hätte, wenn die Nachtragsvermögenswerte bereits bei der Berechnung der Vergütung bekannt gewesen wären und die Berechnungsgrundlage nach § 1 Abs. 1 S. 1 InsVV dementsprechend erhöht hätten. Der so ermittelte Betrag stelle die Untergrenze einer angemessenen Vergütung für die Durchführung der Nachtragsverteilung dar.[1279]

InsO, § 6 InsVV Rn. 2; Uhlenbruck/*Mock*, InsO, 13. Aufl., § 63 Rn. 37; Beck/Depré/*Graeber*, § 51 Rn. 78; NR/*Madert*, InsO, § 6 InsVV Rn. 2; HambKomm/*Büttner*, InsO, 4. Aufl., § 6 InsVV Rn. 4; Stephan/Riedel/*Stephan*, § 6 InsVV Rn. 9; Bork/Koschmieder/*Keller*, Rn. 23.155; *Graeber*, InsbürO 2005, 459, 460; *Graeber*, Rn. 321 (S. 212). So i.E. auch BerlKomm/*Blersch*, InsO, § 6 InsVV Rn. 14, der zunächst die volle Regelvergütung nach § 2 InsVV berechnet und sodann einen Abschlag i.H.v. 75% vornimmt.

1271 *Keller*, Vergütung und Kosten, Rn. 356; Bork/Koschmieder/*Keller*, Rn. 23.155.

1272 So: FK-InsO/*Lorenz*, Anh. V § 6 InsVV Rn. 11; FA-InsR/*Lorenz*, Kap. 29 Rn. 232.

1273 So: MünchKomm/*Nowak*, InsO, 2. Aufl., Anh. zu § 65, § 6 InsVV Rn. 5. So i.E. auch Jaeger/*Schilken*, InsO, § 63 Rn. 62, wenn die Nachtragsverteilung keine Besonderheiten aufweise.

1274 Jaeger/*Schilken*, InsO, § 63 Rn. 62. Vgl. auch Stephan/Riedel/*Stephan*, § 6 InsVV Rn. 10; NR/*Madert*, InsO, § 6 InsVV Rn. 2.

1275 MünchKomm/*Nowak*, InsO, 2. Aufl., Anh. zu § 65, § 6 InsVV Rn. 5; FK-InsO/*Lorenz*, Anh. V § 6 InsVV Rn. 11.

1276 Kreft/*Keller*, InsO, § 6 InsVV Rn. 2.

1277 MünchKomm/*Nowak*, InsO, 2. Aufl., Anh. zu § 65, § 6 InsVV Rn. 5.

1278 HambKomm/*Büttner*, InsO, 4. Aufl., § 6 InsVV Rn. 5.

1279 FK-InsO/*Kießner*, § 205 Rn. 11; KPB/*Holzer*, InsO, § 205 Rn. 11.

II. Ansicht des BGH und Teile des Schrifttums

Der BGH führte in seinem Beschluss vom 12.10.2006[1280] zwar aus, dass die dort festgesetzte Vergütung in Höhe von 10% der Regelvergütung keinen Anlass zu einer rechtsgrundsätzlichen Stellungnahme biete. Es sei aber schon zweifelhaft, ob für die Nachtragsverteilung überhaupt ein Regelfall vorstellbar ist. Der Verordnungsgeber habe mit Bedacht keine festen Regelsätze für die Nachtragsverteilung aufgestellt, da Nachtragsverteilungen zu verschieden gelagert seien.[1281]

Diesen Ausführungen ist zu entnehmen, dass der Senat die Heranziehung eines Regelsatzes für die Nachtragsverteilung ablehnt.[1282] Auch in seiner Entscheidung vom 6.10.2011[1283] betonte er nochmals, dass der Verordnungsgeber für das Nachtragsverteilungsverfahren keine Regelvergütung vorgesehen habe.[1284] Die Vergütung sei vielmehr einzelfallbezogen festzulegen. Dieser Ansicht haben sich mittlerweile auch Teile des Schrifttums angeschlossen.[1285]

1280 BGH, Beschl. v. 12.10.2006 – IX ZB 294/05, ZInsO 2006, 1205. Der Inhalt der Rechtsbeschwerde wurde bereits im Abschnitt Teil 10., A., I., 2., a) dargestellt.

1281 BGH, Beschl. v. 12.10.2006 – IX ZB 294/05, ZInsO 2006, 1205, Rn. 5.

1282 Zu einer anderen Auslegung der BGH-Entscheidung gelangt dagegen *Zimmer*, KTS 2009, 199, 201. Nach ihm habe der BGH ebenfalls auf den Regelsatz gem. § 2 InsVV abgestellt, dies aber nicht ausdrücklich formuliert. Gegen dieses Verständnis der Entscheidungsbegründung spricht allerdings, dass der Senat ausdrücklich ausführt, dass nach seiner Sicht zweifelhaft sei, ob für die Nachtragsverteilung überhaupt ein Regelfall vorstellbar ist und dass der Verordnungsgeber keine festen Regelsätze aufgestellt habe. Damit erteilt der BGH der Anwendung des § 2 InsVV eine klare Absage.

1283 BGH, Beschl. v. 6.10.2011 – IX ZB 12/11, NZI 2011, 906, 907 Rn. 15. Der Inhalt der Rechtsbeschwerde wurde bereits im Abschnitt Teil 10., A., I., 1. dargestellt.

1284 BGH, Beschl. v. 6.10.2011 – IX ZB 12/11, NZI 2011, 906, 907 Rn. 15.

1285 Vgl. Graf-Schlicker/*Kalkmann*, InsO, 3. Aufl., § 6 InsVV Rn. 4 f.; Jaeger/*Meller-Hannich*, InsO, § 203 Rn. 16; *Kind*, FD-InsR 2006, 200859. Ebenso *Bähr*, jurisPR-InsR 3/2007 Anm. 2, der darauf aufmerksam macht, dass der Verwalter in seinem Vergütungsantrag seine Tätigkeit detailliert beschreiben und auf eventuelle Schwierigkeiten hinweisen sollte, da die Vergütung nach „billigem Ermessen" festzusetzen sei. Äußerst widersprüchlich insoweit allerdings *Haarmeyer/Wutzke/Förster*, InsVV, § 6 Rn. 7 f.: Diese halten in Rn. 7 unter Verweis auf das LG Offenburg und *Eickmann* einen Bruchteil von 25% der Regelvergütung für angemessen. In Rn. 8 schließen sie sich jedoch der Ansicht des Senats an, wonach die Vergütung auf den jeweiligen Einzelfall bezogen festzusetzen sei. Die Ausführungen in Rn. 9 ähneln demgegenüber wieder einer Anlehnung an §§ 2, 3 InsVV.

III. Stellungnahme

Der überwiegenden Ansicht im Schrifttum ist zunächst darin zuzustimmen, dass ein Rückgriff auf §§ 2, 3 InsVV für Sicherheit und Systematik bei der Vergütungsfestsetzung für die Nachtragsverteilung sorgen würde. Dadurch könnte auch frühzeitig erkannt werden, welche Kosten die Nachtragsverteilung verursachen wird und ob ggf. von einer Anordnung nach § 203 Abs. 3 InsO abzusehen ist. Es fragt sich aber, ob ein Rückgriff auf die allgemeinen Regelungen der §§ 2, 3 InsVV im Rahmen des § 6 Abs. 1 InsVV überhaupt zulässig ist.

Soweit in diesem Zusammenhang vorgebracht wird, dass in § 6 Abs. 1 S. 1 InsVV ein Verweis auf §§ 2, 3 InsVV zu erkennen sei, kann dies nicht überzeugen. Aus einer Zusammenschau zwischen § 6 Abs. 1 InsVV und § 11 Abs. 1 InsVV[1286] ergibt sich, dass ein solcher Verweis gerade nicht gegeben ist. Anders als die Regelung des § 11 Abs. 1 S. 2 InsVV ist in § 6 Abs. 1 InsVV kein Bezug zu § 2 InsVV gewählt worden.[1287] Allein der in § 6 Abs. 1 S. 1 InsVV enthaltene Verweis auf die Nachtragsverteilungsmasse begründet für sich noch nicht die Anwendbarkeit des § 2 InsVV, da der Verordnungsgeber hiermit nur die Berechnungsgrundlage vorgegeben hat.

Festzuhalten ist daher zunächst, dass § 6 Abs. 1 InsVV weder feste Regelsätze[1288] noch einen ausdrücklichen Verweis auf § 2 InsVV enthält[1289]. Allerdings ist damit noch nicht entschieden, ob nicht zumindest eine analoge[1290] Heranziehung der §§ 2, 3 InsVV erfolgen kann.

1286 § 11 Abs. 1 S. 2 InsVV betrifft die Vergütung des vorläufigen Verwalters und lautet: „Er erhält in der Regel 25 vom Hundert der Vergütung nach § 2 Abs. 1 bezogen auf das Vermögen, auf das sich seine Tätigkeit während des Eröffnungsverfahrens erstreckt." § 11 InsVV wird künftig durch das Gesetz zur Verkürzung der Restschuldbefreiung und zur Stärkung der Gläubigerrechte vom 15.7.2013 geändert, vgl. BGBl. I, 2013, S. 2379 ff. In der Neuregelung, die zum 01.07.2014 in Kraft tritt, fehlt nunmehr ein ausdrücklicher Verweis auf § 2 InsVV. Eine ähnliche Regelung sieht nunmehr aber der neue § 63 Abs. 3 InsO vor, nach dem der vorläufige Insolvenzverwalter in der Regel 25 Prozent der Vergütung des Insolvenzverwalters erhält.

1287 Graf-Schlicker/*Kalkmann*, InsO, 3. Aufl., § 6 InsVV Rn. 5.

1288 NR/*Madert*, InsO, § 6 InsVV Rn. 2.

1289 *Zimmer*, KTS 2009, 199, 201.

1290 Aufgrund des fehlenden Verweises in § 6 Abs. 1 InsVV kämen die §§ 2, 3 InsVV wenn überhaupt nur analog in Betracht. Eine Auseinandersetzung mit dieser Fragestellung fehlt bei den Vertretern der überwiegenden Ansicht jedoch völlig. So auch die berechtigte Kritik von *Zimmer*, KTS 2009, 199, 201: Da „billiges Ermessen" i.S.d. § 6 Abs. 1 S. 1 InsVV nicht mehr vorliegen kann, wenn § 2 InsVV Anwendung

Als Hauptargument wird insoweit von der herrschenden Literaturansicht vorgebracht, dass auch i.R.d. § 6 Abs. 1 InsVV eine gewisse Vergütungssystematik zu entwickeln sei. Dieser Versuch der Entwicklung einer Vergütungssystematik scheitert bei näherem Hinsehen jedoch.

Zwar verdient diese Ansicht insoweit Zustimmung, als die Nachtragsvergütung von vornherein nicht anhand der vollen Staffelsätze des § 2 InsVV, sondern, wenn überhaupt, nur in einem Bruchteil dieser Sätze bemessen werden könnte, da die Staffelsätze des § 2 InsVV die gesamte Bandbreite der Tätigkeit des Verwalters im eröffneten Verfahren abdecken sollen[1291] und die Tätigkeiten des Verwalters bei der Nachtragsverteilung i.d.R. nicht so aufwändig sind wie im Insolvenzverfahren.[1292] Die Zuerkennung des vollen Staffelsatzes des § 2 InsVV würde daher zu einer nicht gerechtfertigten Vergütung des Nachtragsverwalters führen, sodass eine volle Zuerkennung in der Tat nicht angemessen wäre.[1293]

Dennoch ist an dieser Stelle unklar, woraus die dargestellten Ansichten die jeweiligen Prozentsätze entwickeln.[1294] Des Weiteren differieren die dargestellten Ansichten hinsichtlich der Höhe des Bruchteils von § 2 InsVV enorm. Hier reicht das Meinungsspektrum im Falle einer „Regelnachtragsverteilung" von 25% bis hin zu 50%. Die dargestellten Prozentsätze sowie die überwiegend befürwortete Begrenzung auf den vollen Staffelsatz des § 2 InsVV erscheinen an dieser Stelle jedoch recht willkürlich und kaum begründbar.[1295]

Zwar ist der Gedanke, wie im Insolvenzverfahren auch i.R.d. Nachtragsverteilung eine Art „Regelfall" zu bilden, auf den ersten Blick nachvollziehbar. Eine solche „Regelnachtragsverteilung" gibt es jedoch bei näherem Hinsehen nicht.

---

finden soll, schließe bereits die wörtliche Auslegung des § 6 Abs. 1 InsVV die direkte Anwendung aus.

1291 *Keller*, ZIP 2000, 914, 921.

1292 Der geringere Aufwand bei der Nachtragsverteilung resultiert vor allem daraus, dass bereits das Verteilungsverzeichnis vorliegt und die Gläubiger namentlich und quotenmäßig feststehen, vgl. Graf-Schlicker/*Kalkmann*, InsO, 3. Aufl., § 6 InsVV Rn. 4. Zudem ist auch das Haftungsrisiko des Verwalters regelmäßig geringer als im Insolvenzverfahren, vgl. *Graeber/Graeber*, Rpfleger 2010, 252, 253; *Vallender*, WuB 2007, 255, 256.

1293 *Haarmeyer/Wutzke/Förster*, Handbuch, Kap. 8 Rn. 120; *Haarmeyer/Wutzke/Förster*, InsVV, § 6 Rn. 8; NR/*Madert*, InsO, § 6 InsVV Rn. 2; KPB/*Eickmann*, InsO, § 6 InsVV Rn. 5.

1294 Die herrschende Literaturansicht nimmt für eine „Regelnachtragsverteilung" 25% der Regelvergütung nach § 2 InsVV an und scheint sich damit an der Regelung des § 11 Abs. 1 S. 2 InsVV zu orientieren.

1295 So i.E. wohl auch *Tröger*, S. 38.

Wie oben bereits kurz erwähnt, kann sich das Tätigkeitsfeld des Verwalters bei der Nachtragsverteilung von einer einfachen Verteilung hinterlegter Beträge bis hin zu langwierigen und komplizierten Verwertungshandlungen erstrecken.[1296] Von einem „Regelfall" kann hier nicht die Rede sein. Ganz anders ist dies hingegen im Insolvenzverfahren, da dort die konkret anstehenden Tätigkeiten des Verwalters (wie beispielsweise Verwertungshandlungen nach §§ 159 ff. InsO, Entgegennahme von Forderungsanmeldungen, Forderungsprüfungen, Geltendmachung von Anfechtungsansprüchen sowie Verteilungen an die Gläubiger) zumeist in allen Verfahren ähnlich sind und insoweit in der Tat die Bildung eines „Regelfalles" für das Insolvenzverfahren überhaupt denkbar ist. Die von *Eickmann* vorgeschlagene „Regelnachtragsverteilung" nun darin zu sehen, dass eine solche nur dann vorliegt, wenn der Verwalter lediglich hinterlegte Beträge an die Gläubiger auszuzahlen hat, überzeugt nicht, da dies nur die Fälle des § 203 Abs. 1 Nr. 1 InsO betrifft. Ein Blick auf die umfangreiche Rechtsprechung führt jedoch zu dem Schluss, dass es sich in der Insolvenzpraxis auch ebenso häufig um nachträglich ermittelte Gegenstände i.S.d. § 203 Abs. 1 Nr. 3 InsO handelt, bei denen regelmäßig auch weitere Verwertungshandlungen des Verwalters notwendig sind. Das von *Eickmann* vorgeschlagene „Modell-Durchschnittsverfahren"[1297] liegt somit gerade nicht hauptsächlich in der Verteilung von zurückgeflossenen hinterlegten Beträgen. Zudem enthält die von *Eickmann* vorgeschlagene „Regelnachtragsverteilung" nur quantitative Kriterien, die aufgrund ihrer Struktur gänzlich ungeeignet sind, die vielfältigen Konstellationen des Einzelfalles zu erfassen.[1298]

Darüber hinaus erscheinen auch die von *Eickmann* verfassten Erhöhungstatbestände anhand einer festen Faustregeltabelle in mehrfacher Hinsicht fragwürdig. Abgesehen davon, dass eine Orientierung an festen Faustregeltabellen bereits i.R.d. Vergütung für das Insolvenzverfahrens nicht unstreitig ist[1299], wird

---

1296 So auch BerlKomm/*Blersch*, InsO, § 6 InsVV Rn. 12, der jedoch i.E. trotzdem § 2 InsVV heranzieht.

1297 KPB/*Eickmann*, InsO, § 6 InsVV Rn. 6.

1298 *Haarmeyer/Wutzke/Förster*, InsVV, § 6 Rn. 8.

1299 Für die Anwendung fester Faustregeltabellen etwa: KPB/*Prasser/Stoffler*, InsO, § 3 InsVV Rn. 115, die jedoch zutreffend darauf aufmerksam machen, dass auch die Besonderheiten des Einzelfalles zu beachten seien. Ebenso wohl MünchKomm/*Nowak*, InsO, 2. Aufl., Anh. Zu § 65, § 3 InsVV Rn. 23 und Rn. 32. Krit. dazu allerdings: BGH, Beschl. v. 22.3.2007 – IX ZB 201/05, ZInsO 2007, 370, worin die Bindung an festen Faustregeltabellen ablehnt wird. Die Bemessung von Zu- oder Abschlägen sei jeweils einzelfallorientiert vorzunehmen. Ebenfalls krit. *Keller*, ZIP 2000, 914, 922,

auch übersehen, dass nach der überzeugenden Rechtsprechung des BGH nicht jede Abweichung vom „Normalfall" einen Zuschlag rechtfertigt. Die Abweichung muss vielmehr so signifikant sein, „[…] dass erkennbar ein Missverhältnis entstünde, wenn nicht die besondere und vom Umfang her erhebliche Tätigkeit des vorläufigen Verwalters auch in einer vom Normalfall abweichenden Festsetzung der Vergütung ihren Niederschlag fände."[1300] Diese Erwägungen müssen auch bei der Vergütungsbemessung für die Nachtragsverteilung gelten, da der Verwalter i.R.d. Nachtragsverteilung nicht „Zuschläge" beanspruchen kann, die ihm im Insolvenzverfahren versagt sind.

Zudem könnten die von *Eickmann* umschriebenen Erhöhungstatbestände überhaupt nur dann zu einer Erhöhung der Nachtragsvergütung führen, wenn diese Tatbestände auch im Insolvenzverfahren eine Erhöhung nach § 3 InsVV rechtfertigen würden. Bei näherer Betrachtung der vorgeschlagenen Erhöhungstatbestände fällt jedoch auf, dass dies nicht immer der Fall ist.

Zunächst ist zweifelhaft, warum der Verwalter bei einer Verteilung an 100 Gläubiger unbedenklich eine Vergütung i.H.v. 25% des § 2 InsVV und bei 101 Gläubiger sodann 35% erhalten soll. Die Anzahl der Gläubiger könnte hier nur dann zu einer Erhöhung der Nachtragsvergütung führen, wenn diese Anzahl auch bereits im vormals eröffneten Verfahren einen Zuschlag nach § 3 Abs. 1 InsVV gerechtfertigt hat.[1301]

Auch die Bezugnahme auf eine Verfahrensdauer von sechs Monaten für eine „Regelnachtragsverteilung" und einer schematischen Zuschlagsgewährung bei

---

nach dem feste Faustregeltabellen dazu verleiten würden, standardisiert angewendet zu werden. Diese Ansicht scheint *Keller* jedoch mittlerweile aufgegeben zu haben, indem er ausführt, dass bei richtigem Verständnis der Faustregeltabellen diese für die praktische Tätigkeit des Insolvenzgerichts sehr nützlich sein könnten, vgl. *Keller*, Vergütung und Kosten, Rn. 262. Krit. zu festen Faustregeltabellen ebenfalls *Graeber*, Rn. 176 (S. 118): Die genannten Sätze könnten nicht ungeprüft übernommen werden, sondern es seien immer die Besonderheiten des Einzelfalls zu berücksichtigen und es müsse geprüft werden, ob diese eine Festlegung in dieser Höhe rechtfertigen. Krit. auch Uhlenbruck/*Mock*, InsO, 13. Aufl., § 63 Rn. 5: Faustregeltabellen würden dazu verleiten, die dort genannten Kriterien schematisch zu verfolgen, ohne auf die Besonderheiten des Einzelfalls abzustellen. Vgl. auch MünchKomm/*Riedel*, InsO, 3. Aufl., Anh. Zu § 65 § 3 InsVV Rn. 7.

1300 BGH, Beschl. v. 11.10.2007 – IX ZB 15/07, ZIP 2007, 2226, 2228 Rn. 15.

1301 *Graeber*, InsbürO 2005, 459, 460. Dies ist aber bei einem Insolvenzverfahren mit mehr als 100 Gläubigern auch nicht immer der Fall, vgl. bspw. BGH, Beschl. v. 8.3.2012 – IX ZB 162/11, ZInsO 2012, 753, 755 Rn. 24 zu der Frage des Mehraufwands bei übertragenen Zustellungen.

längerer Dauer überzeugt nicht. Ob nämlich allein wegen einer langen Verfahrensdauer ein Zuschlag zur Regelvergütung im Insolvenzverfahren in Betracht kommt, ist bekanntlich umstritten und wird vom BGH überzeugend abgelehnt.[1302] Nach Ansicht des Senats soll durch Abweichungen vom Regelsatz dem Umfang und der Schwierigkeit der jeweiligen Verwaltungstätigkeit Rechnung getragen werden. Bemessungskriterium der Zu- und Abschläge sei daher der tatsächlich gestiegene oder geminderte Arbeitsaufwand. Ist der Grund für eine lange Verfahrensdauer aber nicht eine zuschlagsfähige Tätigkeit des Verwalters, sondern hatte diese beispielsweise den Hintergrund, dass die Fälligkeit von Sicherungseinbehalten oder der Ausgang von Prozessen, mit deren Führung Dritte beauftragt wurden, abzuwarten war, so erscheint die Gewährung eines Zuschlags schwer zu rechtfertigen.[1303] Da die Vergütungshöhe i.R.d. InsVV eine schlichte Tätigkeitsvergütung ist, muss auf die Tätigkeit des Verwalters und nicht auf den Zeitraum, in dem er diese Tätigkeiten ausgeübt hat, abgestellt werden.[1304] Selbiges muss aber auch im Falle der Nachtragsverteilung gelten.

Auch der weitere Erhöhungstatbestand „Rückfluss von Beträgen infolge Geltendmachung von Anfechtungsansprüchen", bei dem *Eickmann* ohne Rechtsstreit pauschal eine Erhöhung von 25% und mit Rechtsstreit sogar eine Erhöhung von 30 bis 40% annimmt, ist fragwürdig. Dieser Umstand rechtfertigt nämlich auch im Insolvenzverfahren nicht immer die Gewährung eines Zuschlags, da die Ermittlung von Anfechtungsansprüchen in einem üblichen Umfang zum Normalfall der Tätigkeit eines Insolvenzverwalters gehört und daher grundsätzlich sogleich mit der Regelvergütung nach § 2 InsVV abgegolten ist[1305]. Daher kann

---

1302 Vgl. BGH, Beschl. v. 16.9.2010 – IX ZB 154/09, Rpfleger 2011, 43 Rn. 7 f. m.w.N. zu den einzelnen Ansichten. So fortgeführt in: BGH, Beschl. v. 22.9.2011 – IX ZB 193/10, Rpfleger 2012, 41, 42, zur Höhe der Regelvergütung des Treuhänders. Vgl. auch *Graeber*, Rn. 458 (S. 287): Die Dauer des Verfahrens sei isoliert gesehen kein Umstand, der einen eigenen Zu- oder Abschlagsgrund i.S.d. InsVV darstellt. Ebenso *Keller*, ZIP 2000, 914, 921. Weniger streng dagegen: LG Potsdam, Beschl. v. 23.5.2006 – 5 T 14/06, ZVI 2006, 475; m. zust. Anm. *Prasser*, EWiR 2006, 505, 506.

1303 BGH, Beschl. v. 16.9.2010 – IX ZB 154/09, Rpfleger 2011, 43, 44 Rn. 8. So auch *Keller*, ZIP 2000, 914, 921, nach dem es falsch sei, im Regelverfahren bei einer längeren Verfahrensdauer als 2 Jahre pauschal die Vergütung zu erhöhen. Ein Insolvenzverfahren könne nach ihm durchaus länger als 2 Jahre dauern, ohne den Charakter eines „Normalverfahrens" zu verlieren.

1304 *Graeber*, Rn. 458 (S. 288).

1305 BGH, Beschl. v. 8.3.2012 – IX ZB 162/11, ZInsO 2012, 753, 754. *Graeber/Graeber*, InsbürO 2010, 187, 188: „Bei nur wenigen oder einfachen Anfechtungen kommt ein Zuschlag dieser Anfechtungstätigkeiten daher nicht in Betracht."

auch hier allein die Tatsache, dass der Verwalter i.R.d. Nachtragsverteilung Anfechtungsansprüche geltend macht, nicht pauschal eine solche Vergütungsbemessung rechtfertigen.

Festzuhalten ist daher an dieser Stelle, dass der Versuch, eine „Regelnachtragsverteilung“ allein anhand quantitativer Kriterien zu bilden und hiervon festgelegte Zuschläge zu gewähren, nicht möglich ist und zu unbefriedigenden Ergebnissen führen kann. Auch wenn der InsVV grundsätzlich eine gewisse Vergütungssystematik zugrunde liegt, so zeigt der Verordnungsgeber durch die Wortwahl in § 6 Abs. 1 S. 1 InsVV („nach billigem Ermessen“), dass dies bei der Nachtragsverteilung anders ist. Da § 6 Abs. 1 S. 1 InsVV billiges Ermessen anspricht, verbietet sich vielmehr jegliche Vergütungssystematik. Der Verordnungsgeber hätte ansonsten auch für die Nachtragsverteilung einen Regelfall wie in § 11 Abs. 1 S. 2 InsVV bilden können. Dass dies gleichwohl nicht geschehen ist, hat den Hintergrund, dass ein solcher „Regelfall“ bei der Nachtragsverteilung gerade nicht denkbar ist. Eine Anwendung des § 2 InsVV und eine Orientierung an festen Faustregeltabellen führt dazu, dass ein billiges Ermessen, welches § 6 Abs. 1 S. 1 InsVV vorschreibt, nicht mehr ausgeübt werden kann.[1306] Die Auslegung des § 6 Abs. 1 InsVV schließt daher sowohl eine direkte als auch analoge Anwendung der §§ 1–3 InsVV aus.

Daher ist im Ergebnis die Ansicht des BGH vorzugswürdig, sodass die Vergütungshöhe allein in das Ermessen des Gerichts gestellt ist. Durch eine alleinige Anwendung billigen Ermessens bei der Bemessung der Vergütungshöhe lassen sich in der Praxis auch solche Sachverhalte zufriedenstellend lösen, in denen die Notwendigkeit der Nachtragsverteilung auf ein Verschulden des Verwalters während des Verfahrens zurückzuführen ist. Hat der Verwalter beispielsweise bestimmte Vermögenswerte bei der Verwertung und Verteilung pflichtwidrig vergessen, kann ihm ein weiterer Vergütungsanspruch zwar nach § 6 Abs. 1 InsVV nicht vollständig versagt werden, da § 6 Abs. 1 S. 2 InsVV abschließend ist. Jedoch kann dieser Verschuldensvorwurf bei der Ausübung des billigen Ermessens hinsichtlich der konkreten Vergütungshöhe angemessen berücksichtigt werden.

1306 *Zimmer*, KTS 2009, 199, 201. Nach *Zimmer* kommt eine Anwendung der §§ 2, 3 InsVV darüber hinaus auch aufgrund systematischer Auslegung nicht in Betracht. Nach ihm hätte es der separaten Regelung des § 6 Abs. 1 InsVV nicht bedurft, wenn im Ergebnis doch auf §§ 2, 3 InsVV abzustellen wäre. Hier hätte der Verordnungsgeber in Anlehnung an § 10 InsVV sonst auch nur erwähnen können, dass für den Nachtragsverwalter die §§ 1 ff. InsVV entsprechend gelten, *Zimmer*, KTS 2009, 199, 202.

Allerdings ist die Entscheidung des BGH nicht völlig kritiklos zu übernehmen. Der Senat lässt nämlich eine nähere Auseinandersetzung mit dem unbestimmten Rechtsbegriff „billiges Ermessen" vermissen und nennt selbst keine Kriterien für die Bestimmung einer angemessenen Vergütung.[1307] Es ist aber auch nicht zu verkennen, dass die Vergütungsfestsetzung nicht in das völlig freie Ermessen oder gar eine willkürliche Entscheidungsfreiheit des Gerichts gelegt werden darf.[1308]

Um diesem Mangel abzuhelfen und um die Vergütungsentscheidung i.R.d. § 6 Abs. 1 InsVV zumindest ansatzweise justiziabel zu machen, ist zwar keine Zuerkennung eines festen Bruchteils von § 2 InsVV vorzunehmen. Der Insolvenzgerichtspraxis ist hier jedoch zu empfehlen, sich bei der Ausübung des billigen Ermessens zumindest an den Rechtsgedanken der §§ 1 – 3 InsVV grob zu *orientieren*.[1309] Insoweit könnten die von *Eickmann* vorgeschlagenen Erhöhungstatbestände als eine *„kann" – Regelung* verstanden werden, sodass die Höhe der Vergütung immer am jeweiligen Einzelfall unter Berücksichtigung des jeweiligen Nachtragsverteilungsaufwands zu bestimmen ist.[1310] Zudem bietet es sich an, bei der Ermittlung einer angemessenen Nachtragsvergütung die jeweilige Berechnungsgrundlage der Vergütungsbeträge mit und ohne Nachtragsverteilung zu ermitteln und eine Vergleichsberechnung anzustrengen.[1311] Der so ermittelte Wert ist allerdings kein zwingender Bezugspunkt und auch nicht als absolute Untergrenze der Nachtragsvergütung zu verstehen, da dies wieder einer Ausübung billigen Ermessens entgegenstünde. Der ermittelte Wert dient dem Gericht aber als grober Anhaltspunkt bei der Festsetzung einer angemessenen Vergütung, von dem es selbstverständlich abweichen kann.

Eine zumindest grobe Orientierung an §§ 2, 3 InsVV ist auch aus Verwaltersicht sinnvoll. Denn wie soll ein Verwalter einen konkreten Vergütungsantrag formulieren, wenn die Vergütungshöhe ausschließlich in das Ermessen des Gerichts gestellt ist? Durch eine zumindest grobe Orientierung an den §§ 2, 3 InsVV ist es dem Verwalter möglich, seinen Antrag auf Vergütungsfestsetzung genau zu

---

1307 So auch die Kritik von *Keller*, Vergütung und Kosten, Rn. 356; *Tröger*, S. 33.

1308 *Keller*, ZIP 2000, 914, 916, dort jedoch zur allgemeinen Vergütungsgewährung.

1309 So auch *Zimmer*, KTS 2009, 199, 202. Ebenso MünchKomm/*Stephan*, InsO, 3. Aufl., Anh. zu § 65 § 6 InsVV Rn. 8, der jedoch in Rn. 9 seiner Kommentierung wiederum auf einen festen Bruchteil von 25 % abstellt, obwohl er in Rn. 1 ausführt, dass die Vergütung unabhängig von §§ 1 – 5 InsVV festzusetzen sei.

1310 Für eine solche „kann" – Regelung vgl. auch *Haarmeyer/Wutzke/Förster*, InsVV Rn. 9.

1311 Vgl. insoweit auch *Graeber*, Rpfleger 2010, 252, 254; FK-InsO/*Kießner*, § 205 Rn. 11; KPB/*Holzer*, InsO, § 205 Rn. 11.

beziffern und einen konkreten Antrag zu formulieren. Da das Gericht bei der Ausübung des billigen Ermessens allen i.R.d. Nachtragsverteilung anfallenden Umständen Rechnung zu tragen[1312] und seine Billigkeitserwägungen streng tätigkeitsbezogen anzustellen hat[1313], ist dem Verwalter ferner zu raten, seine einzelnen Tätigkeiten bei der Durchführung der Nachtragsverteilung substantiiert darzulegen, damit das Gericht den Umfang und die Schwierigkeit der Nachtragsverteilung und vor allem auch die Arbeitsbelastung des Verwalters würdigen und so auch am Ende eine angemessene Vergütungshöhe festsetzen kann.

IV. Anwendbarkeit des § 5 InsVV

Neben der Vergütungsregelung des § 6 Abs. 1 InsVV soll nur ergänzend darauf hingewiesen werden, dass die Regelung des § 5 InsVV auch bei der Nachtragsverteilung anwendbar ist. Führt daher ein als Rechtsanwalt zugelassener Insolvenzverwalter einen Prozess zur Erlangung und Verwertung eines nachträglich festgestellten Gegenstands i.R.d. Nachtragsverteilung, so ist er hierfür unter den Voraussetzungen des § 5 Abs. 1 InsVV nach den Regelungen des RVG zu vergüten.[1314]

D. Auslagenerstattung und Umsatzsteuer

Oben wurde bereits kurz erwähnt, dass der Ausschlusstatbestand des § 6 Abs. 1 S. 2 InsVV nur den Vergütungsanspruch, nicht aber auch den Anspruch auf Auslagenerstattung umfasst. Dies bedeutet, dass der Verwalter selbst bei Vorliegen der Ausschlussgründe des § 6 Abs. 1 S. 2 InsVV eine Erstattung der i.R.d. Nachtragsverteilung entstandenen Auslagen verlangen kann.

Der Anspruch auf Auslagenerstattung folgt hingegen nicht aus § 6 Abs. 1 InsVV; dieser regelt nur den Vergütungsanspruch für die Durchführung der Nachtragsverteilung.[1315] Dieser Anspruch ergibt sich aus § 63 Abs. 1 S. 1 InsO i.V.m. § 4 InsVV. Entstehen dem Verwalter somit durch die Nachtragsverteilung

---

1312 FA-InsR/*Lorenz*, Kap. 29 Rn. 230.

1313 BerlKomm/*Blersch*, InsO, § 6 InsVV Rn. 13.

1314 BerlKomm/*Blersch*, InsO, § 6 InsVV Rn. 24. Anders dagegen *Zimmer*, KTS 2009, 199, 201, der anscheinend auch die Anwendung des § 5 InsVV auf den § 6 InsVV ausschließt. Für einen solchen Ausschluss ist jedoch kein sachlicher Grund ersichtlich.

1315 FK-InsO/*Lorenz*, Anh. V § 6 InsVV Rn. 13.

zusätzliche Auslagen[1316], sind diese gem. § 4 InsVV zu erstatten.[1317] Die Festsetzung der Erstattung der Auslagen erfolgt auch bei der Nachtragsverteilung entweder aufgrund einer Einzeldarlegung und Glaubhaftmachung in Höhe des tatsächlichen Anfalls durch den Verwalter oder durch Geltendmachung eines Pauschalsatzes gem. § 8 Abs. 3 InsVV.[1318] Da eine gesonderte Vergütung vorliegt, ist diese Auslagenpauschale ebenfalls gesondert zu berechnen; eine Anrechnung der Jahresbeträge[1319] oder eine Anrechnung auf die zuvor festgesetzten Pauschalen[1320] findet nicht statt.

Darüber hinaus kann der Verwalter auch die Umsatzsteuer über § 7 InsVV geltend machen.[1321]

E. Fälligkeit, Vergütungsantrag und Festsetzung der Vergütung

Der Vergütungsanspruch wird im Allgemeinen mit Erledigung der Tätigkeit durch den Verwalter, also mit Erfüllung sämtlicher Aufgaben, und nicht erst mit Geltendmachung gegenüber dem Gericht oder mit der Festsetzung fällig.[1322] Die Festsetzung konkretisiert lediglich den Anspruch und berechtigt den Verwalter

---

1316 Auslagen sind aus Anlass des Verfahrens entstandene Sachaufwendungen, wie Porto, Telefonkosten, Reisekosten, Kosten für Ablichtungen und Personalkosten des Verwalter, die nicht unter seine allgemeinen Geschäftskosten, die gem. § 4 Abs. 1 S. 1 InsVV mit seiner Vergütung abgegolten sind, fallen, vgl. MünchKomm/*Hintzen*, InsO, 3. Aufl., § 203 Rn. 27; Kreft/*Depré*, InsO, § 205 Rn. 4; NR/*Delhaes*, InsO, § 63 Rn. 27; Kreft/*Eickmann*, InsO, § 63 Rn. 11; BerlKomm/*Breutigam*, InsO, § 205 Rn. 5; *Haarmeyer*/*Wutzke*/*Förster*, Handbuch, Kap. 8 Rn. 122. Zu den allgemeinen Geschäftskosten zählen demgegenüber die Kosten, die beim Verwalter ohne konkreten Bezug auf das Insolvenzverfahren anfallen, NR/*Delhaes*, InsO, § 63 Rn. 29; KPB/*Stoffler*, InsO, § 4 InsVV Rn. 6.

1317 MünchKomm/*Hintzen*, InsO, 3. Aufl., § 203 Rn. 27 und § 205 Rn. 7; Kreft/*Depré*, InsO, § 205 Rn. 4; NR/*Delhaes*, InsO, § 63 Rn. 27; HambKomm/*Preß*/*Henningsmeier*, InsO, 4. Aufl., § 205 Rn. 9; BerlKomm/*Breutigam*, InsO, § 205 Rn. 5; *Haarmeyer*/*Wutzke*/*Förster*, Handbuch, Kap. 8 Rn. 122.

1318 Kreft/*Eickmann*, InsO, § 63 Rn. 11; Beck/Depré/*Graeber*, § 51 Rn. 79; FK-InsO/*Lorenz*, Anh. V § 6 InsVV Rn. 13; *Haarmeyer*/*Wutzke*/*Förster*, InsVV, § 6 Rn. 12; *Graeber*, InsbürO 2005, 459, 461; *Graeber*, Rn. 321 (S. 213).

1319 KPB/*Eickmann*, InsO, § 6 InsVV Rn. 13.

1320 FA-InsR/*Lorenz*, Kap. 29 Rn. 234; *Haarmeyer*/*Wutzke*/*Förster*, InsVV, § 6 Rn. 12.

1321 FK-InsO/*Lorenz*, Anh. V § 6 InsVV Rn. 14; FA-InsR/*Lorenz*, Kap. 29 Rn. 235.

1322 Vgl. MünchKomm/*Stephan*, InsO, 3. Aufl., § 63 Rn. 18; Jaeger/*Schilken*, InsO, § 63 Rn. 10; *Keller*, Vergütung und Kosten, Rn. 52 jeweils m.w.N.

den festgesetzten Vergütungsbetrag, auch schon vor Rechtskraft des Festsetzungsbeschlusses[1323], aus der Insolvenzmasse zu entnehmen.[1324] Dies bedeutet für die Nachtragsverteilung, dass der Vergütungsanspruch des Verwalters mit der vollständigen Durchführung der Nachtragsverteilung fällig wird.[1325]

Die Festsetzung der Vergütung erfolgt auch bei der Nachtragsverteilung gem. § 8 Abs. 1 S. 1 InsVV nur auf Antrag des Insolvenzverwalters und erst, wenn der Vergütungsanspruch fällig geworden ist.[1326] Eine Ermittlung und Festsetzung der Vergütung von Amts wegen ist somit nicht möglich. Der Verwalter muss vielmehr einen schriftlichen Antrag stellen, in dem ein bestimmter Betrag als Vergütung beantragt wird.[1327] Ein Antrag, der lediglich eine „angemessene

---

1323 BGH, Urt. v. 17.11.2005 - IX ZR 179/04, BGHZ 165, 96, 101; KPB/*Eickmann*/*Prasser*, InsO, § 8 InsVV Rn. 29.

1324 Uhlenbruck/*Mock*, InsO, 13. Aufl., § 63 Rn. 45; BerlKomm/*Blersch*, InsO, § 8 InsVV Rn. 7. Wird der Beschluss allerdings vom Beschwerdegericht ganz oder teilweise aufgehoben, so ist der Verwalter zur Rückzahlung verpflichtet, Uhlenbruck/*Mock*, InsO, 13. Aufl., § 63 Rn. 55; FK-InsO/*Lorenz*, Anh. V § 8 InsVV Rn. 36; KPB/*Eickmann*/*Prasser*, InsO, § 8 InsVV Rn. 29.

1325 *Keller*, Vergütung und Kosten, Rn. 52; MünchKomm/*Nowak*, InsO, 2. Aufl., § 63 Rn. 7; FK-InsO/*Lorenz*, Anh. V § 8 InsVV Rn. 6; Stephan/Riedel/*Stephan*, § 6 InsVV Rn. 12; BerlKomm/*Blersch*, InsO, § 6 InsVV Rn. 25. Vor gerichtlicher Festsetzung unterliegt der Vergütungsanspruch der regelmäßigen Verjährungsfrist von drei Jahren, BGH, Beschl. v. 29.3.2007 - IX ZB 153/06, ZVI 2007, 438, 439 Rn. 11; MünchKomm/*Stephan*, InsO, 3. Aufl., § 63 Rn. 19; Kreft/*Eickmann*, InsO, § 63 Rn. 3. Die Verjährung beginnt auch bei der Nachtragsverteilung im Jahr der Schlussrechnung, § 8 Abs. 1 InsVV. Nach ganz h.M. hemmt die Stellung des Vergütungsantrags entsprechend §§ 204, 209 BGB, § 17 Abs. 3 S. 1 KostO, § 2 Abs. 3 S. 2 JVEG den Lauf der Verjährung, vgl. BGH, Beschl. v. 29.3.2007 - IX ZB 153/06, ZVI 2007, 438, 440 Rn. 15; FK-InsO/*Lorenz*, Anh. V § 8 InsVV Rn. 41. Nach rechtskräftiger Festsetzung durch das Insolvenzgericht unterliegt der Vergütungsanspruch der 30-jährigen Verjährungsfrist des § 197 Abs. 1 Nr. 3 BGB, Jaeger/*Schilken*, InsO, § 63 Rn. 26; NR/*Delhaes*, InsO, § 63 Rn. 5; *Keller*, Vergütung und Kosten, Rn. 54. Der Praxis ist im Falle einer vorbehaltenen Nachtragsverteilung zwecks späterer Verwertung eines Massevermögenswertes zu raten, bestimmte Massebeträge bereits vor Verfahrensaufhebung zur Sicherung des Vergütungsanspruchs des Verwalters für den Fall zurückzuhalten, dass sich im Nachhinein ein Fehlschlag oder gar eine Unmöglichkeit der Verwertung herausstellt, da der Verwalter auch in diesen Fällen aufgrund seiner geleisteten nachträglichen Verwertungstätigkeit zu vergüten ist.

1326 Ein Antragsmuster ist abgedruckt bei *Heyn*, Rn. 77 (hier allerdings unter Bezugnahme auf die Staffelvergütung des § 2 InsVV).

1327 Uhlenbruck/*Mock*, InsO, 13. Aufl., § 64 Rn. 4; BerlKomm/*Blersch*, InsO, § 64 Rn. 5; KPB/*Stoffler*, InsO, § 64 Rn. 3; MünchKomm/*Stephan*, InsO, 3. Aufl., Anh. zu § 65 § 6 InsVV Rn. 12.

Vergütung" enthält oder die Höhe der Vergütung in das Ermessen des Gerichts stellt, ist allgemein nicht zulässig, da ein solcher Antrag dem Grundsatz der Antragsbestimmtheit widersprechen würde.[1328] Auch wenn § 6 Abs. 1 InsVV von billigem Ermessen spricht, gilt dies auch bei der Nachtragsvergütung, da die Antragsbestimmtheit ein allgemeiner Grundsatz des § 8 InsVV ist. Der Verwalter muss in seinem Vergütungsantrag daher zunächst angeben, um welche nachträglich verteilte Masse es sich handelt und welchen Wert diese Masse hatte. Da die Vergütung nach billigem Ermessen vom Insolvenzgericht festgesetzt wird, sollte der Verwalter zudem darstellen, welche Tätigkeiten notwendig waren, wobei er insbesondere auf die Besonderheiten der Nachtragsverteilung, deren Dauer und die evtl. aufgetretenen Schwierigkeiten hinweisen sollte, um eine angemessene Vergütungsfestsetzung durch das Gericht zu erreichen.[1329] Damit dem Verwalter hier aber überhaupt die Bezifferung seines Antrags möglich ist, kann er sich, wie oben bereits ausgeführt, an den Rechtsgedanken der §§ 2, 3 InsVV orientieren.

Die Vergütungsfestsetzung sollte – ebenso wie im Insolvenzverfahren – vor der Verteilung an die Gläubiger erfolgen, da es sich bei der Vergütung des Verwalters um Verfahrenskosten handelt, die nach § 54 InsO vorrangig aus der Masse zu befriedigen sind.[1330] Nach gerichtlicher Festsetzung kann der Verwalter den Betrag sodann aus der Nachtragsverteilungsmasse entnehmen.

Für die Vergütungsfestsetzung ist der Rechtspfleger funktionell zuständig, §§ 3 Nr. 2 e, 18 Abs. 1 RPflG, sofern nicht ein Fall des § 18 Abs. 2 RPflG vorliegt.[1331] Gegen den Festsetzungsbeschluss steht dem Verwalter, dem Schuldner und jedem Insolvenzgläubiger nach § 64 Abs. 3 S. 1 InsO i.V.m. § 6 InsO das Rechtsmittel der sofortigen Beschwerde offen.

1328 KPB/*Eickmann*, InsO, § 8 InsVV Rn. 4; NR/*Delhaes*, InsO, § 64 Rn. 3; *Keller*, Vergütung und Kosten, Rn. 491; FK-InsO/*Lorenz*, Anh. V § 8 InsVV Rn. 8.

1329 Vgl. *Graeber*, InsbürO 2005, 459, 460 *Graeber*, Rn. 321 (S. 212); *Bähr*, jurisPR-InsR 3/2007 Anm. 2; *Vallender*, WuB 2007, 255, 256; *Haarmeyer/Wutzke/Förster*, InsVV, § 6 Rn. 10.

1330 Vgl. auch BerlKomm/*Blersch*, InsO, § 6 InsVV Rn. 25; HambKomm/*Büttner*, InsO, 4. Aufl., § 6 InsVV Rn. 8; FK-InsO/*Kießner*, § 205 Rn. 12.

1331 MünchKomm/*Riedel*, InsO, 3. Aufl., Anh. zu § 65, § 8 InsVV Rn. 9; FK-InsO/*Schmitt*, § 64 Rn. 4; Uhlenbruck/*Mock*, InsO, 13. Aufl., § 64 Rn. 8 m.w.N.; *Keller*, Vergütung und Kosten, Rn. 493; *Frege/Keller/Riedel*, Rn. 2507; Stephan/Riedel/*Stephan*, § 6 InsVV Rn. 12.

F. Vergütung für die Nachtragsverteilung im Verbraucherverfahren und während des Restschuldbefreiungsverfahrens

Handelt es sich um eine Nachtragsverteilung im Verbraucherinsolvenzverfahren, ist der Treuhänder/Insolvenzverwalter für die Durchführung der Nachtragsverteilung ebenfalls nach § 6 Abs. 1 InsVV zu vergüten, da der Umfang der Tätigkeit des Treuhänders/Insolvenzverwalters bei einer Nachtragsverteilung nach einem Verbraucherinsolvenzverfahren demjenigen eines Insolvenzverwalters nach einem Regelinsolvenzverfahren entspricht.[1332]

Fraglich ist aber, ob diese Erwägung auch für die Vergütung des Treuhänders für die Durchführung der Nachtragsverteilung während der Restschuldbefreiungsphase gelten kann. In der Literatur findet man teilweise den Hinweis, dass § 6 Abs. 1 InsVV hier keine Anwendung fände, da der Treuhänder im Restschuldbefreiungsverfahren nach § 292 InsO nur einen eingeschränkten Tätigkeitsbereich habe[1333] und auch eine Nachtragsverteilung weitgehend ausscheide[1334]. Dem kann jedoch nicht gefolgt werden. Diese Ansicht übersieht, dass die Verteilung von Vermögenswerten, die über die Vereinnahmung der pfändbaren Einkommensanteile hinausgeht, nicht durch die Staffelvergütung des § 14 InsVV gedeckt wird. Zum typischen Tätigkeitsbereich des Treuhänders in dieser Phase gehört lediglich, die pfändbaren Einkommensanteile an die Gläubiger zu verteilen, nicht aber eine Nachtragsverteilung durchzuführen. Daher entspricht auch hier die zusätzliche Tätigkeit des Treuhänders derjenigen eines Insolvenzverwalters, sodass § 6 Abs. 1 InsVV ebenfalls Anwendung findet.

G. Vergütung des Sachwalters bei der Eigenverwaltung

Wie oben bereits dargestellt[1335], wird die Nachtragsverteilung im Falle einer angeordneten Eigenverwaltung grundsätzlich vom Schuldner durchgeführt. Den Sachwalter treffen lediglich Aufsichtspflichten, § 270 Abs. 1 S. 1 InsO. Für

1332 LG Offenburg, Beschl. v. 5.1.2005 – 4 T 100/04, ZInsO 2005, 481, 482; FK-InsO/*Lorenz*, Anh. V § 6 InsVV Rn. 15; Stephan/Riedel/*Stephan*, § 6 InsVV Rn. 11; *Keller*, Vergütung und Kosten, Rn. 728; *Haarmeyer/ Wutzke/Förster*, InsVV, § 6 Rn. 3; *Graeber*, InsbürO 2005, 459, 460; *Graeber*, Rn. 321 (S. 213); MünchKomm/*Stephan*, InsO, 3. Aufl., Anh. zu § 65 § 6 InsVV Rn. 11.

1333 BerlKomm/*Blersch*, InsO, § 6 InsVV Rn. 9. Ähnlich wohl auch *Heyn*, InsbürO 2006, 282, 288.

1334 Uhlenbruck/*Uhlenbruck*, InsO, 13. Aufl., § 205 Rn. 6.

1335 Vgl. Kapitel Teil 9., C., II.

diese Beaufsichtigung ist der Sachwalter dennoch zu vergüten, wobei jedoch ein deutlicher Abschlag von der Verwaltervergütung für die Durchführung der Nachtragsverteilung gem. § 6 Abs. 1 InsVV vorzunehmen ist, da diese Aufsichtstätigkeit ersichtlich nicht mehr derjenigen Tätigkeit entspricht, die ein Verwalter i.R.d. Nachtragsverteilung regelmäßig verrichtet.

Anders ist der Vergütungsanspruch des Sachwalters dagegen zu beurteilen, wenn diesem (ausnahmsweise) die Durchführung der Nachtragsverteilung übertragen wurde. Hierzu wird zwar teilweise vertreten, dass sich die Vergütung dann nach § 12 Abs. 1 InsVV i.V.m. § 6 Abs. 1 InsVV richte und der Sachwalter somit 60% der Vergütung erhalte, die ein Insolvenzverwalter für die Durchführung der Nachtragsverteilung erhalten würde.[1336] Dieser Ansicht kann jedoch nicht gefolgt werden, da sich die Aufgabenbereiche des Sachwalters und des Insolvenzverwalters im Falle einer Übertragung der Durchführung auf den Sachwalter vollständig decken. Der Sachwalter verrichtet hier die gleichen Aufgaben wie ein Insolvenzverwalter, sodass sich die Höhe seiner Vergütung nur aus § 6 Abs. 1 InsVV ergibt und somit derjenigen entspricht, die ein Insolvenzverwalter für die Durchführung der Nachtragsverteilung erhalten würde.

1336 So: BerlKomm/*Blersch*, InsO, § 6 InsVV Rn. 7; Uhlenbruck/*Uhlenbruck*, InsO, 13. Aufl., § 205 Rn. 6.

Teil 11. Insolvenzantrag vs. Nachtragsverteilung

In der Insolvenzpraxis kann es durchaus vorkommen, dass eine Nachtragsverteilung angeordnet wurde und später ein Insolvenzantrag auf Eröffnung eines neuen Insolvenzverfahrens gestellt wird. Hier stellt sich die Frage, wie sich ein erneutes Insolvenzverfahren zu der bereits angeordneten Nachtragsverteilung verhält.

Darüber hinaus soll im Folgenden untersucht werden, wie der umgekehrte Fall, in dem ein neues Insolvenzverfahren bereits eröffnet wurde und nunmehr die Durchführung einer Nachtragsverteilung beantragt wird, zu behandeln ist.

A. Neuer Insolvenzantrag neben bereits angeordneter Nachtragsverteilung?

Vorab ist festzustellen, dass ein Antrag auf Eröffnung eines neuen Insolvenzverfahrens ohne bereits angeordnete Nachtragsverteilung ohne Zweifel zulässig ist.[1337] Der Aufhebungsbeschluss nach § 200 InsO bewirkt nämlich keinesfalls eine dahingehende „Rechtskraft", dass die früheren Insolvenzgläubiger ihre

1337 *Cranshaw*, jurisPR-InsR 1/2011 Anm. 3. Die Rspr. macht allerdings bei Schuldneranträgen, die allein zum Zwecke der Möglichkeit einen Antrag auf Restschuldbefreiung im zweiten Verfahren zu stellen, die Einschränkung, dass der Zweitantrag nur zulässig ist, wenn seit Aufhebung des alten Verfahrens neue Gläubiger hinzugekommen sind, vgl. BGH, Beschl. v. 6.7.2006 – IX ZB 263/05, NZI 2006, 601; BGH, Beschl. v. 11.10.2007 – IX ZB 270/05, NZI 2008, 45, 46; LG Koblenz, Beschl. v. 16.8.2004 – 2 T 600/04, NZI 2004, 679; LG Duisburg, Beschl. v. 31.10.2008 – 7 T 197/08, ZVI 2009, 14, 15. Anders dagegen AG Bremen, Beschl. v. 1.9.2008 – 320 IK 19/08, ZVI 2009, 254: „Es wäre geradezu frivol, wenn man einem Schuldner raten müsste, neue Verbindlichkeiten einzugehen, damit ein zweites Insolvenzverfahren durchgeführt werden kann." Bei der Frage der Zulässigkeit neuer Insolvenzanträge während der Wohlverhaltensperiode wird zwar teilweise vertreten, dass ihnen das Rechtsschutzbedürfnis fehle, da das gesamte pfändbare Vermögen für die Befriedigung der Altgläubiger eingesetzt werden müsse, vgl. AG Oldenburg, Beschl. v. 3.8.2004 – 60 IN 97/04, ZInsO 2004, 1154, 1155. So auch noch HambKomm/*Wehr*, InsO, 3. Aufl., § 14 Rn. 59. Diese Ansicht hat *Wehr* inzwischen aufgegeben, vgl. HambKomm/*Wehr*, InsO, 4. Aufl., § 14 Rn. 59. Dabei wird jedoch übersehen, dass nicht alle pfändbaren Vermögenswerte von der Abtretungserklärung des § 287 Abs. 2 InsO erfasst werden, wie dies bspw. bei Steuererstattungsansprüchen der Fall ist, vgl. dazu bereits die Ausführungen im Kapitel Teil 4., B., IV., 3. Daher ist ein neuer Antrag zulässig, wenn der Gläubiger Umstände glaubhaft macht, die den Schluss zulassen, dass der Schuldner über pfändbares Vermögen verfügt, das Grundlage eines neuen Insolvenzverfahrens sein kann, *Pape*,

Rechte gegen den Schuldner nur im Wege der Einzelzwangsvollstreckung, nicht aber auch im Wege eines weiteren Insolvenzverfahrens verfolgen könnten.[1338] Ein Insolvenzverfahren über das Vermögen eines Schuldners ist somit nicht deshalb ausgeschlossen, weil bereits früher ein Konkurs- oder Insolvenzverfahren stattgefunden hat.[1339] Nach Aufhebung des Verfahrens können die Gläubiger ihre restlichen Forderungen gegen den Schuldner grundsätzlich[1340] unbeschränkt geltend machen, wobei es allein ihnen überlassen ist, ob sie ihre restlichen Forderungen im Wege der Einzelzwangsvollstreckung, im Wege eines neuen Insolvenzverfahrens (sofern die Eröffnungsvoraussetzungen erneut gegeben sind) oder aber im Wege einer Nachtragsverteilung verfolgen.[1341]

Die Frage, um die es vorliegend geht, lautet allerdings, ob dieses freie „Wahlrecht" der Gläubiger auch dann besteht, wenn bereits eine Nachtragsverteilung angeordnet wurde. Insoweit steht zumindest fest, dass Einzelzwangsvollstreckungsmaßnahmen in das vom Nachtragsbeschlag erfasste Vermögen unzulässig sind, §§ 89, 91 InsO.[1342] Eine andere Frage ist jedoch, ob die Nachtragsverteilung auch das Rechtsschutzbedürfnis für einen neuen Insolvenzantrag ausschließt. M.a.W.: Führt die Anhängigkeit einer Nachtragsverteilung zur Unzulässigkeit eines (weiteren) Antrags auf Eröffnung eines Insolvenzverfahrens?

InsbürO 2006, 212, 222; anders dagegen AG Göttingen, Beschl. v. 5.10.2007 – 74 IN 295/07, ZVI 2007, 534.

1338 *Ludewig*, S. 79. Vgl. auch *Pape*, InsbürO 2006, 212, 215.

1339 *Ludewig*, S. 83.

1340 Etwas anderes gilt nur, wenn Restschuldbefreiung erteilt wurde oder ein Insolvenzplan zur Entschuldung führt, *Cranshaw*, jurisPR-InsR 1/2011 Anm. 3.

1341 Auch zwischen einem neuen Insolvenzantrag und einem Antrag auf Anordnung der Nachtragsverteilung besteht kein Vorrang der Nachtragsverteilung. Zwar ist das Rechtsschutzbedürfnis allgemein nur zu bejahen, wenn der Gläubiger nicht auf einfachere, schnellere, billigere oder zweckmäßigere Weise sein rechtliches oder wirtschaftliches Ziel ebenso erreichen kann, vgl. FK-InsO/*Schmerbach*, § 14 Rn. 54; Kreft/*Kirchhof*, InsO, § 14 Rn. 27. Insoweit könnte man auch durchaus erwägen, ob nicht die Nachtragsverteilung der einfachere Weg zur Erreichung des Ziels „volle Befriedigung" ist, da hier insbesondere keine weiteren Forderungsanmeldungen stattfinden, sondern auf das Schlussverzeichnis zurückgegriffen wird. Allerdings sind die Beschlagnahmewirkungen der Nachtragsverteilung nicht so umfangreich wie im eröffneten Verfahren nach § 35 InsO, sondern vielmehr immer gegenständlich beschränkt, vgl. dazu bereits die Ausführungen im Kapitel Teil 6. Daher liegt auch i.d.R. ein berechtigtes Gläubigerinteresse an der Eröffnung eines neuen Insolvenzverfahrens vor.

1342 Vgl. dazu bereits die Ausführungen im Abschnitt Teil 6., A., III. und B. IV.

I. BGH, Beschl. v. 2.12.2010 – IX ZB 151/09

Mit dieser Frage musste sich der BGH in seiner Entscheidung vom 2.12.2010[1343] befassen. Diesem Beschluss lag folgender, hier vereinfacht wiedergegebener, Sachverhalt zugrunde: Über das Vermögen des Schuldners war in den neunziger Jahren ein Konkursverfahren anhängig, das im September 2000 aufgehoben wurde. Nach Ermittlung von Vermögenswerten (hierbei handelte es sich um Rückgewähransprüche aus Verfügungen des Schuldners über Beteiligungen an Gesellschaften sowie um Schadensersatzansprüche gegen den vormaligen Konkursverwalter) ordnete das Insolvenzgericht im Juni 2006 eine Nachtragsverteilung hinsichtlich der näher bezeichneten Gegenstände an. Parallel hierzu gab es weitere Insolvenzanträge gegen den Schuldner, woraufhin das Insolvenzgericht auf einen Antrag aus dem Jahre 2005 im Januar 2008 zur Sicherung der künftigen Insolvenzmasse und zur Aufklärung des Sachverhalts einen vorläufigen Insolvenzverwalter bestellte.[1344] Gegen diese angeordnete Sicherungsmaßnahme wandte sich der Schuldner unter anderem[1345] mit dem Einwand, dass dem Insolvenzantrag das Rechtsschutzbedürfnis fehle und er begehrte die Aufhebung der Sicherungsmaßnahmen sowie die Abweisung des Eröffnungsantrags. Nachdem das Insolvenzgericht der Beschwerde nicht abgeholfen hatte, legte es diese dem Beschwerdegericht zur Entscheidung vor. Auch das Beschwerdegericht wies die Beschwerde als unbegründet zurück. Das Gericht führte aus, dass die Nachtragsverteilung dem Rechtsschutzbedürfnis der Gläubiger an der Insolvenzeröffnung nicht entgegenstünde, da die Möglichkeit einer Rückabwicklung von Vermögensübertragungen im Nachtragsverteilungsverfahren zumindest rechtlich problematisch sei, sodass mit der Beantragung eines neuen Insolvenzverfahrens keine insolvenzfremden Zwecke verfolgt werden würden.[1346] Dies gelte umso mehr, als gegen die Anordnung der Nachtragsverteilung Rechtsmittel eingelegt worden sei, über das noch nicht entschieden wurde.

Gegen diese ablehnende Entscheidung legte der Schuldner sodann Rechtsbeschwerde beim BGH ein und begehrte weiterhin die Aufhebung der

---

1343 BGH, Beschl. v. 2.12.2010 – IX ZB 151/09, ZIP 2011, 134.

1344 Vgl. AG Münster, Beschl. v. 30.1.2008 – 84 IN 74/05, BeckRS 2010, 30886.

1345 Daneben rügte der Schuldner auch die örtliche Zuständigkeit des Insolvenzgerichts und trug Einwendungen gegen die Insolvenzforderungen vor. Diese Einwendungen sind für die hier zu untersuchende Fragestellung jedoch nicht relevant. Vgl. insoweit die Ausführungen des Beschwerdegerichts, LG Münster, Beschl. v. 28.5.2009 – 5 T 496/08, juris Rn. 12 f.

1346 LG Münster, Beschl. v. 28.5.2009 – 5 T 496/08, juris Rn. 14.

Sicherungsmaßnahmen und die Abweisung des Eröffnungsantrags; im Ergebnis jedoch ohne Erfolg.

Zunächst stellte der Senat heraus, dass die Rechtsbeschwerde insoweit unstatthaft sei, als sie auf die Ablehnung der Verfahrenseröffnung gerichtet war, da eine Entscheidung über den Gläubigerantrag noch nicht vorlag.[1347]

Des Weiteren führte der Senat aus, dass die im Übrigen statthafte Rechtsbeschwerde unzulässig sei, da es an Zulässigkeitsgründen nach § 574 Abs. 2 ZPO mangele.[1348] Für die aufgeworfene Frage, ob ein Insolvenzeröffnungsantrag neben einem Nachtragsverteilungsverfahren zulässig ist, bestehe nach Ansicht des Senats kein Klärungsbedarf, da aus dem diesbezüglichen Schweigen in Rechtsprechung und Literatur zu schließen sei, dass ein Insolvenzantrag neben einer angeordneten Nachtragsverteilung im Regelfall zulässig sei.[1349] Ferner werde von einer Nachtragsverteilung nicht das gesamte Vermögen des Schuldners, sondern nur der Betrag oder Gegenstand, auf den sich die Anordnung der Nachtragsverteilung bezieht, erfasst. Aufgrund dieser beschränkten Beschlagswirkung könne die Anhängigkeit einer Nachtragsverteilung nicht zu einer Unzulässigkeit eines weiteren Eröffnungsantrags führen. Dies gelte im Verhältnis zwischen einer Nachtragsverteilung und einem Insolvenzeröffnungsantrag umso mehr, als der Insolvenzbeschlag nach § 35 Abs. 1 InsO auch das Vermögen umfasse, das der Schuldner während des Verfahrens erlangt.[1350] Die Anordnung einer Nachtragsverteilung in einem früheren Konkurs- oder Insolvenzverfahren wegen nachträglich ermittelter Gegenstände der Masse lasse daher das Rechtsschutzbedürfnis für einen Insolvenzantrag im Regelfall unberührt.

II. Rechtliche Würdigung

Um das Ergebnis vorwegzunehmen: Der Entscheidung des BGH ist uneingeschränkt zuzustimmen.[1351]

Zunächst verneint der Senat zutreffend die Statthaftigkeit der Rechtsbeschwerde bezüglich der vom Schuldner begehrten Ablehnung des Eröffnungsantrags.

1347 BGH, Beschl. v. 2.12.2010 – IX ZB 151/09, ZIP 2011, 134 Rn. 4.

1348 Krit. dazu *Cranshaw*, jurisPR-InsR 1/2011 Anm. 3, nach dem angesichts der Argumentation der verschiedenen Wirkungen von Nachtragsverteilung und Neuantrag zumindest Zweifel verbleiben, ob nicht doch die grundsätzliche Bedeutung der Rechtssache zu bejahen gewesen wäre.

1349 BGH, Beschl. v. 2.12.2010 – IX ZB 151/09, ZIP 2011, 134 Rn. 4.

1350 BGH, Beschl. v. 2.12.2010 – IX ZB 151/09, ZIP 2011, 134, 135 Rn. 5.

1351 Ebenso *Cranshaw*, jurisPR-InsR 1/2011 Anm. 3; K. Schmidt/*Jungmann*, InsO, § 203 Rn. 14.

Dem Schuldner steht nämlich bekanntlich das Rechtsmittel der sofortigen Beschwerde nach § 34 Abs. 2 InsO erst nach Eröffnung des Insolvenzverfahrens offen; das Verfahren wurde jedoch im Zeitpunkt der Beschwerde überhaupt noch nicht eröffnet. Der Schuldner könnte zwar nach § 21 Abs. 1 S. 2 InsO auch die Anordnung der Sicherungsmaßnahmen mit der sofortigen Beschwerde angreifen. Jedoch wäre auch diese Beschwerde am Ende erfolglos gewesen, da sie sich in Wahrheit gegen die drohende Verfahrenseröffnung und nicht gegen die jeweilige Sicherungsmaßnahme gerichtet hätte.[1352]

Auch die weiteren Ausführungen des BGH zum Rechtsschutzbedürfnis für einen weiteren Insolvenzantrag bei bereits angeordneter Nachtragsverteilung überzeugen.

Gegen die Zulässigkeit eines neuen Insolvenzantrags im Falle einer bereits angeordneten Nachtragsverteilung könnte zwar zunächst die Überlegung sprechen, dass gegen einen Schuldner grundsätzlich nur ein Insolvenzverfahren zur gleichen Zeit durchgeführt werden darf.[1353] Dies folgt bereits aus § 35 Abs. 1 InsO, da hiernach der Insolvenzbeschlag das gesamte Vermögen umfasst, das dem Schuldner zur Zeit der Eröffnung des Verfahrens gehört und das er währenddessen erlangt. Es würde folglich regelmäßig kein Vermögen geben, das von dem weiteren Verfahren erfasst werden könnte.[1354] Insoweit könnte man auch

---

1352 *Cranshaw*, jurisPR-InsR 1/2011 Anm. 3.

1353 Vgl. Jaeger/*Henckel*, KO, § 1 Rn. 149: „Eine Person, ein Vermögen, ein Konkurs." Hiervon gibt es jedoch Ausnahmen. Eine Ausnahme besteht bspw. bei einem Haupt- und Partikularverfahren, die aber nur im Anwendungsbereich der EuInsVO in Betracht kommen, vgl. *Pape*, InsbürO 2006, 212, 213. Eine weitere Ausnahme besteht hinsichtlich freigegebenen Vermögens, vgl. AG Hamburg, Beschl. v. 18.6.2008 - 67g IN 37/08, ZVI 2008, 295, 296; BGH, Beschl. v. 9.6.2011 - IX ZB 175/10, ZVI 2011, 448, 449: Die InsO kennt auch Sonderinsolvenzverfahren über Vermögensmassen, die nicht allen Gläubigern haften. Der nach Freigabe gem. § 35 Abs. 2 InsO erzielte Neuerwerb des Schuldners haftet während des eröffneten (Erst-) Verfahrens grundsätzlich nur den Neugläubigern, nicht aber den Insolvenzgläubigern. Allerdings muss auch eine die Verfahrenskosten deckende Masse vorhanden sein, vgl. AG Göttingen, Beschl. v. 16.9.2011 - 71 IN 89/11 NOM, ZVI 2011, 450; AG Köln, Beschl. v. 7.6.2010 - 71 IN 509/09, ZVI 2010, 424 m.w.N. zur Gegenauffassung.

1354 Vgl. auch BGH, Beschl. v. 3.7.2008 - IX ZB 182/07, ZIP 2008, 1976: Hier hatte der BGH darüber zu befinden, ob ein Eigenantrag des Schuldners, den dieser wegen der Möglichkeit der Restschuldbefreiung stellen wollte, nach Eröffnung des Verfahrens zulässig ist. Dies verneinte der Senat, sofern das Verfahren bereits eröffnet wurde. Zust. auch *Sailer*, EWiR 2009, 155, 156. In BGH, Beschl. v. 18.5.2004 - IX ZB 189/03, ZInsO 2004, 739 führte der Senat aus, dass der Antragsteller im Falle eines noch eröffneten Verfahrens darzulegen habe, dass der Schuldner Vermögen habe, welches

durchaus in Erwägung ziehen, das Nachtragsverteilungsverfahren als „reduziertes Insolvenzverfahren" zu betrachten, da mit dessen Anordnung ebenfalls eine Beschlagnahme und der damit einhergehende Übergang der Verwaltungs- und Verfügungsbefugnis auf den Insolvenzverwalter verbunden ist.[1355] Allerdings ist an dieser Stelle zu beachten, dass die Beschlagnahme i.R.d. Nachtragsverteilung nur *gegenständlich beschränkt* ist.[1356] Die Beschlagnahme bezieht sich nämlich immer nur auf die im Anordnungsbeschluss genau bezeichneten Vermögenswerte und nicht, wie im eröffneten Verfahren, auf das gesamte Vermögen einschließlich des Neuerwerbs des Schuldners nach § 35 Abs. 1 InsO.[1357] Daraus folgt, dass es mit Eröffnung eines neuen Insolvenzverfahrens durchaus Vermögen geben kann, das von der Beschlagswirkung im neuen Verfahren nach § 35 Abs. 1 InsO, nicht jedoch von dem Nachtragsbeschlag erfasst wird. Daher kann einem Antrag auf Eröffnung eines neuen Insolvenzverfahrens auch nicht von vornherein das Rechtsschutzbedürfnis versagt werden, sodass der Antrag grundsätzlich zulässig ist.

Vor diesem Hintergrund sind die Ausführungen des Beschwerdegerichts dahingehend zu kritisieren, dass die Entscheidungsbegründung zu kurz greift. Der beschränkte Nachtragsbeschlag wird vom Beschwerdegericht nämlich gänzlich übersehen, obwohl dies vorliegend die einzig zutreffende Begründung für die Zulässigkeit eines weiteren Insolvenzantrags ist. Das Beschwerdegericht stützt seine ablehnende Entscheidung lediglich darauf, dass die streitige Rückabwicklung innerhalb einer Nachtragsverteilung problematisch sein könnte, ohne hier jedoch näher auszuführen, warum dies aus seiner Sicht Probleme aufwirft. Aus der vom Beschwerdegericht getroffenen Wortwahl („Die Möglichkeit, in diesem Nachtragsverteilungsverfahren eine Rückabwicklung von Vermögensübertragungen zu erreichen, ist [...] zumindest rechtlich problematisch, so dass

---

nicht zur Insolvenzmasse des laufenden Verfahrens gehört und welches auch nicht unpfändbar ist. Anders sei dies aber bei freigegebenen Vermögen aus einer selbstständigen Tätigkeit des Schuldners, vgl. BGH, Beschl. v. 9.6.2011 – IX ZB 175/10, ZVI 2011, 448, 449 Rn. 12, m. zust. Anm. *Weiß/Rußwurm*, EWiR 2011, 751, 752; *Harder*, NJW-Spezial 2011, 469, 470; *Schmücker*, jurisPR-InsR 20/2011 Anm. 1. Anders dagegen AG Göttingen, Beschl. v. 12.10.2007 – 74 IN 304/07, ZVI 2007, 571, 572, m. zust. Anm. *Tetzlaff*, jurisPR-InsR 19/2008 Anm. 6: Es genüge, dass der Antragsteller Forderung und Eröffnungsgrund glaubhaft macht. Dagegen sei es nicht erforderlich, dass er auch insolvenzfreies Vermögen, etwa in Folge einer Freigabe, darlegen muss. Dies müsse das Insolvenzgericht prüfen.

1355 *Gundlach/Müller*, EWiR 2011, 121, 122.

1356 Vgl. dazu ausführlich das Kapitel Teil 6.

1357 Vgl. auch *Cranshaw*, jurisPR-InsR 1/2011 Anm. 3.

mit der Beantragung eines neuen Insolvenzverfahrens keine insolvenzfremden Zwecke verfolgt werden."[1358]), lässt sich schließen, dass dem Gericht anscheinend Bedenken hinsichtlich der konkreten Befugnisse des Verwalters bei der Nachtragsverteilung kamen. Diese befürchteten Probleme bestehen jedoch in Wahrheit überhaupt nicht, da sich die Befugnisse des Verwalters hinsichtlich der erneut i.R.d. Nachtragsverteilung beschlagnahmten Vermögenswerte (vorliegend also der konkrete Rückgewähranspruch) mit denjenigen decken, die ein Verwalter auch im eröffneten Insolvenzverfahren hat. Daher könnten sich hier, wenn überhaupt, nur Probleme bei der Durchsetzung des Anspruchs, etwa wegen bestehender Einwendungen und Einreden[1359], ergeben, die sich aber in einem neu eröffneten Insolvenzverfahren ebenso ergeben würden. Vor diesem Hintergrund kann die Beschwerdebegründung des LG Münster nur kritisiert werden, da sie am Kernthema der beschränkten Beschlagswirkung vorbei argumentiert und das Gericht den beschränkten Nachtragsbeschlag nicht einmal in einem Satz erwähnt. Umso erfreulicher ist es jedoch, dass dies vom BGH eindeutig hervorgehoben und als entscheidendes Argument für die grundsätzliche Zulässigkeit eines neuen Insolvenzantrags herangezogen wurde.[1360]

Festzuhalten ist daher vorerst, dass eine angeordnete Nachtragsverteilung in der Regel das Rechtsschutzbedürfnis für einen neuen Insolvenzantrag unberührt lässt.

Fraglich ist allerdings, ob das Rechtsschutzbedürfnis anders zu beurteilen und dementsprechend zu verneinen ist, wenn der antragstellende Gläubiger auch Nutznießer der angeordneten Nachtragsverteilung ist und er durch die Nachtragsverteilung volle Befriedigung seiner Forderungen erwarten kann.

Mit dieser Rechtsfrage musste sich der BGH nicht auseinandersetzen, da im zugrundeliegenden Verfahren nicht darlegt worden sei, dass die antragstellende Gläubigerin im Fall eines für sie positiven Ausgangs des Nachtragsverteilungsverfahrens vollständige Befriedigung erlangen könnte.[1361] Der Senat deutete

---

1358 LG Münster, Beschl. v. 28.5.2009 – 5 T 496/08, juris Rn. 14.

1359 Diesbezüglich enthält die Beschwerde allerdings keine Ausführungen.

1360 Sollte allerdings neben dem Nachtragsvermögen, das Gegenstand einer bereits angeordneten Nachtragsverteilung ist, keine weiteren oder nennenswerten pfändbaren Vermögenswerte des Schuldners vorhanden sein, so ist ein neuer Eröffnungsantrag zwar zulässig. Dieser Antrag müsste jedoch mangels Masse abgewiesen werden, sofern nicht ein Kostenvorschuss geleistet wird oder die Kosten nach § 4a InsO gestundet werden, § 26 Abs. 1 InsO, *Cranshaw*, jurisPR-InsR 1/2011 Anm. 3. Vgl. auch KPB/*Pape*, InsO, § 14 Rn. 60, der den Antrag in diesen Fällen aber anscheinend wegen eines fehlenden Rechtsschutzbedürfnisses zurückweisen will.

1361 BGH, Beschl. v. 2.12.2010 – IX ZB 151/09, ZIP 2011, 134, 135 Rn. 6.

dennoch wohl an, dass in diesen Fällen das Rechtsschutzbedürfnis für einen neuen Insolvenzantrag entfallen würde.[1362] Dem ist ebenfalls zuzustimmen.[1363]

Cranshaw[1364] verweist an dieser Stelle zutreffend auf die Entscheidung des BGH vom 29.11.2007[1365], in der der Senat ausführte, dass der Insolvenzantrag eines Gläubigers auf Teilnahme an einem Insolvenzverfahren gerichtet sein und mindestens anteilige Befriedigung der eigenen Forderung zum Ziel haben müsse. Unter Berücksichtigung dieser Rechtsprechung wäre daher ein neuer Insolvenzantrag mangels Rechtsschutzbedürfnisses in Fällen unzulässig, in denen der Gläubiger i.R.d. Nachtragsverteilung *zweifelsfrei* eine volle Befriedigung erwarten kann. In diesen Fällen wäre sein Antrag nämlich nicht auf Teilnahme an dem Insolvenzverfahren gerichtet und hätte auch nicht eine (zumindest anteilige) Befriedigung seiner Forderung zum Ziel. Ist somit *sicher voraussehbar*, dass der Gläubiger durch die Nachtragsverteilung volle Befriedigung erlangen wird, so fehlt diesem das Rechtschutzbedürfnis für einen neuen Insolvenzantrag.[1366]

1362 *Cranshaw*, jurisPR-InsR 1/2011 Anm. 3.

1363 Ebenso *Cranshaw*, jurisPR-InsR 1/2011 Anm. 3; *Bußhardt/Ellke*, FD-InsR 2011, 313539.

1364 *Cranshaw*, jurisPR-InsR 1/2011 Anm. 3.

1365 BGH, Beschl. v. 29.11.2007 – IX ZB 12/07, ZInsO 2008, 103, 104 Rn. 12. Da der Gläubiger im zugrundeliegenden Sachverhalt ausreichend dinglich gesichert war, lehnte der Senat ein schützenswertes Interesse an der Verfahrenseröffnung ab.

1366 Eine ganz andere Frage ist allerdings, wie die Insolvenzgerichte dies in der Praxis überhaupt feststellen könnten. Zwar könnte man durchaus erwägen, ob hier eine generelle amtswegige Ermittlungspflicht über § 5 InsO anzunehmen ist. Dies erscheint jedoch nicht interessengerecht und sollte wenn überhaupt nur in denjenigen Fällen gelten, in denen dem Gericht greifbare Anhaltspunkte für die Annahme vorliegen, dass dem Eröffnungsantrag u.U. das Rechtsschutzbedürfnis wegen voller Befriedigungserwartung im Nachtragsverfahren fehlen könnte. Dies gilt umso mehr, als nach dem BGH die Amtsermittlungspflicht erst einsetzt, wenn der Verfahrensstand überhaupt Anlass für Ermittlungen bietet, vgl. BGH, Beschl. v. 1.12.2011 – IX ZB 232/10, WM 2012, 142, 143 Rn. 11. Ein Wegfall des Rechtsschutzinteresses dürfte daher nur bei Evidenz der Deckung der Gläubigeransprüche im Nachtragsverfahren gegeben sein. Diese Evidenz ist vom Schuldner/Beschwerdeführer darzulegen, so auch *Bußhardt/Ellke*, FD-InsR 2011, 313539. Der Schuldner müsste hier im Einzelnen also darlegen, welche Forderung dem Gläubiger zusteht (wobei hier auch § 39 InsO zu beachten ist), welchen Wert die Nachtragsmasse hat, mit welcher Verteilungsquote zu rechnen ist und wie hoch die Verteilungs- und Verwertungskosten und mitunter auch die Verwertungsdauer ist. Da dies jedoch alles Faktoren sind, die mit einer gewissen Unsicherheit behaftet sind, ist der Insolvenzpraxis zu raten, bei der Einschätzung dieser Evidenz eher zurückhaltend zu sein.

Ist der Ausgang der Nachtragsverteilung jedoch offen, beispielsweise weil der Schuldner gegen die Nachtragsanordnung Beschwerde eingelegt hat und noch unklar ist, ob seine Beschwerde Erfolg hat[1367], so ist der Eröffnungsantrag des Gläubigers zulässig, da ein weiteres Zuwarten bis zur Entscheidung über die Beschwerde nicht zumutbar ist und die Gefahr besteht, dass der Schuldner während dieser Zeit andere, nicht von der angeordneten Nachtragsverteilung erfasste Vermögenswerte, beiseite schafft.

Abschließend stellt sich aber noch die Frage, wie sich die Nachtragsverteilung zu einem neu eröffneten Insolvenzverfahren verhält. Insoweit ist zu beachten, dass der Insolvenzbeschlag des neu eröffneten Insolvenzverfahrens nicht die Gegenstände der angeordneten Nachtragsverteilung erfasst, sondern nur das Vermögen, das der Schuldner seit der Aufhebung des alten Verfahrens neu erworben hat[1368] und das nicht von dem Anordnungsbeschluss der Nachtragsverteilung umfasst ist. M.a.W.: Der Insolvenzbeschlag kann den Beschlag, der durch die Anordnung der Nachtragsverteilung entstanden ist, nicht überlagern oder gar aufheben.[1369]

Da das neue Insolvenzverfahren daher nicht das gesamte Vermögen des Schuldners, sondern eben nur diejenigen Vermögenswerte umfasst, die von der Nachtragsanordnung nicht betroffen sind, könnte man das neue Insolvenzverfahren durchaus als eine besondere Form eines „Sonderinsolvenzverfahrens“[1370] bezeichnen. Im Übrigen gibt es aber keine weiteren rechtlichen Besonderheiten. Beide Verfahren, sowohl das neu eröffnete Insolvenzverfahren als auch das Nachtragsverteilungsverfahren, werden wie gewöhnlich durchgeführt.

B. Eröffnung eines neuen Insolvenzverfahrens – Auswirkungen auf den Antrag auf Anordnung der Nachtragsverteilung und Vorrangstellung der „Altgläubiger“?

Im Folgenden soll nun der „spiegelbildliche“ Fall, in dem bereits vor der Nachtragsanordnung ein neues Insolvenzverfahren über das Vermögen des Schuldners eröffnet wurde, untersucht werden. In diesem Fall stellt sich ebenfalls die

1367 Dies war auch im Ausgangsverfahren der Fall. Im Zeitpunkt der Beschwerde des Schuldners gegen die Anordnung der vorläufigen Insolvenzverwaltung wurde über die Nachtragsbeschwerde auch noch nicht entschieden, vgl. LG Münster, Beschl. v. 28.5.2009 – 5 T 496/08, juris.

1368 *Cranshaw*, jurisPR-InsR 1/2011 Anm. 3.

1369 *Ludewig*, S. 84.

1370 So: *Ludewig*, S. 84.

Frage, ob einem Antrag auf Anordnung der Nachtragsverteilung das Rechtsschutzbedürfnis fehlt.

Hier liegt zunächst die Annahme nahe, einen weiteren Nachtragsantrag ohne nähere Prüfung mangels Rechtsschutzbedürfnisses als unzulässig zurückzuweisen, da das neu eröffnete Insolvenzverfahren nach § 35 Abs. 1 InsO das gesamte Vermögen des Schuldners, also auch die „Altmasse"[1371], erfasst und der antragstellende Gläubiger auch in dem neu eröffneten Verfahren Beteiligter ist.

Diese pauschale Betrachtung kann jedoch nur zutreffen, wenn und soweit sich auch der frühere Insolvenzbeschlag des vormaligen Verfahrens bereits erledigt hat, da ein neuer Insolvenzbeschlag einen alten und noch bestehenden Insolvenzbeschlag nicht aushebeln kann. Insofern muss man bei der Prüfung der Zulässigkeit eines Nachtragsantrags nach Eröffnung eines neuen Insolvenzverfahrens zwischen den einzelnen Tatbeständen des § 203 Abs. 1 InsO unterscheiden.

Bezieht sich der Antrag auf Anordnung der Nachtragsverteilung auf zurückbehaltene und hinterlegte Beträge oder aber auf solche Gegenstände, die einem Nachtragsvorbehalt unterliegen (§ 203 Abs. 1 Nr. 1 InsO), so ist ein späterer Nachtragsantrag trotz eines zwischenzeitig eröffneten neuen Insolvenzverfahrens durchaus zulässig. Die Zulässigkeit des Nachtragsantrags folgt daraus, dass der Insolvenzbeschlag des ursprünglichen Verfahrens hinsichtlich dieser Vermögenswerte auch über Verfahrensaufhebung hinaus andauerte.[1372] Aufgrund des fortdauernden Beschlags werden diese Vermögenswerte auch nicht von dem Insolvenzbeschlag des neuen Insolvenzverfahrens erfasst, da der Neubeschlag den Altbeschlag nicht aufhebt. Somit ist ein weiterer Antrag auf Anordnung der Nachtragsverteilung in den Fällen des § 203 Abs. 1 Nr. 1 InsO trotz eines bereits eröffneten Insolvenzverfahrens zulässig und mangels Beschlagnahme im neuen Verfahren auch geboten.

Anders ist dies hingegen bei zurückfließenden Beträgen oder nachträglich ermittelten Gegenständen i.S.d. § 203 Abs. 1 Nr. 2, 3 InsO zu beurteilen, da hier der Insolvenzbeschlag mit Verfahrensaufhebung zunächst aufgehoben wurde und dieser erst wieder durch Anordnung der Nachtragsverteilung gegenständlich beschränkt eingreifen würde. Wird das Insolvenzverfahren vor der Nachtragsanordnung eröffnet, bestand damit zum Zeitpunkt der Eröffnung des neuen Verfahrens auch kein fortdauernder Insolvenzbeschlag hinsichtlich dieser Gegenstände und Beträge. Mangels fortdauernder Beschlagnahme aus dem

---

1371 Damit sind diejenigen Massegegenstände gemeinte, die bereits zur Insolvenzmasse des vormaligen Verfahrens gehörten und somit auch grundsätzlich für eine Nachtragsverteilung nach § 203 InsO in Betracht gekommen wären.

1372 Vgl. dazu die Ausführungen im Abschnitt Teil 6., A.

früheren Verfahren erfasst das neu eröffnete Verfahren nach § 35 Abs. 1 InsO daher auch diese Vermögenswerte.[1373] Wegen der Beschlagnahme im neuen Verfahren ist eine Nachtragsverteilung bezüglich dieser Gegenstände und Beträge nicht mehr möglich. Einem dahingehenden Nachtragsantrag würde folglich das Rechtsschutzbedürfnis mangels beschlagnahmefähiger Nachtragsmasse fehlen. Die zurückfließenden Beträge und nachträglich ermittelten Gegenstände i.S.d. § 203 Abs. 1 Nr. 2, 3 InsO haften ab Verfahrenseröffnung dann den gesamten Gläubigern, also neben den „Altgläubigern"[1374] auch den „Neugläubigern"[1375].

Allerdings könnte man in diesem Zusammenhang durchaus überlegen, ob die „Altgläubiger" im neuen Insolvenzverfahren eine vorrangige Befriedigungsstellung hinsichtlich dieser Vermögenswerte einnehmen. Diese Überlegung resultiert aus dem Umstand, dass diese Massewerte ursprünglich allein der „Altgläubigergemeinschaft" im vorangegangenen Insolvenzverfahren haftungsrechtlich zugewiesen wurden. Vor allem in den Fällen des § 203 Abs. 1 Nr. 3 InsO handelt es sich häufig um unentdeckt gebliebene Vermögenswerte. Zu denken ist insbesondere an Fälle, in denen der Schuldner wertvolle Vermögensgegenstände im Ausland oder aber ein Festgeldkonto bei einer Bank in Österreich im vorangegangenen Verfahren verschwiegen hat. Hätte sich der Schuldner bereits im vormaligen Insolvenzverfahren rechtmäßig verhalten und dieses Vermögen dem Verwalter mitgeteilt, so hätte der Verwalter diese Vermögenswerte schon damals zur Masse ziehen und an die „Altgläubigergemeinschaft" verteilen können. Ohne Eröffnung des neuen Insolvenzverfahrens würden diese Vermögenswerte auch

---

1373 Missverständlich insoweit *Ludewig*, S. 84, der zu der hier zu untersuchenden Thematik zwar keine Ausführungen macht, jedoch darstellt, dass mit dem zeitlich nach Anordnung der Nachtragsverteilung eröffneten „Sonderinsolvenzverfahren" allein auf den nach Aufhebung des zeitlich vorausgegangenen Insolvenzverfahrens erlangten Neuerwerb zugegriffen werden könnte. Diese Ausführungen greifen jedoch zu kurz, da das neue Insolvenzverfahren aufgrund der umfassenden Beschlagnahmewirkung des § 35 InsO nicht nur den Neuerwerb nach Verfahrensaufhebung (auf den sich die Nachtragsverteilung sowieso nicht beziehen könnte), sondern auch alle Vermögenswerte, die weder hinterlegt wurden noch Gegenstand einer bereits angeordneten oder vorbehaltenen Nachtragsverteilung sind, erfasst.

1374 Als solche werden hier die Gläubiger bezeichnet, die bereits im vorangegangenen Insolvenzverfahren beteiligt waren.

1375 Als solche werden hier die Gläubiger bezeichnet, die nicht bereits am aufgehobenen Verfahren beteiligt waren, da sie zu dieser Zeit noch keine Forderungen gegen den Schuldner hatten.

allein[1376] diesen „Altgläubigern“ i.R.d. § 203 Abs. 1 Nr. 2, 3 InsO zur gemeinschaftlichen Befriedigung ihrer Forderungen zur Verfügung stehen, da bei der Nachtragsverteilung nur die Gläubiger befriedigt werden, die im Schlussverzeichnis des vormaligen Verfahrens aufgeführt sind. Da nunmehr aber auch die „Neugläubiger“ an den Verwertungserlösen aus diesen Vermögenswerten im neu eröffneten Verfahren partizipieren, mindern sich auch die aus diesen Vermögenswerten resultierenden Quotenaussichten der „Altgläubiger“. Dies ist insbesondere dann für die „Altgläubiger“ besonders misslich, wenn diese Vermögenswerte die einzigen werthaltigen Gegenstände in dem neu eröffneten Insolvenzverfahren sind.

Allerdings enthält das Gesetz bezüglich einer solchen „Vorrangstellung“ der „Altgläubiger“ bzw. „Rangübertragung“ im späteren Insolvenzverfahren keine ausdrücklichen Regelungen. Wegen des Grundsatzes der gleichmäßigen Gläubigerbefriedigung bedürfte es hier aber grundsätzlich einer solchen Regelung.

Zu denken wäre zwar an eine Art Rechtsfortbildung und entsprechende Orientierung an der Regelung des § 209 InsO, in der ebenfalls zwischen Alt- und Neugläubigern differenziert wird. Eine solche „Rangübertragung“ wird auch an anderer Stelle diskutiert, nämlich bei der Frage, inwiefern Massekostengläubiger ihren Rang bei einer Verfahrenseinstellung nach § 207 InsO und einer unmittelbar anschließenden Nachfolgeinsolvenz mit völlig identischen Essentialia behalten. In diesen Fällen wird teilweise ebenfalls unter dem Gesichtspunkt einer „materiellen Verfahrenseinheit“ eine Rangübertragung in das Folgeverfahren befürwortet.[1377] Jedoch abgesehen davon, dass es für eine solche Rangübertragung an einer gesetzlichen Grundlage fehlt und eine solche daher von

1376 Natürlich können auch „Neugläubiger“ nach Verfahrensaufhebung auf diese Vermögenswerte im Wege der Einzelzwangsvollstreckung zugreifen. Bei der hier zu untersuchenden Frage geht es aber um eine gemeinschaftliche Befriedigung in einem Gesamtvollstreckungsverfahren, wozu sowohl das Insolvenz- als auch das Nachtragsverteilungsverfahren zählen.

1377 So: Uhlenbruck/*Ries*, InsO, 13. Aufl., § 207 Rn. 13. *Ries* führt aber auch an, dass eine solche Rangübertragung einen zeitlichen und sachlichen Zusammenhang zwischen beiden Verfahren erfordere, da nur dann ein einheitliches materielles Insolvenzgeschehen bestünde. Die materielle Verfahrenseinheit sei nach *Ries* auch eine eher selten anzutreffende Ausnahme, *Ries*, ZInsO 2005, 414, 417; *Ries*, ZInsO 2007, 1102, 1104. Krit. hinsichtlich der Anknüpfung an eine „zeitliche Nähe“ aber OLG Celle, Urt. v. 11.9.2007 – 16 U 291/06, ZInsO 2007, 1048: Für das Merkmal „zeitliche Nähe“ gebe es nur unklare Grenzen.

der Rechtsprechung zutreffend abgelehnt wird[1378], fehlt es bei den vorliegend zu untersuchenden Fallkonstellationen nicht nur an einer gesetzlichen Grundlage für ein Vorwegbefriedigungsrecht der „Altgläubiger“, sondern darüber hinaus ist mangels entsprechender Anhaltspunkte im Gesetz auch eine planwidrige Regelungslücke zu verneinen.

An dieser Stelle steht vor allem der Verkehrsschutz einer Analogie zu § 209 InsO entgegen. Die Gegenstände der § 203 Abs. 1 Nr. 2 und Nr. 3 InsO stellen sich nicht nur für außenstehende Dritte, sondern auch für „Neugläubiger“ im neuen Insolvenzverfahren als Neuerwerb des Schuldners dar. Das Interesse der „Altgläubiger“ an einer vorrangigen Befriedigung aus dem Erlös dieser Vermögenswerte ist dieser Schutzbedürftigkeit zugleich aus drei Gründen deutlich unterzuordnen: Zum einen partizipieren die „Altgläubiger“ im neu eröffneten Insolvenzverfahren auch am übrigen Vermögen des Schuldners, vor allem solches, das dieser erst nach Verfahrensaufhebung erworben hat. Zum anderen zählen zu dieser „Neumasse“ auch solche Vermögenswerte, die der Verwalter im vorangegangenen Verfahren freigegeben hat. Sollten diese vormals freigegebenen Vermögenswerte mittlerweile (wieder) werthaltig geworden sein, so hätten auch die „Altgläubiger“ hiervon einen unmittelbaren Vorteil, den sie nur i.R.d. neuen Insolvenzverfahrens genießen, da die Nachtragsverteilung, wie oben bereits ausgeführt[1379], nicht solche Gegenstände erfassen kann, die im vorangegangenen Insolvenzverfahren rechtswirksam freigegeben wurden. Zuletzt sind die „Altgläubiger“ selbst in dem Fall, in dem sich das neue Insolvenzverfahren nur auf Vermögenswerte der §§ 203 Abs. 1 Nr. 2 und Nr. 3 InsO erstreckt, der Schuldner mithin keine weiteren werthaltigen Gegenstände besitzt, nicht gänzlich schutzlos. Erleiden diese nämlich durch die Eröffnung eines neuen Insolvenzverfahrens einen messbaren Quotenschaden, der daraus resultiert, dass die vorhandenen (Nachtrags-) Vermögenswerte nunmehr unter einer größeren Anzahl an Gläubigern verteilt werden, so können sie diesen Schaden u.U. von dem Insolvenzverwalter ersetzt verlangen, sofern die Nichtermittlung und -verwertung dieser Gegenstände im vormaligen Verfahren auf eine schuldhafte Pflichtverletzung des Verwalters zurückzuführen sein sollte. Diese Ansprüche stehen

---

1378 Vgl. BGH, Beschl. v. 9.10.2008 – IX ZR 168/07, NZI 2009, 53 Rn. 11: Die gegenteilige Auffassung führe zudem zu einer mit dem Gesetz nicht zu vereinbarenden unzulässigen Vorwegbefriedigung der Altgläubiger. Zudem übersieht die gegenteilige Auffassung, dass es sich um zwei Verfahren und damit um zwei verschiedene Massen handelt, OLG Celle, Urt. v. 11.9.2007 – 16 U 291/06, ZInsO 2007, 1048, 1049.

1379 Vgl. dazu die Ausführungen im Kapitel Teil 4., B., IV., 4.

dann auch nur den „Altgläubigern“, nicht hingegen den „Neugläubigern“ zu, da nur die „Altgläubiger“ einen Schaden erlitten haben.

Festzuhalten ist daher, dass einem weiteren Antrag auf Anordnung der Nachtragsverteilung nach Eröffnung eines neuen Insolvenzverfahrens grundsätzlich das Rechtsschutzbedürfnis fehlt. Dies ist nur bei Gegenständen des § 203 Abs. 1 Nr. 1 InsO, mithin im Falle eines fortdauernden Beschlags des vormaligen Verfahrens, anders zu beurteilen. Die „Altgläubiger“ haben im neuen Insolvenzverfahren dieselbe Rechtsstellung wie die „Neugläubiger“, sodass sie nach § 1 S. 1 InsO gleichmäßig am Erfolg des neuen Insolvenzverfahrens partizipieren. Eine vorrangige Befriedigung hinsichtlich derjenigen Vermögenswerte, die den „Altgläubigern“ aufgrund des vorangegangenen Insolvenzverfahren grundsätzlich über §§ 203 Abs. 1 Nr. 2, Nr. 3 InsO gemeinschaftlich haftungsrechtlich zugewiesen wurden, besteht nicht.

Teil 12. Schlussbetrachtung

Die Arbeit hat gezeigt, dass die auf den ersten Blick einfach erscheinenden Regelungen der §§ 203 ff. InsO in der Insolvenzpraxis häufig zu Problemen führen können. Ein Grund dafür könnte darin gesehen werden, dass der Gesetzgeber die Regelung des § 203 Abs. 1 InsO relativ offen gestaltet hat. Rechtssicherheit wird allerdings dadurch erlangt, dass man sich bei jeder Fallkonstellation den eigentlichen Sinn und Zweck der Nachtragsverteilung immer wieder vor Augen führt. Dieser besteht darin, dass die Insolvenzgläubiger auch noch nach Verfahrensaufhebung gemeinschaftlich befriedigt werden können, sofern später Massegegenstände frei werden, zurückfließen oder ermittelt werden.[1380] Im Folgenden werden die wesentlichen Ergebnisse dieser Arbeit noch einmal kurz zusammengefasst.

- Die Nachtragsverteilung kann entweder auf Antrag des Insolvenzverwalters oder eines Insolvenzgläubigers oder auch von Amts wegen angeordnet werden. Örtlich zuständig ist das ursprüngliche Insolvenzgericht. Die sachliche Zuständigkeit liegt beim Rechtspfleger, selbst wenn ein neuer Verwalter für die Durchführung der Nachtragsverteilung bestellt wird.
- Es wurde gezeigt, dass eine Nachtragsverteilung nicht erst nach der Verfahrensaufhebung notwendig werden kann, wie der Wortlaut „Nachtrag" nahelegen mag, sondern auch bereits zuvor. Dies gilt vor allem für Massezuflüsse nach dem Schlusstermin. Auch wenn der Verwalter die Verwaltungs- und Verfügungsbefugnis über alle Massevermögenswerte bis zur Verfahrensaufhebung behält, so darf er diese Massezuflüsse nicht von sich aus in die Schlussverteilung integrieren und das Schlussverzeichnis auch nicht eigenständig ohne hinreichende Prüfung korrigieren. Ausgehend von dem unmissverständlichen Wortlaut des § 203 Abs. 1 InsO ist bezüglich aller Massezuflüssen nach dem Schlusstermin vielmehr eine Nachtragsverteilung notwendig. Dies hat zudem den Vorteil, dass der Verwalter seine Schlussrechnung nicht bei jedem weiteren Massezufluss nach dem Schlusstermin revidieren muss. Zudem sind durch diese wortlautgetreue Verfahrensweise auch keine zeitlichen Verzögerungen zu erwarten, da die Nachtragsverteilung parallel zur Schlussverteilung durchgeführt werden kann. Eine Ausnahme sollte lediglich hinsichtlich laufender Zinsen auf dem

1380 MünchKomm/*Hintzen*, InsO, 3. Aufl., § 203 Rn. 1.

Anderkonto gemacht werden, bei denen eine gesondert angeordnete Nachtragsverteilung unnötige Förmelei wäre.
Anders sind diese Fälle allerdings bei der Verwaltervergütung zu behandeln: Der Verwalter kann bei Massezuflüssen zwischen dem Schlusstermin und der Verfahrensaufhebung seinen ursprünglichen Vergütungsantrag ergänzen, um so zu einer einheitlichen (erhöhten) Vergütung zu gelangen. Die Zulässigkeit dieser Vorgehensweise folgt bereits aus § 63 Abs. 1 InsO, der auf den Zeitpunkt der Beendigung des Verfahrens abstellt. In diesen Fällen erhält der Verwalter allerdings für die gleichzeitige Verteilung i.R.d. Nachtragsverteilung regelmäßig keine zusätzliche Vergütung, § 6 Abs. 1 S. 2 InsVV.

- Für die Anordnung der Nachtragsverteilung gibt es keine Frist. Insbesondere bei größeren Zeitabständen zur Verfahrensaufhebung ist allerdings sorgfältig zu ermitteln, ob der streitige Gegenstand auch zur Insolvenzmasse des aufgehobenen Verfahrens gehörte.
  Es ist auch möglich, dass Nachtragsverteilungen mehrfach stattfinden, wenn weitere Massebestandteile frei werden.[1381] Voraussetzung hierfür ist dann jedoch, dass die Gläubiger noch nicht vollständig befriedigt wurden.
- Die Nachtragsverteilung erfasst nach dem eindeutigen Wortlaut des § 203 InsO lediglich ursprüngliche Massegegenstände. Daher muss vor jeder Anordnung immer sorgfältig geprüft werden, ob es sich auch tatsächlich um ehemalige Massegegenstände handelt. Da nur solche Gegenstände nach § 35 InsO zur Insolvenzmasse gehören, die dem Schuldner zur Zeit der Eröffnung des Verfahrens gehörten oder die er während des Verfahrens erlangt, kommt es bei dieser Frage vor allem auch darauf an, zu welchem Zeitpunkt das Verfahren aufgehoben ist, da späterer Neuerwerb nicht mehr zur Insolvenzmasse gehört. Probleme können sich insbesondere bei Vermögenszuflüssen am Tag des Aufhebungsbeschlusses ergeben. Diese können dann im Rahmen einer späteren Nachtragsverteilung an die Gläubiger verteilt werden, wenn der Vermögenszufluss zeitlich vor der Beschlussfassung des Gerichts erfolgte. Denn auch wenn der Aufhebungsbeschluss nach § 200 Abs. 2 InsO öffentlich bekannt zu machen ist, entfallen sämtliche Beschlagnahmewirkungen des eröffneten Verfahrens bereits mit der Beschlussfassung des Gerichts, sodass ein späterer Vermögenszufluss nicht mehr zur

1381 Jaeger/*Meller-Hannich*, InsO, § 203 Rn. 2; MünchKomm/*Hintzen*, InsO, 3. Aufl., § 203 Rn. 5.

Insolvenzmasse gehört und damit auch nicht für eine Nachtragsverteilung in Betracht kommt.

- § 203 Abs. 1 InsO zählt abschließend die Tatbestände auf, deretwegen eine Nachtragsverteilung angeordnet werden kann. Das Gericht hat vor einer Anordnung aber auch immer die Wirtschaftlichkeit zu prüfen. Im Falle eines objektiven Missverhältnisses zwischen dem Wert des Gegenstandes und den Kosten der Nachtragsverteilung kann das Gericht von der Anordnung absehen. In diesen Fällen gebührt der Gegenstand ausschließlich dem Schuldner.
- Der Tatbestand des § 203 Abs. 1 Nr. 1 InsO erfasst sowohl hinterlegte Beträge nach § 198 InsO als auch solche Vermögenswerte, die einer späteren Nachtragsverteilung vorbehalten wurden. Ein Nachtragsvorbehalt i.S.d. § 203 Abs. 1 Nr. 1 InsO muss dabei aber immer ausdrücklich vom Insolvenzgericht in Beschlussform ausgesprochen werden. Möglich ist beispielsweise, dass das Gericht diesen Nachtragsvorbehalt im Aufhebungsbeschluss nach § 200 InsO regelt. Auch die Gläubigerversammlung kann einen solchen Nachtragsvorbehalt beschließen. Aus Rechtsverkehrsschutzgesichtspunkten sollte aber gefordert werden, dass das Gericht einen dahingehenden Gläubigerbeschluss im Aufhebungsbeschluss gesondert ausweist.
- Die Regelung des § 203 Abs. 1 Nr. 3 InsO erfasst nach dem Wortlaut nachträglich ermittelte Gegenstände, wobei unerheblich ist, warum diese Gegenstände erst nachträglich ermittelt wurden. Eine Nachtragsverteilung kann auch hinsichtlich solcher Vermögenswerte angeordnet werden, von denen der Verwalter bereits während des laufenden Verfahrens Kenntnis hatte, ihre Verwertung aber unterblieben ist. Lediglich dann, wenn der Verwalter diese Gegenstände ausdrücklich freigegeben hat, scheidet eine Nachtragsverteilung aus, da die Nachtragsverteilung keine freigegebenen Gegenstände erfassen kann.
- Für die Gläubiger gestalten sich in der Praxis insbesondere solche Fälle als äußerst misslich, in denen der Schuldner wertvolle Vermögenswerte während des eröffneten Verfahrens verschwiegen oder aber beiseite geschafft hat und diese sodann nach Verfahrensaufhebung (gewinnbringend) veräußert. Diese Verfügungen über ehemalige (beschlagfreie) Massegegenstände sind wirksam und können auch nicht angefochten werden. Dennoch sind die Gläubiger nicht schutzlos. Zum einen können sie auf die ins Schuldnervermögen geflossenen Gegenwerte im Wege der Einzelzwangsvollstreckung zugreifen. Zum anderen stehen diese Vermögenswerte auch für eine Gesamtvollstreckung i.R.d. Nachtragsverteilung zur Verfügung. Insofern

ist § 2111 BGB analog auf die ehemalige Insolvenzmasse nach Verfahrensaufhebung anzuwenden. Dadurch wird die vormalige Insolvenzmasse auch über Verfahrensaufhebung hinaus geschützt und eine nachträgliche gemeinschaftliche Haftungsrealisierung der Gläubiger wird bestmöglich gesichert.

- Die Regelungen der §§ 203 ff. InsO spielen auch in verfahrensökonomischer Sicht eine Rolle. Eine sinnvolle Anwendung der §§ 203 ff. InsO kann in geeigneten Fällen für eine frühzeitige Verfahrensaufhebung mit anschließender Nachtragsverteilung nutzbar gemacht werden. Dies ist etwa in Fällen zweckmäßig, in denen die Fälligkeit einer Forderung weit hinaus liegt, vor allem bei Werklohnforderungen, oder wenn Vermögensgegenstände noch nicht vollständig in naher Zukunft verwertet werden können[1382] und den Gläubigern durch Weiterführung des Insolvenzverfahrens die Vollstreckung aus der Tabelle in den Neuerwerb des Schuldners ungebührlich lange versagt bliebe.[1383] In diesen Fällen bietet sich eine Verfahrensaufhebung mit gleichzeitigem Nachtragsvorbehalt hinsichtlich der einzelnen bisher nicht verwerteten Vermögenswerte an.
- Es wurde als bekannt vorausgesetzt, dass mit Verfahrensaufhebung grundsätzlich sämtliche Befugnisse des Verwalters enden und er alle noch vorhandenen Massewerte an den Schuldner herauszugeben hat.
  Als wesentliche Ausnahme von diesem Grundsatz wurde gezeigt, dass anderes dann gilt, wenn der Insolvenzbeschlag über Verfahrensaufhebung hinaus aufrechterhalten bleibt. Dies ist zum einen hinsichtlich hinterlegter Beträge nach § 198 InsO der Fall. Zum anderen bleiben auch solche Vermögenswerte weiterhin insolvenzbefangen, deretwegen eine Nachtragsverteilung vorbehalten (oder auch bereits vor Verfahrensaufhebung angeordnet) wurde. Hinsichtlich dieser Vermögenswerte bleibt der Verwalter über Verfahrensaufhebung hinaus verwaltungs- und prozessführungsbefugt, sodass er auch einen anhängigen Prozess fortführen oder aber einen neuen Masseprozess anstrengen kann.
  Wurden dagegen ehemalige Massewerte weder hinterlegt noch einer späteren Nachtragsverteilung vorbehalten, so sind diese Vermögenswerte (zunächst) mit Verfahrensaufhebung aus dem Insolvenzbeschlag entlassen. Sie

1382 Braun/*Kießner*, InsO, § 203 Rn. 32a: Dies ist insbesondere bei Gewährleistungseinbehalten in Bauinsolvenzen, welche oft erst Jahre nach Abwicklung des Insolvenzverfahrens zur Auszahlung frei werden, der Fall.

1383 *Smid*, Handbuch, § 35 Rn. 12; *Smid/Lambrecht*, S. 129.

werden erst wieder mit Anordnung der Nachtragsverteilung für die Zukunft beschlagnahmt, sodass der Verwalter erst ab diesem Zeitpunkt wieder die Verfügungsbefugnis zurückerhält.
Sollte bei Verfahrensaufhebung noch ein Rechtsstreit über einen Massegegenstand anhängig sein, so ist hervorzuheben, dass allein diese Anhängigkeit und die Massezugehörigkeit des Streitgegenstandes nicht genügt, um eine fortdauernde Prozessführungsbefugnis des Verwalters zu begründen. Die Prozessführungsbefugnis des Verwalters entfällt grundsätzlich, sofern dieser Massewert (bzw. der erwartete Prozesserlös) nicht einer späteren Nachtragsverteilung vorbehalten wurde und entsprechende Beträge zum Ausgleich des Prozessrisikos hinterlegt wurden.

- Hinsichtlich der Beschlagnahmewirkung i.R.d. Nachtragsverteilung wurde gezeigt, dass diese im Gegensatz zu der umfassenden Beschlagnahme im Insolvenzverfahren (§§ 35, 80 InsO) immer nur gegenständlich auf den Vermögenswert beschränkt ist, der hinterlegt wurde, einer Nachtragsverteilung vorbehalten wurde oder aber im Anordnungsbeschluss explizit aufgeführt wird. Wegen dieser beschränkten Beschlagnahmewirkung muss der Anordnungsbeschluss dem Bestimmtheitsgrundsatz genügen, sodass das Insolvenzgericht den ehemaligen Massegegenstand so genau zu bezeichnen hat, dass Verwechslungen ausgeschlossen sind und für jeden Dritten ersichtlich ist, hinsichtlich welcher Vermögenswerte der Schuldner seine Verfügungsbefugnis (weiterhin oder wieder) verloren hat.
- Hervorzuheben ist des Weiteren, dass eine Nachtragsverteilung auch nach einer Verfahrenseinstellung gem. §§ 211, 207 InsO zulässig ist, selbst wenn der Gesetzgeber sein Versprechen, mit der Regelung des § 211 Abs. 3 InsO dem damaligen Streit um die Zulässigkeit einer Nachtragsverteilung nach einer Verfahrenseinstellung abzuhelfen, nicht eingelöst und im Ergebnis mehr Probleme geschaffen als gelöst hat[1384].
  Nach Verfahrenseinstellung wegen Masseunzulänglichkeit ist eine Nachtragsverteilung entgegen des ausdrücklichen Wortlauts des § 211 Abs. 3 InsO nicht nur bei nachträglich ermittelten Gegenständen, sondern auch bei zurückbehaltenen und zurückfließenden Beträgen i.S.d. § 203 Abs. 1 Nr. 1, 2 InsO zulässig. Selbiges gilt bei einer Verfahrenseinstellung wegen Massearmut nach § 207 InsO, auch wenn das Gesetz diesbezüglich keine ausdrückliche Regelung enthält. Voraussetzung ist hier allerdings, dass durch die Nachtragsverteilung entweder alle Verfahrenskosten vollständig

1384 Jaeger/*Windel*, InsO, § 211 Rn. 5.

gedeckt werden können oder aber, dass der Verwalter die Durchführung der Nachtragsverteilung freiwillig übernimmt. Diese Handhabung fügt sich vollumfänglich in das System der §§ 207 ff. InsO ein, die den Verwalter immer dann zur weiteren Verwertung verpflichten, wenn seine Vergütungsansprüche voll gesichert sind. Sollte dies nicht der Fall sein, so ist es dem Verwalter aber nicht verwehrt, eine weitere Verwertung freiwillig zu übernehmen. Dies sollte *de lege ferenda* in § 207 InsO klargestellt werden.

- Eine Nachtragsverteilung ist ferner auch nach einem Verbraucherinsolvenzverfahren und während des Restschuldbefreiungsverfahrens zulässig. Allerdings scheidet eine Nachtragsverteilung dann aus, wenn die streitigen Gegenstände bereits von der Abtretungserklärung des § 287 InsO oder aber von § 295 InsO erfasst werden, da es sich in diesen Fällen um Neuerwerb nach Verfahrensaufhebung handelt. Handelt es sich aber um die nachträgliche Geltendmachung eines Pflichtteilsanspruchs während der Wohlverhaltensperiode, so unterfällt dieser Anspruch in vollem Umfang einer Nachtragsverteilung und nicht lediglich dem Halbteilungsgrundsatz des § 295 InsO, sofern der Erbfall noch während des eröffneten Verfahrens eintrat. Der Pflichtteilsanspruch fällt nämlich bereits im Zeitpunkt des Erbfalls in die Insolvenzmasse und kann als in seiner zwangsweisen Verwertbarkeit aufschiebend bedingter Anspruch bereits vor seiner Geltendmachung oder Rechtshängigkeit gepfändet werden, § 852 Abs. 1 ZPO, § 36 InsO. Sollte es sich um Steuererstattungsansprüche der vormaligen Masse handeln, so ist diesbezüglich selbst während der Wohlverhaltensperiode immer eine Nachtragsverteilung anzuordnen, da diese Ansprüche aufgrund ihres öffentlich-rechtlichen Charakters nicht von § 287 Abs. 2 InsO erfasst werden. Selbst eine zwischenzeitig erfolgte Erteilung der Restschuldbefreiung steht einer späteren Anordnung der Nachtragsverteilung nicht entgegen.
- Wurde das Verfahren in Eigenverwaltung geführt, so ist eine Nachtragsverteilung ebenfalls zulässig und grundsätzlich vom Schuldner durchzuführen. In geeigneten Fällen kann die Durchführung aber auch auf den Sachwalter übertragen werden. Demgegenüber kommt eine Nachtragsverteilung nach bestätigtem Insolvenzplan nicht in Betracht, da eine solche nicht in den §§ 258 ff. InsO vorgesehen ist und das Planerfüllungsverfahren eine andere Grundstruktur ausweist. Der Schuldner hat die Plangläubiger überhaupt zu befriedigen, sodass eine Unterscheidung zwischen Verteilung und Nachtragsverteilung hinfällig ist.[1385]

1385 *Smid/Rattunde*, Kap. 18 Rn. 18.37.

- Der Verwalter erhält für die Durchführung der Nachtragsverteilung nach § 6 Abs. 1 InsVV eine gesonderte Vergütung. Mit dieser Regelung hat der Gesetzgeber eine flexible Grundlage geschaffen, um alle denkbaren Tätigkeiten im Rahmen einer Nachtragsverteilung angemessen zu vergüten. Da das Tätigkeitsspektrum des Verwalters bei der Durchführung einer Nachtragsverteilung von Fall zu Fall unterschiedlich ist, hat der Verordnungsgeber bewusst keine Regelvergütung vorgesehen. Daher können die §§ 2, 3 InsVV weder direkt noch analog auf § 6 Abs. 1 InsVV Anwendung finden. Bei der Bemessung der Vergütungshöhe kommt es hier nur auf die Umstände des Einzelfalles an. Das Gericht hat die Vergütung ausschließlich nach billigem Ermessen festzusetzen; hierbei kann es sich allerdings anbieten, sich zumindest grob an den Rechtsgedanken der §§ 2, 3 InsVV zu orientieren oder aber eine Vergleichsberechnung dahingehend anzustellen, inwieweit sich die ursprüngliche Vergütung bei Berücksichtigung der Nachtragsmasse erhöht hätte.
- Wurde die Nachtragsverteilung angeordnet, so fehlt einem weiteren Antrag auf Eröffnung eines neuen Insolvenzverfahrens grundsätzlich nicht das Rechtsschutzbedürfnis, da die Beschlagnahme i.R.d. Nachtragsverteilung nur gegenständlich beschränkt greift und auch nicht das Vermögen des Schuldners umfassen kann, das dieser erst nach Verfahrensaufhebung erworben hat. Wurde demgegenüber bereits ein neues Insolvenzverfahren eröffnet, so ist ein weiterer Antrag auf Anordnung der Nachtragsverteilung nur in den Fällen des § 203 Abs. 1 Nr. 1 InsO aufgrund der fortwirkenden Beschlagnahme des vormaligen Verfahrens zulässig. In den übrigen Fällen des § 203 Abs. 1 Nr. 2 und 3 InsO fehlt einem Nachtragsantrag dagegen das Rechtsschutzbedürfnis, da diese Vermögenswerte im nunmehr eröffneten Insolvenzverfahren beschlagnahmt wurden und die Gläubiger ebenso am Erfolg dieses Verfahrens partizipieren.

Literaturverzeichnis

Adam, Roman F., Regeln für die Verwaltung unzulänglicher Massen, DZWIR 2011, S. 485–492.

Adam, Roman F., Grundfragen der Restschuldbefreiung, DZWIR 2006, S. 495–499.

Ahrendt, Christian/Struck, Christian, Kein Anfechtungsrecht des Verwalters bei Masseunzulänglichkeit?, ZInsO 2000, S. 264–266.

Andres, Dirk/Leithaus, Rolf/Dahl, Michael, Insolvenzordnung (InsO) Kommentar, 3. Aufl., München 2014 (zit.: Andres/Leithaus/Dahl/*Bearbeiter*, InsO).

Anger, Jan, Praxishinweis zu BGH, Beschl. v. 15.7.2010 - IX ZB 229/07, VIA 2010, S. 78–79.

Baade, Der Insolvenzrechtspfleger, KTS 1958, S. 165–173.

Bähner, Eberhard, Die Prüfung der Schlußrechnung des Konkursverwalters, KTS 1991, S. 347-363.

Bähr, Biner/Landry, Johannes, Kurzkommentar zu OLG Celle, Beschl. v. 20.11.2006 - 4 U 166/06, EWiR 2007, S. 87–88.

Bähr, Rainer M., Anmerkung zu BGH, Beschl. v. 12.10.2006 - IX ZB 294/05, jurisPR-InsR 3/2007 Anm. 2.

Bähr, Rainer M./Smid, Stefan, Die Rechtsprechung des BGH zur neuen Insolvenzordnung 1999–2006, Systematische Darstellung, Berlin 2006.

Bai, Alexandra, Die Freigabe im Insolvenzverfahren, Hamburg 2009.

Bartels, Clemens, Anmerkung zu BGH, Beschl. v. 26.1.2006 - IX ZB 183/04, WuB VI A. § 63 InsO 4.06 (zit.: *Bartels*, WuB 2006).

Bartels, Klaus, Der erbrechtliche Erwerb des Insolvenzschuldners - Erbschafts- und Vermächtnisausschlagung sowie die Vernachlässigung von Vermächtnis- und Pflichtteilsansprüchen im Vorfeld und während des Insolvenzverfahrens sowie in der Wohlverhaltensperiode nach §§ 286 ff. InsO, KTS 2003, S. 41–67.

Bartsch, Herbert, Anmerkung zu BGH, Beschl. v. 25.6.2009 - IX ZB 196/08, juris-PR-BKR 11/2009 Anm. 2.

Bauhaus, Krimhild, Anmerkung zu BFH, Urt. v. 28.2.2012 - VII R 36/11, AOStB 2012, S. 164–165.

Baumbach, Adolf/Lauterbach, Wolfgang/Albers, Jan/Hartmann, Peter, Beck`sche Kurz-Kommentare, Band 1: Zivilprozessordnung mit FamFG, GVG und anderen Nebengesetzen, begründet von Baumbach, Adolf; fortgeführt zunächst von Lauterbach, Wolfgang und sodann von Albers, Jan; Hartmann, Peter;

nunmehr verfasst von Hartmann, Peter, 72. Aufl., München 2014 (zit.: Baumbach/Lauterbach/Albers/Hartmann/*Bearbeiter*, ZPO).

Beck, Rainer, Kurzkommentar zu BGH, Beschl. v. 12.1.2006 – IX ZB 239/04, EWiR 2006, S. 245–246.

Beck, Siegfried/Depré, Peter (Hrsg.), Praxis der Insolvenz – Ein Handbuch für die Beteiligten und ihre Berater, 2. Aufl., München 2010 (zit.: Beck/Depré/*Bearbeiter*).

Becker, Christoph, Insolvenzrecht, 3. Aufl., Köln 2010.

Becker, Niels, Anmerkung zu LG Göttingen, Beschl. v. 26.10.2009 – 10 T 86/09, jurisPR-FamR 19/2010 Anm. 7.

Bihler, Karl, Zur Hinterlegung der nicht erhobenen Beträge nach § 169 KO, KTS 1963, S. 226–237.

Binz, Fritz/Hess, Harald, Der Insolvenzverwalter – Rechtsstellung, Aufgaben, Haftung, Heidelberg 2004.

Bitter, Georg, Nicht fällige, bedingte und betragsmäßig unbestimmte Forderungen in der Insolvenz – Systematische Grundlagen der insolvenzmäßigen Berücksichtigung unverfallbarer Versorgungsanwartschaften, NZI 2000, S. 399–405.

Blersch, Jürgen/Goetsch, Hans-W./Haas, Ulrich (Hrsg.), Berliner Kommentar Insolvenzrecht –InsO, InsVV, Internationales InsR, Steuerrecht, SchVG, ArbnErfG, Loseblattsammlung, Köln, Stand: März 2014, 48. Erg. Lfg. (zit.: BerlKomm/*Bearbeiter*, InsO).

Blum, Stefan, Anmerkung zu BGH, Urt. v. 10.12.2009 – IX ZR 206/08, WuB VI A. § 259 InsO 1.10 (zit.: *Blum*, WuB 2010).

Bohnenberg, Die Nachtragsverteilung im Konkurs, KuT 1936, S. 99–100.

Böhner, Michael, Anmerkung zu BGH, Beschl. v. 10.10.2013 – IX ZB 40/13, FD-InsR 2013, 352745.

Bollwerk, Elke, Freistellungsanspruch eines Schuldners nach Verfahrensaufhebung, ZInsO 2013, S. 2088–2092.

Bork, Reinhard, Aufhebung und Einstellung des Insolvenzverfahrens unter Vorbehalt der Nachtragsverteilung, ZIP 2009, S. 2077–2081.

Bork, Reinhard, Die Wirkungen des Insolvenzplans nach §§ 290 bis 305 RefE, in: Insolvenzrecht im Umbruch, Analysen und Alternativen, hrsg. von Leipold, Dieter, München 1991, S. 51–65 (zit.: *Bork*, Wirkungen).

Bork, Reinhard/Koschmieder, Kurt-Dieter (Hrsg.), Fachanwaltshandbuch Insolvenzrecht, Loseblattsammlung, Köln Stand Mai 2011 (zit.: Bork/Koschmieder/*Bearbeiter*).

Braun, Eberhard (Hrsg.), Insolvenzordnung (InsO) Kommentar, 5. Aufl., München 2012 (zit.: Braun/*Bearbeiter*, InsO).

Braun, Eberhard, Kurzkommentar zu BFH, Urt. v. 6.2.1996 – VII R 116/94, EWiR 1996, S. 505–506.

Braun, Eberhard/Uhlenbruck, Wilhelm, Unternehmensinsolvenz – Grundlagen, Gestaltungsmöglichkeiten, Sanierung mit der Insolvenzordnung, Düsseldorf 1997.

Brehm, Wolfgang/Berger, Christian, Sachenrecht, 2. Aufl., Tübingen 2006.

Brei, Kathrin/Bultmann, Britta, Insolvenzrecht, Baden-Baden 2008.

Bruckmann, Ernst-Otto, Verbraucherinsolvenz in der Praxis, 1999.

Bundesministerium der Justiz (Hrsg.), Diskussionsentwurf – Gesetz zur Reform des Insolvenzrechts, Entwurf einer Insolvenzordnung (EInsO) und anderer Reformvorschriften mit Begründung und Anhang, Köln 1988 (zit.: DE).

Bundesministerium der Justiz (Hrsg.), Erster Bericht der Kommission für Insolvenzrecht, Köln 1985 (zit.: Erster Bericht).

Bußhardt, Harald/Ellke, Torsten, Anmerkung zu BGH, Beschl. v. 2.12.2010 – IX ZB 151/09, FD-InsR 2011, 313539.

Coester-Waltjen, Dagmar, Die dingliche Surrogation, Jura 1996, S. 24–28.

Cranshaw, Friedrich L., Anmerkung zu LG Dessau-Roßlau, Beschl. v. 2.9.2011-1 T 193/11, jurisPR-InsR 9/2012 Anm. 4.

Cranshaw, Friedrich L., Anmerkung zu BGH, Beschl. v. 2.12.2010 – IX ZB 151/09, jurisPR-InsR 1/2011 Anm. 3.

Cranshaw, Friedrich L., Anmerkung zu BGH, Urt. v. 10.12.2009 – IX ZR 206/08, jurisPR-InsR 3/2010 Anm. 2.

Delhaes, K., Das konkursrechtliche Verteilungsverfahren in der Praxis, KTS 1963, S. 240–252.

Dinstühler, Klaus-Jürgen, Die Abwicklung massearmer Insolvenzverfahren nach der Insolvenzordnung, ZIP 1998, S. 1697–1707.

Döbereiner, Stephan, Die Restschuldbefreiung nach der Insolvenzordnung, Bielefeld 1997.

Einsele, Dorothee, Inhalt, Schranken und Bedeutung des Offenkundigkeitsprinzips – unter besonderer Berücksichtigung des Geschäfts für den, den es angeht, der fiduziarischen Treuhand sowie der dinglichen Surrogation, JZ 1990, S. 1005–1014.

Feist, Otto, Das Prinzip der dinglichen Surrogation im Familien- und Erbrechte des Bürgerlichen Gesetzbuches für das deutsche Reich, Halle 1903.

Fleck, Hans-Joachim, Kurzkommentar zu BGH, Urt. v. 15.6.1992 – II ZR 88/91, EWiR 1992, S. 825–826.

Floeth, Michael, Anmerkung zu BGH, Beschl. v. 2.12.2010 – IX ZB 184/09, FamRZ 2011, S. 1399–1401.

Floeth, Michael, Anmerkung zu BGH, Beschl. v. 25.6.2009 – IX ZB 196/08, FamRZ 2010, S. 460–463.

Foerste, Ulrich, Insolvenzrecht, 5. Aufl., München 2010.

Frank, Achim, Anmerkung zu BGH, Urt. v. 10.12.2009 – IX ZR 206/08, FD-InsR 2010, 297031.

Frege, Michael C./Keller, Ulrich/Riedel, Ernst, Handbuch der Rechtspraxis Band 3, Insolvenzrecht, 7. Aufl., München 2008.

Fritsche, Stefan, Anmerkung zu BGH, Urt. v. 21.7.2005 – IX ZR 115/04, DZWIR 2006, S. 39–40.

Frommhold, Ingo, Die Gläubigerkonkurrenz bei einem Eingriff in das Eigentum und beschränkte dingliche Rechte, Unter besonderer Berücksichtigung des Miteigentums und des Anwartschaftsrechts an einer beweglichen Sache, Zugleich ein Beitrag zu den Gläubigermehrheiten nach §§ 420 ff. BGB und zur dinglichen Surrogation, Frankfurt am Main 2004.

Frotscher, Gerrit, Kurzkommentar zu BFH, Urt. v. 9.2.1993 – VII R 12/92, EWiR 1993, S. 793–794.

Ganter, Hans Gerhard, Anmerkung zu BGH, Beschl. v. 26.9.2013 – IX ZB 247/11, NZI 2013, S. 969–970.

Geitner, Daniel, Der Erbe in der Insolvenz, Hamburg 2007.

Gerhardt, Walter, Kurzkommentar zu BGH, Urt. v. 6.5.1997 – IX ZR 147/96, EWiR 1997, S. 683–684.

Gerhardt, Walter, Kurzkommentar zu BGH, Urt. v. 8.7.1993 – IX ZR 116/92, EWiR 1993, S. 1141–1142.

Gerigk, Angela, Die Berücksichtigung der Schuldnerinteressen an einer zügigen Aufhebung des Insolvenzverfahrens und die Aufgaben des Treuhänders in der Wohlverhaltensperiode, ZInsO 2001, S. 931–938.

Gleichenstein, Hans v., Der Steuererstattungsanspruch als Bestandteil der Insolvenzmasse?, NZI 2006, S. 624–627.

Goltzsche, Katja, Anmerkung zu BGH, Beschl. v. 26.2.2009 – VII ZB 30/08 und BGH, Beschl. v. 25.6.2009 – IX ZB 196/08, DNotZ 2009, S. 865–868.

Gottwald, Peter (Hrsg.), Insolvenzrechtshandbuch, 4. Aufl., München 2010 (zit.: Gottwald/*Bearbeiter*).

Graeber, Alexa/Graeber, Thorsten, Die Vergütung des Treuhänders im vereinfachten Insolvenzverfahren und in der Wohlverhaltensperiode, Rpfleger 2010, S. 252–255.

Graeber, Alexa/Graeber, Thorsten, Vergütungsrecht in der Insolvenzpraxis: Einfache Anfechtungen und Verwertungen als Regelaufgaben des Insolvenzverwalters – Optimale Umsetzung von Entscheidungen zum Vergütungsrecht durch das Verwalterbüro, InsbürO 2010, S. 187–188.

Graeber, Thorsten, Vergütungsrecht in der Insolvenzpraxis: Massezu- und -abflüsse nach Erstellung der Schlussrechnung – Optimale Umsetzung von Entscheidungen zum Vergütungsrecht durch das Verwalterbüro, InsbürO 2013, S. 217–219.

Graeber, Thorsten, Anmerkung zu BGH, Beschl. v. 6.12.2007 – IX ZB 229/06, NZI 2008, S. 178.

Graeber, Thorsten, Vergütung in Insolvenzverfahren von A – Z, ZAP Verlag für die Rechts- und Anwaltspraxis, 2005.

Graeber, Thorsten, Berechnung der Vergütung des Insolvenzverwalters für die Nachtragsverteilung nach § 6 Abs. 1 InsVV, InsbürO 2005, S. 459–462.

Graf-Schlicker, Marie Luise (Hrsg.), InsO Kommentar zur Insolvenzordnung, 3. Aufl., Köln 2012 (zit.: Graf-Schlicker/*Bearbeiter*, InsO, 3. Aufl.).

Graf-Schlicker, Marie Luise (Hrsg.), InsO Kommentar zur Insolvenzordnung, Köln 2007 (zit.: Graf-Schlicker/*Bearbeiter*, InsO, 1. Aufl.).

Grahlmann, Christian, Fortdauer der Einzugsbefugnis des Treuhänders trotz Erteilung derRestschuldbefreiung, NZI 2010, S. 523–524.

Gravenbrucher Kreis, Stellungnahme zu den Reformvorschlägen der Kommission für Insolvenzrecht, BB 1986, Beilage 15.

Greve, Kai, Zur Pfändung eines Pflichtteils nach § 852 ZPO, ZIP 1996, S. 699–701.

Grote, Hugo, Anmerkung zu BGH, Beschl. v. 20.3.2003 – IX ZB 388/02, ZInsO 2003, S. 416–417.

Grote, Hugo, Aufrechnung des Finanzamtes mit Einkommensteuererstattungsansprüchen des Schuldners im Insolvenz- und Restschuldbefreiungsverfahren, ZInsO 2001, S. 452–455.

Gundlach, Ulf/Frenzel, Volkhard, Anmerkung zu BGH, Beschl. v. 14.5.2009 – IX ZR 93/08, NZI 2009, S. 772–773.

Grundlach, Ulf/Frenzel, Volkhard/Schmidt, Nikolaus, Die Insolvenzanfechtung nach Anzeige einer nicht kostendeckenden Masse durch den Insolvenzverwalter, NZI 2004, S. 184–187.

Gundlach, Ulf/Müller, Udo, Kurzkommentar zu BGH, Beschl. v. 2.12.2010 – IX ZB 151/09, EWiR 2011, S. 121–122.

Gundlach, Ulf/Schmidt, Nikolaus, Kurzkommentar zu BGH, Urt. v. 22.4.2004 – IX ZR 128/03, EWiR 2004, S. 817–818.

Haas, Ulrich/Vogel, Oliver, Anmerkung zu BGH, Beschl. v. 2.12.2010 – IX ZB 184/09, KTS 2011, S. 387–394.

Haarmeyer, Hans/Wutzke, Wolfgang/Förster, Karsten (Hrsg.), InsO Insolvenzordnung, Kommentar, 2. Aufl., Köln 2012 (zit.: HWF/*Bearbeiter*, InsO, 2. Aufl.).

Haarmeyer, Hans/Wutzke, Wolfgang/Förster, Karsten, Insolvenzrechtliche Vergütung (InsVV), 4. Aufl., München 2007 (zit.: *Haarmeyer/Wutzke/Förster,* InsVV).

Haarmeyer, Hans/Wutzke, Wolfgang/Förster, Karsten, Handbuch zur Insolvenzordnung, InsO/EGInsO, 3. Aufl., München 2001 (zit.: *Haarmeyer/Wutzke/Förster,* Handbuch).

Hannich, Caroline, Die Pfändungsbeschränkung des § 852 ZPO – Zwangsvollstreckung in den Pflichtteilsanspruch, den Anspruch des Schenkers auf Herausgabe des Geschenks wegen Notbedarfs und den Anspruch eines Ehegatten auf Ausgleich des Zugewinns, Bielefeld 1998.

Harder, Manfred, Anmerkung zu BGH, Urt. v. 8.7.1993 – IX ZR 116/92, WuB VI E. § 852 ZPO1.94 (zit.: *Harder,* WuB 1994).

Harder, Sebastian, Insolvenzbeschlag bei angespartem Vermögen aus pfändungsfreien Einkünften, VIA 2013, S. 92–93.

Harder, Sebastian, Anwendbarkeit des § 12 GewO bei freigegebenem Geschäftsbetrieb, NJW-Spezial 2011, S. 469–470.

Harder, Sirko, Insolvenzrechtliche Surrogation, Köln 2002.

Häsemeyer, Ludwig, Insolvenzrecht, 4. Aufl., Köln, München 2007.

Hees, Volker, Setzt die Prozessführungsbefugnis des Insolvenzverwalters gem. § 259 Abs. 3 InsO Rechtshängigkeit seiner Anfechtungsklage voraus?, ZInsO 2011, S. 953–955.

Heilmann, Hans, Zur Abwicklung massearmer Konkurse, KTS 1982, S. 181–185.

Heinze, Harald, Die verlängerte Nachtragsverteilung bei wirksamen Verfügungen des Schuldners, ZInsO 2012, S. 1606–1609.

Henkel, Andreas, Anmerkung zu BGH, Urt. v. 2.2.2006 – IX ZR 46/05, NZI 2006, S. 294–295.

Henning, Kai, Anmerkung zu AG Dortmund, Beschl. v. 21.3.2002 – 257 IK 17/00, ZInsO 2002, S. 685–686.

Herrler, Sebastian, Vermögenssicherung bei erbrechtlichem Erwerb während des Insolvenzverfahrens und in der Wohlverhaltensperiode, NJW 2011, S. 2258–2261.

Hess, Harald, Insolvenzrecht, Großkommentar in zwei Bänden, Band 2: Kommentar §§ 129–359 InsO, InsVV, AnfG, Insolvenzgeld (SGB III, Auszug),

BetrAVG (Auszug), EGInsO, Stichwortverzeichnis, Heidelberg, München, Landsberg, Frechen, Hamburg 2013 (zit.: *Hess*, InsO).

Hess, Harald (Hrsg.), Sanierungshandbuch, 5. Aufl., Köln 2011 (zit.: *Hess*, Sanierungshandbuch).

Hess, Harald/Obermüller, Manfred, Insolvenzplan, Restschuldbefreiung und Verbraucherinsolvenz, 3. Aufl., Heidelberg 2003.

Heyn, Michaela, Vergütungsanträge nach der InsVV, Muster, Praxistipps, Rechtsprechungslexikon, 2. Aufl., Köln 2012.

Heyn, Michaela, Berücksichtigung von Massegläubigern in der Restschuldbefreiungsphase, InsbürO 2006, S. 282–292.

Hingerl, Josef, Insolvenzplanverfahren: Schnelle Sanierung versus optimale Gläubigerbefriedigung bei fehlender Nachtragsverteilung, ZInsO 2010, S. 1876–1880.

Hingerl, Josef, Schwerpunktthema: Sanierung nach Plan – Entwicklungen, Erfahrungen, Chancen, ZInsO 2008, S. 404–411.

Hingerl, Josef, Nachtragsverteilung nach Insolvenzplanverfahren, Zugleich Anm. zum Beschluss des OLG Celle v. 20.11.2006 – 4 U 166/06, ZInsO 2006, 1327 f., ZInsO 2007, S. 870–873.

Hintzen, Udo, Anmerkung zu BGH, Beschl. v. 26.2.2009 – VII ZB 30/08, WuB VI D. § 852 ZPO 1.09 (zit.: *Hintzen*, WuB 2009).

Hintzen, Udo, Anmerkung zu BGH, Beschl. v. 12.1.2006 – IX ZB 239/04, WuB VI A. § 36 InsO 1.06 (zit.: *Hintzen*, WuB 2006, 518).

Hintzen, Udo, Anmerkung zu BGH, Beschl. v. 1.12.2005 – IX ZB 17/04, WuB VI A. § 203 InsO 1.06 (zit.: *Hintzen*, WuB 2006, 333).

Holldack, Felix, Die Anwendung und Bedeutung des Grundsatzes: „Pretium succedit in locum rei" im bürgerl. Gesetzbuch des Deutschen Reichs, in: Zeitschrift für das Privat- und öffentliche Recht der Gegenwart; Band 32, hrsg. von Grünhut, C.S., Wien 1905, S. 557–598.

Holzer, Johannes, Grundzüge des Verteilungsverfahrens nach der Insolvenzordnung, InsbürO 2011, S. 82–87.

Holzer, Johannes, Redaktionsversehen in der Insolvenzordnung?, NZI 1999, S. 44–47.

Höpfner, Alexander, Möglichkeiten des Insolvenzverwalters zur Rückgängigmachung oder wirtschaftlichen Kompensation der Freigabe, ZIP 2000, S. 1517–1522.

Hörmann, Martin, Prozesskostenhilfe zur Durchsetzung von (Anfechtungs-) Ansprüchen zu Gunsten der Insolvenzmasse, NZI 2008, S. 291.

Huhn, Christoph, Die Eigenverwaltung im Insolvenzverfahren, Köln 2003.

Jacobi, Christoph, Insolvenzplan als Qualitätsmerkmal, ZInsO 2010, S. 2316–2320.

Jaeger, Ernst (Begr.), Jaeger Insolvenzordnung, Großkommentar, Begründet zur Konkursordnung von Professor Dr. Ernst Jaeger, hrsg. von Henckel, Wolfram/ Gerhardt, Walter, Band 1: §§ 1–55, Berlin 2004; Band 2: §§ 56–102, Berlin 2007; Band 6: §§ 174–216, Berlin, New York 2010 (zit.: Jaeger/*Bearbeiter*, InsO).

Jaeger, Ernst (Begr.), Jaeger Konkursordnung, Großkommentar, Kommentar begründet von Ernst Jaeger, Erster Band: §§ 1–42; Register, Bearbeitet von Wolfram Henckel, 9. Aufl., Berlin, New York 1997; Zweiter Band, 1. Halbband: §§ 71–206 KO, 8. Aufl., Berlin, New York 1973 (zit.: Jaeger/*Bearbeiter*, KO).

Jahreis, Bernd, Anmerkung zu BGH, Beschl. v. 2.12.2010 – IX ZB 184/09, jurisPR-FamR 14/2011 Anm. 2.

Jedzig, Joachim, Anmerkung zu BGH, Urt. v. 6.5.1997 – IX ZR 147/96, WuB VI D. § 1 AnfG 1.97 (zit.: *Jedzig*, WuB 1997).

Kalkmann, Claudia, Kurzkommentar zu BGH, Beschl. v. 6.10.2011 – IX ZB 12/11, EWiR 2011, S. 785–786.

Kalter, Die nachkonkursliche Vermögens- und Schuldenmasse, KTS 1980, S. 215–225.

Kayser, Godehard/Heck, Martin, Die Gläubigerversammlung nach Anzeige der Masseunzulänglichkeit, NZI 2005, S. 65–70.

Keim, Christopher, Die unergiebige Pfändung des Pflichtteilsanspruchs – Konsequenzen für die Testamentsgestaltung, ZEV 1998, S. 127–130.

Keller, Ulrich, Anmerkung zu BGH, Beschl. v. 26.1.2012 – IX ZB 111/10, NZI 2012, S. 272–274.

Keller, Ulrich, Vergütung und Kosten im Insolvenzverfahren, 3. Aufl., Köln 2010 (zit.: *Keller*, Vergütung und Kosten).

Keller, Ulrich, Die Befriedigung von Masseverbindlichkeiten nach Anzeige der Masseunzulänglichkeit im Insolvenzverfahren, Rpfleger 2008, S. 1–9.

Keller, Ulrich, Insolvenzrecht, München 2006 (zit.: *Keller*, Insolvenzrecht).

Keller, Ulrich, Die Rechtsprechung des Bundesgerichtshofs zur Vergütung in Insolvenzverfahren, NZI 2004, S. 465–480.

Keller, Ulrich, Kurzkommentar zu LG Frankfurt/O., Beschl. v. 22.8.2002 – 6a T 104/02, EWiR 2003, S. 885–886.

Keller, Ulrich, Die Vergütungsfestsetzung zwischen objektiven Maßstäben und Besonderheiten des Einzelfalles, ZIP 2000, S. 914–923.

Kesseler, Christian, Anmerkung zu BGH, Urt. v. 11.5.2006 – IX ZR 42/05, RNotZ 2006, S. 474–477.

Kiesbye, Levke, Die Hemmung der Verjährung durch Anmeldung einer Forderung im Insolvenzverfahren, Verfahrensrechtliche Erwägungen zu einer materiell-rechtlichen Einrede, Baden-Baden 2012.

Kiesbye, Levke, Anmerkung zu BGH, Beschl. v. 25.6.2009 – IX ZB 196/08, juris-PR-InsR 19/2009 Anm. 2.

Kiesbye, Levke, Anmerkung zu BGH, Beschl. v. 18.12.2008 – IX ZB 249/07, juris-PR-InsR 8/2009 Anm. 1.

Kießner, Ferdinand, Anmerkung zu BGH, Beschl. v. 19.12.2013 – IX ZB 9/12, FD-InsR 2014, 355801.

Kießner, Ferdinand, Anmerkung zu BGH, Beschl. v. 26.1.2012 – IX ZB 111/10, FD-InsR 2012, 329207.

Kießner, Ferdinand, Anmerkung zu BGH, Beschl. v. 2.12.2010 – IX ZB 184/09, FD-InsR 2011, 313567.

Kießner, Ferdinand, Anmerkung zu BGH, Beschl. v. 15.7.2010 – IX ZB 229/07, FD-InsR 2010, 307916.

Kießner, Ferdinand, Anmerkung zu BGH, Beschl. v. 11.2.2010 – IX ZB 105/09, FD-InsR 2010, 299713.

Kießner, Ferdinand, Anmerkung zu BGH, Beschl. v. 6.12.2007 – IX ZB 229/06, FD-InsR 2008, 251333.

Kind, Thomas, Anmerkung zu BGH, Beschl. v. 14.5.2009 – IX ZR 93/08, FD-InsR 2009, 291404.

Kind, Thomas, Anmerkung zu BGH, Beschl. v. 10.7.2008 – IX ZB 172/07, FD-InsR 2008, 265298.

Kind, Thomas, Anmerkung zu BGH, Beschl. v. 12.10.2006 – IX ZB 294/05, FD-InsR 2006, 200859.

Klumpp, Hans-Hermann, Der Pflichtteilsanspruch als Gegenstand des Rechtsverkehrs und als Vollstreckungsobjekt, ZEV 1998, S. 123–127.

Kluth, Thomas, Das Verfahren bei unzulänglicher Insolvenzmasse oder ein „Himmelfahrtskommando“ für den Insolvenzverwalter, ZInsO 2000, S. 177–185.

Kohte, Wolfhard/Ahrens, Martin/Grote, Hugo/Busch, Dörte, Verfahrenskostenstundung, Restschuldbefreiung und Verbraucherinsolvenzverfahren, Kommentar, 6. Aufl., Köln 2013 (zit.: Kohte/Ahrens/Grote/Busch/*Bearbeiter*, InsO).

Krauß, Hans-Frieder, Anmerkung zu BGH, Beschl. v. 10.3.2011 – IX ZB 168/09 – „In der Schwebe gehaltenes Vermächtnis“ nicht einsatzpflichtig, NotBZ 2011, S. 212–214.

Kreft, Gerhart (Hrsg.), Insolvenzordnung, 6. Aufl., Heidelberg, München, Landsberg, Frechen, Hamburg 2011 (zit.: Kreft/*Bearbeiter*, InsO).

Kröpelin, Andrea, Die massearme Insolvenz, Köln 2003.

Kübler, Bruno M., Die Behandlung massearmer Insolvenzverfahren nach der Insolvenzordnung, in: Kölner Schrift zur Insolvenzordnung, hrsg. vom Arbeitskreis für Insolvenzwesen Köln e.V., Gesamtredaktion: Wrobel-Sachs,

Hildegard, 3. Aufl., Münster 2009, Kap. 18, S. 573–596 (zit.: *Kübler*, Kölner Schrift).

Kübler, Bruno M./Prütting, Hanns/Bork, Reinhard (Hrsg.), InsO Kommentar zur Insolvenzordnung, Loseblattsammlung, Köln, Stand: Februar 2014, 57. Erg. Lfg. (zit.: KPB/*Bearbeiter*, InsO).

Kübler, Bruno M./Prütting, Hanns (Hrsg.), Das neue Insolvenzrecht, InsO/EGInsO, 2. Aufl., Köln 2000 (zit.: *Kübler/Prütting*, Das neue Insolvenzrecht).

Kuchinke, Kurt, Der Pflichtteilsanspruch als Gegenstand des Gläubigerzugriffs, NJW 1994, S. 1769–1772.

Kuhn, Georg/Uhlenbruck, Wilhelm, Konkursordnung, Kommentar, 11. Aufl., München 1994 (zit.: *Kuhn/Uhlenbruck*, KO).

Ladiges, Manuel, Nochmals: Aufrechnung gegen Auszahlungsanspruch gem. § 37 Abs. 5 KStG – Replik zu *Krüger*, ZInsO 2010, 1732 ff., ZInsO 2011, S. 1001–1002.

Landfermann, Hans-Georg, Massearmut und Insolvenzrechtsreform, KTS 1989, S. 763–786.

Lang, Andreas, Anmerkung zu BGH, Beschl. v. 1.12.2005 – IX ZB 17/04, FD-InsR 2006, 182285.

Lang, Andreas, Anmerkung zu BGH, Urt. v. 21.7.2005 – IX ZR 115/04, FD-InsR 2006, 182258.

Laukemann, Björn, Gesamtschuldnerische Haftung nach Verfahrensaufhebung, ZInsO 2006, S. 415–419.

Leonhardt, Peter/Smid, Stefan/Zeuner, Mark (Hrsg.), Insolvenzordnung (InsO) Kommentar, 3. Aufl., Stuttgart 2010 (zit.: LSZ/*Bearbeiter*, InsO).

Lessing, Holger, Anmerkung zu BGH, Urt. v. 21.7.2005 – IX ZR 115/04, LMK 2005, 158802.

Lindner, Richard, Anmerkung zu BGH, Beschl. v. 2.12.2010 – IX ZB 184/09, jurisPR-BGHZivilR 7/2011 Anm. 3.

Lissner, Stefan, Das Ausmaß der Nachtragsverteilung, InsbürO 2013, S. 355–360.

Lissner, Stefan, Die Anforderungen an die Bestimmtheit einer (vorbehaltenen) Nachtragsverteilung für Steuererstattungsansprüche, BB 2013, S. 1495–1497.

Litzenburger, Wolfgang, Anmerkung zu BGH, Beschl. v. 2.12.2010 – IX ZB 184/09, FD-ErbR 2011, 313626.

Ludewig, Thomas, Probleme des Nachtragsverteilungsverfahren, in: Schriften zum deutschen, europäischen und internationalen Insolvenzrecht, Band 16: Aktuelle Probleme des geltenden deutschen Insolvenzrechts, hrsg. von Smid, Stefan/Zeuner, Mark/Schmidt, Michael, Berlin 2009, S. 77–87.

Lüke, Wolfgang, Der Sonderinsolvenzverwalter, ZIP 2004, S. 1693–1698.

Mäusezahl, Uwe, Die Abwicklung masseunzulänglicher Insolvenzverfahren, ZVI 2003, S. 617–623.

Menken, Hubert, Die dingliche Surrogation bei den Sondervermögen des Familien- und Erbrechts, Diss. Münster 1991.

Messner, Olaf, Dissonanzen zwischen Insolvenz- und Erbrecht, ZVI 2004, S. 433–441.

Meyer, Berthold, Anmerkung zu FG Nürnberg, Urt. v. 11.10.2005 - II 426/2003 , EFG 2006, S. 1142–1143.

Meyer, Peter, Die Aufhebung des Insolvenzverfahrens und ihre Auswirkungen auf die Prozessführungsbefugnis des Insolvenzverwalters - Anmerkung zu BGH, Urt. v. 7.7.2008 - II ZR 26/07, ZInsO 2008, 1017, ZInsO 2008, S. 1258–1260.

Mihm, Friedhelm, Anmerkung zu BFH, Urt. v. 16.11.2004 - VII R 75/03, AOStB 2005, S. 167–168.

Mohrbutter, Harro/Ringstmeier, Andreas (Hrsg.), Handbuch der Insolvenzverwaltung, 8. Aufl., Köln, Berlin, München 2007 (zit.: Mohrbutter/Ringstmeier/*Bearbeiter*).

Motive, Motive zu dem Entwurfe eines Bürgerlichen Gesetzbuches für das Deutsche Reich, Band 2: Recht der Schuldverhältnisse, 2. Aufl., Berlin 1896 (zit.: Motive II).

Motive, Motive zu dem Entwurfe eines Bürgerlichen Gesetzbuches für das Deutsche Reich, Band 3: Sachenrecht, Berlin, Leipzig 1888 (zit.: Motive III).

Motive, Motive zu dem Entwurfe eines Bürgerlichen Gesetzbuches für das Deutsche Reich, Band 5: Erbrecht, 2. Aufl., Berlin 1896 (zit.: Motive V).

Müller, Klaus, Die Bedeutung des § 878 BGB für die Abwicklung des Grundstückskaufvertrages im Konkurs des Verkäufers, JZ 1980, S. 554–559.

Müller-Wüsten, Horst E., Kurzkommentar zu AG Göttingen, Beschl. v. 11.11.1994 - 71 N 63/92, EWiR 1995, S. 81–82.

Münchener Kommentar BGB, Münchener Kommentar zum Bürgerlichen Gesetzbuch, Band 1: Allgemeiner Teil §§ 1–240, ProstG, AGG, hrsg. von: Säcker, Franz Jürgen/Rixecker, Roland, 6. Aufl., München 2012; Band 6: Sachenrecht §§ 854–1296, WEG, ErbbauRG, hrsg. von: Säcker, Franz Jürgen; Rixecker, Roland; Oetker, Harmut, 6. Aufl., München 2013; Band 9: Erbrecht §§ 1922–2385, §§ 27–35 BeurkG, hrsg. von: Säcker, Franz Jürgen; Rixecker, Roland; Oetker, Hartmut, 6. Aufl., München 2013 (zit.: MünchKomm/*Bearbeiter*, BGB).

Münchener Kommentar InsO, Münchener Kommentar zur Insolvenzordnung, Band 1: §§ 1–79, Insolvenzrechtliche Vergütungsverordnung (InsVV), 3. Aufl., München 2013, hrsg. von Kirchhof, Hans-Peter; Eidenmüller, Horst; Stürner, Rolf; Band 2: §§ 80–216, 3. Aufl., München 2013, hrsg. von Kirchhof,

Hans-Peter; Eidenmüller, Horst; Stürner, Rolf (zit.: MünchKomm/*Bearbeiter*, InsO, 3. Aufl.).

Münchener Kommentar InsO, Münchener Kommentar zur Insolvenzordnung, Band 1: §§ 1–102, InsVV, hrsg. von Kirchhof, Hans-Peter; Lwowski, Hans-Jürgen; Stürner, Rolf, 2. Aufl., München 2007; Band 2: §§ 103–269, hrsg. von Kirchhof, Hans-Peter; Lwowski, Hans-Jürgen; Stürner, Rolf, 2. Aufl., München 2008; Band 3: §§ 270–359, Internationales Insolvenzrecht, Insolvenzsteuerrecht, Sachverzeichnis für die Bände 1–3, hrsg. von Kirchhof, Hans-Peter; Lwowski, Hans-Jürgen; Stürner, Rolf, 2. Aufl., München 2008 (zit.: MünchKomm/*Bearbeiter*, InsO, 2. Aufl.).

Münchener Kommentar InsO, Münchener Kommentar zur Insolvenzordnung, Band 2: §§ 103–269, hrsg. von Kirchhof, Hans-Peter/Lwowski, Hans-Jürgen/Stürner, Rolf, München 2002 (zit.: MünchKomm/*Bearbeiter*, InsO, 1. Aufl.).

Münchener Kommentar ZPO, Münchener Kommentar zur Zivilprozessordnung mit Gerichtsverfassungsgesetz und Nebengesetzen, Band 1: §§ 1–354, hrsg. von Krüger, Wolfgang/Rauscher, Thomas, Rauscher, 4. Aufl., München 2013; Band 2: §§ 355–1024, hrsg. von Krüger/Wolfang/Rauscher, Thomas, 4. Aufl., München 2012 (zit.: MünchKomm/*Bearbeiter*, ZPO).

Musielak, Hans-Joachim, Anmerkung zu BGH, Beschl. v. 26.2.2009 – VII ZB 30/08, ZEV 2009, S. 249–250.

Nassal, Wendt, Anmerkung zu BGH, Urt. v. 22.4.2004 – IX ZR 128/03, jurisPR-BGHZivilR 30/2004 Anm. 2.

Nayel, Ute, Aufrechterhaltung der Beschlagnahmewirkung im Schlusstermin am Beispiel von Steuererstattungsansprüchen, ZInsO 2011, S. 153–162.

Nerlich, Jörg/Römermann, Volker (Hrsg.), Insolvenzordnung (InsO) Kommentar, Loseblattsammlung, München, Stand: Juli 2013, 25. Erg. Lfg. (zit.: NR/*Bearbeiter*; InsO).

Nerlich, Jörg/Kreplin, Georg (Hrsg.), Münchener Anwaltshandbuch Insolvenz und Sanierung, 2. Aufl., München 2012 (zit.: MAH/*Bearbeiter*).

Neuhof, Rudolf, Wiederaufnahme abgeschlossener Konkursverfahren bei nachträglich erkannter Unwirksamkeit formularmäßig bestellter Kreditsicherheiten, NJW 1995, S. 937–939.

Onusseit, Dietmar, Kurzkommentar zu BFH, Urt. v. 5.10.2004 – VII R 69/03, EWiR 2005, S. 475–476.

Onusseit, Dietmar, Aufrechnung des Finanzamts in der Insolvenz – Anmerkung zu den Urteilen des BFH v. 5.10.2004 – VII R 69/03 (ZInsO 2005, 542), v. 16.11.2004 – VII R 62/03 (ZInsO 2005, 495) und 16.11.2004 – VII R 75/03, ZInsO 2005, S. 638–643.

Pape, Gerhard, Rechtsprechungsüberblick zum Regelinsolvenzverfahren für die Jahre 2004–2006, Teil 3.2: Eröffnetes Insolvenzverfahren/Forderungsprüfung und -feststellung/gegenseitige Verträge/Aufrechnung/Anfechtung/Eigenverwaltung/Insolvenzplan/masseunzulängliches Verfahren, ZInsO 2007, S. 337–353.

Pape, Gerhard, Zulässigkeit wiederholter Insolvenzanträge im Regel- und Verbraucherinsolvenzverfahren, InsbürO 2006, S. 212–223.

Pape, Gerhard, Anmerkung zu BGH, Urt. v. 21.7.2005 - IX ZR 115/04, WuB VI A. § 287 InsO 1.06 (zit.: *Pape*, WuB 2006).

Pape, Gerhard, Zulässigkeit der Insolvenzanfechtung nach Anzeige der Masseinsuffizienz - Bemerkungen zu LG Hamburg, Urt. v. 16.3.2001 - 303 O 310/00, ZIP 2001, 711, ZIP 2001, S. 901–905.

Pape, Gerhard, Gläubigerbeteiligung im Insolvenzverfahren, Herne, Berlin 2000 (zit.: *Pape*, Gläubigerbeteiligung).

Pape, Gerhard, Die Verfahrensabwicklung und Verwalterhaftung bei Masselosigkeit und Massearmut (Masseunzulänglichkeit) de lege lata und de lege ferenda, KTS 1995, S. 189–220.

Pape, Gerhard, Kurzkommentar zu LG Oldenburg, Beschl. v. 25.9.1991 - 6 T 495/91, ZIP 1992, 200, EWiR 1992, S. 177–178.

Pape, Gerhard, Zur entsprechenden Anwendung des § 166 KO auf eine Verteilung nach Einstellung mangels Masse, ZIP 1992, S. 747–751.

Pape, Gerhard/Hauser, Wolfang, Massearme Verfahren nach der InsO, Aktuelle Probleme und Lösungsansätze, Köln 2002.

Pape, Gerhard/Uhlenbruck, Wilhelm/Voigt-Salus, Joachim, Insolvenzrecht, 2. Aufl., München 2010 (zit.: Pape/Uhlenbruck/Voigt-Salus/*Bearbeiter*).

Parsch, Leo, Wann kann eine Nachtragsverteilung unterbleiben?, KTS 1956, S. 148–150.

Paul, Uwe, Rechtsprechungsübersicht zum Insolvenzplanverfahren, ZInsO 2008, S. 843–846.

Paul, Uwe, Rechtsprechungsübersicht zum Insolvenzplanverfahren, ZInsO 2007, S. 856–860.

Pluta, Michael/Heidrich, Grit, Anmerkung zu BFH, Beschl. v. 7.6.2006 - VII B 329/05, jurisPR-InsR 20/2006 Anm. 5.

Pluta, Michael/Heidrich, Grit, Anmerkung zu BGH, Beschl. v. 26.01.2006 - IX ZB 183/04, jurisPR-InsR 14/2006 Anm. 2.

Prasser, Conny, Anmerkung zu BGH, Beschl. v. 26.1.2006 - IX ZB 183/04, ZIP 2006, S. 487–489.

Prasser, Conny, Kurzkommentar zu LG Potsdam, Beschl. v. 23.5.2006 – 5 T 14/06, EWiR 2006, S. 505–506.

Priebe, Klaus, Anhängig gleich rechtshängig – § 259 Abs. 3 InsO im Spiegel des § 253 Abs. 1 ZPO, Gleichzeitig Anmerkung zu LG Marburg, Urt. v. 14.3.2012– 1 O 123/11, ZInsO 2012, 1023, ZInsO 2012, S. 1015–1017.

Priebe, Klaus, Übertragende Sanierung und Insolvenzplanverfahren – Rechtsentwicklung in den Krisenjahren 2009 und 2010, ZInsO 2011, S. 467–476.

Prütting, Hanns/Gehrlein, Markus (Hrsg.), ZPO Kommentar, 5. Aufl., Köln 2013 (zit.: Prütting/Gehrlein/*Bearbeiter*, ZPO).

Raab, Hans, Anmerkung zu BFH, Urt. v. 28.2.2012 – VII R 36/11, jurisPR-InsR 14/2012 Anm. 4.

Raab, Hans, Anmerkung zu BGH, Beschl. v. 10.7.2008 – IX ZB 172/07, jurisPR-InsR 21/2008 Anm. 1.

Raasch, Fritz, Das Surrogationsprinzip bei der Erbschaftsklage, Nach gemeinem und bürgerlichem Recht, Greifswald 1903.

Rattunde, Rolf, Anmerkung zu BGH, Beschl. v. 12.1.2006 – IX ZB 239/04, juris-PR-InsR 4/2007 Anm. 3.

Rattunde, Rolf, Anmerkung zu BFH, Urt. v. 31.5.2005 – VII R 74/04, jurisPR-InsR 6/2006 Anm. 4.

Raebel, Bernd, Antragsrücknahme statt Insolvenzanfechtung – ein Schlusspunkt?, ZInsO 2002, S. 954–956.

Reimann, Wolfgang, Anmerkung zu BGH, Beschl. v. 10.1.2013 – IX ZB 163/11, FamRZ 2013, S. 451–452.

Rendels, Dietmar/Körner, Sandra, Kurzkommentar zu BGH, Urt. v. 10.12.2009 – IX ZR 206/08, EWiR 2010, S. 193–194.

Reul, Adolf, Anmerkung zu BGH, Beschl. v. 2.12.2010 – IX ZB 184/09, ZEV 2011, S. 88–89.

Richert, Die verfahrensrechtliche Beendigung des Konkurses, NJW 1961, S. 645–647.

Ries, Stephan, Materielle Verfahrenseinheit – die Kosten eines nicht eröffneten Erstverfahrens als Bestandteil der Gesamtkosten eines später eröffneten Folgeverfahrens, ZInsO 2005, S. 414–418.

Ries, Stephan, Ist der vorläufige Verwalter wegen früherer Vergütungsansprüche aus anderen Verfahren Insolvenzgläubiger i.S.v. § 38 InsO? – Anm. zu OLG Celle, Urt. v. 11.9.2007–16 U 291/06 und BGH, Beschl. v. 20.9.2007 – IX ZB 239/06, ZInsO 2007, S. 1102–1105.

Ries, Stephan/Böhner, Michael, Anmerkung zu BGH, Beschl. v. 16.7.2009 – IX ZB 221/08, FD-InsR 2009, 287612.

Rosenberg, Leo/Schwab, Karl Heinz/Gottwald, Peter, Zivilprozessrecht, 17. Aufl., München 2010 (zit.: Rosenberg/Schwab/*Gottwald*, ZPO).

Roth, Herbert, Prozessuale Rechtsfolgen der „Insolvenz in der Insolvenz", in: Festschrift für Hans Friedhelm Gaul zum 70. Geburtstag, 19. November 1997, hrsg. von Schilken, Eberhard/Becker-Eberhard/Ekkehard/Gerhardt, Walter, Bielefeld 1997, S. 573–584 (zit.: *Roth*, FS Gaul).

Roth, Jan, Anmerkung zu BGH, Beschl. v. 15.7.2010 - IX ZB 229/07, jurisPR-InsR 24/2010 Anm. 6.

Rühl, Helmut, Eigentumsvorbehalt und Abzahlungsgeschäft, Einschließlich des Rechts der Teilzahlungsfinanzierung, Berlin 1930.

Runkel, Hans-P./Schmidt, Jens M., Kurzkommentar zu BGH, Beschl. v. 14.5.2009 - IX ZR 93/08, EWiR 2010, S. 157–158.

Rüsken, Reinhart, Anmerkung zu BFH, Urt. v. 28.2.2012 - VII R 36/11, BFH/PR 2012, S. 253–254.

Rüsken, Reinhart, Anmerkung zu BFH, Beschl. v. 7.6.2006 - VII B 329/05, BFH/PR 2006, S. 408–409.

Saenger, Ingo (Hrsg.), Zivilprozessordnung, FamFG, Europäisches Verfahrensrecht, Handkommentar, 5. Aufl., Baden-Baden 2013 (zit.: Saenger/*Bearbeiter*, ZPO).

Sailer, Kathrin, Kurzkommentar zu BGH, Beschl. v. 3.7.2008 - IX ZB 182/07, EWiR 2009, S. 155–156.

Scheiper, Heike/Farr, Carsten, Steuererstattung im Jahr der Insolvenzbeendigung, NZI 2009, S. 761–763.

Schiessler, Wolfram, Der Insolvenzplan, Bielefeld 1997.

Schlinker, Steffen, Zur Beendigung des Insolvenzverfahrens über eine Kapitalgesellschaft vor vollständiger Verwertung der Masse, ZIP 2007, S. 1937–1938.

Schmerbach, Ulrich, Praxishinweis zu LG Dessau-Roßlau, Beschl. v. 2.9.2011 - 1 T 193/11, VIA 2012, S. 32.

Schmerbach, Ulrich, Anmerkung zu BGH, Beschl. v. 10.3.2011 - IX ZB 168/09, InsbürO 2011, S. 188.

Schmerbach, Ulrich, Anmerkung zu BGH, Beschl. v. 2.12.2010 - IX ZB 184/09, InsbürO 2011, S. 73.

Schmidt, Andreas (Hrsg.), Hamburger Kommentar zum Insolvenzrecht, InsO - EuInsVO - EGInsO (Auszug) - InsVV - VbrInsVV - InsOBekV - Insolvenzstrafrecht, 4. Aufl., Köln 2012 (zit.: HambKomm/*Bearbeiter*, InsO, 4. Aufl.).

Schmidt, Andreas (Hrsg.), Hamburger Kommentar zum Insolvenzrecht, InsO - EuInsVO - Art. 102 EGInsO - InsVV - VbrInsVV - InsOBekV - Insolvenzstrafrecht, 3. Aufl., Münster 2009 (zit.: HambKomm/*Bearbeiter*, InsO, 3. Aufl.).

Schmidt, Andreas, Nichts ist unmöglich: Rückkehr zum „normalen" Insolvenzverfahren trotz angezeigter Masseunzulänglichkeit (§ 208 InsO), NZI 1999, S. 442–444.

Schmidt, Herbert, Die Vergütung des Konkursverwalters, Rpfleger 1968, S. 251–256.

Schmidt, Karsten, Insolvenzordnung, InsO mit EuInsVO, 18. Aufl., München 2013 (zit.: K. Schmidt/*Bearbeiter*, InsO).

Schmidt, Karsten, Insolvenzgesetze, KO/VglO/GesO, 17. Aufl., München 1997 (zit.: *K. Schmidt*, KO).

Schmidt, Karsten, Amtshaftung" und „interne Verantwortlichkeit" des Konkursverwalters – Eine Analyse des § 82 KO, KTS 1976, S. 191–211.

Schmidt, Thomas B., Der Massegläubiger im Restschuldbefreiungsverfahren, ZInsO 2003, S. 9–14.

Schmittmann, Jens M., Praxishinweis zu BGH, Beschl. v. 26.1.2012 – IX ZB 111/10, VIA 2012, S. 28.

Schmücker, Alexander, Anmerkung zu BGH, Beschl. v. 9.6.2011 – IX ZB 175/10, jurisPR-InsR 20/2011 Anm. 1.

Schönfelder, Matthias, Anmerkung zu BGH, Beschl. v. 14.5.2009 – IX ZR 93/08, WuB VI C. § 82 KO 1.10 (zit.: *Schönfelder*, WuB 2010).

Schröder, Hubertus, Die Abwicklung des masseunzulänglichen Insolvenzverfahrens, Berlin, New York 2010.

Schubert, Werner, Anmerkung zu BGH, Urt. v. 8.7.1993 – IX ZR 116/02, JR 1994, S. 419–420.

Schulte-Kaubrügger, Christoph, Nachtragsverteilung trotz Insolvenzplan für nachträglich ermittelte Gegenstände, ZInsO 2009, S. 1321–1326.

Siegmann, Matthias, Anmerkung zu BGH, Urt. v. 11.5.2006 – IX ZR 42/05, ZEV 2006, S. 408–409.

Sinz, Ralf/Hiebert, Olaf, Kurzkommentar zu BFH, Urt. v. 28.2.2012 – VII R 36/11, EWiR 2012, S. 463–464.

Smid, Stefan, Anmerkung zu BGH, Beschl. v. 19.12.2013 – IX ZB 9/12, jurisPR-InsR 7/2014 Anm. 2.

Smid, Stefan, Anmerkung zu BGH, Beschl. v. 10.10.2013 – IX ZB 40/13, jurisPR-InsR 3/2014 Anm. 1.

Smid, Stefan, Handbuch Insolvenzrecht, 6. Aufl., Berlin, Boston 2012 (zit.: *Smid*, Handbuch).

Smid, Stefan, Anmerkung zu BGH, Beschl. v. 17.2.2011 – IX ZB 268/08, jurisPR-InsR 1/2012 Anm. 3.

Smid, Stefan, Struktur und systematischer Gehalt des deutschen Insolvenzrechts in der Judikatur des IX. Zivilsenats des Bundesgerichtshofs (IX, Teil 2), DZWIR 2011, S. 45–55.

Smid, Stefan, Anmerkung zu BGH, Beschl. v. 6.10.2011 – IX ZB 12/11, jurisPR-InsR 24/2011 Anm. 2.

Smid, Stefan, Prozessführungsbefugnis des Insolvenzverwalters wegen massezugehöriger Ansprüche nach Aufhebung des Insolvenzverfahrens, ZInsO 2010, S. 641–646.

Smid, Stefan, Die Abwicklung masseunzulänglicher Insolvenzverfahren nach neuem Recht, WM 1998, S. 1313–1324.

Smid, Stefan, Anmerkung zu BGH, Urt. v. 6.5.1997 – IX ZR 147/96, LM Heft 10/1997 § 1 AnfG Nr. 7 (zit.: *Smid*, LM H. 10/1997 § 1 AnfG Nr. 7).

Smid, Stefan/Lambrecht, Martin, Verwertung und Verteilung der Masse, Berlin 2010.

Smid, Stefan/Rattunde Rolf, Der Insolvenzplan, Handbuch für das Sanierungsverfahren gemäß §§ 217 bis 269 InsO mit praktischen Beispielen und Musterverfügungen, 2. Aufl., Stuttgart 2005.

Soergel, Soergel Kommentar zum Bürgerlichen Gesetzbuch, Bürgerliches Gesetzbuch mit Einführungsgesetz und Nebengesetzen, Band 1: Allgemeiner Teil 1, §§ 1–103, wissenschaftliche Redaktion: Wolf, Manfred, Stand: Frühjahr 2000, 13. Aufl., Stuttgart, Berlin, Köln, Mainz 2000; Band 2: Allgemeiner Teil 2, §§ 104–240, wissenschaftliche Redaktion: Wolf, Manfred, Stand: März 1999, 13. Aufl., Stuttgart, Berlin, Köln, Mainz 1999; Band 14: Sachenrecht 1, §§ 854–984, wissenschaftliche Redaktion: Konzen, Horst, Stand: Sommer 2002, 13. Aufl., Stuttgart 2002 (zit.: Soergel/*Bearbeiter*, BGB).

Stahlschmidt, Jasper, Kurzkommentar zu BGH, Urt. v. 11.5.2006 – IX ZR 42/05, EWiR 2006, S. 659–660.

Stahlschmidt, Michael, Die ESt-Erstattung im Insolvenzverfahren- Anmerkungen zum BGH-Beschluss vom 12.1.2006 – IX ZB 239/04, StuB 2006, S. 462–464.

Stapper, Florian, Die Praxis der Arbeit mit Insolvenzplänen oder die Insuffizienz des Insolvenzplans: Diagnose und Therapie, ZInsO 2009, S. 2361–2367.

Staudinger, J. von Staudingers Kommentar zum Bürgerlichen Gesetzbuch mit Einführungsgesetz und Nebengesetzen, Buch 1: Allgemeiner Teil, §§ 90–124; 130–133 (Allgemeiner Teil 3), Neubearbeitung 2012 von: Jickeli, Joachim/Knothe, Hans-Georg/Singer, Reinhard/Stieper, Malte, Berlin 2012; Buch 1: Allgemeiner Teil, §§ 164–240 (Allgemeiner Teil 5), Neubearbeitung 2009 von: Gursky, Karl-Heinz/Jacoby, Florian/Peters, Frank/Repgen, Tilman/Schilken, Eberhard, Berlin 2009; Buch 3: Sachenrecht, Einleitung zum Sachenrecht, §§ 854–882 (Allgemeines Liegenschaftsrecht 1),

Neubearbeitung 2012 von: Gursky, Karl-Heinz/Gutzeit, Martin/Kutter, Hans-Dieter/Seiler, Hans Hermann, Berlin 2012; Buch 5: Erbrecht, §§ 2064–2196 (Testament 1), Neubearbeitung 2013 von: Avenarius, Martin/Otte, Gerhard, Berlin 2013; Buch 5: Erbrecht, §§ 2265–2338 (Gemeinschaftliches Testament, Erbvertrag, Pflichtteil), Neubearbeitung 2006 von: Haas, Ulrich/Kanzleiter, Rainer/Olshausen, Wolfgang, Berlin 2006 (zit.: Staudinger/*Bearbeiter*, BGB).

Stegemann, *Eduard* (Hrsg.), Carl Hahn, Die gesamten Materialien zu den Reichs-Justizgesetzen, Band 2, Materialien zur Zivilprozessordnung, Abteilung 1, 2. Aufl., Neudruck der Ausgabe Berlin 1881, Aalen 1983 (zit.: Hahn/*Stegemann*, Materialien).

Steinhauff, *Dieter*, Anmerkung zu BFH, Urt. v. 28.2.2012 – VII R 36/11, jurisPR-SteuerR 26/2012 Anm. 1.

Stephan, *Guido*/*Riedel*, *Ernst*, Insolvenzrechtliche Vergütungsverordnung (InsVV), München 2010 (zit.: Stephan/Riedel/*Bearbeiter*).

Sternal, *Werner*, Die Rechtsprechung zum Verbraucherinsolvenz- und Restschuldbefreiungsverfahren im Jahre 2010, NZI 2011, S. 465–475.

Stiebitz, *Heike*, Die Surrogation im Erbrecht, Diss. Erlangen-Nürnberg 2006.

Storz, *Thomas*, Kurzkommentar zu BGH, Beschl. v. 2.12.2010 – IX ZB 184/09, EWiR 2011, S. 157–158.

Stöber, *Kurt*, Forderungspfändung, Zwangsvollstreckung in Forderungen und andere Vermögensrechte, 16. Aufl., Bielefeld 2013.

Stoffler, *Christian*, Anmerkung zu BGH, Beschl. v. 19.12.2013 – IX ZB 9/12, NZI 2014, S. 239–240.

Strauch, *Dieter*, Mehrheitlicher Rechtsersatz – Ein Beitrag zur „dinglichen Surrogation“ im Privatrecht, Bielefeld 1972.

Tetzlaff, *Christian*, Anmerkung zu BGH, Beschl. v. 26.1.2012 – IX ZB 111/10, jurisPR-InsR 7/2012 Anm. 1.

Tetzlaff, *Christian*, Anmerkung zu AG Göttingen, Beschl. v. 26.2.2008 – 74 IN 304/07, jurisPR-InsR 19/2008 Anm. 6.

Tetzlaff, *Christian*, Anmerkung zu BGH, Beschl. v. 6.12.2007 – IX ZB 229/06, jurisPR-InsR 6/2008 Anm. 1.

Tetzlaff, *Christian*, Anmerkung zu OLG Celle, Beschl. v. 20.11.2006 – 4 U 166/06, jurisPR-InsR 6/2007 Anm. 3.

Tetzlaff, *Christian*, Anmerkung zu BGH, Urt. v. 11.5.2006 – IX ZR 42/05, WuB VI A. § 35 InsO 1.06 (zit.: *Tetzlaff*, WuB 2006).

Töreki, Sarah, Anmerkung zu LG Duisburg, Urt. v. 18.10.2010 - 4 O 178/09, NZI 2011, S. 72.

Tröger, Manfred, Die Vergütung des endgültigen Insolvenzverwalters – Eine Untersuchung unter Berücksichtigung insolvenzrechtlich relevanter Sachverhalte, insbesondere der Fortführungswerte, des Verwalterwechsels, der Nachtragsverteilung und des Vorschusses, Hamburg 2008.

Uhlenbruck, Wilhelm, Gesetzesunzulänglichkeit bei Masseunzulänglichkeit, NZI 2001, S. 408–411.

Uhlenbruck, Wilhelm, Kurzkommentar zur OLG Köln, Urt. v. 29.9.1995 - 26 U 11/95, EWiR 1995, S. 1205–1206.

Uhlenbruck, Wilhelm, Das neue Insolvenzrecht - Insolvenzordnung und Einführungsgesetz nebst Materialien, Mit Praxishinweisen, Herne, Berlin 1994 (zit.: *Uhlenbruck,* Das neue Insolvenzrecht).

Uhlenbruck, Wilhelm, Rechtsfolgen der Beendigung des Konkursverfahrens, ZIP 1993, S. 241–247.

Uhlenbruck, Wilhelm (Hrsg.), Insolvenzordnung Kommentar, 12. Aufl., München 2003 (zit.: Uhlenbruck/*Bearbeiter,* InsO, 12. Aufl.).

Uhlenbruck, Wilhelm/Hirte, Heribert/Vallender, Heinz (Hrsg.), Insolvenzordnung Kommentar, 13.Aufl., München 2010 (zit.: Uhlenbruck/*Bearbeiter,* InsO, 13. Aufl.).

Unzner, Karl von, Art. Surrogation, in: Handwörterbuch der Rechtswissenschaft, Band 5: Reichsgericht - Territorialprinzip, hrsg. von Stier-Somlo, Fritz/Elster, Alexander, Berlin, Leipzig 1928, S. 830–832.

Urban, Norbert, Pfändbarkeit und Pfändung von Steuererstattungsansprüchen bei Antragsveranlagung - eine endlose Geschichte mit verfassungs- und insolvenzrechtlichem Aspekt, DGVZ 1999, S. 104–108.

Vallender, Heinz, Anmerkung zu BGH, Beschl. v. 2.12.2010 - IX ZB 184/09, WuB VI A. § 203 InsO 1.11 (zit.: *Vallender,* WuB 2011).

Vallender, Heinz, Anmerkung zu BGH, Beschl. v. 12.10.2006 - IX ZB 294/05, WuB VI A. § 203 InsO 1.07 (zit.: *Vallender,* WuB 2007).

Vallender, Heinz, Anmerkung zu BGH, Beschl. v. 18.9.2001 - IX ZB 51/00, ZInsO 2001, 1011.

Vallender, Heinz/Fuchs, Karlhans, Ein großer Wurf? - Anmerkungen zum Diskussionsentwurf des BMJ, NZI 2003, S. 292–301.

Viebig, Helmut, Das Surrogationsprinzip und unser Bürgerliches Gesetzbuch, Buchholz 1933.

Wachtel, Lothar, Die Nachtragsverteilung im Konkurs, Leipzig 1926.

Wagner, Eberhard, Anmerkung zu BGH, Urt. v. 22.4.2004 – IX ZR 128/03, WuB VI B. § 82 KO 2.04 (zit.: *Wagner*, WuB 2004).

Walther, Timo Christian, Das Verfahren bei Masseunzulänglichkeit nach den §§ 208 ff. InsO, Frankfurt am Main 2005.

Wax, Peter, Anmerkung zu BGH, Urt. v. 8.7.1993 – IX ZR 116/92, LM Heft 11/1993 § 852 ZPO Nr. 1 (zit.: *Wax*, LM H. 11/1993 § 852 ZPO Nr. 1).

Weber, Richard/Irschlinger, Friedrich/Wirth, Hanns, Verfahren bei Masseunzulänglichkeit, KTS 1979, S. 133–145.

Wecker, Fritz, Die Grundpfandrechte und die Surrogation in der Zwangsversteigerung, Stuttgart 1937.

Wehdeking, Silke, Anmerkung zu BGH, Urt. v. 11.5.2006 – IX ZR 42/05, jurisPR-InsR 15/2006 Anm. 4.

Wehdeking, Silke, Anmerkung zu BGH, Beschl. v. 1.12.2005 – IX ZB 17/04, jurisPR-InsR 4/2006 Anm. 3.

Weiss, Eberhard, Anmerkung zu BFH, Urt. v. 9.2.1993 – VII R 12/92, UR 1994, S. 232.

Weiss, Eberhard, Anmerkung zu BFH, Urt. v. 4.8.1987 – VII R 11/84, UR 1988, S. 52.

Weissinger, Matthias, Anmerkung zu BGH, Beschl. v. 26.9.2013 – IX ZB 247/11, GWR 2014, S. 45.

Weiß, Rüdiger/Rußwurm, Tobias, Kurzkommentar zu BGH, Beschl. v. 9.6.2011 – IX ZB 175/10, EWiR 2011, S. 751–752.

Welle, Arno, In universalibus pretium succedit in locum rei, res in locum pretii – Eine Untersuchung zur Entwicklungsgeschichte der dinglichen Surrogation bei Sondervermögen, Berlin 1987.

Wellensiek, Jobst, Übertragende Sanierung, NZI 2002, S. 233–239.

Welsch, Frank M., Steuererstattungsansprüche nach Aufhebung des Insolvenzverfahrens, Zugleich Anmerkung zu den Entscheidungen des BGH vom 21.7.2005 – IX ZR 115/04 und vom 12.1.2006 – IX ZB 239/04, DZWIR 2006, S. 406–409.

Wendel, Claudia, Der Schutz des Nacherben bei der befreiten Vorerbschaft, Bochum 1994.

Wengler, Wilhelm, Art. Surrogation, in: Rechtsvergleichendes Handwörterbuch für das Zivil- und Handelsrecht des In- und Auslandes, Band 6: Rechtsmißbrauch und Schikane – Unsittliche Rechtsgeschäfte, hrsg. von Schlegelberger, Franz, Berlin 1938, S. 460–503.

Wieczorek, Bernhard (Begr.)/*Schütze, Rolf A.* (Hrsg.), Zivilprozessordnung und Nebengesetze, Großkommentar, 4. Aufl., Dritter Band, §§ 128–252, Berlin 2013 (zit.: Wieczorek/Schütze/*Bearbeiter*, ZPO).

Wimmer, Klaus (Hrsg.), FK – InsO, Frankfurter Kommentar zur Insolvenzordnung, mit EuInsVO, InsVV und weiteren Nebengesetzen, 7. Aufl., Köln 2013 (zit.: FK-InsO/*Bearbeiter*).

Wimmer, Klaus/Dauernheim, Jörg/Wagner, Martin/Gietl, Josef (Hrsg.), Handbuch des Fachanwalts Insolvenzrecht, 6. Aufl., Köln 2014 (zit.: FA-InsR/*Bearbeiter*).

Windel, Peter, Die Verteilung der Befugnisse zur Entscheidung über Vermögenserwerb zwischen (Gemein-) Schuldner und Konkurs-(Insolvenz-)verwalter bzw. Vollstreckungsgläubiger nach geltendem und künftigem Haftungsrecht, KTS 1995, S. 367–409.

Windmüller, Edgar, Die Bedeutung und Anwendungsfälle des Satzes pretium succedit in locum rei, res in locum pretii nach Gemeinem Recht und Bürgerlichem Gesetzbuch, Heidelberg 1902.

Wipperfürth, Sylvia, Auswirkungen der nachträglichen Anordnung der Nachtragsverteilung auf Verrechnungen mit Einkommenssteuererstattungsansprüchen, InsbürO 2013, S. 449–452.

Wolf, Manfred, Prinzipien und Anwendungsbereich der dinglichen Surrogation JuS 1975, S. 643–646 und JuS 1975, S. 710–716.

Wollmann, Christian, Anmerkung zu BGH, Beschl. v. 10.1.2013 - IX ZB 163/11, ZEV 2013, S. 271–272.

Würdiger, Markus/Hofmann, Matthias, Anmerkung zu BGH, Beschl. v. 15.7.2010 - IX ZB 229/07, WuB VI A. § 200 InsO 1.10 (zit.: *Würdiger/Hofmann*, WuB 2010).

Zenker, Wolfgang, Kommentar zu BGH, Urt. v. 7.7.2008 - II ZR 26/07, NJ 2008, S. 458–459.

Zimmer, Frank Thomas, Anmerkung zu BGH, Beschl. v. 10.10.2013 - IX ZB 40/13, EWiR 2014, S. 19–20.

Zimmer, Frank Thomas, Die Nachtragsverteilung in InsO und InsVV, KTS 2009, S. 199–218.

Zipperer, Helmut, Kurzkommentar zur BGH, Beschl. v. 26.1.2012 - IX ZB 111/10, EWiR 2012, S. 183–184.

Zöller, Richard, Zöller Zivilprozessordnung mit FamFG (§§ 1–185, 200–270, 433–484) und Gerichtsverfassungsgesetz, den Einführungsgesetzen, mit Internationalem Zivilprozessrecht, EU- Verordnungen, Kostenanmerkungen, Kommentar begründet von Richard Zöller, 30. Aufl., Köln 2014 (zit.: Zöller/*Bearbeiter*, ZPO).

Entscheidungsregister

I. Bundesverfassungsgericht

BVerfG, Beschl. v. 28.2.1989 – 1 BvR 649/88,	BVerfGE 79, 372
BVerfG, Beschl. v. 11.1.1991 – 1 BvR 1435/89,	NJW 1992, 38
BVerfG, Beschl. v. 21.6.2001 – 1 BvR 436/01,	NJW 2001, 3473
BVerfG, Beschl. v. 26.4.2004 – 1 BvR 1819/00,	NJW 2004, 2583

II. Ordentliche Gerichtsbarkeit

1. Reichsgericht

RG, Urt. v. 7.6.1888 – VI 96/88,	JW 1888, 288
RG, Urt. v. 6.11.1889 – Rep. V 172/89,	RGZ 25, 7
RG, Urt. v. 17.9.1891 – Rep. IV 136/91,	RGZ 28, 68
RG, Urt. v. 2.11.1895 – Rep. I 203/95,	RGZ 36, 20
RG, Urt. v. 17.4.1896 – Rep. III 3/96,	RGZ 37, 386
RG, Urt. v. 5.10.1899 – Rep. VI 152/98,	RGZ 45, 323
RG, Urt. v. 3.2.1905 – Rep. VII 497/04,	RGZ 60, 107
RG, Urt. v. 4.3.1905 – Rep. V 402/04,	RGZ 60, 221
RG, Urt. v. 26.1.1909 – Rep. VII 146/08,	RGZ 70, 226
RG, Urt. v. 25.11.1911 – Rep. VI 571/10,	RGZ 78, 186
RG, Urt. v. 1.3.1912 – Rep. VII 423/11,	RGZ 79, 27
RG, Urt. v. 21.1.1918 – Rep. VI 339/17,	RGZ 92, 77
RG, Urt. v. 19.10.1918 – Rep. V 176/18,	RGZ 94, 55,
RG, Urt. v. 26.6.1922 – VI 788/21,	RGZ 105, 84
RG, Urt. v. 4.12.1931 – II 155/31,	KuT 1932, 97
RG, Urt. v. 3.11.1932 – IV 295/32,	RGZ 138, 132
RG, Urt. v. 19.2.1937 – V 205/36,	RGZ 153, 366

2. Bundesgerichtshof

BGH, Beschl. v. 9.11.1955 – IV ZA 104/55,	BGHZ 19, 20
BGH, Urt. v. 15.12.1956 – IV ZR 238/56,	BGHZ 22, 357
BGH, Urt. v. 30.4.1959 – VII ZR 19/58,	BGHZ 30, 149
BGH, Beschl. v. 7.7.1960 – V BLw 33/59,	BGHZ 33, 66
BGH, Urt. v. 29.5.1961 – VII ZR 46/60,	BGHZ 35, 180
BGH, Urt. v. 29.9.1967 – VI ZR 40/66,	BGHZ 48, 303
BGH, Urt. v. 22.2.1973 – VI ZR 165/71,	NJW 1973, 1198

BGH, Urt. v. 10.2.1982 – VIII ZR 158/80,	BGHZ 83, 102
BGH, Urt. v. 1.3.1982 – VIII ZR 75/81,	NJW 1982, 2074
BGH, Urt. v. 5.10.1989 – IX ZR 233/87,	KTS 1990, 85
BGH, Urt. v. 21.11.1989 – IVa ZR 220/88,	BGHZ 109, 214
BGH, Urt. v. 28.5.1991 – IX ZR 181/90,	NJW 1991, 2280
BGH, Urt. v. 5.12.1991 – IX ZR 275/90,	BGHZ 116, 233
BGH, Urt. v. 15.6.1992 – II ZR 88/91,	ZIP 1992, 1152
BGH, Urt. v. 8.7.1993 – IX ZR 116/92,	BGHZ 123, 183
BGH, Urt. v. 5.10.1994 – XII ZR 53/93,	BGHZ 127, 156
BGH, Beschl. v. 8.12.1994 – IX ZR 177/94,	ZIP 1995, 40
BGH, Urt. v. 9.1.1997 – IX ZR 47/96,	WM 1997, 436
BGH, Urt. v. 6.5.1997 – IX ZR 147/96,	NJW 1997, 2384
BGH, Urt. v. 10.7.1997 – IX ZR 161/96,	BGHZ 136, 220
BGH, Urt. v. 19.7.2001 – IX ZR 36/99,	WM 2001, 1777
BGH, Beschl. v. 20.3.2003 – IX ZB 388/02,	ZInsO 2003, 413
BGH, Urt. v. 22.4.2004 – IX ZR 128/03,	BGHZ 159, 25
BGH, Beschl. v. 6.5.2004 – IX ZB 349/02,	BGHZ 159, 122
BGH, Beschl. v. 18.5.2004 – IX ZB 189/03,	ZInsO 2004, 739
BGH, Beschl. v. 16.12.2004 – IX ZB 6/04,	NZI 2005, 225
BGH, Beschl. v. 17.3.2005 – IX ZB 286/03,	NZI 2005, 395
BGH, Beschl. v. 17.3.2005 – IX ZB 214/04,	NZI 2005, 399
BGH, Urt. v. 7.4.2005 – IX ZR 138/04,	MDR 2005, 1075
BGH, Urt. v. 21.4.2005 – IX ZR 281/03,	BGHZ 163, 32
BGH, Urt. v. 21.7.2005 – IX ZR 115/04,	BGHZ 163, 391
BGH, Urt. v. 6.10.2005 – IX ZR 36/02,	ZIP 2006, 39
BGH, Urt. v. 17.11.2005 – IX ZR 179/04,	BGHZ 165, 96
BGH, Beschl. v. 1.12.2005 – IX ZB 17/04,	NZI 2006, 180
BGH, Beschl. v. 12.1.2006 – IX ZB 239/04,	ZIP 2006, 340
BGH, Beschl. v. 26.1.2006 – IX ZB 183/04,	ZIP 2006, 486
BGH, Beschl. v. 2.2.2006 – IX ZB 279/04,	ZIP 2006, 587
BGH, Urt. v. 11.5.2006 – IX ZR 42/05,	BGHZ 167, 352
BGH, Beschl. v. 6.7.2006 – IX ZB 263/05,	NZI 2006, 601
BGH, Beschl. v. 21.9.2006 – IX ZB 287/05,	ZInsO 2006, 1105
BGH, Beschl. v. 12.10.2006 – IX ZB 294/05,	ZInsO 2006, 1205
BGH, Urt. v. 7.12.2006 – IX ZR 161/04,	ZInsO 2007, 94
BGH, Beschl. v. 7.12.2006 – IX ZB 257/05,	ZIP 2007, 144
BGH, Beschl. v. 22.3.2007 – IX ZB 164/06,	ZInsO 2007, 440
BGH, Beschl. v. 22.3.2007 – IX ZB 201/05,	ZInsO 2007, 370

BGH, Beschl. v. 29.3.2007 – IX ZB 153/06,	ZVI 2007, 438
BGH, Beschl. v. 11.10.2007 – IX ZB 15/07,	ZIP 2007, 2226
BGH, Beschl. v. 11.10.2007 – IX ZB 270/05,	NZI 2008, 45
BGH, Beschl. v. 25.10.2007 – IX ZB 147/06,	ZVI 2008, 88
BGH, Beschl. v. 29.11.2007 – IX ZB 12/07,	ZInsO 2008, 103
BGH, Beschl. v. 6.12.2007 – IX ZB 229/06,	NZI 2008, 177
BGH, Urt. v. 7.1.2008 – II ZR 283/06,	BGHZ 175, 86
BGH, Beschl. v. 3.7.2008 – IX ZB 182/07,	ZIP 2008, 1976
BGH, Urt. v. 7.7.2008 – II ZR 26/07,	ZInsO 2008, 1017
BGH, Beschl. v. 10.7.2008 – IX ZB 172/07,	NZI 2008, 560
BGH, Beschl. v. 9.10.2008 – IX ZR 168/07,	NZI 2009, 53
BGH, Beschl. v. 18.12.2008 – IX ZB 249/07,	ZInsO 2009, 299
BGH, Beschl. v. 26.2.2009 – VII ZB 30/08,	WM 2009, 710
BGH, Beschl. v. 19.3.2009 – IX ZB 134/08,	ZVI 2009, 346
BGH, Beschl. v. 14.5.2009 – IX ZR 93/08,	NZI 2009, 771
BGH, Beschl. v. 25.6.2009 – IX ZB 196/09,	ZInsO 2009, 1461
BGH, Beschl. v. 16.7.2009 – IX ZB 72/09,	ZInsO 2009, 1831
BGH, Beschl. v. 16.7.2009 – IX ZB 221/08,	NZI 2009, 602
BGH, Beschl. v. 22.10.2009 – IX ZB 78/08,	NZI 2010, 259
BGH, Beschl. v. 19.11.2009 – IX ZB 261/08,	NZI 2010, 188
BGH, Urt. v. 10.12.2009 – IX ZR 206/08,	ZInsO 2010, 82
BGH, Beschl. v. 11.2.2010 – IX ZB 105/09,	NZI 2010, 259
BGH, Beschl. v. 15.7.2010 – IX ZB 229/07,	BGHZ 186, 223
BGH, Beschl. v. 16.9.2010 – IX ZB 154/09,	Rpfleger 2011, 43
BGH, Beschl. v. 23.9.2010 – VII ZR 89/10,	NZI 2011, 27
BGH, Beschl. v. 7.10.2010 – IX ZB 115/08,	ZInsO 2010, 2409
BGH, Beschl. v. 2.12.2010 – IX ZB 151/09,	ZIP 2011, 134
BGH, Beschl. v. 2.12.2010 – IX ZB 184/09,	ZIP 2011, 135
BGH, Beschl. v. 18.1.2011 – IX ZB 253/10,	BeckRS 2011, 02579
BGH, Beschl. v. 17.2.2011 – IX ZB 268/08,	NZI 2011, 263
BGH, Beschl. v. 10.3.2011 – IX ZB 168/09,	Rpfleger 2011, 455
BGH, Beschl. v. 9.6.2011 – IX ZB 175/10,	ZVI 2011, 448
BGH, Beschl. v. 6.10.2011 – IX ZB 12/11,	NZI 2011, 906
BGH, Beschl. v. 22.9.2011 – IX ZB 193/10,	Rpfleger 2012, 41
BGH, Beschl. v. 1.12.2011 – IX ZB 232/10,	WM 2012, 142
BGH, Beschl. v. 26.1.2012 – IX ZB 111/10,	NZI 2012, 271
BGH, Beschl. v. 8.3.2012 – IX ZB 162/11,	ZInsO 2012, 753
BGH, Urt. v. 29.3.2012 – IX ZR 116/11,	NZI 2012, 513

BGH, Beschl. v. 18.10.2012 – IX ZB 263/10,	BeckRS 2012, 22301
BGH, Urt. v. 13.12.2012 – III ZR 70/12,	zitiert nach juris
BGH, Beschl. v. 10.1.2013 – IX ZB 163/11,	NJW 2013, 870
BGH, Beschl. v. 20.06.2013 – IX ZB 10/13,	ZInsO 2013, 1409
BGH, Beschl. v. 4.7.2013 – IX ZB 44/11,	ZInsO 2013, 1635
BGH, Beschl. v. 26.9.2013 – IX ZB 247/11,	ZIP 2013, 2112
BGH, Beschl. v. 10.10.2013 – IX ZB 40/13,	ZIP 2013, 2320
BGH, Beschl. v. 19.12.2013 – IX ZB 9/12,	NZI 2014, 238
BGH, Beschl. v. 16.1.2014 – IX ZB 122/12,	ZInsO 2014, 340
BGH, Beschl. v. 13.2.2014 – IX ZB 23/13,	NZI 2014, 312
BGH, Beschl. v. 3.4.2014 – IX ZA 5/14,	zitiert nach juris

3. Oberlandesgerichte

OLG Brandenburg

OLG Brandenburg, Beschl. v. 31.10.1998 – 10 W 44/97,	FamRZ 1999, 1436
OLG Brandenburg, Urt. v. 30.5.2002 – 8 U 101/01,	ZIP 2002, 1698

OLG Breslau

OLG Breslau, Urt. v. 4.4.1910, VIII. ZS.	OLGE 21, 180

OLG Celle

OLG Celle, Beschl. v. 17.3.1965 – 5 VA 1/65,	Nds.Rpfl. 1965, 200
OLG Celle, Urt. v. 5.5.1972 – 8 U 127/71,	KTS 1972, 265
OLG Celle, Beschl. v. 20.11.2006 – 4 U 166/06,	ZInsO 2006, 1327
OLG Celle, Urt. v. 11.9.2007 – 16 U 291/06,	ZInsO 2007, 1048
OLG Celle, Beschl. v. 22.12.2009 – 13 W 94/09,	NZI 2010, 688

OLG Dresden

OLG Dresden, Beschl. v. 21.1.2001 – 13 W 1650/00,	NZI 2001, 259
OLG Dresden, Beschl. v. 25.11.2009 – 13 U 1612/09,	ZVI 2010, 188

OLG Düsseldorf

OLG Düsseldorf, Urt. v. 7.11.1972 – 4 U 79/72,	KTS 1973, 270
OLG Düsseldorf, Beschl. v. 2.1.2004 – I-19 Sa 111/03,	ZInsO 2004, 507
OLG Düsseldorf, Urt. v. 22.12.2005 – 7 U 148/05,	NZI 2006, 240

OLG Frankfurt a.M.

OLG Frankfurt a.M., Beschl. v. 21.5.2002 – 21 AR 113/01,	NZI 2002, 499

OLG Hamburg

OLG Hamburg, Urt. v. 22.3.2002 – 1 U 55/01,	ZIP 2002, 1360

OLG Hamm

OLG Hamm, Urt. v. 5.4.2001 - 27 U 168/00,	NZI 2001, 373
OLG Hamm, Urt. v. 15.4.2008 - I-27 U 218/06,	ZIP 2008, 1880
OLG Hamm, Beschl. v. 5.5.2011 - I-15 W 469/10,	ZInsO 2011, 1699

OLG Karlsruhe

OLG Karlsruhe, Beschl. v. 30.3.1965 - 3 W 22/65,	NJW 1965, 1023

OLG Koblenz

OLG Koblenz, Beschl. v. 2.9.2011 - 2 W 372/11,	BeckRS 2011, 22470

OLG Köln

OLG Köln, Beschl. v. 21.5.1987 - 12 U 94/86,	ZIP 1987, 1004
OLG Köln, Urt. v. 29.9.1995 - 26 U 11/95,	ZIP 1995, 1684
OLG Köln, Beschl. v. 5.6.2013 - 18 W 32/13,	ZIP 2013, 2024

OLG München

OLG München, Beschl. v. 11.3.2010 - 34 Wx 10/10,	NZI 2010, 527

OLG Nürnberg

OLG Nürnberg, Urt. v. 11.7.1957 - 3 U 221/56,	MDR 1957, 683

OLG Stuttgart

OLG Stuttgart, Urt. v. 30.9.1998 - 20 U 21/98,	ZIP 1998, 1880

4. Landgerichte

LG Berlin

LG Berlin, Beschl. v. 27.9.1934 - 203 T 12546/34,	JW 1935, 375
LG Berlin, Beschl. v. 4.1.1993 - 81 T 589/92,	Rpfleger 1993, 301
LG Berlin, Urt. v. 15.7.2004 - 62 S 112/04,	zitiert nach juris
LG Berlin, Urt. v. 6.11.2012 - 22 O 223/11,	ZInsO 2012, 2344

LG Darmstadt

LG Darmstadt, Beschl. v. 29.5.2001 - 5 T 794/00,	Rpfleger 2001, 512

LG Dessau-Roßlau

LG Dessau-Roßlau, Beschl. v. 2.9.2011 - 1 T 193/11	NZI 2012, 281

LG Dortmund

LG Dortmund, Beschl. v. 20.11.2007 - 9 T 222/07,	ZVI 2008, 32
LG Dortmund, Beschl. v. 21.6.2010 - 9 T 212/10,	ZInsO 2010, 1615

LG Dresden

LG Dresden, Beschl. v. 13.9.2010 - 5 T 712/10,	ZInsO 2011, 302

LG Duisburg

LG Duisburg, Beschl. v. 31.10.2008 – 7 T 197/08,	ZVI 2009, 14
LG Duisburg, Urt. v. 18.10.2010 – 4 O 178/09,	NZI 2011, 69

LG Düsseldorf

LG Düsseldorf, Beschl. v. 7.9.1971 – 15 T 73/71,	KTS 1972, 126

LG Frankfurt/Oder

LG Frankfurt/Oder, Beschl. v. 22.8.2002 – 6a T 104/02,	ZInsO 2002, 1028

LG Göttingen

LG Göttingen, Beschl. v. 5.12.2006 – 10 T 27/06,	ZInsO 2007, 47
LG Göttingen, Beschl. v. 26.10.2009 – 10 T 86/09,	NZI 2009, 896
LG Göttingen, Beschl. v. 16.12.2011 – 10 T 110/11,	NZI 2012, 276

LG Hamburg

LG Hamburg, Urt. v. 16.3.2001 – 303 O 310/00,	ZIP 2001, 711

LG Hildesheim

LG Hildesheim, Urt. v. 30.1.2009 – 4 O 307/08,	FamRZ 2009, 1440

LG Kassel

LG Kassel, Beschl. v. 15.1.2004 – 3 T 668/03,	ZInsO 2004, 160
LG Kassel, Beschl. v. 22.03.2013 – 3 T 141/13,	ZInsO 2013, 2565

LG Kiel

LG Kiel, Beschl. v. 6.4.2004 – 13 T 150/03,	ZInsO 2004, 558

LG Koblenz

LG Koblenz, Beschl. v. 13.6.2000 – 2 T 162/2000,	ZInsO 2000, 507
LG Koblenz, Beschl. v. 13.1.2004 – 2 T 901/03,	NZI 2004, 157
LG Koblenz, Beschl. v. 16.8.2004 – 2 T 600/04,	NZI 2004, 679

LG Köln

LG Köln, Beschl. v. 1.12.1981 – 19 T 224/81,	ZIP 1982, 337

LG Magdeburg

LG Magdeburg, Beschl. v. 27.5.2004 – 11 T 352/04,	ZIP 2004, 1915

LG Marburg

LG Marburg, Beschl. v. 27.11.2002 – 3 T 214/02,	ZInsO 2003, 288
LG Marburg, Beschl. v. 13.12.2011 – 3 T 330/11,	BeckRS 2012, 20672
LG Marburg, Urt. v. 14.3.2012 – 1 O 123/11,	ZInsO 2012, 1023

LG Münster

LG Münster, Beschl. v. 8.3.2001 – 5 T 124/01,	NZI 2001, 485
LG Münster, Beschl. v. 28.5.2009 – 5 T 496/08	zitiert nach juris
LG Münster, Beschl. v. 13.7.2009 – 5 T 296/09,	NZI 2009, 657

LG Offenburg

LG Offenburg, Beschl. v. 5.1.2005 – 4 T 100/04,	ZInsO 2005, 481

LG Oldenburg

LG Oldenburg, Beschl. v. 25.9.1991 – 6 T 495/91,	ZIP 1992, 200

LG Osnabrück

LG Osnabrück, Beschl. v. 5.4.1957 – 8 T 91/57,	KTS 1957, 142
LG Osnabrück, Beschl. v. 3.1.2011 – 8 T 826/10,	BeckRS 2011, 24723

LG Potsdam

LG Potsdam, Beschl. v. 23.5.2006 – 5 T 14/06,	ZVI 2006, 475

5. Amtsgerichte

AG Bremen

AG Bremen, Beschl. v. 1.9.2008 – 320 IK 19/08,	ZVI 2009, 254

AG Dortmund

AG Dortmund, Beschl. v. 21.3.2002 – 257 IK 17/00,	ZInsO 2002, 685

AG Duisburg

AG Duisburg, Beschl. v. 24.3.2010 – 62 IK 86/03,	ZInsO 2010, 1071

AG Düsseldorf

AG Düsseldorf, Beschl. v. 25.5.2000 – 503 IK 28/99,	NZI 2000, 555
AG Düsseldorf, Beschl. v. 10.8.2005 – 500 IK 10/03,	ZInsO 2006, 166

AG Gifhorn

AG Gifhorn, Urt. v. 12.6.2001 – 2 C 1055/00 (VI),	ZInsO 2001, 630

AG Göttingen

AG Göttingen, Beschl. v. 11.11.1994 – 71 N 63/92,	ZIP 1995, 145
AG Göttingen, Beschl. v. 28.6.1999 – 74 IN 130, 136, 138, 139/99,	DZWIR 1999, 439
AG Göttingen, Beschl. v. 27.2.2001 – 74 IK 136/00,	NZI 2001, 270
AG Göttingen, Beschl. v. 15.10.2004 – 1 IN 43/02,	ZInsO 2005, 222
AG Göttingen, Beschl. v. 5.10.2007 – 74 IN 295/07,	ZVI 2007, 534
AG Göttingen, Beschl. v. 12.10.2007 – 74 IN 304/07,	ZVI 2007, 571

AG Göttingen, Beschl. v. 21.8.2009 – 74 IN 153/08, ZInsO 2009, 2070
AG Göttingen, Beschl. v. 16.9.2011 – 71 IN 89/11 NOM, ZVI 2011, 450

AG Hamburg
AG Hamburg, Beschl. v. 18.6.2008 – 67g IN 37/08, ZVI 2008, 295

AG Köln
AG Köln, Beschl. v. 7.6.2010 – 71 IN 509/09, ZVI 2010, 424

AG Mannheim
AG Mannheim, Beschl. v. 17.3.1983 – 2 N 44/69, ZIP 1983, 479

AG Mosbach
AG Mosbach, Beschl. v. 12.1.2006 – IN 132/03, ZIP 2006, 489

AG Münster
AG Münster, Beschl. v. 30.1.2008 – 84 IN 74/05, BeckRS 2010, 30886

AG Oldenburg
AG Oldenburg, Beschl. v. 3.8.2004 – 60 IN 97/04, ZInsO 2004, 1154

AG Rüsselsheim
AG Rüsselsheim, Beschl. v. 26.5.1992 – 4 N 35/89, Rpfleger 1993, 35

III. Arbeitsgerichtsbarkeit

LAG Frankfurt a.M.
LAG Frankfurt a.M., Urt. v. 15.4.1988 – 13 Sa 1224/87, BB 1989, 295

LAG Hamm
LAG Hamm, Urt. v. 12.2.1988 – 16 Sa 1834/87, NZA 1989, 529
LAG Hamm, Urt. v. 29.8.1996 – 4 Sa 208/96, KTS 1997, 318

IV. Finanzgerichtsbarkeit

1. Bundesfinanzhof

BFH, Urt. v. 22.5.1979 – VIII R 58/77, BFHE 128, 146
BFH, Urt. v. 4.8.1987 – VII R 11/84, UR 1988, 51
BFH, Urt. v. 29.1.1991 – VII R 45/90, BFH/NV 1991, 791
BFH, Urt. v. 9.2.1993 – VII R 12/92, BFHE 170, 300
BFH, Beschl. v. 13.7.1995 – VII S 1/95, BFH/NV 1996, 10
BFH, Beschl. v. 26.9.1995 – VII B 117/95, BFH/NV 1996, 281
BFH, Urt. v. 6.2.1996 – VII R 116/94, BFHE 179, 547

BFH, Beschl. v. 27.10.1998 – VII B 101/98, BFH/NV 1999, 738
BFH, Urt. v. 5.10.2004 – VII R 69/03, BFHE 208, 10
BFH, Urt. v. 16.11.2004 – VII R 75/03, BFHE 208, 296
BFH, Urt. v. 16.11.2004 – VII R 62/03, BFHE 207, 371
BFH, Urt. v. 31.5.2005 – VII R 74/04, BFH/NV 2005, 1745
BFH, Beschl. v. 7.6.2006 – VII B 329/05, BFHE 212, 436
BFH, Urt. v. 16.1.2007 – VII R 4/06, BFHE 216, 385
BFH, Beschl. v. 4.9.2008 – VII B 239/07, BFH/NV 2009, 6
BFH, Urt. v. 28.2.2012 – VII R 36/11, BFHE 236, 202

2. Finanzgerichte

FG Berlin-Brandenburg
FG Berlin-Brandenburg, Urt. v. 16.12.2010 – 10 K 15203/09, ZInsO 2011, 1804
FG Berlin-Brandenburg, Urt. v. 23.5.2007 – 3 K 1407/03 B, EFG, 2007, 1344

FG Düsseldorf
FG Düsseldorf, Beschl. v. 10.11.2004 – 18 K 321/04 AO, ZInsO 2004, 1368

FG Münster
FG Münster, Urt. v. 12.11.2004 – 11 K 1959/04 AO, EFG 2005, 251
FG Münster, Urt. v. 2.9.2005 – 11 K 3099/04 AO, EFG 2005, 1826
FG Münster, Urt. v. 25.10.2005 – 6 K 435/05 AO, zitiert nach juris

FG Nürnberg
FG Nürnberg, Urt. v. 11.10.2005 – II 426/2003, EFG 2006, 1139

FG Leipzig
FG Leipzig, Urt. v. 18.10.2013 – 4 K 579/13, zitiert nach juris

www.ingramcontent.com/pod-product-compliance
Ingram Content Group UK Ltd.
Pitfield, Milton Keynes, MK11 3LW, UK
UKHW021918290926
8980IPUK00015B/1334

9 783631 653333